刑法判例百选

中国刑法司法适用疑难问题研究丛书

总主编 陈兴良 周光权

主　编　周光权
副主编　杨绪峰
撰稿人　（以姓氏拼音为序）
　　　　毕　琳　程伊乔　邓卓行
　　　　蒋浩天　李　淼　刘鹿鸣
　　　　孟红艳　沈晓白　杨绪峰
　　　　周光权

中国人民大学出版社
·北京·

总　序

　　我国刑法理论的发展存在两个面向：第一是体系化和学术化，第二是专业化和技术化。所谓体系化和学术化，是指我国刑法理论应当进一步提升自身的学术水平，建构与我国刑法相融洽的刑法教义学体系。而所谓专业化和技术化，是指我国刑法理论应当面向司法实践，将刑法理论资源转化为解决司法实践中疑难问题的专业技术，实现刑法教义学的实践理性。如果说，前者是我国刑法理论的"上天"，那么，后者就是我国刑法理论的"入地"。只有同时从这两个面向推进我国刑法理论向前发展，才能使我国刑法理论不辱使命，成为法学中的显学。

　　应该说，刑法理论的体系化和学术化与专业化和技术化这两个面向并不是互相抵牾而是相互促进的关系。刑法教义学的研究成果处在刑法理论的尖端，对于刑法理论的发展具有引导功能。近年来，随着德日刑法教义学原理的引入和推行，我国刑法理论得到了长足的进步。当然，德日刑法教义学如何与我国刑法相契合，仍然存在需要进一步完善的地方。每个国家的刑法理论都和其刑法的立法与司法密切相关，具有这个国家的气质与禀赋。因此，我国不可照抄照搬德日刑法教义学的原理。当然，刑法理论本身具有跨越国境的性质，尤其是刑法的一般原理，它是从哲学、历史和伦理的深处生长出来的，反射人类精神生活，因而是值得学习和借鉴的。我国切不可闭关锁国，隔断与人类文明的精神通道。另外，刑法教义学的本土化是较为重要的，刑法理论只有植根于我国的司法实践才具有生命力。这就需要将刑法理论与刑法司法紧密地结合起来，充分发挥刑法教义学所具有的应用价值。因此，中国刑法学者应当立足于我国的刑法立法与司法现实基础，从中汲取学术养分，并将刑法理论作用于司法实践，解决刑法适用中的疑难复杂问题。

　　"中国刑法司法适用疑难问题研究丛书"是中国人民大学出版社邀请我和周光权教授共同主编的一套面向司法实践的大型理论著作丛书。这套丛书的编辑宗旨是将近些年来已经在我国司法实践中采用和采纳的刑法教义学进一步推向司法实践，为司法工作人员提供刑法教义学的方法和工具，从而进一步提升我国司法工作人员解决刑法适用疑难问题的能力。收入本丛书的作品需具有较高的刑法理论水准，同时又能够解决刑法各个领域所经常遇到的疑难问题，因而是推进我国刑法司法实务能力的知识更新与理论变革之作。

本丛书以司法实践中的疑难问题为主要研究对象，除了我和周光权教授主编的《案例刑法研究（总论）》（上下卷）涉及刑法总论全部内容以外，其他作品都是专题性研究著作，对存在于刑法各个领域的疑难问题进行了深入和细致的刑法教义学研究。这也是本丛书与以往出版的刑法作品的主要区别之所在。因此，面向司法现实是本丛书的基本特色，解决刑法的司法适用问题是本丛书的根本使命。

作为刑法学者，我们当然要有对刑法理论的钻研精神，同时要有直面现实的正确态度。司法实践中每时每刻发生的各种疑难问题，都等待着我们去解决。因此，刑法司法实践才是刑法教义学理论的源泉。离开了司法实践，刑法理论就会成为无源之水、无本之木。具体来说，刑法司法适用过程中，会出现大量疑难案例，这些疑难案例正是刑法司法实务中疑难问题的载体。如何解决这些疑难案例，就成为检验刑法教义学理论的试金石。以下，我以骗取更名案为例进行说明。

甲是某公司房产销售人员，乙通过甲购买了该公司一处房产，交付全部购房款34万元。后甲欺骗乙签订了更名申请承认书，将该房产以35万元出卖给丙，并为丙办理了房产证，而且丙实际占有了房屋。

骗取更名案的案情非常简单，只有短短几行字，基本上就能把案情说清楚。然而，对骗取更名案的分析却并不容易，涉及十分复杂的理论问题。在骗取更名案中，被害人是谁？对此其说不一：有的人认为被害人是乙，有的人认为被害人是丙。此外，在骗取更名案中，财产损失人是乙还是丙？诈骗数额是34万元还是35万元？对这些问题都存在不同意见。我们以行为分析法进行分析，就会发现骗取更名案中存在两个行为：第一个行为是甲欺骗乙签订更名申请承认书，第二个行为是甲利用更名申请承认书将房屋出卖给丙。这两个行为前后发生，并互为因果。甲在骗取乙的更名申请承认书以后，才能根据该承认书办理更名手续，将购房人由乙变更为丙，并为丙办理了房产登记。下面，我对这两个行为进行法教义学的分析。

第一个行为是甲骗取乙签署更名申请承认书，这是一种欺骗行为。从后果上看，正是这份材料使乙丧失了已经购买的房产。那么，能否据此将本案涉及的罪名认定为诈骗罪呢？诈骗行为是指虚构事实，导致他人产生认识错误，基于认识错误而交付财物。但在本案中，甲虽然实施了欺骗行为，但欺骗行为并没有使甲直接获得房产，乙也没有交付房产的意思和行为，因而，并不符合诈骗罪的直接性原则，不能将甲的行为认定为诈骗罪。那么，这份更名申请的性质是什么呢？从民法角度来说，更名申请的性质属于债权转让。

在更名之前，乙和开发商之间签订房屋买卖合同，并交付购房款 34 万元，由此形成乙对开发商的债权。因此，更名的性质不是退房，退房属于解除房屋买卖合同。更名是在购房合同有效的前提下，改变买受人，因而属于债权转让。

第二个行为是甲利用骗取的更名申请承认书将乙的债权转让给丙，并取得 35 万元购房款。在更名以后，甲将乙对开发商的债权转让给了丙。丙并不是无对价取得债权，而是向甲交付了 35 万元。在这一债权转让过程中，开发商是无过错第三人。甲的更名虽然以乙签名的更名申请承认书为依据，但该承认书是甲骗取的，其内容并没有得到乙的许可。因此，甲是在乙不知情的情况下，处分乙的债权。在盗窃罪的客体包括债权或者其他财产性利益的情况下，这一行为具有盗窃的性质。

通过以上分析可以看出，在司法实践中对于那些多种行为交织、纠缠在一起的复杂案件，应当逐个对行为的法律性质加以判断，最后才能完成定罪的过程。而且，在对财产犯罪进行定罪的时候，还应当结合民法的知识。例如，在骗取更名案中，涉及物权与债权的区分。从上述对案情的描述来看，司法工作人员就没有区分物权和债权，例如，将乙与开发商签订房屋购买合同描述为乙购买了房产，又把甲对房屋购买合同的更名说成是将乙的房产卖给丙。这些描述，从日常生活理解来看并没有错误。然而，从法律的角度来说，乙虽然与开发商签订了房屋购买合同，但合同并未最终履行，因而乙向开发商交付 34 万元，只是获得了以开发商交付房产为内容的债权。而甲也只是将乙的债权转让给丙，此后通过开发商履行债权，丙才获得了房产。由此可见，以房产交付为内容的债权和物质化的房产之间是存在区别的，不可混为一谈。这一从物权与债权的区分中所得出的结论，对于分析骗取更名案具有一定的参考价值。

物权包括所有权、用益物权、担保物权等，《民法典》对此都作了规定。值得注意的是，《民法典》没有规定债，取而代之的是合同，合同是具体之债。在民法学中，债是按照合同的约定或依照法律规定，在当事人之间产生的特定的权利和义务关系。《民法典》规定了各种典型合同，其中包括借款合同，债权与债务关系一般出现在借款合同之中。这个意义上的债比较符合生活中的债的含义。然而，《民法典》中的债，除了生活中的债，还包括其他合同所产生的债。例如，《民法典》规定的买卖合同，也是债的关系。债的关系中，享有权利的人称为债权人，履行义务的人称为债务人。刑法关于财产犯罪的规定，不仅保护物权而且保护债权。然而，我国刑法在关于财产犯罪的具体规定中，只涉及财物的概念，并没有涉及债权的概念。因此，我国刑法关于财产犯罪的规定是否保护债权，在刑法教义学中是存在争议的，这种争议主要表现为：财产性利益是否属于财产犯罪的保护法益？这里的财产性利益就是指民法中的债权。

现在我国较为通行的观点是肯定说，认为刑法中的财物不仅包括物权，而且扩大解释为包括债权。在上述案件中，在对甲的行为进行分析的时候，如果采用债权债务的概念，分析乙与开发商之间的法律关系，以及更名所带来的这种法律关系的变更，是更容易让人接受的。例如，甲的第一阶段行为，仅骗取乙的更名申请承认书，并没有实际骗取房产，而且房产尚未交付与登记，客观上也不存在骗取房产的可能性。只有第二阶段的行为实际处分了乙的债权，侵害了乙的债权，因而具有法益侵害性。因此，该行为才是构成要件行为，应当根据该行为对甲的行为进行定性。这种未经他人同意处分他人债权的行为，与盗窃罪的性质最相接近，因此，将甲的行为认定为盗窃罪是合适的。

骗取更名案比较复杂，我们可以用一个简化版的案例来说明：甲以非法占有为目的，欺骗乙，让乙把手机借给甲使用。甲拿到手机以后，假装打电话，乘乙不备，拿着手机潜逃，将乙的手机据为己有。这就是骗打手机案，在司法实践中多有发生。在此，存在两个行为：第一个是骗取手机，第二个是占有手机。在分析这个案件的时候，容易发生的错误是根据骗取手机的行为将甲的行为认定为诈骗罪。但这里的骗取手机行为之所以不能被认定为诈骗罪，就是因为不存在交付行为，占有没有发生转移。乙将手机交给甲，只是让甲在乙的监视下使用手机，因此，手机仍然处在乙的占有之下，占有转移没有发生。只有第二个行为，才导致乙丧失对手机的占有，而该行为具有秘密窃取的性质，构成盗窃罪。我们将骗打手机案和上述骗取更名案相比较，可以发现，在骗打手机案中犯罪的对象是手机，属于物的范畴，侵害的是物权，而骗取更名案中犯罪的对象是债权。另外，骗打手机案中只有甲与乙两人，而在骗取更名案中还存在第三人，即开发商。因此，骗取更名案是更为复杂的，但这两个案件的原理基本上是相同的。

骗取更名案，可以说是一个疑难案件。对于该案仅仅凭借生活常识，是很难得出正确结论的。反之，从刑法教义学出发得出的结论，则往往是与公众常识相抵牾的。对于骗取更名案，基于生活常识容易得出诈骗罪的定罪结论。然而，生活中的欺骗不能等同于刑法中的诈骗。刑法中的诈骗罪，不仅要有欺骗行为，而且要求该欺骗行为造成他人产生认识错误，并且基于认识错误而交付或者处分财物。在骗取更名案中，虽然存在欺骗行为，但甲的欺骗行为与乙的债权灭失之间并不存在直接关联。而欺骗行为与财产损失之间存在直接关联，是构成诈骗罪的必要条件。同时，将骗取更名案认定为盗窃罪，社会公众也是不容易接受的，因为它与典型的盗窃行为之间还是存在一定差异的。然而，对于盗窃罪不能仅仅根据其表面特征，而是还要把握其本质特征，这就是未经他人同意或者许可，私下将他人财物据为己有。骗取更名案中，甲的行为符合盗窃罪的本质特征。虽然从表面来看，甲直接将房屋买卖合同的买方从乙变更为丙，从而完成了债权的转让。然而，在此过程中甲利用更名申请承认书控制了乙的债权，这是甲处分乙的债权的逻辑前提。在此基础上，才又可能发生将债权确定在丙的名下的事实。因此，甲利用骗取的更名申请承认书为其窃取乙的债权制造了条件，只有将债权转移到丙的名下，盗窃行为才最终完成。至于债权能否成为盗窃罪的保护法益，也是该案中可能会涉及的问题，而这个问题又可以转换成财产性利益是否可以成为盗窃罪的对象的问题。在日本刑法中，财产性利益被明确规定为诈骗罪的对象，在盗窃罪的对象不包括财产性利益的情况下，可以合理地推论，财产性利益不能成为日本刑法中盗窃罪的对象。那么，我国刑法又如何看待这个问题呢？我国刑法将财产犯罪的对象都规定为财物，没有涉及财产性利益。然而，在我国司法实践中，一般都认定刑法关于财产犯罪的规定不仅保护物权，而且也保护债权。例如，盗窃借据可以被认定为盗窃罪，使用暴力迫使他人出具借据的行为可以被认定为抢劫罪。此外，关于受贿罪，刑法规定的犯罪对象是财物，但司法解释将财产性利益解释为财物。例如，2016年4月18日最高人民法院、最高人民检察院《关于办理贪污贿赂刑事案件适用法律若干问题的解释》第12条明确规定：贿赂犯罪中的"财物"包括货币、物品和财产性利益。财产性利益包括可以折算为货币的物质利益如房屋装修、债务免除等，以及需要支付货币的其他利益如会员服务、旅游等。由此可见，我国刑法中的财物在一定意义上包括财产性利益。在这种情况下，将债权解释为财物应当没有法律上的障碍。

司法适用中的疑难问题，并不是刑法学者的主观臆想，而是从活生生的案例中呈现出来或者提炼出来的。面对疑难问题，找出解决之道，这就是刑法教义学方法。不得不指出，在相当长的一个时期里，有相当一些人还是凭经验和感觉处理刑法司法适用中的疑难问题。这里涉及司法经验和刑法理论之间的关系。刑法不仅是一门学问，而且是一门技艺。因此，司法经验的积累和应用是十分重要的。然而，某些司法适用中的疑难问题是超越经验的，换言之，按照日常经验是难以解决的。在这种情况下，就需要借助于刑法教义学的原理，因为只有这些原理才能回应司法实践的需要。而且，刑法理论本身也要面向司法实践，以问题为导向，解决实际问题。

"中国刑法司法适用疑难问题研究丛书"立足于理论，面向司法实践，因而不仅具有理论价值，而且具有现实意义。值得一提的是，参加本丛书写作的作者都是我国中青年一代刑法学者，这些青年才俊不仅具有年龄优势，而且具有知识优势。其中，有些作者除了在国内接受法学教育，还有出国留学深造的经历，有的青年学者还获得了国外的博士学位。因此，这些作者同时具有中国的问题意识和世界的学术视野，是我国刑法学界的新兴力量。他们将来对我国刑法理论发展的学术贡献是值得期待的。

值此"中国刑法司法适用疑难问题研究丛书"即将出版之际，聊缀以上数语，是为序。

陈兴良
谨识于昆明滨江俊园寓所
2020年8月20日

序　言

近年来，刑法学者在体系的思考方面做了很多努力，所取得的成绩有目共睹，无论是从学术专著还是期刊论文来看，研究的深度和广度都取得了长足的发展，值得赞许。不过，如果理论过于体系化、观念化，也会带来很多问题，理论与实践之间的鸿沟会进一步加深，相互不理解的地方会进一步增多，因此学界又开始特别强调问题思考的重要性。关注问题思考，意味着刑法学研究必须解决本土实务问题，必须重视司法裁判。国外的经验是：始终紧紧盯住法院判决，从司法裁判中寻找刑法学发展的契机。事实上，我们也总是听闻"架设联结理论与实务的桥梁"这样的说法，学者也始终没有放弃对实务具体问题的解决。一个很明显的感受是，当前刑法理论研究越来越注重紧密结合司法裁判。不过，从理论这一端向实务发力固然重要，但理论与实务应当"双向奔赴"，从实务的立场出发，去阐明法官所想，站在法官的立场去思考其裁判逻辑，将裁判文书背后的道理说全、说透，说到法官的心坎上，进而让实务中众多优秀的裁判被看到，无疑是另一种联结理论与实务的路径。

相较于国外判例研究书籍的琳琅满目，我国同类主题书籍极为稀少。仅依靠理论体系的自我更新，尚不足以消弭理论与实践之间的鸿沟，还需要探究司法实务的裁判逻辑等问题。从这样的问题意识出发，在中国人民大学出版社的大力支持下，我组织编写了本书，目的就是立足于机能主义的刑法学思想，编写出以司法裁判为中心的研究型书籍，从实务向理论发力，确保刑法学从裁判中来，到裁判中去。按照上述定位，本书应该对三类读者群体都会有所帮助：首先是实务工作者。本书精选了大量典型刑事裁判，并对其中的疑难问题展开深入说理，可以作为实务工作者的办案参考。其次是理论研究者。本书收录的司法裁判足够丰富，且注重对不同的理论学说进行梳理论证，理论研究者可以在此基础上有的放矢，就所涉及的研究主题与实务观点展开探讨。最后是高校师生。本书内容全面，涵盖了刑法总论和分论中的重要问题，高校师生可以将本书作为案例教材使用。这有助于克服刑法学习时过于重视教学案例，理论讲解与司法实务相脱节的弊端。

关于本书的编写，有以下问题需要特别作出交代。

一、关于典型判例的筛选

本书书名并未使用"案例"一词，而使用的是"判例"，主要有如下考虑。

第一，判例也属于广义的案例，但案例未必能够称为判例。案例既可能是真实发生的，也可以是改编的，甚至完全可以是虚构的；案例也未必局限于法院生效的裁判，有可能还在法院审理过程中，尚未形成最终判决或裁定，但刑事判例则是一个已经被刑法所评价的成案，具有"后刑法"的特征。本书选取的案件全部都是"尘埃落定"的成案，称为"判例"更具针对性。

第二，本书的定位是判例研究。判例研究不同于案例分析，正如陈兴良教授所指出的，判例研究的立足点是站在法官之上，以法官对个案的审判理由作为研究对象，并对这些理由作出法理评价，从一般性中概括出公共性，并再次指导其他个案。因此，刑法判例研究的作用和功能的发挥不能局限于个案的分析研究。本书的理论站位更高，不仅是分析个案并得出妥当的结论，还试图以此理解实践、反思实践甚至支撑实践。

第三，在我国，学者提起"判例"时不会将其误认为是英美法系的判例法或判例制度，也不会认为"判例"只能是最高人民法院指导案例或最高人民法院公报案例。一方面，大陆法系虽然不具有像英美法系一样的判例制度，将判例法作为法源，但不代表不能在成文法下展开丰富的判例研究，像德国或日本同样会讨论判例，而且在判例实践上走得非常远。另一方面，最高人民法院指导案例或最高人民法院公报案例之所以更具有指导性，不是因为它具有实际的法律强制拘束力，而是因为它经过筛选更具有典型性。我国并没有确定遵循先例的法律原则，这些重要判例也只是具有指导作用，供法官在办案时参考。在我国进行判例研究与其说看重的是哪个机关发布的，不如说看重的是其典型性，越具典型性的判例，越具有指导性。

本书引用的判例很多是来自最高人民法院指导性案例或最高人民法院公报案例，以及《刑事审判参考》中的案例，也有很多来自地方各级法院的疑难案例，筛选的标准是案例的典型性。即便是指导性案例，编选时也考虑了很多因素。是否能够在法律适用上释疑解惑，是否具有指导性，是衡量一个案例能否成为典型判例的唯一标准。不可否认，目前已发布的刑事指导性案例中，有的属于回应公共议题型，有的仅仅在重复或重申司法解释，这类指导性案例固然是由最高人民法院发布，但是对于判例研究而言，意义未必很大。相反，部分地方法院的判决虽然未必受到足够重视，但由于其可以在罪刑法定框架内合理、充分地解释刑法，反而更具典型性，假以时日，很有可能成为经典判例。

二、关于争议问题的处理

本书对多数司法裁判的分析都不涉及"刑法学派之争"的问题，如果说本书提前预设了分析的立场，那也只是尽可能贴近实务的立场。为此，在具体分析法官的裁判时，始终注重把握两个前提：

一方面，不曲解裁判文书的观点，尽可能地对司法裁判给予同情式理解，在尊重司法裁判的基础上展开学理分析。这意味着相关判例研究，不能为了批判而批判，裁判文书的分析者要先将自己代入法官的立场，成为法官，并解读出法官的意思。只有尝试将自己变成法官，顺着法官的思路去思考其思考，才不至于滋长动辄朝着对立观点歪曲裁判文书"真意"的冲动。

另一方面，站在善意的立场将裁判理由尽量完善到最好，如果这样仍然存在一些难以弥补的地方，再去考虑商榷的事。不可否认，我国大量的司法裁判文书说理不够透彻，甚至未提供真正的说理，本书在筛选判例时虽然尽量规避这类裁判文书，但也不乏裁判文书因只言片语而"留白"的情况发生。此种场合，研究者唯有站在法官的立场，按照其裁判的初衷，秉持善意的态度予以解读，才能将裁判文书没有思考全面或阐明透彻的问题，替法官主动弥补上。这样看来，解读者可以让裁判文书变得更为"聪明"，裁判文书也不应该动辄成为嘲笑的对象。例如，本书"过失犯"中讨论的"网约车女乘客跳车坠亡案"曾在社会上引起广泛关注，法院认为，被告人作为网约车司机，其行为已构成过失致人死亡罪，但网络上也有一些声音认为网约车司机不构成犯罪。结合该案具体案情，会发现法院作出的有罪判决在说理上其实已经很充分了。在存在反对声音的情况下，法官作出这样的有罪判决其实面临着较大的压力，但法官在裁判文书中很好地展现了自身的专业素养。本案确实存在诸多理论难点，尤其是关于过失犯中结果回避可能性和预见可能性的说理，解读者如果能够在理论上助裁判说理"一臂之力"，将这些理论难点一一释明，不仅能够获得法官的尊重，而且也能够及时消除不必要的误解。因此，按照上述两点前提，对裁判文书的解读既能确保实事求是，也能对实务保有一份温情。

当然，在本书所选取的判例中，也有少数裁判的说理确实存在些许疑问，甚至本书作者也未必赞同该判决结论。对于这类案件的处理，一方面，尽量"刻画"法官原有的裁判理由，使其更为详尽充分；另一方面，针对争议之处，尤其是不妥当的地方，也毫不避讳地指明。例如，本书"犯罪预备"中讨论了一起诈骗拆迁补偿款的案件，法院是按诈骗罪的犯罪预备作出判决，但结合该案具体案情来看，被告人所实施的行为对政府损失补偿款并无抽象危险，政府有关部门也没有陷入认识错误。行为如果没有值得处罚的法益侵害危险，就不宜作为犯罪处理，故该案的裁判结论是否合理，就很值得商榷。

即便如此，在对该案进行分析时，本书既阐明了法院判决的道理，也表达了作者自己的观点。再如，本书"结果加重犯的认定"中讨论了一起非法拘禁致人死亡的案件，法院认为四名被告人的行为与被害人死亡之间均存在刑法上的因果关系，构成非法拘禁致人死亡的结果加重犯。针对这一裁判结论，我们也注意到可能会面临的一些批判，并对此作出了一些回应。同时，也在分析时特别强调，即便认定本案可以成立结果加重犯，但其处罚范围确实是可以再斟酌的，相对合理的处理方案是仅对直接参与追赶的被告人认定为非法拘禁致人死亡的结果加重犯，对其他被告人直接以非法拘禁罪论处。

三、关于判例研究的体会

作为本书的主编，在判例研究的过程中我有以下三点体会。

第一，理解实践。实践中有的案件，基层法院判得很好，说理也非常充分，只是我们对此发现得还不够。例如，本书"聚众斗殴罪"中讨论了一起典型案件，法院认为，被害人一方虽有斗殴的故意但并未实际参与殴斗，造成的后果并不严重的，其行为只是应受行政处罚的一般违法行为，不构成聚众斗殴罪。这一判决充分说明，即便为了斗殴而实施聚众行为，但事实上并未实际参与斗殴或相互打斗并未实际发生的，对于行为人可以仅予以治安管理处罚。如此办理案件，不是"降格"处理，也不是放纵犯罪，既根据宽严相济刑事政策给了行为人出路，又与行政处罚措施有效衔接。从本案判决中体现出来的合理司法逻辑，值得处理类似案件时认真考虑。如果超越这本书的范围，去观察我国法院的裁判，也还会发现司法机关在很多时候比我们想象的更敢于担当。在进行判例研究时，需要充分理解实践，不能动辄批评法官，一旦法官的裁判结论不符合我们的内心预设就认为法官判错了。只有理解实践，才能为建构理论与实践相结合的刑法理论体系提供一个好的基础。

第二，反思实践。在裁判的公正性存疑以及说理不当时，刑法理论必须保持对实务的反思精神。本书对实务中容易出现偏差的问题有一些探讨，也表明了作者的态度，而且这一态度的表明是通过充分的论证来实现纠偏的目标。对实务当中明显存在疑问的地方，当我们思考面向实践的刑法学时，这些问题不能回避，不能说一旦重视实践，那法官怎么判都是对的，不应持有这样的逻辑，理论的相对独立性需要保持。

第三，支撑实践。有些司法实践中的做法，当它一直这样做的时候，就需要去思考。理论上无论怎样批评，司法实践都有可能是这样，这个时候需要进一步思考背后的深层次原因，以及理论能否给它一个合理的解释。如果司法实践一直这样做，确实是错的，理论上当然要旗帜鲜明地予以批判，但有的司法实践一贯的立场，背后具有一定的道理，这个时候怎么处理，就需要仔细思考。实践中大量被认可的做法，在现有理论难以作出圆满解释时，也会"倒逼"某些原创理论的形成。

总之，刑法学的发展必须与时代合拍。每一个时代的问题意识都是不一样的，每一个时代的刑法理论的特色也就不同，这也决定了刑法理论研究必须是扎根于我国本土的生活场景，是始终面向司法实践的思考。因此，刑法理论必须善于观察运行中的刑事司法，尽可能尊重司法裁判，观察实务中裁判的"闪光点"，理解司法的难处，将司法实务和经验研究作为检验理论妥当与否的标尺，这样才能真正实现理论和实务的相互贯通。

我国刑事判例研究有广阔的天地，但也长路漫漫，本书的成形也只是一种探索。这本书由我先后三次统改定稿，杨绪峰协助我承担了一部分统稿工作，撰稿人分别为（以姓氏拼音为序）：毕琳（清华大学法学院博士研究生）、程伊乔（清华大学法学院博士研究生）、邓卓行（清华大学法学院博士后研究人员、法学博士）、蒋浩天（清华大学法学院博士研究生）、李淼（中国人民公安大学法学院讲师、法学博士）、刘鹿鸣（清华大学法学院博士研究生）、孟红艳（清华大学法学院博士研究生）、沈晓白（清华大学法学院博士研究生）、杨绪峰（中国政法大学刑事司法学院讲师、法学博士）、周光权（清华大学法学院教授、博士生导师）。我们作为编写者能够体会到这种探索的艰难，但无论如何也总是往前迈上一步。本书的编写是一种尝试，错讹在所难免，我和其他几位作者都诚挚期待读者的不吝赐教！

周光权
2022 年 7 月 30 日于清华园

目 录

1. 类推解释与扩张解释 ……………………………………………… 1
2. "但书"规定的司法适用 …………………………………………… 5
3. 阶层犯罪论的实务运用 …………………………………………… 10
4. 犯罪论体系与共犯的定罪 ………………………………………… 16
5. 单位犯罪主体 ……………………………………………………… 21
6. 不作为犯的作为义务 ……………………………………………… 26
7. 支配领域性与作为义务 …………………………………………… 31
8. 第三人介入的因果关系 …………………………………………… 36
9. 被害人危险接受与结果归属 ……………………………………… 40
10. 被害人的介入与结果加重犯的因果关系 ………………………… 45
11. 犯罪故意中的"危害社会" ………………………………………… 50
12. 具体打击错误的处理 ……………………………………………… 54
13. 因果关系认识错误 ………………………………………………… 58
14. 结果推迟发生与犯罪故意 ………………………………………… 62
15. 过失犯 ……………………………………………………………… 66
16. 间接故意与过于自信过失的区分 ………………………………… 71
17. 结果回避可能性 …………………………………………………… 75
18. 意外事件 …………………………………………………………… 80
19. 结果加重犯的认定 ………………………………………………… 84
20. 对无责任能力者的防卫 …………………………………………… 90
21. 互殴与防卫意思 …………………………………………………… 95
22. 正当防卫的必要限度 ……………………………………………… 99
23. 紧急避险的成立条件 ……………………………………………… 104
24. 被害人承诺 ………………………………………………………… 108
25. 原因自由行为 ……………………………………………………… 113
26. 期待可能性 ………………………………………………………… 118

27	违法性认识	122
28	犯罪预备	127
29	实行的着手	131
30	犯罪未遂与犯罪中止	136
31	不能犯与未遂犯	142
32	未遂犯的量刑	147
33	中止犯的处罚	151
34	间接正犯与教唆犯的区分	157
35	片面对向犯	162
36	共谋共同正犯	167
37	承继的共犯	171
38	共犯的处罚根据	176
39	帮助犯的成立条件	181
40	帮助犯的因果关系	186
41	中立行为与帮助犯	191
42	主从犯的认定	197
43	教唆未遂	201
44	共犯与身份	206
45	死刑适用的限制	211
46	毒品犯罪的死刑适用	216
47	自动投案的认定	221
48	协助抓捕型立功	225
49	规劝他人自首的性质	230
50	累犯与禁止重复评价原则	235
51	追诉期限的延长	240
52	国家出资企业中的国家工作人员	245
53	法条竞合	250
54	想象竞合犯	255
55	牵连犯的认定	260
56	以危险方法危害公共安全罪	265
57	交通肇事罪	271
58	交通肇事后逃逸	275
59	危险驾驶罪的抽象危险	280
60	追逐竞驶型危险驾驶罪	284

目 录

61	妨害安全驾驶罪	288
62	重大责任事故罪	293
63	走私普通货物、物品罪	297
64	骗取贷款罪	302
65	虚开增值税专用发票罪	307
66	串通投标罪	312
67	交易习惯与合同诈骗罪	317
68	组织、领导传销活动罪	321
69	帮助自杀的定性	326
70	故意伤害罪	331
71	过失致人死亡罪	335
72	索债型非法拘禁与绑架罪	339
73	侵犯通信自由罪	344
74	获取公开信息与侵犯公民个人信息罪	348
75	强迫劳动罪的实行行为	352
76	财产罪的保护法益	356
77	财产占有关系	361
78	转化型抢劫罪的"当场"	367
79	非法占有目的	371
80	盗窃罪与职务侵占罪	376
81	诈骗罪与盗窃罪的区分	381
82	不法原因给付与诈骗罪	386
83	敲诈勒索罪	391
84	故意毁坏财物罪的实行行为	396
85	非法控制计算机信息系统罪	400
86	帮助信息网络犯罪活动罪	404
87	聚众斗殴罪	409
88	聚众斗殴致人死伤	413
89	非法采矿罪	418
90	非法买卖制毒物品罪	423
91	村委会组成人员与贪污罪主体	427
92	不法取得被扣押财物与贪污罪	432
93	借贷关系与受贿罪	437
94	收受股份的犯罪数额认定	443

95	斡旋受贿与利用影响力受贿罪 ……………………………	448
96	斡旋受贿犯罪的既遂 ………………………………………	453
97	行贿罪的"谋取不正当利益" ………………………………	458
98	介绍贿赂罪与行贿罪 ………………………………………	464
99	玩忽职守罪 …………………………………………………	469
100	滥用职权罪 …………………………………………………	474

1 类推解释与扩张解释

案情简介

2011年7月23日，甬温铁路浙江省温州市相关路段发生特别重大铁路交通事故（以下简称"7·23甬温线动车事故"）。在事故善后处理期间，被告人秦某某为了利用热点事件进行自我炒作，提高网络关注度，于2011年8月20日使用昵称为"中国秦火火_192"的微博账户编造并散布虚假信息，称原铁道部向"7·23甬温线动车事故"中的外籍遇难旅客支付3 000万欧元的高额赔偿金。该微博先后被转发11 000次，评论3 300余次，引发大量网民对国家公信力的质疑，原铁道部被迫于当夜辟谣。被告人秦某某对动车事故善后工作的展开造成了极其恶劣的影响。

裁判要旨

辩护人认为，秦某某在微博上发布的虚假信息不足以造成公共秩序严重混乱，不应成立寻衅滋事罪。法院认为，"7·23甬温线动车事故"为特别重大铁路交通安全事故，受到全民关注，被告人秦某某在事故善后工作开展期间，编造虚假信息并在网络上散布，起哄闹事，不仅造成网络空间的混乱，也引起现实社会不明真相群众的严重不满，扰乱了政府机关的善后工作。被告人秦某某的行为足以认定为造成公共秩序严重混乱，符合寻衅滋事罪的构成要件，应当以寻衅滋事罪论处，判处其有期徒刑一年六个月。一审宣判后，被告人秦某某未上诉，检察院亦未抗诉，判决发生法律效力。①

评析意见

一、关键问题与裁判思路

我国《刑法》第3条规定了罪刑法定原则。本案的关键问题在于，被告

---

① 参见北京市朝阳区人民法院（2013）朝刑初字第2584号刑事判决书。秦某某还同时构成诽谤罪，在此不作讨论，特此说明。

人秦某某在网络上散布虚假信息，引起社会不良反应，是否符合《刑法》第293条第1款第4项所规定的"公共场所"这一要件。换言之，他的起哄闹事行为发生在网络上，网络是不是该条意义上的"公共场所"，民众在网上大量转发评论，算不算"造成公共场所秩序严重混乱"。如果认为网络空间属于本项所规定的"公共场所"，被告人秦某某的行为就可以成立寻衅滋事罪。反之，倘若认为网络空间不属于本项中的"公共场所"，被告人秦某某的行为就不构成寻衅滋事罪。从法院的判决结果来看，法院显然认为网络属于寻衅滋事罪中的"公共场所"。并且2013年9月6日最高人民法院、最高人民检察院《关于办理利用信息网络实施诽谤等刑事案件适用法律若干问题的解释》第5条也明确规定，在网上散布虚假信息，起哄闹事，造成公共秩序严重混乱的，以寻衅滋事罪论处。由此可见，无论是司法实务，还是司法解释，都认为网络空间属于寻衅滋事罪中的"公共场所"。本案中，法院也是以此为由，认定被告人成立寻衅滋事罪。

二、相关学理分析

刑法适用中的类推解释和扩张解释的界限极其模糊。网络是否属于寻衅滋事罪中的"公共场所"与罪刑法定原则紧密关联，对其理解在学理上历来有争议，主要存在肯定说和否定说两种立场。

（一）关于寻衅滋事罪中网络空间属性的理论争议

1. 肯定说

该说认为将网络空间解释为寻衅滋事罪中的"公共场所"只不过是扩张解释而已，并不违反罪刑法定原则。行为人在网上散布言论，起哄闹事，造成不良影响的，可以成立寻衅滋事罪。

首先，现代社会已经进入信息社会，网络空间具有公共特征，对"公共场所"作扩大解释是完全可以接受的。信息社会和传统社会最大的不同，就是很多活动不再像以前那样在实体场所开展，公众的讨论也不是只能找个广场或者会议室进行。现在，这些活动或者讨论很大一部分都是在网络空间中开展的，既然现实的公众聚集空间可以被视为公共场所，就没有理由认为网络空间不属于公共场所。从体系解释的角度看，以开设赌场罪为例，就不能仅仅将赌场理解为现实中的场所，对于那些在网络上组织赌博的行为，同样有必要以开设赌场罪论处。由此可见，赌场是场所，在网络上组织赌博可以认定为开设赌场罪，那么网络当然属于公共场所。[①] 如果承认网络上有赌场这样的场所，就应当认为网络空间属于公共空间，可以成为寻衅滋事行为的发

[①] 卢勤忠，钟菁. 网络公共场所的教义学分析. 法学，2018（12）：92.

生地。其次，对《刑法》第 293 条第 1 款第 4 项"公共场所"的解释，可以和对《刑法》第 291 条聚众扰乱公共场所秩序、交通秩序罪中的"公共场所"的解释不一致。聚众扰乱公共场所秩序罪明确规定了车站、码头、民用航空站、商场、公园、影剧院、展览会、运动场或者其他公共场所这些地点，根据同类解释原则，《刑法》第 291 条列举的地点都是实体空间，因此后面的其他公共场所就也应当理解为实体空间。但是，寻衅滋事罪并没有像聚众扰乱公共场所秩序这样明确列举属于公共场所的地点，所以就为将网络空间解释为公共场所留出了余地。亦即，寻衅滋事罪的构成要件难以制约我们将网络空间解释为"公共场所"。从功能对比上看，网络空间具有公共特性，现实世界中的公共场所也具有公共特性，二者在特征和功能上是完全一样的。从目的解释的角度出发，没有理由只将寻衅滋事罪中"公共场所"限定在现实世界之中。最后，在网络空间起哄闹事或许不会造成网络空间中的秩序混乱，却可以造成现实世界的秩序混乱。①

2. 否定说

此说主张网络空间不属于寻衅滋事罪中的"公共场所"，将网络空间解释为"公共场所"，进而肯定在网络中起哄闹事的行为构成寻衅滋事罪，是罪刑法定原则所不允许的类推解释。其一，《刑法》第 293 条第 1 款第 4 项规定的是造成"公共场所"秩序严重混乱，而不是"公共秩序"严重混乱。在网络上起哄闹事的，最多只能造成公共秩序严重混乱，却无法给公共场所造成秩序严重混乱。其二，在信息网络空间起哄闹事，如果仅导致网络空间秩序混乱，或者仅给人们带来心理上的恐慌，那么这一行为就不可能引起现实社会中公共场所的秩序混乱，不应以寻衅滋事罪论处。② 这是因为，所谓公共场所秩序严重混乱，一定是客观表现出来的秩序混乱，比如民众惊慌失措、四散奔逃、相互踩踏，这种情况在网络空间中是绝对不可能发生的。网络空间中只可能发生"骂战"、散布信息等引起他人心理恐慌的情况，不可能出现上述仅在现实中才能发生的情形。而单纯引起民众心理恐慌的行为，并不足以成立寻衅滋事罪。其三，《刑法》第 293 条第 1 款第 4 项在两处使用"公共场所"概念，前者是行为发生场所，后者是结果发生场所，二者应当具有同一性，即行为发生的场所和结果发生的场所必须在性质上是一样的。因此，倘若认为网络空间属于"公共场所"，就只有当起哄闹事行为引起网络空间秩序本身严重混乱的，才符合上述的同一性标准，否则就不能将在网络空间起哄闹事行为认定为寻衅滋事罪。但是，导致网络空间秩序严重混乱的行为不可

---

① 曲新久. 一个较为科学合理的刑法解释. 法制日报，2013-09-12 (7).
② 周光权. 刑法各论. 4 版. 北京：中国人民大学出版社，2021：424.

能成立寻衅滋事罪,只可能成立破坏计算机信息系统罪。①

(二)关于本案判决的简要评述

前已述及,肯定说认为应当将网络空间解释为寻衅滋事罪中的"公共场所"。就本案而言,既然网络空间属于"公共场所",秦某某的行为又被认定为起哄闹事,那么就可以合理得出结论,他是在公共场所起哄闹事。加上其行为引起不良的社会反应,自然应当成立寻衅滋事罪。按照否定说,秦某某在微博上散布虚假信息的行为只是引发大量民众转发、评论、关注,在网络上没有破坏计算机信息系统,现实中也未造成公共秩序的严重混乱。民众虽然心理受到影响,但生活依然平静。从这个意义上说,秦某某在微博上散布虚假信息的行为难以成立寻衅滋事罪。虽然本案判决采用了肯定说的立场,但学界的多数说为否定说,即从刑法谦抑性的角度出发,学者主张应该对该构成要件的解释进行限制,避免类推适用刑法,不承认在网络空间可以成立寻衅滋事罪。

三、延伸思考

秦某某案件发生在2011年,彼时我国刑法还没有明确的罪名规制这种在网络上散布虚假信息,造成国民不安的行为。因此,基于处罚必要性的考虑,就不得不考虑重新解释寻衅滋事罪第1款第4项中的"公共场所",以便将这种行为纳入刑事处罚范围。也由此,才出现了"勉强解释""强行解释"的困境。但是,2015年《刑法修正案(九)》在第291条之一中增设了第2款编造、故意传播虚假信息罪,即"编造虚假的险情、疫情、灾情、警情,在信息网络或者其他媒体上传播,或者明知是上述虚假信息,故意在信息网络或者其他媒体上传播,严重扰乱社会秩序的,处三年以下有期徒刑、拘役或者管制;造成严重后果的,处三年以上七年以下有期徒刑"。在此之后,行为人再到网上散布虚假信息的,就直接以本罪论处即可。但是,该罪其实并没有完全填补寻衅滋事罪的空白。这是因为,该罪的行为对象只限于有关险情、疫情、灾情、警情的虚假信息,其他虚假信息则不在其中。这就意味着,网络空间是否属于寻衅滋事罪中的"公共场所",依然是一个棘手的问题,还需要学术界和实务界进一步讨论,最终作出妥当的解释。

(邓卓行 撰写)

---

① 张明楷. 刑法学. 下. 6版. 北京: 法律出版社, 2021: 1400.

2　"但书"规定的司法适用

案情简介

被告人王某某之母夏某某因"肝硬变腹水"病情加重，于1987年6月23日住院治疗，被告人蒲某某为主管医生。6月28日，夏某某病情加重，昏迷不醒。王某某要求主管医生蒲某某给其母施用某种药物，让其母无痛苦死亡，遭到蒲某某的拒绝。在王某某再三要求并表示愿意签字承担责任后，蒲某某给夏某某开了100毫克复方冬眠灵，在处方上注明是家属要求，并由护士注射。当日下午王某某见其母未死，便两次去找值班医生李某某，李某某按照蒲某某的要求，又给夏某某开了100毫克复方冬眠灵，由值班护士注射，夏某某于次日凌晨死亡。

裁判要旨

一审法院认为被告人王某某、蒲某某的行为均属于剥夺公民生命权利的故意行为，但情节显著轻微，危害不大，不构成犯罪，遂判决被告人蒲某某、王某某无罪。[1] 一审宣判后，检察院提出抗诉，二被告人亦提起上诉。二审法院认为，上诉人在被害人死亡已成不可逆转的定局的情况下，产生并选择了减轻其死亡痛苦的方法，虽剥夺了被害人的生命，但属于特定情况下的特定行为，其社会危害性未达到刑法规定的构成犯罪的程度。上诉人蒲某某为被害人注射复方冬眠灵的总量没有超出正常范围，仅加深了患者的昏迷程度，促进了死亡，并非其死亡的直接原因，但其注射药物的目的是为了促使被害人死亡，亦属剥夺公民生命权利的故意行为，因情节显著轻微，危害不大，故上诉人王某某、蒲某某均不构成犯罪，遂裁定维持一审判决。[2]

---

[1] 王鸿麟. 关于我国首例安乐死案件判决——汉中市法院宣告两被告无罪. 中国医学伦理学，1991 (3)：21；对该案一审庭审情况的记载，另见首招勤. 我国首例"安乐死"案庭审纪实. 法律科学，1990 (3)：79-81.

[2] 王鸿麟. 我国首例"安乐死"案件终审结案. 人民司法，1992 (10)：36.

评析意见

一、关键问题与裁判思路

本案是我国首例"安乐死"案件,由于当时世界上只有少部分国家的立法规定了"安乐死"问题,医学界的讨论也很不一致,因而引起了较大的关注和争议。当时法院内部主要存在以下几种意见:(1)二被告人的行为均已构成故意杀人罪,但该案社会危害性较小,比较轻微,应对其免予刑事处罚;(2)二被告人的行为显著轻微,危害不大,应适用"但书"的规定宣告无罪;(3)二被告人的行为实质上不是故意杀人行为,应比照故意杀人罪的规定,类推为"安乐死致人死亡罪",并报最高人民法院批准。①它们的争议焦点在于,二被告人实施的行为是否具有社会危害性?如何对其定罪处刑?

其中,第二种观点的主要理由是,安乐死希望和追求的不是死亡结果,而是通过人工调节来改变濒死前的痛苦,符合垂危病人的利益,故不具有社会危害性。本案中,被害人的死亡已不可避免,正遭受巨大的痛苦,两名被告人实施"安乐死"的动机,在于减轻被害人的这种痛苦,而不是剥夺被害人的生命,且复方冬眠灵只是促进了被害人的死亡,并非其死亡的直接原因,故两名被告人的行为均不具有社会危害性。②不难看出,一审、二审判决的具体说理和上述内容基本一致,不同之处则在于前者没有对安乐死的性质进行评价,而是直接以"但书"规定作为出罪根据。③

二、相关学理分析

(一)"但书"的基本含义

对于在形式上符合犯罪构成要件,但对法益(社会)只有轻微的损害的行为,应当如何处理,是每一个国家都必须面对的问题。我国采取的路径是,在刑法总则中规定这类行为自始不构成犯罪。具体而言,我国《刑法》第13条首先从法益侵害性和刑事违法性这两个角度,正面地阐明了犯罪的实质内容和法律特征,随后通过"但书"从反面强调,只有行为的情节和危害达到值得科处刑罚的程度,才构成犯罪。

---

① 王鸿麟. 关于我国首例"安乐死"案件. 人民司法,1990(9):39-40.
② 王鸿麟. 关于我国首例"安乐死"案件的几种处理意见及理由(下). 中国医学伦理学,1990(6):59-60.
③ 一审期间,陕西省高级人民法院曾就本案向最高人民法院请示,最高人民法院批复认为:"安乐死的定性问题有待立法解决,就本案的具体情节,不提安乐死问题,可以依照《刑法》第10条(修订前)的规定,对蒲、王的行为不作犯罪处理。"参见:当事人披露我国首例安乐死案审判始末(2003-06-25). http://www.hncourt.gov.cn/public/detail.php?id=5742.

关于"但书"的含义，需要注意以下两方面内容：首先，"但书"中的"情节"，是指影响行为的法益侵害性，以及行为人的非难可能性的各种因素，如犯罪对象、行为样态、危害结果，行为人的年龄、精神状况、期待可能性等。至于行为是否属于"显著轻微危害不大"，则需要结合案件事实进行综合判断。其次，"不认为是犯罪"，是指这类行为自始不构成犯罪，而非原本构成犯罪，只是不作为犯罪处理。换言之，不构成犯罪的行为，必然具有"情节显著轻微危害不大"的特征。

（二）"但书"的司法功能

在刑法知识转型的过程中，我国学者围绕着"但书"展开了激烈的争论。[①] 尽管理论界对于"但书"的体系定位尚未达成共识，但自本案以来，实务界一直将"但书"作为独立的出罪事由。支持这种做法的学者认为，"但书"不仅是刑法分则中罪量要素的总括性概念，而且具有独立的出罪功能，实践中大量存在已经符合具体犯罪的构成要件，但仅凭此无法断定其已经达到值得科处刑罚程度的行为，此时就应当通过"但书"，将原本要认定为犯罪的行为排除出去。[②] 此即"出罪标准说"。按照这种观点，认定犯罪应当首先形式地判定行为是否符合构成要件，随后实质地判断是否有必要通过"但书"否定实质违法性。与之相对，"入罪限制条件说"主张，"但书"的机能仅局限于入罪限制，在认定犯罪时，应当将"但书"作为认定行为是否符合构成要件的指导，对于情节显著轻微危害不大的行为，只能以它们原本就不符合构成要件，或者不满足其他犯罪成立条件[③]为由出罪，而不能直接根据"但书"宣告无罪。[④] 其背后的理念是，无论是入罪还是出罪，都应当围绕着犯罪成立条件的审查来进行，"但书"只是认定犯罪的注意规定，而非法律拟制。[⑤]

不难看出，"出罪标准说"更强调犯罪概念的实质侧面，而"入罪限制条件说"更强调犯罪概念的形式侧面。在早期的文献中，有观点认为直接适用"但书"出罪可能与《刑法》第3条中"法律明文规定为犯罪行为的，依照法律定罪处刑"的表述相冲突，进而有违反罪刑法定原则之嫌。[⑥] 尽管今天多数学者已不再倾向于将前述规定理解为罪刑法定原则的内容，但仍肯定其具有防止司法人员随意出罪的含义。

---

① 王华伟. 刑法知识转型与"但书"的理论重构. 法学评论, 2016 (1): 69-73.
② 储槐植, 张永红. 善待社会危害性观念——从我国刑法第13条"但书"说起. 法学研究, 2002 (3): 92-93.
③ 这里的"犯罪成立条件"，是指犯罪成立所需要具备的一切前提要素，在阶层犯罪论下，是指行为符合构成要件，且不具有犯罪排除事由。
④ 张明楷. 刑法学. 6版. 北京: 法律出版社, 2021: 119.
⑤ 周光权. 刑法总论. 4版. 北京: 中国人民大学出版社, 2021: 5.
⑥ 王尚新. 关于刑法情节显著轻微规定的思考. 法学研究, 2001 (5): 21-22.

在社会危害性理论下，作为出罪条件的"但书"和作为入罪手段的类推是一体两面的关系①，它们均试图扩大法官的自由裁量权，弱化构成要件在定罪中的基础作用，从而间接地损害法律适用的安定性。因此，尽管适用"但书"对被告人有利，但在社会危害性标准已被罪刑法定原则取代的今天，不宜过度强调"但书"对于克服构成要件局限性的意义，而是要在"但书"理念的指引下，对构成要件进行实质解释，并以"但书"为基础整合各种出罪事由。在这个意义上，"入罪限制条件说"更为可取。

目前已有不少实证研究表明，"但书"在司法实践中存在错用、滥用的情形，前者主要表现为将原本构成犯罪的行为以"但书"出罪，后者主要表现为将原本不符合构成要件，或者具有法定犯罪排除事由的行为以"但书"出罪。② 这些情形的出现，在很大程度上是因为司法人员没有充分掌握定罪的方法论，从而在情感上倾向于出罪，在无法结合犯罪成立条件展开论证时，就只能通过"但书"进行整体的判断。

笔者认为，当务之急在于纠正实务中滥用"但书"的情形，在个案中加强说理。为此，应当树立起下列观念：（1）"但书"体现的是不法和责任的"量"而非"质"，对于那些侧重于"有无"的构成要件要素，如身份、对象、因果关系等，不宜援引"但书"，而应直接以行为不符合相应犯罪的构成要件为由出罪；（2）对于已被类型化为分则罪状的罪量要素，如数额、情节等，亦不宜援引"但书"，而应直接以不符合相应犯罪的构成要件为由出罪；（3）犯罪概念解决的是罪与非罪的问题，和量刑问题应有所区别，故单纯影响量刑的情节如被告人的动机、犯罪后的态度、是否有前科、是否积极赔偿损失等，都不宜作为适用"但书"的理由；（4）对于有证据证明不存在任何危险的抽象危险犯，或者涉及被害人承诺、违法性认识可能性、期待可能性等超法规的犯罪排除事由的场合，应当先论证行为不符合犯罪成立条件，随后才能适用"但书"宣告无罪。

（三）对被告人刑事责任的分析

在"入罪限制条件说"下，"但书"只是出罪的指导原则，而不是排除犯罪的具体标准，对于"但书"必须理解为，行为不符合犯罪成立条件，因而被认定为"情节显著轻微危害不大"。据此，如果要将本案中两名被告人的行

---

① 刘家汝. 但书规定：一个比较刑法下的考察//陈兴良. 刑事法评论：第37卷. 北京：北京大学出版社，2016：180.

② 王华伟. 中国刑法第13条但书实证研究——基于120份判决书的理论反思. 法学家，2015 (6)：90-93；崔志伟. "但书"出罪的学理争议、实证分析与教义学解构. 中国刑事法杂志，2018 (2)：10-18；刘树德，潘自强. 裁判文书说理视角下的"但书"研究——基于157份无罪裁判文书的分析. 中国应用法学，2020 (1)：142-145；杜治晗. 但书规定的司法功能考察及重述. 法学家，2021 (3)：144-145.

为出罪，不应从整体上考察"安乐死"是否具有社会危害性，而是要考察两名被告人的行为是否符合故意杀人罪的构成要件，以及是否具有犯罪排除事由。

然而，很难认为本案中存在这样的情形。一方面，尽管鉴定结论显示复方冬眠灵只是加速了被害人的死亡，但这是一种假定的因果关系，不能因为如果不对被害人注射复方冬眠灵，被害人也会因病死亡，而否认该行为制造了死亡风险，故而应当肯定两名被告人的行为与被害人死亡结果间的因果关系。另一方面，两名被告固然是为了减轻被害人的痛苦，但这仅仅属于犯罪动机，在实施"安乐死"行为时，他们已认识到该行为会导致被害人的死亡，并且希望这种死亡结果的发生，具有杀人的故意。因此，两名被告人的行为构成故意杀人罪的共同犯罪。而被害人承诺、紧急避险、期待可能性等出罪事由，在本案中亦难有适用的空间。因此，本案中两名被告人的行为均构成故意杀人罪。本案中法院提出的各项论据，只能对量刑产生影响。此时根据贯彻宽严相济的刑事政策，对两名被告人予以定罪免刑是更妥当的做法。

三、延伸思考

"刑法中的安乐死问题，本质上是如何在尊重患者自主决定权与保护患者生命法益之间寻求平衡的问题。"① 本案距今已超过三十年，但我国对于"安乐死"的态度并未发生根本的改变。在德国，刑法理论将"安乐死"称为死亡帮助行为，在医生基于病患的要求或至少是出于病患的假定意愿，缩短了病患的预期寿命的场合，可以进一步分为以下几种情形：（1）间接的、积极的死亡帮助，即对病患采取能够减轻痛苦，但会缩短其生命的治疗措施，德国通说认为，这种情形下存在杀人行为，但可以根据《德国刑法典》第35条的阻却违法的紧急避险以正当化；（2）直接的、积极的死亡帮助，即基于患者的意志，通过注射等方式直接地杀死他，德国通说认为这种情形符合故意杀人罪或者受嘱托杀人罪的构成要件，具有可罚性；（3）消极的死亡帮助，即在病患陷入不可逆转的昏迷状态或者身患重症时，基于病患的意愿或假定意愿，对其放弃生命维持装置，由于取消了医生的保证人地位，这种行为是不可罚的。② 德国刑法的规定对我国具有借鉴意义，值得进一步研究。

（蒋浩天 撰写）

---

① 王刚.德国刑法中的安乐死——围绕联邦最高法院第二刑事审判庭 2010 年判决的展开.比较法研究，2015（5）：106.
② 埃里克·希尔根多夫.医疗刑法导论.王芳凯，译.北京：北京大学出版社，2021：66-71.

3 阶层犯罪论的实务运用

案情简介

2008年7月7日至2015年3月29日间,被告人邱某安、冯某、韩某某与同案犯邱某立(因病中止审理)利用相同的手法,分别冒充老板、算命大师、老板司机等角色,合伙多次行骗。其中邱某安涉案5起,涉案金额共计237 600元;冯某涉案4起,涉案金额204 000元;韩某某涉案4起,涉案金额158 000元。被害人周某还原的具体犯罪过程是:邱某安自称"老板",以"包夜"的方式将被害人骗至宾馆,在交谈中套取被害人个人信息。次日早晨,邱某立冒充邱某安的秘书来到房间,称"已找到风水大师给老板看风水",并将冒充风水大师的冯某带到宾馆,给邱某安"看风水"后,又按照邱某安事先发到他手机上的信息,给被害人算命,称其要有灾难,让其拿出现金发功破灾,事后将钱如数归还。被害人从银行取钱交给冯某,冯某用红布将钱包好,后将被害人引到卫生间"发功",并让其购买红内衣和红鲤鱼放生。此时邱某安借机用另一个事先准备好的装着白纸的红色包裹将装有现金的包裹调包,由冯某带离现场,后邱某安亦以给被害人买内衣和鲤鱼为由离开现场。

裁判要旨

一审法院认为,被告人邱某安、韩某某、冯某以非法占有为目的,采用虚构事实的方法骗取他人财物,数额巨大,三被告人的行为已构成诈骗罪。宣判后,三被告人提起上诉。二审法院认为,上诉人邱某安、冯某、韩某某以非法占有为目的,采取虚构事实、隐瞒真相的手段调换窃取他人钱财,其行为已构成诈骗罪,遂裁定驳回上诉、维持原判。①

---

① 参见河北省衡水市中级人民法院(2016)冀11刑终317号刑事裁定书。

评析意见

一、关键问题与裁判思路

本案的关键问题是，应当认定被告人邱某安、韩某某、冯某实施的行为构成诈骗罪还是盗窃罪。

对此，法院认定三名被告人构成诈骗罪，但并未详细说明理由。不过，在处理此类"调包诈骗"的案件中，司法上的思路总体是相似的：被告人具有骗取他人钱财的故意，基于这种意思所实施的设置圈套的行为中，或多或少具有"骗"的成分，并且基于其欺骗行为取得了他人财物，因此应当认定为诈骗罪。① 显然，这种先主观、后客观的定罪思路受到四要件体系的影响，下文以阶层体系为视角，对本案进行考察。

二、相关学理分析

（一）阶层犯罪论体系的基本逻辑

所谓犯罪论体系，是指将成立犯罪的各种构成要素加以组织化、有序化排列，并对犯罪成立与否进行合理化、功能化的知识系统。犯罪论体系既是认定犯罪的工具，又能够防止刑事司法实务人员专断、恣意地运用刑罚权。② 根据陈兴良教授的梳理，犯罪论体系的方法论意义表现在以下方面：（1）操作规程。定罪活动是法律规定和案件事实的耦合过程，只要按照犯罪论体系的逻辑顺序进行推演，就能够完成定罪。（2）检验工具。在复杂的案件中，犯罪论体系能够给犯罪的检验提供各种法教义学的规则。（3）思维方法。即使经验丰富的法官未必会严格按照犯罪论体系进行定罪操作，但其思维过程仍会遵循犯罪论体系的要求。③

进入21世纪以来，来自德国、日本的阶层犯罪论体系在我国逐渐成为有力说，并与在20世纪继受自苏联的四要件犯罪论体系渐成分庭抗礼之势。按照阶层犯罪论体系的逻辑，犯罪是指符合构成要件、违法且有责的行为。它和四要件犯罪论体系的核心差异在于：（1）是否区分不法和有责；（2）体系

---

① 周光权．刑法公开课：第1卷．北京：北京大学出版社，2019：38.
② 前田雅英．刑法总论讲义．6版．曾文科，译．北京：北京大学出版社，2017：16.
③ 陈兴良．转型中的中国犯罪论体系．现代法学，2014（1）：69-71.

内部是否存在严格的位阶关系[①]；（3）是否将犯罪客体作为犯罪论体系的内容。这些差异会对定罪思维产生影响，例如：不法和罪责的区分，不仅关系到正当防卫的成立范围，还会对共同犯罪的认定方法产生影响；是否坚持从客观到主观认定犯罪，会影响犯罪审查的顺序；而是否将犯罪客体作为犯罪论体系的内容，则会涉及是否要在认定犯罪时首先对行为社会危害性的有无及大小作整体的、实质的判断等。

在深受德国法影响的国家和地区，阶层犯罪论体系是每一个刑法初学者所必须建立的思维模式，法学院学生对所接触的每一个刑事案件，都必须严格按照阶层体系的逻辑顺序进行分析。具体的分析步骤，则会根据罪名和犯罪形态的不同，而有所差别。

（二）阶层犯罪论体系的实际运用

在使用阶层犯罪论体系分析案例时，首先应在脑海中假设"被告人的某一行为可能构成某罪"，从而确定分析的方向。具体而言，应当首先判断是否符合该罪的客观构成要件，其次判断是否符合该罪的主观构成要件，如果均符合，原则上即成立犯罪，仅在根据案情可能具有违法阻却事由或责任阻却事由的场合，才专门审查违法性和责任。

本案所涉及的犯罪首先是诈骗罪，其三阶层检验架构大体如表1所示。

表1　诈骗罪的三阶层检验架构（《刑法》第266条）

1. 构成要件符合性
　　1.1 客观构成要件
　　　　1.1.1 欺诈行为
　　　　1.1.2 相对人陷入认识错误
　　　　1.1.3 相对人基于认识错误处分财产
　　　　1.1.4 行为人取得财产
　　　　1.1.5 被害人遭受损害
　　1.2 主观构成要件
　　　　1.2.1 故意
　　　　1.2.2 非法占有目的
2. 违法性
3. 有责性

[①] 需要指出的是，阶层犯罪论体系中审查的顺序不是完全固定的，例如就存在犯罪故意、过失等主观要素是摆在构成要件符合性阶层审查还是摆在责任阶层审查的争议，但是，这种争议源自对不法本质的不同理解，阶层体系还是坚持了从不法到责任的位阶性。相反，虽然不少国内学者按照客体—客观方面—主体—主观方面的顺序对四要件进行排序，但是，这种排序不具有固定性，而仅仅作为对四要件逻辑顺序的一种理解存在，故即使四要件也能按照从客观到主观的顺序排列，仍然不能认为四要件和阶层犯罪论体系一样具备位阶性。

然而，单纯按照上述架构，仍无法直接进行分析，因为本案中存在多个被告人，还应考虑共同犯罪的问题。"共同犯罪的认定应当以不法为重心（从不法到责任）、以正犯为中心（从正犯到共犯）、以因果性为核心（从物理因果性到心理因果性）。"① 换言之，共同犯罪是不法形态，根据共犯的从属性原理，应当先判断案件中是否存在一个"故意不法主行为"（正犯行为），随后根据因果共犯论，确定哪些共犯人属于教唆犯和帮助犯。不过，本案中的情形较为简单，因为三名被告人通过分工合作的方式，各自分担了一部分犯罪行为，进而共同实行了犯罪计划，属于共同正犯。此时就只需要判断三名被告人是否具有共同的行为决意和共同的犯罪行为，而这些因素在本案中已经具备。因此，接下来就需要判断三名被告人的行为是否完整地实现了诈骗罪的构成要件。

诈骗罪客观要件的基本构造是，行为人实施欺骗行为—对方产生（或继续维持）错误认识—对方基于错误认识处分财产—行为人或第三者取得财产—被害人遭受财产损害。本案中，三名被告人虚构身份，套取被害人信息，并使被害人相信了"大师"所称的事实。被害人显然已因为行为人的欺骗行为而陷入错误认识。然而，被害人并没有基于错误认识而处分财产。这是因为，诈骗罪中的财产处分意味着行为人有意识地将自己的财产转移到他人的占有之下，本案中被害人取出涉案钱款，且用红布特别包好，是为了将其作为"大师"做法的道具，其缺乏转移涉案钱款的占有的意思（处分意思），并没有处分财物，因而三名被告人实施的是以平和手段改变财产占有关系的行为，应当构成盗窃罪而非诈骗罪。

（三）阶层犯罪论体系能够为司法实践所接纳

有观点认为，阶层犯罪论体系具有过于强调体系且脱离司法实践的弊端，全盘引入阶层犯罪论体系不仅严重脱离我国司法实践，也不具有可操作性。② 但在笔者看来，阶层犯罪论体系能够为司法实践所接纳。

首先，司法实践需要体系性思考。四要件体系和阶层体系的区别，从形式上看在于是否区分不法和罪责，犯罪认定是否遵循固定的判断顺序，是否将犯罪客体作为犯罪论体系的内容等；从实质上看则在于体系化程度的差异。由于四要件体系在结构上的松散，以至于审查的顺序几乎只能由使用者的直觉所决定；它在体系化程度上的不足也使得它无法发展出精细的下位理论，进而无法为论证提供足够的技术支持，这就使得它在适用过程中容易过度强调结论的合目的性，而忽视了法的安定性，最终不利于实

---

① 张明楷. 共同犯罪的认定方法. 法学研究，2014（3）：24.
② 贾宇. 刑法学：上册·总论. 北京：高等教育出版社，2019：93.

其次，不同体系在适用上的差异更多体现在思维顺序而非判断结论上。对于实务人员而言，只要能够选择一个"标准体系"（不论是新古典体系还是新古典·目的论综合体系）并一以贯之，就能够享受到体系性思考所带来的种种便利，而不用拘泥于繁复的体系构造。①

最后，采取阶层犯罪论体系，未必一定要使用德国、日本的刑法术语。只要在肯定不法和有责的区分的基础上，按照先客观后主观、先一般后特殊、先形式后实质、先定罪事由后辩护事由的顺序思考案件，就能够把握阶层犯罪论体系的精神实质。② 换言之，采取阶层犯罪论检验犯罪，主要是为了增强全面性，避免出错，但认定犯罪的思维过程，并不必然要全部反映到裁判文书上，换言之，实务人员完全可以在脑海里按照阶层犯罪论将犯罪检验一遍，确定核心争议点之后，再围绕争议点撰写裁判文书。这样的做法既发挥了阶层犯罪论体系的实践优势，又满足了我国司法文书的格式要求。

三、延伸思考

阶层犯罪论体系从根源上是一种定罪的思维方法，其目的和归宿，都应当是司法实践。因此，要想使司法实践真正接受阶层犯罪论体系，就必须把它从书本上，从抽象的理论中"拉"下来。单纯的学术讨论无益于展现阶层体系的真正优势，案例评析才是展现体系性思考魅力的舞台。

然而，学习运用阶层体系是一个漫长的过程，让已经形成自身的案例分析习惯的实务人员转变观念，无异于让武林高手重新回到扎马步的阶段，并不现实。因此，法律适用能力的培养需要贯穿在法学教育之中，让阶层犯罪论体系进入法院的根本途径是让阶层犯罪论体系进入法学院。在此过程中，有必要借鉴德国法学院所采取的鉴定式案例分析教育。③ 目前来看，有两方面的工作需要特别引起学者的关注：一是结合我国刑法条文，吸收刑法学界对犯罪论体系和各犯罪形态的研究成果，形成相应的"检验架构表"供初学者学习、训练，因为已有的"检验架构表"基本上是源自德国刑法的规定，无法直接用于中国的司法实践；二是结合热点案例、法考主观题等撰写鉴

---

① 换言之，之所以会产生阶层体系过于强调体系、过于繁复的印象，是因为人们试图将过去一百多年来形成的数种阶层犯罪论体系摆在一个平面上比较，而忽视了它们是特定历史时期的产物。
② 周光权. 刑法总论. 4版. 北京：中国人民大学出版社，2021：88.
③ 关于刑法鉴定式案例分析的写作方法，可参见埃里克·希尔根多夫. 德国大学刑法案例辅导（新生卷）. 黄笑岩，译. 北京：北京大学出版社，2020；蔡圣伟. 刑法案例解析方法论. 3版. 台北：元照出版社，2020；陈璇. 刑法鉴定式案例分析方法导论. 燕大法学教室，2021（1）：59-79.

定式案例分析报告，以此向学生乃至实务人员展现体系性思考的魅力，并方便其模仿。①

(蒋浩天　撰写)

---

① 目前质量较高的刑法鉴定式案例分析报告包括：车浩. 嫉恨的保姆（上）. 燕大法学教室，2021 (1)：133-159；徐凌波. 溺水的被害人——故意伤害致人死亡的结果归责. 燕大法学教室，2021 (1)：133-159；车浩. 嫉恨的保姆（下）. 燕大法学教室，2021 (2)：122-143；李世阳. 鉴定式案例分析方法的展示——以"涞源反杀案"为素材. 燕大法学教室，2021 (3)：86-101.

4　犯罪论体系与共犯的定罪

案情简介

2013年9月，被告人张雪某（1995年12月12日生）通过朋友肖某介绍认识张某（2000年10月24日生），互加QQ后聊天并获知张某2000年出生并就读初中一年级。9月22日，张雪某与张某相约，趁张某家无人去她家里玩并发生性关系，张某同意后，张雪某又联系了林某（2000年3月22日生）并表示两人可以一起在张某家与她发生关系，林某同意前往。9月24日张雪某与林某至张某家中，并先后与张某发生了性关系。

裁判要旨

法院经审理认为：被告人张雪某明知被害人张某系未满十四周岁的幼女，仍与林某经合谋后轮流与张某发生性关系，其行为已经构成强奸罪，且属于"二人以上轮奸"，应适用《刑法》第236条第3款第4项的规定对张雪某定罪量刑。"二人以上轮奸"情节是普通强奸罪的法定刑升格的依据，是一个事实情节，而非"轮奸罪"，不能以认定犯罪的标准来认定加重量刑情节，二者之间存在本质区别，不能也不需要要求"二人以上轮奸"情节符合犯罪构成要件，"轮奸"中的二人无须符合犯罪主体要件，即不需要是具备刑事责任能力的人。林某个人未达刑事责任年龄，不符合强奸罪的犯罪主体要件，仅仅使林某无须承担刑事责任，对"二人以上轮奸"的事实没有影响。鉴于张雪某犯罪时未满十八周岁，系未成年人犯罪，且到案后检举他人犯罪，经查证属实，属立功，故对张雪某予以较大幅度减轻处罚，判处有期徒刑四年。宣判后，被告人未提起上诉，公诉机关未提出抗诉，判决已发生法律效力。[①]

[①] 参见江苏省无锡市惠山区人民法院（2014）惠少刑初字第2号刑事判决书。

评析意见

一、关键问题与裁判思路

本案的关键问题在于轮奸的成立是否要求各行为人均达到刑事责任年龄、具有刑事责任能力。一审法院从"二人以上轮奸"是单纯的量刑规则还是加重构成要件的讨论出发,认为这是一个量刑情节,其成立不要求参与人都具有刑事责任能力,在此基础上肯定对张雪某适用轮奸的法定刑。本案判决得出肯定轮奸成立也是司法实践通常的做法。但是法官后语中讨论的轮奸属于量刑规则还是加重构成要件,这一争议其实所指向的是轮奸是否存在未遂形态的问题,而非本案的关键问题。"轮奸"是强奸罪的实行共同正犯类型,因此,本案所牵涉的问题应当是共同犯罪主体是否必须都是具有刑事责任能力的人,其背后是犯罪构成四要件说和阶层论哪一种理论更为合理的问题。

二、相关学理分析

我国刑法通说认为成立共同犯罪需要具备三个条件:(1)共同犯罪的主体必须是两个以上达到刑事责任年龄、具有刑事责任能力的人或单位;(2)必须二人以上具有共同犯罪行为;(3)必须二人以上具有共同的犯罪故意。[①] 但是,四要件说同时在不法与责任层面混合认定共同犯罪并不妥当,构成要件该当性、违法性和有责性的阶层犯罪论的合理性是不言而喻的。

(一)犯罪构成四要件说的不足

赞成四要件说的学者大多倾向于认为,对完全无刑事责任能力的精神病人或13周岁的人实施抢劫、强奸等危害行为的案件,因犯罪主体要件不具备而排除行为人犯罪性,很早就能够得出其无罪、刑法不用去理会行为人的结论。不需要像三阶层论那样要等到作出构成要件该当性、违法性判断之后,在有责性阶段才认定被告人无罪。因此,一般认为,在行为人是无责任能力的精神病人或未达到刑事责任年龄的未成年人时,四要件说比阶层论更为优越,阶层理论就不再发挥作用。[②]

必须指出,四要件说的上述说法看似有理,但实属简单化思维,是缺乏体系思考的表现,因为这样的结论仅以单独犯(直接正犯)为思考原型,没

---

① 高铭暄,马克昌. 刑法学. 北京:北京大学出版社,2019:160.
② 彭文华. 犯罪的价值判断与行为的归罪模式. 法学,2016(8):54.

有一体地考虑犯罪论体系在共犯论中的运用问题。在13周岁的甲单独抢劫时，四要件说的思考看起来简便易行。但是，如果20周岁的乙为甲望风，如何处理乙对四要件说而言就是一个难题。再如，15周岁的丙抢夺财物，按照四要件说很容易得出其无罪的结论，但25岁的丁事后为丙销售赃物的，根据四要件说如何处理丁也并非易事。按照四要件说，前述甲、丙因未达到刑事责任年龄，均不是"犯罪的人"，在犯罪主体要件不齐备时，甲与乙、丙与丁"二人以上"共同犯罪这一要件就不具备，共犯就不能成立，乙当然无法构成抢劫罪的帮助犯，丁也难以构成掩饰、隐瞒犯罪所得及其收益罪。但这一结论明显不合理，司法上也不可能按照这种逻辑去得出乙、丁无罪的结论。因此，在四要件说中，如果认为犯罪主体要件不具备，行为人就不可能构成犯罪，对相关共犯的处理在逻辑上就成为问题。①

而类似难题，在区分违法和责任的阶层论中比较容易体系性地加以解决：共同犯罪是违法形态，而非责任形态，不具有责任能力、未达到刑事责任年龄者的杀人、盗窃行为，也具有违法性，他人的权利不会因为行为人未达到一定年龄就可以被任意侵犯。未成年人所实施的危害行为，即使不具有谴责可能性，也侵害了法益，从而对其行为性质应作否定评价；根据阶层论区分违法和责任的原理以及由此体系性地引出的限制从属性原理，其他共同实施违法行为的参与者当然应由此成立共同犯罪。

虽然很多人一直觉得分割处理各个犯罪要素的四要件说似乎没什么大问题，但是，其在对共同犯罪进行体系思考时就会捉襟见肘。换句话说，实务上不能在运用四要件处理甲案件时，仅注意到眼前的案子，而应该同时顾及这样的认定方法对共犯场合的乙案件处理会有什么问题，共犯的问题和单独犯之间的问题都是整个理论体系当中的一环，不能偏废。所以，四要件的真正挑战其实主要就在于难以一体地解决共犯问题。如果有人说四要件没什么问题，很容易排除犯罪，那就是没有很好地进行体系思考。

（二）关于被告人定罪的分析

理论上，已达刑事责任年龄者与未满十四周岁者共同强奸被害女性，对达到刑事责任年龄者适用轮奸法定刑，亦即肯定轮奸是不法层面的强奸罪共同正犯属于多数说。② 根据共同犯罪的认定方法，应当先从不法层面判断是否成立共同犯罪，再从责任层面个别地判断各参与人是否有责任及具有何种责

---

① 张明楷.构建犯罪论体系的方法论.中外法学，2010（1）：38.
② 张明楷.刑法学：下.6版.北京：法律出版社，2021：1140；黎宏.刑法学各论.2版.北京：法律出版社，2016：236. 与之相反，主张构成轮奸要求主体是两名及以上年满十四周岁、具有刑事责任能力的男子的少数观点，可参见王作富.刑法分则实务研究.5版.北京：中国方正出版社，2013：768.

任。换言之，二人以上在较近的时间段内，基于共同强奸同一妇女或幼女的故意而轮流对被害人实施强奸行为的，就构成轮奸，至于其中的轮奸参与人是否都具有刑事责任能力，在所不问。一方面从刑法解释论上看，法条"二人以上轮奸"的表述侧重于强调人数及轮流强奸的客观事实，并未要求是"具备刑事责任能力"的二人；另一方面，二人以上共同强奸的场合，被害人的法益所遭受的实际侵害程度，并不会因为其中某位参与者未达到刑事责任年龄而降低，所以"轮奸"的成立不以行为人是否具有刑事责任能力为前提，而是以是否存在被害人在较短时间内受到二人以上连续地侵害为基准，如此才不至于罪刑失衡，才能真正保护妇女或幼女的人身法益。①

本案中的被害人张某是不满十四周岁的幼女，由于幼女对性行为缺乏辨别和认识能力，所以不论行为人采取什么手段（暴力、胁迫、诱骗或其他方法），也不论幼女是否同意，都构成强奸。② 未满十四周岁的幼女张某尽管同意轮流与被告张雪某及未满十四周岁的林某发生性关系，但幼女对性行为的同意在法律上无效，所以两人的行为均为强行奸淫。又由于强行奸淫在间隔较短的时间内连续发生，客观上符合"二人以上轮奸"，因而，在不法层面张雪某与林某符合强奸罪的构成要件，且具备"轮奸"这一法定刑升格条件，两人为共同正犯。在此前提下，分别判断各自的责任，林某由于没达到刑事责任年龄，其行为最终不成立犯罪，张雪某具备各种责任要素，最终应适用轮奸的法定刑，而不是一般强奸罪的法定刑。

三、延伸思考

关于强奸罪中"轮奸"的认定，在实务中还存在一定争议的有：轮奸是否存在未遂形态？否定说认为，轮奸不存在未遂形态，其性质是强奸罪的加重情节，并非独立的罪名，只有构成与否，而无既遂、未遂之问题，若只有一人完成强奸行为或所有人均未完成强奸行为，就应当认为不存在这一加重情节，因而也就不存在适用升格法定刑的问题。③ 肯定说认为，轮奸并非量刑规则而是加重的犯罪构成，二人以上以轮奸犯意对妇女或幼女实施奸淫，即便均未得逞的，也应当认定为轮奸未遂，处以轮奸的法定刑并同时适用未遂犯从宽处罚的规定。④

首先，从刑法条文来看，条款表述为"二人以上轮奸"，而非"二人以上

---

① 钱叶六. "轮奸"情节认定中的争议问题研讨. 江淮论坛, 2010 (5)：119.
② 周光权. 刑法各论. 4版. 北京：中国人民大学出版社, 2021：34.
③ 钱叶六. "轮奸"情节认定中的争议问题研讨. 江淮论坛, 2010 (5)：122.
④ 张明楷. 加重构成与量刑规则的区分. 清华法学, 2011 (1)：15；周光权. 刑法各论. 4版. 北京：中国人民大学出版社, 2021：37；付立庆. 论轮奸的限制性认定. 法学, 2020 (4)：120.

完成强奸",亦即这一表述并未要求二人以上均完成强奸行为,二人以上只要基于共同强奸的故意,在相近时间内先后对同一被害人实施强奸行为,便已符合"轮奸"的客观情况,即便存在未遂的强奸行为,也不能以此为根据认为"轮奸"这一事实不存在。其次,当轮奸参与人中只有一人强奸行为既遂或者均未完成强奸行为时,就否定轮奸情节成立,不适用轮奸的升格法定刑,认为完成强奸行为者构成强奸既遂,其余人是强奸未遂,仅仅适用普通强奸的法定刑会造成刑法评价的不全面。即便有轮奸参与人的强奸行为未完成,基于共同强奸犯意的行为已然产生了轮奸未遂的客观危险,而且从被害人的角度来看,这样的情节存在,既对其身心造成的伤害大于普通强奸,也存在其可能连续遭受强奸的现实紧迫的危险,不评价这样的法益侵害的紧迫危险显然是不妥当的。最后,将法定刑升格条件区分为量刑规则和加重构成两种类型,并肯定加重构成存在未遂情形是理论界有力的观点,具备犯罪个别化、违法性推定与故意规制三大机能的时间、地点、行为方式、加重结果等升格条件是典型的加重构成要件。[①] 轮奸不是单纯的量刑规则,而是加重的构成要件。从形式上看,构成要件是刑法规定的行为类型,只有表明违法行为类型的特征才属于构成要件要素,轮奸和"在公共场所当众强奸妇女、奸淫幼女""奸淫不满十周岁的幼女或者造成幼女伤害""致使被害人重伤、死亡或者造成其他严重后果"都是有别于一般强奸的特殊不法行为类型;从实质上看,轮奸也提升了强奸的不法程度,其成立需要贯彻责任主义的要求,即要求以行为人认识到自己在和他人轮流强奸妇女或幼女这一客观事实为前提。因此轮奸虽不是独立罪名,但属于一种加重构成要件,存在未遂形态。

(沈晓白 撰写)

---

① 王彦强.区分加重构成与量刑规则——罪量加重构成概念之提倡.现代法学,2013(3):116.

5 单位犯罪主体

案情简介

2005年年初，时任Z村村委会主任的被告人陈某某和时任村党支部书记的沈甲，在未经土地管理部门审批且未办理土地转让手续，亦未召开村民代表会议的情况下，代表村委会（甲方）与蔡乙所经营的厦门市某轧钢有限公司（乙方）签订征地合同，将该村集体所有的由被告人陈某某承包的旱地转让给厦门市某轧钢有限公司作为企业生产经营用地，沈甲在征地合同上签名并加盖村经济合作社公章。合同签订后，蔡乙向村委会集体账户支付征地款50万元，另支付陈某某地上附着物补偿款、青苗补偿款、征地款共计63.5万元。后蔡乙向政府有关部门申请办理土地使用等相关手续，因所征地块不符合土地利用总体规划而未获批，又因经营不善致公司倒闭，遂将所征地块出租给他人种植经济作物并收取租金。至案发，涉案地块仍由蔡乙实际占有。

裁判要旨

公诉机关指控被告单位Z村村委会犯非法转让土地使用权罪。一审法院认为，被告人陈某某在担任Z村村委会主任期间，以牟利为目的，违反土地管理法规，未经村民会议或村民代表大会研究决定，将村集体所有的面积共计69.414亩的土地使用权擅自以村委会的名义转让给他人，个人获利63.5万元，情节特别严重，其行为已构成非法转让土地使用权罪。涉案土地实际交付蔡乙占有并使用至案发时已近八年时间。在此期间，蔡乙未归还土地，陈某某亦未退还土地款及青苗补偿款。陈某某非法转让土地使用权的行为已经完成。转让村集体土地使用权依法应提交村民会议或村民代表会议讨论决定。Z村村委会主任陈某某、村支书沈甲私下决定同意后，冒用村委会名义转让涉案土地使用权，系未经单位决策机构决议的个人行为，非村委会单位意志的体现，Z村村委会不构成非法转让土地使用权罪。遂认定Z村村委会无罪，被告人陈某某犯非法转让土地使用权罪，判处有期徒刑四年。① 宣判后，公诉机关提出抗诉，被告人陈某某提出上诉。二审法院裁定驳回抗诉、上诉，维持原判。②

评析意见

一、关键问题与裁判思路

本案的关键问题是，村委会负责人以村委会名义实施，且利益归属村委会的行为，是否可以认定为村委会意志的体现，进而认定成立单位犯罪？

对此，公诉机关和法院有较大分歧。公诉机关抗诉认为，单位犯罪一般应具备两个构成特征：一是经单位集体研究决定或者单位负责人决定；二是为单位谋取非法利益或者违法所得实际归单位所有。本案中，非法转让土地使用权的行为始终以村委会名义实施，且转让协议由村委会主任及村党支部书记签名并盖章，土地征用补偿款也归村集体所有，故该转让行为应视为代表某村委会的单位意志，而非陈某某的个人意志，且某村委会已依照与蔡乙签订的土地转让协议，获取违法所得50万元，符合前述特征。二审法院则认为，区分单位犯罪和自然人犯罪的首要标准是犯罪行为是否体现单位意志。以单位名义实施、经单位决策机构研究决定或者单位负责人决定、违法所得归单位所有等特征，均是认定单位意志的辅助性标准。尽管多数时候可以将单位负责人的意志视为单位本身的意志，但在单位负责人违背单位基本宗旨，掺杂个人目的和利益，决策行为违背单位既定议事规则时，不能简单地认为体现单位意志。本案中，上诉人陈某某虽为原审被告单位某村委会的负责人，但其出于谋取个人私利，擅自决策并实施非法转让集体土地使用权的行为，该决策行为违背了村委会的基本宗旨、议事规则和程序，无法体现某村委会的单位整体意志，不能认定为单位犯罪，而应认定为个人犯罪。③

二、相关学理分析

（一）村委会能够成为单位犯罪的主体

根据《刑法》第30条的规定，公司、企业、事业单位、机关、团体都是单位犯罪的主体。显然，我国的单位犯罪在主体范围上要广于国外的法人犯罪。之所以采取这样的表述，是因为在1997年《刑法》制定过程中，考虑到

---

① 参见福建省厦门市翔安区人民法院（2014）翔刑初字第21号刑事判决书。
② 参见福建省厦门市中级人民法院（2015）厦刑终字第55号刑事裁定书。
③ 参见福建省厦门市中级人民法院（2015）厦刑终字第55号刑事裁定书。本案二审主审法官对裁判理由的解读，另见王中义．单位犯罪中主体范围及单位意志的考察．人民司法，2016（26）：51-52．

"法人犯罪"无法全部涵盖非法人团体、法人分支机构所实施的犯罪行为,如果采取"法人及其他组织犯罪"的表述,则会产生含义不明的问题。① 不过,《刑法》第 30 条列举的单位类型,仍具有一定的模糊性。1999 年最高人民法院颁布的《关于审理单位犯罪案件具体应用法律有关问题的解释》进一步确认,私营公司、企业只有在具有法人资格时,才能成为单位犯罪的主体。② 个人为进行违法犯罪活动而设立的公司、企业、事业单位实施犯罪的,或者公司、企业、事业单位设立后,以实施犯罪为主要活动的,不以单位犯罪论处。

目前司法实践中认定单位犯罪的主要依据,是 2001 年颁布的《全国法院审理金融犯罪案件工作座谈会纪要》(以下简称《金融犯罪纪要》)和 2002 年出台的《关于办理走私刑事案件适用法律若干问题的意见》(以下简称《走私意见》)。前者规定:"以单位名义实施犯罪,违法所得归单位所有的,是单位犯罪";后者指出:"具备下列特征的,可以认定为单位走私犯罪:(1)以单位的名义实施走私犯罪,即由单位集体研究决定,或者由单位的负责人或者被授权的其他人员决定、同意;(2)为单位谋取不正当利益或者违法所得大部分归单位所有",实际上重申了《金融犯罪纪要》的立场。

村委会是否能够作为单位犯罪的主体,法律和司法解释尚无明确规定。常见的反对理由是,公安部曾在公复字〔2007〕1 号批复中认为,村民委员会是村民自我管理、自我教育、自我服务的基层群众性自治组织,不属于《刑法》第 30 条列举的范围。故对以村民委员会名义实施犯罪的,不应以单位犯罪论。本案中,法院论证村委会属于单位犯罪的主体,主要是根据《关于办理商业贿赂刑事案件适用法律若干问题的意见》第 2 条的规定,即村民委员会、村民小组属于《刑法》第 163 条、第 164 条中的"其他单位"③。然而,前述条文中的表述是"公司、企业或者其他单位的工作人员",即使认为村委会属于"其他单位",也只是意味着村委会工作人员能够成为商业贿赂犯罪的对象,从而能够和行贿罪、受贿罪的犯罪对象相区分,并不必然代表村委会能够成为单位犯罪的主体。

在笔者看来,确定单位犯罪的主体范围,归根结底需要围绕着单位犯罪的规范目的展开。"单位犯罪是单位本身犯罪,而不是单位的各个成员的犯罪之集合,不是指单位中的所有成员共同犯罪。"④ 换言之,单位犯罪是具有独

---

① 高铭暄. 中华人民共和国刑法的孕育诞生和发展完善. 北京:北京大学出版社,2012:211-212.
② 依法成立,取得法人地位,具有独立人格的一人公司能够成为单位犯罪的主体. 上海新客派信息技术有限公司、王志强虚开增值税专用发票案//中华人民共和国最高人民法院刑事审判第一、二、三、四、五庭. 中国刑事审判指导案例 1(刑法总则). 北京:法律出版社,2017:204-210.
③ 王中义. 单位犯罪中主体范围及单位意志的考察. 人民司法,2016(26):52.
④ 张明楷. 刑法学. 6 版. 北京:法律出版社,2021:176.

立人格的单位基于自身的决策程序,由直接责任人具体实施,为单位或单位多数成员谋取非法利益的犯罪。处罚单位的前提,在于单位在人格上具有独立性,这种独立性集中体现在财产的独立性上。如果单位和自然人人格混同,则只能作为自然人犯罪处理。虽然村委会属于群众性自治组织,但其具有独立的名称、组织机构与场所,有独立的财产、经费和财务管理制度,并能够按照法定的决策程序,以自身意志独立开展社会经济活动。由此可知,村委会具有独立的行为能力,能够以自己的名义承担责任,故符合单位的特征。①司法实践中,除本案外,已有不少肯定村委会能够作为刑事主体的判决②,这表明,当前实务界对于村委会属于单位犯罪主体已初步达成共识。

(二) 本案中村委会不构成单位犯罪

在肯定村委会属于单位犯罪主体的基础上,还需考察本案中村委会的行为是否符合单位犯罪的成立条件。如果根据前述《金融犯罪纪要》和《走私意见》的规定,将单位犯罪的成立条件概括为"实施犯罪由单位集体或负责人决定"和"违法所得主要归单位所有",则本案显然符合单位犯罪的成立条件。以犯罪行为是否由单位负责人决定来判断该行为是否基于单位意志,有一定的合理性。因为在大多数人员较少、部门有限的中小型单位中,单位领导对于单位事务往往拥有最终的支配、决定权。但这种理解有扩大单位刑事责任之嫌,因为只要是按照单位领导的决定,即便该行为完全背离单位自身的宗旨或业务范围,最终也要由单位承担责任,这无异于让单位对自然人的犯罪承担连带责任或转嫁责任,同时还会使得"单位领导利用单位实施个人犯罪"这种情形被虚置。③更重要的是,既然单位具有独立的人格,能够独立地对外活动并承担责任,那么单位的管理和运作就必须严格在法律、章程规定的程序下进行,否则单位决策就与合伙人决策没有实质区别,单位的人格性也就不再具有保证。因此,尽管原则上可以将经过单位负责人决定的行为认定为单位行为,但单位的意志与单位负责人的意志有本质的区别,对于单位领导滥用职权,违反单位决策程序、监督机制,擅自以单位名义实施犯罪行为,除了为单位谋取利益、在单位的概括性意思之内,并得到单位事后追认的情形外,都应当作为自然人犯罪处理。这也意味着,《金融犯罪纪要》和《走私意见》只是对单位犯罪成立要件的原则性表述,实践中不应拘泥于其文

---

① 似乎可以将村委会作为一种特殊的社会团体(村民团体),从而归入《刑法》第30条中的"团体"。

② 王路真. 村民小组可成为单位犯罪的主体. 人民司法,2011 (6): 49-52;赵石山、王海杰、杨建波非法占用农用地案//中华人民共和国最高人民法院刑事审判第一、二、三、四、五庭. 刑事审判参考(总第125辑). 北京:人民法院出版社,2021: 90-92.

③ 黎宏. 单位犯罪中单位意思的界定. 法学,2013 (12): 156.

字含义，而是要具体参考个案中单位的决策程序、组织结构、财务管理情况、事后处理方式等因素定罪处刑。

根据《村民委员会组织法》第 24 条第 8 项的规定，以借贷、租赁或者其他方式处分村集体财产属于涉及村民利益的事项，须经村民会议讨论决定方可办理。本案中，村委会主任陈某某和村支书沈甲私下商议，在未经村民会议讨论决定的情况下，以村委会名义，与蔡乙签订征地合同将陈某某承包的集体土地非法转让给蔡乙经营，尽管违法所得费用 50 万元最终转入村委会账户，由于该行为系陈某某冒用村委会名义擅自实施，未体现村委会的意志，且陈某某个人违法所得 63.5 万元，已超过村委会所得金额，故该行为不能作为单位犯罪处理。据此，法院认定被告单位某村村委会无罪，被告人陈某某犯非法转让土地使用权罪是正确的。

此外，本案中法院认定某村村委会无罪的法律依据是《刑事诉讼法》第 195 条第 3 项，而非第 195 条第 2 项①，这意味着，法院认为本案属于证据不足，不能认定被告单位有罪，而非依据法律认定被告单位无罪。② 这背后彰显的价值判断是：之所以认定村委会无罪，是因为并无证据证明非法转让土地使用权的行为系单位行为，而不是因为村委会不属于单位犯罪的主体。这样的做法有助于促使村干部在日常工作中树立合法合规的意识，杜绝"一言堂"现象的出现。

三、延伸思考

值得思考的问题是，既然承担管理职能的村委会可以作为单位犯罪主体，那么，是否可以进一步将国家机关也认定为单位犯罪主体？从《刑法》第 30 条的文义看，单位犯罪的主体包括"机关"，事实上国家机关也拥有自己的人格，可以独自实施犯罪并承担责任，故前述观点并无直接障碍，实践中也存在追究国家机关刑事责任的判决，甚至有人民法院、人民检察院作为被告的情形。③ 不过，单位犯罪所能判处的刑罚只有罚金，而国家机关的经费来源于财政拨款，处罚国家机关无异于国家自己承担刑事责任，实际上很难执行，相反会大大损害国家机关的权威。④ 因此在个案中，是否有必要将国家机关认定为单位犯罪主体，尚需进一步研究。

（蒋浩天　撰写）

---

① 此为 2018 年《刑事诉讼法》修订前的条文序号。在现行《刑事诉讼法》中，相应的条文为第 200 条第（2）项、第 200 条第（3）项。

② 王中义. 单位犯罪中主体范围及单位意志的考察. 人民司法，2016（26）：52.

③ 裴显鼎. 国家机关单位犯罪的困境与变革——对 190 份生效刑事裁判文书的实证研究. 法律适用，2021（12）：4 页以下.

④ 马克昌. "机关"不宜规定为单位犯罪的主体. 现代法学，2007（5）：55.

6 不作为犯的作为义务

案情简介

被告人王某、肖某听到在其负责的拆迁工地拆迁房中有异常响声,被告人肖某即持就地取得的木条与被告人王某一起前往查看,在一楼楼梯口发现一个绿色蛇皮袋,袋中装有电线。二被告人确定有人在偷窃,走上三楼发现被害人宋某正在拉扯室内电线,被告人肖某即用木条对被害人宋某头部击打,被告人王某脱下被害人宋某鞋子并将鞋子扔至楼外。二被告人将被害人宋某及木梯带至河边并报警,随后被告人王某责令被害人宋某将木梯搬走,其间,被害人宋某趁机向附近滨河道方向逃跑,并跳入河内游向对岸。二被告人追上后见被害人宋某已无力继续游动,被告人肖某先持木条施救,后又按被告人王某的吩咐跳入河内施救未果,见被害人宋某沉入水中,二被告人未再进一步采取其他有效措施,并向民警隐瞒真相,被害人宋某最终因溺水死亡。

裁判要旨

一审法院认为,被告人王某、肖某在凌晨对有盗窃嫌疑的被害人宋某殴打,被害人宋某为摆脱控制乘隙逃跑并自行跳入河中,二被告人预见到其行为可能产生后果,自认为被害人能脱离危险,并向接处警民警隐瞒真相,最终被害人溺水死亡,其行为均已构成过失致人死亡罪,情节较轻。二被告人能如实供述自己的罪行,已取得被害人家属谅解,且被害人也存有过错,可以酌情从轻处罚。综合上述情节,被告人王某、肖某犯过失致人死亡罪,犯罪情节轻微,免予刑事处罚。①

评析意见

一、关键问题与裁判思路

本案的关键问题是被告人王某、肖某见义勇为的正当防卫行为,是否也

---

① 参见江苏省无锡市北塘区人民法院(2012)北刑初字第0026号刑事判决书。

能够产生作为义务,是否因被害人违法行为在先,就可以免除被告人先行行为所产生的救助义务。一审法院认为,二被告人具有救助的作为义务。被害人虽然实施了违法行为,但其盗窃行为侵害的只是被告人的财产法益,而被告人的打击追赶等先行行为致使被害人跳河逃跑,使被害人的生命法益陷入危险境地。同时,本案被告人对被害人的危险状态具有排他的支配性,由于案发时为深夜,被告人跳入河中,在场的只有被告人,如果被告人不立即给予有效救助,被害人的危险状态向危害后果转化的可能性就非常高,可以说,此时被告人对被害人的危险状态具有排他的支配性,即被告人已经现实支配和掌握了趋向危害结果的因果流程。故一审法院认为被告人具有救助义务,其行为构成过失致人死亡罪。在量刑时,考虑到被害人逃跑固然有被告人的击打、脱鞋、叫搬梯子等一系列行为因素,但也同时存在并主要因为被害人自己想逃脱公安机关的抓捕而逃跑,再加上被害人选择跳河这一介入因素,因此对被告人量刑时应考虑从轻。另外,从社会效果方面看,考虑到被告人毕竟是在见义勇为,抓捕小偷,因此作出对被告人定罪并免予刑事处罚的判决。①

二、相关学理分析

刑法中作为与不作为是构成要件最基本的分类。作为,是指行为人以积极的身体动作实施刑法所禁止的行为,实践中的绝大多数犯罪都是以作为方式实施的。但仍有部分犯罪是行为人负有实施某种积极行为的特定法律义务,能够履行而不履行,导致结果发生,性质上是违反了特定的命令规范,需要用不作为犯的理论才能解释。因刑法条文对真正不作为犯作为义务有着明确规定,认定上问题相对较少,在此重点分析的是不真正不作为犯,"见死不救"是否构成杀人罪是最为常见的问题类型。

司法实践中通常只要该不作为与被害人死亡之间存在因果关系,或者不作为人对被害结果的发生存在某种过错,当出现了伤亡结果时,就会倾向认定不作为人具有作为(救助)义务,要求其对死亡结果承担刑事责任。② 近年来,刑法理论则采取了相对更为克制和谨慎的立场。

(一) 关于作为义务的形式说

我国刑法传统理论认为,行为人只有在具有法律、法规规定的义务、职业或业务上的义务、法律行为以及由于先行行为而引起的义务的场合,才可

---

① 国家法官学院案例开发研究中心.中国法院 2014 年度案例·刑事案例.北京:中国法制出版社,2014:18-19.
② 黎宏.排他支配设定:不真正不作为犯论的困境与出路.中外法学,2014 (6):1574.

能成立不作为犯,道义上的义务不能成为不作为犯的成立根据。①该理论也称为形式四分说,虽然其影响力在我国长期延续至今,但仍存在着很多问题。将作为义务以列举方式分类阐明具有明显形式化的特征,并未从实质上说明成为作为义务的正当性根据。这也导致未能准确划定不作为犯范围,在现实复杂案件处理上会面临处罚范围的不明确,无法充分回应。近年来,德日刑法学者对不作为犯的探讨取得了丰富的理论成果,被我国刑法学界不断借鉴吸收,充实和推进着我国刑法不作为理论从形式的义务论向实质的义务论转变。等价理论的现代课题被认为必须解决三个问题:第一,究竟是应当在客观方面解决等价值问题,还是应当从主观方面解决等价值问题?第二,以什么标准判断不真正不作为犯和作为犯的等价值性?第三,等价值究竟应在犯罪论体系中的哪一个阶段判断?②目前,应当在客观方面并放在构成要件该当性阶层解决等价性问题成为有力观点。

(二)关于实质的作为义务

关于实质的作为义务理论,在我国较有影响力的是"机能的二分说",也被称作功能说,由德国学者考夫曼提出。根据该说,作为义务来源被分为两类:一类是对特定法益的保护义务,主要包括依照法律规定保护特定法益的义务、事实上承担的法益保护义务以及危险共同体关系。另一类是对危险源的监督义务,主要包括危险源监控者的义务和危险前行为引发的义务。③我国学者也分别提出不同的理论主张,张明楷教授认为"对结果发生原因的支配地位、对结果发生进程的支配地位以及对结果发生领域的支配地位,是不真正不作为犯的实质法义务根据,在形式上分别对应基于对危险源的支配产生的监督义务、基于与法益无助或脆弱状态的特殊关系产生的保护义务以及基于对法益的危险发生领域的支配产生的阻止义务。"④

周光权教授则提出为作为义务设定一元判断标准,规范地理解先行行为,是否事实或规范地掌握着能够指向结果、足以造成法益危险的先行行为(危险前行为)是判断的关键。行为包括两种:一类是事实论上的由行为人先前所实际实施的行为,另一类是从规范角度所理解的由行为人"无形的手"所持续实施的行为。⑤不真正不作为犯问题,历来就有"未解之题"或"最难且

---

① 黎宏."见死不救"行为定性的法律分析.法商研究,2002(6):28.
② 日高义博.不作为犯的理论.王树平,译.北京:中国人民公安大学出版社,1992:79-81;何荣功.不真正不作为犯的构造与等价值的判断.法学评论,2010(1):76.
③ 周光权.刑法总论.4版.北京:中国人民大学出版社,2021:108.
④ 张明楷.刑法学:上.6版.北京:法律出版社,2021:198-205.
⑤ 周光权.刑法总论.4版.北京:中国人民大学出版社,2021:111-112.

未令人满意地解决的难题"之称①,相关问题极为复杂,理论纷纭,限于篇幅,下文将结合周光权教授的先行行为说对本案展开进一步分析。

(三) 对被告人刑事责任的分析

结合本案事实,二被告人的行为属于事实论或存在论意义上的先行行为类型,问题主要在于先行行为是否要有义务违反性。原则上,先行行为应当具有义务违反性;反之,合乎义务要求的行为,即便造成他人法益受到侵害,原则上也不产生作为义务。本案中,被告人王某、肖某的行为是一种见义勇为行为,但"见义勇为"本就是社会意义上的一种正面评价,并不具有刑法意义。对行为的认定还需要结合具体案件事实。二被告人行为大致应分为两个阶段评价,在发现被害人偷盗电线时朝被害人头部击打并将其鞋子脱掉扔至楼外属于对正在实施不法侵害行为的人采取的制止不法侵害的行为,且并未超出必要限度,属正当防卫,因此,不产生作为义务。后续二被告将被害人带至河边并报警时,对被害人的不法侵害行为已结束,将二被告的行为评价为扭送更为妥当。这一事实行为也同样具有正当性,并未使被害人处于危险境地,没有使被害人的生命法益处于遭受损害的危险状态,难以被评价为能够产生作为义务的先行行为,被害人担心被抓捕选择跳河应由其自我答责。认为二被告合理的"见义勇为"行为构成犯罪,也不利于刑法在社会中发挥良好的规范指引作用,故本案的判决结论值得商榷,二被告不构成不作为犯。

与本案近似的是"颜克于等故意杀人案"②,但该案中颜某等人一开始追赶周某,后又殴打周某,并将被害人周某堵截到船尾,周某为避免被围攻而跳下河,该危险显然是由被告人颜某等人围攻、殴打行为引起的,这一系列行为已经对被害人生命法益产生了刑法所禁止的危险,因而可以要求行为人对危险加以防止。③ 最后,与正当防卫情况不同的是紧急避险的场合④,避险行为虽然不具有义务违反性,但该先行行为导致第三人陷入危险的,避险人有义务进行救助。

三、延伸思考

从规范角度理解的实质论意义上的先行行为是有别于本案的另一种情形,

---

① 木村龟二. 不作为犯中的作为义务. 牧野教授还历祝贺论集. 东京:有斐阁,1938. 转引自黎宏. 不作为犯研究. 武汉:武汉大学出版社,1997:10.
② 中华人民共和国最高人民法院刑事审判第一、二、三、四、五庭. 刑事审判参考:2008年第1集·总第60集. 北京:法律出版社,2008;第475号指导案例.
③ 陈兴良. 案例刑法研究(总论)(下卷). 北京:中国人民大学出版社,2020:186.
④ 中华人民共和国最高人民法院刑事审判第一、二、三、四、五庭. 刑事审判参考:2004年第3集·总第38集. 北京:法律出版社,2004;第295号指导案例.

下面结合李某某放火、曹某某失火案①作简要分析。该案中二被告人系情侣关系,租住在北京一个被房东分隔成十个隔断房的出租房内,某日晚上二人因生活琐事争吵,李某某用打火机点燃床单一角,曹某某躺在床上未予制止,床单起火后,二人开始救火但火势已无法控制,最终导致该出租房中两名女子死亡。曹某某作为出租屋租户,是该领域的实际支配者,就负有安全保护等社会持续性保护职责,这是一种规范意义上的持续保护义务。因此,面对李某某点燃床单,曹某某并非是由于情侣关系而被要求对女友的放火行为负有管理义务,而是由于其存在使群租房其他住户免受法益风险和侵害这一规范上的义务,在此意义上作为义务才得以被肯定。②

(毕琳 撰写)

---

① 参见北京市高级人民法院(2015)高刑终字第105号刑事裁定书。
② 周光权.刑法总论.4版.北京:中国人民大学出版社,2021:112.

7 支配领域性与作为义务

案情简介

被告单位深圳市快播科技有限公司通过免费提供 QSI（QVOD Server Install，即 QVOD 资源服务器程序）和 QVODPlayer（即快播播放器程序或客户端程序）的方式，为网络用户提供网络视频服务。任何人（被快播公司称为站长）均可通过 QSI 发布自己所拥有的视频资源。在视频文件点播次数达到一定标准后，缓存调度服务器（快播公司搭建）即指令处适当位置的缓存服务器（运行 Cache Server 程序）抓取、存储该视频文件。部分淫秽视频因用户的点播、下载次数较高而被缓存服务器自动存储。缓存服务器方便、加速了淫秽视频的下载、传播。2013 年 8 月，光×公司提供 4 台服务器开始上线测试，快播公司为 4 台服务器安装了快播公司的缓存服务器系统软件，并通过账号和密码远程登录进行维护。2013 年 11 月 18 日，北京市海淀区文化委员会（以下简称"海淀文委"）在行政执法检查时，从光×公司查获此 4 台服务器。公安机关从服务器里提取了 29 841 个视频文件进行鉴定，认定其中属于淫秽视频的文件为 21 251 个。

裁判要旨

一审法院认定，快播公司及王某等被告人明知快播网络服务系统被用于传播淫秽视频，但是出于非法牟利目的，拒不履行监管和阻止义务，放任快播公司构建的网络服务系统被用于传播大量淫秽视频。被告人的传播行为是不作为，主观上对淫秽视频的传播是间接故意，因此符合我国《刑法》第 363 条规定的传播淫秽物品牟利罪的构成要件。判决快播公司犯传播淫秽物品牟利罪，判处罚金 1 000 万元；被告人王某、张某某、吴某、牛某某犯传播淫秽物品牟利罪，分别判处有期徒刑 3 年至 3 年 6 个月不等，并处罚金。[①] 二审法院认定，上诉人吴某以及原审被告单位深圳市快播科技有限公司、原审被告

[①] 参见北京市海淀区人民法院（2015）海刑初字第 512 号刑事判决。

人王某、张某某、牛某某以牟利为目的,在互联网上传播淫秽视频,其行为均已构成传播淫秽物品牟利罪,情节严重,依法应予惩处。上诉人吴某系快播事业部总经理,负责快播播放器等核心产品的营销工作,在快播事业部拥有管理权,应当认定为直接负责的主管人员,对快播公司传播淫秽物品牟利的犯罪行为应承担相应的刑事责任。因此,驳回上诉人吴某的上诉,维持原判。①

评析意见

一、关键问题与裁判思路

本案的关键问题在于能否将快播公司搭建提供视频信息服务平台的行为,视为符合传播淫秽物品牟利罪的该当构成要件的行为。而支配领域性与作为义务是判断这一问题所需考虑的要点。一审法院认为网络视频信息服务提供者应当对其网络信息服务内容履行网络安全管理义务,快播公司具备承担网络安全管理义务的现实可能性但拒不履行网络安全管理义务,以牟利为目的放任淫秽视频大量传播,不再获得技术中立责任的豁免,因此快播公司及直接负责的主管人员均应承担刑事责任;二审法院考虑到将作为与不作为的两种路径结合的方式论证其该当构成要件。从作为的角度,认为技术虽是快播公司提供服务的基础,但如何使用相关技术,如何设定技术服务规则则是快播公司可自主选择的积极作为方式。从不作为的角度,快播公司不仅应当承担法定的网络安全管理义务而且应当自觉承担起与其技术特点所造成的法益侵害风险程度相当的更高的注意义务。正是这种逃避履行法定义务的消极不作为行为造成了大量淫秽视频在网络上快速传播的危害后果。

本案在当时迎来了学术界、实务界的广泛争论。其中,核心问题是围绕支配领域性和作为义务展开。其中的关键问题在于:第一,快播软件作为一种缓存技术,不法用户利用该软件上传淫秽视频,快播公司是否应当为此承担刑事责任;第二,一个软件开发者和提供者,在怠于履行监管职责的情况下,其在刑法上的网络安全管理义务的范围如何确定。不作为犯的成立条件,长期以来都是争执不下的理论问题,其中注重规范性要素的"保证人理论"与注重事实性要素的"先行行为说"可谓"分庭抗礼",然而,具体标准的选择在司法实践中则并不明朗。本案是利用支配领域性解决不作为犯问题的代表性判例,有必要在学理上对其涉及的作为义务的判断进行深入分析。

---

① 参见北京市海淀区人民法院(2005)海法刑初字第265号刑事附带民事判决书;北京市第一中级人民法院(2005)一中刑终字第3679号刑事附带民事裁定书。

二、相关学理分析

（一）支配领域性概念的提出

"支配领域性"由日本学者西田典之教授所提倡。西田教授认为，不作为要与作为具有构成要件上的同等价值，不作为者就必须将正在发生的因果进程控制在自己手中。这分为两种情形：其一，不作为者基于自己的意思而获得排他性支配；其二，在"支配领域性"场合下，不作为者非基于自己意思获得排他性支配，但是存在父子、建筑物的管理人员、安保人员等持续性保护关系。① 虽然，持续性保护关系这一概念力图填补行为人在非基于自己意思，却事实上对领域具有支配能力的场合下的作为义务的根据，但是这一概念没能有效地说明支配领域性与持续性保护关系之间怎样互相补充，才能赋予行为人作为义务。其后果便是判断标准难以确定。如欲构建领域支配与"持续性保护关系"之间的桥梁，"规范的先行行为说"会提供更加明晰的解决方案。也就是说，以行为人的先行行为为判断起点，结合行为人对危险实现整个因果进程的支配程度，划定作为义务。"处罚作为犯是因为行为制造并实现风险，处罚不作为犯是因为其先前的行为使法益陷入风险，因此，其必须采取作为措施以避免法益危险。这样一来，对作为犯的处罚着眼于其危险行为本身，对不作为犯的处罚则应着眼于危险前行为本身。"②

（二）对于本案的分析

对于本案的判断，应当分为两个步骤进行。第一，划定导致传播淫秽物品牟利罪法益侵害结果的原因行为。由于快播公司开发并提供播放软件并不能单独或排他性地支配淫秽视频广泛传播这一因果进程，就这一点来说可以肯定不符合本罪的构成要件行为。第二，快播公司所开发的软件不仅局限于播放技术，而且进一步延伸到 P2P 视频技术和缓存技术。快播公司提供缓存服务是基于自己的意思，对所管理的储存空间能够进行排他性控制、支配。毫无疑问，第二点成为了快播公司承担刑事责任的核心依据。

就这种缓存技术服务提供行为属于作为还是不作为，刑法学界展开了较为激烈的争论：（1）主张这种缓存技术服务存在作为的观点，主要从这种缓存技术效果的角度切入，认为"快播公司提供的这种介入了缓存服务器的视频点播服务，以及设立的这种'缓存'技术规则，决定了其实质性介入并实施了淫秽视频的传播行为。"③ （2）主张不作为的学者从这种缓存技术功能建

---

① 西田典之. 日本刑法总论. 王昭武，刘明祥，译. 北京：法律出版社，2013：106.
② 周光权. 刑法总论. 4 版. 北京：中国人民大学出版社，2021：113.
③ 周光权. 犯罪支配还是义务违反——快播案定罪理由之探究. 中国法学，2017（1）：55.

立的目的切入,认为这种技术目的是建立一种临时的"数据调取库",从而使用户免于从数据源重新调取数据的麻烦,提高信息传输效率。后续数据读取依照的是一种基于网络技术原理自动产生的路径,而并非快播公司主动性地向用户提供缓存服务器里的淫秽视频文件。① 从本案的二审判决可知,法院并未放弃对技术提供者的行为在作为角度的论证和思考,特别提及了如何设定技术规则,使得这种技术规则以何种方式向着什么方向延续和进行,是一种积极的作为。而对于不作为的义务,也有意识地结合先前的技术提供行为,将技术特点所延伸出来的法益侵害的危险与行为人的注意义务紧密关联,从而肯定其在不作为的角度也该当传播淫秽物品牟利罪的构成要件。从二审判决的论证来看,可以说已经十分严密,滴水不漏。

三、延伸思考

行为人对于同一时间的行为到底是作为还是不作为常常会产生判断上的困难。就像"快播案"一样,但是对于本问题的研究并非是为了区分作为与不作为。换言之,在作为犯罪的要件还是在不作为犯罪的要件层面,我们最终的目的都是检验犯罪构成问题。之所以优先考虑作为,是因为其能够在经验上直观地判断行为支配了因果进程,该当构成要件。而如若要从不作为的犯罪构成上,则必须结合具体的保证人义务判断。而这种保证人的义务来源在德国通行的是以功能的二分论作为实质的义务来源。根据金德霍伊泽尔教授所述,"保证人地位具有两种不同的形式的任务内容:一种是针对某一特定危险的保证,其内容乃是监督这一危险,避免造成结果(所谓监督者保证人地位);另一种是保证某一特定利益或数个利益不遭受任意的危险(所谓保护者保证人地位)。"② 显然,对于本案,只能从监督者保证人地位的角度论证快播公司作为缓存服务提供者对自己控制领域内的信息的监督义务。那么,当快播公司知道违法内容存在于其提供的缓存服务器中的时候,就要进一步论证快播公司对其管理的存储服务器(规范上称为"危险源")的监督义务。表面上来看,危险源监督的保证人地位可以为行为人的注意义务提供实质的理论根据,然而这种实质根据背后依然要进一步证明在多大程度上肯定这种危险源监督的保证人地位。而将本案快播公司的行为解释为该当不作为的犯罪构成的论者,又试图在网络存储空间的封闭性与排他性上,寻找进一步支

---

① 王华伟. 网络服务提供者刑事责任的认定路径——兼评快播案的相关争议. 国家检察官学院学报, 2017 (5): 24.
② Vgl. Kindhäuser, Strafrecht Allgemeiner Teil, 7. Auflage, Nomos, 2015, § 36. Rn. 23-35.

撑。① 而这无异于又回到了前述不作为犯成立的第一种情形,行为人基于自己的意思而对犯罪事实产生了排他性支配。因此,即便是从不作为的角度讨论犯罪构成问题,终究绕不开行为对因果进程的支配问题。

另一方面,本案中之所以涉及支配领域性,是因为快播公司提供缓存技术,可能正如本案辩护人所说的那样,提高网络传输效率,是具有一定社会相当性的技术服务行为。其技术的研发和提供,很难说符合基于自己的意思主动加入传播淫秽物品牟利的风险行为中。严格来说,不符合排他性支配的条件。然而,辩护人进一步强调,涉案的淫秽视频在缓存服务器里是碎片化存储,其无法防范和杜绝用户利用该软件传播淫秽物品的行为,无法防止结果发生。而这里恰好应利用支配领域性理论解释:其一,快播公司研发快播软件构建了其与用户之间在一定的互联网领域之内持续性的关系,而这种关系的构建是快播公司基于自己的意思自主选择。其二,作为技术服务提供者,对服务器存储技术具有绝对的支配能力,当这个技术的应用导致了不法后果的蔓延之际,却没有采取合理的措施加以阻止,而是放任缓存技术被进一步利用。尤其在传播淫秽物品牟利罪中,这种缓存技术成为了"传播"得以实现的核心角色之际,就很难否定快播公司不符合该罪的构成要件。

如果将快播公司的行为在规范上解释为传播淫秽物品牟利罪中的"传播"行为存在一定的空间,那么就会在一定程度上回避当下我国在保证人地位的判断标准中的争议,在作为犯的方向上解释本案的犯罪构成就会更加通畅。相反,若朝着不作为的方向去解释该当构成要件,则需要更加深刻地且明朗地阐释不作为犯的等价性问题,从当下我国不作为犯理论的研究情状来看,无论对于司法工作者还是学者而言都是一个挑战。

(程伊乔 撰写)

---

① 王华伟. 网络服务提供者刑事责任的认定路径——兼评快播案的相关争议. 国家检察官学院学报,2017 (5):28.

8 第三人介入的因果关系

案情简介

2019年10月8日18时29分16秒,被告人骆某某无证驾驶无牌二轮燃油助力车(搭载黄某)沿G357国道由龙华往唐江方向行驶,与行人刘某发生碰撞,相撞后刘某受伤倒地,后骆某某驾驶助力车搭载黄某往唐江方向逃离现场。2019年10月8日18时31分43秒,廖某驾驶小型客车沿G357国道由龙华往唐江方向行驶,当行驶至事发路段时,与之前事故中受伤蹲坐在路上的刘某发生碰撞,导致刘某当场死亡。

裁判要旨

一审法院认为,被告人骆某某违反交通运输管理法规,无证驾驶机动车上路行驶,在发生交通事故后逃逸,致使被害人再次被车辆碰撞后当场死亡,属逃逸致人死亡,其行为已构成交通肇事罪,依法应当判处七年以上有期徒刑。二审法院认为,骆某某违反交通运输管理法规,在交通肇事后为逃避法律追究而逃跑,致使被害人被后车碰撞当场死亡,其行为已构成交通肇事罪,依法应予惩处。骆某某归案后如实供述犯罪事实,依法可以从轻处罚;骆某某认罪,积极赔偿被害人近亲属损失,取得被害人近亲属的谅解,可以酌情从轻处罚。原审判决认定事实清楚,定罪准确,适用法律正确,量刑适当,审判程序合法。因此,驳回上诉人骆某某的上诉,维持原判。①

评析意见

一、关键问题与裁判思路

本案的关键问题在于"逃逸致人死亡"的理解,即能否将死亡结果归责

---

① 参见江西省赣州市南康区人民法院(2020)赣0703刑初字32号刑事判决书;江西省赣州市中级人民法院(2020)赣07刑终216号刑事裁定书。

于被告人的逃逸行为，而因果关系与第三人介入是判断这一问题所需考虑的要点。一审法院直接援引《最高人民法院关于审理交通肇事刑事案件具体应用法律若干问题的解释》第 5 条第 1 款的规定，认定被告人骆某某逃逸产生了致使被害人刘某因伤无法离开现场而与其他车辆相撞致死的后果，被告人骆某某的逃逸行为与被害人刘某的死亡之间存在法律上的因果关系，因此认定为交通肇事后逃逸致人死亡；二审法院考虑到第三人介入的问题，即本案案发地在车流量大的国道，案发时天色较暗，上诉人骆某某碰撞被害人刘某后，为逃避法律追究逃跑，没有救助被害人刘某。被害人刘某是年满 95 岁的老人，因被撞后无法及时离开国道，在不到三分钟的较短时间内又被廖某驾车碰撞致死。上诉人骆某某逃逸行为与被害人死亡结果之间存在因果关系。廖某驾车碰撞被害人系第三人介入，但结合本案发生的地点、时间等因素判断，本案第三人介入不具有异常性，不能阻断骆某某逃逸行为与被害人死亡结果之间的因果关系。因此，上诉人骆某某在交通肇事后为逃避法律追究而逃跑，致使被害人因得不到救助而死亡，系属于"因逃逸致人死亡"的情形。[①]

第三人介入是否会对最初的实行行为和最终出现的危害结果的联系产生实质的影响，需要结合案件具体事实综合判断。然而对于该问题的判断思路则是关键，因为第三人的介入对案件处理的影响需要基于一定的生活经验法则去判断，因此，选择什么理论作为该类案件的根据就显得尤为重要。

二、相关学理分析

（一）关于第三人介入的判断方法

有关第三人介入的因果关系判断，在总体上可能采取的论证路径大致有三种：第一，我国传统理论中有必然因果关系和偶然因果关系的判断。但这是一种纯粹事实性的判断，脱离刑法价值的考量，如今已经逐渐失去了影响力。第二，采用因果关系理论进行规范评价，有两种解决路径：其一，根据条件说延伸出的因果关系中断说处理；其二，根据相当因果关系说，通过"相当性"的判断来回答是否存在因果关系。第三，采用客观归责理论解决第三人介入的结果归属问题。该观点认为，在采取条件因果关系理论时并不存在所谓的因果关系中断，而是另外通过客观归责理论解决该问题。

（二）因果关系的事实判断

本案中一审法院尚未非常具体地就第三人介入情况下的因果关系问题进行规范展开。一审法院指出："被告人骆某某交通肇事后无法定事由或者正当

---

① 参见江西省赣州市中级人民法院（2020）赣 07 刑终 216 号刑事裁定书。

理由离开事故现场，推定其行为属于逃避法律追究，符合交通事故后逃逸的规定，被告人骆某某逃逸产生了致使被害人刘某因伤无法离开现场而与其他车辆相撞致死的后果，被告人骆某某的逃逸行为与被害人刘某的死亡之间存在法律上的因果关系"。显然，判决内容仅仅描述了被告人肇事逃逸行为与被害人受伤乃至后来被车撞死的行为之间的引起与被引起的关系。这种方式更接近于纯粹的事实描述，没有联系刑法规范保护目的以及构成要件效力范围进行规范判断。

（三）因果关系的规范判断

不过，在二审判决中就体现出了规范判断的思路，且更接近于相当因果关系说。"相当因果关系说主张根据社会一般人生活上的经验，在通常情况下某种行为产生某种结果被认为是相当的场合，就认为该行为与该结果具有因果关系。"① 二审法院在判决中具体描述了案发当时的客观状况，指出"本案案发地在车流量大的国道，案发时天色较暗，上诉人骆某某碰撞被害人刘某后，为逃避法律追究逃跑，没有救助被害人刘某。被害人刘某是年满95岁的老人，因被撞后无法及时离开国道，在不到三分钟的较短时间内又被廖某驾车碰撞致死。上诉人骆某某逃逸行为与被害人死亡结果之间存在因果关系。"也就是说，综合考虑了事故发生的环境，被害人的身体状况，以及第三人行为介入的时间多重因素，肯定了被告人的逃逸行为与被害人的死亡结果之间的因果关系。需要补充的是，在探讨介入因素对因果进程的影响的时候应当围绕三个方面展开：第一，先前的实行行为导致结果发生的可能性大小；第二，介入因素出现的异常性大小。第三，介入因素对结果发生的影响力大小。②

因此，就本案来说，若要肯定逃逸行为与被害人的死亡结果之间存在相当性的因果关系，就必须通过证据证明并论证：（1）逃逸行为导致被害人死亡结果的可能性很大；（2）后车碰撞被害人的可能性很大；（3）后车的碰撞行为对被害人死亡结果的影响力小于被告人撞伤被害人并逃逸的行为。那么将以上三点分别对应二审法院肯定因果关系的各个事实根据当中，将会使得论证更加清晰且符合逻辑。值得注意的是，以上第（3）点的论证尚存在一定的讨论余地。毕竟从事实上看，导致被害人最终死亡的直接原因是后车廖某的驾驶行为。从表面上来看，到底是前后哪一个行为的影响力更大或许见仁见智。因此，在第三人介入的场合，利用因果关系理论解决实际问题有时候显得模棱两可甚至捉襟见肘。由此，在日本刑法学中，逐渐延伸出了危险的

---

① 周光权.刑法总论.4版.北京：中国人民大学出版社，2021：122.
② 周光权.刑法总论.4版.北京：中国人民大学出版社，2021：123.

现实化法理。在德国刑法学中，则通过客观归责理论来限制因果关系的成立范围。

三、延伸思考

基于上述思考，在第三人介入因果历程的场合，还需要例外地讨论一些问题。首先，是否需要在特定场合根据刑法的需要，通过客观归责理论来限制因果关系的成立范围。换言之，如果已经能够肯定前行为与结果之间存在充分的条件关系，也有可能需要通过客观归责理论检验，排除不值得处罚的行为。本案中，在承认被告人骆某某与被害人死亡结果之间存在"若无前者，便无后者的条件关系"的基础上，需要按照客观归责理论进一步论证，被害人的死亡结果能否归责于被告人的肇事逃逸行为。从正向检验的角度看，被告人肇事逃逸行为制造了法律上重要的风险，使得95岁高龄的被害人在国道上蹲坐。被害人因受伤无法及时离开，案发时天色较暗，那么被害人被后车撞伤的概率是比较大的，可以说被告人将被害人置于非常危险的境地。因此，可以肯定该危险与结果之间存在通常的风险关联。

其次，值得注意的是，即便存在第三人介入因果历程当中并发挥作用，进而肯定了第三人的责任，也不能当然地阻却前行为人的责任。根据回溯禁止原则，"行为人行为之后，因为其他第三人故意行为的介入而导致结果的发生，那么先前的行为人不必为后来实现的侵害结果负责任。"[1] 换言之，回溯禁止原则只在介入了第三人的故意行为的具体情形中，才有可能产生阻却归责的作用。

（程伊乔　撰写）

---

[1] Kühl, AT4/49. 转引自黄荣坚. 基础刑法学. 北京：中国人民大学出版社，2007：228.

9 被害人危险接受与结果归属

案情简介

2012年8月26日晚上9点半左右,梁某应黄某某之邀,在若水码头"岩嘴头"渡口将修车返回的黄某某、胡某某、向某某摆渡过河。梁某在明知当日下雨溪水上涨,且天色黑暗,对方不会游泳的情况下,擅自拉动他人停靠在河边的铁船去接人。在返回途中,因水流过急,梁某操作不当,导致船体进水沉没,黄某某、胡某某二人溺水死亡,梁某和向某某自救上岸脱险。

裁判要旨

法院审理认为,被告人梁某是应朋友的要求才帮忙渡河,其行为动机是善意的,但在夜晚天暗,水涨船小,自己也缺乏夜间摆渡经验的情况下,应当预见可能发生沉船后果,由于疏忽大意而没有预见,对造成的沉船事故致使二人死亡的后果存在过失,其行为构成过失致人死亡罪。被告人梁某事发后主动到公安机关投案自首,再综合考虑其与被害人家属达成了和解协议等情形,判处梁某有期徒刑六个月,缓刑一年。[1]

评析意见

一、关键问题与裁判思路

本案的关键问题在于当被害人和行为人均存在过失,被害人同意或积极参与危险行为,最终共同导致了法益侵害结果发生时,行为人的归责问题是否会受到影响。本案中,审理法院绕过了这类涉及"被害人危险接受"案件中最关键和本质的法理问题,仅仅依据"被告人的行为与被害人死亡存在客观上的条件关系"和"被告人主观上存在过失"这两点理由,便得出成立过失致人死亡罪的结论。

---

[1] 参见湖南省会同县人民法院(2012)会刑初字第8号。

二、相关学理分析

在涉及被害人危险接受的大量案件中，对危险的存在，被害人都具有不同程度的认识和了解，且对于损害结果的出现，行为人也都是基于过失而不是将实害结果作为追求目标，被害人与被告人双方基于过失共同引起结果发生的特点，使其归责问题变得错综复杂。

（一）被害人危险接受情形下的结果归属理论

1. 注意义务违反说。危险接受在司法实践中作为一个问题被广泛讨论之初，主要还是从过失犯的传统角度出发，以行为人是否违反了客观的注意义务为标准判断得出犯罪成立与否的最终结论。德国最早讨论危险接受的经典案例"梅梅尔河（Memel-fall）案"与本案类似。该案发生在一个天气恶劣下着暴雨的夜晚，有乘客要求老船工开船将其送到河对岸，但船工拒绝了游客的请求，并向乘客解释，在如此恶劣的天气条件下强行渡河有很高的翻船危险，可乘客仍然要坚持渡河，无奈之下，船工冒着风险开船载其渡河，最终在渡河过程中还是不幸发生了船只倾覆的结果，游客水性不佳在河中溺亡，船工则侥幸得救。① 德国帝国法院在此案中作出了无罪判决，认为乘客在清楚地认识中容忍了一种确定的危险，并且船工的行为符合一般的注意义务，因此否定了此案中注意义务的违反，应该由乘客对于死亡结果自我答责。注意义务说的思考进路可以分为两种：一是认为被害人有意的自我危害可以排除行为人防止法益侵害的注意义务，二是通过注意义务内容的确定，来决定行为人在具体案件中要不要负起防止他人自我危害的责任。山口厚教授认为如果对行为人而言，不去实施危险行为这一义务，不能认定为是属于过失犯之成立要件的结果避免义务，就否定过失犯的成立，但若能够认定除了"不实施危险行为"这种义务以外，还有其他结果避免义务，且违反了这一义务的，就可以肯定过失犯的成立。② 但是注意义务说的推理逻辑过于跳跃，无法说明为何被害人容认一定风险后，就使得法对于行为人注意义务的要求降低甚至排除。将接近于民法上"过错相抵"的逻辑直接套用在刑法领域，正当性和理论根据都存在疑问。

2. 正犯共犯区分说。当被害人可以被认为是正犯，而行为人被认为是共犯时，认定该案是自己危险化；当行为人可以被认定为正犯，被害人为共犯时，则应将该案划分为合意的他者危险化。自己危险化的参与不构成犯罪，至于合意的他者危险化，应当将实害结果归属行为人的过失行为。换言之，

---

① 克劳斯·罗克辛. 德国刑法学总论：第1卷.3版. 王世洲，译. 北京：法律出版社，268.
② 山口厚. 刑法总论.3版. 付立庆，译. 北京：中国人民大学出版社，2018：183.

将区分自己危险化与合意的他者危险化的标准作为罪与非罪的标准。共犯从属性理论与犯罪事实支配理论互为表里,用于危险接受的案例群中时,可以简明扼要地得出区分的结论,这一优势使得该理论在学界获得了诸多学者的支持。① 尽管得出结论的过程简单又明确,但其一旦运用到实际案例中,特别是过失犯的场合,理论构造上的不足也很明显。在被害人和行为人可以被视为准共同正犯的共同加功案件中,难以区分自己危险化的参与和基于合意的他者危险化。认定何种行为支配了实害结果的发生往往也会存在争议,例如,日本经典的危险接受案例"坂东三津五郎河豚中毒案",被告人在京都府获取河豚处理师资格及厨师证书并从事河豚料理师的业务,作为游客的受害者来到了被告人所在的这家店中,被告知吃野生河豚内脏有中毒的危险,但被害人有过吃河豚内脏的经验,故而坚持向被告人提出要吃河豚内脏的要求,被告人提醒有导致死亡的风险,但最终在被害人坚持下提供了河豚内脏供其食用,最后被害人因食用河豚中毒引起的呼吸肌肉麻痹窒息而死,被告人被以业务过失致死罪和违反京都河豚处理条例而被起诉。② 本案中厨师按食客要求提供可能有毒的野生河豚料理,被害人在上菜后依然有选择吃或者不吃的自由,从与结果发生的紧密关联性来看,后者的行为显然更能够支配危险现实化的进程,但法院最后还是作出了构成业务过失致死罪的判决。

3. 被害人承诺说。一部分学者主张,在特定情况下,可以将危险接受理解为承诺,同等适用被害人承诺的有效要件。③ 但是基于被害人承诺说的解决路径,始终无法解决的一点在于,如何从对危险行为的接受推导出被害人接受法益侵害结果的结论?无论如何解释都是逻辑上的跳跃,无法自圆其说,即使在过失犯的场合,结果亦是重要的构成要件要素,可是仅仅凭着被害人对危险有认识这一点就推导出对结果承诺的效果,其根据存在疑问。对他人侵害自己法益的行为表示承诺,但对该行为所产生的具体结果没有同意的时候,就不能适用被害人承诺的原理。④ 的确有一小部分涉及被害人对危险有接受的案例中运用被害人承诺理论加以解决后得到的结论比较妥当,其实是因为这些案件可能本来就是被害人承诺的问题,在这些案件中,能够找到充足证据来证明被害人对于危险现实化的结果的确持有希望或放任的态度。⑤ 但不能据此将被害人承诺理论推而广之适用于全部的危险接受的案例群中。

---

① 张明楷. 刑法学中危险接受的法理. 法学研究, 2012 (5): 173; 王俊. 危险接受理论的法理思考//陈兴良. 刑事法评论: 第24卷. 北京: 北京大学出版社, 2009: 383.
② 马卫军. 德日危险接受判例述评. 师大法学, 2018 (1): 310.
③ 乌尔斯·金德霍伊泽尔. 刑法总论教科书. 蔡桂生, 译. 北京: 北京大学出版社, 2015: 131-133.
④ 黎宏. 被害人承诺问题研究. 法学研究, 2007 (1): 90.
⑤ 车浩. 过失犯中的被害人同意与被害人自陷风险. 政治与法律, 2014 (5): 27-36.

4. 被害人自我答责说。冯军教授主张运用自我答责理论解决被害人危险接受案件中的结果归属问题。① 相同主张的学者多以"法益主体的被害人具有对其自身法益的优先管辖权,在对被害的危险具有清醒的认识,却仍然决定冒险,因此结果应归属于被害人而非行为人"的立场通过被害人自我答责排除行为人归责。② 但是自我答责说的解决路径混淆了归责依据与归责结论,先形成自我答责的结论,再反推理论论证成,即说不清是从理论推演出结论还是从结论反推理论。③ "因为被害人自我答责所以被害人自我答责"的逻辑并未给具体案件的归责判断提供任何可供参考的标准。被害人自愿陷入危险并不绝对意味着要为发生的法益侵害结果答责,完全否定行为人的影响,把责任全部推卸给被害人是不合理的。

(二) 关于被告人刑事责任的分析

本案中被告人并非专业的摆渡工,没有相关的资质,应朋友要求自己偷偷开船载人过河,与无证开车载人的情形类似。无证摆渡这一行为本身就已经创造了法不允许的危险。夜间渡河且遇上恶劣暴雨天气,使渡河的难度加大,梁某的驾船经验并不足以应对这样的渡河条件,可以说是"没有金刚钻偏偏要揽瓷器活"。恶劣的天气是梁某及其友人客观上都可以认识到的自然条件,但梁某有一定驾船经验,其友人选择上船时也是因为相信梁某可以克服天气的障碍。梁某虽然无证但常年在河边承接一些渡河的业务,对于当时的天气给过河造成的障碍程度有相对专业的判断,这样的判断是作为乘客的友人不可能作出的,但梁某依然选择带着几名友人冒着极大风险渡河。渡河过程中,作为船只的驾驶者,更是对危险全面掌控,最终的确因为缺乏经验违规驾船导致友人溺亡的结果,结果应当归属于梁某违规驾船的行为。在本案中,被害人承诺或者被害人自我答责理论均没有适用空间。

三、延伸思考

社会交往处处充满风险,但这些风险往往同时伴随着利益,是推动着社会前进的力量之一,因此必须容许一些风险的存在,不计任何代价来避免这些损害不是刑法的任务。在特定的场合或者具备一定条件时,人与人之间的社会交往必须能不被刑法上的结果答责所限制,进而可以自由、健康地向前发展。存在多人都参与了引发结果的事实流程时,需要判断是否每个人都要为结果的发生承担责任或者有人需要为此事全部或部分地负责从而使其他人

---

① 冯军.刑法中的自我答责.中国法学,2006 (3):101-103.
② 江溯.日本刑法上的被害人危险接受理论及其借鉴.甘肃政法学院学报,2012 (6):94.
③ 高丽丽.被害人自我答责理论应用于危险接受阻却归责的批驳与反思.法学杂志,2020 (12):146.

从中摆脱干系。危险接受问题面对的便是这样的情形,当被害人与行为人均对结果发生的事实流程作出贡献时,我们需要规范地判断结果应该归属于何人。引发了某个实害结果,并不代表一定就实现了犯罪的客观构成要件,之所以会如此,是因为刑法上的各种构成要件中包含了各种举止规范,既有禁止规范也有命令规范,实现构成要件必须体现出是对构成要件的实现,为了将某个引发了结果的举止认定为是实现了构成要件,人们就必须把这种举止一般性地规定为不被容许的。换言之,如果某种风险一开始就是被容许的,那么结果在规范上就是不可以归属的。以容许的危险为主轴建立和发展起来的规范判断理论就是客观归责理论,通过设定一系列限制犯罪成立的步骤,并要求立足于规范,在案件中检验并判断,某个具有风险的因果流程是否由行为人所支配、是否为法规范所不容许、是否造成了特定构成要件结果。危险接受的案件中,因为被害人的互动参与使得在事实层面上谁创造了危险、谁在因果流程中支配着危险、结果的归属成为难以破解的迷阵。依靠纯粹的事实判断无法得出令人满意且妥当的结论,客观归责理论规范判断的优势恰恰可以在这种类型的案件中发挥作用,将刑法上并没有规范评价意义的危险,以及因果流程排除出刑法答责的范围。换句话说,涉及被害人危险接受的案件,在经过客观归责理论一系列下位的判断规则的检验后,在构成要件符合性阶段就能够合理地将规范上不应评价为行为人"作品"的结果排除。

引入客观归责论可以提供新的解决思路,针对被害人危险接受案件的问题,判断的关键在于是否创设法所不容许的危险和是否超出构成要件效力范围。第一阶层的判断可以依据三个具体的标准展开:一是结合具体案例中行为人与被害人对于法益情状的认知及控制能力;二是分析行为人是否具有阻止法益侵害现实化的特别义务;三是考察行为人与被害人对于危险实现流程的贡献及控制程度。最后再检验实害结果是否超出构成要件效力范围,便可破解危险接受类型案件结果归属之难题。

(沈晓白　撰写)

⑩ 被害人的介入与结果加重犯的因果关系

案情简介

2010年3月被告人刘某到莆田加入传销组织,为发展传销下线,明知该组织是以非法限制他人人身自由的手段来逼迫新进人员加入该组织,仍谎称自己在莆田承包建筑工程,生意做得不错,骗其同学王某飞一起来莆田发展。同年10月3日下午,刘某与同案人(另案处理)受传销组织安排一起到莆田车站接刚从河南来莆田的被害人王某飞,并将其带到该传销组织租住在城厢区的一处五楼的房间。次日上午,根据传销组织的安排,被告人刘某和同案人带被害人王某飞上街购买日用品,下午,又安排传销组织内部人员在该租住处向被害人讲课、"洗脑"。之后,由同案人单独劝说被害人王某飞加入传销组织,被害人王某飞发现自己陷入传销窝点已被限制人身自由后便寻找逃离机会。当晚睡觉时,该传销组织安排人员将房间大门内锁,并派人监视,以防止被害人王某飞逃走。当日24时许,被害人王某飞趁其他人睡觉时从五楼卧室的窗户跳下逃走时摔伤。经鉴定,损伤程度为重伤。

裁判要旨

法院审理认为,被告人刘某利用同学关系,将被害人骗入非法传销组织,并伙同同案人施以人身自由限制,致使被害人为了逃离而受重伤,其行为已构成非法拘禁罪。被告人案发后如实供述自己的罪行,自愿认罪,并积极赔偿被害人经济损失,获得了被害人的谅解,具有监管条件,故对被告人予以从轻处罚并适用缓刑,根据《刑法》第238条第2款、第25条第1款、第67条第3款、第72条的规定,被告人刘某犯非法拘禁罪,处以有期徒刑三年,缓刑四年。[①]

[①] 参见福建省莆田市城厢区人民法院刑事判决书(2011)城刑初字第299号。

评析意见

一、关键问题与裁判思路

本案的关键问题在于当被害人为了逃避行为人的基本行为而作出危险举动，并且产生伤亡结果时，能否将该结果归属于行为人的基本行为。简言之，本案涉及的是介入被害人行为时的结果归属判断问题。一审法院认为被告人刘某限制被害人人身自由的基本行为，导致其采取了跳楼的逃离行为，因此应将被害人的重伤结果归属于行为人，适用非法拘禁罪第 2 款"犯前款罪，致人重伤的，处三年以上十年以下有期徒刑"规定的第二档法定刑。判决将"致人重伤"直接理解为引起他人重伤，至于被害人的重伤结果是否由非法拘禁行为本身直接导致的，并不影响结果加重犯的认定。

二、相关学理分析

对于结果加重犯的因果流程中介入了被害人行为的案件，无论是司法实践还是学理上都存在争议。

（一）"被害人介入型"因果关系认定的理论

1. 直接性说。早期观点认为结果加重犯是故意的基本犯与过失的结果犯的结合形态，这种理解模式既无法说明结果加重犯类型立法的必要性，也无法协调和解释结果加重犯与责任主义的紧张关系，因为其法定刑往往超出故意的基本犯和加重结果的过失犯的刑罚总和。[1] 因此，通过直接性要件限定结果加重犯的理论应运而生。直接性说认为只有当具有造成加重结果高度危险的基本行为直接造成了加重结果[2]，或者说，只有基本犯与加重结果之间具有直接的内在联系或者特殊的风险关系才能认定为结果加重犯。[3] 根据这一理论，被害人为了摆脱单纯的拘禁，选择高度危险的摆脱方式导致身亡，对行为人的行为不宜认定为结果加重犯。[4]

2. 相当因果关系说。在被害人行为介入的情形中，相当性说思考逻辑的本质就在于不断地在行为人基本行为的危险性、被害人行为介入的异常性或相当性的程度、加重结果与前两者引起与被引起程度关系的远近上进行反复

---

[1] 邓毅丞. 结果加重犯的因果关系判断. 政治与法律, 2017 (2): 19.
[2] 乌尔斯·金德霍伊泽尔. 刑法总论教科书. 蔡桂生, 译. 北京: 北京大学出版社, 2015: 352.
[3] 张明楷. 严格限制结果加重犯的范围与刑罚. 法学研究, 2005 (1): 92.
[4] 周光权. 刑法各论. 4 版. 北京: 中国人民大学出版社, 2021: 48; 张明楷. 刑法学：下. 6 版. 北京: 法律出版社, 2021: 1156.

权衡和考量,换言之,先要考虑基本行为引起被害人介入可能性的大小,再考虑被害人介入行为引起加重结果的可能性大小,最后再综合两个作用效果的大小。确定基本行为在多大程度上具有引起加重结果发生的可能。① 日本最高裁判所在 2003 年 7 月 16 日判决的"高速公路案"中,被害人受到了几名被告反复不间断的几个小时暴行折磨,因极度的恐惧感,在逃跑十分钟后进入几百米外的高速公路上,被急速行驶的汽车撞倒,并被随后而来的汽车碾过致死。第一审判决认为被害人的行为属于从被告人的暴行来看所能预料的范围之外的事态,属于异常的介入因素,加重死亡结果与暴行之间不具有相当的因果关系,但最高裁判所却作出了相反的判决,认为设身处地地从被害人的状况来看,被害人行为是在万不得已的情况下实施的,从一般人的角度来看,也不能说是异常行为,即便对被告人而言,承认预见可能性也是相当的。② 在这一案件中,尽管一审判决和最高裁判所的判决都是立足于"相当性"的判断,但是却得出了截然相反的结论。"仁者见仁,智者见智"的两种结论凸显了相当性理论在存在介入因素场合,以"社会经验法则"限定条件说的不足之处。通过限定因果关系来限定结果加重犯的成立范围,由于相当因果关系融合了预见可能性的判断,其实是借因果关系判断之名,进行过失认定之实。③ 最终又回到了故意的基本犯和过失的结果犯结合的形态,自然也无法为结果加重犯的法定刑为何高于二者法定刑的简单相加提供依据。

(二) 关于被告人刑事责任的分析

存在被害人介入行为的场合,结果加重犯成立必须具备两个条件,第一,被害人的介入行为必须与行为人的基本行为存在内在关联性,换言之,行为人之行为有导致被害人采取不当行为的危险性,并且这种危险最终现实化成了结果。④ 比如在类似于本案的非法拘禁的案件中,行为人如果在非法拘禁的过程中伴随着胁迫、殴打、侮辱,或者对被害人实施了长时间的拘禁,导致被害人在肉体或者精神上受到了较高程度的折磨,不堪忍受之时,就能够肯定此时的基本行为中就蕴含着引起被害人介入行为的内在关联性危险。第二,被害人除了实施该介入行为外没有更优选择,此时涉及能否适用被害人自我答责原理,如果存在明显更有利的选择,被害人坚持另一行为时,那么最终的损害后果便能够体现出被害人的意志,结果的发生没有超出被害人自己的

---

① 段蓓. 被害人自我答责视角下的结果加重犯论//陈兴良. 刑事法评论:第 39 卷. 北京:北京大学出版社,2017:88.

② 山口厚. 从新判例看刑法. 付立庆,刘隽,译. 北京:中国人民大学出版社,2009:3-4.

③ 松宫孝明. 日本刑法总论讲义. 钱叶六,王昭武,译. 北京:中国人民大学出版社,2013:58.

④ 山口厚. 从新判例看刑法. 付立庆,刘隽,译. 北京:中国人民大学出版社,2009:61.

管辖范围，应当由被害人自我答责。当然这里的判断需要在个案中，立足于被害人行为时进行具体的事前的判断，考虑事发的时间、地点、被害人是否处于极度恐惧无法理性判断的状态、行为人基本行为对被害人心理的强制程度等，综合这些因素，考虑一般人处于该情形中能否作出最优选择，如果不能，则不能由被害人自我答责，而是应该将结果归属于行为人的基本行为。

以上述规则检视本案，被告人刘某和同案人并未在拘禁期间对被害人王某飞实施任何暴力、胁迫或侮辱的行为，第一天还带被害人王某飞出门购买生活用品，室内拘禁期间，只是采用游说的方式拉被害人加入传销组织。在拘禁时间不足两日的时间里，被害人虽然人身自由受到了限制，但其他人身法益并未处于危险之中，很难认定仅仅采用温和方式扣留的拘禁行为中包含着跳楼这一高度危险行为的内在关联。再者，被害人王某飞并未处于极度惊恐、无法理性判断的精神状态下，在可以拖延寻找更好出逃时机的情况下，选择半夜从五楼跳下来的行为，可以说是在自由意志支配下实施的，损害结果并未超出被害人行为支配的范围，应当肯定由被害人自我答责。

综上所述，本案被告人虽然构成了非法拘禁罪，但并不能适用第二款结果加重犯之规定。本案判决虽然适用了第二款之规定，但是应当也是考虑到了将重伤结果归属于被告人"过于严苛"了，对被害人介入行为的评价体现在了量刑之中，只判处了第二档法定刑的起始刑三年有期徒刑，并适用了缓刑。

三、延伸思考

对于存在介入因素的案件，应当如何判断是否具有"直接性"，理论上存在不同的路径来建构"直接性"的具体判断规则。譬如，有学者认为在介入因素缺乏引起加重结果的独立意义时，基本行为对加重结果的出现处于决定性的地位，因此，介入因素的独立意义是判断直接性的关键因素，并为其创设了两个具体规则：作用力规则和支配性规则。简言之，通过判断介入因素的作用力是否显著和基本行为对介入因素是否具有支配作用两点来应用直接性规则。① 也有学者主张通过规范保护目的范围之外的风险、被害人自我答责、反常的因果流程等归责原则和排除归责的事由来实现直接性的具体判断。② 德国的罗克辛教授提出结果加重犯中的"特殊危险关联"要通过规范保护目的的限定。③ 如何从基本行为所可能产生的危险中挑选所谓的"固有危险""特有危险"来对加重结果负责，学者们虽然提出了各种挑选的标准，但

---

① 邓毅丞. 结果加重犯的基本原理与认定规则研究. 北京：法律出版社，2016：118-119.
② 郭莉. 结果加重犯结构研究. 北京：中国人民公安大学出版社，2013：117.
③ 克劳斯·罗克辛. 德国刑法总论：第1卷. 王世洲，译. 北京：法律出版社，2005：256.

大多没有给出标准的确立根据。理论的争锋不休,具体的判断标准无法达成一致。也有学者指出,不论是采取直接性中的哪一种观点,存在被害人介入的情况下,也是看这一介入行为是否属于基本行为所涵摄的危险范围,这种对被害人的意志和行为扁平化的处理方式,极易导致结论的不合理性。[1] 更有学者指出"直接性说"的适用可能会架空非法拘禁罪的结果加重犯,非法拘禁罪是侵犯公民人身自由法益的犯罪,现实案件中非法拘禁罪的样态多表现为以讨债或传销为目的,行为人通过限制或剥夺被害人人身自由迫使被害人满足自己的意愿,这种行为通常不会具有导致他人死亡的物理性危险,否则拘禁的目的无法实现,如此一来如果毫无保留地坚持"直接性"的适用,将在相当程度上架空非法拘禁罪结果加重犯条款的适用。[2]

(沈晓白　撰写)

---

[1] 段蕾. 被害人自我答责视角下的结果加重犯论//陈兴良. 刑事法评论:第39卷. 北京:北京大学出版社,2017:96.

[2] 张子豪. 非法拘禁罪结果加重犯的认定规则——以介入被害人因素为切入. 法学,2020(11):143.

11 犯罪故意中的"危害社会"

案情简介

被告人樊某某、张某某和凡某某分别是被害人冷某某的丈夫、女婿、女儿,冷某某生前患有系统性红斑狼疮等多种疾病,案发前与被告人张某某、凡某某一同暂住。2017年8月28日上午,樊某某来到冷某某暂住处探望冷某某。在冷某某的强烈要求下,樊某某尽管明知服用老鼠药会致人死亡,却仍将张某某购买的老鼠药递给冷某某。冷某某接过老鼠药后,当着樊某某、张某某以及凡某某的面一饮而尽。服药之后,张某某驾车带樊某某、冷某某离开暂住处,独将凡某某留在屋中。在将樊某某送回住处后,张某某又载着冷某某在路上漫无目的行驶长达数小时,直至冷某某毒性发作身亡。

裁判要旨

一审法院认为,被告人樊某某、张某某、凡某某作为冷某某的近亲属,对冷某某负有扶助义务,但樊某某与张某某在冷某某提出自杀请求后,非但没有努力劝阻,反倒主动递上老鼠药助其自杀。不仅如此,在冷某某服下老鼠药后,樊某某等人也没有履行救助义务,而是坐待冷某某毒发身亡,其行为毫无疑问已构成故意杀人罪。不过,综合考虑三人的行为性质、主观动机等要素,应当认为三人的犯罪情节较轻,可以适用缓刑。据此,法院判决如下:被告人樊某某、张某某构成故意杀人罪,判处有期徒刑三年,缓刑五年;被告人凡某某构成故意杀人罪,判处有期徒刑二年,缓刑三年。一审判决后,被告人未上诉,检察机关未提出抗诉,该判决发生法律效力。[①]

评析意见

一、关键问题与裁判思路

本案在理论上争点颇多,关于帮助自杀是否符合共犯原理,进而是否可

---

① 参见浙江省台州市路桥区人民法院(2018)浙1004刑初254号刑事判决书。

罚的问题，在此不作讨论，而是完全以司法实践的看法为前提展开论述，即帮助自杀是具有刑事可罚性的行为。此处要追问的是，樊某某等人是否具有刑法意义上的故意。根据我国《刑法》第 14 条的规定，构成故意犯罪需要行为人"明知自己的行为会发生危害社会的结果"。从这一规定可以看出，成立犯罪故意，要求行为人在认识因素上具备明知这一要素，明知的对象包括行为人所实施的行为，以及该行为会导致的结果。争议焦点在于，行为人需不需要明知自己行为所导致的结果具有社会危害性。如果认为需要，那么当行为人认为自己的所作所为不具有社会危害性时，就不能认定其具有犯罪故意。反之，则可以肯定犯罪故意。本案中，尽管樊某某等人确实知晓给冷某某服用老鼠药会导致其死亡，但其目的却是想让冷某某摆脱病痛。在他们心中，不仅没有认为自己在危害社会，反而觉得是在积德行善。在此背景下，该如何理解"危害社会"这一规定，便成为认定本案的关键。

二、相关学理分析

关于"危害社会"的理解，我国目前主要存在三种主张，即客观标准说、行为人标准说以及法规范标准说。

（一）关于"危害社会"的理论聚讼

1. 客观标准说

该说认为，行为人只要认识到构成要件所描述的事实，便符合犯罪故意中的明知要件，不需要对认识对象作出价值评判。比如，"淫秽物品"是一个充满价值判断的概念，一部电影、一本小说是否属于淫秽物品，需要专业机构进行鉴定，行为人往往难以作出准确评价。但是，这并不影响行为人对淫秽物品具有明知，只要按照一般人的生活经验，认识到影片、书籍在描绘露骨的性行为即可。① 据此，犯罪故意中明知的内容包括行为性质、行为对象、行为结果、行为与结果之间的因果关系，以及其他法定事实，如时间、地点、伴随情况等②，"危害社会"的规定只是对结果的修饰，没有实际意义。客观标准说主要受德日刑法理论影响，在德国和日本的刑法理论中，犯罪故意中的认识对象只包括构成要件事实，不包括行为人本人的价值评价。③

2. 行为人标准说

该说主张，要想成立犯罪故意中的明知，行为人本人应对自己所要实施

---

① 陈兴良. 教义刑法学. 3 版. 北京：中国人民大学出版社，2017：465-467.
② 周光权. 刑法总论. 4 版. 北京：中国人民大学出版社，2021：152-153.
③ 弗兰茨·冯·李斯特，埃贝哈德·施密特. 李斯特刑法教科书. 徐久生，译. 北京：北京大学出版社，2021：229；山口厚. 刑法总论. 3 版. 付立庆，译. 北京：中国人民大学出版社，2018：199-200.

或者正在实施行为的危害社会性质存在认识,否则就不具有犯罪故意。① 倘若彻底贯彻这一观点,那么只要行为人相信自己在做有利于社会的事,就不能肯定犯罪故意。在此情形下,行为人的主观方面不符合《刑法》第 14 条关于"危害社会"的规定,既然行为人对其所造成的结果的社会危害性没有认识,自然就不能认定为犯罪故意,只能说他具有生活意义上的故意。

3. 法规范标准说

该说指出,"危害社会"的规定只是要求行为人在实施构成要件行为时,具有形成反对动机的可能,其本身并不是明知的内容。详言之,"危害社会"是国家对行为人明知内容的规范评价,如果国家认为行为人明知的内容不具有危害社会的性质,行为人就不必为其所造成的结果承担故意责任。比如,在假想防卫中,行为人以为自己在行使合法的正当防卫权,其明知的内容在国家看来就不具有危害社会的性质,因此应当排除故意。反之,倘若国家认为行为人明知的内容具有危害社会的性质,行为人就应当为此承担故意责任。比如,父亲杀死偷东西的儿子,即使父亲认为自己在大义灭亲,在国家看来这也是造成了危害社会的结果,父亲应当承担故意杀人罪的刑事责任。② 从这个意义上说,我国《刑法》第 14 条中规定的"危害社会"这一要件,与行为人本人毫无瓜葛,毋宁只是一种裁判规范,即裁判者根据这一规范对行为人违反规范的行为作出可罚性判断。③

(二)关于本案的具体分析

依照客观标准说,本案中樊某某等人既然已经认识到服用老鼠药会导致死亡,就已经属于犯罪故意中的明知,不需要再对死亡结果是否具有社会危害性进行二次判断。按照行为人标准说,樊某某等人真心认为自己是在帮助冷某某,做的是有益于她的事,就很难认为樊某某等人具有杀人的犯罪故意。或许是认为该观点会大大限制犯罪故意的成立范围,故而目前有学者主张,只要行为人认识到自己行为的社会意义,就能够认识到其行为所造成的结果是危害社会的。④ 换言之,如果行为人明知自己的行为会导致我国刑法分则规定的结果,就可以认为他对其行为的危害社会性质有所认识。⑤ 经此限定之后,应当认为本案中樊某某等人的认识符合犯罪故意中的明知要件,因为其行为已造成冷某某死亡,而这正是我国《刑法》第 232 条故意杀人罪所禁止

---

① 高铭暄,马克昌.刑法学.10 版.北京:北京大学出版社,2022:104.
② 曾文科.犯罪故意概念中的"危害社会":规范判断与归责机能.法学研究,2021 (5):166.
③ 高桥则夫.规范论和刑法解释论.戴波,李世阳,译.北京:中国人民大学出版社,2011:13.
④ 张明楷.刑法学:上.6 版.北京:法律出版社,2021:338.
⑤ 黎宏.结果本位刑法观的展开.北京:法律出版社,2015:33.

的。根据法规范标准说，本案中樊某某等人认识到服下老鼠药会致人死亡，已经符合犯罪故意中的明知要件，接下来的问题就是，裁判者是否会将樊某某等人主观认识的内容评价为"危害社会"。显然，裁判者认为该行为及其结果具有危害社会性质，并且樊某某等人也认识到了这些内容，因此他们应当为此承担故意杀人罪的刑事责任。由此可见，上述三种主张对本案的处理结论并无差异，有所不同的仅是解释进路和说理方式。

三、延伸思考

我国《刑法》第14条关于"危害社会"的规定在1997年刑法修订时就存在争议，当时有的观点认为"危害社会"的说法不符合犯罪人的心理，最好把"危害社会"的规定修改为"明知自己行为将会发生法律规定为犯罪的结果"。然而，由于受到"原则上没有问题，就尽量不作调整"的立法修订指导方针的影响，立法者依然保留了"危害社会"这一规定。[①] 这或许在当时不会出现什么问题，但随着疑难案件的不断增多，学术研究的不断深入，以及司法裁判的不断精细化、理论化，"危害社会"这一规定所带来的困难也逐渐暴露出来。究其原因，就在于"危害社会"是一个非常抽象、过于实质化的概念。一方面，它无法为裁判者提供明确的判断标准；另一方面，由于它已经被规定在现行法之中，是具有法律效力的规定，裁判者也不能漠视。从立法论的角度出发，最好的解决办法当然是删去此规定，但是就目前而言，这似乎并不现实。因此，当下有必要在司法论上对"危害社会"的适用范围进行限缩，使其不成为明知的内容。至于如何限缩，还有待学界的进一步探索。总之，对于本案来说，仅仅由于樊某某等人认为自己在行善事，就否定故意的成立，并不妥当。

（邓卓行　撰写）

[①] 高铭暄. 中华人民共和国刑法的孕育诞生和发展完善. 北京：北京大学出版社，2012：186.

12 具体打击错误的处理

案情简介

2015年9月17日0时许，被告人张某泉为向张某波追讨欠款，携带一支可拆解成两截的自制铁枪，驾驶摩托车到张某波的出租屋附近，将张某波拦住。随后，张某泉与张某波发生激烈争吵，张某波的朋友即被害人郑某佳等人在一旁劝架。其间，张某泉从摩托车上拿出两截自制铁枪，将其连接成一条长1.8米，两头皆有枪尖的铁枪，并挥动铁枪上前劈打张某波。铁枪并未打中张某波，而是在张某泉向后甩动铁枪的时候刺中站在他身后的郑某佳。郑某佳被刺中左大腿，当场倒地，流血身亡。作案后，张某泉驾驶摩托车携带铁枪逃离现场。当晚10时许，张某泉在亲属的陪同下主动到公安局投案。经法医鉴定，郑某佳被铁枪刺中左大腿大血管，致失血性休克死亡。

裁判要旨

法院认为，在打击错误的情况下，只要行为人主观认识到的事实与客观发生的事实在构成要件的范围内一致，就成立故意的既遂犯。行为对象的偏差不影响刑事责任的认定。在本案中，虽然张某泉主观上想伤害张某波，客观上却伤害了郑某佳，出现了主观认识与客观事实的不一致，但是张某泉主观上有伤害故意，客观上也发生了伤害的结果，二者在故意伤害罪的构成要件范围内一致，因此张某泉依然成立故意伤害罪既遂，判处其有期徒刑十二年。一审宣判后，张某泉未提出上诉，公诉机关亦未提起抗诉，该判决已发生法律效力。[①]

评析意见

一、关键问题与裁判思路

本案的关键问题是具体打击错误的认定。所谓具体打击错误，是指行为

[①] 参见广东省潮州市中级人民法院（2016）粤51刑初14号刑事判决书。

人主观上意欲攻击的对象（目标对象）与现实中受到侵害的对象（偏差对象）不一致，但是这种不一致处在同一构成要件内的情况。对于具体打击错误而言，行为人究竟成立故意未遂与过失既遂的想象竞合，还是成立故意既遂，在学理上存在极大争议。犯罪定性的不同，会导致量刑区别。通常而言，故意未遂与过失既遂的想象竞合最终按照故意未遂量刑，其量刑必然比按照故意既遂的量刑要轻。根据本案法院的判决思路，打击错误不影响故意既遂的认定，当目标对象与偏差对象不一致，但所产生的结果在构成要件的范围内相同时，行为人依然成立故意既遂，应当按照故意既遂量刑。

二、相关学理分析

对于具体打击错误的认定而言，学理上主要存在具体符合说、法定符合说、修正的具体符合说三种方案。

（一）关于打击错误的主要理论争议

1. 具体符合说及其修正观点

具体符合说认为，在具体打击错误的情形下，行为人对目标对象成立故意未遂，对偏差对象成立过失既遂，最后按照想象竞合原理从一重罪处断。按照具体符合说，行为人成立故意未遂与过失既遂的理由在于：第一，不能舍弃法益主体（被害人）的个别性，对于犯罪认定而言，法益主体的不同是十分重要的事项，不能无视、舍弃这一点，不能以行为人对A存在故意为由，肯定行为人对B也存在故意。[1] 第二，在关系到生命、身体等人格法益的情况下，刑法对每个人的保护都是独立的。即便是一个行为杀害两个人，也应当成立两个故意杀人罪，而不是以行为针对的是一般意义上的人为由，成立一个故意杀人罪。[2] 第三，从故意的结构上看，行为人虽然对目标对象予以特定化，并在有认识的情况下决定实施犯罪，但该结果并未发生，因此在客观构成要件上就已经否定既遂，行为人应对目标对象成立故意未遂；对偏差对象而言，行为人在实施犯罪当时对其并无意欲，因此至多成立过失犯。[3]

具体符合说的修正观点较多，例如，认为在具体打击错误的场合，认定的关键在于行为人实施的故意行为能否左右结果的发生。当偏差结果出现时，倘若行为人的意思难以支配其违反规范的行为所导致的结果的，就应当排除行为人对该结果的故意，从而成立故意未遂与过失既遂的想象竞合。反之，如果行为人有所认识的行为能够支配实际发生的偏差结果，并且该行为一旦

---

[1] 山口厚. 刑法总论. 3版. 付立庆, 译. 北京：中国人民大学出版社，2018：223-224.
[2] 松原芳博. 刑法总论重要问题. 王昭武, 译. 北京：中国政法大学出版社，2014：181.
[3] 林钰雄. 新刑法总则. 6版. 台北：元照出版公司，2018：212-213.

实施，通常都会导致偏差结果发生，那么即使行为人存在认识错误，也应当肯定他对偏差结果具有故意。比如，行为人在 A 的汽车上安装炸弹想炸死 A，结果第二天开车的是 B，行为人遥控炸弹把 B 炸死。此时，虽然行为人炸错了人，但是 B 的死亡处在他的支配范围内，行为人应当成立故意杀人既遂。修正的具体符合说的特色在于，从结果支配的角度看，该说与具体符合说站在一起；从对行为人认识的事实作一定程度的抽象思考和规范评价的角度看，该说倾向于法定符合说。此外还有其他修正的观点，可以认为，修正的具体符合说是一种介于具体符合说和法定符合说之间的理论，试图调和两说的矛盾。①

2. 法定符合说及其修正观点

法定符合说主张，具体打击错误不影响故意既遂的成立。在法定符合说内部，又存在数故意犯说和一故意犯说两种观点。数故意犯说认为，行为人对目标对象成立故意未遂，对偏差对象成立故意既遂，再根据想象竞合原理从一重罪处断，即按照故意既遂定罪量刑。一故意犯说认为，行为人对偏差对象成立故意既遂，对目标对象成立过失，再按照想象竞合原理处断，结论同样是按照故意既遂定罪量刑。两种观点各有缺陷，对数故意犯说而言，行为人明明只有一个故意，却要成立两个故意犯罪。就一故意犯说而言，行为人想攻击的是目标对象，最后却对目标对象成立过失，违背故意认定的基本原理。为了调和个中矛盾，法定符合说又存在部分修正，目前有学者提出非难重点说，试图解决这两种观点面临的难题。根据非难重点说，在具体打击错误的场合，与危险结果相比，侵害结果是非难重点（第一基准）；发生两个结果时，行为人希望发生的结果是非难重点（第二基准）；在行为人希望的结果没有发生时，所发生的两个结果均不是非难重点。② 依照非难重点说的旨趣，行为人想攻击目标对象，但结果却发生在偏差对象身上时，与未发生的目标结果相比，实际发生的偏差结果是非难重点，因此行为人对偏差对象成立故意既遂，对目标对象成立过失，再按想象竞合原理处断。

（二）关于被告人刑事责任的具体分析

根据具体符合说，本案中张某泉主观上想伤害张某波，但现实中伤害结果并未发生在张某波身上，因此张某泉只对张某波成立故意伤害未遂。就实际被害人郑某佳而言，张某泉在实施犯罪时从未决意伤害郑某佳，所以他仅对郑某佳成立过失致人死亡。最后，再按照想象竞合原理从一重罪处断。根据法定符合说，本案中，张某泉希望发生的结果，即伤害张某波，并未发生，实害结果发生在郑某佳身上。按照非难重点说，发生在郑某佳身上的结果是

---

① 周光权. 刑法总论. 4 版. 北京：中国人民大学出版社，2021：179-180.
② 张明楷. 刑法学：上. 6 版. 北京：法律出版社，2021：360.

非难重点，因此张某泉最终应成立故意伤害既遂。根据修正的具体符合说，本案中张某泉是在向后甩动铁枪时，铁枪的后端刺入郑某佳左大腿，致其流血身亡的。从结果支配的角度看，张某泉明知自己手中的铁枪是两端开刃，向后甩动也有极大可能造成严重后果，并且也知道郑某佳等人就在近旁。可以认为，郑某佳的死亡结果是在张某泉违反规范行为的支配范围之内的，不能排除张某泉对郑某佳死亡结果的故意。因此，张某泉应当成立故意伤害既遂。可以认为，法院对本案的处理采用了法定符合说，也可以认为判决是接近于修正的具体符合说的立场。

三、延伸思考

具体符合说与法定符合说的根本分歧，其实是对"构成要件事实"存在不同理解。具体符合说认为，构成要件事实是现实生活中的具体事实，刑法构成要件只是评价这些事实的标准。既然在现实生活中，行为人想杀A还是想杀B是重要的，那么这种行为对象的个别性对于刑事责任的认定而言自然也是重要的。与之相反，法定符合说则认为，立法者才有权决定成立故意的条件是什么。① 详言之，立法者在制定故意杀人罪时，只规定"故意杀人"，并没有规定"故意杀特定的人"，因此行为人只要认识到"人"，便可成立该罪的故意。行为对象的个别性不属于构成要件要素，因此也就不影响故意的成立。这两种立场各有千秋，至今未达成和解。目前值得考虑的是，可以从功能主义的视角出发来解决具体打击错误问题。换言之，刑事处罚的目的在于规制违反规范的行为，进而保护法益。倘若行为人主观上决意实施违反刑法规范的行为，并且明知他的这一行为会侵害相应的法益，那么无论法益侵害结果发生在哪个具体对象身上，其实都不重要，皆应按照故意既遂论处。当然，如果法益侵害结果没有处在违反刑法规范行为的支配范围之内，就应当排除故意。这是一种"原则/例外"的思考模式，值得借鉴。

（邓卓行　撰写）

---

① Vgl. Puppe, in: Kindhäuser/Neumann/Paeffgen, Strafgesetzbuch, 5. Aufl., 2017, §16, Rdn. 96.

13 因果关系认识错误

案情简介

2016年4月22日23时许,被告人高某某回家看到其母李某与被害人崔某饮酒,怀疑李某与崔某存在不正当男女关系,于是以拳打脚踢的方式殴打崔某的头部、面部、背部等多处身体部位,接着又拿起手边的塑料凳子殴打崔某的背部、颈部。李某和张某1见状上前拉拽高某某,崔某趁机往门外逃跑。逃跑过程中,崔某不慎滚下楼梯,后向朋友张某2求助,被送至医院救治。经鉴定,崔某本次受伤,造成右胫骨、腓骨粉碎性骨折,右尺骨、桡骨远端粉碎性骨折,构成轻伤一级;腰椎第一腰椎粉碎性骨折,构成轻伤二级。

裁判要旨

被告人高某某辩称,虽然他在屋内殴打崔某属实,但轻伤结果却是崔某逃跑时从高处摔下地面造成的,与他本人的殴打没有关系。辩护人同样认为,由于高某某没有追出房间继续实施殴打,被害人崔某的伤情与高某某的殴打之间不具有刑法上的因果关系,不应成立故意伤害罪。法院认为,一方面,不能否认高某某的殴打行为有造成崔某轻伤的可能;另一方面,崔某正是在高某某有继续追赶的动因之下,才慌不择路,造成轻伤,因此崔某轻伤的结果与高某某在室内殴打并要继续追击殴打的行为存在刑法上的因果关系,对其应当以故意伤害罪论处。法院最终以故意伤害罪判处其有期徒刑一年。[1]

评析意见

一、关键问题与裁判思路

在承认崔某摔伤与高某某的殴打追赶行为之间存在因果关系,高某某主观上希望造成崔某轻伤的前提下,剩下的问题就在于,当高某某对产生此结

---

[1] 参见吉林省延吉市人民法院(2017)吉2401刑初183号刑事判决书。

果的因果流程具有认识错误的时候，是否会影响故意伤害既遂的成立。换言之，高某某原本想通过殴打造成崔某轻伤，但该轻伤结果事实上却是由崔某从高处摔下所致，高某某在实施殴打时并未认识到这一点。就此而言，能否认为高某某对崔某摔伤的结果不具有故意，进而否定其故意伤害既遂责任，只以故意伤害未遂（过失轻伤不罚）论处？从法院的裁判结果中可以推断，我国司法实务认为这样的因果关系认识错误并不会阻却故意既遂的责任，而这一情况在学理上却存在不同的论证路径与结论。

二、相关学理分析

上述情形中的因果关系认识错误，又被称为因果流程认识错误或者因果流程偏离。对此，学理上主要存在三种解决思路，分别是因果关系认识不要说、因果关系认识必要说与主观归责理论。

（一）关于因果关系认识错误的理论聚讼

1. 因果关系认识不要说

该说认为，因果关系不是故意的认识内容，在实施犯罪时，只要对包含着发生结果危险的实行行为具有认识，就足以肯定故意。[①] 详言之，行为人对因果关系的认识只是对结果认识的附属内容，其本身不具有独立性。这是因为，只要行为人认识到行为的内容、社会意义及其危害结果，就说明行为人对法益的保护所持的背反态度，刑法已经可以将其评价为故意。此外，既然行为人具有实现同一结果的故意，客观上也实现了这一结果，那么就可以肯定行为人具有故意，应当为该结果承担故意既遂的责任。[②] 从另一个角度说，因果关系认识不要说认为，因果流程或者因果关系本身就不属于构成要件要素，既然不属于构成要件要素，自然就不需要行为人对其有所认识，犯罪故意的成立与否，就跟行为人有没有认识到因果流程毫无关系。

2. 因果关系认识必要说

该说主张，行为人必须对行为与结果之间的因果流程有认识，才能肯定故意。所谓对因果流程有认识，是指在行为人的主观世界中，他的行为对于结果的发生有支配作用，也就是行为人知道，当他改变自己的做法，结果也会随着改变。如果行为人主观上认为，不论采取何种方法，结局都是一样，就是欠缺对因果流程的认识，应当排除故意。比如，医生坚信病人已然无法抢救，因而放弃治疗，就算客观上还有抢救的可能性，也不成立故意，至多

[①] 前田雅英. 刑法总论讲义. 6版. 曾文科，译. 北京：北京大学出版社，2017：155.
[②] 张明楷. 刑法学：上. 6版. 北京：法律出版社，2021：361.

存在过失。① 由此可见，必要说也不是要求行为人认识到所有的因果流程细节，而是只要认识到因果流程的基本部分就可以。② 也就是说，行为人不需要具体认识到结果是怎么发生的，比如被害人是失血过多休克身亡，还是大脑受到重创死亡，而是只要明确知道自己实施的行为会导致对方死亡即可。从反面说，倘若客观因果流程与行为人主观设想的因果流程的偏差尚处在一般生活经验可预测的范围内，并且没有其他对犯行的评价可以将此种偏差正当化，就应当认为该偏差是无关紧要的，不阻却故意。③ 最典型的例子就是行为人给被害人造成足以致死的重伤，结果被害人在死亡之前，被另一人用枪打死。由于中途介入另一个人的行为这个因素超出了一般生活经验可预测的范围，因而就不能再让行为人承担故意杀人既遂的责任，只能成立故意杀人未遂。

3. 主观归责理论

该说主张，认为故意认定与故意既遂的成立是两个完全不同的问题，前者只要行为人的认识符合主观构成要件即可成立，后者的成立却还需要一个额外的认定步骤，那就是客观事实与主观设想的对应性审查。之所以如此安排，是因为故意在着手时便已成立，而偏离于行为人主观设想的因果流程却是在故意成立之后才出现的，此时很难想象一个着手后出现的偏离情形能够回溯性地阻却着手时就已成立的故意。④ 因此，在因果关系认识错误的情形中使用"阻却故意"一词是不妥当的，而是应当使用"阻却故意既遂"这一说法。在判断因果流程偏离是否阻却故意既遂时，要着重审查主观面与客观面的对应程度，这种对应性的审查便是主观归责的任务，它是在故意认定完毕之后的独立评价阶层。与之相应，对应性的判断标准，是行为人主观设想的事实与客观发生的事实在构成要件的范围内相互重合，就可以肯定故意既遂。⑤ 比如，行为人把被害人从桥上推下去，想让被害人落水淹死，结果被害人是头部撞到桥墩上撞死的。此时，就出现了主客观对应的问题，行为人主观上想淹死被害人，而客观上被害人是撞死的，主观归责理论的任务便在于，要判断主观上的淹死和客观上的撞死能否对应。倘若结论是对应，则行为人成立故意既遂，如果结论是不对应，行为人就只能成立故意未遂与过失致人死亡，再按照想象竞合原理处断。主观归责理论的判断标准是提取公因式的

---

① 黄荣坚. 基础刑法学：上. 台北：元照出版公司，2012：423-424.
② 周光权. 刑法总论. 4版. 北京：中国人民大学出版社，2021：181-182.
③ Vgl. Wessels/Beulke/Satzger, Strafrecht Allgemeiner Teil, 50. Aufl., C. F. Müller, 2020, S. 126.
④ 蔡圣伟. 刑法案例解析方法论. 台北：元照出版公司，2014：112.
⑤ 蔡圣伟. 重新检视因果历程偏离之难题. 东吴法律学报，2008（1）：32.

方法，也就是行为人主观上想让被害人死，客观上被害人也死了，在这一限度内主客观相互对应，便可认定为故意既遂。

(二) 关于本案的具体分析

根据因果关系认识不要说，本案中，既然高某某主观上想造成崔某轻伤，客观上崔某也出现了轻伤，并且该轻伤结果与高某某的殴打行为具有因果关系，就应当以故意伤害既遂论处。至于高某某有没有具体认识到实现该轻伤结果的因果流程细节，并不是认定的关键，他只要认识到自己的行为会造成崔某轻伤，即可成立故意伤害既遂。根据因果关系认识必要说，本案中，高某某主观设想的因果流程是殴打致崔某轻伤，客观上的因果流程是崔某被追赶从高处摔下导致轻伤，二者的偏差已经超出了一般生活经验的可预测的范围，因此高某某应当只成立故意伤害未遂（过失致人轻伤不罚）。按照主观归责理论，高某某主观上想造成崔某轻伤，客观上崔某也出现了轻伤，二者在故意伤害罪构成要件的范围内相互重合，因此高某某应成立故意伤害既遂。法院对本案的处理似乎更接近于因果关系认识不要说。

三、延伸思考

因果关系认识错误对故意既遂的影响目前基本只在学理上讨论，而在司法实践中并未得到应有的关注。我国司法实践要么是在客观因果关系的认定上来解决该问题，只要肯定行为与结果之间存在因果关系，就肯定行为人成立故意既遂，要么仅以"因果关系认识错误，不影响本案定性"[1] 一笔带过。虽然该问题在司法实务中的确不像在学理讨论上那么重要，但是既然司法实务也承认故意在犯罪认定中的重要性，就有必要在出现相关问题时，着重考察因果关系认识错误对案件定性的影响程度。倘若行为人果真对客观因果流程存在重大误解，就应当否定故意既遂的成立。从上述学理分析中也可以看出，在不同的观点之下，对被告人高某某的犯罪认定结论是不同的，这就说明因果关系认识错误对于司法实务并非无关紧要的存在。司法实务在遇到相关案件时，不应忽视因果关系认识错误这一关键问题，这对案件定性至关重要，不可不察。

(邓卓行　撰写)

---

[1] 参见贵州省毕节市中级人民法院（2017）黔05刑初79号刑事判决书。

14 结果推迟发生与犯罪故意

案情简介

2019年8月26日早上,被害人侯某到被告人陶某某的住处时,与陶某某的侄子被告人侯某云发生打斗。2019年8月27日上午,侯某又来到陶某某家,侯某云怕再次出现冲突,就紧闭房门不出。侯某拿起陶某某家中的拖把,用拖把砸烂了陶某某家的窗户。侯某云见状从屋内走出,侯某见到侯某云,就拿起拖把要打侯某云。陶某某从家门口拿了一把钉耙将侯某打倒在地,侯某云也从旁拿起一根木棍打了侯某几下。见侯某倒地不起,一动不动,陶某某以为侯某已经死亡,就拿了一根绳子套在侯某脖子上,与侯某云一起将其拖拽至自家厨房背后的水沟旁,侯某云拉起遮阳网盖住侯某。当日20时许,陶某某和侯某云用编织袋将侯某罩住,并抬到自家牛车上,将其拉到芦谷地里抛尸。群众发现侯某的尸体后报案,经鉴定,侯某的死因是绳索类似物勒压颈部所导致的机械性窒息。

裁判要旨

陶某某与侯某云的辩护人认为,二人共同实施了两个行为,第一个行为人将侯某打晕并误以为死亡,第二个行为是用绳索套住侯某颈部拖拽其"尸体"。实际导致侯某死亡的是第二个行为,这属于典型的因果关系认识错误。其中,第一个行为属于正当防卫,第二个行为是疏忽大意的过失,因此二人应当成立过失致人死亡。法院认为,二被告人从用钉耙击打到拖拽"尸体"进而抛"尸",这一系列行为是连续的,不应机械地将各行为孤立起来评价。二被告人客观上实施了伤害行为,主观上具有伤害故意,且导致侯某死亡,其行为已经符合故意伤害(致人死亡)罪的构成要件。法院由此认定被告人陶某某构成故意伤害(致人死亡)罪,判处有期徒刑十年;被告人侯某云构成故意伤害(致人死亡)罪,判处有期徒刑七年。① 一审判决后,被告人未提

---

① 参见云南省文山县人民法院(2020)云2601刑初164号刑事判决书。

出上诉，检察机关未提出抗诉，一审判决发生法律效力。

评析意见

一、关键问题与裁判思路

本案在学理上属于因果关系认识错误中的结果推迟发生，即行为人误以为已经完成特定的故意犯罪（第一行为），事实上犯罪结果还未发生，但是为了防止被发现或者其他目的，进而实施另一行为（第二行为），犯罪结果实际上是由第二个行为造成的。在此情形下，能否将第二行为引发的结果视为第一行为的结果，乃是认定的关键。本案辩护人认为，应当将第一行为和第二行为分开认定，被告人陶某某和侯某云对第二行为造成的结果单独成立过失。而法院则认为，有必要将第一行为和第二行为视为前后有序的一个行为，然后合并评价，二被告应成立故意伤害（致人死亡）罪。可见，本案的分歧在于如何认定陶某某和侯某云的这两段行为。合并评价，二被告将成立故意伤害（致人死亡）罪；分开评价，则分别成立故意伤害罪与过失致人死亡罪。

二、相关学理分析

关于结果推迟发生的认定，学理上主要有四种观点，即概括故意说、危险关联说、行为个数说与行为计划说。

（一）关于结果推迟发生的理论分歧

1. 概括故意说

该说认为只要结果处在行为人的犯罪目标范围内，就无须再切分不同的行为步骤或手段，对于行为人而言，第二行为导致的结果不过是实现了行为人实施第一行为时的故意。[1] 1825 年，德国学者冯·韦伯最先提出这一观点[2]，由于该观点影响甚广，几近于自然科学中的伟大发明，因此为了纪念概括故意说的"发明者"，该观点又被称为"韦伯故意"或者"韦伯的概括故意"。随着理论研究的不断深入，概括故意说的操作也愈发精细。倘若第二行为已经包含于第一行为的故意之中，或者说在实施第一行为时已经预定了第二行为，就可以将第二行为纳入第一行为之中，进而合并评价。[3]

2. 危险关联说

该说主张将第一行为与第二行为视为一体，由于第一行为具有导致结果

---

[1] 徐育安. 概括故意与结果推迟发生. 政大法律评论，2010 (115)：14.

[2] Vgl. von Weber, Ueber die verschieden Arten des Dolus, Neues Archiv des Criminalrechts 7, 1825, S. 549, 565.

[3] 高桥则夫. 刑法总论. 李世阳，译. 北京：中国政法大学出版社，2020：166.

发生的重大危险，第二行为的出现也不异常，应当肯定第一行为与结果之间的归责关联，将第二行为引发的结果归属于第一行为。① 从目前较为流行的客观归责理论出发，这两段行为都源自同一个法所不容许的风险，第二行为是接续第一行为而来的，第二行为引发的结果本质上是第一行为所制造风险的实现，因此该结果可以归责于第一行为。② 换言之，由于第二行为是由第一行为诱发产生的，即使第二行为是危害结果的直接原因，也可以认为是第一行为的危险性介入了第二行为而间接现实化为了最终的危害结果。从这个意义上说，结果推迟发生不过就是因果流程认识错误的一种特殊形式而已，不影响故意既遂的成立。③

3. 行为个数说

该说强调行为人在完成第一行为之后，误信结果已经发生，因而在实施第二行为时，其主观上就不再具有第一行为的故意，两段行为迥然有别，不能合并评价。换言之，在这种介入自己新故意的场合，有必要将第一行为和第二行为作为两个行为分别评价，各自定罪。④ 显而易见，这是以犯意个数为标准来划分行为的个数，行为人有几个不同的犯意，就有几个行为，进而再分别予以评价。

4. 行为计划说

该说认为倘若构成要件行为所导致的结果符合行为人当初的计划，那么该结果就是行为人故意引起的，行为人应当为此承担故意既遂的责任。反之，如果该结果不符合行为人的计划，行为人就不成立故意既遂。这里的行为计划不是人们通常所理解的行为人真实生活中的计划，比如写日记、列大纲，而是一种规范层面上的反事实判断，即如果行为人当初知道会这样，他还会不会做这件事。会的话，成立既遂，不会的话，成立未遂。按照行为计划说，在结果推迟发生这种情况下，第二行为所造成的结果能否归责于第一行为，取决于第二行为的决意是在实施第一行为时就存在，还是在第一行为实施完毕之后才产生。如果是前者，第一行为和第二行为就要一体评价；如果是后者，就应分开评价。⑤

(二) 关于本案的具体分析

按照概括故意说，本案中陶某某和侯某云在实施第一行为时，已经预见到侯某的死亡可能，否则后来也不可能淡定地找绳索抛"尸"。可以说，第二

---

① 张明楷. 刑法学：上.6版. 北京：法律出版社，2021：362.
② 林东茂. 刑法总则. 台北：一品文化出版社，2021：367.
③ 山口厚. 刑法总论.3版. 付立庆，译. 北京：中国人民大学出版社，2018：229.
④ 野村稔. 刑法总论. 全理其，何力，译. 北京：法律出版社，2001：204.
⑤ Vgl. Roxin/Greco, Strafrecht Allgemeiner Teil Band I, 5. Aufl., C. H. Beck, 2020, S. 636.

行为所造成的死亡结果，早已被预定在了第一行为之中，第二行为乃是第一行为（故意伤害）的一部分，二人应成立故意伤害（致人死亡）罪。根据危险关联说，本案中陶某某和侯某云在实施第一行为时，已经给侯某的生命造成了重大危险，其后的第二行为是由第一行为自然引发的，应当认为侯某最终死亡是第一行为所制造风险的实现。故此，有必要将两段行为合并评价，让陶某某和侯某云承担故意伤害（致人死亡）的刑事责任。按照行为个数说，本案中陶某某和侯某云前后两段行为的犯意各不相同，第一行为的犯意是故意伤害，第二行为的犯意是遗弃尸体（认识错误），因此应当分别进行评价。亦即，第一行为成立故意伤害罪，第二行为成立过失致人死亡罪。按照行为计划说，陶某某和侯某云抛"尸"的决定是在打晕侯某之后作出的，应当将前面打晕侯某的行为和后面抛"尸"致死的行为分开评价，前一行为成立故意伤害罪，后一行为成立过失致人死亡罪。法院对本案的分析论证意见，尤其是关于被告人的"行为是连续的，不应机械地将各行为孤立起来评价。二被告人客观上实施了伤害行为，主观上具有伤害故意"的表述，明显采纳了概括故意说的立场。

三、延伸思考

结合上述四种典型观点，可以发现结果推迟发生问题的解决思路无非两种：一种是从客观构成要件入手，以第一行为所制造的危险是否在第二行为引发的结果中实现为标准，作纯客观的判断，行为人的主观方面对结论不产生影响；另一种是从主观构成要件出发，以行为人是否具有概括故意，行为人有几个犯意或者结果是否符合行为人的计划为标准，认定行为人的刑事责任。这两种思路各有利弊，第一种思路更为明确，不必过分探究行为人的内心，不容易口供定罪。但是，由于危险的判断过于实质化，容易导致裁判者的恣意裁量。第二种思路在理论上更为精确，可以作出很精细的分析，结论也相对稳定。然而，该思路在司法实践中却很难落实，所有求诸主观的标准，在证明上终将以行为人的口供为核心，容易导致刑讯逼供。因此，虽说在学理上，第二种思路更为可取，但从司法实践的角度出发，还是应当提倡第一种思路，也就是在客观构成要件中解决结果推迟发生问题。只要裁判者秉持公正，仔细评估第二行为引发的结果是不是第一行为所制造风险的现实化，而不是囫囵吞枣式地认定，完全可以作出允当的裁判。

（邓卓行　撰写）

15 过失犯

案情简介

被告人周某系某搬家公司签约司机。2021年2月6日下午,周某通过平台接到被害人车某的搬家订单,当日20时38分驾车到达约定地点。因车某拒绝其付费搬运建议,且等候装车时间长、订单赚钱少,周某心生不满。21时14分,周某搭载车某出发,但未提醒坐在副驾驶位的车某系好安全带。途中,周某又向车某提出可提供付费卸车搬运服务,再遭拒绝,更生不满。为节省时间,周某未按平台推荐路线行驶,而是自行选择了一条相对省时但人车稀少、灯光昏暗的偏僻路线。车某发现周某偏离导航路线并驶入偏僻路段,四次提示偏航,周某态度恶劣,与车某发生争吵。车某心生恐惧,把头伸出窗外要求停车。周某发现车某用双手抓住货车右侧窗户下沿,上身探出了车外,可能坠车,其打开了双闪,但未制止或采取制动措施。随后,车某从车窗坠落。周某遂停车,并拨打120急救电话和110报警电话。2月10日,车某经抢救无效死亡。经鉴定,车某系头部与地面碰撞致重度颅脑损伤死亡。

裁判要旨

一审法院认为,被告人周某发现了车某的危险举动后已经预见到车某可能坠车,但轻信可以避免,未及时采取有效措施以致发生车某坠亡的危害结果。周某的过失行为与车某的死亡结果之间具有刑法上的因果关系,其行为已构成过失致人死亡罪。考虑到周某有自首情节、自愿认罪认罚、积极对被害人施救,判处有期徒刑一年,缓刑一年。一审宣判后,被告人提起上诉。二审法院认为,上诉人周某负有职务上要求的作为义务以及先行行为产生的作为义务,且具有作为可能性,但其未履行相应的作为义务,主观上存在过于自信的过失。周某的过失行为与被害人车某的坠亡结果之间具有刑法上的因果关系,其行为已构成过失致人死亡罪。因此,驳回上诉,维持原判。[1]

---

[1] 参见湖南省长沙市中级人民法院(2021)湘01刑终1436号刑事裁定书。

评析意见

一、关键问题与裁判思路

本案曾在社会上引起广泛关注，是探讨过失犯的典型案例。一般而言，过失犯的判断主要包括三个关键问题：一是被告人是否存在过失行为；二是能否将危害结果归责于被告人的过失行为；三是被告人在主观上是否具有过失。本案囊括了全部争点，首先，关于是否存在过失行为，被告人及其辩护律师认为，没有提醒乘客系安全带、没有按照推荐路线走不属于过失犯罪的实行行为；而法院认为，被告人的过失行为是不作为，其负有职务上要求的作为义务以及先行行为产生的作为义务。其次，关于是否具有因果关系，被告人及其辩护律师认为，车某系主动跳车坠亡，周某无法预料，已经打开双闪，采取了最有效的刹车制动措施，坠亡结果不可归责于周某；而法院认为，周某在已经意识到车某心生恐惧以及预见到车某可能坠车的情况下，一直未及时采取制止或制动等有效措施，其过失行为与车某的坠亡结果之间具有刑法上的因果关系。最后，关于是否具有主观过失，被告人及其辩护律师认为，模拟实验可以证明车某是主动跳车，周某无法预料，不存在过失；而法院认为，周某已经预见到被害人车某处于高度危险之中，但轻信可以避免，主观上存在过于自信的过失。针对上述问题，有必要在学理上进行深入分析。

二、相关学理分析

（一）过失实行行为有无的判断

过失行为，无论将其表述为过失实行行为还是结果回避义务之违反行为，都要求其具有发生构成要件结果的实质的、不被允许的危险。具体到过失致人死亡罪，就要求过失行为具有侵害生命法益的实质的、不被允许的危险。因此，被告人及其辩护律师提出没有提醒乘客系安全带、偏航、态度恶劣、无视被害人质询继续驾驶的行为，都不属于过失实行行为的此点理由并无疑问。但问题是：尽管上述行为不属于过失实行行为，但是否存在其他可认定为过失实行行为的行为呢？二审法院在裁判书中着重说明了这一问题：一方面，周某是一名职业司机，应当遵守平台的各项安全规则及司机行为守则，在工作中负有保障跟车乘客人身安全的注意义务；另一方面，周某无视车某反对偏航的意见，在运输服务中与车某发生争吵，态度恶劣，导致车某心生恐惧而离开座位并探身出车窗。车某并非无故自行跳车，周某因先行行为负有防止车某从其驾驶的货车上坠亡的义务。

周某虽然具有作为义务，但其不履行作为义务的行为需要具有侵害生命法益的实质的、不被允许的危险,才能评价为过失致人死亡罪的实行行为。根据法院认定的事实,"车某第四次提醒周某偏航了,周某对其仍然没有理会,这时车某把头伸出窗外要求周某停车,但周某还是没有理会。之后不久,周某发现车某已经离开座位,双手抓住货车右侧窗户下沿,上身已经探出车外"。其实,在车某未系安全带的情况下,将头伸出窗外要求周某停车时,车某的行为就已经具有坠车的危险,而当车某离开座位,将身子朝向车窗外的方向时,其生命法益已经处于实质的、不被允许的危险当中。此时,周某就负有消除危险的作为义务,周某并未及时采取有效措施避免危险发生,不履行作为义务的行为已经可以评价为过失实行行为,无须延迟至车某身体已经伸向窗外的时点。

(二)过失行为与死亡结果之间的因果关系

周某的过失行为与车某的坠亡结果之间是否具有因果关系,同样值得探讨。周某未履行注意义务的行为创设了法所不允许的危险,那么这一危险究竟有没有实现呢?这里涉及结果回避可能性的判断,即周某如果采取了恰当的结果回避措施,坠亡结果能否避免。这是本案最具争议性的地方,被告人在上诉意见中特别指出,从车某第一次提出偏航到最后"跳车"只有1分钟,而车某探出上身到"跳车"的过程,只有短短几秒,在这么短的时间内根本无法阻止结果发生。换言之,被告人认为按照结果回避可能性理论,即便其当时采取了紧急刹车等结果回避措施,由于跳车时间极短,相同结果仍然会发生,其不应对该结果承担过失责任。如果在探出上身的时点要求采取结果回避措施,坠亡结果确实很难避免。然而,本案被告人完全可以在更早一点的时点采取制止或制动措施。如上所述,当车某将头伸出窗外要求停车,且身体离开座位时,其生命法益已经处于实质的、不被允许的危险当中,周某完全具有采取紧急停车等有效措施的时间和空间。如果当时采取有效措施,是能够避免结果发生的,但周某只是打开了双闪。周某对此事实提出异议认为其采取了有效的刹车制动措施,即轻点刹车,准备缓慢地降低车速,但这与其庭审供述的"把脚放到刹车上,但是没有踩下去",以及监控视频显示刹车灯不可见等事实证据相矛盾。即便认为周某采取了轻点刹车的制动措施,由于案发路段人车稀少,有紧急停车的空间条件,涉案车辆行驶速度不快,相较于紧急刹车,轻点刹车显然不利于避免结果发生,难以说是有效的结果回避措施。基于此,能够将被害人的坠亡结果归责于被告人的过失行为。

(三)过失犯的结果预见可能性

本案另一个争议点是被告人在主观上是否具有过失,判断的焦点是其对危害结果是否具有预见可能性,这里需要区分"跳车"的预见可能性和"坠亡"的预见可能性。很明显,被告人的辩护意见着力于论证被告人对车某跳车无预见可能性，认为车某系主动跳车坠亡，周某无法预料，而且现有证据无法证明车某明确表达过不停车就跳车的想法。车某因为心生恐惧，在车辆行驶过程中突然跳车，这一行为或多或少有些草率，但这至多只是说明被告人对车某跳车行为没有高程度的预见可能性。根据法院认定的事实，周某四次无视车某反对偏航的意见，在运输服务中与车某发生争吵，态度恶劣，导致车某心生恐惧，才将头伸出窗外要求停车，周某对车某的跳车行为未必没有低程度的预见可能性。不过，"跳车"的预见可能性并非本案的判断重点，真正需要判断的是周某对车某坠亡是否具有预见可能性。车某在未系安全带的情况下，将头伸出窗外时，已经具备一定的坠亡危险。此后，车某离开座位，将上身探出窗外，即便不是跳车，作为专业的司机而言，显然能够认识到乘客的这一行为具有坠亡的高度危险。因此，周某对坠亡结果是具有预见可能性的，此时需要判断其是疏忽大意的过失还是过于自信的过失。本案中，被告人作为专业司机，当其发现未系安全带的车某将头已经伸出窗外、且正离开座位将身子朝向车窗外的方向时，基本能够预见到车某已经处于坠亡的危险当中。根据周某的供述，"其内心认为这是危险的，这样很容易从车上掉下去，摔到手脚就会断手断脚，摔到头部就会有生命危险"，但其并未加以制止，也未制动停车。这并非时间上不允许，也并非其反应不快，而是因为周某轻信被害人会主动缩回车内从而避免事故发生，主观上存在过于自信的过失。综上所述，被告人周某的行为成立过失致人死亡罪。

三、延伸思考

基于上述分析可以发现，不排除在有的场合，行为人并无高度的结果预见可能性，此时能否要求其采取一定的结果回避措施，值得进一步思考。

对此，以往的具体的预见可能性说通常会持否定的见解，因为其要求必须存在高度的预见可能性，即必须是能在某种程度上"容易地"预见到结果的发生。按照这种观点，行为人被期待采取结果回避措施时被害人的法益可能已经面临紧迫的危险了，在"千钧一发"的场合很可能欠缺结果回避可能性。正因为如此，上述分析思路主张将判断时点从"车某上身已经探出窗外时"，前移至"车某将头已经伸出窗外、且正离开座位将身子朝向车窗外的方向"，在具备结果回避可能性的同时，始终维持了高度的预见可能性的判断框架。然而，这种做法是否真的有必要呢？一种新的有力见解认为，预见可能性不是通过大致有无的形式予以追问，而是通过与应采取的结果回避措施的关系相对地被确定，低程度的预见可能性对应弱的结果回避措施，而高程度的预见可能性对应强的结果回避措施（甚至包括立即中止该行为）。所以，即便结果发生的可能性相当低也没有关系，因为结果发生的可能性很低，也可以要求承担与该低水平相对应的结果回避义务。① 当司机知道乘客未系安全带，且将头伸出窗外时，基本都会觉得这样的行为有些危险，只要产生这种危险的感觉，其实就是有低程度的结果预见可能性，司机就具有采取结果回避措施的必要性，例如言语提醒，或关好车窗，或要求乘客系好安全带，或减速慢行等。司机可以采取的结果回避措施很多，其中部分结果回避措施的内容实施起来毫不费力，也正是在这一意义上，可以认为预见可能性与结果回避义务具有联动性。

（杨绪峰　撰写）

---

① 井田良. 変革の時代における理論刑法学. 慶応義塾大学出版会，2007：150-151.

16 间接故意与过于自信过失的区分

案情简介

2018年7月31日，被告人俞某某因被害人吕甲不让其朋友吕乙在水库钓鱼，感到颜面尽失，欲到水库找吕甲理论。被告人王某某得知此事后，主动纠集被告人梁某、倪某、张某某三人同往。俞某某表示同意，但要求同行者不许动手。到达水库后，梁某拿出两把刀，俞某某看到后让其放回车内。几人找到吕甲后与之发生争吵，王某某难忍愤怒打了吕甲一耳光，吕甲转身逃跑，俞某某等人在后追赶。吕甲见摆脱无望，便跳入水库往外游，俞某某等人则站在岸边继续与之对骂。其间，吕乙规劝吕甲上岸未果。见吕甲大口喘着粗气，俞某某等人感觉已经讨回"公道"，就陆续离开。随后，俞某某等人听到呼救声，便分头寻找救助工具，未果；吕乙试图下水搭救，也未成功。吕甲最终溺水身亡。

裁判要旨

一审法院判决认为，被告人俞某某等成立故意杀人罪。浙江省嵊州市人民检察院提起抗诉，认为俞某某等人与吕甲没有积怨，无追求或者放任吕甲死亡的动机。客观上，俞某某等人除了言语对骂之外，并没有阻拦吕甲上岸，争执时间只有3分钟左右，无故意拖延时间、耗费吕甲体力等行为。主观上，俞某某等人离开时，吕甲尚在水中，应当预见到吕甲有溺水危险，却因疏忽大意没有预见，属于疏忽大意的过失。浙江省绍兴市人民检察院支持抗诉，但认为俞某某等人应成立过于自信的过失。俞某某、王某某、倪某三人同时上诉。二审法院认为，俞某某等人已认识到结果发生的可能，有能力救助而不救助，对吕甲的死亡持放任态度，应当以故意杀人罪论处。驳回抗诉、上诉，维持原判。①

---

① 参见浙江省绍兴市中级人民法院（2020）浙06刑终283号刑事裁定书。

评析意见

一、关键问题与裁判思路

本案争点在于间接故意与过于自信过失的区分，本质上涉及的是间接故意的认定标准问题。检察院的抗诉意见和各上诉人的上诉意见以没有追求吕甲死亡的动机，没有追求或者放任死亡结果发生为由，否定故意杀人罪的成立。而二审法院则认为，俞某某等人在认识到吕甲有溺亡可能的情况下，依然不实施救助行为，这无异于放任死亡结果的发生，应当成立间接故意，以故意杀人罪论处。由此可见，抗诉及上诉意见与二审裁定的主要分歧在于行为人是否对死亡结果存在放任，前者认为没有，所以不成立故意杀人罪，后者认为有，因此成立故意杀人罪。

二、相关学理分析

关于间接故意与过于自信过失区分的研究成果汗牛充栋，至今仍未达成共识。不过，纵观文献，可以发现观点虽多，路径却很清晰，要么是以认识要素为核心展开讨论，要么是从意志因素出发进行研究。

（一）主要学说论争

1. 盖然性说

此说认为，故意的本质在于认识到结果发生的高度盖然性，意志要素只是从认识要素中派生出来的副产品，不是故意的组成部分。据此，可以将我国《刑法》第14条中的"希望或者放任这种结果发生"视为一种注意规定，目的是辅助故意的认定，细化量刑的分级。[①] 而不是将其理解为认定间接故意的必要条件。就间接故意与过于自信过失的区分而言，二者只有量的差别，没有质的区隔。当行为人对构成要件事实存在认识时，成立故意；当行为人对构成要件仅存在认识可能性时，成立过失。[②] 这一观点由来已久，20世纪初就已成为德国的有力学说，即行为人认识到法律上的重要事实，便可认定为故意，反之，则是过失。[③] 在英美刑法理论中，间接故意和过于自信的过失本属一家，都可归入轻率之列，二者的本质都是行为人实施不正当的冒险行

[①] 李世阳. 故意概念的再定位——中国语境下"盖然性说"的展开. 政治与法律，2018 (10)：135.

[②] 黄荣坚. 基础刑法学（上）. 台北：元照出版公司，2012：418.

[③] Vgl. M. E. Mayer, Der allgemeine Teil des deutschen Strafrechts, Carl Winters Universitätbuchhandlung, 1915, S. 263.

为。① 所谓冒险，就是行为人预见到自己的行为有可能导致不可容忍的后果，还一意孤行，预见的可能性有大有小，预见程度高的，可以认为是间接故意，预见程度较低的，可以认为是过于自信的过失。

2. 容忍说

此说认为，成立间接故意要求行为人在认识到结果发生的可能性后放任结果的发生，主观上不考虑是否可以避免结果出现。过于自信的过失则正相反，其不要求行为人对结果存在放任，而是要求主观上考虑到避免结果发生。换言之，在间接故意的情况下，结果发生符合行为人意志，而在过于自信过失的情况下，结果发生不符合行为人意愿。② 在具体判断时，容忍说指向的是行为人对待结果的态度，结果符合行为人态度的，是间接故意，不符合行为人态度的，是过于自信的过失。详言之，如果行为人在结果极有可能发生的情况下，依然不放弃实施犯罪行为，并且他在追求自己目标的过程中满足于实现构成要件的风险出现，也就是在行为人心中，与放弃实施犯罪相比，他更愿意接受其行为所带来的后果，那么他就是间接故意。这也是德国目前的主流观点。③

3. 认真对待说

此说认为，行为人应对结果有认真的估算，在估算过后，依然接受结果发生的，成立间接故意。换言之，行为人必须严肃地认为结果有可能发生，并予以容忍。如果行为人经过估算后不愿意接受结果发生，或者根本没有进行过估算，就可能成立过失。④ 亦即，倘若行为人认真考虑过结果发生的可能性，发现自己如果继续行动的话，结果就有很大的概率会发生。在这种估算结果下，要是行为人依然没有放弃犯罪计划，继续一意孤行，就说明他已经下定决心去侵害相关法益，没有理由不认定为间接故意。正是这种侵害法益的决心，决定了间接故意与过于自信过失的区别。⑤ 经过认真对待说的充实，间接故意的认定标准有两个，一是行为人认识到实现构成要件的具体危险，二是行为人在估算过后，确认该风险实现的可能性相当高。当这两个条件有一项不满足时，就只能考虑成立过于自信的过失。⑥

---

① 史密斯，霍根. 英国刑法. 李贵方，等，译. 北京：法律出版社，2001：72.
② 张明楷. 刑法学：上. 6版. 北京：法律出版社，2021：386.
③ Vgl. Wessels/Beulke/Satzger, Strafrecht Allgemeiner Teil, 50. Aufl., C. F. Müller, 2020, S. 110.
④ 周光权. 刑法总论. 4版. 北京：中国人民大学出版社，2021：157.
⑤ Vgl. Roxin/Greco, Strafrecht Allgemeiner Teil, Band I, 5. Aufl., C. H. Beck, 2020, S. 548.
⑥ 汉斯·海因里希·耶赛克，托马斯·魏根特. 德国刑法教科书：上. 徐久生，译. 北京：中国法制出版社，2017：404.

（二）关于被告人罪过形式的具体分析

根据盖然性说，本案中俞某某等人只认识到吕甲在水中的事实，而没有认识到吕甲有相当大的死亡可能性，因此不能以间接故意论处。由于俞某某等人已经看到吕甲在水中逐渐体力不支，故而应当认为他们对吕甲的死亡存在预见可能性，可以认定为过失致人死亡罪。按照容忍说的主张，本案中俞某某等人甫一听闻呼救之声，就立即开始寻找救助工具，吕乙还试图下水搭救。由此可见，俞某某等人主观上并未接受吕甲的死亡结果，不应成立间接故意。由于俞某某等人相信吕甲不会有事，因而有成立过于自信过失的余地。在认真对待说看来，本案中俞某某等人或许预见了吕甲死亡的可能性，却没有对吕甲的死亡可能性进行过认真估算。后来他们听到呼救声就开始寻找救助工具，试图搭救，这也说明俞某某等人此前完全没有想到吕甲会溺水身亡，其不具有间接故意，至多构成过于自信的过失。这样说来，本案一二审判决的结论似乎存在疑问。正如检察机关提起抗诉所言，客观上，俞某某等人除了言语对骂之外，并没有阻拦吕甲上岸，争执时间只有3分钟左右，无故意拖延时间、耗费吕甲体力等行为，其杀人行为和杀人故意都不存在。但行为人主观上应当认识到在其离开时，吕甲尚在水中，应当预见到吕甲有溺水死亡的危险，因此，认定各被告人构成过失致人死亡罪似乎更为妥当。

三、延伸思考

除了上述三种典型学说之外，有关间接故意和过于自信过失区分标准的观点可谓是数不胜数，在此无法一一列举。我国司法实践当下主要采用的是容忍说，比如在"蒋某以危险方法危害公共安全案"中，被告人蒋某将手机、平板电脑、刀具等物品从高空抛下，法院认为蒋某对危害结果发生与否毫不在意，应成立间接故意。[①] 在"李宗智故意伤害案"中，被告人李宗智用肘部将被害人魏永平推落山崖，致其重伤。法院认为李宗智对重伤结果持放任态度，成立间接故意。[②] 从学理上看，我国司法实践所采用的容忍说还有修正补充的必要。这是因为，所谓容忍，实际上只是行为人的主观态度，而人的主观态度往往一时一变，难以捉摸。以此作为标准，不仅会使间接故意的认定流于空洞，而且也不利于裁判的稳定。[③] 目前来看，如果认为"放任"是成立间接故意不可或缺的要素，就有必要考虑认真对待说。此说可以将放任要素具体化，为司法实践提供一个较为明确的标准。

（邓卓行　撰写）

[①] 参见上海市闵行区人民法院（2019）沪0112刑初2501号刑事判决书。
[②] 参见甘肃省庆阳市中级人民法院（2013）庆中刑终字第76号刑事裁定书。
[③] 许玉秀．主观与客观之间．1997年作者自版：150．

17 结果回避可能性

案情简介

2004年8月27日16时许,被告人赵某驾驶小客车行于北京某主路内侧快行车道时,因车的右前轮轧到散放于路面的井盖,车体失控冲入右侧辅路,与正常行驶的某机动车和自行车相撞,造成三死两伤。该路段限速为60千米/小时,被告人车辆事故发生时行驶速度高于77千米/小时。经交通管理部门认定,被告人赵某负该事故的全部责任。

裁判要旨

一审法院认为,被告人违章超速驾驶,在遇到井盖后已无法控制车速,进而来不及采取措施,这是导致事故发生的原因。因此,被告人过失行为与危害结果之间具有因果关系。考虑到被告人自首、积极赔偿且在行驶过程中轧到散放于路面的井盖这一特殊因素,量刑时可依法对其从轻处罚并宣告缓刑。法院以被告人赵某犯交通肇事罪,判处有期徒刑三年,缓刑三年。一审宣判后,被告人提起上诉。二审法院认为,赵某所驾驶的车辆确实轧到散放于路面的井盖,但轧上井盖是否必然导致事故的发生,缺乏证据证明;现有证据却能证明赵某在肇事时车速已超过该路段的限速标志,因赵某违章超速,故遇井盖后已无法控制车速,导致采取措施不及,造成死伤结果发生。因此,驳回上诉,维持原判。①

评析意见

一、关键问题与裁判思路

本案的关键问题在于能否将危害结果归责于被告人的过失行为,而结果

---

① 参见北京市海淀区人民法院(2005)海法刑初字第265号刑事附带民事判决书;北京市第一中级人民法院(2005)一中刑终字第3679号刑事附带民事裁定书。

回避可能性是判断这一问题所需考虑的要点。一审法院几乎没有考虑结果回避可能性的问题，直接认定过失行为与法益侵害结果之间具有因果关系；二审法院虽考虑到结果回避可能性的问题，即被告人如果合义务的驾驶，是否会导致同一侵害结果，但采取的结果避免标准是风险升高标准。对此，本案的审理法官在后来的案件解说中也予以确认，即当时存在两种争议性观点：第一种观点认为，本案应该进行相关的侦查试验，以确定车辆以低于60千米/小时的速度轧过散放于路面的井盖是否会导致同样危害结果。如果行为人履行了注意义务，同一侵害结果仍然发生，则该结果不能归责于行为人。第二种观点则认为，本案并无证据可以证明车辆以低于60千米/小时的速度轧过井盖也会发生同样危害后果，但行为人超速行驶已有相关证据予以证明。超速行驶所带来的直接后果便是驾驶人员观察道路状况能力的降低以及采取紧急措施时间的缩短，正是因为行为人超速行驶，当发现路面散放的井盖时无法及时采取措施，进而造成死伤事故。因此，超速驾驶行为与本案的危害后果之间存在刑法上的因果关系，行为人应承担相应的刑事责任。法院经过考虑，最终采取的是第二种观点。①

在结果回避可能性的判断过程中，结果避免标准的选择长期以来都是争执不下的理论问题，其中可避免性标准与风险升高标准可谓"分庭抗礼"，然而，具体标准的选择在司法实践中却并不明朗。本案是利用风险升高理论解决结果回避可能性问题的代表性判例，有必要在学理上对其涉及的结果避免标准进行深入分析。

二、相关学理分析

（一）结果回避可能性内部的争论

风险升高理论与严格的可避免性理论都是结果回避可能性理论之下的子问题，前者提出风险升高标准，后者提出可避免性标准，这两种标准是结果避免标准的主要对立观点。

当前的观点及其内容可以通过下表大致反映出来。

表2 结果避免标准的不同观点

不同观点	结果避免标准	具体表现
严格的可回避性理论	可避免性标准	近乎确定会导致同一侵害结果
风险升高理论	风险升高标准	有可能会导致同一侵害结果

---

① 国家法官学院、中国人民大学法学院编.中国审判案例要览（2006年刑事审判案例卷）.北京：人民法院出版社，2007：103-104.

续表

不同观点	结果避免标准	具体表现
风险升高的变形理论	代表性的两种观点：显著的风险升高标准；优势升高标准（超过50%的可能性）	非常有可能性/较有可能会导致同一侵害结果

很明显，本案中法院采取的结果避免标准是风险升高标准，进而作出了有罪判决。但交通肇事造成如此严重后果的，其法定刑幅度一般是三年以上、七年以下有期徒刑，很多地方法院类似的案件大多会判处六年左右有期徒刑。本案法院对被告人判处如此轻的刑罚，明显是考虑到不受控制的井盖这一介入因素，这种量刑其实是"打马虎眼"，在定性上存在较大疑问。[①] 如果本案按照可回避性标准，行为人将车速降到60千米/小时，是否近乎确定导致同一侵害结果，在没有侦查实验或者其他有力证据证实的情况下，很难得出肯定的结论。同样地，如果按照显著的风险升高理论，行为人的车速只是较最高限速超过了17千米/小时，是否显著的升高了法益侵害的危险，也很难得出肯定的结论。鉴于此，无论是按照严格的可回避性理论还是显著的风险升高理论，死伤结果未必能归责于行为人的超速驾驶行为，进而未必会得出有罪的结论。

（二）对于风险升高理论的质疑

就风险升高理论本身而言，刑法学界对其的批判主要集中在两点。

一方面，关于违反存疑有利于被告人原则的批判。这种批判认为，依照结果回避可能性理论，若行为人履行结果回避义务，实施了合义务替代行为，同一侵害结果"无法完全确认，但仍有可能"出现时，应根据存疑有利于被告人原则否定结果归责，但风险升高理论此时却能够基于风险升高标准而肯定结果归责。因此，该说违反了存疑有利于被告人原则。然而，这种批判并不成立。罗克辛教授本人对此给予了回应，其认为当行为人超越了允许性风险，并且因此继续提高了当时还可以忍受的危险时，他就创设了一种在整体上绝对被禁止的风险。这种完全被禁止的风险，在这个结果出现时也实现了。这里容不得一丝的怀疑，因此，存疑有利于被告人原则完全不具有适用的空间。[②] 这一回应是切中要害的，存疑有利于被告人的适用前提是事实不明，而风险升高理论所针对的是规范层面的问题，并非争执事实的认定。换句话说，风险升高理论只是对于因果关系及客观归责的建立在规范上提出较少的要求，认为只要提高风险的事实存在，即可将结果归责于行为人。一旦涉及"应如

---

① 周光权. 风险升高理论与存疑有利于被告原则. 法学, 2018（8）: 68.
② 克劳斯·罗克辛. 德国刑法学总论: 第1卷. 王世洲, 译. 北京: 法律出版社, 2005: 258.

何选定（规范上的）归责标准"这一法律问题，就当然与存疑有利于被告人原则无关。①

另一方面，关于将实害犯转变为危险犯的批判。这种批判认为，按照通说观点，行为的具体危险性必须进一步实现，才能论以结果犯，但风险升高理论只要求风险升高标准，这其实将实害犯转变为了危险犯。对此，罗克辛教授回应认为，能否将某个结果归责于客观行为构成，事实上总是依靠行为人创设的危险来帮助完成的。实害犯和危险犯的区别仅仅在于，在实害犯中不允许的危险要在一种构成要件性的侵害结果中实现，而在危险犯中，这一危险只需要表现为具体的危险即可。在合义务替代行为的案件中，当存在风险升高的情况时，一种禁止的风险已经表现在了构成要件性的侵害结果中，因为这种完全被禁止的风险，在侵害结果出现时也实现了。因此，风险升高理论讨论的还是实害犯的问题。② 我国学者也表达过同样的见解，认为损害后果是真实发生的，并不会出现在风险升高时将实害犯转变为危险犯的情况。然而，这种回应仍然面临着质疑，即当存在风险升高的情况时，这种禁止的风险仍然表现为具体的危险，所谓的侵害结果的实现不过是作为一种类似于客观处罚条件的存在。也就是说，存在具体的危险时，只处罚侵害结果发生的场合，然后美其名为"禁止的风险在侵害结果中实现"。在风险升高理论中，"结果近乎确定发生"被转变为了"结果发生的可能性"，这等于说将实害犯的归责标准扭曲为了具体危险犯的归责标准。因此，这一批判可谓切中风险升高理论的要害。

三、延伸思考

基于上述原因，主张严格的可回避性理论以及可避免性标准的观点当然是"四平八稳"的，该说也一直处于通说地位。然而，风险升高理论也并非一无是处，该理论提出之初是考虑到现有的处罚范围极为保守和狭窄，很多案件无法通过可避免性标准予以归责。如果行为人的行为合乎注意义务，但由于事实流程中其他的危害因素的存在，不能完全排除结果会发生，此时不能进行客观归责的话，那等于是在宣告：人们可以对已然陷入某种危险的行为对象补加伤害，而无须担心为他的伤害行为承担责任。③ 风险升高理论基于问题性思考缓和了结果避免标准，这样的问题意识值得重视。可以说，该理

---

① 蔡圣伟. 刑法问题研究（一）. 台北：元照出版有限公司，2008：28-30.
② 克劳斯·罗克辛. 德国刑法学总论：第1卷. 王世洲，译. 北京：法律出版社，2005：258-259.
③ 英格博格·普珀. 我们需要一个风险升高理论吗？王静，译//赵秉志，等. 当代德国刑事法研究：第3卷. 北京：法律出版社，2019：50.

论是集优缺点于一身的，一方面，它打开了结果归责的"口子"，使得一部分原本无法通过可避免性标准予以结果归责的案件，能够在刑事不法上得到正确评价；另一方面，它又常被诟病打开了"潘多拉魔盒"，使得结果犯转变为了具体危险犯，却又没有对应地提出限制措施，以至于处罚范围被大大扩张。在这种状况下，显著的风险升高标准是面向限缩处罚范围方面所作出的教义学的努力，如果进行利弊权衡，提倡显著的风险升高理论未必不具有可行性。

实际上，义务违反与法益侵害结果之间的关联性属于规范的评价，本质上是用于判断注意义务的有效性，所对应的标准有严格和缓和的设定便是一件很自然的事情。归责标准设定高了，就越接近于标准的结果犯；归责标准设定低了，则越接近于标准的具体危险犯。风险升高理论正因为将归责标准大大缓和了，所以才被质疑将结果犯转变为具体危险犯。但是，相较于严格的可避免性标准，实务中部分案件可能只有在较为缓和的标准下才能得到正确处理。必须承认，一种弱化了的归责标准在实务案件的解决中具有重要意义。按照机能主义的刑法思想，这种实际存在的弱化的归责标准就不能不赋予其一定的理论地位。

（杨绪峰　撰写）

18 意外事件

案情简介

2004年4月29日11时许,被告人刘某驾车行驶至北京市宣武门路口由东向南左转弯时,适遇张某(殁年69岁)骑车由东向西横过马路,二人因让车问题发生争吵。被告人刘某驾车前行至宣武门西南角中国图片社门前靠边停车,与随后骑自行车同方向而来的张某继续口角,后被告人刘某动手推了张某的肩部并踢了张某腿部。张某报警后双方被民警带至广内派出所。在派出所解决纠纷时,被害人张某感到胸闷不适,于13时到首都医科大学宣武医院就诊,15时许经抢救无效死亡。经法医鉴定:张某因患冠状动脉粥样硬化性心脏病,致急性心力衰竭死亡。

裁判要旨

法院认为,被告人刘某与被害人张某因交通问题发生口角及肢体接触,现有证据证实被告人刘某推了被害人张某肩部以及踢了被害人腿部。但在打击的力度及部位方面,被告人刘某的行为尚未达到可能造成被害人张某死亡的强度。被告人刘某在事发当时无法预料到被害人张某患有心脏病并会因心脏病发作导致死亡结果的发生,对于被害人张某的死亡,被告人在主观上既无故意也没有过失,被害人张某的死亡更多是由于意外因素所致,被告人刘某的殴打行为只是一个诱因,故被告人刘某不应承担过失致人死亡的刑事责任,法院判决被告人刘某无罪。[1]

评析意见

一、关键问题与裁判思路

本案的关键问题在于正确区分意外事件死亡与疏忽大意过失致人死亡。

---

[1] 陈兴良,张军,胡云腾. 人民法院刑事指导案例裁判要旨通纂(上卷). 北京:北京大学出版社,2018:685-686.

被告人刘某推被害人肩部和踢被害人腿部的行为属于轻微暴力，法院在裁判时否定了被告人刘某的行为属于伤害行为，将其定性为一般殴打行为，进而排除了故意伤害（致死）罪的疑问。于是，被害人张某的死亡要么是被告人刘某疏忽大意的过失所致，要么应归为意外事件。法院的裁判结论是意外事件，认为被告人刘某在主观方面既无故意也无过失，因为被告人刘某在事发当时无法预料到被害人张某患有心脏病并会因心脏病发作导致死亡结果的发生，被害人张某的死亡更多是由于意外因素所致。这一裁判思路是准确的，有必要在学理上对意外事件死亡与疏忽大意过失致人死亡的区分作进一步说明。

二、相关学理分析

（一）意外事件死亡与疏忽大意过失致人死亡的区分

意外事件，是指行为在客观上虽然造成了危害结果，但行为人并非出于故意或者过失，而是由不能预见的原因所引起的情形。不能预见，是指根据当时各方面的情况，行为人不可能预见、不应当预见自己的行为会发生危害后果。[1] 意外事件死亡与疏忽大意过失致人死亡存在相似之处：一是客观上都发生了他人死亡的危害结果；二是对于死亡结果的发生，行为人事先都没有预见到；三是对于死亡结果本身，行为人都持否定的态度。区分二者的关键在于，行为人在行为当时是否能够预见到自己的行为可能发生致他人死亡的危害结果。尽管从实然的角度来看，二者都没有预见到死亡结果，但从应然的角度来看则存在明显区别。在意外事件死亡中，死亡结果的原因超出了行为人认识能力的范围，是由不能抗拒或者不能预见的原因所引起的，这意味着行为人事前不可能预见或者根据当时的条件不应当要求行为人有所预见；在疏忽大意过失致人死亡中，行为人事前能够预见到自己行为可能发生致人死亡结果，由于疏忽大意才没有预见，进而实施了行为导致死亡结果发生。由此可见，虽然在结局上都没有预见，但在意外事件死亡中，行为人并不具有死亡结果的预见可能性，而在疏忽大意过失致人死亡中，行为人是具有死亡结果的预见可能性的。

（二）刘某是否构成故意伤害（致死）罪

本案中，被告人刘某涉嫌故意伤害（致死）罪、过失致人死亡罪等罪名，应先行检讨其行为是否符合故意伤害（致死）罪的构成要件。

首先，被告人刘某的行为不属于故意伤害罪的实行行为。故意伤害罪所要求的伤害行为需要对人的生理机能造成实质损害。本案中，被告人推搡被害人肩部的行为肯定不属于伤害行为，而踢被害人腿部的行为则需要进一步

---

[1] 周光权. 刑法总论. 4版. 北京：中国人民大学出版社，2021：185.

分析。由于只是踢了两脚，且有所控制，并没有踢致命处，被害人当场亦没有表现出身体异样。这种行为只是造成他人暂时性的肉体疼痛，没有损害他人生理机能的健全性，将其评价为一般殴打行为更为合适。

其次，被告人刘某的行为与被害人的死亡结果之间缺乏直接性关联。故意伤害（致死）罪是结果加重犯，对归责要求更高，需要伤害行为与死亡结果之间具有直接性因果关系。亦即，要么是伤害行为直接造成死亡结果，要么是伤害行为造成了伤害结果，进而由伤害结果引起死亡。这两种情形都必须是伤害行为所包含的致人死亡危险的直接现实化。由于本案中被告人的行为连伤害行为都算不上，不可能包含致人死亡的危险。因此，被告人的行为与被害人的死亡结果并不符合直接性要求，被告人无须对死亡结果负责。

最后，成立故意伤害罪要求行为人具有伤害的故意。本案中，被告人并没有认识到推肩部和踢腿部的行为会发生轻伤以上的伤害结果并且希望、放任这种结果的发生，因而不会预见到其轻微暴力行为会导致被害人死亡的后果。因此，被告人刘某主观上并不存在伤害的故意，只具有一般殴打的意图。

（三）刘某是否构成过失致人死亡罪

刘某是否成立过失致人死亡罪的关键点是判断被告人刘某对被害人的死亡结果是否具有预见可能性。如果被告人刘某对死亡结果没有预见可能性，不能因为损害结果严重就倒推其具有预见可能性，这违反了责任主义原则。本案中，被告人刘某事先并不知被害人患有心脏病，在争吵过程中其虽然存在推被害人肩部和踢被害人腿部的行为，但这只是一般殴打行为，并不会直接创设被害人死亡的风险。被告人刘某的知能水平也并未超出一般人，而一般人在此种情况下难以预见到死亡结果的发生，因此，被告人刘某在行为当时是无法预见自己的行为会导致被害人死亡的。综上所述，被告人主观上既无故意，也无过失，本案应定性为意外事件。不过，考虑到被告人的行为是造成被害人引发心脏病死亡的一个诱因，其在民事上应根据具体过错程度承担相应的民事赔偿责任。

三、延伸思考

基于上述分析可以发现，如何区分意外事件死亡与疏忽大意过失致人死亡的界限，归根结底是判断行为人对危害结果是否具有预见可能性。关于结果的预见可能性的判断，需要注意以下两点。

一方面，判断资料包括主客观方面的事实，即应当将行为人的知能水平、行为本身的危险程度以及行为时的客观环境相结合判断能否预见。[1] 行为人的

---

[1] 张明楷.刑法学：上.6版.北京：法律出版社，2021：383.

知能水平越高，其预见危害结果的可能性就越大。在把握行为人的知能水平时，要综合考虑行为人本人的情况，包括行为人的年龄、职业、社会阅历、文化程度、技术熟练程度等。例如，行为人是医生，如果被害人当时处于饭后醉酒状态，就理应知道打击腹部的行为很容易因胃内食物返流呼吸道，造成异物堵塞气管而出现窒息。行为本身的危险程度越高，行为人预见危害结果的可能性也越大。行为人打击何种身体部位，打击猛烈还是间断，下手轻重等，对暴力行为的定性具有参考意义。例如，如果打击的是人体要害部位，例如太阳穴、颈部、心脏、下体等处，动作猛烈，进攻性强，同时下手很重，对他人生理机能的损害就越大。行为人在所处的客观环境下发生危害结果的可能性越大，其预见危害结果的可能性也越大，反之亦然。例如，行为人夜间在人迹罕至的深山老林内狩猎，误把药农当作猎物打死的，由于在这种异常环境下致人死亡的可能性很低，行为人也就不能预见其行为可能发生致他人死亡的危害结果，故不存在过失。

另一方面，判断基准宜采取"能力区别说"。对此，理论上存在较大分歧，主要存在三种观点：一是客观说，主张以一般人的能力为标准；二是主观说，主张以行为人的能力为标准；三是折中说，主张以行为人的能力为标准，但在其能力超出一般人时，则以一般人的能力为标准。客观说并不可取，对行为人进行非难，不应超出其注意能力的范围，在一般人能够预见而行为人确实不能预见的场合，追究行为人的过失责任难以使其信服，这会演变成一种根本无视行为人之存在的责任非难。主观说完全以行为人为标准，会纵容其对他人法益漠不关心的态度，即行为人越是不关心周围人的法益，越是能够否定存在过失，这并不妥当。折中说对于具有极高的注意能力者，只按照一般人的注意能力处理，在结论上否定预见可能性的做法并不合理。如果行为人的知能水平高于一般人，宜认定其具有过失。相较而言，"能力区别说"更为合理，对于身体能力以及知识这种"手段性能力"，应以行为人为标准；对于法益尊重意识这种"规范性能力"，应以法所设想的一般市民为标准。①

（杨绪峰　撰写）

---

① 平野龍一.刑法総論Ⅰ.东京：有斐閣，1972：206；松原芳博.刑法総論.东京：日本評論社，2017：301.

19 结果加重犯的认定

案情简介

被告人吴某某、何某某、杨某、任某某为某传销组织成员,其中任某某为其他三人的领导。根据该传销组织的规定,为防止新加入的成员逃跑,新人外出要由上级批准,且均须有人伴随。被害人李某是吴某某发展的新人,任指派何某某、吴某某、杨某监视、看管李某。

李某进入组织后意识到该组织为传销组织,趁外出之机欲逃离该组织,何某某、吴某某、杨某将相关情况对任某某汇报后,一方面劝说李某回到寝室,一方面对李某进行追赶、阻拦。在追赶过程中,吴某某、杨某因体力不支中途停下休息,由何某某继续追赶,三人与任某某均保持电话联系。李某在逃跑过程中钻进芦苇丛,并跑到河堤边。何某某也跟入芦苇丛中,李某见状加快了脚步并跳下河向对岸游去,在快到对岸时被卷入河中漩涡。何某某试图下河救人,但发现水太深后放弃,何某某、杨某等人马上告诉任某某相关情况,任某某与传销组织领导马某均表示不要报警,要保密。

裁判要旨

一审法院认为,四被告人共同对李某实施了跟随其外出、监督其与外界联络、禁止其离开等实质上剥夺其人身自由的非法拘禁行为。在李某逃入较为偏僻的地点后,被告人何某某、杨某等人还继续对其进行追赶,最终导致李某落水。李某落水后,被告人何某某、杨某、吴某某立即将相关情况报告给了任某某,但任某某等决定不报警、不救助,最终导致李某死亡。四被告人的行为与被害人死亡之间存在刑法意义上的因果关系,构成非法拘禁致人死亡。故法院以非法拘禁罪(致人死亡)判处任某某有期徒刑十一年;吴某某有期徒刑十年;何某某有期徒刑七年;杨某有期徒刑六年。任某某、杨某不服判决并在上诉意见中指出,李某的死亡为自己跳河导致,与非法拘禁行为之间没有因果关系。二审法院最终裁定维持一审判决。[①]

[①] 参见天津市滨海新区人民法院(2015)滨刑初字第 97 号刑事判决书,天津市第二中级人民法院(2016)津 02 刑终 391 号刑事附带民事裁定书。

评析意见

一、关键问题与裁判思路

本案的关键问题是：被害人李某的死亡结果能否归属于四被告人的非法拘禁行为？办案人员认为，非法拘禁罪结果加重犯的结果归属认定应当采用客观归责理论，其中，非法拘禁行为本身要创设了致人重伤、死亡的不可容许的风险；或者非法拘禁行为实施的环境蕴含了致人重伤、死亡的不被容许的风险。而本案中，各被告人对被害人穷追不舍，使得被害人被迫闯入偏僻而危险的环境中，应当肯定被害人的死亡结果能够归属于非法拘禁行为。[①]

二、相关学理分析

基本行为与加重结果之间存在何种关联时能够肯定结果加重犯[②]的成立，即如何划定结果加重犯的结果归属标准，一直是理论与实务中的难题。特别是对于那些介入了被害人因素或是第三人因素的多因一果型案件，结果归属的认定更为棘手。一方面，出于"要有人为后果负责"的需求，实务界总是倾向于想方设法地将加重结果归责于基本行为，肯定结果加重犯的成立[③]；另一方面，碍于结果加重犯极为严厉的法定刑配置，理论界往往致力于通过设定更为严格的结果归属标准来限制结果加重犯的成立范围，直接性理论的引入便体现了这一点。应当说，理论界限缩结果加重犯成立范围的基本方向及其论据是合理的，不过，备受追捧的直接性理论能否最大化地满足我国的实务需求，尚值得探讨。

（一）行为危险理论的提倡

直接性理论的大体含义是，加重结果是对基本行为的危险的直接实现。在直接性理论的内部，学者对于"直接实现"的含义尚存分歧，故而又形成了不同的子观点，较具代表性的子观点有以下两类：一是结果危险理论，也被称为致命性理论，主张加重结果必须源自基本行为引起的结果，亦即加重结果是对基本犯结果的直接加重。[④] 二是行为危险理论，主张加重结果是对行

[①] 国家法官学院案例研究开发中心. 中国法院 2019 年度案例：刑事案例三. 北京：中国法制出版社，2019 (4)：案例 31, 119 - 124.

[②] 本文所讨论的结果加重犯，特指配置了极为严厉法定刑的典型结果加重犯。暴力干涉婚姻自由罪、虐待罪等法定刑相对轻缓的犯罪不在其列。

[③] 徐岱. 论结果加重犯的因果关系——基于刑法理论与司法实践关系的反省. 法律科学，2018 (2)：78.

[④] 张明楷. 刑法学：上. 6 版. 北京：法律出版社，2021：217 - 218.

为所固有的高度危险的实现。① 该理论实质上将因果关联直接性的判断转化为基本行为危险性高低的判断，换言之，在基本行为危险的现实化过程中有无介入因素并不重要，重要的是基本行为是否蕴含了导致加重结果的高度危险。也可以说，该理论并不符合直接性理论中"直接性"的字面含义，即并未要求基本行为对加重结果的实现不得经过中间环节或介入因素。②

应当认为，行为危险理论更为合理，分析如下：

首先，结果危险理论将结果加重犯的成立范围限定得过于狭窄，难以被实务认同。例如，当行为人持刀抢劫被害人，被害人逃跑时慌不择路跑上高速公路被车撞死的，死亡结果显然不是持刀抢劫行为所带来的结果的直接加重，但否定此类案件中的加重结果能够归属于基本行为的结论，显然难以令人接受。

其次，行为危险理论既能有效限缩结果加重犯的处罚范围，又能回应实务上的办案需求。一方面，行为危险理论要求基本行为必须有发生加重结果的类型化高度危险，在基本行为层面过滤了不能成立结果加重犯的基本行为，有效限制了结果加重犯的成立。另一方面，行为危险理论关注基本行为的危险性而不强调因果流程的直接性，即不要求加重结果与基本行为间有直接因果关系，即便现实化地过程中有介入因素也不排除成立结果加重犯的可能，由此，实务中常见的介入被害人、第三人因素的案例便能得到妥当处理。

最后，行为危险理论能够与客观归责理论对接，维护刑法归责原理的体系性。行为危险理论的判断核心是基本行为是否创设了法不容许的类型化高度危险，本质上是客观归责理论中"风险创设"阶层在结果加重犯领域的特殊运用，在"风险实现"阶层没有改变或添加额外内容。而主张基本行为与加重结果之间须有直接因果关系的观点，试图通过在"风险实现"阶层为结果加重犯设定特殊的判断规则来限制结果加重犯的成立范围，在方法论上属于问题思考，动摇了刑法归责原理的体系性。

简言之，根据行为危险理论，只要基本行为所固有的高度危险合乎客观归责地现实化为加重结果，就能成立结果加重犯。

（二）关于结果加重犯的实务判断规则

在实务中运用行为危险理论还须注意以下两点。

第一，要结合具体罪名在个案中具体判断基本行为所固有的危险性。以介入被害人因素的案件为例，不能笼统地认为被害人的危险行为、自杀或自

---

① 周光权.刑法总论.4版.北京：中国人民大学出版社，2021：9.
② 刘灿华.结果加重犯直接关联性理论的本源性反思.现代法学，2017（1）：172.

残行为带来的加重后果一律由被害人自我答责或是一律由行为人负责,而是要根据具体案情逐案判断。当被害人的行为在具体案件中并不异常或是并无其他更优选项①,换作其他人也大概率会这样做时,应当认为被害人的行为及其后果也属于基本行为所固有的危险。例如,对于非法拘禁过程中被害人自杀的案件,当行为人非法拘禁手段较残酷,被害人被非法拘禁时间较长,几乎没有重获自由的希望时,被害人自杀身亡便也有可能被视为非法拘禁行为所固有危险的实现,反之则反。又如,在某故意伤害案中,行为人持刀捅伤被害人后,被害人驾车逃跑,途中连撞三辆汽车后因失血过多死亡。由于无法确认被害人失血过多是否是因为撞车时伤口扩大导致活动性出血,控方与辩方对死亡结果能否归属于行为人的故意伤害行为产生了分歧。只要认为,被害人受伤后快速离开现场是正常人的通常举止,就会肯定行为人的故意伤害行为蕴含了被害人逃离现场后伤势加重致死的危险,进而得出行为人构成故意伤害罪(致人死亡)的结论。②

第二,在共同犯罪案件中,基本行为的危险性要个别化判断,不能简单地通过共犯的不法连带性将加重结果连带到每个共犯人的头上。根据《刑法》第 25 条的规定,二人以上共同过失犯罪,不以共同犯罪论处,而是要按照行为人各自的罪行分别处罚。由于结果加重犯并不要求行为人对加重结果有故意,而是只要有过失即可③,因而不能认为,只要数个行为人对基本行为有共同故意,就必然能够对加重结果共同负责。在被告人过失引起加重结果的案件中,要对每个被告人基本行为的危险性作逐一判断。④

(三)关于被告人刑事责任的分析

本案中,李某误入传销组织,重获自由希望渺茫,且在逃跑过程中被三名被告人追逐,实施跳河逃跑的危险行为并不异常,是其逃脱他人追赶的当然反应。且李某是在快到河对岸时才被卷入漩涡的,这也侧面证明了李某掌握一定的游泳技能,更加增强了其跳河逃跑的合理性。因此,李某跳河逃跑行为的危险是各被告人非法拘禁行为的固有危险。虽然后期持续追赶李某的只有何某某,但其他三被告人均通过电话催促何某某追赶李某,可以认为各被告人都在其非法拘禁行为中提升了导致李某实施危险逃跑行为(跳河逃跑)的危险,也均对李某的死亡有过失,李某的死亡结果能够归属于各被告人。换言之,本案中李某溺水是由任某某等人的追赶阻拦行为所致,并非基于自

---

① 张子豪. 非法拘禁罪结果加重犯的认定规则——以介入被害人因素为切入. 法学,2020(11):149.
② 周光权. 客观归责论与实务上的规范判断. 国家检察官学院学报,2020(1):13-14.
③ 周光权. 刑法总论. 4 版. 北京:中国人民大学出版社,2021:8.
④ 邓毅丞. 结果加重犯在共同参与中的归责问题研究. 清华法学,2017(1):87.

由意志的主动选择，因而属于外在诱因型介入。按照案发时的情形，很难期待李某作出更优的选择。任某某等人主观上对李某的死亡具有预见可能性，由于导致李某溺水身亡的因果流程是由任某某等人支配的，其死亡结果应当归属于任某某等人，而不是李某本人，因此，任某某等人应当成立非法拘禁致人死亡这一结果加重犯。

当然，对于上述分析，可能面临的批评是：（1）在组织、领导传销活动过程中对被害人的非法拘禁行为，其暴力程度有限，而且本案一开始也提到行为人一方面劝说李某回到寝室，一方面对李某进行追赶、阻拦，根据行为危险性理论，也可以认为非法拘禁行为没有导致死亡的高度类型化的危险，因此，认定被告人构成非法拘禁致人死亡似有不妥。（2）任某某一直在幕后，根本不知道被害人被追赶的具体情况和细节，如果也要求其对死亡结果承担非法拘禁致人死亡的责任，与结果加重犯的基本原理不符；此外，两个行为人追到一半体力不支并未再继续追赶，要求其对死亡结果负责也有疑问。（3）被害人原本会游泳，可以游到对岸，不巧碰到水里有漩涡才发生了死亡结果，其属于单纯为了摆脱非法拘禁及追赶，而自行选择高度危险的摆脱方式，死亡结果的发生与被害人的选择有关，也有意外事件的成分，将该结果评价为拘禁行为的危险现实化，与客观归责中被害人自我答责的原理并不一致。

应当认为，上述批评有一定道理。但是，如果考虑到组织、领导传销活动场景下拘禁行为对被害人心理会产生持续的、特殊的压力，该拘禁行为固有的危险大于一般性的拘禁、扣押行为，被害人通常处于内心崩溃的状态，其逃离被拘禁场所且遭受追赶时极有可能慌不择路，其自由意思被压制，难以要求其对行为的危险性自我负责，由此可以认为传销场合的拘禁及追赶行为蕴含特殊危险，进而认定被告人成立非法拘禁致人死亡。当然，即便认定本案可以成立结果加重犯，但其处罚范围确实是可以再斟酌的，相对合理的处理方案是仅对直接参与追赶的何某认定为构成非法拘禁致人死亡这一结果加罪犯，对其他被告人直接以非法拘禁罪论处。对本案的定性和处罚，还值得仔细研究。

三、延伸思考

结果加重犯的结果归属难题，主要集中于介入了被害人、第三人因素的场合的结果归属。因此，探讨行为危险理论在实务中的应用，还有必要作类型化思考，针对不同的案件类型提出更有针对性的实务判断规则，例如专门探讨介入被害人特殊体质、介入被害人危险行为、介入医疗行为等类型性案件。

另外，结果加重犯的量刑也值得研究。原则上，行为人过失引起加重结果的案件量刑要轻于故意引起加重结果的案件，且要注意平衡过失型结果加重犯与相同情形下基本犯、过失致人重伤罪、过失致人死亡罪之间的量刑；有介入因素影响的案件量刑要轻于没有介入因素的案件。

（刘鹿鸣　撰写）

20 对无责任能力者的防卫

案情简介

被告人范某秀与被害人范某雨系同胞兄弟。范某雨患精神病近10年,因不能辨认和控制自己的行为,经常无故殴打他人。2003年9月5日上午8时许,范某雨先追打其侄女范某辉,又手持木棒、砖头在公路上追打其兄范某秀。范某秀跑了几圈后因无力而停了下来,转身抓住范某雨的头发将其按倒,并夺下木棒朝着持砖头欲起身的范某雨头部打了两棒,致范某雨当场倒地。后范某秀把木棒、砖头捡回家,约1小时后,范某秀见范某雨未回家,即到打架现场用板车将其拉回住处。范某雨于上午11时许死亡。

裁判要旨

一审法院认为,被告人范某秀为了使自己的人身权利免受正在进行的不法侵害,而持械伤害他人身体,造成他人死亡的后果,属明显超过必要限度造成他人损害,其行为已构成故意伤害罪。被告人作案后投案自首,依法应从轻处罚。被告人范某秀辩称其用木棒打死被害人不是故意的,是不得已而为之的自卫行为的理由,与庭审查明的事实相符,依法应当减轻处罚,鉴于被告人的悔罪表现,可对被告人适用缓刑。法院遂认定被告人范某秀犯故意伤害罪,判处有期徒刑三年,缓刑三年。宣判后,被告人范某秀未上诉,检察机关亦未抗诉。[①]

评析意见

一、关键问题与裁判思路

本案的关键问题是,对于无责任能力的精神病人实施的侵害行为,能否

[①] 范尚秀故意伤害案//中华人民共和国最高人民法院刑事审判第一、二、三、四、五庭. 中国刑事审判指导案例1(刑法总则). 北京:法律出版社,2017:55-56.

实施正当防卫？如果认为其实施的侵害行为不属于不法侵害，则被告人制止被害人的行为不能认定为正当防卫，只能考察是否属于紧急避险。反之，如果肯定无责任能力者实施的侵害行为属于不法侵害，可以对其进行正当防卫，接下来仅需重点审查被告人制止被害人的行为是否属于防卫过当。

对此，本案裁判理由认为：（1）被告人为了保护自己的人身权利免受侵害，将被害人按倒在地，夺下他的木棒并棒击被害人的头部的行为是对侵害行为人的制止，不属于紧急避险。（2）不能辨认、控制自己行为的精神病人造成损害的，仍然要由其或者其监护人承担民事责任，由于民事不法仍然是一种不法行为，故其行为仍然属于"不法侵害"，可以实施正当防卫。但是，对于无责任能力的精神病人的侵害行为实施正当防卫时，应当尽一切努力避免对精神病人造成不应有的身体或精神损害。如果明知侵害者是无责任能力者并有条件用逃跑等其他方法避免侵害时，则不得实施正当防卫；如果不知道侵害者是无责任能力者，或者不能用逃跑等其他方法避免损害时，才可以实行正当防卫。本案中被告人符合正当防卫的条件。（3）对于无责任能力者的侵害行为实行正当防卫，不能超过必要限度造成重大损害。本案中被害人具有较大的人身危险性，被告人的防卫行为从防卫手段上看与侵害行为是相适应的，但在被害人被按倒在地后，人身危险性已大大减弱，被告人两次用木棒击打被害人的要害部位，致其死亡，明显超过必要限度，属于防卫过当。（4）从被告人击打被害人的部位看，可以认为其对人身损害的后果是明知的，但考虑到二人系同胞兄弟，见被害人未回家后又到现场寻找，以故意伤害罪定罪处罚更为适宜。①

二、相关学理分析

本案中，法院一方面主张对于无责任能力者可以实施正当防卫；另一方面认为对无责任能力者的防卫行为应当受到额外的限制，具体标准为防卫人是否知道对方是无责任能力者，以及是否有其他方法避免损害。2020年最高人民法院、最高人民检察院、公安部联合发布的《关于依法适用正当防卫制度的指导意见》（以下简称《指导意见》）亦指出："成年人对于未成年人正在实施的针对其他未成年人的不法侵害，应当劝阻、制止；劝阻、制止无效的，可以实行防卫""明知侵害人是无刑事责任能力人或者限制刑事责任能力人的，应当尽量使用其他方式避免或者制止侵害；没有其他方式可以避免、制止不法侵害，或者不法侵害严重危及人身安全的，可以进行反击"，从而确认

---

① 范尚秀故意伤害案//中华人民共和国最高人民法院刑事审判第一、二、三、四、五庭. 中国刑事审判指导案例1（刑法总则）. 北京：法律出版社，2017：56-57.

了公民在无责任能力者实施不法侵害时,既拥有防卫权,又负有退避义务。下文结合相关学理展开分析。

(一)对无责任能力者实施防卫的正当性

根据《刑法》第20条的规定,正当防卫的起因条件是存在由人所实施的不法侵害。《指导意见》认为:"不法侵害既包括侵犯生命、健康权利的行为,也包括侵犯人身自由、公私财产等权利的行为;既包括犯罪行为,也包括违法行为。"本案中,法院正是以无责任能力者的侵害行为属于民事违法行为,以论证该行为属于不法侵害,进而可以进行正当防卫。然而,民法和刑法中都有正当防卫制度,不能仅以该行为属于民事不法行为为由,就认为它在刑法上也属于不法行为。因此,有必要从刑法上为对无责任能力者的侵害进行防卫寻找正当性。

我国传统刑法理论认为,刑法意义上的不法侵害必须满足犯罪构成,即行为需要在客观上危害社会、违反法律,行为人亦需要具有责任能力和罪过,因此未成年人、无刑事责任能力者实施的侵害行为,因其不满足犯罪主体的要件,故不属于不法侵害,只能对其进行紧急避险。[1] 显然,这种观点将不法侵害与"具有社会危害性的行为"相等同,由于我国传统刑法理论中的社会危害性是主客观相统一的,那么无责任能力者实施的侵害行为就不具有社会危害性,因而不属于可以对其进行防卫的不法侵害。随着德日刑法理论的引入,目前我国学者倾向于将作为正当防卫起因的不法侵害问题与主客观违法性论之争联系起来。[2] 支持客观违法性论的学者认为,传统刑法理论否认对无责任能力者的正当防卫受到主观违法性论的影响,如果区分不法和罪责,就应当认为,未成年人、无责任能力者实施的侵害行为在客观上具有法益侵害性,因而属于不法侵害,如果要求正当防卫所针对的不法侵害具有罪责,则与正当防卫作为针对不法侵害所采取的法益保护手段的定位不符。[3] 支持主观违法性论的学者主张,不法是对规范效力的否认,未成年人、无责任能力者无法认识规范的含义,也无法在意义沟通的层面上否定规范的效力,他们在缺乏罪责的情形下实施的侵害行为不属于不法侵害,因而只能进行紧急避险。[4]

尽管德国和深受德国刑法学影响的国家和地区均压倒性地承认区分不法和罪责的必要性,但在笔者看来,没有必要在正当防卫问题上将客观违法性论与主观违法性论的对立绝对化,即使采取主观违法性论,也可能认为能够

---

[1] 贾宇. 刑法学: 上册·总论. 北京: 高等教育出版社, 2019: 195.
[2] 二者区别参见张明楷. 刑法学: 上. 6版. 北京: 法律出版社, 2021: 141-142.
[3] 黎宏. 刑法学总论. 北京: 法律出版社, 2016: 129; 张明楷. 刑法学. 6版. 北京: 法律出版社, 2021: 260.
[4] 冯军. 刑法教义学的立场和方法. 中外法学, 2014(1): 187.

对无责任能力者实施正当防卫。主观违法性论源自19世纪德国的刑事黑格尔学派，根据我国学者的考证，该学派更强调从个人权利保护，而非对不法侵害的否定的角度来理解正当防卫的正当化根据，其代表人物贝尔纳（Berner）的名言"法不能向不法让步"实际上指的是"权利不能向不法让步"，并没有强调维护法秩序的含义。① 该学派的另一代表人物，主观违法性论的提出者默克尔（Merkel）则认为，对法的侵害和对法的客体的侵害是不同的，只有能够理解法的人，才能对法作出否定，但正当防卫是基于对法的客体的侵害，因而可以对无责任能力者的侵害进行防卫。② 据此，尽管主观违法性论和客观违法性论能够给是否允许对无责任能力者正当防卫这一问题提供论据，但如何理解正当防卫的正当化根据，才是关键的问题。如果侧重于肯定被侵害者有权对侵害进行防御，那么加害人是否具有责任能力就并不重要，因为即使是无责任能力者也能对法益（权利）造成侵害，此时没有必要要求行为人对这种侵害进行容忍；如果侧重于宣告法秩序的不可侵犯性，那么何种行为属于"不法"，就会对无责任能力者侵害的正当防卫产生影响，因为无责任能力者无法充分理解规范的含义，自然也无法以其行为表达对规范的否定，对无责任能力者的侵害就不能进行正当防卫。

（二）防卫者退避义务的正当性

目前德国的通说将正当防卫权建立在保护个人的法益免受攻击，以及维护法秩序这两个原则之上，我国部分学者也赞同采取这种二元论。③ 如果按照这种观点，那么就会自然地得出一种折中的立场。首先，即使是无责任能力者实施的侵害行为，也能够给公民的法益造成威胁，如果这种威胁具有刑法上的意义，那么就没有理由禁止公民实施防卫行为；其次，由于加害者不具有责任，故这种防卫行为的正当性虽然应当被承认，但应当受到一定的限制。正如罗克辛教授所言："对于并非有意识地触犯法律，从而不可罚的人来说，法秩序并不需要在他们那里'确证'自己的效力。"④ 这种观点能够较好地解释为何允许对无责任能力者的侵害行为实施正当防卫，且这种正当防卫需要受到限制。

在具体操作上，在未成年人、精神病人、醉酒的人、陷入不可避免的认识错误中的人实施侵害时，防卫者退避义务的内容，可以具体化为以下方面：

---

① 王钢．法秩序维护说之思辨——兼论正当防卫的正当性根据．比较法研究，2018（6）：111-113；陈璇．正当防卫：理念、学说与制度适用．北京：中国检察出版社，2020：12-14.
② 赵雪爽．对无责任能力者进行正当防卫．中外法学，2018（6）：1618.
③ 欧阳本祺．正当防卫认定标准的困境与出路．法商研究，2013（5）：124页以下；劳东燕．防卫过当的认定与结果无价值论的不足．中外法学，2015（5）：1331页以下.
④ 克劳斯·罗克辛．刑事政策与刑法体系．蔡桂生，译．北京：法律出版社，2011：36-37.

(1) 在防卫会给加害者造成损害,且躲避是没有危险且可能的场合,必须躲避;(2) 只要有助于更小心地对攻击行为加以防卫,就必须呼唤其他人的帮助;(3) 在既不能消除攻击,又不能取得帮助的场合,允许为了自身的安全对无罪责的加害人实施一切必要的行为,同时应当在不给自己造成重大危险时,尽可能地考虑到对方是与恶意的攻击者不同的人,从而采取损害较小的防卫方式。①

(三) 关于被告人刑事责任的分析

本案中,被告人明知被害人属于精神病人,在目睹被害人实施不法侵害后,首先选择逃跑,在无力继续逃走,同时被害人手中持有木棒、砖头等凶器时,方选择抵抗,可以认为已履行回避义务,可以对不法侵害进行正当防卫。考虑到当时被告人的体力已大大下降,被害人无法辨认、控制其殴打行为,且其手中持有砖头,仍可能继续实施不法侵害等因素,笔者倾向于认为被告人夺下木棒朝着被害人头部打了两棒,致其死亡的行为虽造成重大损害,但未超过必要限度。按照《指导意见》规定的"认定防卫过当应当同时具备'明显超过必要限度'和'造成重大损害'两个条件"的要求,本案如果发生在正当防卫更容易得到认可的当下,将被告人的行为认定为正当防卫想必是有可能的。

三、延伸思考

近年来,有学者指出,本案中法院的立场,实际上是在承认对无责任能力的侵害者可以进行正当防卫的基础上,又以紧急避险的标准要求被害人,因为只有在紧急避险的场合才需要考虑退避义务,以及法益的合比例性。② 与其如此,不如承认对于无责任能力者不能实行正当防卫,但可以进行防御性紧急避险,此时由于刑法对防御性紧急避险的利益衡量原则的判断相对宽松,不需要要求损害的法益必须小于保护的法益,这样就可以肯定被告人反击行为的正当性,进而对其以紧急避险出罪。③ 亦有学者主张,正当防卫作为锋芒最为强劲的紧急权,如果对其设置额外的限制性条件,就意味着正当防卫权原本具有的果敢、凌厉的风格将荡然无存,在行为原本符合防御性紧急避险的要件时,没有必要硬以正当防卫之名去担其他紧急权之实,即使本案中被告人有权反击,但此时能够行使的应当是防御性紧急避险,而非正当防卫。④ 这种从紧急权适用位阶的角度展开思考的方式值得认真对待。

(蒋浩天 撰写)

---

① 克劳斯·罗克辛. 德国刑法学总论:第1卷. 王世洲,译. 北京:法律出版社,2005:444-445.
② 赵雪爽. 对无责任能力者进行正当防卫. 中外法学,2018:1615.
③ 同②1633-1634.
④ 陈璇. 紧急权:体系建构与基本原理. 北京:北京大学出版社,2021:26、162-163.

21 互殴与防卫意思

案情简介

2015年10月14日13时许,被告人肖某某驾驶红色车厢货车在福建(厦门)自由贸易试验区海沧片区海景路入口左转,转向时与罗某某驾驶的蓝色车厢货车发生刮擦,肖某某货车的右后视镜受损。二人下车查看情况,发生争执。罗某某从自己的驾驶室取出一根长86厘米、直径2厘米的实心铁棍,并用此棍捅击肖某某,伤其左侧腹部。肖某某被打后,反手争抢铁棍,将罗某某推倒在地,致其左髋部摔伤,铁棍也随之掉落于地。经鉴定,罗某某左股骨颈骨折,已达轻伤二级。案发后,罗某某被送医治疗,住院37天,花费急救费用150元,医疗费23 989.43元,医嘱出院休息4个月,后续费用亦需6 000~7 000元。经鉴定,罗某某后遗现状构成九级伤残。肖某某已赔偿罗某某经济损失1万元。

裁判要旨

一审判决认为,肖某某成立正当防卫的理由有三:第一,罗某某使用的实心铁棍是杀伤力较强的凶器,对肖某某的人身安全构成严重威胁,且肖某某的腹部已被捅伤,故而肖某某的反击行为符合不法侵害必须具有紧迫性这一要求。第二,在推倒罗某某后,肖某某未采取进一步的加害行为,态度克制,没有超出防卫的必要限度。第三,肖某某为了使本人的权益免受正在进行的不法侵害而实施反击,防卫意思明显,具备正当防卫的主观要件,其不构成犯罪。检察院对此未提起抗诉,罗某某就附带民事部分提起上诉,二审法院因罗某某拒不到庭,按撤诉处理。①

---

① 参见福建省厦门市中级人民法院(2017)闽02刑终591号刑事裁定书;福建省厦门市海沧区人民法院(2016)闽0205刑初230号刑事附带民事判决书。

> 评析意见

一、关键问题与裁判思路

本案涉及互殴与正当防卫的区分问题，这是肖某某罪与非罪的核心。而区分互殴与正当防卫的关键，就在于一方有没有防卫意思。这是因为，互殴双方客观上都实施了侵害对方的行为，主观上皆有侵害对方的故意，任何一方都不得主张正当防卫。[1] 唯有一方具有防卫意思，才能将另一方视为不法侵害人，从而成立正当防卫，打破互殴的循环。法院也正是以肖某某具有防卫意思为由，否定互殴存在，认定其行为属于正当防卫。可见，防卫意思的有无，决定了肖某某的行为性质。

二、相关学理分析

关于防卫意思，学理上存在防卫意思不要说与防卫意思必要说两种立场，而在防卫意思必要说内部又有不同主张，以下择其要者而论之。

（一）主要理论分歧

1. 防卫意思不要说

此说认为行为的违法性仅由客观面决定，不应考量行为人的主观面。这是因为，当出现不法侵害时，只要防卫人在必要限度内反击，侵害人的应受保护性便在客观上被减少或者消灭了，仅此一点，就可以体现防卫行为的违法阻却效果，无须借助防卫意思来判断。[2] 防卫意思属于心情要素，只在责任层面加以考量，其对正当防卫的认定而言，不产生任何影响。换言之，对防卫前提事实的主观认识只会左右故意的成立，不会影响法益侵害或者违法阻却效果，与行为的违法性无关。[3] 在防卫意思不要说的立场下，互殴与正当防卫的区分关键不在防卫意思的有无，而在于谁先发起进攻，先进攻者为侵害人，后出手者为防卫人。如果先发起侵害者已经停止进攻，而后出手者依然不依不饶，则攻守易势，身份互换。[4] 双方同时动手的，如果事前双方有争执或者约定的行为，成立互殴，无法查明的，依存疑有利被告原则认定双方均成立正当防卫。

2. 防卫意思必要说

该说主张只有具备主观违法（阻却）要素，反击行为才能获得防卫的意

---

[1] 陈兴良.刑法总论精释：上.3版.北京：人民法院出版社，2016：249.
[2] 西田典之.日本刑法总论.2版.王昭武，刘明祥，译.北京：法律出版社，2013：144.
[3] 山口厚.刑法总论.3版.付立庆，译.北京：中国人民大学出版社，2018：130.
[4] 许泽天.刑法总则.2版.台北：新学林出版股份有限公司，2021：149.

义，对于防卫行为的相当性判断与防卫过当中的减免根据而言，防卫意思同样具有重要意义。① 防卫意思由防卫认识与防卫意愿两方面组成，前者要求防卫人认识到不法侵害正在进行，后者要求防卫人有追求制止侵害、保护合法权益的目的。② 对此，防卫认识较好辨别，防卫意愿却颇难判断，因为其中经常夹杂着防卫人的报复、愤怒等负面情绪。一般认为，防卫意愿不必是唯一的行为动机，负面情绪这些伴随动机不会影响防卫意愿的认定。③ 简言之，不要求防卫人只是为防卫目的而实施防卫行为，对防卫概念作这样的限定是不可取的。④ 防卫意思必要说的理论基础在于，刑法中有意义的行为，一定是受人意思支配的人类举止，那些无意识的反射行为，自始就不属于刑法意义上的行为，连构成要件阶层都进不了。既然正当防卫是刑法意义上的行为，那么在判断某一行为是否属于正当防卫时，就必须判断该行为是否具备外在要素和内在要素。⑤ 因此，防卫意思作为正当防卫行为的内在要素，自然就是认定中必不可少的一环。根据防卫意思必要说，双方皆无防卫意图，只有侵害故意的，视为互殴。一方具备防卫意图，另一方具有侵害故意的，前者成立正当防卫。双方皆有防卫意图的，二者同时成立假想防卫。在双方有合意的前提下（约架），无须考虑二者的侵害意愿与防卫意愿，除非一方表示自己不想再继续打下去。⑥

3. 缓和的防卫意思说

此说强调防卫意思的内容不必像认定故意那般，严格对应认识要素与意欲要素，而只需要具备对应不法侵害的意识即可，不要求有积极反击的意思。⑦ 换言之，防卫人知道自己正在面临不法侵害，并且意识到自己在反击，就可以肯定防卫意思。学理上称为防卫意欲的稀薄化。⑧ 可见，缓和的防卫意思说并非全然抛弃认识要素与意愿要素，而是将防卫意欲的认定标准降到最低，以便放宽正当防卫的成立范围，充分保障防卫人的合法权益。在理论基础上，缓和的防卫意思说与上述防卫意思必要说并无不同，二者本质上皆属于防卫意思必要说。二者的主要区别，仅在于对防卫意思判断的宽松程度

---

① 高桥则夫. 刑法总论. 李世阳，译. 北京：中国政法大学出版社，2020：249.
② 邹兵建. 互殴概念的反思与重构. 法学评论，2018（3）：175.
③ Vgl. Hilgendorf/Valerius, Strafrecht Allgemeiner Teil, 2. Aufl., C. H. Beck, 2015, S. 74.
④ 弗兰茨·冯·李斯特，埃贝哈德·施密特. 李斯特德国刑法教科书. 徐久生，译. 北京：北京大学出版社，2021：181-182.
⑤ 马卫军. 防卫意思论. 北京：中国社会科学出版社，2020：30-31.
⑥ Vgl. Wessels/Beulke/Satzger, Strafrecht Allgemeiner Teil, 50. Aufl., C. F. Müller, 2020, S. 183.
⑦ 陈子平. 刑法总论. 台北：元照出版公司，2008：249.
⑧ 川端博. 集中讲义刑法总论. 余振华，译. 台北：元照出版公司. 2008：135.

不同。

(二) 关于本案的具体分析

按照防卫意思不要说,本案中,肖某某与罗某某因剐蹭发生争议,不属于不法侵害;罗某某拿出铁棍攻击时,才是不法侵害开始,只要能够肯定罗某某实施了侵害行为,肖某某是在防卫,且其防卫行为在必要限度内,肖某某就应成立正当防卫,不负刑事责任,其有无防卫意思并不重要。根据防卫意思必要说,本案中肖某某并无侵害罗某某的故意,且二人也未曾合意,肖某某的全部行为都是在必要的限度内,基于防卫意图而实施,为的是保护自己的合法权益。故此,肖某某成立正当防卫是妥当的。依据缓和的防卫意思说,本案中肖某某遭受罗某某铁棍攻击并受伤时,认识到自己正在面临不法侵害,意识到如不及时反击,后果将不可预料。而且肖某某在将罗某某推倒后,并未实施进一步的加害行为。法院对于本案的判决似乎更接近于防卫意思必要说,认为在案证据足以印证肖某某在面对罗某某的不法侵害时具有相应的防卫意思,符合正当防卫的主观要件,应当以正当防卫为由阻却违法,作无罪处理。

三、延伸思考

不仅是在我国,互殴与正当防卫的区分在各个法域都是争议问题,现实的复杂决定了认定的困难。就防卫意思不要说而言,虽然该说在绝大多数情况下可以依靠哪一方先动手辨别互殴与正当防卫,但是在案情极为复杂,斗殴起因一时难以查明的情况下,就很难作出准确判断。再者,从体系思考的角度看,防卫意思不要说也难以妥当解释挑拨防卫问题。故此,应当认为,承认防卫意思在正当防卫判断中的必要性,对于解决互殴等问题具有极高价值。防卫意思不仅可以为此提供较为明确的标准,也有利于案件的分类。比如,陈兴良教授在论述互殴与正当防卫的区分时,提出了四条认定标准:基于斗殴意图的反击行为,不是正当防卫;对不法侵害即时进行的反击行为,不是互殴;具有积极加害意思的行为,不是正当防卫;预先准备防卫工具的反击行为,不能否认该行为的防卫性质。[1] 周光权教授认为,在认定互殴时,应当考虑斗殴双方是否事前就有互相打斗的意思或者约定,如果没有,就不宜认定为互殴。[2] 由此可见,防卫意思对于正当防卫的认定而言至关重要。当然,如何理解防卫意思,还需要进一步讨论。

(邓卓行 撰写)

---

[1] 陈兴良. 互殴与防卫的界限. 法学, 2015 (6): 129-137.
[2] 周光权. 刑法总论. 4版. 北京: 中国人民大学出版社, 2021: 213.

22 正当防卫的必要限度

案情简介

2002年3月19日下午3时许，被告人胡某某在厦门伟嘉运动器材有限公司打工期间与同事张某某因搬材料问题发生口角，张某某扬言下班后要找人殴打胡某某，并提前离厂，胡某某知道后即准备两根钢筋条并磨成锐器后藏在身上。当天下午5时许，张某某纠集邱某华、邱某道随身携带钢管在公司门口附近等候，在张某某指认后，邱某道拦住正要下班的胡某某并要将他拉到路边，胡某某不从，被打了两个耳光。胡某某遭殴打后随即拿出携带的一根钢筋条朝邱某道左胸刺去，并转身逃跑，张某某、邱某华见状一起持携带的钢管追打胡某某，受伤的邱某道被急救车送往医院救治。胡某某被另外两人殴打受伤后前往派出所报案，后在医院就诊时被指认，被派出所抓获。经法医鉴定，邱某道左胸部被刺后导致休克、心包填塞、心脏破裂，损伤程度为重伤。

裁判要旨

一审法院认为，被告人胡某某在下班路上遭到被害人邱某道的不法侵害时，即掏出钢筋条刺中被害人，致其重伤，其行为构成故意伤害罪，邱某道殴打胡某某时并未使用凶器，其侵害行为尚未达到对胡某某生命构成威胁的程度，胡某某却用凶器还击，其防卫行为明显超出必要限度，属防卫过当，应当依法减轻处罚，以故意伤害罪判处有期徒刑一年。二审法院认为，胡某某在遭到邱某道殴打时，为了制止正在进行的不法侵害，掏出钢筋条刺伤对方的行为属于防卫行为，但鉴于邱某道未使用凶器，尚未严重危及人身安全，而原审被告却使用了锐利的钢筋条进行防卫，并致被害人重伤，其防卫行为明显超出必要限度，属于防卫过当，应负故意伤害罪的刑事责任，但依法应当减轻处罚，原判定罪准确，量刑适当，审判程序合法，裁定驳回抗诉，维持原判。①

---

① 最高人民法院刑事审判第一、二、三、四、五庭．刑事审判参考：总第30集．北京：法律出版社，2003：224．

评析意见

一、关键问题与裁判思路

本案的关键问题在于《刑法》第 20 条第 2 款规定的"必要限度"如何界定。本案一审法院着眼于不法侵害人邱某道在殴打被告人时并未使用凶器，认为该侵害行为尚未达到对胡某某生命构成危险的程度，而胡某某却使用钢筋条这样的凶器还击致使邱某道重伤，从而判定胡某某的防卫行为明显超出必要限度，属防卫过当。二审法院根据抗诉机关的抗诉意见，就两个争议点展开了论述。首先，胡某某在知道有人扬言要殴打他后，提前准备防卫工具的行为是为了防卫还是为了斗殴，审理法官否定了抗诉理由中将胡某某和邱某道相互斗殴的定性，认为胡某某得知张某某扬言要在下班后叫人打他后，并未去纠集他人准备斗殴，他不知道对方会叫多少人，在什么时间、地点，为应对现实的威胁，以防不测，事先准备工具防身并不足以表明其有与对方打架斗殴的故意，且下班路上被拦住殴打后才进行反击，反击一次后就逃离，并未主动出击，也未连续反击，可见胡某某确是为了防卫而准备工具，并没有斗殴的意思。其次，是否存在正当防卫的前提条件，亦即"正在进行的不法侵害"，二审法院认为，所谓"不法侵害"是指不合法地危害他人人身、财产以及其他合法权益的行为，对为制止不法侵害的正当防卫行为而言，不必以不法侵害达到相当严重性为前提，更无须不法侵害已经达到犯罪程度，因此，抗诉机关认为拳掌殴打的行为还不属于不法侵害是混淆了正当防卫的前提条件和限度条件，不予支持。二审法院上述两点的说理很充分，肯定了胡某某的行为属于正当防卫。

对于本案关键问题，亦即防卫限度问题，裁判却简单带过，认为成立防卫过当的主要依据在于防卫措施与不法侵害的手段相较之下超出了必要限度且造成了重伤的结果。裁判背后的思考逻辑其实是逆向的，优先从防卫结果出发思考问题，并未考虑防卫人所处的具体情境以及实际上能够利用的防卫手段、防卫人的能力等方面。① 这也是大量被认定为防卫过当的判例同样存在的问题，有必要在学理上对防卫限度进行更为深入的分析。

二、相关学理分析

（一）关于正当防卫限度条件的基本立场

我国刑法学界关于正当防卫限度条件的基本立场众说纷纭，大体可以分

---

① 周光权. 刑法各论. 4 版. 北京：中国人民大学出版社，2021：214.

为基本相适应说、必需说、相当说三种观点。

1. 基本相适应说。该说认为正当防卫的必要限度是指防卫行为必须与不法侵害相适应，相适应并不意味着二者完全相等，而是指防卫行为所造成的损害从轻重、大小等方面衡量后大体相适应。① 这一立场背后隐藏的标准其实是"法益衡量"，亦即，当防卫行为造成的法益侵害结果小于、等于或稍稍多于不法侵害行为造成的法益侵害时，可以肯定符合法益侵害，基本相适应，成立正当防卫，与之相反，若防卫行为所造成的法益侵害明显大于不法侵害行为所造成的法益侵害，就认为法益侵害，不相适应，防卫人属于防卫过当。将两方法益侵害相比较，可以说是区分正当防卫与防卫过当最简单最直观的标准。

2. 必需说。该说主张应当从防卫的实际需要出发进行全面的衡量，将有效地制止不法侵害的客观实际需要设定为防卫必要之限度。② 因此，将防卫强度从不法侵害强度的严格限制下解放出来，以防卫在客观上需要达到的目的，也就是制止不法侵害为标准，只要没有超出达成这一目的的限度，防卫强度无论是小于、等于、大于不法侵害，都可以否定防卫过当。

3. 相当说。这种学说亦可称为折中说，是将必需说和基本相适应说结合起来进行综合判断，亦即防卫行为刚好足以制止不法侵害人的不法侵害行为（必需说），而且防卫行为的手段、强度与不法侵害的手段、强度，以及防卫行为造成的侵害与不法侵害人所造成的侵害基本相适应（基本相适应说）。③

（二）关于被告人刑事责任的分析

在实践中成为问题的防卫案件，多和本案中防卫人胡某某进行防卫时造成了邱某道重伤结果这类出现了严重死伤结果的案件类似。如果要在司法实践中减少过于宽泛适用防卫过当的局面，避免正当防卫制度在实践中的异化、走样，达到纠正司法偏差的效果，就应该对防卫限度问题展开细致的研究讨论。

首先，以"必需性"为判断基础，要制止不法侵害，防卫行为必须能够足以排除、制止或者终结不法侵害，需要结合不法侵害人攻击行为的方式、轻重缓急、危险程度，以及防卫人在当时情境下可以采取的手段等诸多客观情况加以审查。这种判断应当立足于事前而非事后，假定处于防卫人所面临的境遇，站在防卫行为发生的时点，以当时的客观情况来判断，即针对防卫人遭受的具体不法侵害，理性的第三人是否会采用同样强度的防卫行为，如果防卫人不防卫，会不会再遭受进一步的侵害。有些时候，防卫措施看起来

---

① 杨春洗. 刑法总论. 北京：北京大学出版社，1981：174.
② 曾宪信，江任天，朱继良. 犯罪构成论. 武汉：武汉大学出版社，1988：133.
③ 高铭暄. 中国刑法学. 北京：中国人民大学出版社，1989：152页以下；赵秉志，刘志伟. 正当防卫理论若干争议问题研究. 法律科学，2001（2）：70.

貌似带有"提前"的性质，那是因为防卫人需要根据当时的情况，对自己面临的危险进行预测，判断侵害向前发展的未来态势，从而进行防卫。因为很多暴力程度很高的犯罪往往会在较短时间内完成，如果禁止防卫人基于事前预测作出防卫的话，等于变相剥夺了其正当防卫权。不应围绕防卫结果进行判断，而是应就防卫行为本身进行评价，在具体的案件中，防卫人若不采取某种防卫行为，就无法制止不法侵害，但是一旦实施这样的防卫行为，侵害结果就难以避免，即便这个结果很严重，偶然超出了侵害人所欲侵害的法益，但只要防卫手段具有相当性、必要性，反击也具有正当性，不能认为是防卫过当。

其次，根据我国刑法的规定，防卫只要没有明显超出必要限度，就是正当的。"明显超过"是典型的超过，属于让人一看就觉得不应该下手这么重的防卫，亦即不法侵害行为强度小、紧迫性有限，综合当时的时间、地点等客观因素判断，防卫人明显不需要采取类似手段即可制止不法侵害的，防卫人却采取了通常情况人们在同样境地不会采取的强烈反击，这种不对应、不匹配、不对等明显能被看出来的情况，才能被认为是明显超出了防卫限度。

最后，不能苛求"武器对等原则"，例如本案中法院肯定防卫过当的重要依据在于当时邱某道的不法侵害是拳掌殴打，并非使用杀伤性武器，但胡某某却使用了钢筋条进行反击，将二者的武器对比，很容易就会得出防卫过当的结论。但是防卫人在受到攻击的情境下，针对侵害的危险，对采取其他更为缓和的防卫方式的有效性有所怀疑时，不采用激烈的防卫方式无法自保，即便采取了危险性、杀伤性更高的防卫工具，也不能轻易否定防卫行为的有效性。在胡某某提前得知张某某扬言要纠集他人一起殴打自己，他既不知道对方会纠集多少人，也不知道对方会带什么工具的情况下，内心的担忧和恐惧使其选择了更能有效保护自己的防卫工具，也就是伸手可得的钢筋条，这样的考虑，站在防卫人的立场，并不异常。下班后，胡某某看到拦住自己的是张某某叫来的人，殴打他后试图将他带去纠集的其他人那里，这就意味着两个耳光并非暴力的终局，只是开端，接下来胡某某若是被带走，三个人包围他后，会进行何种程度的暴力便是难以预测的了，此时恐惧的防卫人采取激烈的方式反抗再逃离现场，很难认为这种防卫行为明显超出必要限度，苛求其赤手空拳反击无疑是对正当防卫权的不当限制，因此不能以武器不对等轻易否定防卫行为的必要性。

三、延伸思考

我国刑法学界关于正当防卫限度条件的争论，在基本相适应说、必需说、相当说之外，还存在原则与例外说的立场，其认为基本相适应说中法益衡量的标准可以被视为一种形式判断,相较于其他立场的判断标准,最为简单明了,只涉及单一且明确的要素也就是法益。① 在绝大多数场合,刑法中的利益衡量犹如小学生都会做的算术,只需要对冲突的两个法益的大小进行掂量,一方高于另一方时就可以说存在更值得保护的法益,从而使得行为的法益侵害性被消除。② 相对而言,必需说所进行的判断就是一种实质性判断,究竟什么是必需的,就需要判断者进入每一个案件的细节中去寻找答案,根据复杂的案情对防卫手段与结果是不是制止不法侵害所必需的进行评判。原则与例外说就是先采用必需说的实质性判断标准,审查符合必需性要素,原则上属于正当防卫的案件,作为例外,还要在这类已筛选后的案件中按照基本相适应说的法益衡量标准将一些法益大小、轻重悬殊异常的案件例外地排除出正当防卫案件,认定为防卫过当。③

  应当说,这四种学说之争,其本质还是基本相适应说与必需说的基本立场之争,相当说是基本相适应说向外进一步延展和扩张,而原则与例外说则能够被归入必需说的立场,是必需说向内的限缩与缓和。④

(沈晓白　撰写)

---

① 周详. 防卫必要限度:学说之争与逻辑辩正. 中外法学, 2018 (6): 1577.
② 劳东燕. 法益衡量原理的教义学检讨. 中外法学, 2016 (2): 358.
③ 张明楷. 刑法学:上. 6版. 北京:法律出版社, 2021: 275;黎宏. 刑法学总论. 北京:法律出版社, 2016: 140.
④ 周详. 防卫必要限度:学说之争与逻辑辩正. 中外法学, 2018 (6): 1587.

23 紧急避险的成立条件

案情简介

2020年7月24日晚,被告人姜某与赛某一同在阿某家中饮酒,每人喝了大约100克的白酒,饮酒期间阿某身上手术刀口开始疼痛并逐渐严重,凌晨1时30分左右,被告人姜某在酒后无照驾驶一辆汽车载乘阿某到三工乡卫生院看病,行驶至拜斯胡木村外环路与阜彩路交叉路口处时被准噶尔公安局交警大队民警查获,并将其带至阜康市中医院提取了血样,经鉴定,姜某血液中检测出乙醇成分,含量为149.6mg/100mL。

裁判要旨

一审法院认为,被告人姜某在醉酒状态下驾驶机动车在道路上行驶,对公共安全构成威胁,其行为构成危险驾驶罪。姜某无照驾驶机动车,有犯罪前科(2019年4月27日因危险驾驶罪被判处拘役2个月),但是归案后如实供述自己的犯罪事实,系坦白,对于辩护人提出的被告人酒醉驾驶是为了救助腹疼的朋友属于紧急避险不予采纳,原审法官指出被告人所欲救助的阿某酒后下腹疼痛并未达到危及生命的紧急状态,且可以采取其他方法进行救治,最终判决被告人姜某危险驾驶罪,拘役二个月,并处罚金4 000元。二审法院认为,所谓紧急避险,是指为了社会公共利益、本人或者其他合法权益免受正在发生的危险,不得已而采取的损害他人一定利益的救险行为,其最根本的特征就是以损害较小的利益来保全较大的利益,姜某的行为是否构成紧急避险,应考虑其当时所采取的行为是否是不得已而为之,姜某作为乡镇干部,熟悉乡村工作,遇到此类情况,应通过正当途径如拨打120、110,也可以向村干部、警务站等积极寻求救助,其并未穷尽所有手段实施适法行为,故不能认定其行为属于紧急避险,但考虑到姜某在保护他人生命安全的意图支配下实施了酒后驾驶行为,综合了本案犯罪事实、行为性质、认罪态度,以及考量了判决的社会宣示效果,二审判决维持了一审的定罪部分,肯定被告人姜某构成危险驾驶罪,撤销原审量刑及罚金部分,判处拘役一个月,并处罚金 2 000 元。①

> **评析意见**

一、关键问题与裁判思路

本案的关键问题在于如何理解我国《刑法》第 21 条紧急避险的成立条件。一审法院直接以避险的前提条件不存在，否定紧急避险的成立。紧急避险成立的前提条件是必须发生了现实的危险，亦即存在某个法益处于可能遭受具体损害的紧迫危险之中。一审法院指出，被告人姜某所救助的朋友阿某虽然感到下腹疼痛，但并不是危及阿某生命的紧急状态，且存在其他救助手段的可能性。一审法院以不满足前提条件和不得已（补充性要件）为由，判处被告人姜某危险驾驶罪成立。二审法院的说理侧重于考察被告人的行为是否必须处于不得已，即在法益面临危险时，是否没有其他合理办法可以排除危险。紧急避险成立必须满足限度条件，只有避险成为唯一的手段和方法时才能允许并构成正当化事由。本案中被告人姜某当时还有其他寻求救助的手段，但却并未去尝试这些合理合法的途径，径直选择酒驾这样的违法方式，不能谓之为"不得已采取的紧急避险行为"。二审法院以此为依据认为被告人姜某不满足紧急避险的限度条件，肯定危险驾驶罪成立。

二、相关学理分析

（一）关于避险限度的主要观点

我国刑法关于紧急避险限度条件的规定除了要求紧急避险行为是不得已采取的，还要求不得超出必要限度造成不应有的损害。不得已意味着避险成为唯一的手段和方法才能允许，才能构成正当化事由，如果还有报案、寻求第三人帮助等其他可行的方法足以避免危险，就不是不得已，不能成立紧急避险。② 是否属于不得已，是紧急避险的补充性要件，对其判断需要立足于事前，综合避险人当时所处情境、客观条件，例如时间、地点等，考察当时是否具有其他行为可能性。至于如何理解"不得超出必要限度造成不应有的损害"的含义，主要有小于说和不超过且必要说两种观点。

1. 小于说认为紧急避险的必要限度是避险所造成的损害要小于所避免的损害。③ 虽然损害了一定的合法利益，但保护更大的合法利益，在利益衡量的基础上认为紧急避险最终客观上对社会整体有益。但正当化根据建立在利益

---

① 参见新疆维吾尔自治区昌吉回族自治州中级人民法院（2021）新 23 刑终 70 号刑事判决书。
② 周光权. 刑法总论. 4 版. 北京：中国人民大学出版社，2021：227.
③ 高铭暄，马克昌. 刑法学. 北京：北京大学出版社，2007：151.

衡量的基础之上，不仅无法合理地说明紧急避险的补充性要件，也就是"不得已"的存在意义，而且极容易得出违反一般人正义感的结论。① 小于说是司法实践中对紧急避险限度认定的共识，可谓通说。② 但其未揭示紧急避险背后的制度法理，而且用于判断是否超出必要限度时，很多情形下不能提供有效的标准。

2. 不超过且必要说认为紧急避险的必要限度是指在所造成的损害不超过所避免的损害的前提下，足以排除危险所必需的限度。因为紧急避险发生在两种法益之间，和正当防卫的"正对不正"不同，是一种"正对正"的冲突，因此，必须从客观实际出发，既保护一种法益，又将对另一种法益的损害控制在最小限度内。③ 首先，避险行为所造成的损害大于所避免的损害的，一定超过了必要限度，但反之并非就一定没超过必要限度，亦即，避险行为造成的损害小于所避免的损害时，也可能超过了必要限度。④ 例如为避免火灾蔓延烧毁整片山林，明明只需要将10米宽的树林砍掉形成防火隔离带就足以防止火灾蔓延，但避险人砍了20米、30米甚至更多，尽管所保住的大片山林面积明显大于二三十米防火隔离带的树木面积，亦即保护的利益大于损害的利益，但也不能认为没有超过必要限度。其次，在不得已的情况下损害同等法益的，也不一定超过了必要限度。在A法益与B法益等值但面临不得不侵害其中一方的冲突时，损害了其中一个法益，至多只能认为避险行为没有什么意义，从整体上看，法益是并未受到损害的，即便要追究法益被牺牲的责任，也是伦理上的责任或是民法上的责任，而不能因此追究刑事责任。

（二）关于被告人刑事责任的分析

上述分析表明，成立紧急避险必须遵循适当性原则，亦即，为保护某种较优或同等的法价值而必须侵害另一个法益时，不得逾越实现这一目的所必要的程度。在这一原则的指导下，当避险人能够将损失最小化却肆意扩大时，就显然是在滥用紧急避险这一刑法赋予公民的权利，这就无异于犯罪，也和避险的目的相矛盾，因此，要求避险人恪守一定的损害界限完全必要。

本案中，被告人的行为难以成立紧急避险。理由在于：（1）需要被告人救助的朋友是因为手术后喝酒而感到伤口处不适，术后饮酒会影响伤口的恢复，通常情况下不会有紧迫的生命危险，因此紧急避险的起因条件就存在疑问，亦即，法益是否正处于紧迫的危险之中，本案和突然无征兆的他人昏迷相比，伤口因饮酒而疼痛很难说是紧迫的法益危险。（2）根据"不得已"这

---

① 劳东燕. 法益衡量原理的教义学检讨. 中外法学, 2016 (2): 363.
② 马克昌. 犯罪通论. 武汉：武汉大学出版社, 1999: 801.
③ 张明楷. 刑法学：上. 6版. 北京：法律出版社, 2021: 293.
④ 张明楷. 法益初论：下册. 北京：商务印书馆, 2021: 537.

一补充性要件的要求，避险行为必须是除了以牺牲一种合法权益来保护另一种合法权益的办法外，别无他法，如果尚有其他合法途径，就不能采取牺牲一个法益的办法。案发时姜某完全还可以尝试拨打 120、110 等方式向外界求助，而且作为本地工作的乡镇干部，也可以向其他未喝酒的熟人、邻居请求帮忙，却并未尝试这些合法途径，径直采取了违法的手段，对公共安全造成了侵害。(3) 为保护具体的生命法益，而威胁抽象的公共法益，确有成立紧急避险的余地，在突发疾病的情况下，如果疾病凶险确会危及生命安全，此时具体的生命法益当然是高于抽象的公共法益。① 在本案中，被告人原本可以尝试其他合法手段，却最终选择了违法的方式，可以说并不符合"不得已"的条件，且其好友也并不是突发的疾病，而是术后护理不当导致的伤口疼痛，生命法益并没有受到紧迫危险，这时并不能认为存在一个高于公共安全法益的生命法益，自然难以认定姜某的行为成立紧急避险。

三、延伸思考

与本案类似的案例还有"为送亲属就医醉驾案"。例如，被告人陈某某为庆祝妻子生日，邀请亲友到住处吃晚饭，被告人喝了一杯多红酒，当日 23 时许，其妻子突然倒地昏迷不醒，陈某某随即让女儿拨打 120 求救，120 回复附近没有急救车辆，需要从他处调车，陈某某得知后立马驾驶小轿车将妻子送至医院。后陈某某被当场查获，血液中检出乙醇成分，含量为 223mg/100mL。② 本案的审理法院江阴市人民法院向无锡市中级人民法院请示，后者经审查认为案发时陈某某意识到他的妻子正面临生命危险，出于不得已而醉酒驾驶损害了另一法益，在必要限度内实施避险行为，符合紧急避险的各项条件，遂作出批复，认为被告人陈某某的行为构成紧急避险，不负刑事责任。应该说，这一结论是妥当的，因为被告人为挽救突发晕厥的家人的生命，所保护的法益高于所侵害的公共法益，又满足适当性原则的要求，亦即"不得已"的补充性要件，避险行为没有超出必要限度，也并未造成不应有的损害，成立紧急避险自然不存在争议。

（沈晓白　撰写）

---

① 周光权. 刑法各论. 4 版. 北京：中国人民大学出版社，2021：227.
② 韩锋，王星光，杨柳. 为送亲属就医醉驾构成紧急避险. 人民司法，2020（23）：24.

24 被害人承诺

案情简介

被告人王某受被告人张某雇佣,长期在其经营的汽车配件厂工作。被告人张某与李某存在经济纠纷。2012年7月11日下午,李某在被告人张某经营的汽车配件厂院内与王某发生纠纷并互相推搡,王某遂报案。被告人张某借机教唆并帮助被告人王某制造王某左耳鼓膜穿孔的真实伤情陷害李某,意欲追究李某刑事责任,并要求李某赔偿经济损失,致使李某被刑事立案调查。

裁判要旨

一、二审法院审理认为,被告人张某伙同王某故意制造王某左耳鼓膜穿孔的伤情陷害他人,致使他人被刑事立案调查,情节严重,二人行为均已构成诬告陷害罪。由于被告人张某实施故意伤害行为时得到了被告人王某的同意,被害人承诺阻却故意伤害罪的成立,不再以故意伤害罪追究被告人张某的刑事责任。根据被告人张某、王某犯罪的事实、性质、情节及社会危害性等因素,对张某、王某分别判处有期徒刑一年六个月和有期徒刑一年,缓刑一年。①

评析意见

一、关键问题与裁判思路

本案被告人张某和王某捏造事实诬告陷害李某构成诬告陷害罪不存在任何问题,有争议的是为捏造这一伤情,张某将王某左耳鼓膜打至穿孔的行为是否要以故意伤害罪追究刑事责任。回答这一问题的关键在于实务是否承认以及在多大范围内认可被害人承诺阻却犯罪成立,如果肯定这一阻却事由,

---

① 参见北京市第二中级人民法院(2013)二中刑终字第1329号刑事裁定书。

就不能追究张某故意伤害罪的刑事责任；反之，就还要与其所犯诬告陷害罪进行并罚。从本案裁判结论上看，两级法院都采取了肯定被害人承诺阻却犯罪成立的立场。①

二、相关学理分析

（一）被害人承诺的体系地位

"愿者不受损害"，遵照他人意志对其利益实施侵犯，原则上不成立不法。理由在于，刑法的目的虽然在于保护法益，但对个人的法益并不是绝对地予以保护，而是服务于保护承认法治国个人的自由发展这一目标，法律尊重个人对某些法益的自我决定权。如果法益主体同意对自身法益的侵害，由于该法益已缺少要保护性，因此法益侵害行为原则上不具有违法性，不构成犯罪。②

诚如法官所言，被害人承诺已经为国内外刑法学者所认可，我国传统刑法理论通说也认为，被害人承诺在特定条件下能够排除行为人行为的社会危害性，具有阻却犯罪成立的效力。③ 基于权利人承诺或自愿的损害行为属于刑法中的正当行为。④ 但在阶层论犯罪体系的背景下，被害人承诺的体系性地位，在教义学上还一直是一个有争议的问题，围绕是否应当将被害人意志区分为阻却构成要件的被害人同意（Einverständnis）和阻却行为违法性的被害人承诺（Einwilligung）并对二者性质、成立要件和法律后果予以区分，形成了区分说（二元论）和一体化说（一元论）两种不同观点。

根据构成要件表述或不成文构成要件要素中，是否含有违反被害人的意志这一要素为前提⑤，"二元论"将被害人同意区分为"合意"和"承诺"。分则中部分犯罪的构成要件形式上明确规定行为要违反被害人的意志或欠缺其同意，如强奸罪、盗窃罪、非法拘禁罪等，或者如诈骗罪等犯罪以被害人瑕疵的同意为前提。此类犯罪中，构成要件行为本身就具有强制性、反意愿的特征，被害人是否同意对构成要件有影响，因而得到同意的行为，构成要件就不齐备，法益自始未受侵害。与此相对的是法益主体意志的条件在构成要件中没有被明文规定，也无法通过字面含义来解释获得，得到承诺伤害、得

---

① 国家法官学院案例开发研究中心.中国法院 2016 年度案例·刑法总则.北京：中国法制出版社，2016：31-32.
② 西田典之.刑法总论.王昭武，刘明祥，译.北京：法律出版社，2013：157.
③ 马克昌.犯罪通论.武汉：武汉大学出版社，1999：827.
④ 高铭暄，马克昌.刑法学.北京：北京大学出版社，高等教育出版社，2017：128.
⑤ 蔡桂生.论被害人同意在犯罪论体系中的定位.南京师大学报（社会科学版），2013（6）：48.

到承诺的毁坏财产就是如此。承诺就意味着个人放弃了法律的保护,产生阻却违法效果,但无法改变构成要件层面上身体受伤以及财物损毁的事实。①"一元论"所有的有效的承诺与同意都阻却构成要件,该观点认为被害人的法益并非仅指特定行为对象或客体在客观上的完整和存续的状态,而是"法所保护的生活利益",包含了权利人依其自身意愿,自主地对其享有的法益客体进行支配和使用的自由。当权利人通过有效的承诺允许行为人对相应法益客体进行损害时,行为人的行为就只是权利人对自身法益进行支配和使用的外在表现,并不违反权利人的自主意志,从而欠缺法益侵害性,因此,应当认定被害人承诺导致行为人的行为不能造成对法益的紧迫危险,不能再被视为符合构成要件的实行行为。②此外,阻却违法阶层的原理是法秩序下的利益衡量,但被害人承诺的法理依据与之缺乏内在一致性。③张明楷教授的教科书中将被害人承诺放在了不法一章的"因法益性的阙如阻却违法的事由"中,同时也表示并不严格区分被害人同意和被害人承诺;而周光权教授在第4版教科书中,赞成区分说的立场;王钢教授则明确持"一元论"的观点。

被害人承诺与被害人同意的区分问题,根本在于如何理解根据被害人意愿行为排除犯罪的根本依据。"二元论"更注重刑法的保护功能,法益主体的意思自治受到限定,原则性根据保护法益的考虑发动国家机器,再例外地考察公民的个人意愿;而"一元论"则表现出自由主义的立场,认为国家对公民的一般性保护前应首先尊重公民的个性化选择。同意是构成要件中的事实性评价,而承诺则是法律评价;得到承诺的侵害对被害人所造成的结果客观上的确存在。区分说和一体化说在理论基础、法律效果、社会意义等方面都有一定差别。区分说立场下,对被害人同意所作的是是否存在的事实性判断,而被害人承诺只有满足一定的条件,才能阻却违法性。

(二)被害人承诺的成立条件

一般认为,被害人承诺的成立需要满足以下条件:(1)承诺者对被侵害的法益具有处分权限,由于难以想象会存在作为法益主体的国家或者不特定多数人都同意,因此一般仅限于针对身体、自由、财产等个人法益的情形。考虑自我决定权与刑法家长主义的关系,承诺应有限度,通说认为针对生命侵害的承诺归于无效。(2)承诺者必须对所承诺的事项意义、范围具有理解

---

① 林东茂. 医疗上病患同意或承诺的刑法问题. 中外法学, 2008 (5): 701.
② 王钢. 被害人承诺的体系定位. 比较法研究, 2019 (4): 29.
③ 山中敬一. 刑法总论. 东京: 成文堂, 2016: 208, 转引自周光权. 刑法总论. 4版. 北京: 中国人民大学出版社, 2021: 230.

能力或承诺能力。(3) 承诺不仅承诺行为，而且承诺结果。(4) 承诺必须真实、明确，基于强制的承诺不阻却违法，受欺骗的承诺问题则较为复杂。(5) 承诺需事前作出，至迟必须存在于结果发生时。(6) 经承诺实施的行为不得超出承诺的范围。① 但总的来说，两种立场之争主要意义在学理上，从犯罪判断的实务意义上看，得到有效的同意或承诺，无论是因阻却构成要件还是阻却违法，犯罪都不成立。②

（三）对于被告人不构成故意伤害罪的分析

对于实务中类似于本案情形的处理，无论采何种学说，都会得出被告人不构成故意伤害罪的一致结论。刑法的目的是保护法益，刑法将某种利益作为法益加以保护，主要是因为这种利益是个人自我决定或自我实现所不可缺少的前提。法益只有在对个人的自我实现具有积极意义的限度内，才具有刑法保护的意义。相反，如果保护某种法益成为个人自我决定或自我实现的障碍，就没有必要对其进行法律保护，在这种情况下法律选择尊重个人意愿，允许个人的自我实现。对于侵害被害人自愿放弃的法益的行为，不能作为犯罪予以追究。

被害人承诺本质上就是被害人自由地行使自主决定权，但也有一定限度，生命是自我决定权的基础，不具有可承诺性。除此之外，被害人承诺有效的条件还要满足承诺主体具有承诺能力；承诺对象不仅包括法益侵害结果，也包括引起该结果的行为；承诺必须在结果发生时已经存在；承诺必须是基于内心真实意思自由作出的。

本案中，被告人王某作为成年人，为了获取财产利益，在被告人张某故意伤害其身体前，明确表示同意被告人张某侵害其身体健康法益并接受轻伤的后果，未受到任何强制或欺骗，作出的是有效承诺，且承诺放弃的是生命之外的法益。因此，该被害人承诺有效，阻却故意伤害罪的成立。

三、延伸思考

受欺骗的同意是被害人同意和被害人承诺处理起来较为明显的不同点，譬如诈骗罪中，有瑕疵的同意仍不失为被害人同意，但受欺骗的伤害承诺则未必有效。

实施欺骗取得被害人承诺是否有效是被害人承诺有效性中一个比较关键

---

① 张明楷. 刑法学：上. 5版. 北京：法律出版社，2016：224-226. 周光权，刑法总论. 4版. 北京：中国人民大学出版社，2021：231.
② 林东茂. 医疗上病患同意或承诺的刑法问题. 中外法学，2008 (5)：687.

和复杂的问题,发展出几种不同学说。一是全面无效说或条件说,该说立足于欺骗行为本身,认为只要存在欺骗就能够否定同意效果,但问题是会导致处罚范围过大。二是重大错误说或动机错误说,指出因欺骗引发了动机错误,且该动机是决定性动机,能使承诺无效。三是法益关系错误说,该说认为刑法目的是保护法益,在被害人明确认识到自己放弃何种利益的场合,其利益就不值得刑法保护,承诺有效。反之,在对放弃法益的种类、范围或危险性发生了错误认识,其所作出的承诺则无效。法益关系错误说原则上更为妥当,也是目前理论的通说,关键仍在于联系具体犯罪的法益对"法益关系"作出准确理解。

推定承诺和假定承诺也是经常与被害人承诺联系在一起讨论的问题,虽然概念上与被害人承诺有一定相似性,但法理根据有所不同,需要区别对待。

(毕琳 撰写)

25 原因自由行为

案情简介

被告人王某某是吸毒人员，曾多次因吸毒受到行政处罚和强制隔离戒毒。2018年1月22日晚上至23日上午，王某某在住处房内吸毒，之后产生被"鬼上身"的迷信幻觉，23日13时王某某因幻觉下楼，往其住处楼上叫骂并用石子砸向二楼。在此期间，被害人王甲和王乙步行从王某某住处旁边小巷经过，王某某认为这二人是"鬼"，在他们二人走到路岔口时，用随身携带的不锈钢折叠刀捅刺王乙并将其刺倒，一旁的王甲试图阻拦，被王某某持刀追刺，最后分别捅刺王乙、王甲头部十几次，在二人倒地后，又捡起砖石猛砸两人头部数次，致两位被害人当场死亡。

裁判要旨

一审法院认为，被告人王某某长期吸毒，明知吸毒会使其陷入精神障碍、行为失控的状态，仍然放纵自己吸毒，放任危害后果发生，后因吸毒致幻，持刀猛烈捅刺和用砖石猛砸无辜的被害人直至二人当场死亡，属原因自由行为，构成故意杀人罪，应当依法追究其刑事责任。二审法院认为王某某因吸毒多次被强制隔离戒毒和行政处罚的前提下，仍不思悔改，继续吸食毒品，属严重违法行为，吸毒致幻后当街杀害两名手无寸铁的无辜老人，且作案手法极其残忍。王某某的犯罪情节恶劣，后果极其严重，人身危险性和社会危害性极大，依法应予以严惩，原判认定其构成故意杀人罪的事实清楚，证据确实、充分，判处死刑的量刑适当，审判程序合法，裁定驳回上诉，维持原判。[①]

评析意见

一、关键问题与裁判思路

本案的关键问题是在原因自由行为场合，行为人陷入责任能力欠缺或降

[①] 参见海南省高级人民法院（2018）琼刑终131号刑事裁定书。

低状态后实施的行为,是否需要承担责任,是否可以成立犯罪。本案的判决与通说的观点一致,对原因自由行为的归责持肯定态度。从责任主义的观点来说,责任能力必须存在于行为之时,行为人只对有责任能力的状态下所实施的行为及造成的结果承担责任,不能追究在无责任能力状态下所实施的行为的责任,若要遵循这一"行为与责任同时存在的原则",必然会对原因自由行为的可罚性产生疑问。一审和二审法院强调了被告人王某某的吸毒史,指出其在吸毒前便已"明知吸毒会使其陷入精神障碍、行为失控的状态",以原因行为之时被告人具备责任能力,且对吸毒后失控会造成的结果抱有希望或放任的态度,肯定其刑事可罚性。从表述上看,作为处罚对象的似乎是原因行为,如此便不会违反责任原则,但是将吸毒行为评价为故意杀人罪的构成要件该当行为,仍有疑问的余地,需要学理上进一步深入分析。

二、相关学理分析

在原因自由行为的场合行为人实施了两个行为:原因行为和结果行为。以图表展示,这两个行为的结构如下。

表3 原因行为和结果行为的结构

	行为内容	构成要件该当性	违法性	有责性
原因行为	具有责任能力的人,故意或过失使自己陷于责任能力丧失或降低状态	欠缺	欠缺	具备
结果行为	在完全无责任能力或部分失去责任能力的状态下实施犯罪	具备	具备	欠缺

正由于存在这样结构上之差异,以刑法评价的对象究竟是原因行为还是结果行为为争议点展开的理论,大致可以区分为构成要件模式和责任模式。

(一)围绕原因自由行为的主要理论分歧

1. 构成要件模式。这一模式维护了行为与责任同时存在的原则,将原因行为作为处罚对象。在实施原因行为时,行为人是具有辨认和控制能力的,具备责任能力,所以应当受到相应的责任非难。客观归责论认为,行为人预见到自己可能犯罪,而故意或者过失使自己陷入责任欠缺的状态,是"制造法益风险"的行为,并通过后续的丧失或降低责任能力状态"实现法益风险",因此可以肯定归责。[①] 间接正犯构造类似说是日本刑法学界的通说,这一观点主张原因行为是将陷入无责任能力状态的自己作为犯罪工具加以利用,从而实现构成要件,这样一来,原因行为就可以等同或类似于间接正犯中的

---

① 周光权. 刑法各论. 4版. 北京:中国人民大学出版社,2021:245.

利用行为，进而也能够被评价为实行行为。① 相当原因行为说认为只要原因行为与结果行为及结果之间具有相当因果关系和责任关联（故意、过失），就可以肯定对原因行为的归责。② 构成要件模式下的观点尽管维护了责任原则，但也存在一定疑问，对其批判可以总结为两个方面，一是将原因行为视为实行行为使得未遂时点不当提前，二是破坏了构成要件行为的定型性，亦即将饮酒、吸毒等原因行为视为"杀人"行为，多少有些牵强。构成要件模式的观点也分别予以了回应，首先，并非在实行行为的开始阶段就认定未遂犯的成立，而是应该在出现了结果发生的现实危险性的时点才能成立未遂犯；其次，实行行为的定型性问题，以间接正犯构造类似说为例，成年人通过以恶害相通告的方式逼迫10岁的孩子入室盗窃，这一胁迫的行为就能被评价为"窃取"行为，可见这里并未严格要求胁迫行为本身体现出构成要件的定型性，而是该行为是可以引起"转移财物占有"的行为，所以被评价为实行行为。那么按照这种理解，在原因自由行为的场合，原因行为是可以引起杀人行为的行为，评价为实行行为自然也是可能的。③

2. 责任模式。这一模式主张结果行为是实行行为，这样在构成要件该当性上自然不存在疑问，但行为人在实施结果行为时既然已经陷入了丧失或降低的责任能力状态，肯定可罚性就会违背行为与责任同时存在的原则。对此批判，责任模式的代表性观点亦即责任原则修正说提出，只要在作出意思决定时存在辨认、控制能力，即只要行为人在还具备责任能力之时作出了最终的意思决定，行为与责任就是同时存在的。④

学界对于这两种模式的选择也并非绝对排他，也有观点主张并用两种模式来解决问题。无论采取何种模式，都需要在理论上说明处罚原因自由行为并未突破行为与责任同时存在这一基本原则的根据。

（二）我国刑法的相关规定

我国《刑法》第18条第4款规定："醉酒的人犯罪，应当负刑事责任。"该条规定可以成为我国刑法承认原因自由行为的法理。有学者指出我国并未将故意或过失吸食毒品、麻醉品或类似物而陷入精神障碍状态该如何处理明确规定于刑法之中，使得法官在处理这类案件时无所适从，甚至造成了同案不同判的结果。⑤ 这样的批评存在一定的道理，但如果恰当地理解《刑法》第

---

① 张明楷. 外国刑法学纲要. 3版. 北京：法律出版社，2020：175-176.
② 张明楷. 刑法学：上. 6版. 北京：法律出版社，2021：404.
③ 桥爪隆. 论原因自由行为. 王昭武，译. 苏州大学学报（法学版），2018（3）：140-141.
④ 周光权. 刑法各论. 4版. 北京：中国人民大学出版社，2021：246页；山口厚. 刑法总论. 3版. 付立庆，译. 北京：中国人民大学出版社. 2018：272-273.
⑤ 储陈城. 论心神障碍者的刑事责任——以原因自由行为规范之缺陷为切入. 上海政法学院学报，2014（2）：84-85.

18条之规定，就不会出现在吸食毒品、麻醉品或类似物的场合下得出和醉酒场合不同的裁判结论。原因自由行为法理能够适用的场合，其关键不在于摄入了何种物质，而在于故意或过失地使自己陷入完全丧失或尚未完全丧失责任能力的状态后引起了犯罪结果，不应该将醉酒与其他类型原因行为作区分，《刑法》第18条的规定可以同等适用于行为人摄取各类可以使人丧失或部分丧失辨认能力和控制能力的物质的案件中。

（三）关于被告人刑事责任的分析

原因自由行为是成立故意犯罪还是过失犯罪，应当取决于行为人实施原因设定行为是故意还是过失：原因设定行为是故意的，承担故意责任；原因设定行为是过失的，承担过失责任。① 本案中被告人王某某并非首次吸毒，而是接受过强制性戒毒后又复吸的长期毒瘾者，对于吸食毒品后可能会出现幻视、幻听等幻觉具有明确认识，长期毒瘾者比首次吸食毒品者更容易出现幻觉，且多为能够使人产生暴力倾向的致幻效果，吸毒行为本身也是被《治安管理处罚法》所禁止的违法行为，王某某在明知上述情况的前提下，依然吸食毒品，这一原因设定行为具有后续引起暴力行为、攻击行为的危险性，事实上最终也引起了后续无故杀伤路人的暴力行为，并以这一结果行为为介，使得危险现实化为实害结果。被告人王某某对于致幻后可能会出现伤人行为持有希望或放任的心理态度，可以肯定其原因设定行为时主观上是故意，因此，应当对造成二人死亡的结果承担故意责任，最终追究其故意杀人罪之刑事责任。

三、延伸思考

根据行为人设定原因行为是否已经产生犯罪故意，可以区分出"连续型"和"非连续型"原因自由行为。前者行为人事先就有实施结果行为的意思或者犯罪故意，后者在设定原因行为的阶段并未产生犯罪故意，陷入责任能力丧失或降低的状态后才产生犯意。对于前者这种故意形态的原因自由行为，可能会出现事前的意思决定并未被保持同一地得到实现的状况，例如，行为人原本打算把自己灌醉后杀掉仇人A，却在喝醉后杀掉了B；行为人本打算醉酒后盗窃S的财物，却在醉酒后殴打S并造成其重伤。对于第一种情形，行为人原本想设定原因行为后对A实施杀害行为，却由于醉后实施结果行为产生对象错误杀掉B，应当按照方法错误（打击错误）来处理。由于结果行为本身的差误导致所欲攻击对象和实际对象不一致，但这种不一致并未超出同一构成要件，按照法定符合说的观点，行为人客观行为导致了他人死亡，主

---

① 周光权. 刑法各论. 4版. 北京：中国人民大学出版社，2021：246.

观上也具有杀人故意,应当肯定成立故意杀人罪既遂。对于第二种情形,应当再细分为两种情景,一是行为人只知自己醉后会出现盗窃癖,二是行为人明知自己醉后既可能盗窃也有暴力倾向,对于前者只能成立盗窃未遂和过失致人重伤的想象竞合,后者还是应当成立故意伤害罪。

(沈晓白　撰写)

26 期待可能性

案情简介

被告人姚某和被害人方某系夫妻关系并育有四个子女。因被害人方某与他人保持不正当男女关系，多次对姚某实施家庭暴力以及案发前一天向姚某提出离婚，要求姚某承担抚养子女责任等事由，姚某产生杀害被害人方某的想法。2014年8月17日凌晨，被告人姚某在某鞋厂三楼员工宿舍内，持铁棍猛击被害人方某头部数下，又持菜刀实施割颈，致其当场死亡。

裁判要旨

法院认为，被告人姚某因不堪忍受丈夫方某的长期家庭暴力而持械杀死方某，其行为已构成故意杀人罪。被告人姚某对被害人方某对其实施的家庭暴力长期以来默默忍受，终因方某的婚外情并逼迫其离婚并独自抚养四个未成年子女而产生反抗的念头，姚某杀人的动机并非卑劣；姚某在杀人的过程中虽然使用了两种凶器并加害在被害人的要害部位，并承认有泄愤、报复的心理，但结合家庭暴力问题专家的意见，姚某属于受虐妇女，其采取上述手段杀害被害人更主要的还是为了防止被害人未死会对其施以更加严重的家庭暴力；姚某作案后没有逃匿或隐瞒、毁灭罪证，而是主动打电话报警，归案后如实供述自己的犯罪事实，并带领侦查人员找到作案使用的菜刀，具有认罪、悔罪情节。综上，姚某的作案手段并非特别残忍、犯罪情节并非特别恶劣，应当认定为《刑法》第232条规定的故意杀人"情节较轻"。姚某具有自首情节；被害人方某的父母对姚某表示谅解，考虑到姚某尚有四个未成年子女需要抚养，因此对被告人姚某给予较大幅度的从轻处罚，判决被告人姚某犯故意杀人罪，判处有期徒刑五年。①

---

① 参见浙江省温州市中级人民法院（2015）浙温刑初字第4号刑事判决书。

评析意见

一、关键问题与裁判思路

本案的关键问题在于如果不满足正当防卫的成立条件，如何在本案中找到出罪或者减免处罚的根据，而期待可能性是解决这一问题所需考虑的要点。法院没有考虑期待可能性的问题，又因为本案不满足防卫适时的条件，应该也注意到了本案不能适用正当防卫这一出罪事由。然而法院又考虑到本案的特殊情况，即便被告人实施了两种凶器并加害在被告人的要害部位，持菜刀实施割颈，致其当场死亡，手段比较残忍，最终还是认定被告人故意杀人"情节较轻"。

法院之所以如此轻判，考虑到了三个原因：其一，从杀人动机的角度，被告人长期遭受被害人家庭暴力，因此杀人动机并非卑劣；其二，从心理上的自我保护的角度，虽然被告人手段比较恶劣，但是结合家庭暴力问题专家的意见，姚某属于受虐妇女，其采取上述手段杀害被害人更主要的还是为了防止被害人未死会对其施以更加严重的家庭暴力；其三，姚某有自首情节。从裁判理由上来看，以上三个事实能够较为完整地支撑故意杀人"情节较轻"的事实依据。判决从杀人动机或者自我保护意识去减轻被告人的刑事责任是没有问题的，但是这两者更多地体现为在量刑层面具体性的思考，如果能够承认期待可能性在犯罪论体系中的地位和作用，那么本案对被告人作出故意杀人"情节较轻"的结论将更加体现规范性思考，更具有说服力。

二、相关学理分析

（一）期待可能性理论的意义

期待可能性理论，是在19世纪末20世纪初，德国著名的"癖马案"判决发表之后，由麦耶于1901年首先提及的。期待可能性在体系中的位置在理论上见解不一。大致存在第三责任要素说、构成要素说和责任阻却说。[1] 期待可能性理论一般与刑罚的根据——一般预防理论有着必要的联系，属于不法行为但欠缺期待可能性的场合，也就欠缺预防必要性因而不予以处罚。本案中，一个受虐妇女不甘忍受丈夫长期的家庭暴力而杀害丈夫，在公众看来有一定值得同情的地方。这种反抗虽然选择了刑法禁止的方式，但是其在常理上是能够被理解的。刑法不应当违背人情常理，因此这种情形下预防必要性

---

[1] 周光权.刑法总论.4版.北京：中国人民大学出版社，2021：257-259.

就会有所降低。此外,从犯罪心理上看,受虐妇女由于长期过着提心吊胆、担惊受怕的日子,在极端情形下,期待受到刺激和伤害的妇女一定要通过法律途径保护自己,未免强人所难。

我国传统刑法理论通常将无期待可能性视为超法规的责任阻却事由,并从行为人丧失意志自由的角度来论证其出罪依据。① 但是从意志自由丧失的角度理解期待可能性,可能会导致其适用范围过于狭窄。也就是说,在意志自由尚未完全丧失的情形,也存在排除对行为人进行非难的可能性。那么在受虐妇女杀夫情形下,妇女可能因遭受周期性暴力而患有受虐妇女综合征,其遭受深度的精神伤害和精神控制。虽然不能说其在实施构成行为时完全丧失意志自由,但是可以说其意志自由处于被严重压制的状态,也就存在排除对行为人进行非难的可能性。

(二)期待可能性与责任降低

值得一提的是,期待可能性理论是责任的基础,当行为人欠缺期待可能性的时候会产生阻却责任的效果,进而排除可罚性。但是司法实践中大多数案例所涉及的是期待可能性程度较低,也就是说法律期待行为人实施适法行为对行为人来说过于苛责,在效果上不能够完全排除罪责。这里涉及责任的有无和大小问题,德国的阶层犯罪论体系中的责任只有有无而没有大小的问题。换言之,期待可能性的认定结果要么排除罪责要么符合犯罪构成。事实上,能够适用期待可能性排除罪责的情况少之又少。因此,笔者认为,在诸如受虐妇女杀夫案案件中,运用期待可能性理论,解释减轻被告人刑事责任背后的依据,也具有很强的实践意义。例如在我国《刑法》第 232 条规定中,情节较轻的故意杀人与一般的故意杀人法定刑相差很大,故意杀人罪是严重的刑事犯罪的代表,适用情节较轻的故意杀人罪条款需要充分的理由和依据。如果抛开犯罪论的思考,直接从刑罚论中解释条文适用,说服力会有所降低。即便将这种责任减轻事项的理论依据放在量刑理论中,避免责任减轻情形破坏了犯罪论体系责任只有"有"和"无"的架构,也是有实践意义的。

(三)关于本案的处理

本案对被告人以故意杀人"情节较轻"认定,其中最重要的理由便是被告人的杀人动机。然而,动机实际上关注的是被告人的心理活动,作为一种心理事实与规范是不同的。关于责任非难属于心理事实还是规范评价,存在心理责任论与规范责任论两种观点。心理责任论认为责任的实体是行为人的心理关系。规范责任论的特色在于,在与法律规范的关系上把握责任。为了

---

① 陈兴良. 期待可能性问题研究. 法律科学,2006(3):80.

给予责任非难,仅仅具有故意、过失的心理要素并不够,还必须是能够期待行为人在具体情况下实施其他适法行为,只有在这种场合才能考虑责任非难。① 目的行为论产生以后,心理要素越来越多地被吸收进了构成要件和不法理论当中。责任概念本身不再包含主观心理要素,它只保留了可谴责性这一规范标准,我们可以根据该标准对行为意志的有责性加以判断。② 在处理受虐妇女杀夫案这种案件的时候,关注行为人的内心活动是责任评价的对象,属于心理责任的范畴,而一旦承认规范责任论,就要在此基础上对行为人的内心活动进行规范性评价,构建规范的客观标准。

三、延伸思考

实务中,也要警惕期待可能性的滥用而导致的责任阻却过度扩张。正如有学者指出,"滥用社会危害性概念入罪和滥用期待可能性出罪,虽然乍看上去,前者比后者对人权保障更不利,但是两者的逻辑判断前提都是实质大于形式,主观先于客观,都是滥用司法权的表现"③。这种观点存在一定合理性,因为"期待可能性"本身概念是宽泛的,学界也很难将该理论的规则进一步细化。因为"非难可能性的实体存在于某国、某时代的国民的规范意识当中。在此意义上,非难可能性随着地域与文化、时代而变化着,追求不变的、普遍正确的非难可能性的内涵,这本身就是错的"④。这就导致对"期待可能性"客观化标准难以把握,在我国司法判决中鲜有提到过该理论也是出于这一原因。但是作为主审法官,依然要关注当下社会发展的情况,在类似案件中,结合当下一般国民的规范意识和规范遵守能力,被告人的行为能否称得上是不得已的行为,在罪责的减免上具体考量。只有这样,即便不使用"期待可能性"这一概念,但实际上该理论也潜在地发挥了独立的作用。

(程伊乔 撰写)

---

① 张明楷. 刑法学. 6 版. 北京: 法律出版社, 2021: 318-319.
② 汉斯·韦尔策尔. 目的行为论导论. 增补第 4 版. 陈璇, 译. 北京: 中国人民大学出版社, 2015: 55-56.
③ 王钰. 适法行为期待可能性理论的中国命运. 政治与法律, 2019 (12): 117.
④ 前田雅英. 刑法总论讲义. 6 版. 曾文科, 译. 北京: 北京大学出版社, 2017: 135.

27 违法性认识

案情简介

2016年8月至10月，上诉人赵某某在天津市河北区李公祠大街附近的海河亲水平台，摆设射击游艺摊位进行营利活动。2016年10月12日22时许，天津市公安局河北分局民警在巡查过程中，当场在赵某某经营的摊位上查获枪形物9支及配件、塑料弹等物，并依法将赵某某传唤到公安机关。经天津市公安局物证鉴定中心鉴定，现场查获的9支枪形物中6支，为能正常发射、以压缩气体为动力的枪支。涉案枪支已由公安机关依法没收。

裁判要旨

一审法院认为，被告人赵某某违反国家枪支管理制度，非法持有枪支，情节严重，其行为已构成非法持有枪支罪，应依法予以处罚。赵某某自愿认罪，可酌情从轻处罚。依照《刑法》第128条第1款及最高人民法院《关于审理非法制造、买卖、运输枪支、弹药、爆炸物等刑事案件具体应用法律若干问题的解释》第5条第2款第2项之规定，以非法持有枪支罪判处被告人赵某某有期徒刑三年六个月。①

二审法院认为上诉人赵某某违反国家枪支管理规定，非法持有以压缩气体为动力的非军用枪支6支，依照法律规定已构成非法持有枪支罪且属情节严重，应判处三年以上七年以下有期徒刑。综合考虑赵某某非法持有的枪支均刚刚达到枪支认定标准，犯罪行为的社会危害相对较小，其非法持有枪支的目的是从事经营，主观恶性、人身危险性相对较低，二审期间能如实供述犯罪事实，认罪态度较好，有悔罪表现等情节，可酌情予以从宽处罚并适用缓刑。为此，二审法院判决维持一审法院对上诉人赵某某的定罪部分，撤销一审法院对上诉人的量刑部分，上诉人赵某某犯非法持有枪支罪，判处有期

---

① 参见天津市河北区人民检察院（2016）津0105刑初442号一审刑事判决书。

徒刑三年，缓刑三年。在缓刑考验期限内，依法实行社区矫正。①

评析意见

一、关键问题与裁判思路

本案的关键问题在于赵某某对其所持有的"枪支"的认识错误，对于成立非法持有枪支罪来说是否重要。从两审法院的判决来看，法院显然认为被告人的这种认识错误在犯罪成立条件上不具有重要意义，都认为赵某某的行为成立非法持有枪支罪。但是也都在此基础之上，考虑到了被告人的主观要素，在量刑上减轻被告的责任。尤其是二审法院，专门提到了被告人持有枪支的目的、主观恶性、人身危险性等方面，据此适当减轻了被告人的刑事责任。然而，两审法院作出判决以后，引起了学界的广泛讨论。争议的焦点集中在被告是否构成犯罪这一问题上，大多文献也是基于被告人主观认识存在错误，阐释了赵某某不构成非法持有枪支罪。

但是从二审判决书中可知，二审法院认为被告人不存在认识错误。其理由是：被告人对枪支的外形、枪支具有一定的致伤力和危险性，且不能通过正常途径购买这三点明知，虽然被告人不知道枪形物的致伤力的具体程度，但是这不影响故意的成立。② 由此可以看出，法院否定了被告存在事实认识错误，也就是对本案中"枪支"这一客观构成要件要素的认识不必具体，只要抽象地认识到枪支的外形以及大体的杀伤力即可成立故意。至于赵某某认为自己所持有的枪支是玩具枪而非真枪，也不影响故意的成立。在二审判决公布之后，学界出现了很多反对声音。其一，当被告人确信自己所持有的是玩具枪而非构成要件要素所指涉的真枪的时候，这是一种对构成要件要素根本性质存在误认，难以排除认识错误。其二，即便认为不存在构成要件错误，那么也至少认为被告存在违法性认识错误。如果存在不可避免的违法性认识错误，那么就会阻却责任，进而否定犯罪的成立。

因此，无论采取什么路径，只要肯定了被告赵某某存在事实认识错误或违法性认识错误，其最终的结论都指向赵某某不构成犯罪。这类观点恰好与法院的有罪结论背道而驰。值得注意的是，二审法院慎重考虑到本案被告的主观目的、主观恶性、人身危险性，在量刑上作出了最大的退让，最终判处被告人三年有期徒刑并适用缓刑三年，以减轻被告人的刑事责任。然而，在量刑层面减轻被告人的刑事责任在很多学者看来显然不够，因为这种责任减

---

① 参见天津市第一中级人民法院（2017）津 01 刑终 41 号刑事判决书。
② 参见天津市第一中级人民法院（2017）津 01 刑终 41 号刑事判决书。

轻是在肯定了被告人构成犯罪的基础上,结合被告人自身的特别要素,预防必要性等具体情况得出的结论。当然,这与学界所主张的反对成立非法持有枪支罪有根本不同。

二、相关学理分析

(一) 构成要件错误和违法性认识错误概说

反对本案被告人成立非法持有枪支罪的主张,可以进一步分为构成要件错误和违法性认识错误两种观点。在坚持阶层犯罪论体系的前提之下,两种观点的差异可以通过下表大致反映出来。

表4 构成要件错误和违法性认识错误的区别

不同观点	判断标准	结论
构成要件错误	是否对构成要件要素产生错误的理解	阻却故意
违法性认识错误	对行为的违法性存在合理的且不可避免的认识错误	阻却罪责(也有阻却故意的观点)

对于是否存在构成要件错误,与如何理解"故意"有关。这也是本案二审法院与辩护律师最主要的争议之一。我国《刑法》第14条规定,"明知自己的行为会发生危害社会的结果,并且希望或者放任这种结果发生,因而构成犯罪,是故意犯罪。"首先,犯罪故意的成立,不仅要求行为人认识到具体的构成要件事实,还要求行为人认识到该行为的社会意义,至少要求犯罪人认识到行为的实质违法性。换言之,应当实质地理解故意概念。其次,如要实质地理解犯罪故意,就要分析故意的认识对象——客观的构成要件要素。在刑法理论上构成要件要素可以被分成描述性构成要件要素和规范性构成要件要素。按照一般的定义,描述性构成要件要素是指只需要进行事实判断即可认定的要素,而规范性构成要件要素则需要通过社会规范或者法律规范来确定含义。[①] 那么本案中的"枪支"应当属于什么类型的构成要件要素呢?在法院看来,由于玩具枪与真枪的外形十分接近,其本质区别不在于外观而是在于《公安机关涉案枪支弹药性能鉴定工作规定》《枪支致伤力的法庭科学鉴定判据》所规定的弹药性能和枪支致伤力,进而在客观上肯定了本案被告非法持有枪支的社会危害性。反过来,既然是否属于刑法所禁止持有的"枪支",需要依据具体的行政法规予以解释,一般不能通过行为人或社会一般人的判断就能够确定,那么就可以认为,法院也肯定了"枪支"属于规范性构成要件要素。

---

① 乌尔斯·金德霍伊泽尔.德国刑法教科书.蔡桂生,译.北京:北京大学出版社,2015:73.

既然"枪支"属于规范性构成要件要素，那么对于被告的故意成立的认识标准，自然要相比于描述性构成要件要素有所提高。二审法院综合分析被告的具体情况：被告开设气球射击摊所使用的枪不能通过正常途径购买，且该枪用于射击游戏，被告能够认识到其所持有的枪具有一定的致伤力。这些事实表明，被告虽然对行政法规规定枪支致伤力的具体标准不知道，但实质上能够认识到枪支的致伤力，因此不能阻却故意。不同于法院的观点，有学者认为"'法定标准'是'枪支'的法定特征。行为人要认识到其所持有的物品是'枪支'，必须认识到该'法定标准'。而赵某某没有认识到该'法定标准'，因此并没有认识到其所持有的物品是枪支。"① 该观点在本案中是有说服力的，因为，如果行为人不能够认识行为对象在刑法上的评价，就难以说明行为人能够对其行为的法益侵害后果具有认识可能性。然而，这种理解推广到司法实践中可能存在一定的困难。因为即便是法律工作者也很难熟知具体条文中每一个规范构成要件要素在行政法规中的具体规定。实践中，要求行为人具体地认识到规范的构成要件要素的内容才能定罪是不现实的。

（二）规范的构成要件要素的判断基准

既然赵某某不可能对所持有的枪形物达到规范性的完整的认知，那么在这种情形下，成立故意的标准究竟应当如何呢？刑法学界的多数观点主张以社会一般人标准进行平行评价。如张明楷教授认为，"由于规范的构成要件要素（社会的评价要素）需要根据一般人的价值观念或者社会意义进行精神的理解，所以，应根据行为人在实施其行为时所认识的一般人的评价结论，判断行为人是否具有故意。"② 在本案中，对于顾客来说，玩具枪射击游戏是公开摆放的摊位，是大多数市民所熟悉的娱乐活动。对于赵某某，以合理的价格盘下这个游戏摊位进行经营；对于城管，在这两个月期间定期来收取摊位费。因此与此活动相关的群体都不能想象赵某某所摆放的摊位中有刑法禁止持有的枪支。从社会一般人的标准角度，不能肯定赵某某具有非法持有枪支的故意。当然，社会一般人的评价标准，可以将本案被告行为排除出构成要件，但是这种标准存在一定的模糊性，其说服力有限。

（三）违法性认识错误与本案的处理

如果以上路径不能解决被告人出罪的问题，违法性认识理论可以相对清晰地解释出罪。违法性认识理论存在两种观点：第一种观点是违法性认识不要说，认为成立故意犯，只要行为人认识犯罪事实即为已足，不需要具有违法性认识，或违法性认识的可能性。由于这种观点违背责任主义，目前支持

---

① 周光权. 如何解答刑法题. 北京：北京大学出版社，2021：149.
② 张明楷. 刑法学. 北京：法律出版社，2021：341.

者很少。第二种观点是违法性认识必要说，该说又分为故意理论和责任理论两种。① 故意理论认为，"对构成要件事实的认知、意欲和违法性认识，是故意的不同侧面，违法认识仅是故意的组成要素之一。"② 由于该观点损害了故意的统一性，支持者也很少。因此通说承认违法性认识错误，并主张责任理论。该理论认为，"没有违法性认识的场合，就没有非难可能性，罪责被超法规地排除；而对于可以避免的违法性认识错误，可以给予宽宥。"③

对本案赵某某对所持有的枪支的违法性认识错误进行分析，便可以发现：从一般人标准看这种认识错误具有合理性。从可避免性的角度，根据赵某某的经营活动以及个人经历，对其课以积极查明法律的义务，显得刑法强人所难。因此可以否定赵某某缺乏对枪支的违法性认识，可以在肯定了赵某某的行为具有构成要件符合性且违法的情形下，由于其没有违法性认识而予以排除责任。

三、延伸思考

本案涉及违法性认识错误在阶层犯罪论体系中的应用。在错误论的基本分类中常常有这样的表述：构成要件错误阻却故意，违法性认识错误阻却责任。这两者的区分在积极的一般预防目的上是具有重要的意义的，可以明确地告诉国民刑法对于不同情况的错误予以谴责的态度。因为如果肯定构成要件错误，则直接否认了行为的不法性。而如果认定了行为人仅具有违法性认识错误，则仍然肯定了行为不法性，承认该行为是具有社会危害性的行为，只是例外地阻却责任不予处罚。

本案的定罪争议围绕被告是否具有非法持有枪支罪的故意展开，而被告对规范的构成要件要素背后的具体规范缺乏认识又进一步引发了对违法性认识错误的思考。只有在承认三阶层犯罪论体系的前提下，将故意作为构成要件要素看待，才能进一步区分故意与违法性认识背后所反映的不法与责任之间的差别。申言之，可能有必要区分故意概念之下对规范的构成要件要素的认识所要求的程度与违法性认识错误之间的细微差别。他们分别在犯罪论体系的不同阶层，发挥着不同的出罪功能。将违法性认识错误放在责任阶层，以不可避免的违法性认识错误作为阻却责任的条件，具有重要的实践意义。对于类似于赵某某案涉及违法性认识、规范性构成要件要素的这类案件的分析，将更加具有条理性，结论将更加精确。

(程伊乔　撰写)

---

① 这种区分是在三阶层犯罪论体系（认为故意是构成要件要素）下展开的，两阶层犯罪（认为故意是责任要素）论体系中是在故意理论下对规范的构成要件要素的认识之中展开讨论违法性认识问题。对此，可参见张明楷．刑法学：上．北京：法律出版社，2021：339.
② 周光权．刑法总论．4版．北京：中国人民大学出版社，2021：248.
③ 周光权．刑法总论．4版．北京：中国人民大学出版社，2021：249.

28 犯罪预备

案情简介

2000年左右，某村村民被告人刘某某、孙某某以被告人石某某名义经过审批，修建某市莲都区冷水村飞机场角57号房子并使用。2019年3月初，得知冷水村将拆迁，被告人刘某某、孙某某与被告人石某某商议，先由刘某某与孙某某办理登记离婚，后由石某某与孙某某登记结婚，将孙某某的户口迁至莲都区冷水村机场角26号石某某名下后，即办理登记离婚，后孙某某再与刘某某登记结婚，将刘某某的户口也迁至冷水村飞机场角26号，三人商定由刘某某、孙某某来要求政府在征迁安置时将冷水村飞机场角57号以两人的名义进行安置，如政府不同意，则两人申请无房户80平方米的公寓安置补偿（经丽水市城中村改造指挥部认定价值1 048 000元），后政府未同意并报警。因公安机关介入立案侦查，两人被采取取保候审强制措施，未再向指挥部提出无房户安置申请。2019年9月23日，经政府拆迁部门调解，该房屋以被告人石某某名义拆迁，补偿款468万元由刘某某与石某某以8∶2比例分配。

裁判要旨

法院认为，被告人石某某、刘某某、孙某某以非法占有为目的，采用虚构事实，隐瞒真相的方式，骗取国家财产，数额特别巨大，其行为均已构成诈骗罪。根据在案证据显示，被告人刘某某、孙某某为了获得拆迁利益，寻求被告人石某某帮忙，三人商定通过登记结婚、离婚的方式，将孙某某、刘某某的户口迁入莲都区冷水村飞机场角26号石某某名下。被告人石某某、刘某某、孙某某为了犯罪，准备工具，制造条件，系犯罪预备，依法减轻处罚。被告人石某某、孙某某、刘某某归案后，如实供述自己的罪行，系坦白，依法从轻处罚。法院判决被告人石某某、孙某某、刘某某犯诈骗罪，判处有期徒刑一年，缓刑一年，并处罚金人民币三万元。①

---

① 参见浙江省丽水市莲都区人民法院（2020）浙1102刑初321号刑事判决书。

评析意见

一、关键问题与裁判思路

本案的关键问题在于犯罪预备的认定。实践中，并非所有行为人为了实施犯罪作出必要准备的行为，都有必要动用刑罚进行干预。我国《刑法》将对犯罪预备的处罚规定在总则中。我国《刑法》第 22 条规定："为了犯罪，准备工具、制造条件的，是犯罪预备。"从法律规定的体系上看，分则具体罪名都存在处罚预备犯的可能性。然而，普遍处罚犯罪预备存在正当性、必要性、操作性与实效性等方面的诸多问题。① 因此，司法实践中需要格外注意根据《刑法》第 22 条适用预备犯处罚的实质条件，排除不值得处罚的预备行为。法院认为，本案中三位被告通过结婚、离婚的方式将孙某某、刘某某的户口迁入莲都区冷水村的行为是诈骗罪的犯罪预备行为。而这一预备行为符合诈骗罪的构成要件，即：虚构事实、隐瞒真相，骗取国家财产数额特别巨大。然而，法院并未进一步阐释本案中通过结婚、离婚取得冷水村户口的行为与诈骗罪构成要件实行行为之间的具体关系，而是径直认定这种迁户口的预备行为符合诈骗罪的犯罪构成。事实上，预备行为与典型的构成要件实行行为还存在一定的距离，认定预备犯时应当以预备行为符合构成要件为中心展开。

二、相关学理分析

（一）关于修正的构成要件理论

在刑法理论中，构成要件有多种类型的分类，其中最为基本的类型是所谓的基本的构成要件和修正的构成要件。刑法分则所描述的是以单个人犯罪既遂为基本类型，进而规定某一具体犯罪的构成要件。"以此为前提，预备犯、未遂犯、中止犯等未完成形态的构成要件，以及组织犯、教唆犯和帮助犯等共犯形态的构成要件则属于修正的构成要件。"② 在这种构成要件分类的基础上理解犯罪预备，就能得出犯罪预备未能充分满足刑法分则规定的构成要件该当的实行行为。尤其是，犯罪预备较犯罪未遂的判断更加困难，其只是为犯罪实行创造条件的行为。甚至可以说，预备行为与实行行为之间的相对性决定了预备犯与分则具体构成要件之间的疏离性。而预备犯的认定，必须证成预备行为与具体构成要件行为之间的密切联系，才能认为预备犯成立

---

① 梁根林. 预备犯普遍处罚原则的困境与突围——《刑法》第 22 条的解读与重构. 中国法学, 2011 (2): 156 - 166.

② 陈兴良. 刑法总论精释：上. 3 版. 北京：人民法院出版社，2016：139.

条件是充分的。"预备行为应当是和实行行为紧密相连的那些行为，预备行为的可罚性也正是因为它同实行行为之间在时间、场所、手段、效果上存在着密切性、前后连续发展性，因而具有高度的危险实现可能。"①

(二) 犯罪预备的认定

本案中，法院通过比对三位被告人通过结婚、离婚的方式迁户口的行为与诈骗罪的实行行为，分析两者之间的内在联系，认定被告人成立诈骗罪预备。法院显然认为，被告人无论是向政府申请57号房屋的征迁安置还是申请无房户的公寓安置补偿，最重要的前提是申请人须是莲都区冷水村村民，只有通过迁户口才能满足申请安置的必要条件。被告在向政府提交安置补偿申请之前，抓住了诈骗安置补偿的这一核心条件，通过假结婚、假离婚的手段为安置补偿申请的通过和认可创造条件。单独评价前面的假结婚和假离婚的行为或者单独评价安置补偿申请的行为都不足以肯定行为的不法。而是两者结合起来，证明了行为人的不法目的，且这种预备行为为诈骗罪的得逞创设了实现结果的危险。

因此，预备行为客观危险的规范评价不能离开行为人的主观计划。在认定犯罪预备时要尤其如此，因为其与分则构成要件的实行行为尚存在一定的距离，必须结合行为人的主观方面将这种可罚的危险与行为人的预备行为相勾连，才能得出合理的结论。这也就是为什么在德国印象理论作为一种主观不法理论占据通说地位。不仅如此，也有学者主张在判断预备行为的可罚性时，主观要素应作为预备犯的构成要件要素，而不能作为评价预备行为危险性的辅助标准。无论是广义还是狭义的预备行为，其行为法益侵害抽象危险客观属性的实现，依赖于预备行为与直接法益侵害结果之间的主观连接。②换言之，在认定预备犯是否具有可罚性时，在顺序上应当从预备行为的客观危险性到行为人行为计划进行分析。但是预备行为的计划，也就是主观方面，不应当仅限于预备行为客观危险性大小的参考标准，而是应当把行为人的主观要素分离出来后再结合行为人的客观行为进行评价，提高主观要素在预备犯认定中的影响力。这样，才不会过分限制预备犯的处罚范围，同时还能有效地处理预备犯与未遂犯的界限。基于上述裁判逻辑，法院对于本案最终得出犯罪预备的结论。

三、延伸思考

我国《刑法》第22条规定："为了犯罪，准备工具、制造条件的，是

---

① 陈兴良. 刑法总论精释：上. 3版. 北京：人民法院出版社，2016：427.
② 敬力嘉. 实质预备犯语境下宣扬恐怖主义、极端主义罪的教义学重述. 当代法学，2019 (4)：136.

犯罪预备"。预备犯是危险犯。行为如果没有造成值得处罚的法益侵害危险的，不宜作为犯罪处理。如果按照这一标准，本案裁判结论是否合理，是值得商榷的。

一方面，各被告人通过办理结婚、离婚的手段获得了冷水村村民资格，但根据客观情况，刘某某、孙某某很难享受无房户的政策，所以他们的这种行为其实也只是"试试看"，即看看政府工作人员能不能最终批准。法院查明的事实是"三人商定由刘某某、孙某某来要求政府在征迁安置时将冷水村飞机场角57号以两人的名义进行安置，如政府不同意，则两人申请无房户80平方米的公寓安置补偿（经丽水市城中村改造指挥部认定价值1 048 000元），后政府未同意并报警"，据此可以看到，政府也几乎不会同意按照无房户政策来给予两被告人相应待遇。事实上，政府有关部门不同意之后，又立即报警，也说明被告人的行为从一开始就难以得逞。如此看来，这一离婚、结婚的行为，是否属于诈骗罪的预备行为就是存在疑问的，因为被告人也不确定政府是否同意，事实上政府根本就未同意，被告人的行为对政府补偿款没有造成损失的抽象危险。政府也没有由此陷入认识错误的危险。

另一方面，证人证言也证实了上述这一点："大家都猜测冷水村也快征迁了，但因刘某某夫妻的户口不在本村，按照现有的拆迁政策，他们夫妻能分到的钱很少，因此，他们就过来商量，三人商定先由孙某某、刘某某离婚，孙某某后跟其登记结婚，把户口迁到其名下，之后再离婚，后孙某某再跟刘某某复婚，把刘某某的户口也迁进来。那样就可以刘某某、孙某某的名义对冷水村57号房屋进行拆迁安置，但大家都知道该方案很难得到指挥部认可。"这也说明了被告人行为的危险性没有达到值得动用刑法处罚的程度。

因此，本案认定被告人无罪，而不是成立诈骗罪预备，似乎更为妥当。

（程伊乔　撰写）

29 实行的着手

案情简介

被告人楚某某、高某（另案处理）与黄某共谋决定通过安装GPS定位器追踪开豪车的人到偏僻的地方实施抢劫来快速获取钱财。于是楚某某在网上邮购两个GPS定位器快递给黄某签收并与高某外出购买了刀、塑料枪、封口胶、尼龙胶带等工具。2018年12月8日晚9时许，由黄某和高某望风，楚某某将GPS定位器安装到一辆黑色路虎汽车底盘上，三人离开现场。但因楚某某将软件关闭导致GPS定位器失效不能继续追踪路虎汽车。2018年12月10日晚9时许，楚某某、黄某、高某继续寻找作案目标，由黄某、高某望风，楚某某将GPS定位器安装到一辆黑色奔驰汽车的底盘，并由高某操作安装在自己手机的软件对车辆进行定位追踪。12月11日高某被家人劝阻停止作案回家，楚某某、黄某无法继续跟踪奔驰汽车。楚某某在网上发布信息寻找愿意参与抢劫的人伺机实施抢劫时被公安机关抓获。

裁判要旨

一审法院认为，被告人楚某某、黄某为实施抢劫准备工具，使用GPS定位追踪器追踪作案目标，但因客观原因未能着手实施抢劫犯罪，属于犯罪预备。首先，楚某某、黄某两次安装了GPS定位追踪器后，均未在当晚行动，其要抢劫的对象、地点、手段均不确定，三人的行为仍处于为实施抢劫行为创造条件的阶段，未进入犯罪实行阶段。其次，在第一起抢劫中，因GPS定位追踪器无法追踪车辆，其三人未能实施抢劫行为，故楚某某、黄某是由于意志以外的原因而导致抢劫行为不能继续进行，不属于犯罪中止。在第二起抢劫中，楚某某和黄某的供述均证实GPS定位追踪器软件安装在高某的手机上，在高某离开后客观上便无法继续定位奔驰车，在该起抢劫中楚某某、黄某未能着手实施抢劫亦是由于意志以外的原因，并非主动放弃犯罪，不属于犯罪中止。综上，被告人楚某某、黄某的行为属于犯罪预备，依法可以比照既遂犯从轻、减轻处罚或者免除处罚。被告人楚某某、黄某归案后如实供述犯罪事实,是坦白,依法可以从轻处罚。本院决定对二被告人减轻处罚。

二审法院认为,楚某某、黄某以非法占有为目的,积极预谋劫取他人财物,跟踪作案目标,其行为已构成抢劫罪,系共同犯罪。在共同犯罪中,上诉人楚某某、黄某共同预谋、共同实施,起主要作用,均系主犯。二上诉人为实施抢劫购买犯罪工具、追踪被害人,积极为实施抢劫行为创造条件,但因客观原因未能着手实施,属于抢劫罪的犯罪预备,可以从轻处罚。经查,原判认定事实清楚,证据确实充分,定性准确,量刑适当,适用法律正确,审判程序合法,上诉人的上诉理由依法不能成立。因此,驳回上诉人楚某某、黄某的上诉,维持原判。①

评析意见

一、关键问题及裁判思路

本案的关键问题在于如何区分犯罪未遂和犯罪预备,而是否"实行着手"是判断这一问题所需考虑的要点。在一审中,检察院指控二被告人构成犯罪未遂,一审法院没有采纳公诉机关的未遂观点。一审法院认为,确定要追踪的车辆,仅是一种预备行为,还特别指出被告要抢劫的对象、地点、手段均不确定,因此仍处于为实施抢劫行为创造条件的阶段。二审法院也认为,上诉人为实施抢劫购买犯罪工具追踪被害人,属于积极为实施抢劫行为创造条件的行为,构成抢劫罪预备。虽然一审法院和二审法院的判决基本一致,但是仍然需要重视公诉机关关于构成未遂的指控,找到犯罪预备和犯罪未遂的合理边界。首先,两次准备抢劫实施行为,都已经确定了要抢劫的车辆,且安装了GPS定位系统,不能完全否认被告要抢劫的对象不确定。而这种定位他人行踪伺机而动的行为,所引发的危险是否是刑法所关注的客观的实质的危险,便成为本案的关键问题所在。其次,是否可以被看作"着手实行",以及能否在规范上确立一个相对明确的"实行的着手"的点,在学理上争议较大。那么在规范上选择一个什么样的解释方法尽可能地对此进行明确,也是亟待解决的问题。

二、相关学理分析

我国在《刑法》第23条中明确提到"着手"一词,即"已经着手实行犯罪,由于犯罪分子意志以外的原因而未得逞的,是犯罪未遂"。值得注意的是

---

① 参见广西壮族自治区南宁市中级人民法院(2019)桂01刑终741号刑事裁定书。

"着手"最初是以解决刑事可罚性起点问题而提出的,最早可见于意大利刑法学家贝卡利亚在《论犯罪与刑罚》一书中的注述。[①] 而我国《刑法》第22条明确规定了犯罪预备的可罚性,那么在我国刑法中的"着手"概念,并不具有刑事可罚性的起点上的意义,而仅作为实行行为的起点以及犯罪未遂与预备之间的区分的意义。

(一) 着手的界定

如何界定行为人已经"着手",具有影响力的两种学说是客观说和主客观混合说。客观说是日本通说,该说认为应根据行为的外观或者客观面来确定"着手"的时点。客观说的优势在于"着手"的判断结论更加稳定,但是不考虑行为人的行为计划,客观说会得出荒谬的结论。因此,客观说支持者不断对其学说进行修正,相继出现了形式的行为说、实质的客观说,而实质的客观说又进一步区分为实质的行为说和结果说。[②] 其在解决着手的定型问题上通过客观的行为危险性,或者结果的具体危险性为标准,相较于主观说而言更为清晰,避免了主观说中"犯意的明确化"标准在刑事诉讼中不易证明的缺陷。然而,不考虑诉讼证明的障碍,在"着手"时点的判断上,主客观混合说将行为人的行为计划纳入考虑范围,往往得出的结论更容易被接受。德国的印象理论,就属于主客观混合说。《德国刑法典》第22条规定,"行为人已经直接着手实现构成要件,而未发生其所预期结果的,是犯罪未遂。"该条指明着手的时点,是依行为人对其犯罪行为的计划,直接实现构成要件的时刻。结合《德国刑法典》第23条第3款关于处罚不能犯未遂的规定,可以断定德国刑法关于未完成罪的处罚更加注重行为人的犯罪意图这一主观要素。

(二) 犯罪计划与着手

值得注意的是,"着手"是一个规范论的概念,永远不可能为其找到一个存在论意义上的确定的点。另外,在"着手"问题上不管是哪一种学说,只是在强调判断基底到底是客观优先还是主观优先的问题,并不是说"主观说"就不考虑行为人的客观行为,而"客观说"在走向实质性标准的时候也纳入了行为人意思作为客观危险性大小的影响因素。笔者认为,对于行为人是否已经"着手"实施构成要件的判断,若在客观说或者偏向于主观的主客观混合说之中选择,不妨引入客观归责理论中的"创设法所不允许的风险"进行具体判断。这种规范性的思考对于"着手"判断时遇到的棘手问题将更加具有包容性。在本案中,首先要把本案中所有的客观的基础事实作为判断资料。

[①] 贝卡利亚. 论犯罪与刑罚. 黄风,译. 北京:中国大百科全书出版社,2008:40.
[②] 前田雅英. 刑法总论讲义.6版. 北京:北京大学出版社,2017:91-92.

这不仅包括被告人通过共谋购买楚 GPS 定位器、刀、塑料枪、封口胶、尼龙胶带等工具，还包括寻找作案目标，由黄某、高某望风，楚某某将 GPS 定位器安装到汽车的底盘，并由高某操作安装在自己手机的软件对车辆进行定位追踪。前面为犯罪准备工具的行为，是预备行为，对此并无争议。而后面的选定作案目标并将 GPS 定位器放入汽车底盘，且能够在手机软件上实时定位追踪，是否能够被评价为已经着手实施了抢劫罪的构成要件行为，则存在争议。根据客观归责理论，就要具体判断，行为人是否创设了抢劫罪所保护的法益被侵害的危险，也就是这一行为是否开启了这一危险。在这里的危险判断，则需要结合行为人的犯罪计划具体分析。

正如德国学者所说，"区别未遂与预备时，应当以'行为人对行为的态度'为出发点，因为这只是片面实现的外部事件，至少在未实现终了的未遂的情况下是这样，只能根据行为人的计划来理解。因此，关于是否应当认定已经开始实现构成要件的问题取决于行为人如何思考行为过程，何时、用什么方法开始实施符合构成要件的行为。"① 关注行为人行为当时的计划，对于危险的判断具有十分重要的意义，其实在客观归责理论中行为人"特殊认知"也十分重要，大多数人认为行为人的特殊认知可以成为扩张归责的原因，也体现了这一点。

（三）关于本案的分析

本案几名被告事先准备了作案工具，锁定目标并将 GPS 定位器安装在汽车的底盘上，通过手机软件定位目标找寻合适的机会实施抢劫。那么，被告人锁定了目标且安装了定位器的行为是否创设了侵害抢劫罪保护的法益的具体的危险，才是认定"着手"的关键。被告人在目标车底盘安装 GPS 定位器，是通过手机监视作案目标的行踪，定位目标车辆的具体位置，一旦目标车辆停留在人烟稀少等适合实施抢劫行为的地点，行为人便准备实施抢劫行为。也就是说，追踪行为是被告人为抢劫行为的顺利完成去创造环境条件的行为，其对抢劫罪的顺利完成会起到促进作用。然而，这一追踪行为与行为人计划即将发生的采用暴力、胁迫等方法强取被害人财物的行为之间，是否开启了一个从一般人标准看来顺利地、当然地、连续地流向具体法益的危险，需要具体分析。这才是认定"着手"的关键。在行为人的犯罪计划中，用追踪器追踪作案目标是他们实施进一步抢劫行为的必要条件，有一定的不可欠缺性。但是即便如此，由于共同犯罪人之一退出犯罪导致不能够用手机进一步追踪作案目标，使得犯罪无法进一步进行。由此可知，行为人尚未采取跟

---

① 汉斯·海因里希·耶赛克、托马斯·魏根特．德国刑法教科书．徐久生，译．北京：中国法制出版社，2001：621．

踪被害人的具体行动,例如,驱车追逐,或在作案目标附近巡查等。其行动与具体实施抢劫行为之间不存在时间、场所的密接性,也就难以认为前行为与后面的计划之间是一种当然的危险流动或实现。由此可见,法院最终否认了检察机关抢劫未遂的观点,判处被告人抢劫预备的结论是合理的。

三、延伸思考

"着手"时点的确定在刑法理论上的确是一个十分令人头疼的问题,通过构建和完善"着手"理论来区分预备与未遂,从研究现状来看,尚未发现十分圆满的方案。早有学者提出消解"着手"重构刑事可罚性的起点,从罪过明确性、主体推动犯罪进行的不停顿性、行为的危险性和形式上的非法性四个方面进行综合具体判断。[1] 笔者以为,消解"着手"概念大可不必,从"着手"作为实行行为的起点这个意义上,其对构成要件的定型性乃至罪刑法定主义的贯彻都具有不可小觑的作用。但是也要意识到"着手"是一个规范性的概念,这个点的把握是需要借助合理的方法论进行规范性思考的。

我国也有学者对"着手"时点的把握作出精辟地总结:"如果将这个'点'不适当的前置,即将预备行为前置界定为实行行为,则会导致未遂犯处罚范围的过度扩张,不当地加重行为人的责任;如果将这个'点'不适当地后置,即将实行行为后置界定为预备行为,则可能导致未遂犯处罚范围的不当限缩,导致轻纵甚至放纵未遂犯的后果。"[2] "着手"时点的确定对于司法实践具有重要的意义,必须结合犯罪事实具体情形、行为人的犯罪计划以及对构成要件的理解,以科学的方法论作为指引,方能得出合理的结论。

(程伊乔 撰写)

---

[1] 高艳东. 着手理论的消解与可罚行为起点的重构. 现代法学, 2007 (1): 119 - 122.
[2] 梁根林. 预备犯普遍处罚原则的困境与突围. 中国法学, 2011 (2): 162.

30 犯罪未遂与犯罪中止

案情简介

被告人李某某预谋抢劫被害人后,将其杀人灭口。某日20时许,李某某租用小轿车,将被害人骗上车。李某某在劫取被害人随身财物后,于次日4时许用绳子猛勒其脖子致其昏迷,并将其手脚捆绑后置于汽车后备厢。返回途中,李某某发现被害人未死,遂用石头砸被害人的头部,用剪刀刺被害人的喉部和手臂,致其再次昏迷。6时许,李某某担心被害人仍未死,遂停车购买一把水果刀,准备将其杀害,但此时被害人已苏醒,乘李某某上厕所时打开后备厢,跑到公路上向路人求救,路人用手机报警。李某某追上被害人后,用水果刀捅刺其腹部,却因被害人抵挡且衣服较厚致刀柄折断而未能得逞。李某某遂以"你的命真大,这样做都弄不死你,我送你去医院"为由劝被害人上车。被害人上车后,李某某又对其实施了殴打行为。驶至一加油站时,被害人从车上跳下向路人呼救,李某某一面搪塞路人,一面将被害人劝上车,并威胁不能报警否则继续杀她。被害人答应后,李某某于8时许开车将其送入医院,并支付了医疗费。经鉴定,被害人为轻伤。

裁判要旨

一审法院认为,被告人李某某以非法占有为目的,以暴力手段强行劫取他人财物,且实施抢劫后为了灭口,故意非法剥夺他人生命,其行为已构成抢劫罪和故意杀人罪。被告人在主观上并没有自动放弃杀人的故意,而是在客观上已是白天,路上行人多,被害人有反抗能力,担心路人已报警的情况下,才被迫停止犯罪,属于犯罪未遂。被告人在劫取财物后,因怕罪行败露而实施了一系列的杀人灭口行为,虽因其意志以外的原因未得逞,但已致被害人轻伤,其犯罪情节极为恶劣,社会危害性极大,鉴于其能送被害人到医院治疗,并交纳了医疗费,决定对其从轻处罚。遂以被告人李某某犯抢劫罪,判处有期徒刑六年,并处罚金人民币2 000元;犯故意杀人罪(未遂),判处有期徒刑十年,剥夺政治权利二年,决定执行有期徒刑十四年,剥夺政治权利二年，并处罚金人民币2 000元。① 宣判后，被告人李某某未上诉，检察机关未提出抗诉，一审判决发生法律效力。

评析意见

一、关键问题与裁判思路

本案的关键问题是：被告人李某某在多次尝试杀害被害人均未果后，放弃继续实施侵害，并将被害人送去医院治疗的行为，属于犯罪未遂还是犯罪中止？

对此，主审法官指出，区分犯罪未遂和犯罪中止，关键要看阻止犯罪达到既遂状态的是"犯罪分子意志以内的原因"还是"犯罪分子意志以外的原因"，犯罪中止体现在"自动性"，即能为而不愿为（能而不欲）；犯罪未遂体现在"被迫性"，即愿为而不能为（欲而不能）。如果被告人完全出于本意放弃原本可以继续实施的犯罪行为，自然应当认定为犯罪中止，但在其放弃重复侵害行为兼具自动性和被迫性的场合，就需要客观分析被告人停止犯罪是以自动性为主，还是以被迫性为主。本案中，被告人主要是基于在当时的时间、地点等客观环境下无法继续实施杀人行为的考虑才被迫停止了犯罪；其将被害人送医救治，也主要是因为客观上害怕路人报警，主观上想与被害人协商私了。故被告人放弃犯罪及救治被害人的被迫性大于自动性，应当认定为犯罪未遂。②

根据以上内容，可以得出两条裁判规则：一方面，行为人在客观上存在继续实施犯罪的可能性，主观上对此也有认识，但自动放弃实施犯罪的，并不必然属于犯罪中止。另一方面，行为人放弃实施犯罪兼具自动性和被迫性时，需要具体考察行为人放弃实施犯罪主要是基于自动性还是被迫性，如果自动性大于被迫性，成立犯罪中止，反之则成立犯罪未遂。下文结合相关学理，对这两条裁判规则的合理性进行探讨。

二、相关学理分析

（一）放弃重复侵害行为与犯罪中止

在本案中，被告人李某某此前实施的数个行为均具有导致被害人死亡的高度盖然性，客观上亦可以继续实施侵害行为，却主动放弃，这种情形在刑法理论上被称作放弃重复侵害行为。我国学者过去认为放弃重复侵害行为成立犯罪未遂，今天的通说则主张成立犯罪中止，理由是，在放弃重复侵害行

---

① 参见福建省上杭县人民法院（2008）杭刑初字第238号刑事判决书。
② 李官容抢劫、故意杀人案//中华人民共和国最高人民法院刑事审判第一、二、三、四、五庭.中国刑事审判指导案例1（刑法总则）.北京：法律出版社，2017：92-94.

为的场合，行为人所实施的数个侵害行为未导致犯罪行为终了，且行为人放弃继续实施侵害行为具有自动性，故符合犯罪中止的成立条件。① 不难看出，通说主要从两个方面进行论证：（1）行为人此前着手实施的数个侵害行为没有使犯罪实行行为终了；（2）行为人放弃继续侵害的行为符合犯罪中止的成立条件。然而，犯罪实行行为是否终了，和行为人是成立犯罪未遂还是犯罪中止之间并没有必然联系，已终了的行为仍然可能成立犯罪中止，犯罪行为未终了的情况下亦可能因为行为人意志之外的原因而成立犯罪未遂。例如，甲为杀乙，在乙的食物中投入毒药，乙吃下食物并毒发的案件中，甲在将毒药投放完毕后，其杀人行为就已实施终了，但如果甲见到乙痛苦的样子后心生悔意，将乙送往医院救治，最终挽救了乙的生命，仍成立犯罪中止。反之，如果甲在投毒时发现其使用的毒药剂量根本无法导致乙死亡，进而放弃犯罪，则成立犯罪未遂。

其实，判断的关键不是犯罪行为是否终了，而是在行为人放弃犯罪的时点，犯罪是否已经处入终局状态。犯罪形态和犯罪阶段是不同的概念，犯罪行为是一个向前发展的过程，始于预备，终于既遂。在犯罪过程中，如果由于某种原因无法继续向前发展，则形成相应的犯罪形态，且同一个犯罪行为只能出现一种犯罪形态。② 这意味着，如果此前实施的数个行为已构成犯罪未遂，那么即使后续放弃犯罪的行为具有自动性，也不可能成立犯罪中止。因此，放弃重复侵害行为是否成立犯罪中止不可一概而论，而是需要结合具体案情，考察前阶段的数个侵害行为是否已经形成犯罪未遂的结局，以及行为人后续放弃实施犯罪的行为是否符合犯罪中止的成立条件。③

（二）前阶段是否形成犯罪未遂的结局

在放弃重复侵害行为的场合，判断前阶段是否形成犯罪未遂的结局，实际上就是要判断行为人此前实施的侵害行为是否失败。对此，理论上存在犯行计划说、整体观察说、个别动作说的争论。④ 目前的多数说是整体观察说，该说认为，如果行为人已实施的数个行为，和行为人认为还可以继续实施的行为之间，存在时空上的紧密联系，并受同一个犯罪动机所控制，那么就可以将其视为一个整体，即最初的犯罪故意的延续，只有当行为人在实施数个行为后，认

---

① 高铭暄，马克昌. 刑法学. 9版. 北京：北京大学出版社、高等教育出版社，2019：157；贾宇. 刑法学：上册·总论. 北京：高等教育出版社，2019：225.
② 张明楷. 刑法学. 6版. 北京：法律出版社，2021：428.
③ 张明楷. 论放弃重复侵害的行为性质. 中外法学，2017（6）：1468.
④ 对这三种学说的详细介绍，可参见克劳斯·罗克辛. 德国刑法学总论：第2卷. 王世洲，等，译. 北京：法律出版社，2013：402页以下.

为根据现有的条件已经不可能实现该目标时，才成立失败的未遂。①

我国通说认为，在放弃重复侵害行为的场合，前阶段的犯罪行为尚未终了时，实际上遵循了整体观察说的逻辑。也正因如此，本案裁判理由在肯定放弃重复侵害行为原则上构成犯罪中止的基础上，并未对被告人在发现被害人未死亡后又实施的数个侵害行为是否能够视为继续实施之前的犯罪计划展开详细论证，而是将讨论的重心摆在被告人放弃犯罪是被迫为主还是自动为主。然而，这样的比较有重复判断之嫌，因为失败的未遂与犯罪中止是互斥关系，一旦肯定被告人放弃犯罪是因为他认为在当时的环境下已无法继续实施犯罪，即我国刑法中的"因其意志以外的原因而未得逞"，那么就可以得出其成立犯罪未遂的结论，无须再讨论其放弃犯罪是否具有自动性，更无须比较被告人放弃犯罪是被迫为主还是自动为主。

在本案中，被告人起先在杀人故意下，用绳索紧勒被害人颈部致其昏迷，在发现被害人未死亡后，改用石头、剪刀伤害被害人的要害部位；为保证顺利杀死被害人，其还下车购买水果刀，并用水果刀捅刺被害人腹部，但仍未得逞。尽管自被告人着手杀人，到将被害人送往医院间隔了8个小时，但此期间被害人始终在被告人的支配范围之内，被告人也并未放弃最初的杀人故意，因此能够将上述行为评价为一个整体的杀人行为，故在被告人声称"你的命真大，这样做都弄不死你，我送你去医院"的时点，其杀人犯罪尚未陷入终局状态，被告人在被害人上车后对其继续实施殴打行为，且未将车开往医院方向，也体现其仍在试图寻找继续实施犯罪的机会。然而，当被害人在加油站跳车并再次向路人呼救时，被告人继续实施犯罪的难度已大大提升，根据被告人的供述，此时"有三四辆摩托车及一辆中巴车经过，被害人每辆车都拦……没有办法了，所以送被害人去医院，然后和她协商私了此事，叫她不要报警"②。由此可知，被告人放弃继续犯罪并送被害人去医院，是因为他认为在当时的情形下已无法继续实施犯罪，此时已形成犯罪未遂的结局，从而排除了构成犯罪中止的可能性，据此，法院认定被告人构成故意杀人罪（未遂）是适当的。③

---

① 乌尔斯·金德霍伊泽尔．刑法总论教科书．蔡桂生，译．北京：北京大学出版社，2015：307．

② 李官容抢劫、故意杀人案//中华人民共和国最高人民法院刑事审判第一、二、三、四、五庭．中国刑事审判指导案例1（刑法总则）：北京：法律出版社，2017：94．

③ 需要说明的是，本案中被告人认为在当时的情境下已无法继续实施犯罪是比较明确的。在事实存疑的案件中，应当按照存疑有利于被告人的原则，尽可能地否认存在失败的未遂，从而尽可能地赋予被告人成立犯罪中止的可能。这也意味着，不能仅根据被告人的口供来判断被告人继续实施犯罪的可能性，而是要结合当时的环境、被害人的状况、被告人后续的行为等因素予以综合判断。

三、延伸思考

本案之所以会引起争议,是因为被害人在被劝说上车后,其处于被告人的支配之下,如果被告人选择"一意孤行",在当时的条件下是能够强行杀死被害人的,但他最终选择放弃犯罪并救治被害人,似乎满足犯罪中止的自动性。法院也正是因为注意到了这一点,才选择讨论被告人放弃犯罪是主要基于被迫还是自动。显然,这种看法受到了弗兰克公式的影响。弗兰克公式是我国的多数说,该说主张从行为人的心理角度判断中止的自动性,其经典表述是:"能达目的而不欲时,为犯罪中止;欲达目的而不能时,为犯罪未遂"[1]。然而,今天德国的有力说认为,弗兰克公式已无法使用。正如金德霍伊泽尔教授所指出的,一旦采用这个公式,就意味着将不具有自动性的中止行为和失败的未遂相等同,在行为人在客观上能够继续实施犯罪,却基于担心被逮捕等原因,理性地选择放弃犯罪的场合,也可能不合理地肯定自动性。[2] 罗克辛教授则认为,在弗兰克的时代,失败的未遂这一概念尚未被人们所认识,"欲达目的而不能"实际上所指代的,正是失败的未遂。[3] 我国学者也已认识到,虽然弗兰克公式在大部分场合能够得出合理结论,但该说中的"能"与"不能"混合了伦理、心理、物理等标准,在犯罪从物理上能够继续进行,但从伦理、心理上不能进行的场合,根据该说有时难以得出结论,或者会不当地扩大中止犯的成立范围。[4] 因此,如果从"能达目的而不欲时,为犯罪中止"这一前见的束缚中跳出,那么在本案中区分犯罪未遂和犯罪中止就会容易得多。

其实,对于中止自动性的考察,和中止犯减免处罚的根据息息相关。对于各国立法为何会对犯罪中止予以"优待",刑法理论上存在政策说、法律说、刑罚目的说的争论,这些学说间还存在着不同程度的并合。[5] 在笔者看来,行为人在犯罪过程中主动放弃犯罪,或有效防止犯罪结果发生的场合,就意味着他已通过自身的行为表明愿意回到合法的轨道,进而减少了责任,也减少了预防必要性,故基于刑罚目的的责任减少说是相对合理的。按照这

---

[1] 弗兰克公式(Frank'schen Formel)又称中止自动性判断的主观说,是由德国学者莱因哈德·弗兰克(1860—1934)于1931年提出的,其一度成为区分犯罪未遂和犯罪中止的代名词。

[2] 乌尔斯·金德霍伊泽尔. 刑法总论教科书. 蔡桂生,译. 北京:北京大学出版社,2015:307.

[3] 克劳斯·罗克辛. 德国刑法学总论:第2卷. 王世洲等,译. 北京:法律出版社,2013:380、464.

[4] 张明楷. 刑法学:上. 6版. 北京:法律出版社,2021:472;周光权. 刑法总论. 4版. 北京:中国人民大学出版社,2021:316.

[5] 张明楷. 中止犯减免处罚的根据. 中外法学,2015(5):1306-1323.

种观点，对于中止自动性的判断就不能仅从心理角度展开，而是要引入规范的视角，考察行为人基于自身的自由意志而作出的中止行为是否减少了行为人的责任，同时有助于实现刑罚的预防目的，此即中止自动性判断的规范主观说。如果引入这一视角，不难看出，本案中，被告人穷尽了其能够尝试的手段却仍然无法杀死被害人，其停止犯罪的行为不具有异常性、自律性，如果将这种费尽功夫都无法达到既遂的案件认定为犯罪中止，会使得他人效仿类似行为，无助于一般预防。① 据此，即使被告人未陷入失败的未遂，其放弃继续杀人并将被害人送往医院的行为也不具有自动性，亦无法构成犯罪中止。

（蒋浩天　撰写）

---

① 周光权．论中止自动性判断的规范主观说．法学家，2015（5）：70．

31 不能犯与未遂犯

案情简介

被告人张某与女友徐某分手后萌生杀害徐某的想法,通过网络渠道联系卖家并咨询致癌、致残毒物后,于2020年6月15日在暂住处以人民币1 900元的价格购买黄曲霉素3包,欲向被害人徐某投放。后公安机关将卖家寄至被告人张某暂住处的包裹截获,经查,内有黄色粉末1袋。经检验,从该黄色粉末中未检出黄曲霉素B1、B2、G1、G2。

裁判要旨

一审法院认为,被告人张某购买毒物欲杀害他人,其行为已构成故意杀人罪。被告人张某在产生杀害被害人徐某的犯罪意图后,通过毒物资料收集、分析、咨询淘宝卖家等方式选定了用黄曲霉素毒害被害人的方式。相关研究文献表明黄曲霉素在真菌毒素中毒性最强,具有明确致癌性,可在大剂量下引发急性毒副作用甚至死亡,可见被告人张某认识到的黄曲霉素可以致人死亡的因果联系是真实的、有科学依据的。本案中,因其忽视了淘宝购买途径可能买到假货等因素,而出现了其为杀人所准备的犯罪工具实际上不能实现其犯罪意图的状况,故被告人张某的行为可以评价为相对不能犯。鉴于其犯罪形态停留在预备阶段,认定其构成故意杀人罪(预备)。在量刑中,综合考虑到理论界对不能犯尚存有争议,被告人自愿认罪认罚,被害人表示谅解等因素,认定张某行为系情节较轻,判处有期徒刑一年四个月。①

评析意见

一、关键问题与裁判思路

本案的关键问题在于被告人张某的行为是否属于不能犯,对行为侵害法

---

① 参见上海市浦东新区人民法院(2020)沪0115刑初4308号刑事判决书。

益危险的判断是这一问题所需考虑的要点。关于不能犯能否定罪处罚，司法实践中通常认为，要区分相对不能犯和绝对不能犯，绝对不能犯是指行为人出于极端迷信、愚昧无知而采取没有任何客观根据，在任何情况下都不能产生实际危害结果的手段、方法，企图实现犯罪意图的情况；相对不能犯是指行为人在对行为性质及实现行为目的所采用的方法、手段没有错误认识的前提下，由于疏忽大意等造成了对实施犯罪的工具或手段的误认，从而选择了实际上不可能实现其犯罪意图的工具或手段的情况。一般认为绝对不能犯不构成犯罪，相对不能犯构成犯罪未遂。① 本案中，一审法院就是采取了这一思路，认定被告人张某构成故意杀人罪，这也是我国传统刑法理论通说的立场。

在司法实践中，虽然涉及不能犯问题的案件并不多见，但此类案件的共性是行为当时根本就没有实现构成要件的可能性，不可能引起法益侵害结果。受传统刑法理论影响的司法实务，不考虑行为对法益具体的侵害危险，而是首要考察行为人的主观恶性和犯罪意图，强调行为人在该主观目的支配下实施了行为，并希望发生结果，就肯定其构成犯罪，得出除迷信犯之外的不能犯，无论行为是否具有侵害法益的危险性，均为未遂犯。这也就导致了对绝大多数需要区分不能犯和未遂犯案件的处理，都采用抽象危险说乃至纯粹主观说以犯罪未遂处理。② 国家既不能为了预防目的而惩罚思想，也不能轻易对实施行为却由于偶然原因未造成损害的人放弃刑罚。③ 近些年来刑法学重视和追求刑法客观主义的发展，强调应对过去司法实践重视行为人主观进而认定犯罪的思维进行反思，坚持客观优先，这也符合我国社会主义法治国家建设的期待。因此，对于不能犯和未遂犯的区分，有必要在学理上进行深入分析，以为司法实务提供一个较为明朗的理论方案。

二、相关学理分析

（一）判断行为危险性的对立学说

区分不能犯和未遂犯，必须考虑行为的危险性。完全不可能造成法益危险的行为，只能成立不能犯，难以成立未遂犯。因此，判断行为危险性是区分不能犯和未遂犯的关键。对此，主要围绕判断资料、判断时点以及判断基准展开，由此发展出许多理论，并以复杂的形态对立着，比较有代表性的如下表所示。

---

① 参见上海市浦东新区人民法院（2020）沪0115刑初4308号刑事判决书.
② 周光权. 法治视野中的刑法客观主义. 2版. 北京：法律出版社，2013：264.
③ 吕翰岳. 未遂处罚根据的功能性危险论证. 中外法学，2019（6）：1630.

表 5　区分不能犯与未遂犯的学说

	判断资料	判断时点	判断基准
主观危险说	本人	行为时	本人
抽象危险说	本人	行为时	一般人
（纯粹的）客观危险说	（行为时存在及事后查明的）客观事实	裁判时	接近于科学家的一般人
（修正的）客观危险说	（行为时存在的）客观事实	行为时	懂科学的一般人
具体危险说	本人或者一般人	行为时	一般人

由此可见，关于区分未遂犯和不能犯的学说，主要集中在主观理论和客观理论之争，或者说是主客观理论与折中理论的争论。纯粹的主观危险说以及抽象危险说都是以刑法主观主义思想为基础，重视显现行为人之恶的侵害意思，在认定犯罪时，认为仅需确证行为人的犯罪意志即可，而行为本身是否具有导致结果发生的现实危险并不重要。本案中，虽然客观上粉末不具有任何毒性，没有可能造成构成要件结果，但以张某所认知的用投放黄曲霉素这一剧毒物质致被害人死亡为判断资料，在行为时，无论是行为人还是一般人的标准都能够肯定犯罪的成立。但仅仅以行为人主观上的危险为判断依据，有主观归罪之嫌，且若将理论在实务中贯彻，未遂犯甚至预备犯就都应与既遂犯同等处罚，但这显然与我国刑事立法中对未遂犯减免处罚的规定不相符。

与其对立的客观危险理论认为未遂犯的处罚根据在于未遂行为对法益的客观危险，在客观上根本不具有法益侵害危险的行为就属于不能犯。但是其中的旧客观说（纯粹客观说）试图从裁判时点出发，对已经查明的所有客观事实回顾性进行科学的事后判断。那么本案中行为人失误买到假货并准备当成真的有毒物质投放时，行为人意欲的侵害结果一开始就不可能实现，就应成立不能犯。如果将该逻辑贯彻到底，所有未能导致结果发生的行为从事后看都是没有危险的，会不当扩大不能犯的成立范围，面临着处罚上的无力。此外，还会忽视刑法行为规范属性的作用，使法律上的危险成为一种不具有任何价值评判意义的科学上的危险。

（二）修正的客观危险说与案件处理

理论上也不断对客观危险说进行修正，比较有代表性的有日本学者山口厚所倡导的假定事实说和前田雅英所倡导的事后预测说，我国学者张明楷教授和黎宏教授也是持修正的客观危险说立场。根据这种学说，要将行为时存在的所有客观事实，而不是以行为人计划的内容作为判断资料。本案中，张某原本打算投放有毒的黄曲霉素，但事实只是买到了无毒的黄色粉末，作为判断资料的就是后者，在此基础上进行一定程度的抽象，根据客观的、科学的因果法则进行危险性判断。本案属于典型的手段不能或者说方法不能的情形，那么误将不可能致人死亡的粉末当做毒物意欲使他人食用的，就属于不能犯。① 但修正的客观说认为以行为时为判断时点和旧客观危险说的逻辑不相符合，进行多种假定再判断危险是否存在也有悖旧客观危险说的主旨。修正的客观危险本质上已是在一定程度上受到限定的危险，其"客观性"已经降低。②

（三）具体危险说与本案的处理

如果采用具体危险说，作为危险判断的事实基准或是判断资料是一般人在行为时通常所认识的事实以及行为人特别认识的事实。因此，危险就是一般人（特殊情况下包括行为人）基于这种事实性认识，认为某种行为有导致既遂结果发生的可能性。那么，对危险的判断，除了考虑客观上行为的性质和导致结果发生的可能性外，公众的危险感、处罚呼吁都是需要考虑的内容。危险不过是"可感知"的危险，并非绝对的客观存在，而是相对的。危险判断始终与"如果将行为实施完毕，一般人是否会感觉到危险、规范意识是否受到强烈冲击"这样的判断逻辑有关。从行为时一般人的立场判断危险，与抽象危险说有共同之处，但具体危险说考虑的是根据行为人犯罪意图和计划的现实化程度，一般人是否会产生危险感觉。刑法是行为规范，是对一般国民行动的指引，在行为符合刑法分则规定的行为样态，且一般人认为危险的场合，行为可能就值得被处罚。因此，某种行为是否危险，从而违反刑法上的禁止、命令规范，是否可能造成法益危险，需要对事态的可能发展趋势作出预估，考虑一般人在行为时点的危险感。③

按照前述逻辑，本案行为人从网络渠道购买黄曲霉素意欲投放给被害人食用并致其死亡，即便这一次因为偶然买到了假货，没有致被害人死亡的现实危险，但一般人也会认为，行为是符合分则故意杀人罪的样态，如果对此类行为不处罚，刑法的规范指引功能就会丧失，一般人完全能够从张某的行为中感受到危险性，不会赞同不能犯的结论。张某所认识到的黄曲霉素可以致人死亡是客观、有科学依据的，只是其忽视了淘宝购买途径可能买到假货等意志意外的原因，并非因显而易见的经验、知识缺乏才使结果不能发生，本案一审法院认定被告人张某构成故意杀人罪，同时鉴于其犯罪形态停留在预备阶段（即尚未着手实施投放毒物的杀害行为），构成故意杀人罪（预备）的结论就是合理的。但若辩护人所提出的"黄曲霉素提取繁杂，网络购买渠道不可行"为真，即当前社会渠道尚不具有提取技术，网络上不可能有真正

---

① 张明楷. 刑法学：上. 5版. 北京：法律出版社，2016：356-359.
② 周光权. 刑法总论. 4版. 北京：中国人民大学出版社，2021：300.
③ 周光权. 刑法总论. 4版. 北京：中国人民大学出版社，2021：302-309.

的黄曲霉素售卖,则该行为就有被评价为不能犯的余地。

三、延伸思考

本案的行为类型属于不能犯中的手段不能或方法不能,其他常见情形还包括了主体不能以及对象不能。虽然现有理论对实务中多数案件的结论其实是趋同的,但将刑罚扩张至此类行为的理论根基并非不言自明,不能犯的可罚性问题,被公认为检验未遂犯处罚根据理论的试金石,甚至是判断刑法基本立场的试金石。[①]

在有关不能犯危险的判断中,通常行为无价值论者会采取具体危险说,而结果无价值论者会持修正的客观危险说,但这种区分也并不是绝对的。主观未遂论过于重视行为人的危险意思,可能不当地侵犯到人的行动自由和权利,在刑法客观主义下会面临正当性问题,已被摒弃。而客观未遂论虽然重视法益保护和国民自由,着眼于对法益的客观危险,但在论证上仍或多或少存在着一定缺陷,学者们一方面希望避免将危险界定为行为人的危险性,又不敢完全将危险判断诉诸纯客观,以致仍会面临相反立场理论的质疑。尤其在未遂犯和不能犯区分很困难的案件的处理上,行为是否在客观上具有危险的标准并没有十分明确,考虑公众和行为人的认识也难以得出唯一的结论,目前还尚未形成一个特别有力的通说观点。因而,不能犯的问题仍然值得学理上进一步研究。

(毕琳 撰写)

[①] 梁根林.未遂犯处罚根据论——嬗变、选择与检验.法律科学(西北政法大学学报),2015(2):113.

32 未遂犯的量刑

案情简介

2007年9月23日15时许,被告人覃某某在四川省会理县某村山坡上找蝉壳,遇见在此放羊的被害人代某(女,时年18岁)。覃某某见四周无人,产生强奸代某的念头,遂趁代某不备,从后面将其抱住,但遭代某反抗,覃某某便使用随身携带的尖刀将代某胸部刺伤,强行将其奸淫。事后覃某某又遭到代某指责,覃某某使用刀捅刺代某腹部,并将代某推下山坡,捡一石头砸向代某,但未砸中,代某受伤昏迷。覃某某以为代某已死亡,便逃至不远处坐下抽烟,代某醒来后捡起一根木棒沿路呼救。覃某某听到代某的呼救声再次跑到代某面前,用尖刀捅刺代某的腰部,代某反抗时将覃的刀打掉,覃用手将代某露出的肠子扯断,又捡起地上的刀向代某的腹部、腿部连刺数刀,后因见村民赶来,才逃离现场。代某经抢救脱离生命危险,损伤程度为重伤。

裁判要旨

一审法院认为,被告人覃某某违背妇女意愿,使用暴力手段奸淫妇女,其行为构成强奸罪。覃某某因遭被害人指责,又用刀捅刺被害人,并扯断被害人露出的肠子,致人重伤,行为又构成故意杀人罪。覃某某故意杀人罪虽属未遂,但其犯罪手段特别残忍,情节特别恶劣,社会影响极坏,不足以从轻处罚。被告人犯故意杀人罪,判处死刑,剥夺政治权利终身;犯强奸罪,判处有期徒刑十年;决定执行死刑,剥夺政治权利终身。被告人上诉后,二审法院裁定驳回上诉,维持原判,并依法报请最高人民法院核准。最高人民法院经复核认为,被告人持刀捅刺被害人胸部将其奸淫,后为掩盖罪行持刀捅刺被害人腹部致其小肠外露并滚下山坡,在发现被害人未死后再次持刀捅刺并扯断小肠,犯罪动机卑劣,手段特别残忍,情节特别恶劣,罪行极其严重,应依法严惩并数罪并罚。虽然覃某某故意杀人系未遂,但根据本案事实、性质、情节和对社会的危害程度,依法可不从轻处罚,裁定核准被告人覃某某死刑。①

评析意见

一、关键问题与裁判思路

根据《刑法》第232条的规定，犯故意杀人罪的，处死刑、无期徒刑或者十年以上有期徒刑；情节较轻的，处三年以上十年以下有期徒刑。关于故意杀人罪的处罚，值得注意的是两个问题：如何认定情节较轻的杀人和情节较重的杀人？如何慎重妥当地适用死刑？

《刑法》第48条规定："死刑只适用于罪行极其严重的犯罪分子"。所谓"罪行极其严重"，是综合犯罪分子的犯罪行为、犯罪结果、主观动机等进行审查之后作出的判断，是犯罪性质极其严重、情节极其恶劣、犯罪人的人身危险性极大三者的统一。对于符合上述情形的，才能适用死刑。1999年10月27日最高人民法院《全国法院维护农村稳定刑事审判工作座谈会纪要》指出：要准确把握故意杀人犯罪适用死刑的标准。对故意杀人犯罪是否判处死刑，不仅要看是否造成了被害人死亡结果，还要综合考虑案件的全部情况。故意杀人、故意伤害侵犯的是人的生命和身体健康，社会危害大，直接影响到人民群众的安全感，最高人民法院《关于贯彻宽严相济刑事政策的若干意见》第7条将故意杀人、故意伤害致人死亡犯罪作为严惩的重点。根据2010年4月14日最高人民法院刑三庭发布的《在审理故意杀人、伤害及黑社会性质组织犯罪案件中切实贯彻宽严相济刑事政策》，在审理故意杀人案时，应注意区分不同性质的案件，对于严重危害社会治安、严重影响人民群众安全感的案件，如极端仇视国家和社会的，应当作为严惩的重点，依法判处被告人重刑直至判处死刑。

对被告人覃某某故意杀人未遂的行为是否能够适用死刑，存在不同意见。一种意见认为，覃某某杀害代某未遂，属于法定从宽情节，对其可判处死刑，缓期二年执行。相反的意见则认为，犯罪未遂只是"可以"并非"应当"比照既遂犯从轻或者减轻处罚，覃某某虽然故意杀人未遂，但其作案动机卑劣，犯罪手段极其残忍，情节极其恶劣，对被害人代某的身心造成了极大伤害，应以故意杀人罪判处死刑。法院采纳了后一种主张。

二、相关学理分析

（一）关于死刑适用条件的"罪行极其严重"

《刑法》第48条死刑适用条件中的罪行极其严重，是指客观上的危害特

---

① 参见四川省高级人民法院（2008）川刑终字第773号二审裁定书。

别严重。① 实务中，对罪行极其严重的理解，必须结合具体罪名来进行，而不能仅仅作抽象判断。例如，在目前被判处死刑的案件中，故意杀人罪的死刑适用率相对较高，判处死刑的"罪行极其严重"标准往往被表述为杀人"手段特别残忍"。对此，实务上通常将其理解为：在杀害过程中，行为人蓄意使用特别残忍手段反复折磨被害人，致使其在死亡之前处于肉体与精神的极度痛苦状态的情形。如果受害人在死亡过程中并未遭受这种痛苦，就不宜理解为犯罪分子"杀人手段特别残忍"。例如，在有些杀人案件中，犯罪分子杀人后又分尸的，因为分尸的对象已非"人"，而是不能感受痛苦的尸体，那么，该杀害行为就不能认定为手段特别残忍，对罪犯就不宜认定为故意杀人罪行极其严重，依法不能适用死刑。②

（二）未遂犯的量刑

大体而言，对于故意杀人既遂的死刑适用，近年来已经找到一些规律，但是，对于故意杀人未遂能否适用死刑，如果能够适用其条件限定是什么，则未形成共识。我国《刑法》第23条第2款规定，对于未遂犯，可以比照既遂犯从轻或者减轻处罚（"得减制"）。适用这一规定，应当注意以下两点：一方面，由于犯罪未遂没有达到犯罪完成的程度，在客观危害上一般要小于犯罪既遂，所以，对未遂犯，需要比照既遂犯给予宽大处理。未遂犯的参照标准是实行行为实施后，向前发展可能形成的结果所对应的既遂犯。对未遂犯多数应当比照既遂犯适当从轻或者减轻处罚，法律规定可以从轻或者减轻处罚表明了一种倾向态度。至于对于未遂犯是从轻处罚还是减轻处罚，需要根据案件具体情况，综合考虑犯罪的性质、犯罪行为已造成的危害结果大小、犯罪的手段、犯罪的动机、犯罪未遂的具体类型等因素。另一方面，在特殊情况下，对未遂犯也可以不从轻或者减轻处罚。例如，个别性质特别恶劣、手段特别残忍的杀人行为，虽然没有造成死亡后果，但综合全部案情看，其社会危害程度与犯罪既遂相比已相差无几，未遂情节在案件中居于无足轻重的地位，不影响或基本不影响案件的危害程度时，对其处以与既遂犯相同之刑也是符合罪刑相适应原则的。上述未遂犯处罚规定，也适用于理解犯罪未遂与死刑适用的关系。由于死刑只适用于罪行极其严重的犯罪分子，因此，对没有造成被害人死亡的故意杀人未遂情形，因其社会危害性小于故意杀人既遂，一般不判处被告人死刑立即执行。但对于犯罪动机极其卑劣、情节特别恶劣、手段特别残忍，致被害人严重伤害、社会影响极坏的案件，对于未遂犯也可以与既遂犯同罚，即可以考虑判处死刑立即执行。换言之，对未遂

---

① 储槐植.死刑司法控制：完整解读刑法第四十八条.中外法学，2012（5）：1014.
② 陈兴良.故意杀人罪的手段残忍及其死刑裁量——以刑事指导案例为对象的研究.法学研究，2013（4）：171.

犯，仍然保留了适用死刑的可能性。

（三）关于被告人刑事责任的分析

本案中，被告人覃某某强奸被害人代某后欲杀人灭口，在持刀捅刺时因发现村民赶来而被迫放弃继续实施杀人行为，其行为成立故意杀人罪未遂。但是，从覃某某犯罪的具体情况看，存在诸多应予以从严惩处的情节。具体包括：（1）覃某某为掩盖其强奸罪行而持刀捅刺被害人，发现被害人未死后又多次持刀捅刺并扯断被害人露出的小肠，表明其杀人犯意十分坚决，情节十分恶劣，手段十分残忍。（2）被害人案发时年仅18岁，尽管其幸免于死，伤势却十分严重，被送至医院4天后才完全苏醒，医院曾对被害人家属下达病危通知书，被害人饱受伤痛折磨，身心受到极大摧残，留下难以抚平的极大创伤。（3）被告人的犯罪行为在当地亦造成了恶劣的社会影响，引起一定程度的恐慌，被害人亲属、当地基层组织和干部群众均强烈要求判处被告人死刑。（4）被告人认罪、悔罪态度不好，对强奸被害人并扯断被害人小肠的情节予以否认、回避。

三、延伸思考

最高人民法院《关于贯彻宽严相济刑事政策的若干意见》（法发〔2010〕9号）是司法实践中把握死刑标准需要准确理解和适用的重要司法文件。总体要求就是要根据犯罪的具体情况，核心是区别对待，正确把握宽与严的关系，切实做到宽严相济，宽严并用。依法严格控制死刑的适用，统一死刑案件的裁判标准，确保死刑只适用于极少数罪行极其严重的犯罪分子。

故意杀人、故意伤害致人死亡、强奸、绑架、抢劫等严重暴力犯罪和严重影响人民群众安全感的犯罪，以不特定人为侵害对象，该判处死刑的要坚决依法判处死刑；对于因恋爱、婚姻、家庭、邻里纠纷等民间矛盾激化引发的犯罪，因劳动纠纷、管理失当等原因引发、犯罪动机不属恶劣的犯罪，因被害方过错或者基于义愤引发的或者具有防卫因素的突发性犯罪，应酌情从宽处罚，并协调各方共同做好促进调解工作，化解矛盾，促进社会和谐。严重暴力影响"体感治安"的和因矛盾纠纷引发的故意杀人属不同情形，本案之所以坚决从严惩处，也正是因为系以不特定人为对象的严重暴力犯罪。与之相对应的，因矛盾激化引发的故意杀人案，尤其是被害人存在过错的，司法实践中一般都严格做到"慎用"死刑。对不应判处死刑立即执行的案件，人民法院也不必坚持调解，避免给被害方和社会造成"以钱买命"的影响导向，即使被告人无力赔偿或被害方强烈要求严惩，也不能作出违反刑事政策的判决，要坚决维护法治的权威。①

（毕琳　撰写）

---

① 参见黑龙江省黑河市中级人民法院（2016）黑11刑初36号刑事判决书等。

33　中止犯的处罚

案情简介

被告人朱某某于凌晨潜入被害人家中,将被害人奸淫后,因害怕被害人报警,采取用手掐、毛巾勒颈部的方式,意图灭口。此时被害人的脸涨得通红,头不停地摇,面容恐怖,朱某某感到害怕,不忍心下手,遂解开被害人手脚上的绳子,逃离现场。经鉴定,被害人伤情为轻微伤。

裁判要旨

一审法院认为,被告人朱某某夜间闯入他人住处,以堵嘴、捆绑等暴力手段强行与被害人发生性关系,已构成强奸罪。朱某某实施强奸后,恐罪行暴露,用手掐、勒被害人颈部的方式意图灭口,又构成故意杀人罪。朱某某在故意杀人犯罪中,已着手实施,自动放弃犯罪,属犯罪中止,应当减轻处罚。遂认定被告人朱某某犯强奸罪,判处有期徒刑六年;犯故意杀人罪,判处有期徒刑三年,决定执行有期徒刑八年。二审法院则认为,朱某某在着手实施故意杀人犯罪过程中,自动放弃犯罪构成犯罪中止,其故意杀人行为没有给被害人造成实际损害,故对其故意杀人犯罪应当免除处罚。遂改判上诉人朱某某犯强奸罪,判处有期徒刑六年;犯故意杀人罪,免予刑事处罚,决定执行有期徒刑六年。[①]

评析意见

一、关键问题与裁判思路

《刑法》第24条第2款规定:"对于中止犯,没有造成损害的,应当免除处罚;造成损害的,应当减轻处罚。"本案中,被告人构成故意杀人罪的犯罪

[①] 朱高伟强奸、故意杀人案//中华人民共和国最高人民法院刑事审判第一、二、三、四、五庭.中国刑事审判指导案例1(刑法总则).北京:法律出版社,2017:88.

中止并无争议,但其杀人行为导致被害人轻微伤,亦给被告人带来了极大的精神恐慌,如果认为这些后果属于前款规定中的"损害",那么就应当对其减轻处罚,反之则应免除处罚。

对此,本案主审法官认为,中止犯造成的"损害"是建立在犯罪成立评价前提上的。从质的方面来说,损害是指犯罪行为对犯罪对象所造成的破坏;从量的方面来说,损害是为刑法评价的达到一定严重社会危害程度的后果,不是一般意义上的损伤,否则就存在刑法对中止犯的评价比既遂犯还要严苛的可能。本案中,被告人朱某某在能够继续实施杀人行为的情况下主动放弃犯罪,符合犯罪中止的成立条件。但故意杀人罪作为一种重罪,刑法评价其社会危害性应当从对被害人的身体伤害上来评价,故被告人给被害人造成的精神上的极大恐慌不能作为认定故意杀人罪犯罪中止所造成损害的根据。且刑法对于故意伤害罪的成立要求造成轻微伤以上的后果,举轻以明重,故意杀人罪作为比故意伤害罪更重的犯罪,也应当至少造成轻伤以上的后果才能处罚,而本案中被告人朱某某的故意杀人行为仅对被害人造成轻微伤,其危害尚未达到刑法惩处的危害程度,故不能认定其犯罪中止造成了损害,此时应当依法对其故意杀人行为免除处罚。

不难看出,法院是从故意杀人罪的构成要件结果不包含精神损害,以及造成轻微伤的情形不构成故意伤害罪,故其危害尚未达到值得刑法处罚的程度这两个角度来论证的,从中可以进一步归纳出两条裁判规则:(1)"损害"必须和行为人所中止的犯罪相关联,如果该罪的构成要件结果并不包含某种损害,那么就不能认为犯罪中止造成了损害;(2)"损害"有量的要求,如果行为人造成损害的行为不能单独评价为犯罪,那么也不能认为犯罪中止造成了损害。下文在这两条裁判规则的基础上,结合相关学理,对《刑法》第24条第2款的司法适用进行探讨。

二、相关学理分析

(一) 中止犯中的"损害"概念

损害这一概念,通常在民法上使用。根据民国时期学者梅仲协的经典定义:"损害者,权利或法益受侵害时所生之损失也。损害事实发生前之状况,与损害事实发生后之情形,两相比较,被害人所受之损失,即为损害之存在。"[①] 在适用《刑法》第24条第2款时,显然不宜照搬民法上的损害概念,因为罪刑法定原则要求刑罚必须通过刑法规范来确定,如果认为民法上的损

[①] 梅仲协. 民法要义. 北京:中国政法大学出版社,1998:213。对于民法中损害定义的详细讨论,参见王泽鉴. 损害赔偿. 北京:北京大学出版社,2017:60页以下。

害都属于《刑法》第 24 条第 2 款中的"损害",就意味着由民法规范决定是否免除刑罚,与罪刑法定原则的精神不符。因此,只有那些能够评价为刑法意义上的危害结果的损害,才属于中止犯中的"损害"。

然而,危害结果同样是一个具有广泛含义的概念。我国通说在广义和狭义两个层面理解危害结果,前者是指行为引起的一切对社会的损害事实;后者是指构成要件结果,也即由实行行为造成的,对成立犯罪具有决定意义的结果。① 将危害结果区分为实害和危险的观点亦十分有力。② 在笔者看来,不论是将不具有处罚必要性的结果,还是将危险列入"损害"的范围,均会导致处罚上的不均衡。首先,应当承认犯罪中止中的"损害"具有量的要求。正如二审法院的裁判理由所指出的,如果认为被告人造成的轻微伤属于"损害",就意味着未达到故意伤害罪处罚程度的法益侵害,反而能够按照故意杀人罪处罚,这与犯罪中止作为从宽事由的规范目的不符。其次,认为犯罪中止中的"损害"包括危险会导致中止犯免除处罚的可能性过度缩小。如果肯定刑法的目的是保护法益,那么任何一种犯罪形态的成立,都至少需要具备结果无价值③,在预备犯和未遂犯的场合,结果无价值分别表现为对法益的抽象危险和具体危险。这意味着,行为人只要开始实施预备行为,或是着手实施犯罪,往往都伴随着危险的产生,进而属于"造成损害",这样一来,即使行为人随后中止犯罪,都不可能免除处罚,而只能减轻处罚。④ 因此,犯罪中止中的"损害",只能是作为构成要件结果的实害。

本案中,被告人的杀人行为不仅造成了被害人的轻微伤,还给其带来了极大的精神恐慌。二审法院以故意杀人罪的危害结果不包括精神恐慌为由,认为精神恐慌不属于"损害"。较早的文献中,亦有观点认为中止犯中的"损害"只包括物质上的危害结果,主要理由是精神损害无法把握。⑤ 其实,精神损害有时也能评价为构成要件结果。例如,强奸罪的着手通常表现为强行脱掉被害人内衣裤、接触被害人性的部位或者器官等,即使行为人随后主动放弃与被害人发生性关系,但前述行为已经侵犯了被害人性的自主决定权,符合强制猥亵罪的客观要件,应当认定为"造成损害"。再如,如果行为人的故意伤害行为伴随着对被害人的严重侮辱,符合侮辱罪的客观要件的,也应当认定为"造成损害"。因此,认定"损害"不能仅围绕着被告人所中止的犯罪

---

① 高铭暄,马克昌. 刑法学. 9 版. 北京:北京大学出版社,高等教育出版社,2019:69;贾宇. 刑法学:上册·总论. 北京:高等教育出版社,2019:121.
② 张明楷. 刑法学. 6 版. 北京:法律出版社,2021:221-222;周光权. 刑法总论. 4 版. 北京:中国人民大学出版社,2021:117.
③ 周光权. 行为无价值论的中国展开. 北京:法律出版社,2015:239 页以下.
④ 张明楷. 中止犯中的"造成损害". 中国法学,2013(5):112-113.
⑤ 张平. 中止犯处罚原则的目的解释. 法学,2006(12):125.

的构成要件,而应同时考察行为人的犯罪行为是否同时符合其他犯罪的构成要件。

此外需要讨论的是,"造成损害"是否需要行为人对"损害"具有故意或者过失?在大多数场合,对"损害"的故意包含在行为人的犯罪故意中,但这并不意味着行为人在实施犯罪行为时对其行为可能造成的全部损害具有认识,对该问题的解答需要回溯到犯罪中止的本质。根据罗克辛教授的观点,犯罪中止减免处罚的根据是基于预防目的的责任减少,决定犯罪中止是否具有免除刑罚的效果的,是行为人"自愿"地退回到了合法的状态。① 据此,造成损害的中止行为人相较于未造成损害的中止行为人,必然距离合法的状态更远,仅因为在客观上造成了危害结果,并不足以完整反映这种处罚必要性上的差异。

这样一来,如果肯定中止犯中的"损害"是指作为实害的构成要件结果,且行为人需要对这一构成要件结果具有故意和过失,那么就应当认为,"只有当行为符合了某种重罪的中止犯的成立条件,同时又构成了某种轻罪的既遂犯时,才能认定为中止犯中的'造成损害'。"② 正如山口厚教授所指出的:"在确定杀人之中止犯的刑罚时,尽管不适用伤害罪的法条,但实质上伤害罪已经成立这一点不容否认,既然如此,就不能低于伤害罪法定刑的下限判处更轻的处罚,从而就不能免除处罚。"③

(二) 中止犯"造成损害"的定罪

在德国,如果犯罪中止中包含着已既遂的其他犯罪行为,例如杀人、抢劫行为伴随着身体伤害的,就应当按照已既遂的犯罪处罚,不论该罪和行为人中止的犯罪是法条竞合还是想象竞合关系。④ 这是由于《德国刑法典》第24条规定犯罪中止均应免除处罚,因而就不存在应当按重罪的中止还是按轻罪的既遂处罚的问题,此时只能以已既遂的犯罪处罚。但是,既然我国《刑法》第24条第2款规定犯罪中止包括免除处罚和减轻处罚两种情形,那么就需要讨论"造成损害"的场合是按照重罪的中止,还是轻罪的既遂来定罪。

第一种观点认为,前述场合原则上应当以中止犯论处,但在以中止犯处理可能有悖于罪刑相适应原则的场合,例如中止杀人行为,但造成被害人重

---

① 克劳斯·罗克辛. 刑事政策与刑法体系. 蔡桂生, 译. 北京: 中国人民大学出版社, 2011: 45 页以下.
② 张明楷. 中止犯中的"造成损害". 中国法学. 2013 (5): 116.
③ 山口厚. 刑法总论: 3版. 付立庆, 译. 北京: 中国人民大学出版社, 2018: 396.
④ 约翰内斯·韦塞尔斯. 德国刑法总论. 李昌珂, 译. 北京: 法律出版社. 2008: 380-381; 弗兰茨·冯·李斯特, 埃贝哈德·施密特. 李斯特德国刑法教科书. 徐久生, 译. 北京: 北京大学出版社, 2021: 281.

伤时，也可以按照既遂的犯罪定罪量刑，否则可能轻纵犯罪分子。①

　　第二种观点认为，行为人最终构成何种犯罪，取决于具体的罪数形态。具体而言：首先，行为人中止了甲罪，同时构成乙罪既遂的场合，原则上仅构成甲罪的中止；其次，当甲罪和乙罪属于结合犯时，中止了作为结果的犯罪行为时，就成立结合犯的中止犯，即使作为手段的行为已经既遂，也不能认定为该罪；再次，对于应按照想象竞合、牵连犯、数罪并罚处理的情形，即使甲罪已构成中止，也应当同时肯定甲罪和乙罪的成立，然后按照相应的罪数原理进行处罚。②

　　第三种观点认为，行为人自动放弃重罪或者自动有效防止重罪的结果，但造成了轻罪既遂的，仍应认定为重罪的中止犯，无须根据重罪中止和轻罪既遂的关系采取不同的定罪原则。③

　　不难看出，第一种观点担心对重罪中止减轻处罚后，所处刑罚会低于轻罪既遂。可是，既然认为中止犯中"造成损害"的实质是构成另一轻罪的既遂，那么在应然层面，重罪中止的责任刑和轻罪既遂是一致的。换言之，在"造成损害"的中止犯中，轻罪既遂的法定刑决定了重罪中止的刑罚上限，在对重罪减轻处罚后，只要在不超过轻罪法定刑的基础上，尽可能地在轻罪法定刑幅度内量刑，就不违反量刑均衡原则。

　　第二种观点是日本的通说，在笔者看来，该说和第三种观点的差异，更多是形式上的。一方面，构成中止的重罪与构成未遂的轻罪多为法条竞合的关系，此时按重罪中止论处并无疑问；另一方面，在二者属于想象竞合的场合，由于我国刑法分则对重罪通常规定了数个幅度的法定刑，即使对重罪中止减轻处罚，往往也重于轻罪既遂，这样最终也是按照重罪中止论处。以上两种观点的差异，主要表现在中止的重罪和既遂的轻罪间原本属于应当数罪并罚，或者按照牵连犯来处理的场合。按照日本的通说，此时应同时认定重罪中止和轻罪既遂，但将重罪中止免除处罚，仅处罚轻罪既遂；而按照第三种观点，此时只认定重罪中止，但在量刑时必须尽可能地在轻罪既遂的幅度内，至少不能重于轻罪的法定刑。显然，此时无论按照哪种观点，最终对被告人的处罚，都不会产生太大差异，区别仅在于是否需要对重罪中止和轻罪未遂之间的罪数形态进行讨论。张明楷教授认为，日本的通说具有可借鉴性，但日本的立法和刑法理论对于各种罪数形态有明确的区分，而我国的立法及罪数理论较为混乱，采取日本通说可能会导致中止犯定罪的混乱。④ 这一担忧

---

① 马克昌. 犯罪通论. 2 版. 北京：武汉大学出版社，1999：483 - 484.
② 大塚仁. 刑法概说（总论）. 冯军，译. 北京：中国人民大学出版社，2003：224.
③ 张明楷. 中止犯中的"造成损害". 中国法学，2013（5）：119.
④ 张明楷. 中止犯中的"造成损害". 中国法学，2013（5）：120 - 121.

可谓触及了痛点,但混乱的存在,正是因为罪数问题没有得到足够的关注,在中止犯"造成损害"的定罪问题上采取日本通说,有助于在实务中激活罪数理论。

三、延伸思考

本案中,二审法院认定故意杀人罪的中止犯未造成损害,在结论上是正确的。但法院的裁判思路,仍然是从《刑法》第13条"但书"出发,将是否造成值得刑法惩处的严重程度的损害作为是否对犯罪中止免除处罚的标准,这一做法缺乏明确性。当前司法实践中,大量将中止抢劫行为,但未造成轻伤以上后果的情形予以减轻处罚;将中止强奸行为,但此前的暴力、胁迫行为能被评价为强制猥亵罪的情形予以免除处罚,或多或少受到前述思路的影响。有必要明确,认定中止犯是否"造成损害"的直接根据不是损害本身,而是被告人中止的犯罪行为是否同时构成另一轻罪的犯罪既遂。

此外需要注意的是,中止犯的处罚范围和轻罪体系的完善程度息息相关,立法增设的轻罪越多,造成损害的中止犯的成立空间也就越大。典型的例子是如果我国刑法规定了暴行罪、强制罪等轻罪,那么故意伤害、抢劫、非法拘禁等犯罪行为中止,就可能因为同时构成轻罪既遂而只能减轻处罚。显然,前述做法的合理与否,仅通过刑法教义学无法得出答案。这也启示我们,尽管政策说已不再被认为是中止犯减免处罚的有力依据,但中止犯和刑事政策之间,也许从来不存在鸿沟。

(蒋浩天 撰写)

34 间接正犯与教唆犯的区分

案情简介

被告人李某于 2011 年至 2012 年,虚构自己高官子弟的身份,谎称其有部队随军进京户口指标,骗取王某的信任,使王某相信其能够办理北京户口。王某跟冯明某等被害人说认识的高官子弟有办理北京户口的能力,并收取邱俊某、吴某某、冯明某等给予的人民币共计 100 万元,后将部分钱款交给李某,截至被民警抓获时,上述赃款均未退还。

裁判要旨

一审法院认为,被告人李某虚构自身身份,以能够办理北京市户口之名义,通过王某骗取 4 名被害人钱款,且数额特别巨大,其行为侵犯了合法的财产所有权。结合被告人李某还曾因诈骗罪被判处过有期徒刑,又于刑罚执行完毕五年内再犯应当判处有期徒刑以上刑罚之罪,系累犯,应从重处罚的因素,判决被告人李某犯诈骗罪,判处有期徒刑十二年,并处罚金。同时责令被告人将违法所得退赔四被害人。李某上诉后二审法院作出驳回上诉,维持原判的裁定。[1]

评析意见

一、关键问题与裁判思路

本案的关键问题是被告人李某与王某之间的关系在刑法上应当如何评价,即李某应构成诈骗罪的教唆犯,还是利用王某实施诈骗行为的间接正犯。间接正犯和教唆犯在司法实践中部分案件不易区分,表面上二者存在一些共同特征,都至少有两个行为人参与构成要件行为中,行为人甲利用或通过他人乙间接实施犯罪行为。但间接正犯与教唆犯的性质则有着根本区别,间接正

---

[1] 参见北京市第二中级人民法院(2016)京 02 刑终 78 号刑事裁定书。

犯是与直接正犯相并列,为正犯的一种特殊类型,而教唆犯则属于狭义共犯中的一类,准确认定间接正犯与教唆犯也是共犯中一个比较重要的问题。

李某虚构自己高官子弟身份,并能凭借这个身份谎称能为他人办理北京市户口,以此骗取了王某的信任。王某向冯明某等被害人提及有这样的机会,并作为"中间人"收取几名被害人钱款转交李某。法院认为李某利用王某骗取被害人钱财,属于典型的间接正犯。首先,间接正犯属于正犯,而教唆犯是狭义的共犯,间接正犯与被利用人之间不存在共同的犯罪故意,而教唆故意是共犯的故意,以明知被教唆人的行为构成犯罪为前提。本案王某在主观上并没有虚构事实骗取他人财物的故意,也没有非法占有他人财产的目的,与李某之间缺乏共同的诈骗故意。其次,被利用人王某不具有可责性。王某在李某的诱使下,"骗取"被害人相信,并造成被害人财产损失,应当认为是实行了侵犯刑法所保护法益的行为,其行为具有违法性。但由于王某并没有意识到自己被李某蒙骗和利用,主观上没有非法占有他人财物的目的,缺少犯罪的故意和过失,因而,王某的行为不具有可责性,也不构成犯罪。最后,实际支配骗取他人财物实行行为的是李某而非王某。王某因受李某欺骗和利用,对真相缺乏认识,使李某能够利用王某的错误认识达成犯罪计划,李某因此构成诈骗罪的间接正犯。[①]

二、相关学理分析

(一)承认间接正犯的意义

刑法分则的各个犯罪类型原则上规定的是单独犯的既遂类型,正犯基本上是指自己实施了实行行为从而引起法益侵害结果的人。但"能与此等同视之"的也是正犯。虽然不是直接实施,但能够评价为亲自实施了实行行为,或者说实施具有发生结果危险性的行为,这一危险性与直接正犯能够等同视之,且具有正犯的意思时,就是正犯。目前,理论与实务中都广泛地承认间接正犯。究其原因,由于涉及共犯的相关问题,在一些情形中,利用者成立间接正犯还是教唆犯容易混淆,且间接正犯相较直接正犯对于犯罪进程的支配性上具有特殊性,承认间接正犯并与共犯相区分有着重要意义。

在定罪量刑方面,如果利用者属于间接正犯,就应对其按照刑法分则相应规定以正犯定罪处刑,而如果是成立教唆犯,则需要结合分则和总则有关教唆犯的规定处理。尤其是利用未成年的,如果构成教唆犯,还要适用总则有关教唆不满18周岁人犯罪从重处罚的规定。

[①] 国家法官学院案例开发研究中心编.中国法院2018年度案例·刑事案例一.北京:中国法制出版社,2018:15-16.

此外，如果不承认间接正犯，在考虑共犯的从属性问题上，会对很多现实中应肯定构成犯罪的现象无法处理，出现处罚上的盲点，带来法益保护的不周延。如果坚持极端从属性说，即共犯要具有可罚性，正犯就必须是该当构成要件的违法且有责的行为，在利用欠缺责任者的场合，被利用者不具备有责性，教唆犯也不能成立。根据目前有力的限制从属性理论，不要求共犯从属于正犯的责任，也还是会得出一些不合理的结论。比如，利用他人的合法行为的场合下，正犯不具有违法性，很难对"教唆"合法行为进行处理；在身份犯利用无身份的人犯罪的场合，无身份者也因欠缺身份要件不能构成正犯，就会出现"没有正犯的帮助犯"。

（二）关于间接正犯的正犯性

间接正犯的正犯性是其能够与直接正犯等而视之的正当性根据，过去用"工具理论"来说明，即被利用者如同刀枪棍棒一样，只不过是利用者的工具，既然利用动物、工具的行为符合构成要件，那么也应肯定利用他人的行为也符合构成要件。人们也将实际执行者称为行为媒介或者犯罪工具。但是，被利用者毕竟还是与纯粹的工具或动物有差别，是有意识的人，理论根据更具复杂性，因此现在占通说地位的是犯罪事实支配说。直接正犯通过亲手实施犯罪，支配、控制和决定了犯罪的因果进程，是一种直接的行为支配。而间接正犯则是一种处于"幕后"的利用者将被利用者的行为作为自己行为的一部分加以支配，是一种处于优势地位的意思支配。这种"优势意思支配"包括认识上的优势和意志上的优势，因而利用者才是犯罪实际上的决定性人物，刑法上就将这种通过自己意志对被利用者支配进而支配整个犯罪的幕后操纵者作为正犯。除此之外，还有一类是作为功能性支配的共同正犯。作为正犯的行为人无论亲自实施或者通过他人实施，或者是在其间与其他同伙共同合作，他始终是行为实施过程中的核心人物，是独立支配或与他人共同支配构成要件行为并导致犯罪实现的人，而共犯的行为对构成要件的实现则不具有决定性作用。[1]

（三）间接正犯的类型

通过实施暴力或者施加精神压力强制被害人或第三人的，利用无责任能力者的，利用不知情者的，利用他人的错误的，利用他人过失行为的以及利用他人的合法行为的，都属于间接正犯的具体表现形式。德国学者罗克辛将支配犯的间接正犯归纳为三种类型：（1）幕后者能够通过迫使直接实施者实施符合构成要件的行为，从而达成自身对于犯罪事实的支配，也就是基于强

---

[1] 克劳斯·罗克辛. 正犯与犯罪事实支配理论. 劳东燕, 译//陈兴良. 刑事法评论：第25卷. 北京：北京大学出版社，2009：1-2.

制或胁迫的意思支配。关键在于，行为人所施加的压力必须达到多大的程度才能成立间接正犯。(2) 幕后者可以隐瞒犯罪事实，从而欺骗直接实施者并且诱使对真相缺乏认识的实施者实现幕后者的犯罪计划，也就是通过直接实施者的错误认识达成意思支配。基于错误的意思支配在结构上不同于前者，适用于基于胁迫的意志支配的负责原则，并不能被直接转用。(3) 幕后者可以通过有组织的权力机构将实施者作为可以随时替换的机器部件进行操纵，即基于组织性国家机器的意志支配，幕后者大多根本不认识直接实施者；实施者的个体性无关紧要是此种形式的间接正犯的特征。这一类型主要是源于德国纳粹权力支配的历史，在我国可以被忽略。由此，我国刑法理论通说主要承认的就是胁迫或强制他人，欺骗他人或利用他人错误这两种类型，其中强制既包括了物理手段的强制，也包括心理强制。如果从实施者角度，则可以在三阶层体系下，将间接正犯分为被利用者欠缺构成要件的特定要素、被利用者具有违法阻却事由和被利用者欠缺责任三类。[①]

（四）对被告人刑事责任的分析

本案中，被告人李某虚构自己高官子弟身份并谎称可以为他人办理北京户口骗取了王某信任，利用王某使几名被害人陷入错误认识并处分财物，李某作为利用者具有明显处于优势地位的意思支配，显然属于欺骗并利用王某对真相的认识错误。从被利用者角度考虑，王某对李某虚构身份非法占有他人财物的事实完全不知情，缺乏犯罪故意，至多是有伪造、变造、买卖国家机关公文、证件、印章罪帮助的故意，本案显然就属于基于错误的意思支配这一典型的间接正犯类型。

三、延伸思考

有观点试图通过缓和要素从属性将间接正犯解消于教唆犯，也就是用教唆犯来替代并涵盖间接正犯，这被称为扩张的共犯论。扩张的共犯论主要考虑如果广泛认定间接正犯，并将利用行为作为实行的着手，会导致未遂犯的处罚时点过早，而实质上采取实行独立性说。[②] 确定着手何时开始，主要有两种方案：一种是被利用行为说，或者是整体性方案，即将幕后操纵者和实际执行者视为一个整体，那么着手时点就是实际执行者着手直接实现构成要件的时点。另一种是利用行为说，或称个别性方案，着手时点就只取决于幕后者的举止，认为利用行为就已具有结果发生的具体性危险，就此还可以进一步细分为行为人施加影响后一旦放手，事实就能够按照其预想发生这一修正

[①] 乌尔斯·金德霍伊泽尔. 刑法总论教科书. 蔡桂生, 译. 北京：北京大学出版社, 2015：411-421.

[②] 西田典之. 刑法总论. 王昭武, 刘明详, 译. 北京：法律出版社, 2013：295.

的个别性方案和幕后者对行为媒介施加影响即为着手的严格的个别性方案。如果被利用者已经开始实施构成要件的行为,则无论采取何种观点都不会影响结论,成为问题的就在于假如被利用者在幕后者施加影响后,又因其他原因未实施实行行为的,对于间接正犯而言是处于预备阶段还是构成未遂。[①] 着手时点既不能过于前置也不能太晚,如何进行合理界定,有力回应扩张共犯论的顾虑,就值得进一步研究思考。

另外还存在争论的是真正身份犯的间接正犯。也就是说,无身份者是否可构成以有身份者为媒介的间接正犯。通说认为,无身份者即使对犯罪具有支配和控制,是核心角色,但该利用行为不能该当身份犯的构成要件,因此不能成立正犯。例如,没有国家工作人员身份的妻子A指使担任国有公司财务经理职务的丈夫B做假账,非法占有公司财物的,A不能构成间接正犯,只能构成贪污罪的教唆犯。[②] 德国刑法理论目前区分支配犯和义务犯成为有力学说,在义务犯中,只有违反特定义务的人才处于实现构成要件的中心位置,是否事实上处于支配地位是支配犯正犯的判断逻辑,对于义务犯而言就不再重要。

(毕琳 撰写)

[①] 乌尔斯·金德霍伊泽尔. 刑法总论教科书. 蔡桂生,译. 北京:北京大学出版社,2015:422-423.

[②] 周光权. 刑法总论. 4版. 北京:中国人民大学出版社,2021:346.

35 片面对向犯

案情简介

2015年10月,以陈某某为负责人的江苏金夏建设集团有限公司重庆分公司与中国水电建设集团十五工程局有限公司(以下简称"十五局")签订施工分包协议,整体分包梁忠高速公路礼让服务区、袁驿收费站、省界收费站房建项目,并向十五局缴纳总价8%的管理费。2016年6月,陈某某在施工过程中,因业主方推荐使用"TOTO"品牌卫浴洁具,陈某某经市场询价后,认为和十五局约定的卫浴产品价格与正品"TOTO"价格悬殊太大,欲使用假冒产品。陈某某安排工作人员帅某某在网上低价购买假冒"TOTO"牌注册商品的洁具产品。随后,帅某某在苏某某(另案处理)开设的卫浴经营部购假冒"TOTO"牌注册商标的洁具产品。被告人陈某某将上述产品全部安装在所承建的工程项目上,连同房建其他工程项目一并交付验收,并以成都欣而成贸易有限公司名义结算卫浴洁具施工安装的所有费用58万元。帅某某向苏某某总计支付款项223 360元。

裁判要旨

检察机关对于被告人陈某某最初以销售假冒注册商标的商品罪起诉,后变更指控罪名为假冒注册商标罪。法院经审理认为:苏某某完整、独立实施注册商标的假冒、假冒注册商标的商品的销售。苏某某与陈某某之间,是假冒注册商标的商品交易过程中的卖方和买方的关系,苏某某制假售假,陈某某买假用假;苏某某完整、独立完成其假冒行为,陈某某是装饰过程中侵权商品的购买者、使用者,虽然陈某某的行为理应予以否定评价,但我国刑法及司法解释并未明确将假冒商标商品的购买、使用行为纳入调整范围。按照罪刑法定原则,其行为不符合假冒注册商标罪的构成要件,遂宣告被告人陈某某无罪。[1]

---

[1] 参见重庆市梁平区人民法院(2019)渝0155刑初4号刑事判决书。

评析意见

一、关键问题与裁判思路

本案的关键问题是被告人陈某某是否成立苏某某假冒注册商标罪的共犯。在本案中，销售者的行为无疑构成犯罪，但对购买者的行为究竟应该如何处理，是思考对向犯问题时无法绕开的问题。检察院的逻辑是，被告人陈某某向苏某某购买假冒的洁具，苏某某按照被告人的要求生产了假冒洁具，被告人陈某某的行为强化了苏某某的犯意，能够成立假冒注册商标罪的共犯。法院认为，被告人只是单纯的购买使用者，不属于我国刑法及司法解释的调整范围，不构成假冒注册商标罪，其判决结论值得赞同，但说理稍显欠缺，本案实际上涉及片面对向犯的理论。

类似于本案的情形，刑法分则只明文规定了处罚其中一方的行为，能否结合刑法总则关于教唆犯和帮助犯的规定处罚对向参与者就存在争议。按照因果共犯论，大多能肯定对向参与行为与正犯行为存在物理的因果性或者心理的因果性，但均作为共犯处罚并不合理，因此，确定对向参与行为的处罚范围就是理论上需要解决的问题。

二、相关学理分析

（一）关于片面对向犯可罚性的理论分歧

关于片面对向犯的可罚性问题，理论上主要有立法者意思说、实质说、并用说三种观点。

1. 立法者意思说。立法者在制定刑法分则时已经考虑到对向行为会存在参与方，但对显然可以预见的对向参与行为不予处罚。立法者没有把对方作为要处罚的共犯加以规定，在司法上处罚对方就违反了立法者的意思。立法者意思说认为，对必要共犯不可罚的根据在于对向参与行为的通常性，因此，当参与行为超过通常程度，必要共犯属于积极的造意者时，仍然应当适用刑法总则的规定进行追究。立法者意思说的疑问是，哪些参与行为超过了通常程度、具有可罚性不明确。

2. 实质说。对对向参与行为不处罚，是因为从实质上看参与人是被害人或者缺乏责任。例如，贩卖淫秽物品罪的买方就是被害人，对向者都没有违法性，所以不罚。另外，在本犯指使他人窝藏自己、隐匿自己犯罪证据的情形下，本犯没有责任，因此，对其不作为相应犯罪的共犯进行处罚。[①] 实质说

---

① 平野龙一. 刑法总论2. 有斐阁，1975：379.

的问题在于,如果认为贩卖淫秽物品罪的保护法益是社会的善良风俗,则不能将购买者视为被害人,也就无法用实质说解决问题,在对罪名保护的法益本身就有争议的场合,实质说的根基就不稳固。① 此外,根据实质说只能解决部分对向犯的问题,即对向参与方是被害人而欠缺违法性或者欠缺责任的情形。本案按照实质说就无法进行合理解释,被告人陈某某明知是假冒注册商标的卫浴洁具而购买,无法认为其是被害人,也不能认为其缺乏期待可能性而欠缺责任。

3. 并用说。立法者在规定某些必要共犯时,就将可能侵害法益的一部分人的行为予以构成要件化,同时将另外一部分人的行为排除在构成要件外,这样,即使在违法、罪责方面具有当罚性,也可能排除可罚性。因此,即使采取实质说,也必须维持立法者意思说这一意义上的必要共犯的概念。② 将实质说和立法者意思说并用是目前理论上的通说。

(二) 相对合理的主张

并用说具有合理性,单独使用立法者意思说或者实质说均只能解释部分片面对向犯的问题。立法者意思说只能说明最低必要限度的参与不可罚,但在超出最低必要限度的参与的情况下,就不能提供可罚与否的依据。在对向参与者是被害人的情况下,即使超出了最低必要限度,但其仍然因为欠缺违法性而不可罚,因而就需要借助于实质说。而单独使用实质说对于必要共犯并非是欠缺违法性或者责任的情形的案件则无法作出合理解释。例如,销售假冒注册商标的商品罪、倒卖车票、船票罪、倒卖文物罪等,均难以将购买的对向参与方解释为被害人,故都难以用实质说解决。按照并用说,本案无法按照实质说解释,若按照立法者说判断,在同一种商品上假冒注册商标和购买假冒注册商标的商品两个行为中,立法者仅将假冒注册商标行为作为犯罪类型予以规定时,当然定型性地预想到购买行为,既然立法时对购买行为置之不理,按照立法者意思说,就应当理解为购买行为不构成犯罪。被告人陈某某属于工程分包公司的项目负责人,受工程项目方委托采购卫生洁具,其本质上还是属于购买者,按照立法者意思说,单纯购买假冒注册商标商品的行为,并未超出对向参与行为的通常程度,不能成立假冒注册商标罪的共犯。法院认定被告人无罪的结论是正确的。

对于实质说和立法者意思说如何并用,我国理论上存在不同观点:张明楷教授认为,对任何一种必要参与行为的可罚性,都可以从两个方面进行审视,而不能对一部分必要参与行为采用实质说来解决,而对另一部分必要参

---

① 西田典之. 共犯理论的展开. 江溯,李世阳,译. 北京:中国法制出版社. 2017:281.
② 西田典之. 日本刑法总论. 王昭武,刘明祥,译. 北京:法律出版社,2013:342.

与行为采用立法者意思说来解决。因为这种解决方式虽然做到具体问题具体分析,但可能导致相似的案件不能得到相似的处理,甚至可能导致对同一行为按不同学说的得出不同结论。只有同时并用这两种学说,才有利于案件处理的协调一致。① 周光权教授则主张"违法性缺乏说+立法者意思说",对于不处罚某些对向犯的理由,可以从是否具有实质的违法性那里寻找,责任论的思考则不需要,从责任论的角度思考对向犯的观点,其实可以还原为违法性层面的判断。此外,有时候还要例外地、辅助地考虑立法者的意思。②

(三)必要共犯可罚性的分层次检验

笔者认为,对于必要共犯可罚性的判断是有层次的判断,应当按照先实质说、后立法者意思说的顺序逐步检验。

由于立法者意思说并不能提供实质的理由,只是一个形式的理由,如果按照先立法者意思说、后实质说进行判断,完全有可能出现按照立法者意思说属于超出了定型性的行为,无法出罪,但按照实质说却没有违法性的情形。此外,立法者意思说存在立法者意思不明确、必要参与行为的"定型性"判断基准不明确等问题,故先用实质说进行出罪的检验更为合理。即根据实质说,不具备违法性的片面对向犯,就直接予以出罪,无须再用立法者意思说判断。按照实质说,必要的共犯不可罚的根据在于欠缺违法性或者欠缺责任,那么参与行为是否是被当然预想的就没有作为问题的必要了,即使是超出定型性的行为,但由于对向行为者是被害人或者欠缺责任,也不可罚。

对于根据实质说无法排除对向犯的可罚性的,即对向行为不属于欠缺违法性或者责任的情形但定罪似乎又难以为国民所接受的,再根据立法者意思说进行判断。由于立法者意思说存在"最低必要限度""通常程度"基准不明确的问题,故需要明确"通常程度"的标准。较为合理的方案是,以参与方是否超出单纯利用机会的边际角色,而成为制造机会的角色进而制造了法不允许的风险或者显著增大了风险为标准。例如,对向参与行为引发了对方的原发性犯罪故意进而导致法益侵害结果,则可以成立教唆犯。③

三、延伸思考

实务中,对于假冒注册商标的销售者认定为犯罪没有疑问,但对于假冒注册商标的购买者是否成立犯罪则存在观点迥异的判决,若行为人只是假冒注册商标的单纯购买者,认定为假冒注册商标罪的共犯就是存在疑问的。不过,假冒注册商标的购买者也并非一律不构成犯罪,要看其行为是否超出了

---

① 张明楷.对向犯中必要参与行为的处罚范围.比较法研究,2019(5):7.
② 周光权.刑法总论.4版.北京:中国人民大学出版社,2021:330.
③ 钱叶六.对向犯若干问题研究.法商研究,2011(6):128.

通常程度、最低必要限度。例如，在"梁顺喜、刘桂权等人假冒注册商标案"中，被告人刘桂权为获取商标权利人的打假奖金，通过互联网认识被告人梁顺喜，后被告人刘桂权在未获得注册商标权利人的生产授权情况下向梁顺喜下单，定制华为光纤模块和思科光纤模块。法院认为，被告人刘桂权为获取打假奖金，故意教唆、引诱他人制假，随后报案，该行为不是合法的打假维权，已构成假冒注册商标罪。[①] 该案中，被告人刘桂权对于原本无制假犯意的梁顺喜实施教唆、引诱行为，引发了梁顺喜原发性的犯罪故意，其行为已经超出了对向参与行为的"通常程度"，超出了立法者预想的单纯购买的程度，认定被告人刘桂权构成假冒注册商标罪的教唆犯是合适的。

（孟红艳　撰写）

[①] 参见2016年度深圳法院十大知识产权典型案例之十：被告人梁顺喜、刘桂权、黄勇涛犯假冒注册商标罪案，https://www.pkulaw.com/pfnl/a25051f3312b07f3909fddc413a8c24d2da8a7fa09bd4da7bdfb.html。

36 共谋共同正犯

案情简介

被告人梁某、梁某东、吴某某经商量,由梁某出资 25 000 元向楚某(另案处理)购买氯胺酮及"茶"用于贩卖,被告人农某某、腾某某一起驾车帮忙将毒品从广东茂名市运回东田市,由梁某东、吴某某等人将毒品多次贩卖给黎某、黄某等人,其中梁某栋贩卖了三次,吴某某贩卖了一次。

裁判要旨

一审法院认为,被告人基于共同的犯罪意思,无须全体共同参与者均有分担实行行为的客观事实,只要共同意思主体其中一人实施了实行行为,即可视为全体实行,仅参与共谋而未亲自实施行为者,当成立共同正犯。在共同犯罪中,被告人梁某与梁某东、吴某某作用相当,均起主要作用,均是主犯。被告人腾某某、农某某在共同犯罪中起辅助作用,属于从犯,应当从、减轻处罚。另外,农某某有自首情节,可以从轻或者减轻处罚。法院判决五名被告人均构成贩卖毒品罪,其中判处被告人梁某有期徒刑五年,并处罚金人民币 15 000 元;对实行者梁某东、吴某某均判处有期徒刑三年六个月,并处罚金人民币 8 000 元。对被告人腾某某判处有期徒刑三年,并处罚金人民币 6 000 元;对被告人农某某判处有期徒刑二年,并处罚金人民币 4 000 元。二审法院驳回梁某、吴某某等人的上诉,维持原判。①

评析意见

一、关键问题与裁判思路

仅参与了共谋,而未参与实行的被告人能否认定为共同正犯,是认定本案的关键。在本案中,被告人梁某参与共谋、出资,仅参与了预备阶段,未

---

① 参见广西壮族自治区百色地区(市)中级人民法院(2020)桂 10 刑终 270 号刑事判决书。

直接参与实施贩卖毒品的行为，法院将其认定为共同正犯，虽然没有使用共谋共同正犯的概念，但运用了共谋共同正犯的法理，对于仅参与共谋而未参与实行的被告人认定成立共同正犯，实际上就是共谋共同正犯的逻辑。值得注意的是，法院在说理时指出，"只要共同意思主体其中一人实施了实行行为，即可视为全体实行"，是共谋共同正犯理论中共同意思主体说的思路；另外，法院对共谋者梁某判处有期徒刑五年，对两名实行者梁某东和吴某某均判了有期徒刑三年，对共谋者的量刑明显比实行者重。

二、相关学理分析

我国刑法理论上对于是否赞成共谋共同正犯的概念存在争论，这种争论的根源主要是和学者们在正犯和共犯的问题上的立场有关，即赞成区分制还是单一制，若赞成区分制是赞成形式客观说还是犯罪支配说、重要作用说。学者们所主张的立场不同，对于共谋共同正犯的态度就会有差异。

(一) 共谋共同正犯否定说

站在不同的立场否定共谋共同正犯概念的理由主要有：（1）有学者赞成（修正的）形式客观说的立场，认为正犯和共犯的区分应以行为人是否亲自实施了实行行为为标准，实施构成要件行为的人是正犯，正犯限于实施了实行行为的人，共犯实施的是构成要件以外的非实行行为。据此，仅参与共谋未实行者只能认定为共犯。赞成形式客观说的学者大多会反对共谋共同正犯的概念，认为共谋共同正犯概念有损罪刑法定原则。[①]（2）赞成犯罪支配说的观点认为，在共同犯罪的场合，当行为人以独立的实现犯罪的意思，实质地支配犯罪行为和犯罪进程，处于主导、操纵犯罪的支配地位时，行为人就是正犯。而行为人仅仅对他人的支配给予一定程度的影响时，则是共犯。部分立足于犯罪支配说的学者反对共谋共同正犯概念，认为共谋共同正犯的概念会导致正犯与共犯认定模糊，导致正犯认定的宽泛，共谋共同正犯概念的功能可以由意思支配（间接正犯）和功能支配（共同正犯）承载，除此之外，原先被认定为共谋共同正犯的其他情形应当作为教唆犯或者帮助犯处理。[②] 不过，在主张犯罪支配说的学者中也有赞成共谋共同正犯的观点。（3）主张单一制的学者则认为，我国采取不区分正犯与共犯的单一正犯体系，根据共谋者在犯罪之中所起作用大小分为主犯或从犯，给予轻重不同的处罚，能确保参与者之间处罚均衡合理，根本不需要引进共谋共同正犯论。[③]

---

① 张开骏. 共谋共同正犯理论的反思. 中国法学, 2018 (6): 290.
② 方军. 共谋共同正犯否定论. 政治与法律, 2015 (5): 117.
③ 刘明祥. 从单一正犯视角看共谋共同正犯论. 法学评论, 2018 (1): 75.

（二）共谋共同正犯肯定说

与此相对应，主张采取实质立场区分共犯与正犯，并承认共谋共同正犯概念的主张成为多数说，其理由主要有：其一，从我国的刑事立法看，我国《刑法》包含了共谋共同正犯的内容。例如，《刑法》第26条第3款规定，对组织、领导犯罪集团的首要分子，按照集团所犯的全部罪行处罚。"组织、领导"者中包含有策划、指挥、谋议等并不直接参与犯罪实行的人，该规定包含共谋共同正犯的内容。其二，共谋共同正犯是以他人的行为达到支配犯罪的目的，对其他已经着手实行者具有实现犯罪的实质功能性支配，我国法院在处理相关共同犯罪案件时，事实上也承认了共谋共同正犯的法理。[1] 其三，共谋者在共同犯罪中的作用完全可能比实行者大，对其不处以正犯之刑是不合适的。[2]

完全否定共谋共同正犯的概念无法解决实务面临的问题。无论从立法还是学理上，承认共谋共同正犯概念才是务实的态度。我国刑法立法为接纳共谋共同正犯提供了空间，除了《刑法》第26条的规定之外，根据我国刑法分则的相关规定，也能得出承认共谋共同正犯的结论。例如，根据《刑法》第103条第2款和第294条第1款的规定，从客观行为上来看，煽动分裂国家的首要分子和组织、领导、参加黑社会性质组织的行为人均只有事前的谋划行为，而并未实施任何分裂国家犯罪和黑社会性质组织犯罪的实行行为。刑法典将这种谋划行为规定为犯罪，并将该类犯罪人按照正犯的规定进行处罚，实际上体现了共谋共同正犯理论。[3]

（三）关于被告人刑事责任的分析

承认共谋共同正犯的概念，对于实务中的量刑具有重大意义。若按照形式客观说，正犯是实施实行行为的人，大部分共谋共同正犯只能认定为帮助犯。反对共谋共同正犯的观点大多认为按照我国《刑法》第26条所规定的组织犯的处罚原则也能够实现准确量刑。但是，组织犯的概念也需要有理论支撑，该规定背后的根据就是实质客观说。组织犯的概念只能解决组织犯的共同正犯问题，然而，对于其他非组织犯，在共同犯罪中起了重要共谋作用的人或者幕后黑手都认定为帮助犯，并不妥当。因此，组织犯的概念只能解决部分支配型共谋共同正犯的量刑问题，对于对等型共谋共同正犯，按照形式客观说只能认定为帮助犯或者教唆犯。而我国实务的立场是无论是对等型还是支配型，共谋者几乎都认定为主犯，且很多案件对共谋者的量刑比实行者重。本案即是对等型共谋共同正犯的示例，法院认为共谋者梁某和实行者梁

---

[1] 周光权. 论正犯的观念. 人民检察，2010 (7)：8-9.
[2] 童德华. 正犯的基本问题. 中国法学，2004 (4)：147-148.
[3] 王志祥，韩雪文. 论共谋共同正犯概念在我国刑法中的确立. 中南民族大学学报（人文社会科学版），2013 (2)：97-98.

某东、吴某某均是主犯，且对共谋者梁某的量刑比其他正犯还要重。本案若按照共谋共同正犯否定说的观点，对梁某只能认定为帮助犯，量刑不可能重于正犯，相关结论与司法立场相去甚远。因此，出于实践中裁判说理和合理量刑的需要，也有必要承认共谋共同正犯。

三、延伸思考

基于刑法理论上的功能主义立场，会发现肯定论明显更为合理，因为共同正犯的正犯性判断原本就不要求行为人实施了狭义的构成要件行为，其判断是规范性的，否则就会不当限制正犯的司法认定，从而导致理论和实务的脱节。对于共谋共同正犯的理解，也应当基于实质刑法观，在积极回应司法需求的意义上加以把握。最近四五年以来，多个刑事判决书在"本院认为"的说理部分使用了共谋共同正犯的概念。有的判决对共谋共同正犯的概念进行了解释，有的判决提到了共谋共同正犯理论，还有的判决甚至提到了"支配型共谋共同正犯"的概念。[1]不过，部分判决中未区分共谋和意思联络，存在共谋共同正犯认定范围过宽的问题，法官对于共谋共同正犯的认定也缺乏一贯标准，由此也提出了理论上明确共谋共同正犯成立条件和成立范围的迫切性。

共同正犯的认定范围取决于本国的评价标准。由于德、日法官对正犯的量刑较轻，常选择较轻甚至最低法定刑，即便是对共同正犯的认定范围宽一些，也不会导致处罚太重。但是我国法定刑比较重，法官量刑也普遍较重，不少在日本被认定为共同正犯的情形，在我国完全可能认定为从犯。[2] 因此，我们不能照搬日本的共谋共同正犯理论，需要结合我国的法律规定和实际情况进行修正，兼顾问题思考和体系思考。不能为了体系性地从形式上区分正犯和共犯而全面否定共谋共同正犯的概念，同时对共谋共同正犯成立条件和范围的确定要与我国刑法关于主犯和从犯的规定相协调。

此外，对于认定为共谋共同正犯的案件，需要加强裁判说理。本案中，法院认为"只要共同意思主体其中一人实施了实行行为，即可视为全体实行"，是采用共同意思主体说论证共谋共同正犯的正犯性。然而，共同意思主体说是一种团体责任，违反了个人责任主义的要求。对于共谋共同正犯的正犯性进行裁判说理时应当采用犯罪支配说，对共谋者是否支配犯罪的因果流程，为何应当成立主犯，需要作出详尽说理。

（孟红艳　撰写）

---

[1] 参见广西壮族自治区西林县人民法院（2020）桂1030刑初9号刑事判决书；新疆维吾尔自治区高级人民法院伊犁哈萨克自治州分院（2020）新40刑终93号刑事判决书；浙江省杭州市中级人民法（2018）浙01刑终299号刑事判决书；江苏省无锡市梁溪区人民法院（2020）苏0213刑初318号刑事判决书。

[2] 张明楷．共犯人关系的再思考．法学研究，2020（1）：153．

37 承继的共犯

案情简介

被告人赵某与其堂兄两家耕地相邻，因征地补偿产生矛盾。某日，双方因琐事发生争吵，进而展开互殴。赵某之子闻讯后，从家拿一把螺丝刀赶到现场参与互殴。其间，赵某从路边拿起一根木棍朝被害人身上击打，其子持螺丝刀将一人背部捅伤，并致另一人死亡。赵某堂弟被告人赵甲闻讯持一把铁锨赶到现场，对之前的伤者进行击打，共同致伤者受伤程度达到轻伤（二级）。互殴中，赵某及其子均有不同程度受伤。后赵某等人离开现场。

裁判要旨

一审法院认为，本案属共同故意伤害犯罪，根据各被告人所起作用、持械伤害他人程度等，被告人赵某之子属主犯，被告人赵某、赵甲属从犯。认定被告人赵某之子犯故意伤害罪，判处无期徒刑，剥夺政治权利终身；被告人赵某犯故意伤害罪，判处有期徒刑八年，剥夺政治权利二年；被告人赵甲犯故意伤害罪，判处有期徒刑六年，剥夺政治权利一年。

对这一判决结果，河北省人民检察院提出，赵甲与赵某之子、赵某在致伤者轻伤的犯罪事实部分成立共同犯罪，依法应当判处三年以下有期徒刑、拘役或者管制。然而，死者倒地时赵甲没在现场，到达现场后没有殴打死者，不应对死亡结果承担责任，一审判决对赵甲量刑过重，建议二审法院依法改判。

二审法院认为，原审被告人赵某之子、赵某、赵甲等共同故意伤害他人身体，致一人死亡、一人轻伤、一人轻微伤，其行为均构成故意伤害罪，应依法惩处。原判决根据各上诉人在共同犯罪中的地位、作用，准确区分主从犯，但是对赵甲量刑不当，河北省人民检察院关于原判对赵甲量刑不当部分的出庭意见正确，应予支持。原判决认定事实清楚，证据确实、充分，定罪准确，审判程序合法，对赵甲量刑不当，应予纠正，附带民事部分判赔被扶养人生活费无事实依据，应予纠正。同时，二审法院针对赵甲及其辩护人所提出的赵甲不构成故意伤害罪、不是共同犯罪、不应对死者的死亡结果以及伤者的轻伤结果承担责任的意见进行了驳斥，赵甲在得知斗殴的信息后，持铁锹赶到现场参与殴斗，主观上具有站在赵某等人一方共同伤害他人的故意，客观上实施了赵某等人一方尚未全部实行终了的行为——对伤者的殴打行为，其斗殴行为是本案整个犯罪环节的组成部分，属承继的共犯，根据部分实行全部责任原则，其应对被害人的死伤结果承担责任，故诉辩意见不能成立。①

评析意见

一、关键问题与裁判思路

根据本案具体案情以及两级法院的罪名、量刑认定，本案中的主要争点在于：行为人赵甲是否需要对其参与之前发生的致人死亡结果负责。本案案情的特殊之处也是因为，赵甲作为整个斗殴活动的后来者，既未参与事前通谋，也未全程参与斗殴行为，由此引发了两级法院的认定差异。

按照一审法院的处理思路，尽管赵甲中途加入故意伤害犯罪时，死者的死亡结果已然发生，但是赵甲仍然需要对这一结果负责，故赵甲是作为整个故意伤害犯罪的从犯对发生的全部犯罪结果负责，一审法院判处其六年有期徒刑。而按照二审法院的处理思路，死亡结果在赵甲加入前已然发生，且赵甲与赵某等人缺乏事前的犯罪共谋，所以不能将死亡结果归责给赵甲。反之，伤者的轻伤后果是在赵甲加入后产生，并且现有的证据表明，赵甲对轻伤的结果不仅有参与并且积极促使了这一结果的发生，所以可以将故意伤害致人轻伤的危害结果归责于赵甲，故二审法院对其改判为三年有期徒刑。

二、相关学理分析

本案中的赵甲属于刑法理论中典型的承继共犯情形，亦即赵甲在前行为人实施部分行为后，基于意思联络参与进来，共同完成故意伤害犯罪。在承继共犯理论中，所要解决的就是后行为人刑事责任的范围问题，亦即后行为人应否对前行为人的行为及其结果负刑事责任。对此，学界存在诸多观点。

（一）关于承继的共犯的主要理论分歧

全面肯定说认为，即便是犯罪途中介入进来的后行为者，理应对包括先行行为者的行为和结果在内的犯罪整体负刑事责任。但是，该说的问题在于：一是如果仅因为行为人对他人的行为或者结果存在认识、容忍乃至利用，就要因此承担责任，违背了罪责自负的原则；二是利用前行为所形成的事态或

---

① 参见河北省高级人民法院（2016）冀刑终289号刑事判决书。

者效果,并不意味着行为人对这种事态或者效果的形成具有因果性,让后行为人对已经形成的事态或者结果负责,违反因果共犯论的基本立场。①

全面否定说主张,只要坚守因果共犯论,认为结果只能出现于原因行为之后,就应主张否定说,坚持后行为人只对其介入之后的行为和结果承担责任。并就事后抢劫、结合犯、继续犯、加重犯、"盗窃信用卡并使用"等问题对全面否定说的贯彻展开了探讨。② 但是,全面否定说的问题在于,无法切实妥当地处罚后行为人。例如,按照其观点,在诈骗罪、敲诈勒索罪中,仅仅参与财物收受的参与者就是不可罚的,此时如果肯定这一结论将会不可避免地造成所谓不应有的处罚漏洞。③

限定肯定说立场下的积极利用说认为,虽然从因果共犯论角度而言,对于前行为人所引起的行为和结果,不能追究后行为人的刑事责任,但是如果前行为所引起的被害人不敢反抗、不能反抗或者不知反抗的状态在后行为人介入之后仍然持续,并且后行为人将其作为自己犯罪的手段积极利用的,则后行为人对于利用这种状态所造成的结果,要承担刑事责任。不过,关于积极利用,要从客观方面对其加以限制,即后行为人对前行为人的行为和结果的有意利用,并且这种利用行为已达到了和自己亲自动手实施行为没有什么两样的程度。④ 整体评价说站在限定肯定说的基本立场上指出,立足于因果共犯论的立场,对于先行发生的法益侵害,不能追溯地追究后行为人的罪责。但是,在诸如抢劫罪、诈骗罪等犯罪的场合,财物的夺取和获取在先行为人看来是抢劫、骗取所得,而后行为人参与到其中,那么就应当承认后行为人成立抢劫罪、诈骗罪等罪名的共犯。⑤ 所以,这种观点是以包括先行行为在内的犯罪行为整体作为标准对法益侵害性进行评价。同样,限定肯定说中的积极利用说、整体评价说虽有其可取之处,但是有失粗疏,难免会出现对复杂的实际情况与理论诘问顾此而失彼的尴尬局面。

(二)因果共犯论与承继的共同正犯

显然,在现有的司法判例和学界探讨之中,可以发现,无论是全面肯定说、全面否定说还是限定的肯定说均不足以对承继的共犯这一问题给出令人满意的答复。无论如何,应当肯定的是,学界的研究需要朝着在因果共犯论与处罚必要性之间取得理想平衡的方向前进。所以,在这个基础上,有必要

---

① 郑泽善. 共犯论争议问题研究. 北京:中国书籍出版社,2019:175-176.
② 陈洪兵. 以因果共犯论检视承继共犯的中国问题. 湖南大学学报(社会科学版),2020(6):121 页以下.
③ 桥爪隆. 论承继的共犯. 王昭武,译. 法律科学,2018(2):198.
④ 黎宏. 刑法学总论. 北京:法律出版社,2016:278-279.
⑤ 佐伯仁志. 刑法总论的思之道·乐之道. 于佳佳,译. 北京:中国政法大学出版社,2017:324.

根据承继的共犯中所可能出现的具体情况，对所采取的理论应对方案予以不同程度的调整。例如，有观点即指出，关于承继的共犯的理论，不能简单地归纳为肯定说、否定说或者折中说（限定的肯定说），而需要根据承继的共犯中的不同情形作出不同的处理：亦即在某一个方面可能持肯定说，在另一个问题上则持否定说的立场，并将承继的共犯具体区分为时间范围、行为性质以及责任范围三个方面。① 其一，在承继共犯的时间范围这一问题上，如果正犯已经既遂，那么基于维护因果共犯论的基本立场，除了继续犯这种特殊情形之外，正犯既遂之后不可能有承继的共犯存在，在此只能采取承继共犯否定说的立场。其二，在承继共犯的行为性质问题上，中途参与的共犯行为性质与前行为人相同，至于具体成立共同正犯还是狭义的共犯则取决于参与者在整个共同犯罪中所起的具体作用。最后，在承继的责任范围这一问题上，需要探讨的是后行为人对参与之前的行为及由此所造成的结果是否需要负责的问题。原则上根据因果共犯论的要求，中途参与者不应对已经造成的结果负责，例如，在故意杀人、伤害案件中，如果能够证明伤亡结果是由中途参与者造成的，则自然应当肯定前行为人与后行为人均应对结果负责，如果不能证明伤害结果是中途参与者造成的，则这一结果只能由前行为人承担。

（三）关于赵甲刑事责任的分析

本文基本认同上述类型化处理的分析思路，这一思路能够有效地化解争议，并且提供较为合理的说理理由。概言之，本案中的赵某作为故意杀人、故意伤害的前行为人，通过暴力攻击方式造成一人死亡与一人受伤的后果，赵甲作为后行为人参与犯罪时，死者的死亡结果已然发生，故赵甲的攻击行为主要指向之前的伤者，并与先行为人赵某共同致伤者受伤程度达到轻伤。因此，从承继行为的时间范围和责任范围上看，死者的死亡结果由先行为人赵某独立造成，赵甲在死者的死亡结果发生后才加入整个共同犯罪中，故而后行为人赵甲不能对先前已然发生的死亡结果负责，便是因果共犯论下的应有之义，那么一审法院认定赵甲需要对死亡结果负责的结论便存在问题，检察机关的抗诉意见以及二审法院的改判结论具有合理性。

三、延伸思考

除去上述几种关于承继的共犯的基本学说之外，在本案中还能够突出体现的一大问题在于，被告人赵甲的行为究竟是构成承继的共同正犯还是承继的帮助犯。纵观本案两级法院的认定结论，均认为赵甲对于中途参与的故意伤害行为需要负责，与先行为人构成故意伤害的共同犯罪，但是均未对赵甲

---

① 张明楷. 刑法学. 6版. 北京：法律出版社，2021：584-589.

属于故意伤害的正犯还是帮助犯这一认定问题予以解答，这可能是司法实务在理论上所要克服的一个难题。

关于正犯与狭义共犯的区分问题向来是理论界的争议热点，具体而言，存在诸如形式客观说、实质客观说、主观说以及犯罪支配说等观点，其中又以犯罪支配说为学界目前的有力观点。[①] 犯罪支配说主张，从行为的主观要素以及客观要素对行为人在共同犯罪中所起到的作用进行综合考察，如果行为人能够被评价为支配犯罪的关键人物则应当认定为正犯，如果不能则只能被认定为狭义的共犯。因此，若根据犯罪事实支配说的观点，则存在三种足以认定为正犯的情形：当行为人亲手有目的性地实施了符合构成要件的行为，则属于行为支配；当行为人借助强制、被利用者的错误等情形，虽未亲手实施犯罪，但是在整个犯罪流程上具备优势认知的，属于意志支配；当行为人与他人在实行阶段，具备共同的犯罪计划，并且就实现共犯罪计划发挥同等的重要作用时，属于功能性的支配。显然，正如二审法院在裁判文书中所指出的，赵甲在得知斗殴的信息后，立即前往现场参与殴斗，主观上具有与赵某等人一方共同伤害的故意，故可以说已经与先行为人形成了共同的犯罪计划，并且在致使被害人受轻伤这一点上发挥了同等重要的作用。因此，就本案的故意伤害行为而言，应当认定赵甲是故意伤害行为的共同正犯。

（李淼　撰写）

[①] 周光权.刑法总论.4版.北京：中国人民大学出版社，2021：338-339.

38 共犯的处罚根据

案情简介

被告人张某某将妇女晏某骗至其哥哥张甲家中,给张甲作妻子,晏某不同意,午饭后,晏某离开张甲家。当晚,被告人张某某又将晏某带到张甲家中,将晏某交给张甲,后张甲欲对晏某实施奸淫,因晏某不愿意,张某某让张甲对晏某实施殴打。张甲遂持木棍对晏某进行殴打,并强行扒下晏某的衣服欲实施奸淫,因晏某极力反抗而未能得逞。

裁判要旨

一审法院认为:被告人张某某在张甲强奸被害人晏某的过程中提供帮助和教唆,与张甲为共同犯罪,被告人张某某的行为已构成强奸罪,应依法惩处。被告人张某某在本次共同犯罪中起次要作用系从犯,且当庭认罪,依法予以减轻处罚。

灵璧县人民检察院抗诉称:首先,一审判决将张某某认定为从犯存在错误。被告人张某某与同案犯张甲系共同犯罪,张某某系教唆犯,同案犯张甲是实行犯。被告人张某某将被害人晏某拐骗至张某某之兄张甲家中,强行交给张甲并唆使张甲对被害人殴打、奸淫,虽未直接实施奸淫行为,但其唆使张甲犯罪并积极为张甲实施犯罪行为创造条件,与张甲不应区分主从犯,且一审法院对张甲的判决中,亦未认定张甲为主犯。其次,一审判决认定张某某是犯罪既遂存在错误。被告人张某某与同案犯张甲系共同犯罪,二人的犯罪形态应当一致,即实行犯未遂,教唆犯亦未遂。本案中,同案犯张甲在实施犯罪时因被害人反抗而未能得逞,一审判决已认定张甲系犯罪未遂,那么张某某的行为应当认定为犯罪未遂。宿州市人民检察院支持抗诉。

二审法院审理后认为:张某某在共同犯罪中作用积极,与直接实施强奸行为的张甲不应区分主从犯。同案犯张甲在实施强奸犯罪时因被害人晏某的反抗而未得逞。实行犯未遂,张某某作为教唆的共犯,其犯罪形态亦应为未遂。原判认定犯罪事实清楚,证据确实、充分,定罪准确,审判程序合法。

但认定张某某系从犯,未认定系犯罪未遂不当,导致适用法律错误,量刑不当,予以纠正。抗诉机关抗诉意见成立,予以采纳。①

评析意见

一、关键问题与裁判思路

本案中的争点主要表现为如下两个部分:一是张某某在整个强奸的共同犯罪中究竟起到了何种作用,是否应认定为从犯;二是在强奸罪的正犯张甲强奸未遂时,作为共犯的张某某是否应认定为强奸犯罪的未遂。

从一审法院的裁判思路上看:在前一个问题的处理上,一审法院认为,张某某在强奸犯罪中既有帮助行为也有教唆行为,但是在综合考虑其作用之后,则只能认定其行为在整个强奸犯罪中起次要作用,故最终对张某某以强奸罪的从犯进行量刑。而在后一个问题中,尽管正犯张甲的强奸行为未能达到既遂,但是一审法院并未在对张某某的认定上考虑到这一点,而是径直认定其教唆、帮助行为在实施之后已然达到既遂。

检察机关与二审法院的认定思路大体相同:在肯定张某某应当被认定为教唆犯的基础上,综合考虑到其在整个共同犯罪中所起到的重要作用,以主犯的标准量刑。同样,在正犯张甲的强奸犯罪结果仅为未遂的情况下,作为教唆犯的张某某所引发的结果亦止于未遂,故只能认定其为强奸罪教唆犯的未遂。

二、相关学理分析

(一)共犯的认定及量刑问题

本案中张某某的行为构成教唆犯其实并无疑问,关键在于张某某的行为能否在量刑上认定为从犯。对此,主要涉及共同犯罪中共犯人的认定及分类问题。众所周知,我国刑法总则主要按照共犯人在共同犯罪中所起的作用大小,将共犯人分为主犯、从犯、胁从犯与教唆犯。但是,在上述的分类中,其实包含了两种不同的分类标准:依照分工分类法下而出现的教唆犯及正犯②;以及按照作用分类法而出现的主犯、从犯。一般认为,我国刑法条文中的关于共犯的规定,体现出了一种"以作用分类法为主、以分工分类法为辅"的基本立法精神。③ 不过,由于上述规定实际上是由两种不同的分类方法混杂

---

① 参见安徽省宿州市中级人民法院(2018)皖13刑终179号刑事判决书。
② 张明楷.共犯人关系的再思考.法学研究,2020(1):135.
③ 何庆仁.区分制与单一制:中国刑法的立场与抉择.中国社会科学院研究生院学报,2020(4):36.

而成，如何理解我国刑法规定的这些共犯概念自然也将成为问题。例如，在本案中，两级法院在认定张某某先是构成教唆犯的情况下，又就其是否应当以从犯论处展开了针锋相对的争论。

笔者认为，这种司法实务的处理做法实质上与学界的有力观点——双层次区分说不谋而合。所谓双层次区分说是指，第一层次按照分工分类法，在构成要件层面将共犯人分为正犯、组织犯、教唆犯和帮助犯，以解决定罪问题；第二层次按作用分类法进一步对共犯人做主犯、从犯的划分，以解决量刑问题。持此观点的论者指出，在共犯体系的设置上，我国刑法并非像德、日刑法那样对参与人的定罪和量刑进行单层次的分类和操作，在正犯与共犯的处罚设置上也未机械地遵循由重到轻的层级走向，而是在定罪和量刑两个层面上进行了区分化的处理：在定罪时，根据分工分类标准将参与人区分为正犯和组织犯、教唆犯等犯罪类型；而在量刑时，按照作用分类法进一步将参与人进行主、从犯的划分，并明定其处罚原则。① 尽管有反对观点指出，我国刑法学上所谓的分工分类法与作用分类法并无本质不同，二者完全可以放在一起做统一的理解②，但是笔者认为，考虑到司法实务中习惯性的先定罪再量刑的处理思路，双层次区分说的应用可能会更为适配实务人员的处理思维，本文基本赞同这种双层次区分说的理解。这一点在本案的裁判思路中亦可得到印证，亦即本案的主审法院其实是在双层次区分说的意义上使用教唆犯、从犯等共犯类型概念，并由此展开争论。

(二) 关于共犯的处罚根据问题

当正犯止于未遂时，共犯是否也应当由此而论之以未遂。在此，主要需要从共犯的处罚根据着手对这一问题予以解答：本案中由于强奸犯罪的正犯止于未遂，如果按照通说所持的因果共犯论，则本案的共犯并未造成强奸既遂的法益侵害结果，那么此时自然就无法认定强奸罪的教唆行为实现既遂。

对于这一问题有必要从理论上予以更为深入的展开。详言之，关于共犯处罚根据的观点主要可以分为如下三种：责任共犯论、违法共犯论以及因果共犯论。其中，责任共犯论主张，共犯之所以要受处罚，是因为其使正犯堕落或变坏，制造出了"正犯"，并使之承担罪责和刑罚。③ 在责任共犯论的理解下，共犯的法益侵害性主要在于其"制造"了正犯，所以，从这一角度而言，可能会得出的结论是，正犯的法益侵害止于未遂，但是由于教唆犯的行为使得正犯陷入堕落、违法的境地，则教唆行为的基本目的已然实现，故可

---

① 钱叶六. 双层区分制下正犯与共犯的区分. 法学研究，2012 (1)：129.
② 杨金彪. 分工分类与作用分类的同一——重新划分共犯类型的尝试. 环球法律评论，2010 (4)：56.
③ 周光权. 刑法总论. 4 版. 北京：中国人民大学出版社，2021：357.

直接论以既遂。与之相类似的还有违法共犯论,该说在维持堕落说关于正犯与共犯的本质或实体存在差异性的同时,主张教唆犯之所以要受处罚,并非因为其诱使正犯陷入罪责和刑罚之中,而是设定了符合构成要件的违法行为,使得正犯破坏了社会和平状态。总而言之,责任共犯论和违法共犯论都不是从引起法益侵害上寻找处罚根据,而是从使正犯堕落、陷入罪责和刑罚,或者使正犯陷入实施违法行为的状态,过于强调了正犯和共犯的不同,强调共犯与正犯之间制造与被制造的关系,忽视共犯的侵害、威胁法益的本质缺陷。①

而作为学界通说的因果共犯论则将介入或者参与了正犯行为而间接地引起了法益侵害这一点作为共犯的处罚根据。其中,亲手实施符合构成要件的行为,直接惹起侵犯法益的是直接正犯;通过参与、协力或加功正犯的构成要件行为间接惹起法益侵害的是共犯。依据该理论,单独犯是法益侵害的直接惹起类型,共同正犯是法益侵害的共同惹起类型,而教唆犯、帮助犯则是法益侵害的间接惹起类型。在此基础上,因果共犯论又可以分为纯粹惹起说、混合惹起说和修正惹起说。② 不过即便如此,从共犯本身与法益侵害结果的关系上看,均要求共犯或直接或间接地与法益侵害结果相关联,故而当正犯所实施的行为止于未遂时,共犯的行为自然亦需止于未遂。

因此,在本案中,一审法院直接将教唆犯张某某的行为认定为教唆的既遂,只能是站在责任共犯论或者是不法共犯论立场上而得出的结论。但是,如坚持作为学界通说的因果共犯论,则应当肯定当正犯张甲的强奸行为未实现既遂时,教唆犯张某某的教唆行为只造成了一个强奸未遂的侵害结果。故而检察机关的抗诉意见以及二审法院的改判结果当为合理。

三、延伸思考

本案所讨论的情形亦可能从共犯从属性的方向予以解答,即共犯要想成立既遂的可罚性,需要其所从属的正犯达到何种程度。从上文基于因果共犯论的立场作出的分析,可以说在从属性状态的认定上,共犯如想成立既遂,则必然要求正犯也达到既遂。不过需要进一步思考的是,共犯的处罚根据问题与共犯从属性原则之间究竟是何种关系。

在此,首先要就两种理论之所以被提出的基本目的予以明确。共犯处罚根据论要解决的问题是,共犯没有实施实行行为,为什么还需要对正犯的实行行为引起的结果承担刑事责任。在因果共犯论的立场下,对这一问题的回

---

① 张开骏.共犯限制从属性说之提倡——以共犯处罚根据和共犯本质为切入点.法律科学,2015(5):82.
② 钱叶六.共犯处罚根据再思考.环球法律评论,2021(1):136页以下.

答是，狭义的共犯之所以需要被处罚是因为其与侵害结果之间存在引起与被引起的因果关系。而共犯从属性说所想要解答的问题是，在肯定共犯具有与正犯行为及侵害结果具有因果关系的基础之上，要求考察正犯具体实施到何种程度才能承认狭义共犯的可罚性问题。例如，在共犯的要素从属性之争中，主要争议发生在限制从属性说和最小从属性说二者之间。其中，限制从属性说认为，共犯的可罚性成立，需要其所从属的正犯符合构成要件该当性和违法性，而不必要求正犯具有有责性。而在最小从属性说看来，共犯的可罚性成立，则只需要其所从属的正犯符合构成要件该当性即可，连违法性都可不必具备。

由上述分析可以看出，共犯处罚根据与共犯从属性这两大理论想要解决的其实是同一个问题，但是二者之间具有一体两面的关系。共犯处罚根据的讨论主要是从共犯本身的可罚性出发进行探讨。与责任共犯论、不法共犯论相较，因果共犯论认为，凡共犯与正犯的行为及结果之间存在因果关系，便可以说是具备了最为基本的处罚根据，为共犯的可罚性划定了一个最为基本的范围。而在此基础上，因果共犯论又可以进一步演化为纯粹引起说、修正引起说、混合引起说三种学说，并且除纯粹引起说外，后两说在内容上均包含了对共犯从属性不同程度的要求，从而将共犯从属性与共犯的处罚根据学说融为一体。① 相较之下，共犯从属性说则主要是从对正犯的要求出发，探讨共犯的可罚性标准。无论是限制从属性说还是最小从属性说均属于对正犯的程度要求。因此，可以初步认为，共犯处罚根据与共犯从属性说之间均属于认定共犯可罚性能够成立的重要理论标准，不过二者之间是分别从共犯及正犯的不同角度出发进行的探讨。

（李淼 撰写）

---

① 王昭武. 共犯处罚根据论的反思与修正：新混合惹起说的提出. 中国法学，2020（2）：241.

39 帮助犯的成立条件

案情简介

某日凌晨，被告人郑某、吴某某等人在酒吧喝完酒后，乘坐郑某驾驶的轿车。凌晨1时11分许，郑某驾车撞倒了在道路右侧非机动车道上的被害人杨某、向某某夫妇。杨某当场死亡，向某某被撞后翻至轿车顶部。郑某在明知车辆已撞人的情况下驾车逃逸，继续沿着国道行驶。在车辆行驶的过程中，郑某发现了车顶上的向某某。郑某继续开车前行至民扬集团公司门口附近的路边停车，并叫吴某某下车将车顶上的人拉下来。吴某某独自下车将向某某拉下来放到路边后随即上车，郑某即驾车逃离现场。之后，加油站员工等人在民扬集团公司门口找到了趴在路上的向某某。凌晨1时50分许，向某某被送至乐清市第三人民医院抢救，终因抢救无效于当日9时13分死亡。

裁判要旨

二审法院经审理认为：首先，本案被告人郑某违反交通运输管理法规，酒后驾驶车辆发生重大交通事故，致一人死亡，且交通肇事后逃逸。郑某在交通肇事后逃逸途中发现车顶上还有被害人的情况下，为逃避法律追究，仍继续驾驶车辆将被害人带至离事故现场约500米的较远处，并指使上诉人吴某某将被害人从车顶拖拉下后遗弃至路边阴暗处，且当时系深夜1时许下着雨，没有路灯，致使被害人无法得到及时救助，被他人发现后送医院抢救无效于当日9时许死亡。根据最高人民法院《关于审理交通肇事刑事案件具体应用法律若干问题的解释》第6条的规定，郑某的行为已构成交通肇事罪和故意杀人罪，吴某某的行为已构成故意杀人罪。

其次，根据法医鉴定结论，两被害人的头部严重损伤均符合交通事故钝性暴力所致，与肇事车辆上前挡风玻璃破裂、引擎盖严重凹陷相吻合，且本案另一被告人吴某某对被害人的拖拉放置行为造成被害人头顶部严重颅脑损伤的可能性不大。因此，一审法院认为吴某某在无辅助人员和辅助救助器具，独自拉拽可能造成被害人向某某二次损伤的认定，系主观推测，并无相应证据支持。同时,郑某系交通肇事者,是造成被害人向某某死亡的最直接行为人,并指使吴某某拖拉放置被害人向某某。所以,被告人吴某某处于被指使被动的情形,属于起辅助作用的帮助犯,应认定为故意杀人罪的从犯从轻论处。①

评析意见

一、关键问题与裁判思路

本案中存在的关键问题在于,被告人吴某某究竟是成立故意杀人罪的正犯还是帮助犯,这也是两级法院在审理本案时的主要争议点。在本案中,郑某在实施了交通肇事行为后驾车逃逸,在逃逸过程中发现被害人在其车顶上,于是指使身边的吴某某将被害人从车顶上拽下并放置于路边,最终造成被害人未能得到及时抢救而死亡。按照两级法院的定罪罪名来看,郑某构成交通肇事罪与故意杀人罪的数罪并无疑问,亦即在两审法院看来,郑某后续指使吴某某对被害人实施的遗弃行为属于故意杀人罪,故郑某的行为实际上是一种以不作为的方式实施的故意杀人行为。不过,两级法院主要的观点差异集中在对吴某某行为的认定,亦即对吴某某在正犯郑某实施交通肇事逃逸行为后,帮助其实施了将被害人遗弃在路边的行为,并由此造成被害人出现死亡的结果行为的认定。一审法院认为,吴某某的行为对于造成被害人死亡结果发挥出了重要的作用,属于故意杀人罪的正犯之一。而二审法院则认为,在此过程中,吴某某实施的遗弃行为是在郑某的指挥下完成的,所以,最终认定吴某某的行为仅具有促进作用,属于正犯郑某不作为故意杀人犯罪的帮助行为,是故意杀人罪的从犯。

二、相关学理分析

(一) 本案的核心问题

笔者基本赞同二审法院的裁判结论,亦即被告人吴某某所实施的遗弃行为对被害人的死亡结果仅具有促进作用,故其为正犯郑某不作为故意杀人罪的帮助犯。所以,本案主要涉及的学理问题在于:以作为形式参与不作为犯罪时的帮助犯认定。如果要考察帮助犯的成立,需要检验正犯能否成立,而本案中的正犯属于典型的不作为犯,故而要想在本案中肯定吴某某成立不作为故意杀人罪的帮助犯,需要对郑某的不作为故意杀人罪正犯的成立进行论证,在此基础上再对吴某某的帮助作用进行考察。据此,本案主要涉及以下

---

① 参见浙江省温州市中级人民法院(2014)浙温刑终字第1308号刑事判决书。

问题：一是郑某在交通肇事并逃逸后，指使吴某某实施的遗弃被害人的行为，是否能够认定构成不作为的故意杀人罪；二是吴某某将被害人从车顶拽下并遗弃至路边的行为能否认定为不作为故意杀人罪的帮助犯。

（二）不作为故意杀人罪的成立条件

本案中关于郑某是否构成不作为的故意杀人罪，需要考察郑某的作为义务来源。学界较有影响力的机能二分说认为，不作为犯的实质法义务根据来源于如下两点：一是基于对危险源的支配产生的监督义务，其中包括对危险物的管理义务、对他人危险行为的监督义务、对先行行为造成的法益侵害危险的防止义务；二是基于与法益的脆弱状态的特殊关系而产生的保护义务，其中又可包括诸如基于法规范产生的保护义务、基于制度或者体制产生的保护义务、基于自愿承担而产生的保护义务。① 本案中郑某的作为义务主要来源于其先前的交通肇事逃逸行为，亦即郑某在交通肇事逃逸后，对由其破坏法益的行为所造成的危险有必要采取相应的作为，以防止法益侵害结果的最终发生。具体来说，本案中的行为人郑某在交通肇事后逃离现场，在逃离过程中发现被害人在遭受撞击后位于车顶的状况后，为逃避法律追究，仍继续驾驶车辆将被害人带至离事故现场约500米的较远处，并指使上诉人吴某某将被害人从车顶拖拉下后遗弃至路边阴暗处，未及时采取相应的救助措施以避免被害人死亡的结果发生。因此，郑某在致使被害人死亡的整个因果流程中，虽然并未以作为的方式直接介入，但是却在实施了交通肇事的先行行为之后，在肩负救助被害人的作为义务的要求下，仍然罔顾法律规范对其要求，以不救助的不作为方式支配了被害人死亡的整个因果流程，同时，考虑到郑某实施救助行为的作为便利性以及死亡结果的避免可能性，应当认定郑勇构成不作为的故意杀人罪。

但是，有观点可能会对交通肇事的犯罪行为是否能够成为不作为犯罪的先行行为持质疑立场，亦即先行行为不应包括犯罪行为，行为人在实施犯罪行为后有义务承担刑事责任，但没有义务防止危害结果的发生，如果行为人自动防止危害结果发生，则可以考虑认定为犯罪中止以减轻其刑罚。如果行为人并未防止更为严重的结果发生，则有可能认定为结果加重犯。不过多数观点认为，既然刑法理论肯定过失的一般违法行为可以成为作为义务的发生根据，那么就没有理由否认过失犯罪可以成为作为义务的来源，否则将会使得案件的认定和处理产生不协调，进而产生处罚上不应有的漏洞。② 因此，在这一观点的理解下，本案中郑某的行为构成不作为的故意杀人罪当无疑问。

---

① 周光权. 刑法总论. 4版. 北京：中国人民大学出版社，2021：108页以下.
② 张明楷. 刑法学. 6版. 北京：法律出版社，2021：201.

(三) 帮助犯的主客观条件

在考察完正犯的法益危害性之后，需要就不作为故意杀人罪的帮助犯进行单独的考察。本案中，吴某某受正犯郑某的指使将被害人从车顶上拽下，并将被害人遗弃在路边，最终促使被害人出现死亡结果。也就是说，在整个不作为故意杀人罪的因果流程中，吴某某以作为的方式促进了最终的法益侵害结果发生，不过，这并不会影响共犯成立的问题。这是因为，不作为犯虽然要求存在特定的作为义务，可谓身份犯，但是这里所要求的身份是就正犯而言，帮助犯的成立则并不以相应的特殊身份成立为前提，故而对不作为的帮助犯是完全可能成立的。① 同时，本案中吴某某将被害人从车顶拽下的行为属于降低风险的行为，相较于被害人在车顶而言，放置路边的行为并未使风险增加，不属于创设法所不允许的风险的行为，吴某某并不具有相应的作为义务。所以，其行为至多只能成立正犯的帮助犯。接下来，对吴某某是否成立不作为犯罪的帮助犯进行讨论。

一般而言，帮助犯的成立需要满足相应的客观条件以及主观条件。② 在客观条件中，帮助犯所实施的帮助行为必须指向的是符合构成要件的行为。在此，根据通说所采的混合引起说的观点，共犯的可罚性证立，既需要其所从属的正犯不法存在，也需要共犯具有自身独立的不法性。一方面，本案中对应的正犯不法成立。上文中已经就本案中正犯的不法成立展开分析，正犯郑某实施的不作为故意杀人行为在认定上得到了理论的验证。另一方面，吴某某作为帮助犯的独立不法统一存在。本案中的帮助者吴某某的行为进一步促进了被害人死亡结果的发生，具有相对独立的不法性，故而可以肯定其构成不作为故意杀人罪帮助犯的成立。

此外，帮助犯的成立还需要在主观条件上形成共识。帮助犯的主观要件以帮助故意为其内容，要求帮助者在实施帮助行为时对正犯以及其本身所实施的行为有着基本的认识，并至少达到间接故意的标准。在此，就帮助犯本身的成立要求而言，帮助者需要对正犯的犯行以及其帮助行为有着基本的认知与意欲要素。而在本案中，吴某某对于正犯郑某肇事逃逸后并最终遗弃被害人的行为有着极为清晰的认识，同时也认识到其帮助行为可能造成被害人进一步恶化的死伤结果。所以，可以肯定吴某某作为帮助犯的主观要件。

三、延伸思考

与本案以作为方式参与正犯的认定不同，以不作为的方式参与正犯的实

---

① 张明楷. 刑法学. 6版. 北京：法律出版社，2021：590.
② 蔡桂生. 论帮助犯的要件及其归属. 北大法律评论，2015 (2)：9页以下.

施不仅在理论上存在诸多争议点，在司法实务中也往往是讨论的关键所在。其中，关于不作为的共犯在学界及司法实务界的理论认定上，主要存在如下三种观点：原则上成立帮助犯、原则上成立正犯以及就具体案情作出具体判断。原则帮助犯说认为，不作为参与作为的故意犯罪时原则上应当成立帮助犯，只在极其例外的情况下才会成立正犯。这一观点的背后理论依据主要是以规范论为基础的义务犯论。原则正犯说则认为，不作为参与作为的故意犯罪时应当成立正犯，只在极为特殊的情况下成立共犯。其背后主要是以法益论为基础的支配犯论。区分判断说认为，不作为在共同犯罪中成立正犯还是共犯需要具体判断，不可能出现一边倒地成立正犯或者共犯的局面。我国的司法实践在实务处理中更倾向于区分判断说的基本结论。这一结论的背后则主要是作为义务传统的二分说立场，亦即将作为义务区分为保护法益与监督危险源两种，认为保护法益的义务人在共同犯罪中将构成正犯，而监督危险源的义务人则成立共犯。[①] 在这一问题的理解上，原则帮助犯说与原则正犯说的结论都有过于绝对之嫌，区分判断说的结论相对而言较为妥当，不过仍有待今后进一步研究。值得注意的是，司法实务的观点有必要成为理论研究的重要参考，对于观点打磨也有赖于对实务观点的不断借鉴。

（李淼　撰写）

---

① 姚诗．不作为正犯与共犯之区分：实践发现与理论形塑．法学家，2020（4）：115 页以下．

㊵ 帮助犯的因果关系

案情简介

　　林某蓄谋杀害谢某，于是雇请童某帮其杀害谢某，童某答应后便进一步寻找"杀手"。后找到被告人陈某某，陈某某虽然表示拒绝但为其联系了程某。之后陈某某安排了童某和程某见面，童某对程某告知事实后许诺会有一些报酬。程某又找到吴某帮忙。之后，童某就带着程某和吴某去见了林某，并在林某的带领下，童某、程某和吴某实施了踩点行为并指认了谢某，同时购买了铁锤和刀等作案工具。在完成一系列准备工作之后，由童某望风，吴某和程某两人分别持铁锤和刀实施针对谢某的杀害行为，造成被害人谢某当场死亡，童某则在村口接应其二人共同逃离现场。

裁判要旨

　　一审法院认为，被告人陈某某教唆伤害他人，致一人死亡，其行为已构成故意伤害罪。因被教唆的人犯故意杀人罪，没有犯被教唆的故意伤害罪，对于教唆犯被告人陈某某，可以从轻或者减轻处罚。被告人陈某某在被公安人员围捕和家人的劝说下，主动投案，并如实供述主要犯罪事实，视为自首，可以从轻或减轻处罚。综合被告人陈某某的犯罪事实和量刑情节，决定对其减轻处罚。

　　然而与一审法院的认定结论相反，二审法院则指出，陈某某应当被认定为帮助犯而非教唆犯。并论述认为，上诉人陈某某明知他人要雇用人员实施伤害犯罪，仍积极提供帮助介绍人手，后其所介绍的人员受雇主授意实施故意杀人犯罪，致一人死亡，其行为已构成故意伤害罪。上诉人陈某某具有自首情节，依法可予减轻处罚。原判认定上诉人陈某某是教唆犯，且因被教唆的人犯故意杀人罪，没有犯被教唆的故意伤害罪，对上诉人陈某某可以从轻或者减轻处罚的判决意见不能成立。经查，本案中，上诉人陈某某的犯意是基于上家要雇用人手实施犯罪而提供帮助并介绍人员，其行为是上家故意犯罪的帮助犯，而不是自己独自唆使没有犯罪意图的人产生犯罪的意图，因此，其行为不应认定为教唆犯。①

评析意见

一、关键问题与裁判思路

本案中两级法院的主要争点在于：被告人陈某某究竟构成帮助犯还是教唆犯。一审法院认为，被告人陈某某虽然未直接参与故意杀人的实行，但是通过中介的方式为正犯童某联系共同实施杀人行为的帮手程某，并积极促使程某加入故意杀人行为的共同犯罪之中。因此，从上述事实上来看，一审法院的认定逻辑在于，陈某某在得知童某等人的故意杀人诉求之后，积极为其联系原本无犯意的程某作为杀人行为的共同正犯，最终使得故意杀人行为既遂，所以站在陈某某与下家程某之间关系的角度上来看，陈某某的行为相当于教唆程某参与实施了故意杀人犯罪。与之相反，二审法院的审理逻辑则在于，从陈某某与上家童某之间的关系展开分析，上家要雇用人手实施犯罪，而陈某某居间提供帮助并介绍人员，故而陈某某的行为是上家故意犯罪的帮助犯，而不是自己独自唆使没有犯罪意图的人产生犯罪的意图，因此，其行为不应认定为教唆犯。

由此可见，两级法院是基于中间人陈某某与故意杀人犯罪上下家之间的不同关系去理解帮助犯与教唆犯的区分，在此需要结合教唆犯与帮助犯本身的特质来观察。理论上一般认为，帮助犯与教唆犯之间主要区别在于因果关系的认定，亦即教唆犯的因果关系仍可采条件说来加以理解，而帮助犯在因果关系上主要表现为促进性的因果关系，与条件说存在较为明显的差别。下文将就此展开学理上的分析。

二、相关学理分析

（一）帮助犯和教唆犯的区分

关于帮助犯与教唆犯之间如何区分，一般认为，二者最大的区别在于因果关系的认定。亦即，教唆行为的实质是引发他人的犯罪故意，而帮助犯则不要求达到这种程度。② 在教唆犯的成立条件中，要求教唆者必须使被教唆者产生实施符合构成要件的违法行为的意思，当被教唆者已经产生犯罪意思的情况下，不能认定构成教唆犯，最多只能成立帮助犯。在这种情况下，教唆犯与正犯的侵害结果之间实际上存在一种条件说意义上的因果关系。相

---

① 参见福建省福州市中级人民法院（2018）闽01刑终543号刑事裁定书。
② 周光权. 刑法总论. 北京：中国人民大学出版社，2021：363.

较之下，帮助犯的因果关系认定则存在显著的不同。有观点即指出，帮助犯对于犯罪的贡献是有限的，其所起的只不过是一种"促进"作用，而明显有别于正犯甚至教唆犯。① 帮助犯只是对结果提供了一定的支持，属于最低程度上的参与，只需要存在让正犯实行和结果发生更容易这一关系上便已然足够。

因此，帮助犯与教唆犯之间的重要差异在于因果关系的认定存在不同，对于本案的认定自然需要从这一点上来进行判断。相较于教唆犯而言，对于帮助犯的认定不需要达到"造成法益侵害结果不可或缺之条件"，而只要对于正犯的行为、结果存在促进作用即可。

（二）帮助犯因果关系的特殊性

如果要求帮助犯在因果关系的认定上达到与正犯、教唆犯相同的程度，可能会导致出现不合理的处罚结论。例如，在为盗窃行为望风的过程中，尽管盗窃行为极为顺利，没有参与者的望风行为也能够顺利实现，此时如果强调帮助犯需要达到条件说意义上的因果关系，将会造成望风的参与者不可罚的结论，但是这样的结论显然无法为社会一般人所接受，同时将会造成大量帮助犯无法被有效追究的恶果。正是基于上述的论断，学界现有的观点普遍认为，对于帮助犯的因果关系上不应采取条件说，而应采取通说所持的"促进说"，亦即帮助犯对于正犯的发生、发展只需要达到一种促进性的作用即可，而无须达到类似于教唆犯中所要求的条件说的程度。

（三）陈某某成立帮助犯的主要理由

在本案中，想要分析陈某某究竟是扮演了教唆犯还是帮助犯的角色，需要结合其在整个共同犯罪中所起到的作用来看。如果仅仅从陈某某与下家程某之间的关系入手进行分析，则将与一审法院所得出的结论相同，即程某是在陈某某的引介教唆下产生犯意，进而参与了故意杀人犯罪的实施，如果没有陈某某的引荐，程某自然无法参与到整个犯罪中来，所以应当将陈某某视为程某故意杀人罪的教唆犯。然而，如果将视线进一步剥离，并拓展至整个故意杀人共同犯罪的全局上，则可以发现，陈某某的行为更应当认定为帮助犯而非教唆犯。在整个故意杀人的共同犯罪中，陈某某作为居中介绍、承前启后的角色而存在，一方面，陈某某需要为上家童某推荐相关的参与人选，另一方面，陈某某也需要为下家程某进行引荐并实现介绍担保工作。所以，在此基础上，可以发现，陈某某的居中介绍行为并非教唆他人并引发他人犯意的行为，其作为介绍人更多的是作为一个媒介将相关的犯意传递给承接任

---

① 佐伯仁志．刑法总论的思之道·乐之道．于佳佳，译．北京：中国政法大学出版社，2017：311．

务的下家，而非独立地实现犯意的引起。那么陈某某作为共同犯罪中的居间介绍人，在共同犯罪中作为传递信息的媒介，主要是为连接上家童某与下家程某而存在，对于上家童某与下家程某之间的共同犯罪的结合存在重要的促进作用，并未独立地引发下家的犯意，故对于整个故意杀人罪并不能达到条件说的要求。所以，即便欠缺陈某某的居中介绍行为，本案中的故意杀人犯罪仍有可能会按照既有流程继续发展发生，上家童某仍然会通过其他手段实现其故意杀人的犯罪目的。因此，在这个意义上而言，二审法院的判断基本正确，陈某某的行为仅仅只能认定为帮助犯，而非一审法院所持的教唆犯观点。

三、延伸思考

值得进一步思考的是，在帮助犯因果关系问题的讨论上，需要在如下两个层面予以展开。

第一，需要就否定帮助犯存在因果关系的观点予以先行探讨。这一观点并非仅具有理论价值，而将会直接影响司法实务中具体的案件处理结论，从而突显出该问题的实质价值。例如，在司法实务中常见的望风问题，如果行为人自发且无通谋的望风行为对于最终的侵害结果并无助益，按照因果关系不要说则可能认定此时的望风行为依然构成帮助犯既遂，而因果共犯论的结论将与之完全相反。如在帮助犯的认定上采因果关系不要说，将明显与大陆刑法学通说坚持的因果共犯论立场相左，故这一观点在理论上饱受相应的质疑。

第二，若在帮助犯认定中要求帮助行为与侵害结果之间具有因果关系，通说观点认为帮助犯的因果关系认定无须运用条件公式，而只要达到在物理或心理意义上促进侵害结果发生的程度即可，此时帮助犯的因果关系可以通过促进公式予以解读。[①] 那么，通说所认定的促进作用因果关系中的促进说应当如何理解，其与条件公式之间存在何种关联，值得探讨。对此又应当分为如下两个基本的问题点。

一方面，帮助犯的因果关系中是否也存在诸如正犯因果关系认定上的归因、归责二分。具体而言，若坚持因果共犯论的立场，在对因果关系认定作归因、归责二分的处理日趋有力的背景下[②]，帮助犯中的促进说究竟是作为归因认定的标准还是也包含了归责认定的价值属性？笔者初步研究后认为，促进说由于其理论本身的含糊性，无法承担归责的基本要求，典型如中立帮助

[①] 松宫孝明．刑法总论讲义．第四版补正版．钱叶六，译．北京：中国人民大学出版社，2013：218．

[②] 陈兴良．从归因到归责：客观归责理论研究．法学研究，2006（2）：85．

行为的场合中，由于帮助行为本身类型上具有复杂性，试图用简单的促进作用作为统一的理论标准，将难以收获相应的效果。

另一方面，如果认为促进理论是一种归因层面因果关系认定理论，则面临的问题便是该理论与作为归因层面通说的条件说之间究竟存在何种关联？如上文所述，帮助犯与正犯及教唆犯的因果关系认定存在显著不同。如此则帮助犯因果关系的判别标准、研究路径与既有的建立在条件公式上的因果关系理论存在明显不同，并形成对帮助犯因果关系研究的"别开生面"。有观点指出，由于围绕单独犯罪所形成的传统因果关系理论将无法适用于帮助犯因果关系的判定，那么放弃条件关系下的因果关系解读，对单独犯罪下因果关系的判定路径进行修正，就成为一种必然的选择。① 亦有观点指出，帮助犯的因果关系是与条件说相并列的另外一种因果关系类型。② 上述的理解均不乏支持者，而对该理论与条件说之间的关系辨明同样将会涉及具体案件的处理，故而对该问题的解答有着更为实际的意义。笔者认为，帮助犯原本即与故意的正犯的因果关系认定存在类型上的差异，在归因层面的因果关系判断上便需要对不同行为类型的因果关系作区别化处理，所以促进说是与条件说相并列的归因理论的一种，二者之间从存在论的意义上观察具有作用程度上的重要差异。③ 因此，相比于正犯及帮助犯的因果关系要求，帮助犯的因果关系认定实质性地降低了行为与结果之间的事实关联的程度要求。

（李森　撰写）

---

① 阎二鹏. 帮助犯因果关系：反思性检讨与教义学重塑. 政治与法律，2019（2）：139-140.
② 劳东燕. 事实因果与刑法中的结果归责. 中国法学，2015（2）：136-137.
③ H. L. A. 哈特，托尼·奥诺尔. 法律中的因果关系. 张绍谦，孙战国，译. 北京：中国政法大学出版社，2005：326页以下.

41 中立行为与帮助犯

案情简介

"套路贷"公司员工杨某,负责"套路贷"公司的人事、考勤、工资统计、业务员提成、采购办公用品、办理员工社保,以及相关的后勤保障服务。"套路贷"公司的相关人员在实施上门催债行为时,除了采取语言恐吓威逼,还共同或分别多次以杨某提供的胶水和喷漆实施用胶水堵锁、用喷漆喷写"还钱"等具有严重危险意义的字样。杨某作为高利贷公司的员工,实施了为公司成员提供相关的后勤保障服务,亦即提供喷漆、502胶水等促进寻衅滋事行为发生的关键物品。

裁判要旨

法院审理认为,被告人杨某等人为高息放贷而组成较为固定的犯罪组织,是犯罪集团。杨某明知同公司法务部人员的工作内容,并且按照犯罪组织分工和安排,购买、提供胶水和喷漆供公司法务部人员上门催债时堵锁、喷字,其行为构成寻衅滋事罪,但在共同犯罪中起次要辅助作用,其行为构成寻衅滋事罪的帮助犯。故对该犯罪集团成员以抢劫罪、非法拘禁罪、敲诈勒索罪、寻衅滋事罪的一罪或数罪定罪量刑的同时,对被告人杨某以寻衅滋事罪判处拘役四个月,缓刑六个月。[①]

评析意见

一、关键问题与裁判思路

本案中存在的关键问题在于,杨某所提供的帮助行为属于理论上所说的典型的中立帮助行为,而对于中立帮助行为是否构罪的认定,在学界向来颇

[①] 邓光扬. 外观行为日常化的帮助犯之司法认定——以杨某购买、提供喷漆、胶水成立寻衅滋事罪为例. 法律适用,2020(14):34.

具争议。在本案中也是如此,针对杨某的行为是否构成相应犯罪的帮助犯也出现了截然不同的两种观点:

第一种观点认为杨某无罪。理由是:一是杨某从未参与上门催收债务引发的寻衅滋事行为,其购买、提供胶水和喷漆属于日常生活行为,没有社会危害性,是不可罚的"中立的帮助行为";二是现有证据不能充分证明杨某主观明知购买的胶水和喷漆被用于寻衅滋事;三是杨某没有故意促进制造堵锁、喷字等违法事实的认识;四是杨某即使知道胶水和喷漆的用途,也没有认识到同伙用胶水堵锁和喷漆喷字的行为是犯罪。

第二种观点则肯定了杨某是寻衅滋事罪的帮助犯。理由是:其一,与日常生活行为外观或情状相同或相似的行为并非没有社会危害性,杨某作为公司职员,为同伙寻衅滋事行为长期稳定地提供帮助,其行为具有社会危害性;其二,杨某长期与公司法务部人员共同工作,包括共同开会商议工作,不存在事实认识错误;其三,犯罪故意中的认识要素,要求行为人认识到行为的社会意义,但程度上不苛求理解刑法规范意义。①

显然,就本案主审法院的最终认定结论而言,其所认同的是上述第二种解决观点。

二、相关学理分析

(一) 中立帮助行为的可罚性

理论上对于中立帮助行为的可罚性,主要存在全面处罚说和限制处罚说两种对立的立场。全面处罚说认为,中立的帮助行为完全符合共犯理论中帮助犯的成立条件,只要客观上与犯罪结果具有因果关系,并且主观上具有故意,就应当肯定帮助犯的成立,因而无须通过中立帮助行为的构建,完全可以按照帮助犯的认定标准对其加以处罚。② 有观点则指出,这一倾向与我国司法实务的一贯立场不谋而合,我国司法实务一贯认为,只要行为人明知他人实施犯罪还提供帮助,即行为人主观上有帮助的故意,客观上促进了他人犯罪,帮助行为与正犯行为及其结果之间存在因果关系,就应毫无例外地作为帮助犯予以处罚。③ 但是,批评者认为,全面处罚说仅从理论逻辑的角度对帮助犯的认定做形式化的理解,而未能展开实质性思考,丝毫没有考虑处罚中立的帮助行为可能给社会正常的运转带来的负面影响,放弃了法教义学结论

---

① 邓光扬. 外观行为日常化的帮助犯之司法认定——以杨某购买、提供喷漆、胶水成立寻衅滋事罪为例. 法律适用, 2020 (14): 35.
② 陈洪兵. 中立行为的帮助. 北京: 法律出版社, 2010: 6.
③ 陈洪兵. 中立帮助行为出罪根据只能是客观行为本身——有关共犯司法解释的再解释. 四川大学学报(哲学社会科学版), 2021 (4): 161.

在刑事政策上的妥当性,难言妥当。①显然,与全面处罚说相比,限制处罚说在结论上更为妥当。

在限制处罚说内部,存在主观说、客观说和综合说等三种不同的限制处罚路径。主观说认为,如果行为人明知正犯实施犯罪行为,仍提供实质帮助,以促使正犯犯罪目标的实现,就严重动摇了行为的中立性,从而为帮助行为的可罚性奠定了基础。客观说则认为,对于中立帮助行为的可罚性认定需要从帮助犯的客观构成要件的角度进行考察,具体包括两种进路:一是从帮助行为作为客观要件本身出发对其进行限制;二是从帮助行为与侵害结果之间的归责关联进行限定。而综合说则是结合主观说与客观说的优点,将上述两说综合性地运用到中立帮助行为的可罚性判断中。② 在上述三种学说之中,主观说存在较大的缺陷,应予以否定,因为主观说的考察不仅与刑法客观主义的基本立场相违背,而且可能会造成处罚范围的过度扩张。与之相类似,所谓的综合说的观点,亦将会继承主观说而存在同样缺陷。

(二) 实务中,中立帮助行为处罚扩大化的现象客观存在

对于本案,司法机关认定:杨某,负责公司人事、考勤、工资统计、业务员提成、采购办公用品,办理员工社保,还根据公司负责人安排为公司法务部人员上门催债而购买、提供喷漆、502胶水。公司法务部人员上门催债,除语言恐吓威逼,还共同或分别多次以杨某提供的胶水和喷漆实施各种危害行为。结合这些事实,法院基于以下理由认定其构成帮助犯:(1) 杨某作为公司负责人事、后勤工作的人员,按照正常公司一般性的采购一些喷漆、502胶水无可厚非,属于不可罚的正常采购行为。但杨某是长期稳定地为实行者的特定行为即制造寻衅滋事事实提供帮助,所购买的量不是正常公司所需的,这不是普通职业行为、日常业务行为。(2) 杨某落实事先合谋形成的分工,使实行者在其"保障有力"的物质帮助下,备受"有求必应"的激励鼓舞,随时可以得心应手地将所提供之物用于寻衅滋事,对促进侵害法益的实行行为具有现实的作用;至于提供行为与实行行为的紧密联系,更毋庸赘言。协助他人入户盗窃的望风者,在户外即使"什么也没做",尚能评价为盗窃罪的帮助犯,将杨某购买、提供胶水和喷漆的行为评价为社会危害行为,评价为"促进实行者制造违法事实"的帮助行为,自在情理之中,不会超出国民的预测可能性。(3) 杨某提供胶水和喷漆案中,催债的法务部人员在长达两年的时间内,用胶水封堵10余被害人家的门锁,在被害人门墙、楼道用喷漆喷涂"杀""死""××还钱"等恐吓字样,而杨某平时与法务部成员共同工作,每

---

① 孙万怀,郑梦凌. 中立的帮助行为. 法学, 2016 (1): 145.
② 陈洪兵. 中立的帮助行为论. 中外法学, 2008 (6): 933 页以下.

周一共同出席公司全体人员会议，杨某明知法务部人员的工作内容，仍希望促成实行者制造违法事实。①

但是，这种司法立场是否将较为边缘的人认定为犯罪人，是否扩大了帮助犯的成立范围，还值得研究。

（三）中立帮助行为处罚标准的明确化

对于中立帮助行为的处罚路径仍然应当从行为的客观层面出发，通过规范化的判断标准，对帮助行为的处罚范围作出限定，因此客观说的基本立场较为可取。但是考虑到中立帮助行为在司法实践中具有多样性，在确定其处罚标准时显然难以一概而论，故笔者尝试以本案中所涉及的产业犯罪为模板，作为研究处罚标准的具体对象。

概言之，所谓产业化犯罪是指为谋取同一领域的违法所得，具有不同分工并形成流水线式作业链条的犯罪样态。②在一个形成组织的产业型犯罪中，其中往往涉及众多职业性的参与行为，参与者通过其职务行为实施的帮助属于典型的中立帮助行为。而本案即属于典型的产业犯罪中通过职务行为实施帮助的典型案例。具体来说，杨某所服务的公司以"套路贷"为主要的工作业务，公司的工作人员均以其相应的职务行为参与到整个"套路贷"犯罪之中。例如，本案中的杨某作为后勤人员主要负责"套路贷"公司的人事、考勤、工资统计、业务员提成、采购办公用品，办理员工社保，以及相关的后勤保障服务。与之相对，"套路贷"公司的主要业务人员则需要负责实施具体的上门催债等行为。此时，对于主要业务人员的寻衅滋事等行为认定尚且不存在问题，但是，对于如杨某等后勤服务人员是否能够认定其帮助犯的成立则存在疑问。例如，对于本案中"套路贷"公司招募的前台、人事行政、合规、运营、客服、培训、财务和技术人员等非核心人员，如何定性，其行为是否构成犯罪，争议较大，甚至在出入罪标准上尚且存在较大分歧。究其原因，主要在于此类产业型犯罪涉案人员众多，公司内部层级复杂，非核心人员的行为性质难以简单界分。

对于产业犯罪中的非核心人员，一般不认定其构成相应犯罪的帮助犯。原因在于，产业犯罪中，根据帮助人员在产业化犯罪中的分工区分类型，可以区分为经营者、管理者、专业技术人员以及受雇佣提供劳务的普通帮助人员。其中，产业犯罪中的经营者以及管理者，虽然在产业犯罪中更多的是通过其劳动提供帮助行为，但是其行为已然与产业犯罪的核心圈层相贴近，进而可以成为产业犯罪中的核心人员。而此类非核心人员的帮助行为通常表现

---

① 邓光扬.外观行为日常化的帮助犯之司法认定——以杨某购买、提供喷漆、胶水成立寻衅滋事罪为例.法律适用，2020（14）：35.

② 叶小琴.产业化犯罪的帮助人员处罚畸轻问题思考.法商研究，2020（4）：129页以下.

为日常职业行为、日常交易行为与专业服务行为，其中包括了公民实施的符合市场规则的履职行为、平等市场主体间符合市场规则的交易行为、提供互联网信息技术、金融合规审查、信用担保、财务会计结算等专业服务的行为。这些专业性、技术性较强的服务行为与产业犯罪密切关联，甚至于成为产业犯罪中几乎不可缺少的一部分。然而对于上述的专业性帮助行为，我国司法实践中所体现的基本立场表现为，行为人对非法集资行为的不法性仅具备极模糊的认知而获得正常收益的，其行为从原则上讲也可罚。① 如果秉承这一思路，将明显导致刑法的处罚范围过度扩张，一方面可能会造成对公民正常的工作劳动权利的侵犯，另一方面可能会造成对技术发展、社会生产劳动的强力阻碍。

不过即便如此，对于非核心人员的具体判断仍需要结合具体情形加以判断。一般来说，产业犯罪中的非核心人员包括专业监督管理、技术人员以及受雇佣的劳务人员：前者由于其专业技能、技术优势，可能会在部分场合成为犯罪中不可缺少的一分子，进而成为核心成员而具备可罚性；但是对于后者而言，其专指在犯罪活动中提供劳务从而获取较低报酬的人员，在此所谓的提供劳务是指通过低技术含量重复性简单体力劳动获取报酬的行为，由于其高度可替代性与极低的影响度而应排除对其归责。

因此，笔者认为，在本案中，杨某作为整个产业犯罪的后勤人员，其行为属于低技术含量、重复性简单体力劳动行为，故其属于典型的非核心人员，应当排除对其归责，通过相关的行政管理法规对其予以处罚即可。

三、延伸思考

虽然对于产业犯罪中的非核心人员一般不应认定为相应的帮助犯，但这也意味着存在相应的例外情形：当非核心人员满足客观上的紧迫性与主观的特殊认知时，可以肯定对非核心人员的归责。在司法实践中主要的争议点集中在客观层面的考察上，亦即如何在客观层面上也能肯定对非核心人员的处罚。也就是说，由于产业犯罪中的非核心人员基本处于犯罪核心圈的外围，其作用对于促进最终的法益侵害结果之间其实有着相当长的一段距离。不过，也不排除有的非核心成员可以在例外情形下，通过其参与行为能够对法益侵害结果的出现起到相应的紧迫性促进。在此，对于法益危害的紧迫性促进，可以考虑从如下两个方面加以判断：一是考察非核心人员在整个产业犯罪中所起到的重要作用；二是考察非核心人员在整个产业犯罪所处的具体环节。

距离正犯犯罪关联性较弱的专业服务行为不能认定对法益危害有着紧迫

---

① 敬力嘉. 非法集资犯罪共犯范围的过度扩张及其匡正. 法商研究，2020 (6)：91-92.

的促进作用。产业犯罪中的非核心人员如果在整个产业环节中起到更为重要的作用,则在客观层面对于法益侵害结果有着更为紧迫的危险性。例如,在传销犯罪中,通常有专业的安保人员、后勤人员作为参与者参与整个传销犯罪,此类行为由于具有较强的专业性,属于正当产业中亦不可或缺的关键部分,故而实际上与正犯行为在犯罪关联性上距离较远。由于这种类型的专业服务具有较强的可替代性,既与正犯之间的犯罪关联性较远,也不具有不可或缺的重要作用。

距离正犯行为犯罪关联性较强的非核心人员也需要考察其实际作用的大小。例如,在非法集资类的产业犯罪中,销售人员、培训人员作为与非法集资行为犯罪关联性较强的帮助行为,与非法集资行为关联较为密切,并且对于促进犯罪的发生起到了积极的作用,那么此时应肯定相关人员的归责。以上述的销售人员为例,如果销售人员的销售内容涉及宣传集资,则明显具有帮助集资正犯开展销售工作,提升集资数额的作用,对于整个集资犯罪的展开具有重大的促进作用,则应肯定其归责。

(李淼 撰写)

42 主从犯的认定

案情简介

2014年12月上旬的一天,张某军在贵州省织金县鸡场坡乡,采用电话联系等方式,以人民币38 000元的价格向被告人张某江贩卖毒品海洛因101.3克。被告人张某江指使被告人张某礼、柯某秀乘坐公共汽车共同将上述毒品海洛因从贵州省织金县鸡场坡乡运输至江苏省苏州市吴江区盛泽镇,在途经浙江省湖州市南浔区汽车站时,被民警当场查获。

裁判要旨

法院认为,认定主从犯的依据是其在犯罪中的作用,而不是以其是否是实行犯,或者是否受雇佣、受指使参与犯罪作为区分的标准。张某礼、柯某秀虽然都是受指使运输毒品,但是从张某礼、柯某秀在犯罪中的参与度、自主性以及参与犯罪的时间等方面来看,两人在犯罪中的实际作用是不同的。张某礼一开始就参与到犯罪中,且在整个过程中非常主动。而柯某秀一开始只是答应老乡张某江帮忙带点东西到吴江,并不知道要带什么,到车站才知道要带的是毒品,故其是"运输工具"而已。因此,在运输毒品共同犯罪中,被告人张某礼系主犯,被告人柯某秀起次要作用,系从犯。被告人张某礼犯运输毒品罪,判处有期徒刑十五年,剥夺政治权利五年,并处没收财产人民币五万元;被告人柯某秀犯运输毒品罪,判处有期徒刑十二年,剥夺政治权利四年,并处罚金二万元。[①]

评析意见

一、关键问题与裁判思路

本案的关键问题是如何理解和认定《刑法》第27条规定的"起次要作

---

① 国家法官学院案例开发研究中心. 中国法院2017年度案例(刑法分则案例). 北京:中国法制出版社,2017:194.

用"的人的含义,共同犯罪中正犯能否认定为起次要作用的从犯?法院的判决实际上认可了起次要作用的正犯可以认定为从犯,将被告人柯某秀认定为从犯的判决结论是正确的,但认为主从犯的认定仅需要根据其在犯罪中的作用,这一理由值得商榷。另外,法院认为即使都是受指使实施犯罪,也需要区分主犯和从犯,这一结论也值得肯定。

二、相关学理分析

我国《刑法》第 27 条规定,在共同犯罪中起次要或者辅助作用的人是从犯,但实务上可能持"不能区分"主从犯、"不宜区分"主从犯或"不应区分"主从犯的立场。我国刑法理论上,对于起次要作用的人如何进行区分以及包括哪些类型存在较大的争议。

(一)刑法学上对于"起次要作用"的理解分歧

1. 起次要作用的人包括了(次要的)正犯。具体又有不同的观点:一种观点认为,"起次要作用的人"是指次要的正犯和通常的教唆犯。"起次要作用的人"是指次要的正犯,这种正犯虽然直接实施了符合构成要件的实行行为,但可能并非犯意的制造者,参与实行的主动性不强或者受他人指挥,参与程度较低,或者对法益造成的侵害较小,因此,相对于起主要作用的正犯,在共同犯罪中所起的作用较小。① 另一种观点认为,起次要作用的人仅指次要实行犯,而不包含教唆犯,这种观点主要是基于刑法主观主义,受"造意为首"观念的影响,认为教唆犯都是主犯。

2. 认为起次要作用的人的规定是多余的。由于实行犯直接导致结果发生,而帮助犯通过实行犯间接导致结果发生,二者在违法性上显著不同,难以将这两种行为等同,如果用图式化的表达方式,则正犯=主犯,帮助犯=从犯(还包括胁从犯)。《刑法》第 27 条规定的从犯与第 26 条规定的主犯是相对应的关系,主犯是起主要作用的人,从犯是起次要作用的人。《刑法》第 27 条所规定的次要作用和辅助作用应当理解为,次要作用包含辅助作用,辅助作用是次要作用的一种类型,由于辅助行为是最常见的从犯行为类型,因此刑法把这种典型的帮助行为加以例举规定。② 按照这一观点,辅助作用只是对次要作用的一种例举,不具有和次要作用并列的意义。

(二)合理的主张

认为起次要作用的人的规定包括了起次要作用的正犯的观点具有合理性。按照先定罪后量刑的逻辑,在共同犯罪案件中,应当先区分正犯和共犯,再

---

① 周光权. 刑法总论. 3 版. 北京:中国人民大学出版社,2016:358.
② 杨金彪. 分工分类与作用分类的同一. 环球法律评论. 2010 (4):55.

区分主犯和从犯。并非所有的正犯都是主犯，主犯和正犯的概念有交叉，可能存在所有正犯都是主犯的情形，也可能存在有的正犯作用较小、处刑相对轻的情形。此外，正犯和实行犯也不是完全相同的概念，例如有的犯罪集团的组织者并没有直接实行犯罪，但可以认定为正犯。在国外，即使不使用主、从犯的概念，共同正犯之间的量刑也会有差别，事实上也会区分主从犯。在日本最高裁判所的判例中，有将正犯解释为帮助犯（从犯），从而将正犯作为从犯处罚的案例。例如，运输公司厂长甲让雇员乙运送黑市大米，最高裁判所昭和25年（1950年）7月6日判决（刑集4卷7号1178页）认为：甲"把乙作为自己的手和脚，命令乙亲自运送涉案的米"，认定甲为违反《粮食管理法》的实行正犯，把乙解释为帮助犯。① 可见，日本判例对正犯实际上也区分主次作用，但由于没有主犯从犯的概念，正犯和共犯的概念同时承担了定罪和量刑的作用，故不得不把次要作用的正犯解释为帮助犯。这样，可以说我国先区分正犯和共犯，再进一步在共同正犯中区分主从犯，比国外定罪量刑一体化解决的模式更为优越和精细化。

附带指出，我国刑法分则的部分规定，事实上认可虽有正犯行为，但由于其参与实行时起次要作用，为其配置较其他正犯更轻且事实上与从犯处罚相当的法定刑，这等于是通过立法印证了次要实行犯成立从犯的主张。例如，《刑法》第294条规定，积极参加黑社会性质组织的，处3年以上7年以下有期徒刑；其他参加的，处3年以下有期徒刑、拘役、管制或者剥夺政治权利。2009年12月9日最高人民法院、最高人民检察院、公安部《办理黑社会性质组织犯罪案件座谈会纪要》规定，黑社会性质组织的积极参加者是指接受黑社会性质组织的领导和管理，多次积极参与黑社会性质组织的违法犯罪活动，或者积极参与较严重的黑社会性质组织的犯罪活动且作用突出，以及其他在组织中起重要作用的犯罪分子，如具体主管黑社会性质组织的财务、人员管理等事项的犯罪分子。2018年1月16日最高人民法院、最高人民检察院、公安部、司法部《关于办理黑恶势力犯罪案件若干问题的指导意见》对积极参加者也作出了类似的规定。在实施参加黑社会性质组织的正犯行为这一点上，"积极参加的"和"其他参加的"没有差别。但由于"其他参加的"在实行时作用较小，因而立法上为其配置了相较于积极参加的正犯更轻的法定刑，该处罚标准实际上就相当于在参加黑社会性质组织中起次要作用的从犯的处罚标准。

（三）关于被告人刑事责任的分析

本案中，被告人柯某秀和张某江共同实施了运输毒品的行为，构成运输毒品罪的共同正犯，但柯某秀受张某江指使、直到到车站时才知道张某江要

---

① 佐伯仁志. 刑法总论的思之道·乐之道. 于佳佳，译. 北京：中国政法大学出版社，2017：342.

其带的东西是毒品,在共同犯罪中所起的作用较小,故属于起次要作用的共同正犯,认定为从犯是合适的。

三、延伸思考

准确区分主犯和从犯,妥当确定从犯的范围,对于适当量刑至关重要。实务中存在的问题是,常常认为只要参与了犯罪实行的就是犯罪积极参加者,以不宜区分主、从犯为由不进行区分,导致对部分共犯人量刑过重。此外,对于主、从犯的区分,缺乏明确的判断标准和具体的判断规则,仅以刑法条文的"主要作用""次要作用"判断太过模糊。《刑法》第 27 条规定将从犯分为起次要作用和起辅助作用的人,理论上对于辅助作用理解为帮助犯没有太大争议,对于起次要作用的人的理解不统一,因此,理论上有必要对起次要作用的人进行类型化分析。

起次要作用的人包括:(1)起次要作用的共同正犯。主要有以下几类:第一,参与实施犯罪,但没有直接侵害法益,结果与之无关的正犯,或者并不直接针对重要法益实施构成要件行为的正犯。第二,参与实施犯罪,也直接侵害法益,但结果不是其造成的正犯。例如,"张某故意伤害案",被告人张某与赵某、蔡某在歌厅唱歌时,赵某因琐事与另一包厢的梁某发生口角并引发双方打架。在打架过程中赵某、蔡某用匕首将谭某、梁某、檀某扎伤,被告人张某持棒球棒对被害人进行殴打。经鉴定,谭某的伤系锐器致肠破裂(重伤二级)。法院认为赵某用棒球棒殴打被害人,从犯罪手段、对危害结果的作用看均起次要作用,系从犯。[①] 第三,被指使的正犯大多数是起次要作用的人,不过,类似本案的情况,张某礼、柯某秀都是受他人指使运输毒品,也可以进一步区分主要正犯和次要正犯。第四,承继的共犯的后参与者。第五,参与实行,有中止行为但没有阻止他人既遂的正犯等。(2)部分胁从犯。胁从犯是从犯的亚类型,故《刑法》第 27 条关于从犯的规定和《刑法》第 28 条关于胁从犯的规定,两个法条是特别关系,符合胁从犯的规定,不再认定为从犯,而是适用《刑法》第 28 条认定为胁从犯。(3)部分共谋共同正犯。(4)绝大多数教唆犯都应当认定为是起次要作用的人。实务中常把教唆犯认定为主犯,这跟受"造意为首"的观念影响有关,认为凡是教唆犯,就是主观恶性很重,应当严厉惩处。但是,如果考虑正犯和共犯区别的犯罪支配说,就可以看到,在通常意义上,正犯才是对犯罪有功能性支配的人,教唆犯并不能产生这种支配效果,比较合理的观点是,教唆犯通常是从犯,只有在特殊情况下才是主犯。

(孟红艳 撰写)

[①] 国家法官学院案例开发研究中心. 中国法院 2019 年度案例. 北京:中国法制出版社,2019:75.

43 教唆未遂

案情简介

被告人张某召与本村村民张某阳两家因宅基地纠纷长期存在矛盾。某日,张某召购买了一瓶液化石油气,并准备了导气管、竹竿等,打算将液化气通过导气管释放到张某阳家卧室内,但是最后不敢实施。于是,找到与张某阳也有矛盾的本村村民张某会,唆使他实施,并许诺给他500元钱,以及交代如何具体实施犯罪。张某会答应后因害怕也没有实施。之后张某召两次催促张某会,张某会谎称某天晚上已经去过了,刚放了一点儿气就被发现,自己跑了。被告人同日向张某会的银行卡上转账500元。张某会因害怕事情闹大,当晚将此情况告诉了张某阳。张某阳随即报警,张某召被抓获。

裁判要旨

本案的一审法院审理后认为,被告人张某召为报复张某阳,唆使他人向被害人卧室内释放液化气,不仅会危害张某阳本人,同时也足以危害与张某阳同居一室的家人及其周边居住群众的生命、健康及财产安全,该行为足以危害公共安全,构成以危险方法危害公共安全罪。但是由于侵害结果并未实际发生,故张某召的行为属犯罪未遂,可比照既遂犯从轻处罚。法院依法以危险方法危害公共安全罪判处被告人张某召有期徒刑四年。一审宣判后,被告人张某召不服,以自己构成故意伤害罪、不构成以危险方法危害公共安全罪且属于犯罪预备为由,提起上诉。二审法院在经过审理后裁定:驳回上诉,维持原判。[1]

评析意见

一、关键问题与裁判思路

本案的关键问题在于,由于作为被教唆人的张某会根本未曾着手实施被

---

[1] 参见河南省洛阳市中级人民法院(2012)洛刑一终字第114号刑事裁定书。

教唆的犯罪，基于实行从属性的要求，对教唆人张某召的行为应如何处理。按照一审法院的处理思路，被告人张某召的行为构成以危险方法危害公共安全罪教唆犯的未遂，而被告人一方则主要试图从其行为属于犯罪预备而非犯罪未遂进行辩护。而按照二审法院的处理思路，其认为，教唆犯是独立性与从属性的有机统一，所以教唆犯的教唆行为本身具有严重社会危害性，教唆犯在认定上具有相对的独立性。教唆犯实施教唆行为，无论被教唆者是否接受教唆并实施犯罪，教唆犯的教唆行为本身都构成犯罪。因此，教唆犯的着手不受被教唆者是否实行犯罪的制约，只要教唆犯开始以言词或者其他方法进行教唆，就视为教唆犯已经着手实施犯罪。而教唆犯之犯罪是否得逞，应以教唆犯所教唆的犯罪结果是否发生为标准。在此理解之下，教唆行为没有引起被教唆者的犯意或者被教唆者产生犯意后没有去实施所教唆的犯罪的，对于教唆犯来说，都是犯罪未得逞。故而得出的结论是，本案的情况完全符合犯罪未遂的特征，被告人构成犯罪未遂，不属犯罪预备。①

二、相关学理分析

（一）对教唆未遂的理解分歧

教唆未遂与未遂的教唆之间存在明显区别：前者是指教唆人尝试教唆被教唆人，但是未能使得被教唆人达到着手实施犯罪行为的阶段；而后者则是指，被教唆人已经开始着手实施被教唆的犯罪行为，但出于意志之外的因素而没有既遂。我国《刑法》第29条第2款规定："如果被教唆的人没有犯被教唆的罪，对于教唆犯，可以从轻或者减轻处罚。"对此一般认为，该条的规定是指教唆未遂的情形，亦即当被教唆人未实施教唆的犯罪时，应当如何处罚的问题。②

而在本案中，被告人张某召的行为显然属于上文中所述及"教唆未遂"。但是，与本案主审法院的判决结论相反，学界中关于教唆未遂是否值得处罚以及如何处罚，在理论上存在较大争议。这是因为，学界通说肯定共犯从属性的基本立场，那么在教唆未遂情形下，由于被教唆者尚未着手实施犯罪，故在正犯尚未成立的情况下，共犯自然也不存在成立的空间。即便如此，由于我国《刑法》总则第29条第2款明文规定了教唆未遂应当予以处罚，因而关于本款的理解便会出现多种观点。例如，有研究指出，从司法实践的状况来看，我国刑法所规定的教唆未遂这一条款的理解与适用呈现较为混乱的局

---

① 邢利红，杨顺渠. 教唆犯构成犯罪未遂的条件——洛阳中院裁定张纪召以危险方法危害公共安全罪案. 人民法院报，2012-11-29（6）.

② 同时，教唆未遂与未遂教唆等同，未遂的教唆与教唆未遂等同。可参见蔡桂生. 刑法. 第29条第2款的法理分析. 法学家，2014（1）：68-69.

面。例如，实践中会出现，教唆未遂既可表现为被教唆人没有实施被教唆之罪，也可以表现为被教唆人虽实施了被教唆的犯罪行为，但由于某种原因未能达到法定的后果而未达到构成犯罪的程度。同时，可能还有一种理解的情况是：教唆人教唆某罪的加重形态，而被教唆人却仅实施了该罪的基本形态，或者教唆人教唆某罪的基本形态，而被教唆人却实施了该罪的加重形态。① 司法实务中的如此理解，将会使得教唆未遂中所包含的案件类型被不当的扩张，进而使得我国《刑法》第 29 条第 2 款的规定在理解与适用上进一步出现偏差。

必须要指出的是，尽管在司法实务中对于教唆未遂所包含的情形存在部分误读的现象，但是在学界对其范围界定却较为明确：被教唆人拒绝教唆犯的教唆（失败的教唆）；被教唆者虽然接受了教唆，但没有实施任何犯罪（无效的教唆）；被教唆人实施了非教唆犯所教唆的犯罪；教唆犯对被教唆人进行教唆时，被教唆人已经有实施所教唆罪的决意。②

（二）对《刑法》第 29 条第 2 款的合理解释

关于教唆未遂这一理论问题的主要争议仍然在于如何对我国《刑法》第 29 条第 2 款的规定作出合理、妥当的解释。目前，学界比较通行的三种观点分别是：单一正犯说、共犯从属性维持说以及在司法实务中较受重视的二重性说。单一正犯说主张，教唆犯无须遵从共犯从属性的限制，而属于独立进行判断的正犯，所以在教唆未遂的场合，独立对其可罚性进行判断即可，但是教唆未遂在犯罪形态上，不属于犯罪未遂而是一种犯罪的预备。③ 共犯从属性维持说则主要是通过对《刑法》第 29 条第 2 款中的条文规定进行解释，以维持共犯从属性说的贯彻，并主要以如下两种方式展开：一是通过解释的方法，将"教唆未遂"解释为要求被教唆人着手实施犯行的"未遂的教唆"；二是试图将教唆未遂解释为间接正犯的未遂，即认为《刑法》第 29 条第 1 款规定的是真正的教唆犯，而第 2 款的规定是指间接正犯的未遂情形，从而以此维持共犯从属性说的适用。④ 而在共犯二重性说中，则是直接肯定了教唆犯既具有独立性也具有从属性，例如，有观点主张，《刑法》第 29 条第 2 款规定可以理解为，教唆他人实施重罪的才采取共犯独立性说，教唆他人实施轻罪的仍坚持共犯从属性说。⑤ 在此教唆犯实现了从属性与独立性并存的基本局面。

---

① 谭堃. 论《刑法》第 29 条第 2 款的解释——以共犯罪名从属性为路径. 清华法学，2021（6）：63.

② 高铭暄，马克昌. 刑法学. 9 版. 北京：北京大学出版社、高等教育出版社，2019：175.

③ 刘明祥. 再释"被教唆的人没有犯被教唆的罪"——与周光权教授商榷. 法学，2014（12）：123 页以下.

④ 详细可参见周光权. 刑法总论. 4 版. 北京：中国人民大学出版社，2021（4）：366.

⑤ 毛海利. "修正的共犯二重性说"之提倡. 法学论坛，2016（2）：73.

总而言之，在上述的观点中最终会呈现出如下两种解释方向：一种是如果不承认在教唆犯中存在独立性的例外状况，那么就只能将我国《刑法》第29条第2款的规定视为预备犯处罚的一种，或者是强行将其解释成所谓的未遂的教唆，从而在此基础上维持共犯从属性。但是前者的方案需要面临如何细化对犯罪预备的处罚标准问题，后者的解释方法难免会遇到文义解释上的阻碍。另一种则是如果承认在教唆未遂场合存在共犯从属性的例外，则可将《刑法》第29条第2款视为体现我国刑法中的共犯独立性条款。这时可以将《刑法》第29条第2款解释为未遂，从而符合我国司法实务中的通行做法，并减少理论上的解释难度。但是这样的做法难免会带来刑法的体系性理解上的混乱，亦即共犯从属性原则在共犯领域中的贯彻将会出现重大的破绽。不仅如此，共犯既具有独立性，也具有从属性的说法本身也存在矛盾之处，将会面临诸多理论上的批判。

（三）关于被告人刑事责任的分析

笔者倾向于第一种解释方向，亦即在维持共犯从属性原则的基础上，通过解释解决教唆未遂的处罚问题。而相较于将教唆未遂解释为未遂的教唆，笔者更加倾向于将本款解释为犯罪预备的处理方案，由此也可以最大程度上减少文义解释上的矛盾。但是即便是解释为犯罪预备的做法，同样也将面临诸多限制，否则将会面临犯罪预备的处罚范围泛滥问题。因此，对于将"教唆未遂"解释为犯罪预备的解释路径需要注意如下几点：其一，教唆未遂针对的是重罪，本款所处罚的预备必然是重罪的预备。由于我国刑法并没有一般性地处罚所有犯罪的预备，将处罚教唆未遂限制在重罪上，也算是给处罚预备提供了一种正当性根据。其二，法律只处罚更危险的教唆未遂，而不处罚帮助的未遂，这也可算作在处罚上有所节制。其三，要求教唆者所教唆的犯罪需足够特定化、具体化。[①] 从上述三种限制思路着手，则可以有效地解决犯罪预备处罚过于泛滥的问题，同时获得社会公众以及司法效率上的积极效果。

因此，如果依照笔者的基本观点来回溯本案，则会得出与主审法院截然相反的处理结论，并能够支持被告人张某召的上诉请求，亦即本案中的教唆人张某召并不构成相应犯罪的教唆未遂，而仅仅是一种犯罪的预备，如此也将会得出相对轻缓的处罚结果。概言之，本案中被教唆的正犯张某会尚未着手实施被教唆的罪行时，应当认定作为教唆人的张某召所实施的教唆行为仅仅属于一种"教唆未遂"，故而应对其适用《刑法》第29条第2款的规定。而根据笔者对于本款理解的基本立场，应当将本款中所规定的"教唆未遂"

---

① 蔡桂生．德国刑法中的杜歇纳条款研究——教唆未遂的一个域外样本．东方法学，2013（4）：139-140．

的场合朝着犯罪预备的处理方向去解释，而非将其认定为犯罪的未遂。但是这样的解释方向并不会造成放纵教唆人的处罚漏洞，也不代表着所有的犯罪预备均值得处罚，关于本款的处罚基点必须要达到：教唆未遂针对的是重罪；只处罚教唆未遂而不处罚帮助的未遂；教唆的犯罪需足够特定化、具体化。而在本案中，教唆人张某召实施的教唆行为针对的是易于造成严重危险的重罪，且教唆内容如为犯罪实施选择相应的方式、工具及时间等要素均已非常具体。所以，即便是按照上述的犯罪预备解释的限制性做法，也可以得出需要处罚本案被告人张某召的基本结论。故而将本案中的教唆人张某召认定为相应犯罪的犯罪预备将会是更为合理、妥当的认定方案，同样也不会造成相应行为被"放过"的处罚漏洞。

三、延伸思考

如果承认教唆未遂作为预备犯的可罚性，那么将会依照我国《刑法》第29条第2款的规定对其予以从轻或者减轻处罚，然而在我国刑法的规定中，犯罪预备可以比照既遂犯从轻、减轻或者是免除处罚。所以在被教唆者未接受教唆时，对教唆者的处罚反而可能会重于被教唆者为犯罪进行预备时对教唆者的处罚，进而造成在教义学上说理的障碍。为了避免出现上述理论上的争议及处罚上可能会出现不均衡的现象，有两种可行的处理思路：第一种是从解释论上出发，将本款中的情形限定在重罪之中，并且要求教唆内容如本案中所展示的那样具体而明确，如此则教唆行为一旦发出便具有较高的危险性，值得刑法给予否定性的评价，从而在最大程度上消除可能的争议；第二种做法便是从刑法立法修改的角度出发，对我国《刑法》第29条第2款的规定进行修改，使得本款的处罚规定与犯罪预备的处罚规定相协调，这也是一种可行的处理思路。

（李森　撰写）

44 共犯与身份

案情简介

2007年上半年至2011年1月间,被告人罗某多次收受杨某某给予的折合人民币157.686万元的财物。罗某明知杨某某为广州中车铁路机车车辆销售租赁有限公司法定代表人,杨某某给予其财物的行为是为讨好其情夫张某某,使张某某利用担任原铁道部干部的职务便利为杨某某提供帮助。在此期间,罗某征得张某某同意或事后告知张某某受财事实。但是罗某对杨某某具体请托事项不知情,亦没有帮助杨某某转达或者办理请托事项,尚未参与为请托人谋取利益的相关行为。

裁判要旨

一审法院认为,被告人罗某明知杨某某给予其财务是为了讨好其情夫张某某,以获得张某某利用担任原铁道部干部的职务便利提供帮助,仍收受杨某某给予的财物。张某某亦接受杨某某的请托利用职务便利为杨某某提供帮助。有证据证明,罗某在四次收受财物中,有三次是经过张某某同意,一次是收受财物事后告诉张某某,据此认定罗某与张某某有共同的受贿故意,参与实施共同受贿行为,按照受贿罪的共犯处罚。在共同受贿犯罪中,罗某仅参与收受财物,其系次要作用的从犯,且有如实供述自己罪行、赃款赃物已全部追缴等情节,对其依法减轻处罚。一审法院以受贿罪判处被告人罗某有期徒刑五年。[1] 二审法院与一审法院的观点基本一致。虽然上诉人罗某不知道具体请托事项,但是她明知杨某某系为感谢和讨好张某某而给予其财物,又知道张某某利用职务便利为杨某某谋取了利益的情况下,仍收受杨某某给予的财物,并于事先征得张某某的同意或事后告知张某某,足以认定罗某有共同受贿的故意,依法裁定驳回上诉,维持原判。[2]

---

[1] 参见北京市第二中级人民法院(2013)二中刑初字第1952号刑事判决书。
[2] 参见北京市高级人民法院(2015)高刑终字第85号刑事裁定书。

评析意见

一、关键问题与裁判思路

本案的关键问题在于不具有国家工作人员身份的人，基于什么理由构成身份犯（受贿罪）的共犯，而非单独的利用影响力受贿罪。换言之，对不具有特殊身份的人，基于什么理由可以被扩张归责到承担受贿罪的法益侵害结果，是值得细究的。显然，本案被告罗某的行为也完全符合《刑法》第388条之一利用影响力受贿罪的构成要件。然而，两审法院都没有就此问题作更加具体的展开，只是从有身份者和无身份者就收受财物有通谋这一点肯定成立受贿罪共同犯罪。另外值得注意的还有两个关键点：其一，无身份者告知有身份者自己利用与其的关系而收受财物，如果有身份者没有阻止，那么无身份者将被扩张归责到身份犯相对应的结果（重罪）责任。即便本案无特定身份的罗某并没有替请托人转达过任何请托事项，并未参与或者知晓职权交易相关的具体事项。其二，本案被告人罗某接受请托人的财物，客观上实施了受贿罪的构成要件行为，而张某某在几次收受财物的过程中，尤其是事后被告知的情形下，并没有支配收受财物的因果流程。但是在结论上，只能认定张某某是受贿罪的正犯，而罗某只能构成共犯而非正犯，也涉及共犯与身份之间的关系如何处理的问题。

二、相关学理分析

（一）身份的含义

身份是法律明文规定的对定罪量刑具有一定影响的主体资格、地位等要素。本案中的受贿罪中国家工作人员身份的有无决定了行为是否可能造成法益侵害，从而影响定罪。在这里，决定处罚前提的是身份特殊者的义务和地位，而不是行为人通过其行为举止具体地支配事件的因果过程。[1]

受贿罪属于真正的身份犯。无身份者既不能成为本罪的单独正犯，也不能成为本罪的共同正犯。法律之所以规定特定身份作为成立犯罪的条件，是因为特定身份是该罪履行义务的基础，如果缺少这个身份，则失去了义务违反的根基，就不存在规范违反进而侵害本罪法益的可能。本案中罗某将收受财物的情况事后告诉张某某，或者罗某收受他人财物事前经得张某某的同意，客观上将受财行为与特定身份建立了联结，承认了张某某所拥有的特定身份与受财之间有某种关系，那么张某某在得知罗某收受请托人财物时，没有及

---

[1] 周光权. 刑法总论. 4版. 北京：中国人民大学出版社，2021：380-381.

时制止或者退还，就是违反了受贿罪保护的法益所要求的义务。只要能够肯定张某某的参与，那么对被告人罗某的行为就不能仅评价为一个单独的利用影响力受贿，也可能由于共同犯罪不法上的连带性，而与张某某共同成立受贿罪。

（二）义务犯与正犯

无身份者与有身份者共同犯罪，在实施构成要件行为的时候，无身份者客观上操纵了或者支配了犯罪的因果进程，为什么最后有身份者才能成立正犯，无身份者即便看似对构成要件的实现产生更为重要的作用却只能成立共犯？这涉及对义务犯的理解问题。

义务犯的主要观点是重视行为人对义务的违反。在特定犯罪中，根据规范要求负有特定义务的人才是正犯。义务犯和支配犯的法理不同。支配犯重视考察行为人是否通过一定的行为来实际控制、支配犯罪进程。按照支配犯的原理，在确定谁是正犯、谁是共犯时，一般会主张谁"出力"多，谁就是正犯。例如，甲、乙两个人一起进入被害人家中盗窃，两人共同寻找财物、偷出东西，盗窃的钱也平分，根据甲、乙二人在案件中偷东西、分钱作用差不多的事实，可以认定甲、乙二人都是盗窃罪正犯。

支配犯的成立，需要考虑行为人是否能够实际支配行为、事件的因果流程，做得越多越容易成为正犯；而义务犯的成立，只需要考虑义务是否被违反，至于义务通过何种行为样态、因果流程被违反，则无关紧要。在义务犯中，某一特殊身份者以作为形式表现出来的支配、积极举动等，都只不过是说明特定身份犯的义务不履行的素材而已。换言之，只要违反了义务就是正犯，无论是以何种行为违反义务、行为的积极程度如何等都不影响正犯的成立，行为人是否物理性地以身体动静支配了结果也并不重要。例如，铁路扳道工甲没有按时扳道从而导致事故的，其之前是以作为的方式外出，或者喝酒后睡着了，还是在宿舍和别人打架从而耽误工作，这些具体行为本身对于案件定性都没有丝毫影响，对特定义务的违反决定着行为的不法性。因此，不能把义务犯（身份犯）和支配犯混为一谈。

（三）罗某的行为从属于义务犯（正犯）

在本案中，罗某不是国家工作人员，没有承担规范所设定的义务，不能成立正犯。但是，其作为国家工作人员的特定关系人，明知这些财物早已经超出了正常的人情往来而具有权钱交易的属性，仍然予以收受的，应当成立本罪的狭义共犯（帮助犯）。

在受贿罪这样的身份犯罪中，没有承担重要义务的人从属于义务犯，是可以被理解的。事实上，决定正犯的标准不是行为人的身份，也不是某种抽象的资格,而是法律所设定的特别义务。① 也就是说,受贿罪中,构成要件的实现有赖于法律所设定的特别义务的违反,而非形式上对构成要件事实的支配。行为人所谓的对因果流程的支配只是表面的,由于国家工作人员的身份而被赋予了特定义务的群体,总是在实质上支配了该罪构成要件事实的实现,所以,在本案中张某某的参与使得受贿罪的构成要件该当性能够齐备,从而使罗某的行为因其从属性而被归责。

三、延伸思考

共犯与身份在共犯理论中具有十分重要的理论价值,但是必须在肯定犯罪参与的区分制体系下才有意义。所谓的区分制就是将犯罪参与形式区分为正犯和共犯,并且这几种参与形式具有不同的不法内涵。与此相对应的就是单一正犯理论,该理论认为犯罪参与只有一种模式,即正犯,而且是单独正犯,至于所谓间接正犯、共同正犯以至于教唆犯、帮助犯,原本都是涵摄于正犯概念之下。② 单一正犯概念存在根本性缺陷,其将因果关系的起点视为构成要件的实现。它对正犯与共犯的事实性以及法规范价值上的差异缺乏正确认识,忽视了构成要件的定型性,其理论基础在于行为人刑法或者意思刑法,有违罪刑法定原则之嫌。③ 因此,在肯定了区分制犯罪参与体系之下,共犯与身份就有了规范意义。

在讨论共同犯罪的参与形态时,身份犯中由于行为人的特定身份被法律赋予了特殊的义务,该义务违反性具有极高的规范属性。那么这种规范属性要优位于对犯罪事实的参与程度的考量。这就是为什么在本案中,罗某即便是收受贿赂、索取贿赂、享受贿赂价值并成为最终的"获利者",也只能构成受贿罪的共犯。即便张某某从未享受过这几笔财物,也应被认定为受贿罪的正犯。这就是规范性要素对构成要件不法的影响的优先性最为直观的体现。一言以蔽之,就共犯与身份问题的理解而言,存在论与规范论的分析进路和结论可能都存在差异。

值得一提的是,身份在刑法中有很多的分类,就阶层犯罪论体系而言,较为重要的一种就是将其分为违法身份和责任身份。毫无疑问,本案所涉及的是对违法身份与共犯理论之间关系问题的处理。对于违法身份,会影响行为人不法行为的评价,进而会影响定罪。而责任身份可能影响行为人刑事责任承担,但不是不影响行为不法的评价。例如刑法总则中规定的影响行为人刑事责任的情形,如未成年人,75周岁以上的老人、审判时怀孕的妇

---

① 周光权.刑法总论.4版.北京:中国人民大学出版社,2021:383.
② 黄荣坚.基础刑法学(下).台北:元照出版有限公司,2012:750.
③ 张开骏.区分制犯罪参与体系与"规范的形式客观说"正犯标准.法学家,2013(4):58.

女,都属于责任身份,与构成要件规定的义务违反性无关,仅与期待可能性、预防必要性有关,因此从刑事政策的角度对这类具有一定身份的人减轻刑事责任。在共犯论中,影响正犯性的要素就是不法身份,而与责任身份无关。

(程伊乔　撰写)

45 死刑适用的限制

案情简介

上诉人朱某涛与被害人张某因纠纷结仇。某晚,朱某涛叫上诉人朱某红一同找张某"单挑"。起先,朱某涛一人前往张某的网吧与其"单挑",被张某按倒在地并扣留了摩托车。朱某涛逃离后叫上朱某红一起来到网吧,朱某涛用折叠刀捅刺张某,张某拎起圆凳抵挡。张某的朋友吴某和朱某红对打,在网吧上网的被害人徐某亦举起椅子砸向朱某红。朱某红持烟灰缸和徐某对打时,朱某涛持刀捅刺徐某数刀。吴某举起椅子砸倒朱某红,朱某红起身后又继续殴打徐某。被害人彭某作为网管上前拉架,朱某涛又持刀朝彭某连续捅刺。张某逃出网吧,朱某涛、朱某红跑出网吧追撵未果,后二人又返回网吧继续殴打徐某、彭某。随后,朱某涛、朱某红逃离现场。被害人徐某、彭某经抢救无效于当晚死亡。经鉴定:徐某系胸部被锐器刺伤致心脏破裂死亡;彭某系胸腹部被锐器刺伤致多脏器破裂、出血,引起急性失血性休克而死亡;张某被捅刺致轻伤一级。

朱某红、朱某涛在潜逃期间分别电话投案,归案后均如实供述主要犯罪事实。两名上诉人的亲属代为赔偿了被害人的经济损失。

裁判要旨

一审法院认为,被告人朱某涛犯故意杀人罪,手段残忍,情节恶劣,后果特别严重,人身危险性极大,且其犯罪被羁押后并无悔意,虽有自首情节,尚不足以对其从轻处罚,以故意杀人罪判处其死刑,剥夺政治权利终身。二审法院认为,上诉人朱某涛犯罪手段残忍,后果严重,依法应予以严惩;但鉴于其具有自首情节,且亲属能积极代为赔偿被害人亲属并取得谅解,因而对其判处死刑,可不立即执行,故对朱某涛改判死刑,缓期二年执行,但考虑到其犯罪动机卑劣,人身危险性大,对其予以限制减刑。[1]

---

[1] 参见安徽省高级人民法院(2017)皖刑终161号刑事判决书。

评析意见

一、关键问题与裁判思路

本案的关键问题是:被告人虽然罪行极其严重,但有从轻或减轻处罚情节时,能否继续适用死刑立即执行?由此延伸,更为关键的问题是:在适用死刑立即执行时,需要考虑哪些事项,各事项之间是否有位次或制约关系?

本案二审判决的思路是:先判断被告人所实施犯罪的情况,即罪行轻重;再审查被告人自身是否有从轻、减轻处罚情节,即犯罪之后被告人的基本态度,一旦被告人有从轻、减轻处罚情节,纵使罪行极其严重,也可以认为死刑无须立即执行,但可以考虑予以限制减刑。而本案一审判决表达出的立场是:尽管被告人有从轻、减轻处罚情节,也不必然阻断判处死刑立即执行的可能,从轻、减轻处罚情节的量刑价值一定程度受制于罪行轻重,罪行越重,该情节的量刑价值越低。

二、相关学理分析

死刑是剥夺犯罪人生命的刑罚方法,是最严厉的制裁手段。根据《刑法》第 48 条的规定,只有对"罪行极其严重"的犯罪人才能适用死刑,只要死刑不是"必须立即执行"的,就不能适用死刑立即执行。由此,探讨死刑立即执行的适用条件,须围绕对"罪行极其严重"与"必须立即执行"的解释展开。

(一) 罪行极其严重的含义

"罪行极其严重"是指犯罪的不法程度与责任程度很高,即犯罪事实本身的法益侵害性、社会危害性很大,被告人基于不法事实的可谴责性很高。"罪行极其严重"的判断是围绕犯罪本体展开的,判断资料均与犯罪事实相关,故"罪行"不包含被告人人身危险性的内容。[①]"罪行极其严重"是判处死刑的必要条件而非充分条件,当被告人的罪行达不到极其严重时,即使其有极高的人身危险性,也不能对其判处死刑,更谈不上死刑立即执行。因此,适用死刑时必须首先判断罪行是否极其严重。

判断罪行是否极其严重,需要从内容和标准两个维度把握。

1. 在内容上,要通过具体罪名的主客观构成要件(既包含定罪所必备的构成要件要素,也包含不影响定罪的构成要件多余部分,如犯罪动机)判断不法程度,如犯罪结果的严重程度、被害人是否为弱势群体、犯罪手段是否

---

① 劳东燕. 死刑适用标准的体系化构造. 法学研究,2015 (1): 177 - 180.

特别残忍、被害人对因果关系是否有促进作用等；结合影响被告人责任的事由（主要包含年龄、责任能力、违法性认识、期待可能性等）判断责任程度，如被告人的责任能力是否有一定欠缺、被告人不实施犯罪的期待可能性有多高等。一般来说，不法程度较高时，被告人基于不法事实的责任程度也相应较高。

2. 在标准上，有必要体系性地参照刑法分则中将死刑作为绝对确定的法定刑来配置的条文，特别是与待适用罪名同章节的条文，以此保障死刑适用标准的一贯性。对某种罪行配置绝对确定的死刑，表明该罪行的各种形态原则上都达到了"极其严重"的程度，只不过轻者死缓、重者死刑立即执行。这对于在法益侵害性、社会危害性上有类似性的同章节罪名的罪行轻重判断有重要启发意义。例如，《刑法》第121条规定，劫持航空器致人重伤、死亡或者使航空器遭受严重破坏的，处死刑。这一罪状昭示了危害公共安全犯罪罪行极其严重的标准，由此，在对其他危害公共安全犯罪适用死刑时，就要考虑罪行是否与此相当。再如，《刑法》第240条规定，拐卖妇女、儿童，情节特别严重的，处死刑。这意味着对其他侵犯人身罪适用死刑时，要以此种罪行严重程度为参照。①

就本案来说，首先，朱某涛持刀捅刺的行为造成两人死亡、一人轻伤，后果极其严重，不法程度极高。其次，从鉴定结果来看，被害人的内脏器官伤情很重，可以推定朱某涛连续捅刺、反复殴打被害人的行为，给其带来了肉体与精神的折磨②，应认定手段特别残忍，不法程度进一步升高。最后，朱某涛并无责任减轻事由，其基于严重不法事实的可谴责性极高。据此，朱某涛具备"罪行极其严重"。

（二）必须立即执行的理解

判断死刑是否"必须立即执行"，须考察被告人的人身危险性，即被告人的再犯可能性、预防必要性，需要通过考察被告人对法规范的敌对态度来进行预测，主观性很强③，是实务中的难点，也是本案的争点。判断时应注意以下几点。

1. "危险"是面向社会治安的危险

2009年8月3日最高人民法院《关于审理故意杀人、故意伤害案件正确适用死刑问题的指导意见》提示裁判者，在故意杀人、故意伤害案件的审理中，要区分严重危害社会治安的案件与民间纠纷引发的案件，对于后者在判

---

① 冯军. 死刑适用的规范论标准. 中国法学，2018（2）：196-197.
② 陈兴良. 故意杀人罪的手段残忍及其死刑裁量——以刑事指导案例为对象的研究. 法学研究，2013（4）：166.
③ 劳东燕. 死刑适用标准的体系化构造. 法学研究，2015（1）：183.

处死刑时要尤为慎重。其中暗含了判处死刑原则上以危害社会治安为必要的观念,而适用死刑立即执行更要以被告人严重危害社会治安为必要,这一观念可以推广适用于其他人身犯罪。本案中,朱某涛没有前科,其犯罪动机源自与张某的私人恩怨,犯罪对象直指张某及其好友,具有一定的特定性,从这一层面来说对社会治安的威胁不是很大。但是考虑到朱某涛主动前往作为公共场所的网吧当众持刀实施犯罪行为,也有肯定其严重危害社会治安的空间。因此,对于被告人是否威胁社会治安,还需综合各种事实进行价值判断。

2. 考虑影响预防性的情节

即在行为人有自首、坦白、立功、退赃退赔、取得被害人谅解等与人身危险性有关的法定从轻、减轻情节时,原则上不应判死刑立即执行。2007年3月9日最高人民法院、最高人民检察院、公安部、司法部《关于进一步严格依法办案确保办理死刑案件质量的意见》第7条规定,"对死刑案件适用刑罚时……对具有法律规定'可以'从轻、减轻或者免除处罚情节的被告人,如果没有其他特殊情节,原则上依法从宽处理;对具有酌定从宽处罚情节的也依法予以考虑。"根据2018年2月14日最高人民检察院《人民检察院刑事抗诉工作指引》第10条的规定,被告人有自首、立功等法定从轻、减轻处罚情节时,如果法院判处被告人死刑缓期二年执行,检察院一般不应提出死刑立即执行的抗诉。由此可见,一旦被告人有自首、立功等法定从轻、减轻情节,基本就不能再考虑适用死刑立即执行了。特别是当行为人有重大立功情节和值得减轻处罚的自首情节时,甚至可以绝对否定死刑立即执行的适用。另外,酌定从宽处罚情节也有很重要的参考价值。本案中,朱某涛有自首情节,且其家属代为赔偿,取得了被害方的谅解,兼具法定与酌定从宽处罚情节,二审法院以此为依据改判朱某涛死刑缓期二年执行是合理的。

当然,自首等从宽处罚情节的本质在于犯罪人悔罪,只有悔罪确实真诚才能证明其人身危险性的降低。① 一般来说,只要被告人满足了从宽处罚情节的各种条件,就能够推定其悔罪真诚。反言之,仅当有充分证据表明被告人到案后拒不悔罪时,才有可能判处死刑立即执行。

3. 人身危险性的判断不应受制于罪行轻重

人身危险性虽然与罪行性质有一定关联,但与罪行轻重无关,并非罪行越重,人身危险性越高。② 本案一审判决隐含了因被告人犯罪情节恶劣、后果特别严重,故自首可以不从轻、减轻处罚的逻辑,存在疑问。这相当于在"人身危险性"的判断中回溯性地考虑"罪行极其严重",实质上重复评价了

---

① 周光权. 刑法总论. 4版. 北京:中国人民大学出版社,2021:454.
② 周光权. 量刑的实践及其未来走向. 中外法学,2020(5):1155.

"罪行极其严重"。以罪行轻重来限制自首、立功等情节的从宽处罚幅度，会降低被告人自首、坦白、立功的积极性，既不利于案件的侦破，也不利于鼓励犯罪人复归社会。

总之，在判断是否能够适用死刑立即执行时，应当首先判断被告人的罪行是否极其严重，即相关犯罪事实的不法程度与被告人基于不法事实的责任程度极高，足以达到判死刑的地步；然后判断被告人面向社会的人身危险性，是否足以达到死刑必须立即执行的地步，判断顺序不可颠倒，亦不可互相补充论证。

三、延伸思考

在立法上，伴随刑法修正，我国保留死刑的罪名越来越少；在司法上，"保留死刑，严格控制和慎重适用死刑"是现行有效的刑事政策，这似乎表明我国适用死刑的案件不会太多。但是，就当下的司法实务情况来看，通过司法减少死刑数量仍有空间。[①] 对此，或可从三方面努力：第一，在量刑观念上，变寻找肯定死刑适用的情节为寻找排除死刑适用的情节，尽可能地朝着不判死刑的方向论理。第二，充分发挥死缓限制减刑对死刑立即执行的替代作用。第三，不宜对犯罪的典型形态判死刑立即执行。以故意杀人罪为例，被告人采用一般手段故意杀害一人的，原则上不宜判死刑立即执行。理由在于，顶格判刑意味着犯罪达到了严重程度的"天花板"，已经难以想象更为恶劣的罪行，理应将其适用于犯罪的极端形态。如果对犯罪典型形态大量判处死刑立即执行，不利于鼓励被告人在犯罪后"迷途知返"，反而易将被告人逼为"末路狂徒"，犯下更为极端的罪行。

（刘鹿鸣　撰写）

[①] 林维．中国死刑七十年：性质、政策及追问．中国法律评论，2019（5）：137．

46 毒品犯罪的死刑适用

案情简介

2010年11月初，邱某某和吉某某为牟取暴利，受人雇佣在初某某等三名彝族男子带领下到缅甸国红岩接到毒品16块，同月7日五人携带毒品步行进入我国云南省临沧市永德县永甸镇。三名彝族男子在前探路，邱某某、吉某某将毒品海洛因捆绑在身上乘坐8日永德发往昌宁的客车。当日14时许，二人途经保山市公安边防支队的一执勤点时被当场查获，邱某某身上绑有海洛因8块，净重2825克，平均含量为56.4%，吉某某身上绑有海洛因8块，净重2820克，平均含量为55.7%。

裁判要旨

一审法院认为，邱某某为谋取非法利益，伙同他人将毒品海洛因从境外运入我国境内，构成走私、运输毒品罪。走私、运输毒品数量巨大，且系累犯，应当从重处罚。据此，法院以邱某某犯走私、运输毒品罪，判处死刑，剥夺政治权利终身；吉某某犯走私、运输毒品罪，判处无期徒刑，剥夺政治权利终身。一审宣判后，邱某某以其系受人雇用运输毒品，与吉某某为各自货主运毒品，系从犯，对其量刑过重为由提出上诉。二审法院对被告所提上诉理由不予采纳，裁定驳回上诉，维持原判，并依法报请最高人民法院核准。最高人民法院经复核认为，鉴于邱某某系受雇用，在共同犯罪中的地位和作用小于在逃同案犯，归案后认罪态度好，裁定不核准对被告人邱某某判处死刑，并发回重审。[①]

[①] 中华人民共和国最高人民法院刑事审判第一、二、三、四、五庭. 刑事审判参考：2013年第2集·总第91集. 北京：法律出版社，2014：第852号指导案例.

评析意见

一、关键问题与裁判思路

本案的关键问题是毒品犯罪的死刑适用问题,对于类似本案的走私、运输毒品数量大,且有累犯情节,但有证据证明被告人系受雇而非独立实施走私、运输毒品行为的,是否适用死刑立即执行。

本案邱某某、吉某某走私、运输毒品海洛因数量高达5.645千克,二人在共同犯罪中地位、作用基本相当,而邱某某还有累犯情节,一般应依法对邱某某判处死刑。但本案中基于以下考虑,没有对其判处死刑。一是,能够证实系在逃的初某某等三名彝族毒贩出资56万元从缅甸购买毒品,临时雇用赌博欠债的邱某某和找工作未果的吉某某充当运毒马仔,从出发地到缅甸再走山路运回国内,五人始终在一起,初某某为指挥者、出资者。只有到我国境内要下山时,三名彝族毒贩才将毒品分别绑在邱某某和吉某某身上,并先行离开以电话遥控方式,指挥邱某某和吉某某应对途中可能发生的缉查。二被告人的地位和作用犹如驮运毒品的"骡马"以及在危险地带负责"蹚雷"的工具,有别于一般的走私、运输毒品过程中犯罪分子自行选择路线、自主逃避关卡等情形。邱某某不是毒品的所有者、买家或者卖家,本质上是单纯受雇走私、运输毒品,与幕后的组织、指使、雇佣者相比,在整个毒品犯罪环节中处于从属、辅助和被支配地位,所起作用和主观恶性相对较小,社会危害性也相对较小。邱某某在共同犯罪中的地位、作用与吉某某相当,且明显低于在逃三名同案犯,在刑罚适用上,就不能单纯根据涉案毒品数量大小,还应充分考虑上述情节,避免量刑失衡。二是,邱某某认罪态度好,且归案后能够积极协助公安机关诱捕毒品货主,虽最终没有抓捕成功,但公安、检察机关均认可其为此所做的努力。三是,在具体案件中应当区别累犯情形量刑,邱某某虽有累犯情节,但其前科并非毒品犯罪,而是抢劫罪,且邱某某在该共同犯罪中所起作用不大,对累犯应当从重的理解不能过于机械,还应在个案中进行具体分析,准确把握宽严相济刑事政策的精神。①

二、相关学理分析

毒品犯罪是我国目前保留死刑且适用死刑较多的罪名。我国现阶段对毒

---

① 中华人民共和国最高人民法院刑事审判第一、二、三、四、五庭. 刑事审判参考:2013年第2集·总第91集. 北京:法律出版社,2014:第852号指导案例.

品犯罪适用死刑，主要是考虑当前毒品犯罪的严峻形势，是遏制毒品犯罪的实际需要。并且，为了确保死刑的准确、慎重适用，审判实践中一直在总结经验、探索规律，先后在"大连""武汉"两个重要会议发布会议纪要①，对毒品犯罪的死刑适用问题提出明确要求。②

（一）量刑的一般原理

结合刑罚的正当化根据以及确立刑罚体系的思想基础，相对报应刑论或称并合主义能够与司法实际和社会现实相适应，更具合理性。其中报应刑可维护社会秩序，满足一般人法感情，并最大限度保护法益；预防刑对犯罪人起到警告和教育作用，也对一般人产生威慑作用，强化国民法律意识。报应刑限制刑罚的程度，预防刑使刑罚不再是无目的的报复，但也只有在满足正义的要求时才能实现这一目的，以免为了追求预防犯罪的目的而滥施刑罚。③

（二）量刑的具体方法

在刑罚的具体适用上，需要充分考虑所有量刑情节。量刑情节是指由法律规定或认可，在定罪事实以外，能够体现行为的社会危害程度和犯罪人的人身危险性大小，进而在判处刑罚时予以考虑的各种主客观事实情况。目前理论上认为，应区分量刑过程中哪些是具有决定意义、需要优先考虑的事实和情节，哪些仅起调节性的作用，从而建立起相应的量刑方法论。④

具体而言，在确定刑罚的时候，应先确定责任刑，考虑行为人客观的违法加上主观的责任这一犯罪事实本身导致被告人应负多大责任，是一种回顾性的评价视角。影响责任刑的是与犯罪紧密关联的情节，主要包括犯罪动机、行为样态、结果等违法事实以及被告人年龄、故意形态等罪责事实。与之相对的是预防刑，着眼的是被告人犯罪前后的表现这一犯罪人个人的特殊情况，体现的是对行为人危险性或再犯可能性的前瞻性评估，反映了其回归社会的愿望和社会接纳情况，比如前科、一贯表现、犯罪后态度等。责任刑是决定性的，由此确定的刑期是刑罚的上限⑤，在该限度内考虑预防刑进行调节。刑罚的正当性根据是报应的正当性与预防目的的合理性，将行为人的罪责作为量刑的基础，这就与责任主义的要求相一致，也和报应主义关联密切，预防刑则反映了预防犯罪的需要，满足了责任刑中对预防必要性的考虑。在量刑

---

① 最高人民法院《全国部分法院审理毒品犯罪案件工作座谈会纪要》（2008年12月1日，简称《大连会议纪要》）及《全国法院毒品犯罪审判工作座谈会纪要》（2015年5月18日，简称《武汉会议纪要》）。
② 李少平. 关于进一步加强人民法院禁毒工作的几点思考. 人民法院报，2017-06-07.
③ 张明楷. 刑法学：上. 5版. 北京：法律出版社，2016：504，522.
④ 周光权. 刑法总论. 4版. 北京：中国人民大学出版社，2021：447页以下.
⑤ 围绕责任刑的裁量，还存在"点的理论"和"幅的理论"之争，即责任刑是一个确定的点还是有一个幅度。

时，必须确保二者有机统一，实现犯罪的抑制和犯罪人的复归社会。

表6　影响量刑的情况①

一、构成犯罪的事实
1. 犯罪结果的重大性（如被害人数量）
2. 行为样态的恶劣性（如使用凶器的种类）
3. 故意的内容（确定的程度等）
二、与犯罪事实联系密切的情况
1. 行为人与被害人的联系
2. 被害人与被告人之间发生纷争的原因与经过
3. 行为手段，攻击被害人的具体样态
4. 有无计划性，犯罪目的与动机
5. 与共犯的关系，加功的程度
6. 犯罪时空条件与行为对象
7. 被害人过错
三、犯罪后的情况等
1. 被告人精神上、身体上的资质，成长过程，前科，经历
2. 复归社会时的社会环境、家庭环境
3. 被告人自身的改过意愿
4. 犯行后对被害人的态度，赔偿损害的诚意等情况
5. 被害人一方的意向
6. 案件给社会造成的影响程度

（三）对本案死刑适用的具体分析

　　理论上区分责任刑与预防刑并依次确定的量刑方法在毒品犯罪中同样适用。首先考虑影响责任刑的情节，本案中主要为毒品走私、运输毒品的数量，共同犯罪的地位、作用等，在此限度内，考虑到被告人影响预防刑调节的量刑情节，包括犯罪后认罪、悔罪态度好，积极配合抓捕在逃毒贩，累犯前科非毒品犯罪等，可得出被告人预防必要性较小，应在责任刑限度内向下调节，从轻处罚，不核准死刑是妥当的。

　　此外，毒品犯罪的死刑适用必须结合两大会议纪要的规定，充分领会法律适用精神。审理毒品犯罪案件，应当切实贯彻宽严相济的刑事政策，突出毒品犯罪的打击重点。毒品数量是毒品犯罪案件中量刑的重要情节，但不是唯一情节。执行数量标准时不能机械化和简单化，更不能唯数量是从，要根据"数量+其他情节"原则，把握好毒品犯罪的死刑适用标准，综合考虑毒品数量、犯罪情节、危害后果、被告人的主观恶性、人身危险性以及当地禁

---

① 前田雅英. 刑法总论讲义. 曾文科, 译. 北京：北京大学出版社, 2017：366.

毒形势等各种因素，认定责任刑与预防刑大小，做到区别对待。①

三、延伸思考

在司法实践中，与其他类型犯罪相比，共同犯罪是毒品犯罪的常见形式和显著特征，毒品犯罪已从以往的单人贩运、售卖形式，逐渐发展为上家总销、下家贩运、马仔分售的复合形态。一起案件往往有多人共同参与，从起意贩毒、纠集人员到筹集毒资、联系毒品商家商谈交易数量和价格、确定交易地点，再到支付毒资、接取毒品、运送毒品、保管毒品、销售毒品，最后到收取毒赃、掌管账目、利润分成，涉及了众多环节。毒品犯罪的不同阶段，组织严密，分工明确，每一环节均由不同的人专门负责，形成了相对固定的犯罪模式。各共同犯罪人的参与程度以及所实施的具体行为也多种多样，有的参与部分环节，有的全程参与，有的幕后指挥，有的直接实施等。② 对此，必须审慎分析判断，准确区分各行为人在共同犯罪中的地位、作用并适用相应刑罚。

（毕琳　撰写）

---

① 周光权．刑法各论．4版．北京：中国人民大学出版社，2021：509．
② 中华人民共和国最高人民法院刑事审判第一、二、三、四、五庭．刑事审判参考：总第115集．北京：法律出版社，2019：第1279号指导案例；以及刑事审判参考：总第120集．北京：法律出版社．2020：第1307号指导案例．

47 自动投案的认定

案情简介

2015年9月始,某公司总经理张某某、袁某(均另案处理)伙同被告人周某等人,在未经国家相关主管部门批准的情况下,以公司名义向不特定的社会群众非法吸收资金。截至案发,涉及周某的投资人177人,投资金额为30 102 595元,其中88人亏损,亏损金额为10 012 666.50元。

公安机关在侦办投资人隋某被合同诈骗案过程中发现袁某等人存在非法吸收公众存款的行为,遂立案侦查。由于公安机关在被告人周某到案之前掌握了周某的联系方式,2017年12月10日民警与周某取得联系,并约定同年12月13日周某自行到所接受讯问,同年12月12日早上周某与民警再次确认了时间。但考虑到案情复杂,涉案金额、人数众多,周某存在潜逃可能,公安机关经研究决定于同年12月12日对周某开具了传唤证,并于当晚到周某的住处将其抓获归案。

裁判要旨

公诉机关的指控意见指出,应当以非法吸收公众存款罪追究周某的刑事责任,其具备坦白情节,建议判处其三年六个月以上、五年六个月以下有期徒刑,并处罚金。辩护人提出了周某构成自首的辩护意见。法院认为,依据1998年4月17日最高人民法院《关于处理自首和立功具体应用法律若干问题的解释》(以下简称《自首立功解释》)第1条关于"经查实确已准备去投案,或者正在投案途中,被公安机关捕获的,应当视为自动投案"的相关规定,周某在被抓获之前确已就投案的时间、地点与公安民警进行了电话约定,现有证据不足以证明其在被抓获前有逃避侦查或者潜逃等相关行为,故应当将周某"视为自动投案",周某到案后对指控的主要犯罪事实供认不讳,构成自首。法院最终以非法吸收公众存款罪判处周某有期徒刑四年四个月,并处罚金人民币二十万元。①

---

① 参见天津市滨海新区人民法院(2018)津0116刑初80197号刑事判决书。

> 评析意见

一、关键问题与裁判思路

本案的关键问题是：如何认定行为人"确已准备去投案"？申言之，哪些行为能被认定为一般自首[①]中的"自动投案"？判定"自动投案"的关键审查点是什么？本案法院主张，尽管形式上看周某最终是被公安机关拘传到案，但既然公安机关已经和行为人电话约好了讯问时间，在未对行为人采取任何强制措施的情况下，只要行为人没有逃避侦查或潜逃等行为，就能肯定"自动投案"。

二、相关学理分析

自首的本质在于犯罪人悔罪，通过悔罪能表明其人身危险性的降低。[②] 因此，对"自动投案"的认定便应当围绕行为人的行为是否能体现悔罪态度，是否能体现人身危险性的降低。眼下，无论是司法解释规定、学理研究还是司法实务，对"自动投案"的解释均呈现扩张趋势。2010年12月22日最高人民法院《关于处理自首和立功若干具体问题的意见》（下文简称为《自首立功意见》）第1条为"自动投案"的认定设置了"其他符合立法本意，应当视为自动投案的情形"的兜底条款，更是为办案人员留出了广阔的裁量空间。不过，无论何种解释都不能违背自首制度的设立初衷，对"自动投案"的扩大解释始终都要以行为人的悔罪态度为考察核心，在此基础之上适度软化"自动"与"投案"的含义。

（一）"自动投案"之"自动"

实务中，对"自动"作扩大解释可从三方面入手。

第一，"自动"并不要求投案的意愿自始出自行为人，而是可以由他人唤起。根据《自首立功解释》第1条的规定，行为人经亲友规劝、陪同投案的，视为自动投案。类似地，行为人经单位、被害方、在案发现场的其他人乃至未在执行公务的警察规劝后投案的，均应被视为自动投案。

第二，只要行为人在形式上尚未被监察、司法机关以调查谈话、讯问、强制措施等方式实力控制，其朝着法规范方向靠拢的悔罪态度就应当被评价为有自动性。实务中，经常出现办案机关与行为人、行为人家属或行为人所在单位"电话联络"的情况。例如，本案中，公安民警与周某电话约定了后者到案接受讯问的时间。再如，在"吕凤刚行贿案"中，吕凤刚在接到监察

[①] 本文所述自首均指"一般自首"。
[②] 周光权.刑法总论.4版.北京：中国人民大学出版社，2021：454.

机关的电话后前往监察机关接受调查①；在"周立枢受贿案"中，地税局在接到监察机关的电话后，陪同在地税局工作的周立枢前往监察机关接受调查。②就以上各例来说，也可以认为公安机关、监察机关已经察觉甚至锁定了行为人，尽管行为人在形式上尚未受到办案机关的实力控制，但在实质上已经"插翅难逃"。不过，司法实务似乎更为关注自动投案的可能性，亦即，既然行为人在接到电话时仍然有选择自由，只要其没有选择逃避，便能肯定自动性。③例如，在"张桐恺聚众斗殴案"中，张桐恺聚众斗殴后因伤住院，委托他人代为报案，在住院期间向民警如实供述自己的主要犯罪事实并约定出院后（未明确具体日期）到公安机关投案，出院后张桐恺没有马上投案，公安机关将其拘传到案。对此，法院仍然认为，公安机关与张桐恺未约定明确时间，现有证据不能证明民警多次电话通知张桐恺前往公安机关，更不能证明张桐恺有拒绝到案甚至逃避追究的行为，故能够认定其自动投案。④应当肯定司法实务立场的妥当性，其给予了被告人充分的悔罪机会，有利于最大限度地鼓励行为人及时投案，配合办案机关尽快破案结案，缓和了被告人与办案机关的对抗性。

第三，"自动"只要求行为人朝着法规范的方向靠拢，而不要求其绝对置于司法机关控制之下。"留在现场"型自首即为典例。根据《自首立功意见》第1条的规定，犯罪后主动报案或明知他人报案而未逃离现场，可以视为自动投案。可见，虽然行为人没有向办案机关投案，没有主动缩短自己与办案机关的物理距离，但是在办案机关必然抵达的现场等待的，也足以体现其悔罪态度，足以证明其与法规范之间的规范距离有所缩短。这一规定对"自动投案"作实质性理解，值得肯定。

在此基础上，司法实务还暗含了两种扩张趋向：其一，将"明知他人报案"扩张为"有合理的根据相信他人会报案"。例如，在"孙宝合故意杀人案"中，孙宝合在杀人后告诉多人自己杀人的事实，让他人报警，且一直在现场等候至被公安人员抓获。法院认为，孙宝合有合理的依据相信他人会报案，客观上有条件逃跑而未逃跑，属于自动投案。⑤再如，在"阳记云贪污案"中，阳记云在被县纪委带走调查前多次向镇党委书记和纪委书记反映自身的经济问题，并表示想到县纪委交代问题，法院肯定其为自动投案。⑥应当看到，"明知他人报案"与"有理由相信他人会报案"对于判断行为人的悔罪

---

① 参见北京市第三中级人民法院（2021）京03刑终587号刑事裁定书。
② 参见北京市通州区人民法院（2019）京0112刑初155号刑事判决书。
③ 徐安住.自首制度疑难问题的司法认定——基于《刑事审判参考》28个示范案例的实证分析.湖南大学学报（社会科学版），2012（1）：150.
④ 参见北京市第三中级人民法院（2017）京03刑终617号刑事判决书。
⑤ 参见黑龙江省高级人民法院（2017）黑刑终60号刑事判决书。
⑥ 参见江西省萍乡市中级人民法院（2016）赣03刑终117号刑事判决书。

态度来说，并无二致，均能体现行为人向法规范靠拢的意愿，司法实务的做法有合理性。其二，将"现场"扩展至办案机关必然前往的、能被视为行为人未逃避追究的场所。例如，在"周泉辉故意伤害案"中，周泉辉捅伤被害人后，明知他人报警，但仍然将被害人送至医院，途中遇公安民警询问时供认其系作案人员，法院肯定周泉辉属自动投案。[①] 实际上，即便周泉辉在途中未遇到民警，若其将被害人送至医院后留在医院，也应视为自动投案。理由在于，侦查机关在接到伤害类案件的报案后必然要到医院查清被害人的伤情与救治状况，行为人在医院等候与在现场等候对于公安机关的侦查、抓捕来说没有本质区别。甚至于，将被害人及时送医的行为反而更值得提倡，更彰显了其悔罪的真诚度。类似的，在"张某盗窃案"中，张某在明知被害单位已报案的情况下仍主动前往被害单位，应视为自动投案。[②]

（二）"自动投案"之"投案"

对"投案"的扩张理解主要表现为将投案的预备形态与未遂形态也视为投案。《自首立功解释》第 1 条将"确已准备去投案"与"正在投案途中"就被公安机关捕获的情形均视为投案，前者实质上是投案的预备，后者是投案的未遂。不难想象，作此扩张的理由是行为人主观上已经形成了悔罪态度，但由于意志以外的原因没能实现，仍旧值得法律作出肯定评价。本案中，周某已经与公安机关电话约定了到案时间，并在临近时主动再次确认时间，体现出一定的悔罪态度，公安机关提前将其抓获，属于公安机关单方面"违约"，并非因为周某作出了逃避侦查的举动，现有事实证据能够证明周某确已准备去投案。值得注意的是，认定行为人被抓获时"确已准备去投案"或"正在投案途中"，不能全凭口供，而是必须有清晰反映投案意愿的客观行为，并有充分的证据佐证。

三、延伸思考

不难发现，对自首问题的研究要特别重视司法判例，总结归纳行为人自动投案的各种方式，不漏掉任何一个鼓励行为人悔罪的机会。司法实务广泛认定自首的做法，有利于摒弃重刑主义观念，值得提倡。不过，各式各样的自首行为背后所隐含的悔罪程度其实并不一致，有必要在量刑时加以区别。如何精细地划分出针对自首行为的从轻处罚、减轻处罚、不给予从宽的量刑梯度，是值得进一步思考的问题。

（刘鹿鸣　撰写）

---

① 参见重庆市第二中级人民法院（2016）渝 02 刑初 24 号刑事判决书。
② 参见江苏省常州市金坛区人民法院（2018）苏 0482 刑初 221 号刑事判决书。

48 协助抓捕型立功

案情简介

2017年9月以来，上诉人张某某多次向原审被告人李某某、尹某某等人出售冰毒（主要成分为甲基苯丙胺），共计153克，于同年12月15日被抓获归案。同日，张某某在公安民警带领下指认尹某某住处，并以"借钱接朋友送来的毒品"为由将尹某某约出，使民警顺利抓获尹某某。此外，张某某提供了李某某的住址和行走路线的情况，供述了从王某手中购买毒品的事实，李某某于同年12月16日被抓获，而有关王某的犯罪事实公安机关在张某某供述前就已掌握。

裁判要旨

对于本案，一审法院未认定被告人张某某立功。二审中，辩护人提出上诉人张某某协助公安机关抓捕同案犯尹某某、李某某的行为以及检举王某犯罪事实的行为构成立功。

二审法院认为，根据2010年12月22日最高人民法院《自首立功意见》的规定，张某某协助抓捕尹某某的行为属于"按照司法机关的安排，将同案犯约至指定地点，协助司法机关抓获"，构成立功；但其提供李某某住址和行走路线的行为属于"犯罪分子提供同案犯姓名、住址、体貌特征等基本情况，或者提供犯罪前、犯罪中掌握、使用的同案犯联络方式、藏匿地点"，不属于立功表现；供述从王某手中购买毒品的事实是公安机关已掌握的事实，也不构成立功。二审法院修正了一审判决中的部分事实认定错误，但维持了定罪量刑结论，即以贩卖毒品罪判处上诉人张某某有期徒刑十一年，并处没收财产十一万元。①

---

① 参见山东省泰安市中级人民法院（2019）鲁09刑终308号刑事裁定书。

评析意见

一、关键问题与裁判思路

本案的关键问题是：协助抓捕型立功的认定标准是什么？行为人对司法机关抓捕犯罪嫌疑人要起到多大的作用？二审法院的裁判严格遵照了《自首立功意见》的规定，将张某某到现场指认同案犯尹某某住所的行为认定为协助抓捕，而否定张某某提供同案犯李某某住址和行走信息的行为构成协助抓捕。不过，对于司法机关抓捕同案犯来说，行为人到现场指认同案犯住址和行为人在"幕后"提供同案犯住址信息是否存在本质差别？《自首立功意见》第5条有关提供同案犯基本情况与在犯罪前、犯罪中掌握、使用的同案犯联络方式、藏匿地址不能视为立功的规定正当根据何在？是否只要是在"幕后"提供有关同案犯的信息，便不能构成立功？均是解决前述关键问题所必须思考的内容。

二、相关学理分析

设立立功制度，一方面能够激励犯罪人悔罪改过，另一方面可以提高案件侦破效率，降低犯罪对社会的不安定性。① 从本质上来讲，立功后量刑从宽的主要依据在于行为人通过实际行动证明了自己的悔罪态度。通过揭发检举犯罪事实、提供破案线索、协助抓捕嫌疑人等行动，行为人得以认识到犯罪对他人、对社会的危害；通过为国家、社会做贡献，行为人能够了解到国家与社会的真正需求，进而充分悔罪，努力向法规范方向靠拢。与自首、坦白等其他量刑情节不同，立功的内容与行为人本人的犯罪事实关联较弱甚至是没有关联，而是通过特定"功绩"展现行为人在宏观上认同、尊重法规范的悔罪态度。由此，对立功认定中争议问题的解答应当围绕"功绩"与"悔罪"展开。

协助抓捕型立功"功绩"的侧面表现为行为人对犯罪嫌疑人落入司法机关的实力控制有实际作用；"悔罪"的侧面表现为行为人积极配合司法机关抓捕犯罪嫌疑人，彰显出对法规范的认同与对犯罪的反对，且其协助行为与本人犯罪事实关联很弱，难以被自首、坦白完整评价。以此为基本指导，在司法实务中认定协助抓捕型立功，需要注意以下三方面。

（一）协助行为对于抓捕的促进作用

行为人的协助只需与犯罪嫌疑人落入司法机关实力控制之间有促进作用，

---

① 周光权.刑法总论.4版.北京：中国人民大学出版社，2021：464.

而不需要成为决定性因素或是唯一条件。① 本案中，张某某到现场指认同案犯尹某某的地址，并将其约出方便司法机关实施抓捕行为，对尹某某被抓获显然有"功绩"。诚然，即使张某某不到现场指认、不将尹某某约出，司法机关也可能根据其供述直接对尹某某实施抓捕，张某某对尹某某被抓获不具有决定性作用，但其确实有助于防止尹某某逃跑，降低了司法机关抓捕的难度，应当认定为立功。

（二）规劝他人自首的评价

行为人亲自规劝其他犯罪嫌疑人（含同案犯）自首的，属于协助抓捕。成功协助抓捕的关键是犯罪嫌疑人最终落入司法机关的实力控制，故只要行为人的举动有助于司法机关实力控制犯罪嫌疑人即可，既包含助力司法机关主动抓获，也包含促进犯罪嫌疑人通过自首自动进入司法机关的实力控制。实务中不少法院都肯定后者成立协助抓捕型立功。② 但亦有法院认为，规劝同案犯自首不属于协助抓捕型立功，而是属于1998年4月17日最高人民法院发布的《自首立功解释》第5条规定的"其他有利于国家和社会的突出表现"，理由是规劝他人自首不属于"抓捕"③。这一观点对"抓捕"的理解过于狭窄，犯罪嫌疑人最终如何到案，并不影响肯定行为人对犯罪嫌疑人到案有促进作用。行为人规劝他人自首，表明其愿意将对法规范的认同感传播给其他误入歧路之徒，一旦规劝成功还能够帮助司法机关省去出警步骤，节约司法资源，恰恰彰显了更高程度的悔罪态度，在协助抓捕型立功中值得获得相对更高的量刑减让幅度。如果将此认定为"其他有利于国家和社会的突出表现"，反而体现不出与其他协助抓捕型立功行为在量刑价值方面的梯度。

值得注意的是，规劝同案犯自首必须由行为人本人实施，而不得由亲属、律师代理。在"谢嘎组织卖淫案"中，谢嘎将同案犯孔某的通讯信息提供给辩护人，要求其规劝孔某自首，孔某最终自首，法院认定谢嘎成立协助抓捕型立功，并给予减轻处罚。④ 相反，在"姜巍组织卖淫案"中，法院则否定此类行为构成立功，但认为可以酌情从轻处罚。⑤ 应当认为，后者的立场更为合理。仅当由行为人亲自规劝同案犯自首时，才能在规劝过程中充分体悟犯罪的恶劣性与忠诚于法规范的必要性，才足以显示悔罪态度。倘若由他人代为实施，行为人实际上所做的只有提供同案犯的联系方式，并未超出坦白所要

---

① 周光权. 协助抓捕同案犯型立功的认定. 国家检察官学院学报，2012（4）：41.
② 例如，四川省阆中市人民法院（2020）川1381刑初153号刑事判决书；湖南省长沙市中级人民法院（2021）湘01刑终25号刑事判决书。
③ 参见湖南省株洲市中级人民法院（2017）湘02刑终304号刑事裁定书。
④ 参见江西省吉安市中级人民法院（2018）赣08刑终282号刑事判决书。
⑤ 参见江苏省泰州市中级人民法院（2016）苏12刑再3号刑事判决书。

求如实供述的事实范畴，难以在坦白之外再认定立功，只能考虑在坦白之内酌情提升从轻处罚力度。

（三）提供同案犯信息协助抓捕

提供同案犯信息协助抓捕的，并非一概不能构成协助抓捕型立功，关键要看所提供的信息是否与共同犯罪事实紧密关联，是否能被坦白情节包含。《自首立功意见》第 5 条之所以否定提供同案犯的基本情况与在犯罪前、犯罪中掌握、使用的同案犯联络方式、藏匿地址的行为构成立功，主要是因为上述信息一般与共同犯罪事实紧密关联，是行为人如实供述犯罪事实时理应交代的，最多只能构成坦白。司法实务中，对于行为人提供同案犯信息的，大都肯定其构成坦白，而否定构成立功。① 但是，一概否定此类行为构成立功的做法过于绝对，是对条文作形式化理解的结果。当行为人所提供的同案犯信息与共同犯罪事实并无明显关联，是否供述都不影响坦白成立时，假使这一信息尚未且很难被司法机关掌握，对抓捕同案犯又确实起到促进作用时，应当肯定行为人构成立功。

申言之，当行为人所提供的同案犯信息与共同犯罪事实没有明显关联时，说明这一信息并不是行为人成立自首或坦白所必须如实供述的事实，司法机关据此抓获同案犯的，意味着行为人在自首、坦白之外对抓捕行动有额外贡献，量刑时理应对这种贡献作出评价。实务中已有法院关注到这一问题，在"唐修华盗窃案"中，唐修华不知同案犯的真实姓名，但向司法机关提供了同案犯的前科情况，司法机关据此顺藤摸瓜锁定并抓获同案犯。法院认为，在不知道同案犯姓名等身份信息的情况下，司法机关很难锁定同案犯，更无从掌握其前科情况，唐修华提供的信息也并非基本情况，不属于构成自首、坦白所必须供述的事实，故成立协助抓捕型立功。② 类似地，在本案中，如果李某某的住址属于张某某必须如实供述的、司法机关极易掌握的同案犯基本情况，且李某某的行走路线是司法机关根据其地址极易推测的事实，说明张某某对司法机关抓捕行动的促进作用仍来自其所必须如实供述的事实，以坦白情节足以评价。相反，如果李某某的行走路线非同寻常，与共同犯罪事实毫无关联，非张某某必须如实供述的事实，且司法机关仅根据其住址难以查明，则说明张某某提供的信息有超出自首、坦白的量刑价值，应认定其立功。

在前述原理之下，有必要将《自首立功意见》第 5 条中规定的"基本情况"解释为行为人构成自首、坦白所必须供述的或是司法机关在行为人供述

---

① 例如，四川省南充市中级人民法院（2020）川 13 刑终 269 号刑事裁定书；江苏省常州市中级人民法院（2020）苏 04 刑终 111 号刑事裁定书。

② 参见江苏省无锡市惠山区人民法院（2014）惠刑二初字第 0018 号刑事判决书。

后很容易进一步查明的、能够帮助司法机关锁定抓捕对象的个人信息；将"犯罪前、犯罪中掌握、使用的同案犯联络方式、藏匿地址"中的"犯罪前"解释为"犯罪计划阶段"，以此确保所提供信息与共同犯罪事实之间的关联性。

一言以蔽之，判断行为人是否构成协助抓捕型立功，关键要看行为人亲自实施的行为是否含有超越自首、坦白的内容与价值，并对犯罪嫌疑人落入司法机关的实力控制有一定程度的促进作用。

三、延伸思考

认定立功情节是为了用量刑方面的优惠奖励行为人的悔罪态度。反之，行为人真诚悔罪的，哪怕行为不构成立功，也要在量刑时酌情考虑。例如，行为人协助抓捕的对象仅构成行政违法时，虽然无法构成立功，裁判者往往也会在量刑上酌情从轻。① 再如，行为人协助抓捕其他犯罪嫌疑人，但最终因与行为人无关事由未能抓获犯罪嫌疑人时，裁判者也仍然会给予行为人一定的量刑优惠。② 此外，量刑减让幅度的确定也需要在立功与自首、坦白之间作体系性思考。有些时候，行为人虽不构成立功，但立功的量刑规范会实质性地影响对其自首或坦白情节的量刑评价。例如，行为人在自首或坦白中供述的同案犯情况表明该同案犯可能判处无期徒刑以上刑罚时，对行为人的自首情节的量刑，原则上要比照重大立功的量刑规范对行为人减轻处罚或免除处罚；对行为人的坦白情节量刑时，要尽可能大幅度地从轻处罚。由此可见，量刑公正才是终极追求，如何利用量刑真实、妥当地反映行为人各式各样的悔罪行为，或许是更为本质的课题。

（刘鹿鸣　撰写）

---

① 例如，浙江省杭州市中级人民法院（2016）浙 01 刑初 161 号刑事判决书；山东省泰安市中级人民法院（2019）鲁 09 刑终 308 号刑事裁定书。

② 时恒支.协助抓捕型立功必须以实际抓获为要件.人民司法，2016（17）：30；浙江省台州市椒江区人民法院（2019）浙 1002 刑初 897 号刑事判决书。

49 规劝他人自首的性质

案情简介

2010年至2015年期间,被告人刘某某多次找到多名犯罪嫌疑人的家属,声称自己可以找人疏通关系为犯罪嫌疑人办理取保候审、撤销网上追逃、撤销案件或免于刑事处罚,骗取金钱共计19.8万元。2017年7月10日,刘某某被抓获归案。另查明,2017年5月12日、5月15日,被告人刘某某分别协助县公安局劝涉嫌盗窃罪的肖某与涉嫌故意伤害(致人死亡)罪的邱某华主动投案。其中,法院认定邱某华故意伤害致一人死亡,系从犯,可以减轻处罚;且自首,可以从轻处罚,最终判处其有期徒刑六年。[①]

裁判要旨

一审法院认为,根据1998年4月17日最高人民法院《自首立功解释》第5条的规定,立功行为只能发生于行为人到案后,而刘某某规劝其他犯罪嫌疑人自首的行为发生于到案前,不能构成立功,但考虑到客观上节约了司法资源,可以酌情从轻处罚。

检察院对此提出抗诉,主张《刑法》第68条规定的立功制度并未限于到案后,到案前实施立功行为的也应肯定构成立功,《自首立功解释》第5条的规定仅适用于到案后立功的情况,不适用于本案。且由于邱某华涉嫌故意伤害致人死亡,属于可能判处无期徒刑的重大犯罪,故应认定刘某某构成重大立功。二审法院支持了部分抗诉意见,认定刘某某构成立功,但因邱某华只被判处六年有期徒刑,不属于重大犯罪,故刘某某只构成立功而不构成重大立功。[②]

[①] 参见湖南省郴州市中级人民法院(2017)湘10刑初74号刑事判决书。
[②] 参见湖南省郴州市中级人民法院(2018)湘10刑终183号刑事判决书。

评析意见

一、关键问题与裁判思路

本案的关键问题是：立功行为能否发生于到案之前？如果能，如何解释《自首立功解释》第5条将立功行为限于到案后的时间规定？本案一审判决据此将"到案后"作为一切立功成立的必要条件；二审判决则认为要优先考虑《刑法》第68条对立功时间未作限制的立场，肯定到案前立功的存在，如果行为人构成到案前立功的，不适用该项司法解释的规定。此外，到案前立功与到案后立功的判定是否完全一致？是否需要对到案前立功的成立添加一些限制条件？这些问题都值得讨论。

二、相关学理分析

（一）到案前立功的理论争议

对于是否允许到案前立功，存在截然相对的两种观点。

1. 肯定说。主张无论到案前后，实施揭发犯罪、提供破案线索、协助抓捕犯罪嫌疑人等立功行为都表明了行为人对犯罪的否定态度和再犯可能性的减低，司法解释将立功限制在"到案后"是不利于被告、不利于保障人权的解释。[①] 将"到案后"修正为"犯罪后"，才更为符合《刑法》第68条的规定。[②] 本案二审判决采取肯定说。

2. 否定说。主张将立功限制在"到案后"，原因是行为人只有到案才能清醒地认识到自己行为的犯罪性，行为人的立功行为才能充分体现悔罪态度，如果将到案前甚至犯罪前的见义勇为等行为都视为立功，会导致立功认定的过早回溯和泛滥。[③] 基于司法解释规定，实务界几乎压倒性地采取否定说，但一般也会对被告人酌情从轻处罚，本案一审判决主张否定说。

应当认为，前述肯定说更符合法理与规范，理由如下：

第一，到案前立功契合立功制度"功绩＋悔罪"的原理结构。正如前文对协助抓捕型立功探讨时所述，解决立功认定中的争议问题应当围绕"功绩"与"悔罪"展开。例如，行为人甲犯罪后，在协助司法机关抓捕其他重大犯罪嫌疑人时，认识到自己犯罪事实的恶劣与司法机关维护正义的辛苦，故在协助抓捕完成后自动投案，如实交代自己的犯罪事实。甲协助抓捕的行为虽然发生于到案前，但在客观上促进了犯罪嫌疑人被抓获，当然属于"功绩"；

---

① 张明楷. 刑法学. 6版. 北京：法律出版社，2021：740-741.
② 徐科雷. 刑法立功制度若干问题刍议. 中国刑事法杂志，2012（3）：42-43.
③ 江瑾. 到案前协助抓捕犯罪嫌疑人不构成立功. 人民法院报，2016-11-17.

且甲由此萌生悔意,在协助抓捕后很快投案,显然属于"悔罪",且悔罪态度有连续性。如果此时仅仅因为甲协助抓捕的行为发生于到案前,便否定甲构成重大立功,相当于剥夺了甲获得减轻处罚甚至免除处罚的权利,难言妥当。可见,到案时间不应成为立功成立与否的绝对界限。

第二,《刑法》第68条未将立功限制在到案后。《自首立功解释》在刑事立法规范的基础上添加不利于被告人的规定,有僭越立法权的嫌疑。

第三,制定于《自首立功解释》以后的有关立功制度的各项司法解释或客观上起到司法解释作用的规范性文件,均未要求立功行为必须发生于到案后。可以认为,司法解释的制定者有意淡化"到案后"这一条件,甚至可以认为是通过在后的司法解释对在前的司法解释作了实质性地修正。

(二)到案前立功的司法认定

第一,行为人实施立功行为后,又实施故意犯罪行为的,一般不宜肯定立功。类似地,行为人实施立功行为后,虽未故意犯罪,但想方设法逃避或阻碍侦查、抓捕的,一般不宜肯定立功。故意犯罪、逃避或阻碍侦查与抓捕的行为彰显了行为人较为强烈的规范违反意志,虽然行为人有立功行为,但其后续举动实质性地否定了悔罪态度,中断了悔罪意愿的连续性,立功情节的"悔罪"要素缺失。例如,在"李正辉组织卖淫案"中,李正辉自2016年1月至2018年9月6日期间多次组织卖淫,在2017年5月揭发他人对自己的非法拘禁犯罪事实。① 又如,在"郝某非法经营案"中,郝某的犯罪时间为2017年8月至10月间,而举报他人犯罪线索是在2015年。法院认为,郝某不构成立功的原因是其2015年时尚未犯罪,不属于《刑法》第68条规定的犯罪分子。② 但是,即便郝某2015年前实施过犯罪,是犯罪分子,也应当认为在后的犯罪已经抹消了在先立功行为形成的悔罪态度,不能再构成立功。如果行为人实施立功行为后又犯过失罪的,则要具体判断行为人的过失心态,实质评价其主观上的规范违反态度与悔罪态度。本案被告人刘某某在规劝他人自首后,未再犯罪,可以肯定其悔罪态度的连续性。

第二,当立功行为属于行为人的义务范围时,不宜认定行为人构成立功。由于行为人到案前尚未受司法机关的实力控制,其可能仍然拥有某种身份或是在从事某种业务,当行为人揭发犯罪事实、提供破案线索、协助抓捕犯罪嫌疑人的行为并未超出其基于身份、业务所产生的义务范围时,意味着其所作所为不过是"当为之事",不值得以立功情节奖励。例如,在"梁永刚故意伤害案"中,梁永刚在到案前担任物业安全管理负责人时,由他人报告情况

---

① 参见湖南省长沙市中级人民法院(2020)湘01刑终53号刑事判决书。
② 参见内蒙古自治区包头市中级人民法院(2019)内02刑终140号刑事裁定书。

后布置安排抓获小区盗窃嫌疑人。法院认为,梁永刚的行为属于应尽的职责,不属于立功。①

第三,到案前规劝他人自首的行为,应当解释为协助抓捕型立功。虽然,在到案前,行为人未受司法机关的实力控制,规劝他人自首的行为在形式上与司法机关没有任何交集,似乎看不到行为人对司法机关的协助。但是,正如前文探讨协助抓捕型立功时提到的,规劝他人自首在实质上更有利于节约司法资源和传播法规范的认同感,对司法机关的协助作用反而更大。不能因为在外观上行为人没有配合司法机关工作的举动,就否定其构成协助抓捕型立功。本案二审法院将刘某某规劝其他犯罪嫌疑人自首的行为认定为立功,无疑是合理的。

第四,当行为人揭发的犯罪事实、提供的破案线索或是协助抓捕的犯罪嫌疑人所涉犯罪与行为人本人实施的犯罪事实属同类罪行时,可以视为行为人悔罪程度较高,量刑从宽价值较大。理由在于,当行为人的立功行为中包含对本人所涉类型犯罪的否定时,意味着行为人已经比较充分地认识到自己罪行的危害,通过立功行为不仅表达了对法规范的认同,还暗含了对自己罪行的否定。例如,在"张果成生产、销售不符合安全标准的食品案"中,张果成于2013年4月至6月间将未经检验、检疫的病死、死因不明的猪肉销售给腊肉生产商,同年6月24日揭发他人销售病死猪的犯罪事实,同年8月27日自首。② 应当看到,张果成揭发的犯罪事实与自己的犯罪类型一致,证明其已经认识到此种犯行的危害,隐含了对自己犯行的悔过,且张果成在实施揭发行为后不久即自动投案,也侧面印证了其悔罪态度较高,在量刑时可以给予较大的从宽幅度。

第五,当行为人实施立功行为与到案时间相隔较久时,要结合行为人到案前的生活、工作情况审慎判断行为人的悔罪态度。如果行为人到案前一直本分生活,没有逃避或阻碍侦查、抓捕的行为,则可以认为行为人内心向往遵守法规范的正常生活,再犯可能性比较低。其没有自动投案大概率是因为畏惧刑罚处罚,而并非不悔罪,只是不能额外地成立自首获得更多的量刑从宽,但仍然可以凭借立功获得轻判。

三、延伸思考

就本案来说,除了到案前立功的认定问题,刘某某是否构成重大立功也值得探讨。实际上,只要行为人揭发的犯罪事实、提供的破案线索、协助抓

---

① 参见北京市第三中级人民法院(2020)京03刑初174号刑事判决书。
② 参见湖南省长沙市中级人民法院(2014)长中刑二终字第00003号刑事裁定书。

捕的犯罪嫌疑人所指向的罪行本身构成重大犯罪，亦即，罪行对应的法定刑区间包含无期徒刑以上刑罚即可，而不应将犯罪嫌疑人的自首、坦白、退赃退赔等表征再犯可能性的情节也作为重大犯罪的判断依据。简言之，犯罪重大是指犯罪的不法程度与责任程度很高，是面向过去既已发生的犯罪事实的判断，而行为人再犯可能性的大小不能改变犯罪是否重大的结论。因此，判断犯罪是否重大，应当考察所涉罪行对应的具体法定刑区间，而不能直接依据裁判中的宣告刑。本案中，刘某某规劝的对象邱某华涉嫌故意伤害致人死亡，对应法定刑区间是十年以上有期徒刑、无期徒刑、死刑，包含了无期徒刑以上刑罚，虽然邱某华是从犯，但并非不可能被判处无期徒刑，且考虑到共同犯罪中从犯到案对于抓捕、审判主犯也有促进作用，可以认定邱某华的犯罪事实为重大犯罪。相应地，刘某某的行为也有成立重大立功的余地。

（刘鹿鸣　撰写）

50 累犯与禁止重复评价原则

案情简介

被告人覃某某因犯盗窃罪于 2017 年 12 月 7 日被四川省广汉市人民法院判处有期徒刑一年,并处罚金两千元,于 2018 年 7 月 20 日刑满释放。2020 年 12 月 24 日,因涉嫌盗窃罪被刑事拘留。

现查明,2020 年 12 月 24 日凌晨 2 时许,被告人覃某某用折叠刀敲碎停放在路边的汽车的车窗后开门进入车内,将车内现金 860 元盗走。

裁判要旨

一审法院认为,被告人覃某某因盗窃受过刑事处罚,根据法律规定,其盗窃数额较大的标准应按照法律规定的 50% 确定,依本地标准,盗窃金额 800 元即可构成盗窃罪。故覃某某窃取 860 元的行为构成盗窃罪。由于其前科犯罪已作为构成本次盗窃犯罪的入罪情节,故不再将此重复评价为累犯情节。据此以盗窃罪判处被告人覃某某有期徒刑六个月,并处罚金两千元。

检察机关提出抗诉,主张将前科犯罪作为入罪条件与累犯认定适用的是不同的法律法规,不属于重复评价,本案应当认定被告人覃某某构成累犯。二审法院支持了抗诉意见,认定覃某某构成累犯,但维持了一审判决的定罪与量刑。①

评析意见

一、关键问题与裁判思路

本案的关键问题是:被告人的前科犯罪情节已被作为后罪定罪条件时,同时作为累犯成立条件对被告人从重处罚,是否违反禁止重复评价原则?由此可拓展出相似的两个问题:其一,被告人的前科犯罪情节已被作为后罪法

---

① 参见四川省德阳市中级人民法院(2021)川 06 刑终 55 号刑事判决书。

定刑升格条件时，能否同时作为累犯成立条件对被告人从重处罚？其二，被告人同时构成累犯与《刑法》第 356 条规定的毒品再犯时，能否双重从重处罚？

本案一审法院认为被告人的前科犯罪情节只能在一罪的定罪量刑评价中使用一次，亦即一旦作为定罪情节，便不能再作为量刑情节。二审法院持不同意见，主张将前科犯罪情节作为入罪条件与累犯认定适用的是不同的法律法规，有不同的立法含义，不属于刑法禁止的重复评价。

二、相关学理分析

刑法上的禁止重复评价，既包含定罪上的禁止重复评价，即在某种犯罪构成要素已被评价为甲罪构成事实时，不能再将其作为认定乙罪的事实根据；也包含量刑上的禁止重复评价，即某一犯罪构成要素（定罪情节）在定罪过程中已被评价过一次后，不能再次作为量刑情节。① 类似地，同一情节在量刑过程中也只能使用一次。其背后的原理在于，任何一个定罪、量刑情节均只能提供一种刑法意义，一旦重复评价会不合理地加重被告人的不利负担。

前科犯罪情节的刑法意义在于彰显被告人较高的人身危险性，特别是对于那些前罪发生不久后便再次犯罪的被告人，其人身危险性很高，特别预防的必要性格外显著。为了尽可能地避免此类被告人给社会治安带来麻烦，刑法须采取一些合理手段加以预防，累犯制度、毒品再犯制度应运而生，部分司法解释将前科犯罪情节作为某项犯罪的入罪条件或法定刑升格条件的正当根据也在于此。换言之，虽然在不同犯罪中，前科犯罪情节的定罪量刑功能有差异，但其背后的原理归于一致，前科犯罪情节的刑法意义有且只有"彰显人身危险性"这一个。据此，一项前科犯罪情节在后罪的刑法评价中只能使用一次。不能像本案二审法院那样形式化地认为，既然规定前科犯罪情节功能的法律法规不同，便须对所有的法律法规同时适用，否则就是侵犯了立法权②，而是应当实质性地考虑前科犯罪情节得以影响定罪量刑的根本原因。

根据上述原理，结合司法实务，可以对前面提出的三个问题作如下回答。

（一）在前科犯罪情节成为后罪定罪的必要条件时，不成立累犯

根据 2013 年 4 月 2 日最高人民法院、最高人民检察院发布的《关于办理盗窃刑事案件适用法律若干问题的解释》第 2 条第 1 项的规定，曾因盗窃受过刑事处罚的被告人盗窃公私财物，"数额较大"的标准可以按照一般标准的 50% 确定。司法解释作此规定，显然是考虑到有盗窃罪前科的被告人再次盗

---

① 周光权. 论量刑上的禁止不利评价原则. 政治与法律，2013（1）：109-110.
② 王胜. 累犯条款失效问题研究. 中国检察官，2018（22）：31.

窃，显示出较高的人身危险性，有必要适度降低入罪门槛，让此类被告人更容易落入刑罚的处罚范围从而有利于其改造。对于本案来说，由于覃某某盗窃数额只有860元，未达到当地盗窃数额较大的一般标准（1 600元），如果不借助其盗窃罪前科，根本无法对其定罪。因此，覃某某有"较高的人身危险性"这一事实已经在定罪过程中加以评价，不能再在量刑过程中依此认定其成立累犯，否则便属于重复评价。

但是，如果被告人在前罪刑罚执行完毕后五年内被判处有期徒刑的，前科犯罪情节虽然可以成为后罪定罪的条件，但并非必要条件的，则应将其作为累犯的成立条件而非后罪的定罪条件。例如，根据《刑法》第201条第4款的规定，如果逃税罪的被告人五年内因逃避缴纳税款受过刑事处罚，即使其补缴应纳税款、缴纳滞纳金、接受行政处罚，也不能豁免刑事责任。假设涉嫌逃税罪的被告人甲已经补缴应纳税款、缴纳滞纳金、受过行政处罚，但其五年内已因逃税受过两次刑事处罚，第一次被判处拘役刑，第二次被判处有期徒刑，此时为甲定罪量刑便有两种思路：（1）将拘役前罪作为定罪条件，将有期徒刑前罪作为累犯成立条件；（2）将有期徒刑前罪作为定罪条件，将拘役前罪作为酌定的量刑情节。其中，第（1）种思路更合理，理由在于，此时有期徒刑前罪并不是必要的入罪条件，第（2）种思路将其作为入罪条件属于"大材小用"，未能利用累犯制度附带的"不得适用缓刑""不得假释"等法律后果充分评价甲的人身危险性。

（二）在前科犯罪情节是后罪的法定刑升格条件时，不成立累犯

例如，根据2016年12月19日最高人民法院、最高人民检察院、公安部《关于办理电信网络诈骗等刑事案件适用法律若干问题的意见》第2条第2、3项的规定，被告人实施电信网络诈骗，数额接近"数额巨大""数额特别巨大"的，倘若曾因电信网络诈骗犯罪受过刑事处罚，应当认定为具有"其他严重情节""其他特别严重情节"。基于被告人较高的人身危险性，司法解释在此直接提升了法定刑档次。倘使再根据同一情节认定被告人成立累犯，对其在既已升格的法定刑区间从重处罚，显然属于不合理的重复评价。实践中同时适用两项法律规范的做法亟须纠正。①

（三）对毒品再犯与累犯不能重复评价

被告人同时成立毒品再犯与累犯时，应当类比想象竞合，以处罚更重的累犯论处。根据《刑法》第356条的规定，因走私、贩卖、运输、制造、非法持有毒品罪被判过刑，又犯本节规定之罪的，从重处罚。毒品犯罪是我国严厉打击的犯罪类型，因此刑法专门为其设定了其他犯罪类型均不具备的再

---

① 例如，山东省德州市（地区）中级人民法院（2021）鲁14刑终56号刑事裁定书。

犯法定从重处罚情节。然而，毒品再犯与累犯之间的轻重关系却显得十分模糊：一方面，毒品再犯取消了关于前罪发生时间与所判刑罚的限制，从重处罚的适用范围大于累犯；另一方面，刑法并未规定毒品再犯不得适用缓刑、不得假释，当被告人同时构成毒品再犯和累犯时，适用毒品再犯的规定反而更有利于被告人，显然不能将毒品再犯理解为累犯的特别法条。

依据 2015 年 5 月 18 日最高人民法院印发的《全国法院毒品犯罪审判工作座谈会纪要》第二部分第（六）项的规定，当被告人同时构成累犯和毒品再犯时，在裁判文书中要同时引用累犯和毒品再犯的条款，但在量刑时不得重复予以从重处罚。这一规定实质上将毒品再犯和累犯理解为想象竞合关系：首先，累犯的从重幅度一般会大于再犯，且累犯制度配置了"不得适用缓刑""不得假释"的法律后果，显然处罚更严厉，一旦被告人同时构成两者，最终必然以累犯论处[1]，相当于在毒品再犯和累犯间从一重论处，符合想象竞合原理。其次，毒品再犯与累犯并非包含关系，前者对于前罪后罪的内容有特殊要求，后者对于前罪的发生时间、所判刑罚有特殊要求。再次，毒品再犯与累犯不作重复评价，意味着支撑两者成立的事实依据为同一情节，即被告人的前科犯罪情节。一个情节只能有一个刑法意义，在一罪的评价中也只能使用一次，不能在一罪的评价中依据同一情节要被告人承担两次不利后果。主张不两次从重处罚是没有完整评价犯罪事实的观点[2]，实际上是没有注意到前科犯罪情节的数量只有一个。最后，在裁判文书中载明被告人同时成立毒品再犯与累犯，类似于发挥想象竞合的澄清功能，能够清晰展现被告人前科犯罪情节的法律定性。

综上所述，若想在累犯的认定过程中恪守禁止重复评价原则，关键在于确保被告人的前科犯罪情节在一罪的评价中自始至终只被使用一次。在不涉及毒品再犯的场合，须审查被告人前科犯罪情节所彰显的人身危险性是否已被不可替代地充分评价（包括作为必要的定罪条件或刑罚加重条件），如果能够得出肯定答案，则阻却累犯成立；在被告人同时成立累犯和毒品再犯的场合，应类比适用想象竞合，判定被告人同时成立毒品再犯与累犯，但只以累犯论处。

三、延伸思考

累犯的处罚根据在于被告人明明已有前罪，短期内又陷入犯罪深渊，征表了较高的人身危险性，特别预防的必要性很大。但问题是，当被告人犯数

---

[1] 张明楷. 刑法学. 6 版. 北京：法律出版社，2021：1517.
[2] 曾文科. 论毒品再犯规定中的"被判过刑". 华东政法大学学报，2020（1）：65.

个应当判处有期徒刑以上的后罪时,是否在对每一个后罪量刑时都要考虑成立累犯,从重处罚?实践中,有的裁判者认为不需要对每个后罪均从重处罚,否则有重复评价的嫌疑。[1] 但这一观点存在疑问。一方面,累犯情节是由前罪和后罪共同构成而非只由前罪构成,亦即每一个后罪都能和前罪组成一个新的累犯情节,数个后罪意味着有数个累犯情节;另一方面,前罪所彰显的人身危险性并非只体现在某一个后罪,而是在每一个后罪发生时均得到印证,此种人身危险性也会随着后罪的累积而增加,理应在每一个后罪的量刑过程中加以体现。类似地,犯数罪的被告人有立功或重大立功情节时,说明其积极努力地向法规范靠拢,对于任何犯罪来说,其预防必要性都有所降低,是故也应在每一个犯罪的量刑中予以从宽体现。不过,成立累犯后,对于每个后罪的从重幅度,本应根据前后罪性质与关系的不同而区别把握,但在当下的实践中尚未能体现[2],值得未来仔细研究。

(刘鹿鸣 撰写)

---

[1] 参见广东省遂溪县人民法院(2021)粤 0823 刑初 68 号刑事判决书。
[2] 劳佳琦. 累犯从严量刑适用实证研究. 中国法学, 2016 (1): 261.

51 追诉期限的延长

案情简介

1993年3月4日晚,被告人袁某某邀约被告人王某某,两人各携带一把菜刀殴打、乱砍罗某某致其死亡。

袁某某于1993年3月5日外逃时被公安机关抓获归案,同年4月5日被逮捕。因同案犯在逃,案件事实无法查清,1994年10月26日被取保候审。

王某某于1993年3月5日潜逃,同年3月30日被决定拘留,同年4月2日批准对其逮捕,王某某负案潜逃直至2015年7月6日被抓获归案。

2015年8月17日,袁某某被取保候审。

裁判要旨

法院认为,被告人袁某某被采取强制措施后没有逃避侦查、审判,其犯罪行为已过20年追诉期限,如公诉机关认为必须追诉,须报请最高人民检察院核准,但本案公诉机关未履行此程序,故裁定对袁某某终止审理。被告人王某某的行为符合故意杀人罪的构成要件,在被批捕后逃避侦查、审判,其行为未过追诉时效,故以故意杀人罪判处其有期徒刑十年。[①]

评析意见

一、关键问题与裁判思路

本案的关键问题是:对于发生在现行《刑法》(1997年《刑法》)生效前的犯罪,其追诉时效是否要依"从旧兼从轻"原则适用1979年《刑法》第77条的规定,而不再适用现行《刑法》第88条的规定?前者规定,追诉期限的延长以法院、检察院、公安机关对行为人采取了强制措施为必要,而后者则只需要检察院、公安机关、国家安全机关立案侦查或是法院受理了案件。

---

① 参见贵州省黔南布依族苗族自治州中级人民法院(2016)黔27刑初25号刑事判决书。

本案法院显然对此给予肯定回答。在否定王某某追诉时效已过时,法院提供的关键理由是,王某某在被采取批捕这一强制措施后,仍然逃避侦查、审判。可见,法院在本案中适用了1979年《刑法》第77条的规定,将"采取强制措施"作为追诉期限延长的必备条件。如果法院这一立场是合理的,那么如何认定"采取强制措施"便也是值得探讨的问题。

二、相关学理分析

关于追诉期限延长规定的溯及力,存在两类观点。

(一)从新适用说

该说主张追诉时效属于程序性规则,根据"程序从新"的程序法基本原理,追诉期限延长规定有溯及力,当下的刑事追诉活动均应依照现行《刑法》第88条的规定来判断追诉期限是否自动延长,亦即均只需考察是否存在检察院、公安机关、国家安全机关立案侦查或是法院受理案件的情况。

(二)从旧适用说

该说主张追诉时效属于实体性规则,应当遵守"从旧兼从轻"的刑事实体法基本原则。既然1979年《刑法》对追诉期限延长的限制条件比现行《刑法》的规定更为严格,对被告人更为有利,对于发生在1997年《刑法》生效以前的犯罪事实的追诉期限延长问题,就应当适用1979年《刑法》的规定,亦即必须考察行为人是否被采取强制措施。

应当说,从旧适用说更为妥当,理由如下。

第一,追诉时效属于实体性规则。从新适用说往往主张,追诉时效相当于一项法定不起诉事由,仅排除刑事程序的介入,而不影响犯罪的不法与罪责本体,不会动摇实体法评价。[①] 但这一论断只是在描述追诉时效制度的表面效果,没有探寻其背后的实质根据。之所以设立追诉时效制度,原因之一是犯罪发生后经过一定时期,因犯罪而遭到破坏的某些方面的社会秩序以及因犯罪而引起的公众心理失衡状态已得到恢复,重翻旧案反而是"揭旧伤疤",不利于社会的安定。[②] 因此,立法通过追诉时效制度划定一个时间界限,推定经过该时间界限后,犯罪的社会危害(不法性)得以平复,被破坏的规范关系得以修复。更为凌厉的观点认为,已经实施的罪行在经过特定时间后即被立法者推定为与当下社会再无关联的历史事件,不能再被视为刑事不法。[③] 另外,犯罪人在该段时间内未再犯罪,也体现出较低的人身危险性和再犯可能

---

① 袁国何. 论追诉时效的溯及力及其限制. 清华法学, 2020 (2): 59-60.
② 周光权. 刑法总论. 4版. 北京: 中国人民大学出版社, 2021: 485-486.
③ 王钢. 刑事追诉时效制度的体系性诠释. 法学家, 2021 (4): 48-54.

性，再发动刑罚的意义不大。① 由此可见，追诉时效制度与犯罪论、刑罚论均有关联，具有典型的实体性特征。

第二，"从新适用"不利于被告的实体规定，违反罪刑法定原则。"从旧兼从轻"是罪刑法定原则在刑事实体法溯及力问题上的具体表达，出于人权保障的目的，刑法原则上禁止溯及既往，但例外地允许有利于被告的溯及既往。类似地，在刑法解释方法上，刑法原则上禁止类推解释，但例外地允许有利于被告的类推解释。因此也可以认为，"有利于被告"是罪刑法定原则暗藏的重要意涵。② 既然现行刑法有关追诉期限延长的规定更不利于被告，就没有理由主张要例外地"从新适用"现行刑法，而是应当遵守"从旧适用"的原则。

第三，从新适用说难以贯彻到底。从新适用说提出，根据现行《刑法》第12条"本法施行以前的行为，如果当时的法律不认为是犯罪的，适用当时的法律；如果当时的法律认为是犯罪的，依照本法总则第四章第八节的规定应当追诉的，按照当时的法律追究刑事责任，但是如果本法不认为是犯罪或者处刑较轻的，适用本法"的规定，与追诉时效有关的问题要适用现行刑法。③ 此外，2014年7月17日全国人大法工委作出的《对刑事追诉期限制度有关规定如何理解适用的答复意见》中"对1997年前发生的行为，被害人及其家属在1997年后刑法规定的时效内提出控告，应当适用刑法第八十八条第二款的规定，不受追诉期限的限制"的意见，也表明了"从新适用"的立场。

然而，从新适用说无法在实务中一以贯之。例如，行为人甲1991年故意伤害致人轻伤，1993年公安机关立案侦查，但因甲一直潜逃，公安机关未能将其抓获，甲始终未被采取强制措施。依照1979年《刑法》的规定，甲犯罪事实的追诉期限于1996年，即1997年现行《刑法》施行以前便已届至；而依现行刑法的规定，由于公安机关已经立案且甲一直在逃，追诉期限能够自动延长，追诉时效未过。问题由此显现，倘若在此时适用现行《刑法》，就会出现已于1996年失效的追诉权在1997年又被复活的不合理状况。因此，当下被学者支持的从新适用说实际上是从新兼从旧说④，对于现行《刑法》施行以前实施的犯罪行为，假使1997年现行《刑法》施行时已超过追诉期限，是否追究行为人的刑事责任，应当从旧适用1979年《刑法》的规定，相应地，1997年9月25日发布的最高人民法院《关于适用刑法时间效力规定若干问题的解释》（以下简称为《时间效力解释》）第1条中"适用修订前的刑法第七十七条"的规定也只适用于在1997年现行《刑法》施行时已超过追诉期限的

---

① 周光权．刑法总论．4版．北京：中国人民大学出版社，2021：485-486．
② 柳忠卫．刑法追诉时效溯及力原则的确证与展开．中外法学，2021（4）：973．
③ 韩光．刑法追诉时效的法律适用问题研析．刑事法判解，2019（2）：138．
④ 王志祥．"南医大女生被害案"的追诉时效问题研究．法商研究，2020（4）：179．

案件。部分裁判①以及 2019 年最高人民法院研究室《关于如何理解和适用 1997 年刑法第十二条第一款规定有关时效问题征求意见的复函》均采取了"从新兼从旧"的观点。但是,对于同样发生在过去的犯罪事实一会儿"从新"一会儿"从旧",难言公平。可见,从新适用说在理论根据与方法论上均存疑问。

第四,从旧适用说符合立法规定。论证从旧适用说的合法性,关键在于对现行《刑法》第 12 条的解释和适用。"从旧兼从轻"是一切刑事实体法规定适用的准则,因此,可以将《刑法》第 12 条中"依照本法总则第四章第八节的规定"理解为"适用法律规定时"的"步骤"而非"适用具体规定"的"命令"。亦即,当实务工作者面对追诉时效问题,适用刑法总则第四章第八节的规定时(步骤),在"从旧兼从轻"原则的约束下,自然既要考虑本法规定,也要考虑旧法规定。正如同在面对发生于现行刑法施行以前的盗窃案件,实务工作者在适用 1997 年《刑法》第 264 条盗窃罪的规定时(步骤),既要考虑本法规定,也要考虑 1979 年《刑法》第 151 条的规定。

由此,对于发生在现行刑法施行以前的犯罪事实的时间效力,审查步骤如下:首先,适用现行《刑法》第 12 条的规定,根据犯罪发生当时的法律(旧法)和现行刑法(新法)分别判断其是否仍然构成犯罪。如果根据新法不构成犯罪或是构成的犯罪较轻的,适用新法(从轻),反之则适用旧法(从旧)。其次,根据犯罪发生当时的法律(旧法)和现行刑法(新法)分别判断其是否已过追诉期限。如果根据新法追诉期限已过,适用新法(从轻),反之则适用旧法(从旧),但由于现行刑法有关追诉时效的规定更不利于被告人,在结论上只可能"从旧"。《时间效力解释》第 1 条的规定可以全面地适用于所有案件。

根据以上分析,本案中,法院在判断王某某的追诉期限时,从旧适用 1979 年《刑法》第 77 条的规定考察其是否被采取强制措施是正确的。

三、延伸思考

在从旧适用时,如何认定"采取强制措施"就成为问题。实务中,批准逮捕、作出拘留决定书、网上追逃等措施均被视为"采取强制措施"②,主要是因为 1992 年 4 月 9 日最高人民检察院作出了《关于刑法第七十七条有关采取强制措施的规定应如何适用的批复》,将强制措施的批准行为也视为"采取

---

① 例如,陕西省高级人民法院(2014)陕刑三终字第 00181 号刑事附带民事裁定书;辽宁省大连市中级人民法院(2020)辽 02 刑初 1 号刑事判决书。

② 参见四川省成都市成华区人民法院(2020)川 0108 刑初 623 号刑事判决书,广东省高级人民法院(2021)粤刑终 411 号刑事裁定书,新疆维吾尔自治区乌鲁木齐市中级人民法院(2021)新 01 刑终 115 号刑事裁定书等。

强制措施"。尽管这一批复因相关规定已废止，实务中在适用旧法时也依然肯定了批复内容的实质有效性。如果认为，"采取强制措施"的本质含义在于"锁定目标嫌疑人"而非"实际控制嫌疑人"，上述解释便可以视为合理的扩大解释。

（刘鹿鸣　撰写）

52 国家出资企业中的国家工作人员

案情简介

2015年4月2日至2017年9月11日,被告人周某某利用担任C公司财务总监(全面负责公司的财务管理工作,参与公司经营决策和经济发展规划的编制,考核分析财务预算、计划的执行情况)的职务便利,先后32次从公司支取827万元归个人使用,其间分4次归还27万元,共计挪用公款800万元归个人使用,至案发尚未归还。部分款项被用于炒股、购买彩票等营利活动。

经查明,C公司2014年6月成立,是B公司的全资子公司。B公司2002年成立,自2008年8月29日至今一直系A公司的全资子公司。A公司为国有资本参股公司,2007年12月制定了总经理办公会议事规则,对于公司的重大事项决策、重要干部任免、重要建设项目安排和大额资金使用必须通过总经理办公会进行集体讨论,防止国有资产流失,实现国有资产保值增值。参加总经理办公会的领导包括公司行政成员和党委成员。周某某的任命即通过总经理办公会讨论决定。

裁判要旨

辩护人认为,A、B、C公司均非国有公司、企业,被告人周某某不属于在国有公司、企业中从事公务的人员,也不属于受国有公司、企业委派从事公务的人员,其仅受国有参股公司的委派,不能被认定为国家工作人员。法院则指出,A、B、C公司虽然不是国有公司,但系国有参股公司,应认定为国家出资企业。依据2010年11月26日最高人民法院、最高人民检察院发布的《关于办理国家出资企业中职务犯罪案件具体应用法律若干问题的意见》(以下简称为《意见》)第6条第2款的规定,周某某是经国家出资企业中负有管理、监督国有资产职责的组织(A公司总经理办公会)研究决定,代表其在国有参股公司中从事组织、领导、监督、经营、管理工作(全面负责公司财务管理）的人员，属于国家工作人员。①

评析意见

一、关键问题与裁判思路

本案的关键问题是：如何认定国家出资企业中的国家工作人员？具体来说，《意见》第 6 条第 2 款规定的两个条件中，"经国家出资企业中负有管理、监督国有资产职责的组织批准或者研究决定"应如何理解？"组织、领导、监督、经营、管理工作"又该如何理解？本案中，法院认为，A 公司总经理办公会是决策公司最重要事项的组织，参会人员均为党政领导，属于"负有管理、监督国有资产职责的组织"；周某某由总经理办公会决定任命，全面管理公司财务，所从事的工作符合《意见》规定。可以看出，法院在判断第一个条件时，主要考虑的是任命被告人的组织在形式上是不是具有官方性，能够一定程度代表国家意志；而在判断第二个条件时，主要考虑工作内容是否具有管理性。实务中也常把这两个条件分别称为形式条件和实质条件。②

二、相关学理分析

（一）形式条件：经国家出资企业中负有管理、监督国有资产职责的组织批准或者研究决定

《意见》的制定初衷是通过适度扩张委派主体来扩大"委派型"国家工作人员的成立范围，以适应国有企业改制带来的新情况。具体而言，2001 年 5 月 22 日最高人民法院《关于在国有资本控股、参股的股份有限公司中从事管理工作的人员利用职务便利非法占有本公司财物如何定罪问题的批复》（以下简称为《批复》）中指出，在国有资本控股、参股的股份有限公司中从事管理工作的人员，除受国家机关、国有公司、企业、事业单位委派从事公务的以外，不属于国家工作人员。而《意见》第 6 条第 2 款显然修改了《批复》的观点，将委派主体由"国家机关、国有公司、企业、事业单位"扩大为包含"国家出资企业中负有管理、监督国有资产职责的组织"。过去通常认为不属于国家工作人员的部分"间接委派"人员将有条件地纳入委派人员的认定范畴。③

---

① 参见山东省肥城市人民法院（2018）鲁 0983 刑初 455 号刑事判决书。
② 参见广东省广州市海珠区人民法院（2017）粤 0105 刑初 231 号刑事判决书；湖北省十堰市中级人民法院（2020）鄂 03 刑终 168 号刑事裁定书。
③ 刘为波．《关于办理国家出资企业中职务犯罪案件具体应用法律若干问题的意见》的理解与适用//最高人民法院刑事审判第一、二、三、四、五庭．刑事审判参考：总第 77 集．北京：法律出版社，2011：133-134．

《意见》新增规定的合法性遭到了理论界的质疑：根据《刑法》第93条规定的"委派型"国家工作人员的条文逻辑，作为委派去向的非国有公司、企业只可能是国有控股、参股公司，否则便没有委派的必要性。进而，作为委派主体的国有公司、企业就只能是纯国有公司、企业。而"国家出资企业中负有管理、监督国有资产职责的组织"无论如何都不可能是国有公司、企业。① 此外，委派应当发生在两个单位之间而非一个单位之内，由本级国家出资企业内部组织批准或研究决定任命，不属于委派行为。② 为此，甚至有观点主张将《意见》第6条第2款规定的委派主体限制解释为"国有公司、企业中负有管理、监督国有资产职责的组织"③。

其实，理论界的担忧与质疑并无必要。一方面，《意见》第6条第2款的规定具有实质正当性。《意见》扩张国家工作人员范围的问题意识，源自国有企业改制后人员身份的复杂性。《意见》试图通过将对国家工作人员的界定立场由侧重形式身份转变为侧重实质公务，将更多在实质上从事有关国有资产监督、管理工作的人员纳入"国家工作人员"，保护国有资产的安全。但《意见》也并未完全放弃形式身份的要求，其将国家出资企业中负有管理、监督国有资产职责的组织的决定作为联结点，借助任命主体来增强工作人员身份所彰显的国家意志。应当说，《意见》的规定反映了当前国家出资企业的经营管理实际，在刑事政策上有助于打击与预防职务犯罪④，同时并未冲击通过形式身份与实质公务共同界定国家工作人员身份的方法。另一方面，既然《意见》对国家工作人员的扩张体现了其对实质公务的侧重，将该种情形纳入《刑法》第93条中"其他依照法律从事公务的人员"更为合理。倘若硬要往"委派型"国家工作人员中解释，反而会因过于重视象征形式身份的委派方法而与《意见》制定的底层逻辑相悖。

既然将"国家出资企业中负有管理、监督国有资产职责的组织"作为委派主体，在规定的制定层面已经是对形式身份作出了相当程度的软化，就不宜在司法认定中进一步扩大成立范围，而是有必要仔细审查委派主体能否代表国家意志。对此，实务人员可从两方面把握。

第一，"负有管理、监督国有资产职责的组织"主要是指上级或者本级国家出资企业内部的党委、党政联席会以及总经理办公会等实际上起到相应作用的组织。上述组织的组成人员一般均为党政领导，对于公司中国有资产的

---

① 劳东燕. 论受贿罪中的国家工作人员. 东方法学，2020（2）：30.
② 陈兴良. 国家出资企业国家工作人员的范围及其认定. 法学评论，2015（4）：12.
③ 刘志洪. 委派型国家工作人员问题研究//赵秉志. 刑法论丛，2020年第3卷. 北京：法律出版社，2021：63-64.
④ 劳东燕. 论受贿罪中的国家工作人员. 东方法学，2020（2）：30.

运用与保护起到掌舵、把关的作用，能被视为代表国家意志行事。相应地，受其决定任命或是批准任命就体现出国家意志的传递。相反，股东会、董事会等机构只能代表股东或公司意志而不能代表国家意志，纵使其掌管或实质影响着包含国有资产的全公司资产，纵使其任命的人员所从事的工作与国有资产相关，该人员也不属于国家工作人员。有观点认为，总经理办公会、行长办公会代表的是公司整体利益而非国家利益，不属于"负有管理、监督国有资产职责的组织"①。但这一见解未免过于绝对，组织能否代表国家意志，关键还要看组织成员及其有权决策的事项，一案一判断。本案中，A公司是国家出资企业，其总经理办公会只能由党政领导参加，不仅公司重大决策由其掌控，与国有资产安全相关的事项均须上会讨论决定。此时便应当认为，该组织能够代表国家意志。

第二，行为人必须由"负有管理、监督国有资产职责的组织"亲自决定或批准任命，而非仅仅是"备案"。只有当相关组织对任命行为人起到决定性作用时，才能体现出国家意志的传递，才能真正说明行为人取得了国家信赖，有资格代表国家意志行事。倘若行为人的任命只是在相关组织文件中备案，而决定权仍然在股东会或董事会，则说明国家意志并未真正传递给行为人，行为人仍然是代表公司行事。在"吴昊非国家工作人员受贿案"中，尽管公司本届党委出具了有关吴昊的任职证明，由于缺乏原始任职决定与审核文件，且没有相关党委成员的证言加以印证，法院最终否定吴昊成立国家工作人员。②法院的判决是合理的，因为一旦无法证明行为人的任职由相关组织决定，便无法肯定行为人能够代表国家意志。而本案中，现有证据显示，周某某的任命是通过党政领导组成的总经理办公会讨论决定，足以认定其代表国家意志行事。

（二）实质条件：从事组织、领导、监督、经营、管理工作

有观点指出，在实际案件的认定中，真正起作用的是形式条件，实质条件很大程度上被虚置，只要确认了行为人由"国家出资企业中负有管理、监督国有资产职责的组织"决定或批准任命，基本就可以推定实质条件具备。③诚然，实务中的大多数案件均属此类。但是，考虑到"管理、监督国有资产"未必是相关组织的唯一职能，且不同国家出资企业中的国家资本所占比例也存有不小差异，实务中仍有必要对实质条件审慎判断，不宜盲目推定。

首先，"从事组织、领导、监督、经营、管理工作"并非是指面向公司事

---

① 罗开卷.刑法中国家工作人员认定的"三步骤"及其展开//赵秉志.刑法论丛：2020年第3卷.北京：法律出版社，2021：93-94.
② 参见上海市闵行区人民法院（2016）沪0112刑初1333号刑事判决书.
③ 陈兴良.国家出资企业国家工作人员的范围及其认定.法学评论，2015（4）：18.

务，而是指面向国有资产。换言之，只有当行为人所从事的工作涉及对公司中国有资产部分的管理、监督时，才意味着"负有管理、监督国有资产职责的组织"将管理、监督国有资产的国家意志传递给行为人，由行为人贯彻落实。当行为人的职责无关国有资产的管理、监督时，即使其任命是由相关组织决定或批准，行为人也不属于国家工作人员。本案中，A公司总经理办公会的职能并不限于管理、监督国有资产，而是对于公司的诸多重大事项都有决策权。周某某被总经理办公会任命为财务总监，全面负责公司财务管理，必然包含对公司财产中国有资产的管理，由此，形式条件中的国家意志得以在实质条件中贯彻，应认定周某某为国家工作人员。反之，如果总经理办公会任命其为人力资源总监，则因该职位不负有管理、监督国有资产的职责而不能认定其为国家工作人员。

其次，当国有资产占该国家出资企业的比例较小时，应从严把握实质条件的认定。根据《意见》第7条的规定，国家出资企业既包含国有资本控股公司，也包含国有资本参股公司。对于国有资本参股公司来说，国有资本占公司资本比例相对较小，在公司的经营发展过程中，国有资产面临的风险相对较小，国家对其管理、监督的程度也相对缓和，国家意志在其中的体现也相对较弱。因此，当行为人任职于国有资本比例很低的国有资本参股公司时，有必要通过行为人过往的实际工作情况更为严格地考察行为人对国有资产部分的管理、监督程度，而不能通过职位泛泛推定。例如，行为人甲在国有持股10%的公司中被党委任命为财务副总监，利用职务便利侵吞单位财物。是否肯定甲的国家工作人员身份并进而认定其构成贪污罪，须仔细判断甲过往的职务行为究竟能多大程度地影响国有资产。

三、延伸思考

既然在后的《意见》扩大了在先的《批复》所界定的国家工作人员的成立范围，《意见》的时效问题便值得讨论，亦即，发生在《意见》颁布之前的行为是否要适用《意见》？实践中有判例认为应当适用。[①] 不过，如果考虑到《批复》本身也具有司法解释性质，就应当依据2001年12月16日最高人民法院、最高人民检察院《关于适用刑事司法解释时间效力问题的规定》第3条的规定，否定适用《意见》。[②]

（刘鹿鸣 撰写）

---

① 参见浙江省舟山市中级人民法院（2014）浙舟刑终字第98号刑事裁定书。
② 陈兴良. 国家出资企业国家工作人员的范围及其认定. 法学评论, 2015 (4): 16.

53 法条竞合

案情简介

2007年6月起，被告人陈某安将其注册成立的奥星公司进行包装后宣称可以到美国上市，借机对外融资。被告人陈某安在网站上发布了大量关于公司产品、规模、实力以及将赴美国纳斯达克上市等虚假信息（如宣称奥星公司拥有多个子公司，是生物科技高新技术企业，拥有国家级专利技术；公司近两年营业额2 000万美元，总资产为25 200万元，净资产为18 280万元；公司通过股权信托受益权转让方式获得的资金将用于两项高新技术，公司计划在美国纳斯达克证券市场上市，预计于2008年7月挂牌上市等）。

被告人杨某军化名杨某霖，担任奥星公司副总经理，负责公司股权信托受益权转让业务的相关事宜。被告人杨某军与多家中介机构联系，委托中介机构招揽投资者购买奥星科技公司股东陈某（系陈某安的妻子）名下的股权信托受益权，并承诺给予一定比例分成，谎称奥星科技公司将于2008年到美国纳斯达克证券市场上市等，并向投资者出具了大量的虚假宣传资料，从而诱骗被害人周某、班某等52名投资者的投资款项共计2 993 050元，收款后立即全部转走并瓜分。

裁判要旨

一审法院认为，擅自发行股票罪与集资诈骗罪的重要区别就是行为人是否具有非法占有目的。被告人使用化名对外联系，发布大量虚假信息，公司不具有偿还债务及盈利能力，此外，根本没有落实对外宣称的项目，收到投资款后立即转走并予以瓜分，具有非法占有目的，构成集资诈骗罪，而不构成擅自发行股票罪。另外，被告人以签订投资合同的形式骗取财物，同时符合合同诈骗罪和集资诈骗罪的构成要件，属于交叉竞合的法条竞合关系，应从一重罪论处，合同诈骗罪的法定最高刑是无期徒刑，集资诈骗罪的法定最高刑是死刑，集资诈骗罪重，故判决被告人构成集资诈骗罪。一审宣判后，被告人陈某安上诉称原判定性错误，其行为应当定性为擅自发行股票罪。二审法院裁定驳回上诉，维持原判。①

评析意见

一、关键问题与裁判思路

本案的关键问题有两个：一是被告人的行为除构成集资诈骗罪外，是否还成立擅自发行股票罪？擅自发行股票罪和集资诈骗罪是何种关系？二是合同诈骗罪和集资诈骗罪是何种关系？如何确定罪名的适用？本案公安机关以合同诈骗罪立案侦查，以擅自发行股票罪移送检察院审查起诉，证券部门介入调查后也认为本案系擅自发行股票的行为。公诉机关审查后以集资诈骗罪提起公诉。法院一审、二审均以集资诈骗罪定罪。对于第一个问题，法院认为擅自发行股票罪与集资诈骗罪是一种排斥关系，二者的关键区别是有无非法占有目的，被告人具有非法占有目的，故不构成擅自发行股票罪，构成非法集资罪。对于第二个问题，法院认为合同诈骗罪和集资诈骗罪是法条竞合关系，按照重法优先适用，以集资诈骗罪定罪。

法院对本案最终认定为集资诈骗罪的定性是正确的，但分析说理存在值得商榷之处：法院对于第一个问题的观点没有考虑擅自发行股票罪与集资诈骗罪之间可以成立想象竞合；对于第二个问题的说理违反了法条竞合情况下特别法优先适用的原则。

二、相关学理分析

（一）被告人成立擅自发行股票罪和集资诈骗罪的想象竞合犯

擅自发行股票罪，是指违反公司法的规定，未经国家有关主管部门批准，擅自发行股票，数额巨大、后果严重或者有其他严重情节的行为。根据《证券法》第11条规定，设立股份有限公司公开发行股票，应当符合《公司法》规定的条件和国务院批准的国务院证券监督管理机构规定的其他条件，向国务院证券监督管理机构报送募股申请和相关文件。② 本案属于完全未向相关主管部门申请、未取得批准的情形。被告人通过在网上发布公司将在美国纳斯达克上市的虚假宣传，并通过多家中介机构招揽投资者，属于违反《证券法》规定的"向不特定对象发行证券"的公开发行情形。因此，本案客观方面完全符合擅自发行股票罪的构成要件。

---

① 参见福建省厦门市中级人民法院（2009）厦刑终字第238号刑事判决书。需要说明的是，2015年《刑法修正案（九）》取消了集资诈骗罪的死刑，本案系2007年发生的案件。

② 笔者引用的条文是2019年修订的《证券法》，根据2005年修订的《证券法》相应条文为第12条。

法院认为，擅自发行股票罪与集资诈骗罪的关键区别是有无非法占有目的，本案被告人具有非法占有目的，故不构成擅自发行股票罪。这种观点在司法实务中很有市场，理论上也有学者主张，认为擅自发行股票罪的行为人在集资时主观上还是准备或多或少给投资者以一定的投资回报的。集资诈骗罪的行为人，则完全没有回报投资者的意图，而是将筹集到的资金彻底据为己有，将资金暗中转移或携款潜逃等。① 对此，笔者并不赞同。擅自发行股票罪在主观方面是故意，即行为人明知发行股票须经国家证券主管部门批准，在未报审批或未获审批的情况下故意发行股票。本罪不属于目的犯，对于行为人是否出于特定目的在所不问，只要实施了擅自发行的行为，均构成本罪。② 行为人以非法占有为目的，未经批准而发行股票骗取社会公众资金时，实际上属于一个行为触犯了两个罪名（集资诈骗罪和擅自发行股票罪），符合想象竞合的成立条件③，集资诈骗罪是重罪，故以集资诈骗罪定罪处罚。

（二）合同诈骗罪与集资诈骗罪是法条竞合关系

法条竞合不仅仅是法条之间形式上的逻辑关系，具有包含或者交叉关系的法条还必须是为了保护同一法益的目的而设立时，才属于法条竞合。法条竞合是一行为侵害一法益而触犯数罪名；想象竞合则是一行为侵害数法益而触犯数罪名。法益是否同一，是区分二者的关键所在。

合同诈骗罪和集资诈骗罪是法条竞合中的特别关系。特别关系，是指一个行为既符合一般法也符合特别法，适用特别法优于一般法。法条竞合的特别关系包括包容关系和交叉关系两种。就诈骗罪与保险诈骗罪而言，二者之间是包容关系，保险诈骗罪的法条从属于诈骗罪的法条。重婚罪和破坏军婚罪之间，则是交叉关系，明知是现役军人的配偶而与之结婚的情形，属于明知他人已有配偶而与之结婚，系两罪之间的交集地带，破坏军婚罪同时符合重婚罪与破坏军婚罪的构成要件。④ 本案中，法院认为两罪是交叉关系，两罪保护客体、犯罪对象等不同，在特定的情况下重合，即当非法集资活动以签订合同的形式进行时，两罪可能重合，故属于交叉关系的法条竞合。这一观点值得商榷。合同诈骗罪与集资诈骗罪应当属于法条竞合的特别关系中的包容关系。包容关系的表现为，属于 A 概念的所有事项，同时属于 B 概念；反之，属于 B 概念的事项，则无法全部属于 A 概念。⑤ 行为人触犯集资诈骗罪

---

① 陈甦，陶月娥. 论集资犯罪. 辽宁大学学报，1999 (2)：105.
② 姚万勤，严忠华. 厘清擅自发行股票债权犯罪应把握五个重点. 检察日报，2017 - 06 - 12 (3).
③ 张明楷. 诈骗犯罪论. 北京：法律出版社，2021：660.
④ 周光权. 刑法公开课：第 2 卷. 北京：北京大学出版社，2020：216.
⑤ 甘添贵. 罪数理论之研究. 北京：中国人民大学出版社，2008：57.

时，也必然成立合同诈骗罪，合同诈骗罪是普通法条。理由在于：一方面，两罪的法益具有同一性。合同诈骗罪，是指以非法占有为目的，在签订、履行合同的过程中，骗取对方当事人的财物，数额较大的行为，保护的法益是市场秩序和公私财产。集资诈骗罪是指以非法占有为目的，使用诈骗方法非法向公众吸纳资金，数额较大行为，保护的法益是国家金融管理秩序和公私财产。合同诈骗罪是在市场经济活动中签订合同，集资诈骗罪也是签订经济合同，但内容更加特定化、包含了投资以及还本付息或分红等内容，所以是金融领域特殊类型的合同诈骗。另一方面，集资诈骗罪基本都利用了经济合同的形式，大多签订了书面合同，即使没有签订书面合同，也必然有出资投资、承诺回报的口头约定，口头合同也是合同法确认的一种合法合同形式，如果行为人的诈骗行为发生在经济往来过程中，所利用的口头合同符合合同诈骗罪的合同要素，也构成合同诈骗罪。

附带指出，合同诈骗罪与大量金融诈骗罪之间存在法条竞合关系。对于诈骗类犯罪，很多国家的刑法不像我国刑法那样设置多个罪名予以细致规定，大多只规定一个诈骗罪，对各种金融诈骗行为也都以诈骗罪定罪处罚。我国刑法除了规定诈骗罪外，还区分具体的领域规定了合同诈骗罪以及各种金融诈骗罪，由于这些诈骗罪都侵犯财产权，就会产生罪名之间的竞合问题。一般认为诈骗罪与合同诈骗罪、诈骗罪与各金融诈骗罪之间是法条竞合的关系，但金融诈骗罪与合同诈骗罪是否是法条竞合关系还存在疑问。有学者指出，从立法论的角度来说，没有设立合同诈骗罪的必要性。诈骗罪起源于交易过程中的具体诈骗类型，原本就是发生交易过程中的犯罪。所有的诈骗犯罪基本上可以说是合同诈骗，或者说都是在利用口头合同或者书面合同实施诈骗行为。在普通诈骗罪之外规定合同诈骗，无异于在普通杀人罪之外另规定使用凶器的杀人罪。①

合同诈骗罪与集资诈骗罪、保险诈骗罪等金融诈骗罪，都包含了对财产的侵害，法益具有同一性，各种金融诈骗罪也大多会利用经济合同的方式。合同诈骗罪和大量金融领域的合同诈骗行为之间有法条竞合关系，合同诈骗罪是普通法条，在法条竞合时，应当坚持特别法条优先适用的原则，以金融诈骗罪论处。例如，在签订、履行保险合同过程中实施诈骗的，同时构成保险诈骗罪和合同诈骗罪，应认定为保险诈骗罪。再如，利用合同诈骗银行或者其他金融机构的贷款的，同时构成贷款诈骗罪和合同诈骗罪，应认定为贷款诈骗罪。

（三）关于被告人刑事责任的分析

综上所述，合同诈骗罪与集资诈骗罪之间是法条竞合关系，集资诈骗罪

---

① 张明楷．诈骗犯罪论．北京：法律出版社，2021：1023．

是特别法条，本案被告人在签订、履行投资合同过程中实施诈骗，同时构成合同诈骗罪和集资诈骗罪，应当以特别法条集资诈骗罪定罪处刑。

三、延伸思考

很多司法人员倾向于认为，被告人的一种行为只构成一个罪。这样一来，一个被告人构成伤害以后就定不了寻衅滋事，但是实际上，被告人的寻衅滋事和故意伤害很可能是想象竞合关系。另外，像贪污和受贿也可能竞合，特别是指使下级单位提供公款供自己使用，被告人可能构成受贿罪（因为其利用职务上的便利获得了他人财物），也可能构成贪污罪（因为他收受自己能够管理的单位财物）。因此，在实务中，对罪数关系的认定，应当多考虑犯罪之间的交叉和竞合，而少判断犯罪之间的排斥关系。①

对以擅自发行股票、公司、企业债权的方式非法筹集资金的行为认定，也要考虑罪数关系的一般原理，仔细审查被告人的行为是否可能同时符合多个犯罪构成，是否具有竞合关系，不能认为被告人一旦构成集资诈骗罪，就绝对不再构成其他犯罪。

（孟红艳　撰写）

---

① 周光权. 如何解答刑法题. 北京：北京大学出版社，2021：226.

54 想象竞合犯

案情简介

2011年10月26日,被告人代某某在位于上海市浦东新区老港处置场东侧的南汇东滩野生动物禁猎区内一水塘内,用布置的一张翻网,猎捕到鸳鸯1只和绿翅鸭4只。经上海野生动植物鉴定中心鉴定,鸳鸯被列入《国家重点保护野生动物名录》,为国家二级重点保护野生动物;绿翅鸭被列入《国家保护的有益的或者有重要经济、科学研究价值的陆生野生动物名录》和《中华人民共和国政府和日本国政府保护候鸟及其栖息环境的协定》的保护名录。

裁判要旨

法院认为,被告人违反野生动物保护法规,非法猎捕国家重点保护的珍贵、濒危野生动物,构成非法猎捕珍贵、濒危野生动物罪。被告人的行为还同时触犯非法狩猎罪,为避免对同一行为的重复评价,应择一重罪处罚,触犯的其他罪名的情节则在量刑时予以考虑。由于非法狩猎罪与非法猎捕珍贵、濒危野生动物罪相比法定刑比较低,以非法猎捕珍贵、濒危野生动物罪定罪,择一重罪从重处罚完全能够达到罪刑相适应的目的。被告人有自首、立功表现,均可从轻处罚,法院判决被告人代某某犯非法猎捕珍贵、濒危野生动物罪,判处有期徒刑一年,缓刑一年,罚金人民币一千五百元。[①]

评析意见

一、关键问题与裁判思路

本案的关键问题在于,想象竞合犯的择一重处罚,是仅按照重罪处罚,还是可以在重罪的基础上将轻罪作为酌情从重的量刑情节?被排除适用的轻

---

① 参见上海市浦东新区人民法院(2012)浦刑初字第195号刑事判决书。

罪，如何影响量刑？法院认为想象竞合犯的处断是择一重罪从重处罚，除了按照较重的罪名量刑以外，还要考虑轻罪的情节在量刑时从重处罚。我国刑法理论通说认为想象竞合犯是实质的一罪，仅按照重罪定罪量刑，不需要考虑轻罪，但司法实务中的部分判决会在量刑时将轻罪的法益侵害作为从重处罚的情节，对此，理论上需要进行合理的解释。

二、相关学理分析

（一）想象竞合犯的法律效果

想象竞合犯，是指一行为触犯数个罪名，实现数个犯罪构成，而数个犯罪构成之间在逻辑上并无包容关系的情形。

对于想象竞合犯的法律效果（处理模式），在我国刑法理论上存在争论：第一种观点是想象竞合犯仅按照重罪处罚，在量刑时完全不评价轻罪。我国刑法理论通说认为，想象竞合犯的"从一重罪"是指按照一罪处罚。[1] 刑法分则的某些条文也肯定了这一处断原则。如《刑法》第 329 条第 3 款规定，有前两款行为，同时又构成本法规定的其他犯罪的，依照处罚较重的规定定罪处罚。[2] 第二种观点认为，在按照重罪定罪时，也应当在重罪的法定刑范围内适当考虑轻罪（以下简称为"从一重罪从重"）。高铭暄教授认为，想象竞合犯"从一重处断"原则是指按照所触犯的数个罪名中最重的一罪定罪，并在该重罪的法定刑或相应的量刑幅度内判处刑罚，同时可将其余轻罪作为量刑的情节考虑，其他轻罪只是在最重之罪的法定刑幅度内予以参考的情节。[3] 张明楷教授则对德国的结合刑原则进行了修正，认为对想象竞合犯应当以法定刑重的犯罪定罪，裁量重罪"责任刑"时，将轻罪的"不法"作为增加"责任刑"的情节从重处罚。当重罪的法定最低刑轻于轻罪法定最低刑，应当以轻罪法定刑作为裁量的最低限；轻罪的附加刑原则上应当附加于重罪适用。[4] 第三种观点认为，对想象竞合犯应当采取"从一重重处断"原则，即除了对较重的罪制裁外，又通过加重处罚的办法，弥补了从一重处断的不足。[5] 采取这种观点的学者借鉴了瑞士刑法的规定，《瑞士联邦刑法》第 68 条第 1 款规定："因一行为或数行为可能被科处数个自由刑的，法官可就其最严重行为科处自由刑，并适当提高该自由刑的期限，但所提高之刑期不得长于应科处自由刑最高限之一半。"第四种观点认为，想象竞合犯是实质的数罪，应当数罪

---

[1] 王作富. 刑法. 6 版. 北京：中国人民大学出版社，2016：146.
[2] 刘宪权. 刑法学：上. 6 版. 上海：上海人民出版社，2020：250.
[3] 高铭暄. 刑法学原理：第 2 卷. 北京：中国人民大学出版社，1993：534.
[4] 张明楷. 责任刑与预防刑. 北京：北京大学出版社，2015：388.
[5] 吴振兴. 罪数形态论. 北京：中国检察出版社，2006：66.

并罚。有不少国家对想象竞合犯数罪并罚,如英美法国家,对一行为触犯数罪名的向来数罪并罚。《俄罗斯联邦刑法典》第17条第2款,也将一个行为触犯数条规定的犯罪要件的,视为数罪。① 这种观点仅为个别学者所主张。

想象竞合犯虽然是一个行为,但同时造成了数个法益侵害后果,故想象竞合犯的本质不同于典型的数罪,而是介于一罪和数罪之间的中间形态,我国通说完全不评价轻罪不法仅按照重罪定罪量刑的模式不合适。而对想象竞合犯数罪并罚和择一重加重处罚的模式则无视想象竞合犯和典型数罪的区别,存在不合理之处。

(二)想象竞合犯"从一重罪从重"处罚的展开

竞合论的基本任务是达成对犯罪充分但不重复的评价,对想象竞合犯采取"从一重罪从重"处罚是较为合理的方案。我国刑法分则和部分司法解释对于想象竞合犯的情况虽然规定"依照处罚较重的规定定罪处罚",但这种规定完全具有解释成"从一重罪从重"处罚的空间,相关的条文只是表明在定罪意义上要按照重罪定罪,但量刑上并未排斥将轻罪作为从重处罚的情节。我国也有司法解释规定对想象竞合犯"从一重罪从重"处罚。例如,2013年最高人民法院、最高人民检察院《关于办理盗窃刑事案件适用法律若干问题的解释》第11条规定:"采用破坏性手段盗窃公私财物,造成其他财物损毁的,以盗窃罪从重处罚;同时构成盗窃罪和其他犯罪的,择一重罪从重处罚"。再如,2020年最高人民法院、最高人民检察院、公安部《关于依法惩治袭警违法犯罪行为的指导意见》第3条第1款规定,驾车冲撞、碾轧、拖拽、刮蹭民警,或者挤别、碰撞正在执行职务的警用车辆,危害公共安全或者民警生命、健康安全,应当以以危险方法危害公共安全罪、故意杀人罪或者故意伤害罪定罪,酌情从重处罚。第2款规定,暴力袭警,致使民警重伤、死亡,应当以故意伤害罪、故意杀人罪定罪,酌情从重处罚。上述情形均属于想象竞合犯的情形,行为人构成故意伤害罪或者故意杀人罪的同时,也构成妨害公务罪或者袭警罪,司法解释直接规定了按照重罪定罪并酌情从重处罚。因此,本案法院认为应择一重罪以非法猎捕珍贵、濒危野生动物罪定罪,触犯的其他罪名的情节则在量刑时从重处罚,这一裁判要旨值得肯定。

(三)关于被告人刑事责任的分析

对于想象竞合犯的处断,最关键的问题在于罪名的适用,即需要进行重罪和轻罪的比较。我国刑法理论通说认为,重罪和轻罪的比较应当以法定刑

---

① 庄劲.想象的数罪还是实质的数罪——论想象竞合犯应当数罪并罚.现代法学,2006(2):113-114.

为基础进行比较。比较各个罪名法定刑轻重的方法为：(1) 主刑刑种的轻重，应依照刑法规定的刑罚种类的次序决定，即管制、拘役、有期徒刑、无期徒刑、死刑依次递增。(2) 同种刑罚的轻重，应以法定最高刑的高低为准，即高者为重，低者为轻；若法定最高刑相同，则应以法定最低刑为准，亦即高者为重，低者为轻。(3) 规定有两种以上主刑的法定刑的轻重，应以最高主刑种类较重或刑期较长者为重，反之为轻；若最重主刑刑种或其刑期相同，则以最低主刑种类较重或刑期较长者为重，反之为轻。① 就本案而言，根据《刑法》规定，非法狩猎罪的法定刑是三年以下有期徒刑、拘役、管制或者罚金，非法猎捕珍贵、濒危野生动物罪的法定刑是五年以下有期徒刑或者拘役，并处罚金，显然非法猎捕珍贵、濒危野生动物罪的法定刑重，应以非法猎捕珍贵、濒危野生动物罪定罪。

三、延伸思考

对于想象竞合犯"从一重罪从重"处罚，轻罪如何在量刑中发挥作用，还存在一些具体的问题需要进一步探讨。

首先，对于想象竞合犯适用重罪对被告人定罪，同时在量刑时需要考虑将轻罪的不法和责任作为重罪的从重处罚情节。具体而言，按照责任主义的量刑理论，在量刑时，要先裁量重罪的责任刑，由责任刑确定处罚的上限，再去考虑预防刑。对于量刑基准，存在"点的理论"与"幅的理论"的争论，"点的理论"认为责任刑是一个确定的点，"幅的理论"认为责任刑有一定的幅度。笔者认为，幅的理论具有合理性。刑罚轻重到何种程度才与责任相当，是很难精确地确定的。责任刑存在一个相当大的范围和空间，其上下限都与行为责任相对应，对被告人的量刑只要是在责任刑的幅度内进行决定的，就是符合罪刑法定原则的。重罪的责任刑幅度由重罪的客观不法和主观责任确定，在重罪幅度内选择与被告人责任相适应的刑罚后，再考虑轻罪的不法和责任适当增加一定的刑罚量定，但所增加的刑罚一定不能突破重罪责任刑的上限。

其次，在确定重罪的刑罚时，还需要考虑轻罪法定刑的封锁效果。轻罪法定刑的封锁效果具有确保罪责刑相适应的作用，防止在按照重罪处罚时出现量刑畸轻的情况，确保案件处理的公平。德国刑法中轻罪的封锁效应，是指不得低于轻罪的法定最低刑。由于我国刑法分则只规定了刑罚的最高限度，最低限度由刑法总则规定，很多情况下无法比较法定最低刑，因而，将重罪的封锁起点确定为轻罪的责任刑更为合理。具体到本案中，对被告人以非法

---

① 高铭暄. 刑法学原理：第2卷. 北京：中国人民大学出版社，1993：533.

猎捕珍贵、濒危野生动物罪定罪，在对重罪确定责任刑时不得低于按照非法狩猎罪处罚所确定的责任刑。

最后，轻罪的附加刑不能结合适用。轻罪的附加刑结合适用，实际上就相当于就附加刑予以并罚，而我国刑法没有规定对想象竞合犯的附加刑实行并罚，定罪是量刑的基础，对想象竞合犯既然以重罪定罪，就只能在重罪法定刑范围内量刑，否则违反罪刑法定原则。① 司法实践中也没有将轻罪的附加刑并罚。因此，对轻罪的附加刑结合适用不符合我国的立法和司法实践。

（孟红艳　撰写）

---

① 刘士心. 想象竞合犯研究. 北京：中国检察出版社，2005：163.

55 牵连犯的认定

案情简介

被告人朱某某自1989年起从事股票交易。2002年10月至2003年3月间，朱某某先后用虚假的贸易合同和财务报表，向上海银行外滩支行、淮海支行贷款人民币1.15亿元，用于炒作"百科药业"等股票或者归还向证券公司的融资款。2005年8月，朱某某因犯贷款诈骗罪、对公司人员行贿罪，被判处有期徒刑9年，并处罚金50万元。2007年12月，朱某某又因犯违法发放贷款罪，被判处有期徒刑9年6个月，并处罚金20万元，与原判刑罚合并，决定执行有期徒刑14年，并处罚金70万元。

在被告人朱某某服刑期间，还发现其在1999年1月至2003年6月间，组织和指挥浦某等22人（均另案处理）设立资金账户273个，并在上述资金账户累计下挂了6 509个深圳股东账户，以自有资金或采用以股票向证券公司质押融资、骗取银行贷款等方式，集中资金优势、持股优势，操纵"百科药业"股票交易价格。朱某某还组织、指挥上述人员，以自己为交易对象，进行不转移所有权的自买自卖，影响"百科药业"股票交易价格和交易量。

裁判要旨

一审法院认为，被告人朱某某为获取不正当利益，组织、指挥他人通过设立273个资金账户和6 509个股票账户的方式，集中资金优势、持股优势，以自己为交易对象，进行不转移证券所有权的自买自卖，影响证券交易价格、交易量，情节严重，其行为已构成操纵证券交易价格罪，并将其作为漏罪，与贷款诈骗罪、对公司人员行贿罪、违法发放贷款罪数罪并罚。[1] 一审宣判后，朱某某未上诉，检察机关未提出抗诉，一审判决发生法律效力。

---

[1] 参见上海市第二中级人民法院（2008）沪二中刑初字第149号刑事判决书。

评析意见

一、关键问题与裁判思路

本案的关键问题在于，被告人朱某某实施贷款诈骗行为，是为了将所骗资金用来炒作股票，二者存在手段和目的的关系。此时是应当将贷款诈骗罪和操纵证券交易价格罪数罪并罚还是将其认定为牵连犯，从一重罪论处？

对此，本案主审法官认为，被告人朱某某出于炒作股票、操纵股票价格这一犯罪目的，实施了贷款诈骗行为和操纵证券交易价格行为，分别触犯了贷款诈骗罪和操纵证券交易价格罪两个罪名，二者具有手段和目的的牵连关系。但是，牵连犯属于实质的数罪，对于具有牵连关系的数行为，如果法律未明文规定从一重罪论处，一般应予数罪并罚。主要理由包括：（1）牵连犯属于数罪，只有实行数罪并罚才不违反全面评价原则。（2）行为之间存在牵连关系，并不能减少各自的客观危害和主观恶性，牵连犯具有数罪的社会危害性。（3）对牵连犯数罪并罚已是各国刑事立法的大势所趋。（4）我国刑事立法和司法解释对于牵连犯的倾向性立场是数罪并罚，仅在少数场合例外地从一重罪论处。因此，在被告人朱某某已因贷款诈骗罪被判处刑罚后，又发现其有漏罪的场合，应当以操纵证券交易价格罪对其判处刑罚，并予数罪并罚。这样的做法既遵循了全面评价原则，又体现了罪刑相适应原则的要求。[①]

二、相关学理分析

（一）牵连犯的概念及其实务影响

所谓牵连犯，是指在数个犯罪之间，存在手段和目的、原因与结果之关系的情形。例如以诈骗为目的而伪造公文、以私藏枪支为目的而盗窃枪支等。牵连犯是最受争议的罪数形态之一，我国通说认为除了刑法分则规定应数罪并罚的情形外，对于牵连犯应当从一重罪处罚[②]，但主张应当严格限制从一重罪处断的范围，乃至摒弃牵连犯概念的观点在学界一直比较有力。本案判决在很大程度上受到前述观点的影响，主审法官用以论证牵连犯应当数罪并罚的理由，亦时常在文献中出现。

由此可见，牵连犯在我国实务中是一个很有影响的概念。首先，在各大案例检索平台以"牵连犯"为关键词检索刑事裁判文书，都能发现大量结果，

[①] 沈言. 牵连犯的成立要件及其处断. 人民司法, 2009 (18): 63-65.
[②] 贾宇. 刑法学: 上册·总论. 北京: 高等教育出版社, 2019: 267.

其中不乏指导性案例、公报案例等①，这表明法官和律师均有意识地在刑事诉讼中使用这一概念；其次，根据《刑法修正案（十一）》修正后的《刑法》第229条第2款，受贿或索贿后提供虚假证明文件的，应当择一重罪处断，由于此时存在两个不同的犯罪行为，且受贿罪和提供虚假证明文件罪保护法益不同，不能将此种情形解释为想象竞合或吸收犯，这样一来，就只能认为该规定符合牵连犯的特征②，既然无法排除这类规定继续在立法和司法解释中出现的可能，对于牵连犯实质含义的探讨就应继续进行。近年来，部分原本持牵连犯废除论的学者转而认为应当在保留牵连犯概念的基础上，将关注的重心摆在区分应当数罪并罚的牵连犯和应当从一重罪论处的牵连犯上③，也正是基于牵连犯概念在实务中的巨大影响力。

（二）对牵连犯废除论的质疑

在牵连犯废除论中，有两种不同的立场：第一种立场主张原本作为牵连犯处理的情形，除法律和司法解释有特别规定外，应当一律数罪并罚；第二种立场主张将原本作为牵连犯处理的案件，一部分予以数罪并罚，另一部分分流到想象竞合、吸收犯等罪数形态中。它们的差别在于，后者并不否定牵连犯现象，只是认为该现象实际上属于其他罪数形态。前者则主张彻底否定牵连犯现象，也即认为这种情形不会产生任何特殊的法律效果，相较之下，这种观点对于牵连犯概念的打击是毁灭性的。

主张对牵连犯原则上应当一律数罪并罚的观点不具有合理性。从事实上看，牵连犯原本涉及复数的行为，应当数罪并罚，本案裁判理由亦以牵连犯将原本的数个犯罪评价为一个犯罪，违反全面评价原则，可能放纵犯罪为由主张数罪并罚。可是，这种观点忽略了对被告人进行处罚时，应当同时考虑禁止重复评价原则，也即无论是否对被告人有利，同一个量刑情节只能被考虑一次。如所周知，我国刑法坚持"行为数即罪数"，但在存在牵连关系的场合，数个犯罪行为之间的构成要件要素，有时会出现重合，例如在伪造国家机关印章后又实施诈骗的场合，伪造国家机关印章罪的犯罪目的，恰好又属于诈骗罪犯罪故意的内容，如果将二者数罪并罚，就使得同一事实在甲罪中作为量刑情节，在乙罪中却同时作为定罪情节，从而违反禁止重复评价原则。换言之，牵连犯在定罪的意义上是数罪，但从量刑上看，在行为人的主观目

---

① 曾兴亮、王玉生破坏计算机信息系统案（检例第35号）；张爱民、李楠等非法猎捕、收购、运输、出售珍贵、濒危野生动物案．最高人民法院公报，2018（2）（256）：38-40．

② 王彦强．《刑法修正案（十一）》中竞合条款的理解与适用．政治与法律，2021（4）：103-104．

③ 张明楷．罪数论与竞合论探究．法商研究，2016（1）：126页；周光权．刑法总论．4版．北京：中国人民大学出版社，2021：409．

的、法益侵害结果等无法为行为所包含的构成要件要素发生重合时，为避免重复评价，便应将原本的数罪修正为一罪①，此即牵连犯从一重罪处罚的根据所在。

主张以其他罪数形态取代牵连犯也不可取。我国学者时常以德国未规定牵连犯，但德国的竞合论与我国的罪数论在体系安排上有很大不同，在我国作为牵连犯来处理的案件，在德国大多分别属于想象竞合与法条竞合中的吸收关系（共罚的事前、事后行为），仅有少部分情形属于实质竞合（数罪并罚），这意味着，即使按照德国的竞合论将牵连犯分流，原先从一重罪处罚的情形仍然还要从一重罪处罚，并不会导出应当数罪并罚的结论。而且，德国之所以能够将牵连犯归入想象竞合与法条竞合中，是因为这两种罪数形态包含了大量数个自然意义上的行为犯数罪的情形，这与上述概念在我国的通行理解并不一致。②

（三）牵连犯的成立范围

一般认为，牵连犯具有以下四个特征：（1）出于一个犯罪目的；（2）实施了数个犯罪行为；（3）数个犯罪行为之间具有牵连关系，即手段和目的，或者原因与结果的内在联系；（4）数个犯罪行为须触犯不同的罪名。其中，牵连关系的认定是聚讼最多的问题，目前的有力说在客观说的基础上，认为单纯依据数个犯罪行为间的牵连关系，尚不足以对其从一重罪处罚，而是要在此基础上，进一步判断是否存在类型性的牵连关系。这里的"类型性的牵连关系"，是指行为人实施目的行为时通常会实施手段行为，实施原因行为时通常会实施结果行为。具体而言，如果能够肯定行为人在日常生活中实施甲罪时，通常会继续实施/伴随实施乙罪，那么就应当肯定"类型性的牵连关系"存在。此外还需注意的是，在认定牵连犯的过程中不应忽视犯罪目的的同一性，如果行为人出于不同的犯罪目的实施数个犯罪行为的，应当数罪并罚。典型的例子是甲基于杀人的故意非法侵入乙的住宅后，另起犯意强奸了乙，此时不应认为非法侵入住宅行为和强奸行为之间构成牵连犯。

在司法实践中，当行为人符合数个犯罪的构成要件时，首先应当判断其实施了一个行为还是数个行为，如果实施了一个行为，则属于想象竞合。在行为人实施了数个行为的场合，需要判断这些犯罪行为之间是否基于同一个意思决定，侵犯了同一法益，如果肯定，则成立吸收犯；如果否定，则接下来需要判断这些犯罪之间是否具有"类型性的牵连关系"，如果肯定，则成立

---

① 徐凌波. 犯罪竞合的体系位置与原则. 比较法研究，2017（6）：91-92.
② 张明楷. 刑法学. 6版. 北京：法律出版社，2021：619.

牵连犯，反之则须实行数罪并罚。

（四）关于被告人刑事责任的分析

被告人实施了贷款诈骗行为和操纵证券交易价格行为，且其诈骗贷款是为了后续操纵证券交易价格。然而从一般的生活经验看，很难认为操纵证券价格的犯罪人通常会通过诈骗贷款的方式获取活动资金，故在本案中不宜肯定"类型性的牵连关系"。据此，法院将贷款诈骗罪和操纵证券交易价格罪数罪并罚是正确的，但如此处理的理由并不是牵连犯原则上应当数罪并罚，而是被告人的犯罪行为并不成立牵连犯。

三、延伸思考

按照犯罪行为间是否存在"类型性的牵连关系"这一标准，能够有力地限制牵连犯的成立范围，从而避免了违反全面评价原则的批评。然而，该标准仍然存在一定的模糊性，无法杜绝同案不同判的情形出现。对此，有必要对实务中认定为牵连犯的判决展开梳理，剔除原本应当数罪并罚，以及应当评价为其他罪数形态的情形，在此基础上建立起类型性牵连关系的类案标准。对于牵连关系的实质内容，亦有继续加深研究的必要。

在晚近的研究中，有学者引入了"纯粹结果犯"和"举止关联犯"的区分，认为对于纯粹结果犯，一律不产生牵连关系；对于举止关联犯，在立法预设了目的—手段关系的场合（部分短缩的二行为犯）产生牵连关系；在构成要件描述中存在结果型描述时不产生牵连关系。[①] 按照此种思路，我国语境下伪造文书类犯罪能够和相应类型的欺诈犯罪产生牵连关系；绑架罪能够和敲诈勒索罪产生牵连关系；抢劫、敲诈勒索、强奸等侵犯财产或人身类举止关联犯难以和非法侵入住宅、盗窃枪支或危害公共安全等犯罪产生牵连关系；侵犯公民个人信息罪、寻衅滋事罪因存在对结果的描述，并不与其他犯罪产生牵连关系。这种观点将"类型性的牵连关系"的判断转化成"构成要件类型性"的判断，并将判断的重心摆在对立法者所预设的符合构成要件的举止的审查上，在牵连关系判断的明确性上实现了提升，值得参考。

（蒋浩天　撰写）

[①] 张梓弦. 牵连犯的概念保留与范围确定——以《刑法》第229条第2款之修正为契机. 法学，2021（11）：80-81.

56 以危险方法危害公共安全罪

案情简介

被告人黎某某大量饮酒后驾驶面包车由南向北行驶，蹭倒骑摩托车的被害人梁某某（系黎某某的好友），其随即下车查看，见未造成严重后果，便再次上车发动引擎，继续快速前行，从后面将骑自行车的被害人李某某及其搭乘的儿子陈某某撞倒，致陈某某轻伤。黎某某继续开车前行，撞坏治安亭前的铁闸及旁边的柱子，又掉头由北往南方向快速行驶，车轮被卡在路边花地上。梁某某及其他村民上前救助伤者并劝阻黎某某，黎某某加大油门驾车冲出花地，碾过李某某后撞倒梁某某，致李某某、梁某某死亡。黎某某驾车驶出路面外被抓获。经鉴定，黎某某血液酒精含量为369.9mg/100mL，案发时处于急性醉酒状态。

裁判要旨

一审法院认定被告人黎某某犯以危险方法危害公共安全罪，判处死刑，剥夺政治权利终身。宣判后，黎某某提出上诉。二审法院经公开审理，裁定驳回上诉，维持原判，依法报请最高人民法院核准。最高人民法院复核认为，被告人黎某某酒后驾车撞倒他人后，仍继续驾驶，冲撞人群，其行为已构成以危险方法危害公共安全罪。黎某某醉酒驾车撞人，致二人死亡、一人轻伤，犯罪情节恶劣，后果特别严重，应依法惩处。鉴于黎某某是在严重醉酒状态下犯罪，属间接故意犯罪，与蓄意危害公共安全的直接故意犯罪有所不同；且其归案后认罪、悔罪态度较好，依法可不判处死刑。遂裁定不核准被告人黎某某死刑，撤销二审裁定，发回重新审判。[①]

经重审，二审法院认为，上诉人黎某某醉酒驾车，发生交通事故后不听劝阻，试图强行离开现场，不计后果继续驾车冲向现场人群，致二人死亡、

[①] 黎景全以危险方法危害公共安全案//中华人民共和国最高人民法院刑事审判第一、二、三、四、五庭．中国刑事审判指导案例2（危害公共安全罪）．北京：法律出版社，2017：71．

其行为已构成以危险方法危害公共安全罪。且犯罪的情节恶劣，后果特别严重。但上诉人黎某某毕竟系间接故意犯罪，且其案发时处于极严重的醉酒状态，辨认能力和控制能力均严重下降的事实客观存在，归案后认罪、悔罪态度较好，故虽然黎某某犯罪后果特别严重，依法尚可不适用死刑。原判认定事实清楚，证据确实、充分，定罪准确，审判程序合法，但量刑不当，应予纠正。遂认定被告人黎某某犯以危险方法危害公共安全罪，判处无期徒刑，剥夺政治权利终身。①

评析意见

一、关键问题与裁判思路

本案的关键问题是，在醉酒驾驶发生严重事故的案件中，如何区分交通肇事罪与以危险方法危害公共安全罪？

对此，本案裁判理由指出：在醉酒驾驶发生严重事故的案件中，应当全面、客观认定主观意志，并据此准确区别交通肇事罪和以危险方法危害公共安全罪。行为人在第一次碰撞后，完全能够认识到其行为具有高度危险性，极有可能再次发生安全事故，但对此全然不顾，仍然继续驾车行驶以致造成更为严重的后果，明显反映出行为人不计后果，对他人伤亡的危害结果持放任态度，具有危害公共安全的间接故意，应构成以危险方法危害公共安全罪。就本案而言，从被告人黎某某在蹭倒梁某某，以及撞上李某某母子后，实施的下车查看、采取制动措施等行为看，当时其并不希望或者放任危害结果的发生，且此时造成的后果也不严重。但在撞倒李某某母子后，多名群众上前劝阻、包围车辆，从现场环境看，黎某某能够认识到自己被众人围堵，却急于离开现场，而不顾站在车旁群众的生命安危，锁闭车门、打转方向、加大油门继续行驶，致二人死亡。此时黎某某的主观罪过已转化为间接故意。多名证人证实，如果不是其他群众躲避及时，可能造成更加严重的后果。黎某某作案时对外界情况和事物具有认知能力，主观上具有放任危害结果发生的故意，客观上实施了危害公共安全的行为，其行为构成以危险方法危害公共安全罪。②

二、相关学理分析

关于交通肇事罪和以危险方法危害公共安全罪的界限，传统的观点认为，

---

① 参见广东省高级人民法院（2007）粤高法刑一终字第131—1号刑事判决书。
② 黎景全以危险方法危害公共安全案//中华人民共和国最高人民法院刑事审判第一、二、三、四、五庭. 中国刑事审判指导案例2（危害公共安全罪）. 北京：法律出版社，2017：72-73.

二者在结果上是相同的，主要的区别在于主观心理态度不同，交通肇事罪对于人身伤亡的结果主观上是过失，而以危险方法危害公共安全罪主观上是故意。但如果行为人只是利用交通工具杀伤了特定的人，不足以危害公共安全的，应以故意杀人罪或故意伤害罪论处。[①] 本案中，法院亦将说理的重心，摆在被告人的主观心态是间接故意还是过失上。下文结合相关学理，对如何认定以危险方法危害公共安全罪展开探讨。

(一) 以危险方法危害公共安全罪的构成要件

以危险方法危害公共安全罪，是指故意使用放火、决水、爆炸、投放危险物质以外的其他危险方法危害公共安全的行为。司法实践中要准确认定该罪，须注意以下几方面的内容：

其一，以危险方法危害公共安全罪是放火罪、决水罪、爆炸罪、投放危险物质罪的"兜底条款"，不是整个危害公共安全罪或者整个刑法典中对于公共危险行为的"兜底条款"。在解释和适用《刑法》第114条、第115条时，应当坚持同质解释原则，只有那些对公共安全的危险性和放火、决水、爆炸、投放危险物质程度相当的行为，才能作为以危险方法危害公共安全罪处罚，而不能将一切危害公共安全，但未被刑法规定为犯罪的行为认定为该罪。

其二，《刑法》第114条和《刑法》第115条第1款对以危险方法危害公共安全罪规定了两个不同档次的法定刑，尚未造成严重后果的，适用第114条；致人重伤、死亡或者使公私财产遭受重大损失的，适用第115条第1款。关于这两个条文的关系，存在两种不同的思路：(1) 如果认为第115条第1款是结果犯，那么第114条就是该罪的未遂形态；(2) 如果认为第114条是基本犯，那么第115条第1款就是该罪的结果加重犯。在适用第115条第1款的场合，赞成第一种思路的学者会要求行为人对行为的危险性，以及实害结果均持故意；主张结果加重犯的学者则只要求行为人对行为的危险性持故意，对于实害有过失即可（故意的基本犯＋过失的加重犯）。目前这两种模式各有支持者。[②] 在笔者看来，第二种理解更加合理。未遂犯和既遂犯在故意的内容上并无差别。如果认为第114条是第115条第1款的未遂，那么行为人不仅需要对行为会危害公共安全具有故意，而且也应当对行为可能造成的实害结

---

① 高铭暄，马克昌．刑法学．9版．北京：北京大学出版社、高等教育出版社，2019：355.

② 支持第一种模式的文献参见黎宏．论放火罪的若干问题．法商研究，2005 (3)：121-123；劳东燕．以危险方法危害公共安全罪的解释学研究．政治与法律，2013 (3)：32-35. 支持第二种模式的文献参见张明楷．危险驾驶的刑事责任．吉林大学社会科学学报，2009 (6)：26-28；贾永强，等．论《刑法》第114条与第115条的关系．云南大学学报 (法学版)，2014 (1)：50-53. 不过，无论采取哪种理解，都必须肯定第114条属于具体危险犯，第115条第1款属于实害犯，二者不是对立关系。

果具有故意。这样一来，在行为符合第 115 条的客观要件，但行为人只认识到其实施的行为在手段上和放火、决水、爆炸、投放危险物质相当，会危害公共安全，但未认识到可能导致实害结果的场合，就不应适用《刑法》第 115 条，可此时行为人的故意内容恰好符合第 114 条的要求，这就陷入了对同一罪名的既遂形态缺乏故意，却对未遂形态具有故意的矛盾情形。此外，在大部分醉驾后肇事案件中，行为人只是对具体的公共危险有故意，并不希望和放任伤亡实害结果发生，如果过度强调适用第 115 条第 1 款以行为人希望或放任伤亡结果为前提，则不利于案件的处理。①

其三，危害公共安全，是指危害不特定多数人的生命、身体或者重大财产安全。对于"不特定"的理解，刑法理论上存在对象不确定说和危险不特定扩大说的争论。前者是指犯罪对象的随机性和结果的不可确定性；后者则指犯罪行为可能侵犯的对象数量和可能造成的结果范围事先无法确定，行为人对此既无法预料也难以实际控制，而且行为造成的危险或者侵害结果可能随时扩大或增加。② 显然，对象不确定说只是在日常语义的范围内理解"不特定"，如果将"不特定"和"多数"联系到一起，则会当然地倾向于危险不特定扩大说。换言之，"多数"是对"不特定"的进一步描述。据此，行为只侵害特定人，或者少数人的，都不能认定为以危险方法危害公共安全罪。

其四，行为人实施的危险方法，必须是足以对公共安全造成具体危险的方法，这种危险是行为本身的危险，其是否存在需要加以证明和法官确认，而不能进行某种程度的假定和抽象。实证研究的结果显示，我国法官在认定以危险方法危害公共安全罪的"其他危险方法"时，侧重于考虑以下因素：(1) 行为使用的工具和手段是否极端危险、具有蔓延性，典型的例子如"新冠肺炎"确诊病人进入公共场所、私设电网；(2) 是否实施直接针对公共人身安全的高度危险行为，典型的例子如驾车直接撞击人群、抢夺正在行驶的公共汽车的驾驶员的方向盘；(3) 是否在实施高度危险行为的同时，进一步强化行为的力度与危险，典型的例子如交通肇事后继续驾车冲撞。③

其五，构成以危险方法危害公共安全罪，需要行为人对其行为会造成对公共安全的具体危险具有故意。如果行为人未认识到前述事实，或者主观上对此不希望也不放任，那么即使客观上实施了与放火、决水、爆炸、投放危险物质相当的行为，乃至造成严重后果，也不能以该罪论处。而只能认定为

---

① 张明楷. 危险驾驶的刑事责任. 吉林大学社会科学学报, 2009 (6)：28.
② 张明楷. 刑法学. 6 版. 北京：法律出版社, 2021：879 - 880.
③ 江溯. 以危险方法危害公共安全罪认定规则研究. 中国法学, 2021 (4)：242 - 244.

过失以危险方法危害公共安全罪。

（二）以危险方法危害公共安全罪与交通肇事罪的区分

交通肇事罪和以危险方法危害公共安全罪的客观要件并不对立，违反交通管理法规，致人死伤的行为如果在危险程度上与放火、决水、爆炸、投放危险物质相当，即符合以危险方法危害公共安全罪的客观要件。在此基础上，如果能够肯定行为人对具体危险的故意，即构成以危险方法危害公共安全罪，而对于实害结果，仅需达到过失即可。因此，区分以危险方法危害公共安全罪和交通肇事罪的关键，并不在于行为人对实害结果的心理态度是故意还是过失，而在于其行为对于公共安全的危险程度。如果行为的危险性不符合以危险方法危害公共安全罪的要求，即使发生了伤亡结果，也只构成交通肇事罪。

（三）关于被告人刑事责任的分析

本案被告人酒后驾车，在发生碰撞后仍不停车，后在车暂时卡住，众多村民上前劝阻的情况下，仍加大油门直接撞击人群，致两人死亡。经鉴定，被告人血液酒精含量为369.9mg/100mL，已属于严重醉酒的状态，且当时人群较为密集，亦有村民上前劝阻，综合当时的情况，足以认定被告人面向人群加速冲撞的行为具有高度危险性，已达到和放火、决水、爆炸、投放危险物质相当的程度。司法实践中，区分间接故意与过于自信的过失，主要应当考察行为人对危险的认识和相信程度、行为人是否认真地认识到可能发生的结果，以及行为人事后是否存在真挚的努力。① 被告人在已发生两次碰撞，且已注意到周边多名群众上前劝阻、包围车辆的情况下，仍加大油门试图逃离现场，表明其已对自身行为的高度危险具有认识，并且放任可能的危害结果，足以肯定其对具体危险的故意，故法院认定被告人犯以危险方法危害公共安全罪是正确的。

三、延伸思考

本案是最高人民法院收回死刑核准权后办理的第一起醉驾死刑复核案件，具有较强的指导意义。最高人民法院未核准被告人死刑主要考虑了以下因素：（1）被告人系间接故意犯罪，与直接故意实施的以危险方法危害公共安全有所区别；（2）被告人案发时处于高度醉酒状态，辨认、控制能力有所下降；（3）被告人归案后认罪态度较好，有积极赔偿被害人亲属的意愿。② 显然，最

---

① 周光权. 刑法总论. 4版. 北京：中国人民大学出版社，2021：173-174.
② 黎景全以危险方法危害公共安全案//中华人民共和国最高人民法院刑事审判第一、二、三、四、五庭. 中国刑事审判指导案例2（危害公共安全罪）. 北京：法律出版社，2017：73-74.

高人民法院在裁量刑罚时，没有单纯从危害后果上考虑，而是参考了行为人的主观恶性、人身危险性等因素。其中，醉酒状态是一个重要的酌定从轻情节，类似的立场也反映在对醉酒后实施的杀人行为的死刑适用中。①

（蒋浩天　撰写）

---

① 房国忠故意杀人案//中华人民共和国最高人民法院刑事审判第一、二、三、四、五庭．中国刑事审判指导案例1（刑法总则）．北京：法律出版社，2017：24-25；侯卫春故意杀人案//中华人民共和国最高人民法院刑事审判第一、二、三、四、五庭．中国刑事审判指导案例1（刑法总则）．北京：法律出版社，2017：27-28.

57 交通肇事罪

案情简介

被告人刘某驾驶制动系、灯光系不合格的,未经公安机关交通管理部门登记的机动车上路行驶。被害人曾某在未取得机动车驾驶证、未按规定戴安全头盔的情况下,醉酒后驾驶未经公安机关交通管理部门登记的机动车上路行驶时,未与同车道行驶的前车保持足以采取紧急制动措施的安全距离,驾驶摩托车直接碰撞同方向正常行驶的刘某驾驶的机动三轮车尾部后倒地。刘某发生交通事故后逃逸。急救医生到场后证实被害人曾某已因交通事故造成重型颅脑损伤死亡。公安交通管理部门作出"道路交通事故认定书"认定刘某的行为是造成本次事故的主要原因,承担本次事故的主要责任;被害人曾某的行为是造成本次事故的次要原因,曾某承担本次事故的次要责任。刘某由此被指控交通肇事罪。

裁判要旨

法院经审理后认为,公安交通管理部门作出的"道路交通事故认定书",是根据交通运输管理法规认定事故责任,这种认定通常是出于交通行政管理的需要,不等同于刑法上的责任认定。虽然在多数情况下法院在审理案件时会依据案件的具体情况采纳交通管理部门的责任认定,但并不意味着所有案件均应当如此,尤其是涉及当事人刑事责任的刑事案件,更不能将行政责任的法律依据直接作为刑事责任的法律依据,而应当根据交通肇事罪的构成要件进行实质性的分析判断。被告人刘某在本案中驾驶制动系、灯光系不合格,未经公安机关交通管理部门登记的机动车上路行驶,其行为当然也属于违章驾驶,但只是一般违章行为。被害人曾某追尾碰撞刘某的机动车时,刘某驾驶机动车正在同一车道同一方向正常行驶,其上述违章行为不是本次事故发生的必然原因;碰撞发生后,刘某在未真正确认是否发生了事故的情形下认为其应该没有责任,继续行驶离开了现场,因被害人系从后面碰撞刘某驾驶的车辆致当场死亡,因此可以认定刘某离开现场的行为也不是造成被害人死亡的直接原因，即刘某离开现场的行为与被害人的死亡无直接因果关系，其行为不构成交通肇事罪。①

评析意见

一、关键问题与裁判思路

实务中，机动车前车司机发现被追尾后认为自己没有责任而驾车离开现场的场合，行政管理上行政机关倾向于认为前车司机有逃逸行为，从而作出对被告人不利的认定。此时，刑事司法上需要对肇事双方的过错进行比较，判断谁负有更大的安全驾驶义务，确定结果归属，从而作出准确判断。

二、相关学理分析

最高人民法院《关于审理交通肇事刑事案件具体应用法律若干问题的解释》第1条规定："从事交通运输人员或者非交通运输人员，违反交通运输管理法规发生重大交通事故，在分清事故责任的基础上，对于构成犯罪的，依照刑法第一百三十三条的规定定罪处罚。"第2条规定："交通肇事具有下列情形之一的，处三年以下有期徒刑或拘役：（一）死亡一人或者重伤三人以上，负事故全部或者主要责任的……"根据上述规定，被告人在交通事故中负有全部或者主要责任，是构成交通肇事罪的客观要件。

（一）对于行政责任认定，在定罪时需要进行司法审查

《道路交通安全法实施条例》第92条第1款规定，"发生交通事故后当事人逃逸的，逃逸的当事人承担全部责任。但是，有证据证明对方当事人也有过错的，可以减轻责任"。由于逃逸就认定逃逸人负主要责任的结果，是一种行政推定责任形式，不适用于刑事案件。刑事责任的根据是行为与结果存在因果关系。当事人事后的逃逸行为，未必是引起事故发生的原因，与危害结果没有刑法意义上的因果关系，除法律或者司法解释明确规定可以作为构罪要件外，一般均不得作为犯罪构成要件予以评价。因而，本案"道路交通事故认定书"的责任认定以刘某肇事逃逸为由，推定刘某负该事故的主要责任与法相悖，且与其他证据矛盾，不能予以采信。在本案中，根据现场的监控视频以及交警部门的调查、勘查结果，能够充分证实交通事故发生的经过，且在事故中被害人亦存在过错，属于上述条款中规定的"有证据证明对方当事人也有过错的，可以减轻责任"的情况，即在一方当事人逃逸的情况下，如果有证据证明对方当事人的过错，应根据证据所证明的对方当事人的过错

---

① 参见广东省广州市中级人民法院（2017）粤01刑终1128号刑事判决书。

程度，确认对方的责任，并相应的减轻逃逸方的责任。

当然，这样说并不意味着对于交通肇事罪的认定在任何时候都不考虑道路交通安全管理方面的法律、法规。在很多时候，刑法关于交通肇事罪的规定和道路交通安全法的许多内容无论在目的还是形式上都具有一致性，违法性判断的结论也应当相同。在行为人违反了道路交通安全法中保障交通参与者的生命、身体安全的规定时，尤其是超速驾驶行为直接导致被害人重伤，行为人有义务也有能力救助被害人却从现场逃离的场合，刑事违法和行政违法的最终认定很可能是相同的，此时基于法秩序统一性的刑法和行政法的规范目的"碰巧"一致，对行政违法和刑事违法分别判断后所得出的结论相同，也可以说认定交通肇事罪适度顾及了前置法的态度。但是，这丝毫不意味着交通肇事罪的成立必须要绝对从属于前置法。

（二）对追尾类案件的处理必须考虑规范判断的逻辑

本案中，现有证据足以证明被害人曾某的严重违章行为是本次交通事故发生的主要原因力，刘某的行为只是引发本次事故的次要原因力，依法应认定刘某在本次事故中负次要责任。交通肇事造成一人死亡的，行为人只有负事故的全部或者主要责任的才构成交通肇事罪，因此，刘某不负刑事责任。

对于类似本案的情形，即追尾造成的交通事故发生在前，前车司机的逃逸行为发生在后的，其逃逸并非导致事故发生的原因，行为人在交通事故中不是负主要以上责任，不符合交通肇事罪的构成要件，不构成交通肇事罪。对于逃逸人的逃逸行为，亦不能单独作为交通肇事罪的构成要件，不能仅因其逃逸而认定其构成交通肇事罪，只有在被告人构成交通肇事罪的前提下，才能将逃逸作为量刑情节从严惩处。这种思维逻辑，是客观归责论之下的规范判断方法的运用。如果法院判决认定刘某构成本罪，势必违反刑法禁止肇事后逃逸的规范目的，因为刘某的行为对于死伤事故的发生基本没有"贡献"，其归属于追尾事故的被害人曾某。刘某的逃逸行为发生在事故之后，与交通事故之间完全缺乏引起与被引起的因果关联。假如本案的责任划分不考虑被告人刘某事后驾车逃逸的情节，仅凭驾驶制动系、灯光系不合格，未经公安机关交通管理部门登记的机动车上路行驶等情节，完全无法认定其负全部或主要责任。因此，判断犯罪仅以交通事故行政责任认定作为判断依据明显不妥。

应当承认，道路交通安全法规定肇事后逃逸者承担全部责任，其直接法律后果就是在事故处理上使之处于不利地位。这一规定的目的主要是维护道路交通行政管理的秩序和效率，防止肇事者逃逸之后责任无法确定，因此行政管理上要求肇事后逃逸者承担特别重的责任，以禁止其逃逸。但是，不能将这一认定标准直接照搬到刑事司法上。

显而易见，谁也不会否认刑事责任与行政责任、民事责任存在一定关联，但三种责任毕竟是不同性质的法律责任。刑事违法性与保护法益和构成要件紧密关联，受制于特定的规范目的。交通行政法律法规的责任认定，其目的在于确保道路畅通无阻、易于实现行政处罚，追求行政效率和效果。而刑法上禁止肇事后逃逸的根本目的在于保护交通事故的受伤者，使之能够得到及时救助。单纯基于行政管理上防止逃逸的需要难以说明对逃逸予以刑罚重罚的根据。基于此，由于逃逸而负全责的法律后果主要适用于行政处罚领域，其并非确定刑事责任的决定性因素，更不能将其作为认定交通肇事罪成立与否的前提条件或标准。在道路上监控摄像装置大量使用的今天，对交通肇事罪的刑事违法性更应当独立于逃逸的行政处罚规定而判定，否则就会与实质判断的刑法方法论相抵触。因此，主张前置法定性刑事法定量，很可能将原本仅应受到行政处罚的行为作为刑罚处罚对象，有导致扩大刑罚处罚的潜在风险，不值得提倡。

三、延伸思考

行政违法、民事侵权等其他部门法的违法性，与刑事违法性之间存在质的差别。违反前置法只不过是"冒烟"，但是，"烟雾"之下未必真有刑事违法的"火"。违法事实可能会提示司法人员，行为人有构成犯罪的嫌疑。但是，不能直接将前置法的违法性不加过滤地作为决定刑事违法性的根据。这一点，在交通肇事罪的认定中表现得特别充分。

在司法实践中，存在不少根据行政法性质的事故责任认定书直接判定交通肇事罪的判决，未取得驾驶执照驾驶机动车辆、明知是无牌证的机动车辆而驾驶、驾驶冒用他人车牌或未年检的车辆、超载驾驶的，在很多案件里都被作为定罪的重要甚至决定性依据。但这一做法未必妥当。必须看到，道路交通安全法的规范目的是维护交通参与者的安全，同时要确保道路畅通，对公共安全的维护与对行政管控效率的追求是并重的。但是，刑法上规定交通肇事罪是为了保护公众参与交通行为时的人身安全。因此，交通行政法律法规的目的是多重的，但刑法的规范目的相对单一，前置法的规范目的和刑法的规范目的不可能完全对应，道路交通安全法上的行政责任明显不同于刑事责任，行政违法未必能够对刑事违法的确定提供实质根据，在有的场合直接根据交通事故责任认定书来确定刑事责任分配会带来实质的不合理性时，要求刑事责任的确定完全从属于行政责任可能导致定性错误。特定犯罪保护法益的具体内容、行为自身的危险程度、行为与死伤结果之间的关联性等才是确定刑事违法性的关键因素。

（周光权　撰写）

58 交通肇事后逃逸

案情简介

2012年10月7日17时40分许,被告人赵某某在所持铲车特种作业操作证未按期复审且未依法取得机动车驾驶证的情形下,驾驶轮式装载机从昆山市千灯镇支浦路转弯过程中,车辆铲斗右前侧与沿支浦路正常行驶的由被害人杨某某驾驶的二轮摩托车前部发生碰撞,造成被害人倒地头部受重伤的交通事故。交警部门作出的道路交通事故认定书认定赵某某负本次交通事故的全部责任。事发后,赵某某的老板倪某某打电话报警,考虑到赵某某没有铲车操作证和机动车驾驶证,遂让他人帮忙"顶包"冒充铲车驾驶员。赵某某虽未逃离事故现场,但对他人为自己"顶包"予以默认。2012年10月9日,赵维胜向昆山市公安局投案,如实供述了犯罪事实。

裁判要旨

江苏省昆山市人民法院一审认为,被告人赵某某事发时既未按期复审特种行业铲车作业人员操作证,也未依法取得机动车驾驶证,属无驾驶资格,发生致一人重伤的交通事故,负事故全部责任,其行为已经构成交通肇事罪。案发后,被告人赵某某虽未离开事故现场,但在交警到达后,默认他人为自己顶罪,故意隐匿肇事者身份,隐瞒交通肇事经过,隔日才向公安机关报案,其主观上具有逃避法律追究的目的,客观上实施了由他人冒名顶替行为,应当认定为交通肇事后逃逸,判处有期徒刑三年。苏州市中级人民法院二审认为,案发后,赵某某虽未离开事故现场,但交警到达事故现场后,明知倪某某让他人为其顶包而予以默认,隔日才向公安机关投案,其具有逃避法律追究的主观目的,符合相关法律对交通肇事后逃逸的认定。根据最高人民法院《关于审理交通肇事刑事案件具体应用法律若干问题的解释》的相关规定,交通肇事致一人以上重伤,负事故全部或主要责任,行为人具有该解释第2条第2款规定的情形(包括酒后、吸食毒品后驾驶机动车辆,无驾驶资格驾驶机动车辆,明知是安全装置不全或者安全机件失灵的机动车辆而驾驶,明知是无牌证或者已报废的机动车辆而驾驶，严重超载驾驶，为逃避法律追究逃离事故现场）之一的，即符合交通肇事罪构罪条件，行为人再具有逃逸行为的，应当根据《刑法》第133条的规定，将逃逸行为作为加重情节。对其在法定刑三年以上量刑并无不当，原审判决定罪、适用法律正确，量刑适当，裁定驳回抗诉、上诉，维持原判。①

评析意见

一、关键问题与裁判思路

本案的关键问题在于交通肇事人虽未离开事故现场，但隐匿真实身份并默认他人为其顶罪的，是否构成交通肇事后逃逸。一审法院认为，交通肇事逃逸是指行为人在发生交通事故后，为逃避法律追究而逃跑的行为，本案中的被告人赵某某虽然人还留在现场，但向交警隐瞒其肇事人的身份，可以认定其让他人"顶包"的行为具有逃避法律追究的目的。二审法院认为被告人赵某某无驾驶资格驾驶机动车辆且造成一人重伤，已经构成交通肇事罪，且与一审法院思路一致，认为其找人顶替是为逃避法律追究的"逃逸"行为，具备加重情节，应以升格法定刑三年以上七年以下有期徒刑进行量刑。

二、相关学理分析

我国刑法条文将"逃逸"与"其他特别恶劣情节"并列作为法定刑升格的情节，逃逸行为发生在肇事行为之后，犯罪既遂后的一种表现反过来影响对前一个行为的刑法评价，有违刑法设置加重情节的通常做法，这也导致了解释上的混乱分歧。

（一）关于逃逸含义的理解分歧

关于"逃逸"的规范保护目的，实务和理论界存在逃避法律追究说逃避救助义务说以及不同的折中说的立场分歧。

1. 逃避法律追究说。司法解释将交通肇事"逃逸"界定为在发生交通事故后，为逃避法律追究而逃跑，2000年11月10日发布的最高人民法院《关于审理交通肇事刑事案件具体应用法律若干问题的解释》中第2条第2款规定了"定罪逃逸"，第3条规定了"肇事逃逸"，第5条规定了"逃逸致死"，第6条规定了"移置逃逸"。通过"逃避法律追究"对"逃逸"进行目的性限缩，这也是司法实务部门判断肇事逃逸是否成立的具体标准。② 反对逃避法律

---

① 参见江苏省苏州市中级人民法院（2013）苏中刑终字第0176号。
② 谷昔伟，齐海生．顶包后肇事者滞留现场构成交通肇事逃逸．人民司法，2014（24）：73.

追究说的学者认为，首先，在肇事人并非为了逃避法律追究，而是为了实现其他目的，譬如需要送生病的家人就医、害怕上班迟到等情形，这一立场的不妥当性就会凸显。① 其次，犯罪之后为了逃避法律追究而逃跑属于"人之常情"，是不具有期待可能性的行为，这也是刑法并未将"逃逸"作为杀人、抢劫等犯罪的法定刑升格情节的缘故。② 最后，在肇事者救助了受伤的被害人后，为逃避法律追究而逃跑的场合，其救助行为降低了肇事行为的客观危害，也反映了肇事者较低的主观恶性，按照逃避法律追究说的立场也要论以交通肇事逃逸，无疑是不当地扩大了处罚范围。③

2. 逃避救助义务说。这是理论界的有力主张。④ 例如，张明楷教授认为刑法之所以仅在交通肇事罪中将逃逸规定为法定刑升格的情节，是因为在交通肇事的场合，有需要被救助的被害人，通过这一规定促使行为人对被害人实施必要的救助，一般情况下，只要行为人在交通肇事后不救助被害人，即便仍留在事故发生地，也应认定为逃逸，当不存在需要救助的被害人而逃走的，不存在逃逸的问题。⑤ 通过目的解释得出的逃避救助义务说也受到了学界和实务界的批评。当行为人的肇事行为直接致人死亡的情况下，因为没有需要得到救助的被害人，也没有成立逃逸的空间，此时逃避救助义务说的不妥当性开始凸显。此外，将"逃逸"等同于"不救助"意味着停留在现场不救助被害人也是逃逸，换句话说，即便不存在客观上的"逃逸"行为，也能成立刑法上的"逃逸"，那么此时的逃逸是否只是对主观目的的规定，刑法处罚的就很难说还是行为。⑥

3. 折中说。为了缓和建立在文义解释基础之上的逃避法律追究说和建立在目的解释基础之上的逃避救助义务说之间的紧张关系，在二者之间寻得平衡，以求在处理个案时得到更为妥当的结论，学者们提出了各种折中说。例如，周光权教授认为立法禁止肇事者逃逸的规范目的确实是救助和保护被害人，但是不能认为只要不救助被害人，是否从现场逃离，都对法益有相同的侵害，进而根据结果导向无视法条文本的限制进行目的解释，动摇罪刑法定

---

① 周光权. 刑法各论. 4 版. 北京：中国人民大学出版社，2021：217.
② 张明楷. 刑法学：下. 6 版. 北京：法律出版社，2021：926.
③ 李波. 交通肇事"逃逸"的含义——以作为义务的位阶性为视角. 政治与法律，2014 (7)：116.
④ 姚诗. 交通肇事"逃逸"的规范目的与内涵. 中国法学，2010 (3)：90-99；王泽群. 论我国刑法中的具体—抽象危险犯：从交通肇事逃逸行为的处罚根据入手. 海南大学学报（人文社会科学版）：2009 (6)：633-634；邹刚，石珍. 浅析交通肇事罪中"逃逸"之认定：以《刑法》第 133 条为研究对象. 法律适用，2013 (4)：92-94.
⑤ 张明楷. 刑法学：下. 6 版. 北京：法律出版社，2021：926-927.
⑥ 黄伟明. "交通肇事后逃逸"的行为性解释——以质疑规范目的解释为切入点. 法学，2015 (5)：151.

原则，只有原本能够救助被害人而不予以救助，且逃跑的行为，才应该在规范上评价为逃逸。① 黎宏教授认为将"逃逸"仅仅看作是不救助被害人是不全面的，正确的理解应当是"发生交通事故后，不积极履行以抢救被害人为核心的各种义务的行为"，作为主观动机的"逃避法律追究"并不是指逃避法律处罚，而是逃避履行法定的各种义务。② 有学者认为禁止肇事后逃逸是为了方便交通行政部门有效地处理交通事故，以及避免事故进一步严重化与扩大化以及缺失责任主体。③

（二）关于被告人刑事责任的分析

交通肇事逃逸，是指行为人在发生交通事故后逃跑的行为。对此的解释，不能从逃避救助义务说的角度进行理解。逃避救助义务说属于典型的为实现处罚目的所作的解释。但目的解释并非在遇到任何障碍，甚至是与文义解释相抵触时也能畅通无阻地贯彻下去，其还是应该受到文义解释的限制，法条文本中使用的"逃逸"一词，无论是将"逃"和"逸"分开还是组合在一起理解，都意味着行为人必须和肇事现场之间存在一定的空间距离，该行为才可能被解释为逃逸。④ 亦即，"逃避救助义务说"的支持者为了将"逃逸"和"不救助"之间建立起联系，完全无视了文本的通常语义和国民对这种用语的通常理解。本案中，被告人赵某某虽然没有第一时间向交警告知自己是肇事人，默认了其老板为之安排他人"顶包"，但是，在肇事后并未离开案发现场。客观上赵某某并不存在一个逃逸行为，将"找人顶包"的行为强行解释为交通肇事后"逃逸"，逾越了法条文义的限制，得出的结论并不妥当。

三、延伸思考

交通肇事逃逸问题的研究具有牵一发而动全身的性质，背后隐藏着诸多理论问题⑤，正确理解"逃逸"应当在不超出"逃逸"一词可能具有含义范围之内确定其规范内涵。关于"逃逸"解释的争议长期停留于逃跑的目的之上，这一研究导向不能不承认是受到司法解释中"逃逸是指交通肇事后，为逃避法律追究而逃跑的行为"这一规定的影响。刑法条文关于逃逸的表述是十分简洁的，其中并无涉及动机或目的的明示或暗示，对于"逃逸"的解释应建立在刑法用语基础之上。首先，以文义解释为起点出发，无论是将"逃"和"逸"分开还是结合在一起理解，逃逸都必然是一种动作，而且是产生了物理

---

① 周光权. 刑法各论. 4版. 北京：中国人民大学出版社，2021：218.
② 黎宏. 刑法学各论. 2版. 北京：法律出版社，2016：61-62.
③ 刘艳红. 注意规范保护目的与交通过失犯的成立. 法学研究，2010（4）：147.
④ 周光权. 刑法各论. 4版. 北京：中国人民大学出版社，2021：218.
⑤ 劳东燕. 交通肇事逃逸的相关问题研究. 法学，2013（6）：3.

位移的动作，没有产生位移，就不可能是逃逸，这是构成逃逸的行为基础，方向和距离不影响逃逸的成立。① 其次，如果在肇事后所有离开事故现场的行为都可以被称之为逃逸，又会导致成立范围不当扩大，并且无法解释为何逃逸值得加重处罚。因此需要对"逃逸"进行限制性解释，由此引出其背后的规范保护目的，以目的作为限定条件来限制"逃逸"的成立范围。立法禁止肇事者逃逸背后的重要规范目的确实是救助和保护被害人。因此，通过"逃逸的客观基本行为＋造成刑法所禁止的被害人得不到及时救助的客观状态"的双重限定，就可以在个案中得出妥当的结论。

（沈晓白　撰写）

---

① 黄伟明．"交通肇事后逃逸"的行为性解释——以质疑规范目的解释为切入点．法学，2015(5)：156．

59 危险驾驶罪的抽象危险

案情简介

2018年2月6日19时许，被告人王某锋饮酒后驾驶小轿车从某市锦尚名城步行街由南向北行驶至锦尚名城与锦绣家园之间的街道，在此街道由西向东短距离行驶后交由其妻陈某平驾驶。之后陈某平驾驶该车行驶至金穗路路口时，被执勤的交警大队民警盘查。在民警发现位于副驾驶的王某锋有酒后驾驶嫌疑并当场对其询问时，王某锋主动承认自己为挪车而在酒后短距离驾驶的事实。民警随即对王某锋进行呼吸式酒精检测，结果酒精含量为84mg/100mL。另查明，王某锋酒后驾驶距离约为78.83米。

裁判要旨

法院审理认为，被告人王某锋在道路上醉酒驾驶机动车，其行为已构成危险驾驶罪。检察院指控王某锋构成危险驾驶罪，事实清楚，证据确实、充分，所控罪名成立。执勤民警盘查时，王某锋主动承认为挪车而酒后驾驶的事实，且在案发后到案，系自首，依法可以从轻或者减轻处罚；被告人系初犯、偶犯，且认罪、悔罪态度良好，可酌情从轻处罚。王某锋为挪车而酒后驾驶，行驶距离较短，没有造成危害后果，犯罪情节轻微。综合以上情节，判处被告人王某锋危险驾驶罪，免予刑事处罚。①

评析意见

一、关键问题与判决思路

本案的关键问题在于，当醉酒驾驶行为对公共安全毫无危险时，是否还应当以危险驾驶罪论处？换言之，危险驾驶罪是典型的抽象危险犯。一般认为，抽象危险犯的核心要义就是只要行为人实施符合构成要件的行为，无论

---

① 参见河南省商城县人民法院（2018）豫1524刑初182号刑事判决书。

该行为是否对法益造成危险，都能够肯定犯罪成立，"对法益无危险"仅可作为量刑情节予以考虑。本案的主审法院同样秉持这一观点，即使王某锋醉酒驾驶的行为没有造成任何危险，也同样成立危险驾驶罪，只不过在量刑上免予刑事处罚。但是，只要酒后驾车就构成犯罪的认定方式，极易扩大本罪的处罚范围，有时还会产生适得其反的效果。学理上的争议也由此凸显，那就是作为抽象危险犯的危险驾驶罪，是否允许在个案中接受反证，当醉驾行为对公共安全毫无危险时，可以不作为犯罪处理。

二、相关学理分析

关于醉酒驾驶是否允许反证，进而否定危险驾驶罪成立这一问题，学理上存在两种立场：一种立场认为危险驾驶罪不允许反证，作为抽象危险犯，只要行为人在道路上醉酒驾驶机动车，哪怕只行驶几米，也构成危险驾驶罪。另一种立场认为，如果醉酒驾驶客观上没有对公共安全造成任何危险，就不应当成立本罪。

(一) 关于判断抽象危险的争议

1. 不允许危险驾驶罪反证的立场。认为危险驾驶罪是典型的抽象危险犯，而抽象危险犯最明显的特征就是不容许反证，无论从何种角度加以观察，皆应作如是理解。详言之，抽象危险犯的构成要件所描述的是一般的、抽象的危险行为，只要行为人实施这一行为，就能肯定危险的存在[①]，裁判者无须在个案中具体判断现实中是否果真存在此危险。抽象危险犯在立法论上的意涵，是立法者假定，一旦出现特定的行为方式，危险状态即相伴而生，如影随形，法益即陷入类型性的危险之中，现实中纵使无危险可言，也不妨碍犯罪的成立。更进一步说，立法者设立抽象危险犯这一犯罪类型的目的，不是因为行为人侵害了法益或者造成了对法益的具体危险，而是由于行为人侵害了国民无忧无虑、自由自在支配其法益的安全条件。刑法在此所要防止的，仅仅是法益主体在交往圈中制造的一般危险，而不是特定危险。以危险驾驶罪为例，只有人们相信自己在参与道路交通活动时，其他人都在正常驾驶，他们才敢驾车出门。[②] 这种安全感和信任感对于参与道路交通，保障公共安全异常重要，所以刑法必须一开始就禁止危险驾驶行为，而不是等到结果发生时才介入。之所以抽象危险犯不容反证，是因为只有以造成具体危险为前提的犯罪中，被告人才能以自己没有对法益造成任何危险为理由提出抗辩。在抽象危险犯中，行为人自始就不能实施被禁止的行为，一旦实施刑法就要进行处罚。

[①] 山口厚．刑法总论．3版．付立庆，译．北京：中国人民大学出版社，2018：46．

[②] 乌尔斯·金德霍伊泽尔．刑法总论教科书．蔡桂生，译．北京：北京大学出版社，2015：67-68．

既然抽象危险犯的成立不需要以具体危险为前提，行为人以此作为抗辩理由就是毫无意义的。

2. 允许危险驾驶罪反证的立场。认为抽象危险犯的立法模式存在处罚早期化的问题，实务中有必要适度限制危险驾驶罪的成立范围。具体的方法，就是裁判者应当在个案中判断立法者假定的这种危险是否存在。在有些情形下，即使驾驶者体内酒精含量超标，也存在否定本罪成立的空间。比如，倘若驾驶者醉酒后在人车全无的沙漠公路上驾车，或者在城市中行驶，但路上确实没有其他车辆，就应当否定抽象危险的存在，不以危险驾驶罪论处。[①] 这些结论背后的学理基础在于，就算是抽象危险犯，从法益保护的角度看，也应当在出现某种危险的情况下，才能成立犯罪[②]，否则就意味着刑法不是为了保护法益，而是单纯禁止不想出现的行为。换言之，抽象危险犯的立法模式只是法律条文中不要求存在具体危险，但是这并不意味着在具体适用时，只要行为符合构成要件，就直接成立犯罪。如果贯彻这样的解释，抽象危险犯就变成了毫无目的可言的形式犯。[③] 按照这一立场，行为人并非只要达到醉酒的程度并在道路上驾驶机动车就成立危险驾驶罪，而是要求其行为具有危害公共安全的抽象危险，才成立犯罪。[④] 亦即，抽象危险也需要裁判者进行个案判断。本案中，王某锋以挪车为目的，驾车行驶距离较短，未对公共安全造成任何危险，应当否定危险驾驶罪的成立。

（二）本案的司法立场

法院对本案的处理，显然赞成前述第一种立场，即抽象危险犯的危险是立法者拟制的，不允许反证。具体而言，在醉酒驾驶情形中，倘若驾驶者的血液酒精含量超过规定标准，立法上便假定危险状态已经出现，危险驾驶罪便已成立。就算驾驶者酒量惊人，千杯不醉，也无法改变犯罪成立的事实。[⑤] 即使认为现实中醉酒驾驶案件过多，确有必要作出反应，也不能违背抽象危险犯的基本原理，以行为人事实上没有对公共安全造成危险为由否定危险驾驶罪的成立，而是只能寻求立法上的修改。[⑥] 就本案而言，虽然王某锋以挪车为目的酒后驾驶，且驾驶距离极短，现实中未给公共安全造成任何具体危险，但是既然其体内酒精含量已然超标，立法上假定的危险状态便已出现，就不能否认其成立危险驾驶罪。如上所述，只要王某锋想驾驶机动车，他就不能

---

① 周光权. 刑法各论. 4版. 北京：中国人民大学出版社，2021：222.
② 松原芳博. 刑法总论重要问题. 王昭武，译. 北京：中国政法大学出版社，2014：44.
③ 前田雅英. 刑法总论讲义. 6版. 曾文科，译. 北京：北京大学出版社，2017：61.
④ 付立庆. 应否允许抽象危险犯反证问题研究. 法商研究，2013（6）：81.
⑤ 林东茂. 刑法总论. 台北：一品文化出版社，2021：85.
⑥ 张明楷. 刑法学（下）. 6版. 北京：法律出版社，2021：932.

喝酒到如此程度，如果他在醉酒的情况下驾车，刑法就要加以处罚。换言之，无论王某锋主观上有什么目的，客观上有没有制造危险，皆无法成为否定危险驾驶罪成立的理由，这些情节只能作为从轻量刑情节予以考虑。对于危险驾驶罪的成立而言，这些情节均不能成为否定犯罪成立的理由。

三、延伸思考

醉酒驾驶自入刑以来就一直是社会公众、司法实务和学术界的争论焦点，支持者与反对者皆有其理据。从立法论上看，解决目前醉酒驾驶案件数量畸形的最妥当方案自然是修改立法。但是，既然立法并未变动，就应该从司法上寻找妥当的限制方案。应当认为，釜底抽薪式地重新解释抽象危险犯的构造，使其成为可以反证的存在，是存在疑问的。这是因为，如此理解抽象危险犯，将会颠覆刑法理论中抽象危险犯与具体危险犯的区分，让二者不再有质的不同，而只剩下量的差异。在具体适用时，裁判者很难准确，甚至根本就无法准确把握二者的程度差异。既然主张本罪的处罚根据在于引起了针对公共安全的危险，那么存在一种可以考虑的思路，将危险性的判断放至实行行为的判断中去，只有对法益造成侵害或侵害危险的行为才是实行行为。换言之，刑法中所禁止的行为是本身指向一定实害或危险的，只有这样的行为才是刑法所反对的对象。法官在对本罪的实行行为进行判断时，如果能够切实地认定不会对公共安全造成任何危险，就可以以不具有实质性危险为由，否定实行行为的存在。[①] 此外，可以考虑在审查起诉阶段拦截一部分显然未对公共安全造成危险的醉酒驾驶行为。我国《刑事诉讼法》第177条第2款规定："对于犯罪情节轻微，依照刑法规定不需要判处刑罚或者免除刑罚的，人民检察院可以作出不起诉决定。"以本案为例，法院最后作出了免予刑事处罚的判决，既然如此，检察院在起诉时完全可以作出不起诉决定。如此一来，似乎会比重构刑法理论更有实效。

（沈晓白　撰写）

[①] 桥爪隆.论遗弃罪相关问题.王昭武，译.法治现代化研究，2021（4）：3.

⑥ 追逐竞驶型危险驾驶罪

案情简介

2015年8月22日凌晨3点多，被告人庞某某为寻求刺激，驾驶无牌照的雅马哈牌R1型摩托车，违反禁止标识，从北京市东城区玉蜓桥出发，用时13分43秒绕行二环主路外环一周，以超过规定时速50%以上的速度行驶，且多次违反禁止标线标识变道超车，最高时速达到237千米/小时。经鉴定，庞某某在二环路部分路段的平均行驶速度为151千米/小时。被告人庞某某在二环上共超过180多辆车，在此过程中，他利用安装在头盔上的摄像头记录下了驾驶的全过程。回到住宿酒店后，被告人庞某某连夜剪辑视频，凌晨5时许，他将视频传至网上炫耀。2015年10月1日，被告人庞某某被抓获，摩托车等物证也被扣押。

裁判要旨

法院审理认为，被告人庞某某为追求刺激，罔顾法律，在北京市二环路主路违法驾驶无牌照的二轮摩托车。在行驶过程中，被告人庞某某驾驶摩托车以超过规定时速50%以上的速度随意追逐、超越其他正常行驶的车辆，频繁、突然并线，近距离穿插于其他车辆之间，最高时速达到237千米/小时，其行为引发了其他车辆的恐慌。庞某某的上述行为违反了《道路交通安全法》的相关规定，危害公共安全，属于追逐竞驶，情节恶劣，已构成危险驾驶罪，判处其拘役三个月，并处罚金3 000元。一审宣判后，被告人在法定期间内未上诉，检察机关亦未抗诉，该判决已发生法律效力。①

评析意见

一、关键问题与裁判思路

本案的关键问题有两个：第一，只有一人超速危险驾驶的行为，是否符

---

① 参见北京市东城区人民法院（2015）东刑初字第01025号刑事判决书。

合《刑法》第133条之一第1款第1项规定的"追逐竞驶"？从字面上看，所谓竞驶，一般是指两个或者多个驾驶者相互追逐的情况。比如，2012年2月3日20时20分许，被告人张某某、金某相约竞速。① 所以，能否将只有一人超速驾驶的行为理解为追逐竞驶，就值得探讨。第二，追逐竞驶的成立是否以超速为前提？从北京市东城区人民法院的判决中可以看出，法院对这两个问题均持肯定态度。详言之，单方超速驾驶的行为同样可以构成危险驾驶罪，符合"追逐竞驶"这一构成要件，只要行为人以追求刺激、彰显自己的驾驶技术，寻求飙车的快乐为目的即可，比如行为人认为开世界顶级摩托车感觉心里畅快，不超速开车就手痒，非飙一下车不可，等等。② 同时，行为人是否超速，也是认定行为人是否属于追逐竞驶的关键，道路限速是一个很重要的评价标准。

二、相关学理分析

（一）单方追逐竞驶的认定

对于这一问题，学理意见与司法实务中的意见一致，都认为单方危险驾驶的行为，同样符合"追逐竞驶"这一要件。司法实务的观点较为简单、朴素，认为只要行为人主观上有危险驾驶的故意，客观上有快速追赶驾驶、严重超速、多次别挡碰撞等行为，就构成《刑法》第133条之一第1款第1项的"追逐竞驶"③。与之相比，学理的解读则相当细致。详言之，追逐竞驶的成立，原则上要在两个或者两个以上的驾驶者之间产生，否则就很难说是相互追逐、竞相超越。但是，如果存在以下两种情形，则可以只处罚其中一方：（1）只有一方主观上有追逐竞驶的故意。比如，肩负紧急任务，合法超速行驶的救护车、消防车或者警车在高速公路上行驶，行为人见状，为了显示车技、发泄情绪、展现虚荣，故意追逐、超越这些车辆，或者穿插于这些车辆之间的，可以只处罚行为人一方。（2）虽然双方竞相追逐，但其中一方并无过错，没有达到情节恶劣的程度，也可以只处罚其中有过错的一方。④ 本案中，按照司法实务及学理的观点，尽管只有被告人庞某某一人在北京市二环路主路上飙车，没有其他车辆与他竞相追逐，相互超越，他也依然属于追逐竞驶。详言之，完全可以将"追逐"理解为单方追逐其他正常行驶的车辆，将"竞驶"理解为片面与正常行驶车辆"比拼车速"。被告人庞某某在驾驶摩

---

① 参见上海市浦东新区人民法院（2012）浦刑初字第4245号刑事判决书。
② 最高人民法院案例指导工作办公室."张某某、金某危险驾驶案"的理解与参照——危险驾驶罪中"追逐竞驶""情节恶劣"的认定.人民司法·案例，2015（18）：5.
③ 叶素敏.危险驾驶罪中"追逐竞驶""情节恶劣"的认定.中国检察官，2021（6）：72.
④ 周光权.刑法各论.4版.北京：中国人民大学出版社，2021：221.

托车高速行驶过程中，超过180多辆车，可以将此理解为追逐了180多辆车。他为了展示车技，穿插游走于这些正常行驶的车辆之间，可以解释为与这些车辆竞驶。据此，有充分的理由认为被告人庞某某的行为属于追逐竞驶。

（二）成立追逐竞驶是否以超速为前提

对于这一问题，学理上存在不同意见。认为追逐竞驶不以超速为前提的观点主张，虽然追逐竞驶以抽象危险性的高速、超速驾驶为前提，缓慢驾驶的行为不可能成立本罪，但是单纯的高速驾驶或者超速驾驶，却并不直接成立本罪。不能将本罪等同于国外的超速驾驶罪。① 换言之，倘若行为人的追逐竞驶行为对其他车辆驾驶者、行人造成严重威胁，具有公共危险性，那么即使行为人没有超速驾驶，也可以成立危险驾驶罪。② 反对观点则认为，认定追逐竞驶应当以超速驾驶机动车为前提。这是因为，如果没有超速，可能连认定驾驶违法违规的依据都难以成立，又何谈追逐竞驶。再者，没有超速的追逐竞驶行为对于道路交通安全本身的风险和威胁比较小。因此，不宜将没有超速的行为认定为本罪意义上的追逐竞驶，否则就有违背立法本意之嫌。③ 虽然这两种针锋相对的学理意见不会影响本案的认定结论，但是会导致论证的过程不尽相同。详言之，倘若认为超速不是成立追逐竞驶的前提，那么本案中被告人庞某某超速50%这一情节，就只是认定其成立危险驾驶罪的参考要素。反之，如果认为超速驾驶成立追逐竞驶的前提条件，就应当在本判决中，以及所有关于追逐竞驶型危险驾驶罪的判决中，将超速情节列出。要是行为人没有超速，就不能以本罪论处。

三、延伸思考

对于本案而言，还应当从一般意义的视角出发，进一步探讨抽象危险犯的理解问题。详言之，通说主张，本罪是抽象危险犯，其成立不以具体危险或者实害结果为前提。据此，本应当认为只要行为人驾车追逐竞驶，就能肯定危险的发生。④ 之所以如此，是因为抽象危险犯的正当性根据在于，行为人侵害了国民自由支配法益的安全条件。为了保障安全参与道路交通活动，人们有理由确信，参与道路交通活动的其他人都是正常驾驶的，因此刑法就必须规制那些危险驾驶的行为。⑤ 从这个意义上说，如果认为《刑法》第133条

---

① 张明楷. 刑法学：下. 6版. 北京：法律出版社，2021：930.
② 周光权. 刑法各论.4版. 北京：中国人民大学出版社，2021：220.
③ 魏东. 案例刑法学. 北京：中国人民大学出版社，2019：68.
④ 山口厚. 刑法总论.3版. 付立庆，译. 北京：中国人民大学出版社，2018：46.
⑤ 乌尔斯·金德霍伊泽尔. 刑法总论教科书. 蔡桂生，译. 北京：北京大学出版社，2015：67-68.

之一第1款第1项是典型的抽象危险犯，那么就不需要再规定"情节恶劣"。这一要件表明，追逐竞驶行为必须达到一定的危险程度才能认定，而只要在确认追逐竞驶行为之后，还要进一步判断该行为所引起的危险程度，就意味着它不再是典型的抽象危险犯的认定模式。又由于情节恶劣毕竟不是具体危险结果，因而它肯定也不属于具体危险犯。换言之，可以说本项规定是一种处在典型抽象危险犯和具体危险犯之间的犯罪类型，有必要对其重新予以定位。

在此，可以引入准抽象危险犯这一犯罪类型，该犯罪类型又可称为"抽象—具体危险犯""特殊的抽象危险犯""潜在的抽象危险犯"或者"适性犯"。这种犯罪类型不同于典型的抽象危险犯，因为它要求裁判者具体判断行为人的行为是否足以产生危险。它也不同于具体危险犯，因为成立准抽象危险犯不需要现实中发生具体危险。比起典型的抽象危险犯，裁判者有更多斟酌、解释的余地[1]，如果裁判者认为行为人的行为不足以对公共安全造成危险，或者根本没有危险，就可以否定犯罪的成立。从"追逐竞驶，情节恶劣"的规定来看，完全有可能将其理解为一种准抽象危险犯，亦即只有足以引起公共危险（情节恶劣）的追逐竞驶行为，才能以此为据成立危险驾驶罪。这就合理解释了，为什么司法实务和学理上不厌其烦地证明追逐竞驶行为会对公共安全造成危险。这里的对公共安全造成危险，并不是具体危险，而是追逐竞驶者的行为足以造成危险，"情节恶劣"的规定就是支撑"足以"这一判断的实在法根据。司法实务和学界过去对准抽象危险犯的关注较少，未来有必要对此多加研究，从而为司法实务作出贡献。

（邓卓行　撰写）

---

[1] 林东茂. 刑法总则. 台北：一品文化出版社，2021：87.

61 妨害安全驾驶罪

案情简介

2019年8月14日8时50分许,被告人刘某从大连市中山广场公交车站上车,乘坐由被告人卢某驾驶的16路公交车,欲在人民路站下车。上车后,刘某的公交卡刷卡无显示,在与卢某交涉未果后,反复刷卡得以显示,此时因刘某认为卢某对其蔑视地笑,遂辱骂卢某。卢某将公交车停在港湾广场车站,与之理论,乘客见状后下车离开,刘某欲下车,被卢某阻拦。卢某驾驶车辆前行,刘某上前抢夺公交车方向盘,卢某将车刹停。两人继续争执,卢某启动车辆继续前行,刘某再次抢夺方向盘,卢某见状后,丢开方向盘,任由刘某抢夺,致使公交车撞到路边行道树后停止,事故导致公交车挡风玻璃等受损。后卢某报警,民警抵达现场将刘某抓获。同年10月28日,卢某被传唤归案。

裁判要旨

一审法院认为,被告人刘某抢控行驶中的公交车驾驶操纵装置,干扰公共交通工具正常行驶;被告人卢某作为驾驶人员,在行驶的公共交通工具上,放任他人抢夺公交车驾驶操纵装置,擅离职守,行为均危及公共安全,均已构成妨害安全驾驶罪。考虑双方各自的犯罪情节、悔罪表现等,判处被告人刘某拘役六个月,缓刑九个月,并处罚金人民币3 000元;判处被告人卢某管制一年,并处罚金人民币2 000元。一审宣判后,检察机关提出抗诉,认为卢某的行为及其职业具有特殊性,其一直拒不认罪,未有悔意,为有效维护社会安全秩序,应同时对其判处禁止令;被告人卢某提出上诉,认为其感到害怕才松开方向盘,这是为了保护自己,不属于擅离职守,不构成犯罪。二审法院维持了一审法院刑事判决对上诉人卢某和原审被告人刘某的定罪量刑部分,同时禁止上诉人卢某在三个月内从事公交车驾驶工作。[①]

[①] 参见辽宁省大连市中级人民法院(2021)辽02刑终字第610号刑事判决书。

评析意见

一、关键问题与裁判思路

妨害安全驾驶罪是《刑法修正案（十一）》新增设的罪名，本案涉及妨害安全驾驶罪的具体认定，主要包括两个关键问题：第一，被告人的行为发生于《刑法修正案（十一）》施行日之前，法院在一审过程中恰逢《刑法修正案（十一）》施行，被告人的行为能否适用《刑法修正案（十一）》的规定？第二，被告人刘某和卢某作为乘客和司机，其行为是否均构成妨害安全驾驶罪？关于第一个问题，法院并未在裁判文书中提及刑法的时间效力这一问题，但适用《刑法修正案（十一）》所规定的妨害安全驾驶罪是准确的。关于第二个问题，一审法院作出了两名被告人均构成妨害安全驾驶罪的判决，针对上诉人卢某提出因害怕才松开方向盘、不属于擅离职守的上诉理由，二审法院进行了充分说理，认为卢某在第一次启动车辆时刘某就已发生抢夺方向盘的行为，其在第二次启动车辆时理应对刘某可能抢夺方向盘的行为有所预见，在此情形下卢某未尽职守，在刘某再次抢夺方向盘时主动松开方向盘，致使正在行驶的公交车撞到路边行道树上，车辆受损，其行为危及公共安全，无罪的上诉理由不予采纳。针对上述问题，有必要在学理上进行深入分析。

二、相关学理分析

（一）被告人的行为是否构成以危险方法危害公共安全罪

本案发生于《刑法修正案（十一）》施行日（2021年3月1日）之前，法院在一审过程中恰逢《刑法修正案（十一）》施行，对此能否适用新规定涉及刑法的时间效力之讨论。在《刑法修正案（十一）》增设妨害安全驾驶罪之前，最高人民法院、最高人民检察院、公安部于2019年1月8日联合发布了《关于依法惩治妨害公共交通工具安全驾驶违法犯罪行为的指导意见》，该《指导意见》的规定，乘客在公共交通工具行驶过程中，抢夺方向盘、变速杆等操纵装置，殴打、拉拽驾驶人员，或者有其他妨害安全驾驶行为，危害公共安全，通常是以危险方法危害公共安全罪定罪处罚；驾驶人员在公共交通工具行驶过程中，与乘客发生纷争后违规操作或者擅离职守，与乘客厮打、互殴，危害公共安全，也通常是以危险方法危害公共安全罪定罪处罚。

不过，这一做法在学理上面临罪责刑不相适应的疑问，从《刑法》第114条、第115条第1款的罪状表述来看，按照同类解释规则，以危险方法危害公共安全罪的其他方法应当与放火、决水、爆炸、投放危险物质具有危险的相当性，要求至少具有足以危害公共安全的具体危险，但实践中妨害安全驾驶的行为情节有时候相对轻微，按照以危险方法危害公共安全罪定罪存在处刑过重的疑问。究其原因，实际上是以往刑法规范供给不足，对于情节相对轻微，但危及公共安全的妨害安全驾驶行为，难以在《刑法修正案（十一）》颁布前的既有刑法规范中寻求最为合适的罪名。而《刑法修正案（十一）》所增设的妨害安全驾驶罪是一个轻罪罪名，法定最高刑为一年有期徒刑，两相比较，以妨害安全驾驶罪论处无论如何都比《刑法修正案（十一）》施行之前的处刑显得轻缓。我国《刑法》第12条关于溯及力的规定采取的是从旧兼从轻原则，行为时的法律与现行刑法都认为是犯罪，但现行刑法处刑较轻的，则应适用现行刑法。这里的"处刑较轻"，是指法定刑较轻，很显然，根据从旧兼从轻原则，对于《刑法修正案（十一）》施行之前发生的妨害安全驾驶的行为，如果是在《刑法修正案（十一）》施行后审理的，就应当按照新增设的妨害安全驾驶罪追究刑事责任。

（二）被告人的行为是否构成妨害安全驾驶罪

根据《刑法》第133条之二的规定，妨害安全驾驶罪的客观行为表现为三种情形：（1）对行驶中的公共交通工具的驾驶人员使用暴力；（2）抢控行驶中的公共交通工具的驾驶操纵装置；（3）驾驶人员在行驶的公共交通工具上擅离职守，与他人互殴或者殴打他人。"行驶中"是相对于"停止"或"车辆熄火"而言的，因为车辆只有在行驶的状态下才有引发公共安全危险的实质可能性，为此，"行驶中"通常被理解为运行、移动状态（即"位移说"）。然而，不排除在一些情况下（例如公交车停靠站台或等候红绿灯时），司机脚踩刹车使得车辆未发生位移，此时如果行为人使用暴力或者抢控驾驶操纵装置，也极易使司机松开刹车，导致车辆向前驶动，危及公共安全。因此，有必要将"行驶中"扩大解释为以发动机运转为判断标准（即"运转说"）。①"暴力"一般是指殴打、推搡等物理性的强制力。"抢控"是指抢夺或控制，只要满足其中任意一种行为方式，就可评价为"抢控"。"擅离职守"是指未经许可，违背驾驶职责，擅自离开工作岗位。"与他人互殴或者殴打他人"宜理解为"擅离职守"的具体表现，因此，"擅离职守"揭示了驾驶人员妨害安全驾驶的行为本质。

本案中，被告人刘某抢夺方向盘时公交车处于行驶状态，该行为属于"抢控行驶中的公共交通工具的驾驶操纵装置"，干扰了公交车的正常行驶，对不特定或多数人的人身及财产安全造成客观的威胁，该行为已危及公共安全，应成立妨害安全驾驶罪。被告人卢某在刘某第二次抢夺方向盘时，主动松开方向盘，看似在躲避刘某的抢夺行为，实际上在刘某第一次抢夺方向盘

---

① 时延安，等.刑法修正案（十一）评注与案例.北京：中国法制出版社，2021：69.

时，卢某就及时将车刹停，其对启动车辆后刘某可能再次抢夺方向盘理应有所预见，但其未履行任何注意义务而任由方向盘被抢夺，属于违背驾驶职责，擅自离开工作岗位的行为。尽管卢某并未实施殴打他人的行为，但其行为已符合"擅离职守"的情形，对不特定或多数人的人身及财产安全造成客观的威胁，同样应成立妨害安全驾驶罪。

三、延伸思考

《刑法》第133条之二规定的妨害安全驾驶罪是抽象危险犯还是具体危险犯，值得进一步思考。对这一问题的回答，不仅关系到对《刑法》第133条之二中"危及公共安全"的解释，也直接关系到罪与非罪的认定。理论界对本罪的性质存在较大分歧，主张抽象危险犯最有力的理由是：本罪的法定刑配置明显轻于其他危害公共安全犯罪（具体危险犯），这表明其对公共安全的威胁程度小于后者，立足罪刑相适应原则，宜将本罪认定为抽象危险犯。① 但如果仅认为本罪所要求的危险是立法推定的危险，可能会造成司法处罚范围的不当扩大，于是，这种观点在主张抽象危险犯的同时，也往往要求在司法上进行具体的判断，即结合行为的暴力程度、实施地点（是否为狭窄、拐弯路段）、车辆速度、行人通过数量等进行综合判断。② 显然，类似的修正并不完全是在反证出罪的意义上进行的③，有的甚至要求司法机关综合考察行为时的客观事实进行全面判断。④ 这种修正或多或少已经动摇了传统的抽象危险犯的根基，使得其与具体危险犯的界限趋于模糊。如果要维持传统抽象危险犯和具体危险犯的区分标准，主张妨害安全驾驶罪是具体危险犯的观点似乎更站得住脚。不过，在解释这一轻罪时也不得不特别指出，本罪对危险程度的要求低于其他危害公共安全犯罪（具体危险犯）的要求。⑤

对于这一要求，主张抽象危险犯的学者其实也提出了担忧，既然都是指向公共安全的具体危险，如何区分危险程度的高低呢？如果区分不好，不排除实践中对于妨害安全驾驶的行为都一概认定为有具体危险，从而都成立《刑法》第114条规定的以危险方法危害公共安全罪，使本罪没有适用空间。这种担忧确实存在，不过如何区分毕竟只是一个技术性问题，不能反过来制约本罪性质的认定。其实，如果考虑到近年来抽象危险犯的修正，以及所谓

---

① 时延安，等. 刑法修正案（十一）评注与案例. 北京：中国法制出版社，2021：65-68；曲新久.《刑法修正案（十一）》若干要点的解析及评论. 上海政法学院学报（法治论丛），2021（5）：24-25.

② 周光权. 刑法各论. 4版. 北京：中国人民大学出版社，2021：226.

③ 付立庆. 应否允许抽象危险犯反证问题研究. 法商研究，2013（6）：76.

④ 黎宏. 论抽象危险犯危险判断的经验法则之构建与适用. 政治与法律，2013（8）：2.

⑤ 张明楷. 刑法学. 6版. 北京：法律出版社，2021：934.

的"准抽象危险犯"① 的提出,背后的问题意识无不都是克服传统抽象危险犯认定过于形式化、机械化之弊端,其与"将妨害安全驾驶罪定性为具体危险犯同时限定具体危险之程度较低"的观点表面看分歧很大,但从机能主义刑法学的立场来看,背后共享的其实是同一问题意识,理论界的分歧并未妨碍实务判断方案的趋同性。

(杨绪峰　撰写)

---

① 陈洪兵.准抽象危险犯概念之提倡.法学研究,2015(5):123.

62 重大责任事故罪

案情简介

2014年5月至2015年1月，被告人李某将其购买的北京市西城区德内大街××号院的建设改造工程委托给无建筑资质条件的被告人卢某的个体施工队。李某要求卢某超出建设工程规划许可证的内容，违法建设地下室，深挖基坑。卢某负责管理、指挥施工，在施工过程中，有施工人员提出存在事故隐患，李某、卢某未采取措施仍继续施工。2015年1月24日凌晨3时许，因基坑支护结构不合理、支护结构承载力不足、地下水控制不力，导致施工现场发生坍塌，并引发附近道路塌陷、部分建筑物倒塌损坏，直接经济损失达583万余元。2015年1月31日，被告人卢某在投案途中被抓获，同年2月10日，被告人李某在江苏省徐州市家中被抓获。

裁判要旨

一审法院认为，被告人李某、卢某违反了安全管理规定，最终造成施工现场坍塌，直接经济损失达583万余元，且情节特别恶劣，其行为均已构成重大责任事故罪。法院判处被告人李某有期徒刑五年，判处被告人卢某有期徒刑三年六个月。一审宣判后，被告人李某、卢某提出上诉。李某认为，开挖地下室系卢某等人提出并施工，其作为合同一方只是接受施工成果并给付费用，不应对本次事故承担责任；关于本次事故，是施工人员不按照正常的施工规范操作所致，施工人应承担主要责任。卢某认为，其在本次事故中不负主要责任，原判对其量刑过重。二审法院认为，上诉人李某让无施工资质的卢某的个体施工队接手该工程，开挖地下室是李某以××号院业主的身份对卢某等人提出的要求，且施工期间，北京市规划委西城分局工作人员曾对其约谈，明确提出该处系违法施工，要求其停止施工；施工人员在施工过程中亦曾提出异议，上诉人李某、卢某未采取措施仍继续施工。因此，驳回上诉，维持原判。①

---

① 国家法官学院案例开发研究中心. 中国法院2018年度案例·刑事案例二. 北京：中国法制出版社，2018：74-76.

评析意见

一、关键问题与裁判思路

本案中,被告人卢某构成重大责任事故罪并无太大疑问。首先,卢某作为施工的负责人,符合本罪的主体要求;其次,卢某在无任何资质的情况下就承揽了××号院的建设改造工程,在施工人员提出异议时未采取任何措施继续施工,这些行为均属于在生产、作业中违反有关安全管理规定的行为;再次,卢某的行为与危害结果之间具有因果关系;最后,有施工人员向卢某反映了事故隐患,且卢某本人也清楚施工不符合正常操作规范,其在预见到危害结果可能发生的同时,因为轻信能够避免,以致发生危害结果,主观上是过于自信的过失。因此,法院并未对卢某构成重大责任事故罪进行过多说理。本案的关键问题是作为业主的李某是否也构成重大责任事故罪。一般而言,如果业主将某项建设改造工程发包给第三方,扮演的其实就是"甩手掌柜"的角色,此时只需要接受施工成果并给付费用即可,这也是李某作无罪辩解的理由之一。二审法院着重回应了这一上诉理由,认为李某是××号院的实际控制人和建设改造工程的唯一投资人,系本次事故的主要负责人,有力地反驳了李某不符合重大责任事故罪的主体之疑问。裁判文书关于此点的说理是精准的,但李某的上诉理由中还可以解读出其认为自己没有采取结果回避措施的必要性,也即没有事前的结果回避可能性,而法院对此的说理并不充分,这关系到能否评价李某违反了注意义务(结果回避义务),有必要在学理上进行深入分析。

二、相关学理分析

(一)结果回避义务对于定罪的意义

重大责任事故案件往往涉案人员较多,犯罪主体复杂,既有直接从事生产、作业的人员,也有对生产、作业负有组织、指挥或者管理职责的负责人、管理人员、实际控制人、投资人等人员。对此,最高人民法院、最高人民检察院于2015年12月14日发布的《关于办理危害生产安全刑事案件适用法律若干问题的解释》(法释〔2015〕22号)第2条也予以了确认,主要目的是严密刑事法网,确保刑罚效果。然而,这一主体范围只是在一般意义上而言的,由于实际控制人、投资人等人员一般并非现场作业人员,实践中如果将其纳入重大责任事故罪的规制范围,仍需结合具体个案判断其是否存在结果回避义务之违反。

仔细分析李某的上诉理由可知,其核心意思为:由于施工方案及其施行全部由卢某的施工队主导,被告人李某只是负责付费,其不可能知晓具体的施工细节,更不可能预见到会出现施工不规范进而造成坍塌事故,也就不可能避免危害结果的发生。概言之,本次事故发生与否是被告人李某无法预见的,其不具有危害结果的回避可能性。二审法院并未认可此种辩解,认为被告人李某明知其修建地下室是违规的情况下,依然决定开挖地下室,并将该修建工程发包给无任何资质的卢某的个体施工队。规划委等相关部门在发现李某违规建设地下室时曾对其进行约谈,明确要求停止施工,李某并未停止施工。且施工人员在施工过程中提出异议,李某仍予坚持,因此,李某是本次事故的主要责任人。二审法院的裁判理由紧扣"李某未停止违规施工"这一点,认为其存在结果回避义务之违反,但是在说理上还不是特别透彻。

(二) 关于被告人刑事责任的分析

本案的焦点问题是被告人李某是否具有事前的结果回避可能性。换言之,能不能支持李某"因对施工细节及不规范操作缺乏预见可能性,进而对危害结果的发生没有回避可能性"的主张。学理上一般认为:没有结果的预见可能性→不具有采取结果回避措施的必要性→不具有事前的结果回避可能性→未违反结果回避义务。所阐述的法理是:行为时行为人欠缺结果的预见可能性,而预见可能性起到赋予结果回避必要性的作用;既然采取结果回避措施本身是不必要的,行为人原本就不会被要求作出行动,也就谈不上未采取措施时违反结果回避义务。

考虑到社会上存在相当多的个体施工队,不能说因为是个体施工队就一定施工质量很差,尤其是在施工人员规范操作的情况下,很有可能非常平稳地完成施工任务。所以,李某的辩解具有一定的道理,但只能在这个意义上解读,即不能因为其将施工项目交由个体施工队,就对危害结果的发生会具有高度的预见可能性。李某所强调的"没有结果的预见可能性",其实只是对结果缺乏高度的预见可能性。但如果考虑到,预见可能性不是通过大致有无的形式予以追问,而是通过与应采取的结果回避措施的关系相对地被确定,那么,即便结果发生的可能性相当低也没有关系,因为结果发生的可能性很低,也可以要求承担与该低水平相对应的结果回避义务。结合以下两点,可以认为被告人李某其实是存在低程度的结果预见可能性的:(1) 卢某等个体施工队并无施工资质,李某对施工时可能存在个别人员因不规范操作而引发事故还是存在着低程度的预见可能性;(2) 施工过程中有施工人员提出存在安全隐患,尽管所有的施工项目都存在一定的安全隐患,但可以凭此认为李某对危害结果的发生至少具有低程度的预见可能性。既然具有低程度的预见可能性,李某就具有采取结果回避措施的必要性,也就具有了事前的结果回避可能性。而在关于措施内容的选择上,当时的情况下只有两个选择,要么立即停止施工，要么请有资质的施工单位来接手，除此之外别无他法。由于李某都未做到，所以存在结果回避义务的违反。

三、延伸思考

实践中也有可能运用管理、监督过失理论对此类案件进行说理，即李某虽未参与施工，但作为业主对施工的地下室负有管理职责。由于其没有采取必要的防范措施，且施工人员在施工过程中提出异议后，李某仍予坚持，进而导致危害结果发生，据此也能追究李某的过失责任。在火灾事故、工厂灾害、药品公害、食品公害、集体医疗事故等事件中，管理、监督过失理论确实是追究管理者、监督者过失责任的"一大利器"，但这种理论的产生主要是用于填补具体的预见可能性说的不足。因此，适用管理、监督过失理论其实同时完成了预见可能性判断、结果归责两大任务，这也使得该理论较为粗糙，而一旦将其精致化，可能又回到了过失犯的固有领域问题之探讨上。其实，如果重视预见可能性理论，以及在结果归责中采用客观归责理论或危险现实化理论，继续适用管理、监督过失理论的意义十分有限。

此外，本案在当年只对被告人判处重大责任事故罪，而未判处强令违章冒险作业罪，这一结论是正确的。可能有人注意到：在施工过程中，有施工人员提出存在事故隐患，被告人未采取措施仍继续施工，以致发生危害结果。以往实务中对"强令"的理解比较宽泛，如果认识到存在一定的危险，让他人从事相关工作也可能被认定为"强令"，这一错误做法应予以纠正。① "强令"是指强令者发出的信息内容所产生的影响，达到了使工人不得不违心继续生产、作业的心理强制程度。② 生产、作业人员提出危险预警，负责人不置可否或者要求继续冒险作业的，一般不应认定为强令行为。不过，《刑法修正案（十一）》对《刑法》第134条第2款的罪状进行了修改，使其囊括了两种行为类型：强令他人违章冒险作业和明知存在重大事故隐患而不排除、仍冒险组织作业。如果本案发生在《刑法修正案（十一）》颁布后，被告人明知存在重大事故隐患而不作为，仍然冒险组织工人作业，最终导致事故发生，此时有可能以组织他人违章冒险作业罪判处被告人5年以上有期徒刑。由此可见，新增设的行为类型有助于填补以往规制类型上的缺漏，促使具有保证人地位的行为人及时排除重大事故隐患，为工人们提供安全的生产作业保障。

（杨绪峰　撰写）

---

① 杨绪峰. 强令、组织他人违章冒险作业罪的司法误识与纠偏. 政治与法律, 2022 (2)：72.
② 黄太云.《刑法修正案（六）》的理解与适用（上）. 人民检察, 2006 (14)：43.

63 走私普通货物、物品罪

案情简介

何某清是龙威公司的法定代表人,龙威公司专门从事南美白虾加工生产销售,主要从印度、印度尼西亚进口南美白虾以及从国内市场购进南美白虾。龙威公司为了减少通关费用,降低经营成本,由货物的卖方即印度某公司将货物运输到越南边境,再委托何某耀将货物从越南运送至中国广西边境进境,龙威公司向何某耀支付一定的"包税"费用。何某耀自2014年起一直在广西边境利用边民互市贸易政策进行走私活动,而龙威公司委托何某耀的时间是2015年6月。法院认定龙威公司自2015年6月至2019年1月共计走私1 098柜,涉案数额特别巨大。事后查明,在通关过程中,何某耀等人未就具体的清关细节与龙威公司及何某清谋议,均由该通关公司办理所有通关手续。

裁判要旨

法院认为,何某清、龙威公司与通关团伙在实施走私犯罪过程中分别负责不同环节、实施不同的行为,相互分工协作,均应承担走私犯罪的刑事责任,且不宜区分主从犯。法院由此认定货主何某清为走私普通货物、物品罪的主犯,判处其有期徒刑十四年六个月。①

评析意见

一、关键问题与裁判思路

本案涉及对共同犯罪和从犯的正确理解。我国《刑法》第25条规定,共同犯罪是指二人以上共同故意犯罪。共犯的特点在于二人以上合为一体,互相利用,群策群力,实行本可只用一人单独实行的犯罪。因此,共犯整体的罪责,便是各个共犯所应负担罪责的范围。各个共犯实际应负的罪责,随着

---

① 参见福建省福州市中级人民法院(2019)闽01刑初118号刑事判决书。

各自在共同犯罪中的地位和作用情况,而大小轻重有异。对共同犯罪人在共同犯罪中是起主要作用还是次要作用的确定,必须回到刑法分则对各罪构成要件的规定。

我国《刑法》第27条规定,在共同犯罪中起次要或者辅助作用的人是从犯。主犯和从犯是相对而言的,准确区分主犯和从犯,对于适当量刑至关重要,但实务中可能持"不能区分"主从犯、"不宜区分"主从犯或"不应区分"主从犯的立场,使在共同犯罪中起次要作用的人也可能被认定为主犯,导致对部分共犯人量刑过重。这种做法值得商榷。对共同犯罪案件应当区分主从犯,否则罪刑相适应原则难以有效贯彻。

实务中,有的公司(以下简称"货主")为了降低生产成本,以明显低于货物正常进口应缴税款的"包税"价格,将购买或销售的商品以"委托包税"方式由通关公司走私进、出境。货主决定进出口商品的数量、价格、交货地等,以及商品的货款费用、清关费用,货主走私货物偷逃税款巨大的,在能够认定货主构成走私普通货物、物品罪的前提下,能否将其作为走私犯罪的从犯处罚?

本案判决认为,由于货主和通关团伙均声称自己为从犯,货主认为其并未具体实施清关行为,通关团伙认为其并非走私犯罪的最大获利者,双方也都认为犯意并非自身提起,自身行为均依附于对方的走私行为。双方虽均不承认犯意是自己提出,但对进行走私均没有提出任何反对意见。货主为了减少通关费用,降低经营成本,通关团伙为了赚取手续费,经过事先共谋,通过更换包装等行为走私,偷逃税款获得巨额非法利益,货主与通关团伙在走私犯罪的整个走私过程中分别负责不同环节,在共同犯罪中所起的作用相当,不宜区分主从犯。

二、相关学理分析

(一)货主可能成为主犯的少数情形

不可否认,"委托包税"型走私犯罪中的货主是有可能成立主犯的,例如,货主直接参与策划货物、物品通关,逃避税收监管的,参与制作虚假报关单据的,以及参与拆柜拼柜藏匿的,都有成为主犯的余地。

(二)大量货主应当成立从犯的理由

本案判决并未查明货主是否实施上述行为,也认定其构成主犯。应该说,这一裁判结论是值得商榷的。从货主在共同犯罪的地位和作用看,只要其未直接参与实施具体通关行为,原则上就属于在共同犯罪中起辅助或次要作用的人,应认定其为从犯,并根据《刑法》第27条第2款的规定对其从轻、减轻处罚或者免除处罚。主要理由是:

首先，货主在走私过程中的作用无法与通关公司等同。通关的走私犯罪的实行行为是伪造货物申报文件欺骗海关工作人员，直接实施相关行为者为正犯，其能够支配犯罪进程，在共同犯罪中所起的作用大。通关公司是专业化运作的公司，其直接从事走私货物入境，在通关公司内部，走私人员固定，分工明确，配合密切，在整个走私活动中处于主导、掌控地位。货主的行为从客观上看，在整个走私过程中并不直接面对海关工作人员，未参与走私犯罪的实行行为，其提供货物和支付运费的行为仅对通关公司的走私犯罪具有帮助性质，在犯罪中的作用相对要小；从主观上看，其作为生产、经营主体，大多出于贪图物流价格便宜、减少运营成本的动机，主观恶性也相对较小。

其次，将货主认定为从犯在实务上是可行的。一方面，符合刑事指导性案例第 873 号的精神。在该案中，法院认为，对那些为贪便宜、节省生意成本、在支付包税费用后就放任其他单位采取任何形式通关、只关心本单位货物的参与走私的货主单位，按照其在共同犯罪中所起的作用和所处的地位，可以认定为从犯，结合其认罪态度和退赃情节，依法可以从轻处罚。此类被告单位一般都是为了节省开支而被专业揽货走私集团开出较为低廉的"包税"费用所吸引，对走私行为的实施、完成的责任均从属于第一类揽货走私者。对单纯揽货者，或者既是揽货者又是部分货主的，只要没有参与制作虚假报关单据、拆柜拼柜藏匿、伪报低报通关的，按照其在共同犯罪中的作用和地位，也可以认定为从犯，并结合其认罪态度和退赃情节，依法减轻处罚。① 另一方面，符合有关规范性文件的精神。根据《广东省高级人民法院关于全省部分中级法院审理走私犯罪案件工作座谈会纪要》（2010 年 7 月 5 日）第 3 条的精神，对于主动寻找货主，积极组织货源的犯罪人（运输者），通常要认定为主犯；对于受专门或主要从事揽货走私的犯罪分子利诱的货主，则可以考虑认定为从犯。《广东省高级人民法院、广东省人民检察院、海关总署广东分署加强查办走私犯罪案件工作第十三次联席会议纪要》第 6 条也明确规定，对于为贪图便宜、节省经营成本，受专门或主要从事揽货走私的犯罪分子利诱，在支付"包税"费后就放任他人走私进口的货主，一般应当认定为从犯。

最后，实务中有的案件就肯定货主的从犯地位。在"华佳迅科技（深圳）有限公司等走私案"中，法院认为，货主为降低成本，在支付"包税"费用后，放任他人采取任何形式通关的，在共同犯罪中作用较小，可以认定为从犯。②

---

① 广州顺亨汽车配件贸易有限公司等走私普通货物案．刑事审判参考（总第 93 集），10.
② 参见广东省深圳市中级人民法院（2015）深中法刑二初字第 189 号刑事判决书。

（三）不能认为提起犯意就是主犯

理论上，有的观点认为，货主是委托人，也是他人走私的犯意提起者。而提起犯意就一律成立主犯。在审判实践中，也有观点倾向于认为，只要货主是提起犯意的人，其就应该成立主犯。这是"造意为首"观念的体现，有滑向刑法主观主义的嫌疑，因为我国刑法并未明确规定凡是提起犯意的人都是主犯。《刑法》第29条第1款规定，教唆他人犯罪的，应当按照他在共同犯罪中所起的作用处罚。判断教唆犯在共同犯罪中的作用时，应当从教唆犯罪行为的事实、性质、情节和对于社会的危害程度入手。如果教唆方法比较恶劣，对被教唆的人影响力大，教唆他人所犯之罪的社会危害性较大，或者对未成年人进行教唆的，应视为起主要作用，以主犯论处。教唆方法比较缓和，对被教唆的人影响力不大，对专业化犯罪组织（如委托"包税"走私中的通关公司）实施教唆的，提起犯意者在共同犯罪中都不起主要作用的，应以从犯论处。因此，不能在提起犯意与主犯之间画等号。如果认为通关公司本身就属于一直具有犯意的单位，货主即便对其"提起犯意"也不属于教唆而只能成立帮助行为，那么，对"提起犯意"的货主就更应该作为从犯处罚。

这样说来，即便是货主提起犯意，其也未必都是主犯。更进一步，如果在案证据对究竟是货主还是通关公司提起犯意都无法确定的，以"双方虽均不承认犯意是自己提出，但对进行走私均没有提出任何反对意见"为由，将并不直接参与实施虚假报关行为的货主作为主犯处罚更缺乏依据。

总而言之，在"委托包税"型走私案件中，货主为了节省开支而委托专业通关公司并由后者虚假报关的，其对走私行为的实施、完成均从属于通关走私行为，通关公司才是正犯和主犯，货主仅为狭义共犯、从犯，将并不直接参与实施虚假报关行为的货主认定为主犯，可能与罪刑相适应原则相抵触。

三、延伸思考

在有的案件中，由于被告人较多，作为一个案件审理有实际困难，从而不得不分案处理。不过，即便是将货主和通关公司分案处理的走私案件，也应当考虑将货主认定为从犯。

在审判实践中，有的案件对通关公司的犯罪先行审理，对涉罪货主单独起诉和审判，法院也可能因为分案审理而对货主不再适用从犯的规定，这是明显不当的做法。对于与本案类似的共同诈骗犯罪分案处理的，实务上也肯定了从犯认定的规则，即在共同诈骗犯罪中，因为分案处理对主犯张某、周某先行定罪量刑，在另案处理的到案三人中，陈某虽作用较大，但其在整个共同犯罪中作用较小，非犯罪的组织者、领导者，与其他业务员一样其工资收入为从被诈骗金额中获得的有限提成,其在整个共同犯罪中的作用就明显小于主犯张某和周某。尽管存在陈某在后到案共犯中的分工、作用发挥及提成高于田某、李某的情形,也不影响对其从犯的认定。因此,行为人在到案的共犯中虽起主要作用,但相较于分案处理的其他犯罪组织者发挥的作用较小的,也应认定为从犯。①

(周光权　撰写)

---

① 卢祖新,贺志伟.共同犯罪分案处理中从犯的认定与量刑,人民法院报,2017-05-18(7).

64 骗取贷款罪

案情简介

2012年4月至2013年3月，被告人王某某、方某以甲公司名义，指使被告人宋某某收集、提供虚假资料，虚构变造与相关企业的经济合同和相关交易资料，并提供多家商铺抵押（贷款时评估价格共计约人民币5.7亿元），先后四次向端州农商行及贷款社团共计贷款人民币3.85亿元。至案发前，被告人共计归还1.476亿元，其余本金2.374亿元未偿还。后由于贷款到期后甲公司无力偿还，端州农商行及贷款社团已就上述贷款纠纷起诉至广东省肇庆市中级人民法院。

2012年11月，被告人王某某与邹某等人以丙公司为贷款主体，以虚构的贸易合同为由，指使被告人宋某某收集、提供伪造的贸易合同和单据、财物资料等虚假资料，并提供丁公司的地块做抵押（贷款时评估价格为人民币1.18亿元），向四会市农村信用合作联社及怀集农信社申请贷款人民币6 000万元。至案发前，被告人仅归还本金120万元，尚欠本金5 880万元。至今四会市农村信用合作联社及怀集县农信社未就该贷款纠纷提起民事诉讼。

在本案审理过程中，邹某家属通过代偿和购买债权的方式归还四会市农村商业银行（原四会市农村信用合作社，以下简称四会农商行）归还本金人民币5 880万元和利息人民币20万元，四会农商行表示本金没有损失及谅解邹某。

裁判要旨

法院认为，本案上述两起事实被告人王某某等人在贷款时均提供了足额、真实的担保，至案发时，端州农商行及贷款社团正在通过民事诉讼途径进行追偿，四会农商行及怀集县农信社甚至尚未采取民事诉讼途径进行追偿。由于公诉机关未能提供证据证实上述金融机构遭受了实际损失，因此公诉机关对被告人的行为造成银行特别重大损失的指控事实不清、证据不足，不予支持。虽然现有证据证实被告人在贷款时提供了真实、足额的抵押，现有证据无法证实银行遭受了损失，但是被告人王某某、方某、宋某某使用欺骗手段获取贷款的行为多达四五次，贷款总额达三亿至四亿余元，而且几乎都是在前一次贷款尚未还清的情况下继续下一笔贷款，致使金融机构的巨额资金置于高风险之中，应当认定为《刑法》第175条之一规定的"有其他严重情节"，判决三人均构成骗取贷款罪。被告人邹某仅参与了一起贷款，金额为6 000万元，并提供足额担保，在本案审理过程中已偿还全部贷款，实际上银行也不会遭受损失，故不构成骗取贷款罪，裁定准许检察机关撤回对被告人邹某的起诉。①

评析意见

一、关键问题与裁判思路

本案的关键问题是，在骗取贷款案件中，存在真实、足额抵押的情况下，能否认定金融机构存在损失？公诉机关认为即使存在足额担保，也属于造成银行特别重大损失。法院对公诉机关的观点不予支持，认为在足额担保的情况下，无法证实银行遭受了损失，至案发时，银行方面或正在通过民事诉讼途径进行追偿或尚未采取民事诉讼途径追偿。在没有证据证明抵押物不足以抵偿贷款的情况下，不应无视抵押物的存在，将没有归还的全部贷款本金认定为银行遭受的重大损失。但法院又认为，被告人王某某、宋某某、方某多次以欺骗方式取得贷款，由于房地产市场价格不稳定且变现过程漫长，银行的资金处于巨大风险中，属于骗取贷款罪所规定的"其他严重情节"，构成骗取贷款罪。邹某仅参与一次贷款，既没有造成银行的严重损失，也不具有"其他严重情节"，故不构成犯罪。

二、相关学理分析

对于借款人在贷款过程中实施了欺骗行为，但有真实足额担保的情形是否成立骗取贷款罪，理论上存在不同观点。

（一）担保真实情形下的定罪争议

一种观点认为，有足额担保的骗贷行为不构成犯罪。② 金融机构的重大损失，是指具有终局性的、现实的损失。骗取贷款罪保护的法益是金融机构信贷资金的安全，而不是贷款发放秩序，如果贷款有足额担保，就不存在金融机构的重大损失。对于贷款发放而言，是否有足额、真实担保对于保障金融

---

① 参见广东省广州市天河区人民法院（2017）粤0106刑初423号刑事判决书，（2017）粤0106号刑初423号刑事裁定书。

② 孙国祥. 骗取贷款罪司法认定的误识和匡正，法商研究，2016（5）：56.

机构资金安全具有决定性意义。被告人在取得贷款后即便改变贷款用途，且逾期未还款的，如果其所提供的担保物真实，客观上就不可能给金融机构造成终局性的重大损失，即便金融机构将担保物"变现"需要经过提起民事诉讼等程序，但并没有虚构担保单位、虚设抵押物的，不构成本罪。① 在有担保的情况下，不能跳过主张担保的环节直接认定经济损失。根据 2009 年 6 月 24 日最高人民法院刑事审判第二庭《关于针对骗取贷款、票据承兑、金融票证罪和违法发放贷款罪立案追诉标准的意见》，不宜一概以金融机构出具"形成不良贷款"的结论来认定"造成重大损失"。例如达到"次级"的贷款，虽然借款人的还款能力出现明显问题，依靠其正常经营收入已无法保证足额偿还本息，但若有他人为之提供担保的，银行仍然可以通过民事诉讼实现债权。②

另一种观点认为，即使提供了真实的足额担保，也能构成骗取贷款罪。可能由于担保物人为或自然灭失、担保物权属存在争议等原因给金融机构造成重大损失。所谓担保减少了信贷资金损失的危险，只是一种事前判断。如果事后判断，则可能没有减少信贷资金损失的危险。担保有不同的类型，即使是真实的足额抵押担保和质押担保，也不能完全保证金融机构不遭受重大损失。在许多情况下，抵押物、质押物可能无法拍卖、变卖，因而无法实现所谓优先受偿的权利。③ 笔者认为，这种观点值得商榷。银行作为一个具有专业判断能力的金融机构，接收担保物的时候银行自己或者第三方机构要对担保物进行评估，根据这种评估，即便贷款方无法归还贷款，金融机构也可以实现自己的权利，所以担保物的价值是有保证的。金融机构作为市场参与主体，其愿意接受对方的抵押物，也经过了相关评估程序，该抵押物在贷款申请时是能够拍卖变现的，事后该抵押物无法变现或者价值贬低，金融机构也应当基于被害人自我答责的法理承担相应的经营风险，而不能仅因担保物无法变现成为对被告人定罪的理由。此外，担保物有没有价值应当以贷款申请时作为判断的标准，以事后不能拍卖作为担保物价值判断的标准，对贷款人是严重不公平的，根据事后的不确定去判断，标准就不客观，使得对犯罪的认定取决于行为当时很多无法预料的情况，违背刑法上的行为是特指犯罪时的行为这一基本判断准则。

(二) 关于被告人刑事责任的分析

应当认为，前述第二种观点具有合理性，有足额担保的情形不构成骗取贷款罪。本案法院认为有足额担保的情形，就不属于给银行造成了重大损失，

---

① 周光权. 骗取贷款罪中的"给金融机构造成损失", 法治日报, 2021-06-23 (11).
② 这是车浩教授的观点, 车浩. 骗取贷款罪、高利转贷罪等法律适用疑难问题. 中国检察官, 2021 (8): 10.
③ 张明楷. 刑法学: 下. 6 版. 北京: 法律出版社, 2021: 997.

实际上和第二种观点具有一致性。不过法院认为被告人王某某等人多次以欺骗手段取得银行贷款，使银行的巨额资金置于高风险之中，属于"有其他严重情节"，这种解释在《刑法修正案（十一）》修改之前也是有可能成立的。

需要注意的是，《刑法修正案（十一）》对《刑法》第175条之一作了修改，在第一档法定刑中取消了关于情节的规定，仅规定了给金融机构"造成重大损失"，第二档升格法定刑则未修改，仍包括给"金融机构造成特别重大损失或者有其他特别严重情节的"。因此，就需要准确理解"有其他特别严重情节"。实务上有人认为，如果行为人在贷款资料上作假骗取贷款数额特别巨大，即便全部归还了贷款，也应当认定其构成本罪并适用加重犯法定刑的规定。但是这样理解可能与《刑法修正案（十一）》作出修改的旨趣不相符合，且有悖于情节加重犯的法理。一方面，从立法上修改本罪的取向上看，实施本罪行为，其最为严重的情节其实不是骗取贷款金额的大小，而应体现在最终是否给金融机构造成损失这一点上。如果金融机构没有损失，对行为就没有必要在刑事司法上作否定评价。对于提供真实担保的，即便利用虚假资料所取得的贷款金额数额特别巨大或者有其他严重情节，也根本不能定罪，也不能对行为人适用第二档刑。另一方面，从本罪"后段"作为加重规定的法理看，本条法定刑升格的规定属于加重情形，适用该规定一定要建立在行为成立基本犯的前提下。在对其不能适用第一档法定刑时，不能直接认定其属于第二档法定刑的骗取贷款"有其他特别严重情节"。因此，合理的看法是，骗取贷款行为中"有其他特别严重情节"法定刑升格的规定仅适用于：行为人骗取贷款数额特别巨大，其中部分贷款无法归还或者没有真实担保，给金融机构至少造成了"重大损失以上的损失"，同时还具有"其他严重情节"的情形（如贷款金额特别巨大、多次骗取贷款、在重要贷款资料上作假等）。这里的给金融机构造成"重大损失以上的损失"，其实特指金融机构的损失超过重大的程度，且"接近于"特别重大的情形。因此，骗取贷款造成金融机构的损失"'接近于'特别重大＋有其他严重情节＝有其他特别严重情节"，由此才将法定刑升格为三年以上有期徒刑。①

需要进一步思考的是，在贷款申请人提供足额担保的情况下，银行有无损失是否需要通过民事判决确定？笔者认为，只能以贷款当时担保物的价值作为评估银行有没有损失的标准，只要在贷款当时贷款申请人提供的担保物足额、真实，就应该认为银行没有损失。进一步思考，事实上有可能出现贷款当时担保物价值足额（比如提供土地使用权做担保），事后因为市场变化，土地使用权贬值，导致担保物的价值在贷款之后下降的，也不能认为金融机

---

① 周光权．骗取贷款罪的"有其他特别严重情节"，法治日报，2021-07-07（9）．

构有损失。所以担保物价值的确定是行为,而不是结果时,对金融机构有无损失的确定也不应当以其是否提起民事诉讼以及民事判决确定的损失高低作为判断标准。

三、延伸思考

与骗取贷款罪相关的罪名是贷款诈骗罪,在具有真实足额担保的情况下,使用虚假手段取得贷款的,能否认定为贷款诈骗罪?具有真实足额担保,编造引进资金、项目等虚假理由的,以及使用虚假的经济合同,取得贷款的,其行为方式是不妥当的,也是贷款诈骗罪要禁止的行为方式。但是该罪的构成要件还要求"诈骗银行或者其他金融机构的贷款",如果有足额担保,就不应该评价为"诈骗银行或者其他金融机构的贷款"。因此,使用虚假的经济合同取得贷款,只要有足额的担保,发生纠纷后金融机构可以针对担保提起民事诉讼,行使自己的权利,这样贷款申请人的行为就谈不上是诈骗银行或者金融机构的贷款。

《刑法修正案(十一)》对骗取贷款罪入罪门槛作了适当调整,将给银行或者其他金融机构"造成重大损失或者有其他严重情节"修改为"造成重大损失",删去了"其他严重情节"的规定。这一修改有利于正确区分违约与违法、违法与犯罪的关系,审慎处理涉民营企业融资案件,更好地落实党中央、国务院关于完善产权保护制度。[①] 因此,《刑法修正案(十一)》通过之后,为保护民营企业发展,对骗取贷款罪的入罪条件就需要谦抑地理解,限缩骗取贷款罪的适用范围。民营企业因生产经营需要,在申请贷款过程中有一些违规行为,但没有给银行造成重大损失的,就不应当作为犯罪处理。

(孟红艳 撰写)

---

① 王爱立. 中华人民共和国刑法条文说明、立法理由及相关规定. 北京: 北京大学出版社, 2021: 619.

65 虚开增值税专用发票罪

案情简介

被告人赵某，系合慧伟业商贸（北京）有限公司（以下简称"合慧伟业公司"）原实际控制人、北京某某集团有限责任公司山东分公司（以下简称"山东分公司"）原负责人。

2010年8月，山东分公司与山东黄金集团签订合作开发协议，合作开发山东黄金时代广场项目。约定各自承担50%的开发成本及费用，各自分得两个楼座；后又签订施工协议等，由山东分公司负责建设山东黄金时代广场。

为解决山东黄金时代广场的建设资金问题，赵某与中国诚通公司的李某农、刘某辉，商议决定由中国诚通公司通过贸易方式为山东分公司融资。方式为：山东分公司向中国诚通公司购买钢材并以货款名义开具商业承兑汇票，利用中国诚通公司在银行的信用将汇票贴现，再由中国诚通公司向赵某实际控制的合慧伟业公司购买钢材进而以货款名义将贴现款转给合慧伟业公司，合慧伟业公司收到款后再以往来款名义转给山东分公司或直接购买钢材交给山东分公司用于建设。汇票到期后由山东分公司将应到期归还的钱款还给中国诚通公司，中国诚通公司再归还给银行。

具体交易过程为：

1. 赵某以山东分公司或集团名义与中国诚通公司于2012年4月至8月，先后签订5份钢材销售合同，合同涉及金额人民币1.88亿余元（以下币种均为人民币），山东分公司以支付货款名义给中国诚通公司开具金额合计1.88亿余元的5张商业承兑汇票，中国诚通公司给山东分公司开具增值税普通发票。

2. 中国诚通公司与刘某洋任法定代表人的天正博朗公司签订1份采购协议，以支付货款名义给天正博朗公司开具1500万元商业承兑汇票，天正博朗公司给中国诚通公司开具增值税专用（进项）发票。天正博朗公司贴现后将其中1400万元以支付货款名义转给合慧伟业公司，合慧伟业公司给天正博朗公司开具增值税专用（进项）发票。

中国诚通公司与山东分公司、合慧伟业公司签订8份三方采购协议，以支付货款名义将山东分公司承兑汇票贴息款转给合慧伟业公司。此外，2012年9月，中国诚通公司与合慧伟业公司签订采购合同，以支付货款名义给合慧伟业公司开具6张商业承兑汇票。合慧伟业公司因此于2012年6月至2014年1月间给中国诚通公司开具增值税专用（进项）发票1 298份，涉及发票金额共计1.2亿余元。

3. 合慧伟业公司将上述直接从中国诚通公司或经天正博朗公司取得的款项部分转给山东分公司，并将收到的中国诚通公司开具的6张商业承兑汇票直接背书给山东分公司，用于项目建设。

在上述融资贸易过程中，合慧伟业公司因给中国诚通公司开具了1.2亿余元的增值税专用（进项）发票，留下了相应金额的增值税专用（销项）发票，需要缴纳相应的增值税。为此，合慧伟业公司找到刘某洋任法定代表人的天正博朗公司和恩百泽公司，由天正博朗公司于2012年8月至2013年3月，给合慧伟业公司开具增值税专用（进项）发票103份，税额合计16 150 052.28元，价税合计111 150 360.6元；恩百泽公司于2012年11月，给合慧伟业公司开具增值税专用（进项）发票52份，税额合计661 797.47元，价税合计4 554 724.1元。合慧伟业公司将上述天正博朗公司和恩百泽公司开具的进项发票全部认证抵扣。在此过程中，合慧伟业公司以支付货款名义转给天正博朗公司90 241 794.78元，经恩百泽公司后转回合慧伟业公司85 491 794.78元；2012年12月25日，合慧伟业公司支付恩百泽公司4 554 724.1元，当日全部转回合慧伟业公司。天正博朗公司、恩百泽公司在给合慧伟业公司虚开增值税专用（进项）发票交易过程中，获取非法利益共计475万元。

裁判要旨

一审判决被告单位合慧伟业公司犯虚开增值税专用发票罪，判处罚金人民币三十万元；被告人赵某犯虚开增值税专用发票罪，判处有期徒刑十年六个月，被告人刘某洋犯虚开增值税专用发票罪，判处有期徒刑十年六个月。二审法院认为：赵某作为上诉单位合慧伟业公司的主管人员，为单位谋取非法利益，向他人非法购买增值税专用发票，合慧伟业公司及赵某均已构成非法购买增值税专用发票罪，对合慧伟业公司判处罚金人民币十五万元，对被告人赵某判处有期徒刑两年六个月；刘某洋及天正博朗公司、恩百泽公司均构成非法出售增值税专用发票罪，遂对被告人刘某洋以非法出售增值税专用发票罪，判处其有期徒刑三年。[①]

---

① 参见北京市第二中级人民法院（2019）京02刑终113号刑事判决书。

评析意见

一、关键问题与裁判思路

被告人之间以融资托盘为最终目的,虽然表面上签订了钢材购销合同,但并不存在真实的货物购销等经营行为,缺乏向国家缴纳增值税款的事实基础的,能否认定其主观上具有骗取国家税款的目的,客观上造成了国家税款损失,进而以虚开增值税专用发票罪定罪处罚?对此,一审判决持肯定态度。二审法院则主张,合慧伟业公司取得增值税专用发票155份,税款合计1600余万元,由此支付了475万元的好处费,实质上是一种变相买卖增值税专用发票的行为,刘某洋一方构成非法出售增值税专用发票罪,赵某及其公司一方则构成非法购买增值税专用发票罪。

二、相关学理分析

根据《刑法》第205条的规定,违反税收管理法规,虚开增值税专用发票的,构成犯罪。据此,司法机关在过去的很长时期内倾向于认为,只要开票人在本人没有货物销售或没有提供应税劳务的情况下开具了增值税专用发票,或者单笔发票与交易关系无法对应的,就构成犯罪,从而将违反税收法规的虚开增值税专用发票行为和犯罪行为画等号,这种思维必须要转变。

(一)真实交易与虚开增值税专用发票罪的适用限定

在最高人民法院、最高人民检察院的一系列司法解释或批复中,都要求适用本罪必须考虑交易是否真实,以及国家税收是否存在损失的问题。

例如,2002年4月16日最高人民法院《关于湖北汽车商场虚开增值税专用发票一案的批复》(〔2001〕刑他字36号)认为,被告人虽然实施了虚开增值税专用发票的行为,但客观上亦未实际造成国家税收损失的,其行为不符合刑法规定的虚开增值税专用发票罪的犯罪构成,不构成犯罪。又如,2008年10月17日最高人民法院刑事审判第二庭《对〈关于征求对国税函〔2002〕893号文件适用暨××公司案定性问题意见的函〉的复函》(〔2008〕刑二函字第92号)指出,实际从事废旧物资经营的单位只要确有同等数量的货物销售,即使开具的增值税专用发票与物资收购难以对应,也不宜定性为虚开。再如,2015年6月11日最高人民法院研究室《关于如何认定以"挂靠"有关公司名义实施经营活动并让有关公司为自己虚开增值税专用发票行为的性质的复函》(法研〔2015〕58号)规定,开票名义人与实际交易人不一致的,只要行为人进行了实际的经营活动,客观上未造成国家增值税税款损失的,就不宜认定为虚开增值税专用发票罪。还比如,最高人民检察院《关于充分发挥检察职能服务保障"六稳""六保"的意见》（2020年7月22日）中强调："对于有实际生产经营活动的企业为虚增业绩、融资、贷款等非骗税目的且没有造成税款损失的虚开增值税专用发票行为，不以虚开增值税专用发票罪定性处理，依法作出不起诉决定的，移送税务机关给予行政处罚。"

因此，在本罪的认定中，是否存在实际的商品买卖和货物流转、行为人是否骗取、抵扣税款对于犯罪成立与否具有极为重要的意义。本罪要处罚的是并无实际商品买卖和货物流转，虚开增值税专用发票直接用于骗取国家税款的情形。构成本罪不仅要求存在形式上的虚开增值税专用发票行为，还要求行为客观上产生骗取国家税款的结果或危险。

（二）托盘融资贸易中的虚开行为不构成虚开增值税专用发票罪

前已述及，在认定构成虚开增值税专用发票罪时，需要行为人主观上具有骗取国家税款目的，客观上造成了国家税款损失。

本案中，从合慧伟业公司找天正博朗公司、恩百泽公司虚开增值税专用发票的起因看，是因为之前合慧伟业公司、山东分公司与中国诚通公司之间的贸易融资，合慧伟业公司给中国诚通公司虚开了大量的增值税专用（进项）发票，合慧伟业公司因而留下了相应的增值税专用（销项）发票，为避免缴纳相应的增值税，合慧伟业公司找到天正博朗公司、恩百泽公司获取了虚开的增值税专用（进项）发票。从事情的前因看，合慧伟业公司找天正博朗公司、恩百泽公司虚开增值税专用发票主观上并非出于骗取国家税款的目的。

上述虚开的增值税专用（进项）发票虽已全部认证抵扣，但考虑到之前合慧伟业公司因给中国诚通公司开具增值税专用发票而留下的大量销项发票，该部分发票因为没有实际发生商品流转，没有产生真实的商品增值，也就没有缴纳增值税的事实基础，不缴纳该部分税款也不会给国家造成实际的税款损失。现有证据不能排除合慧伟业公司获取的虚开增值税专用（进项）发票就是抵扣了上述虚开的增值税专用（销项）发票的可能，也不足以证实所抵扣的增值税专用（销项）发票中包含有因存在真实交易而应当缴纳增值税的情况，故而，认定合慧伟业公司将虚开的增值税专用（进项）发票进行认证抵扣造成国家税款损失的证据不足。

如此说来，合慧伟业公司及其实际控制人赵某因主观上不具有骗取国家税款的目的，客观上认定造成国家税款损失的证据不足，其行为不构成虚开增值税专用发票罪。与之对应，负责开具相应增值税专用发票的天正博朗公司、恩百泽公司及其法定代表人刘某洋基于同样的原因也不构成虚开增值税专用发票罪。

（三）被告人应当构成非法购买、非法出售增值税专用发票罪

非法出售、购买增值税专用发票罪侵犯的是我国对增值税专用发票严格

的领购制度，增值税专用发票只能由增值税一般纳税人到指定的税务机关凭相应凭证采取"以旧换新"方式进行领购，其他任何单位和个人都不得实施买卖增值税专用发票的行为。在本案交易过程中，天正博朗公司、恩百泽公司所获取的"利润"本质上就是通过虚开增值税专用发票所得的好处，就是变相出售增值税专用发票的违法所得。合慧伟业公司所支出的费用本质上就是变相购买增值税专用发票所花费的对价，故被告人的行为符合非法出售、购买增值税专用发票罪的特征。

三、延伸思考

为防止打击扩大化、避免错案，就虚开增值税专用发票罪的认定而言，实践中值得特别关注的裁判规则主要有：（1）对于有实际生产经营活动的企业基于虚增业绩、上市、融资、贷款、把账目"做平"等并非骗税的考虑，虚开增值税专用发票且未进行抵扣，没有造成税款损失的，不以本罪论处，可以由税务机关给予行政处罚。（2）行为人以其他单位（如被挂靠单位）名义对外签订销售合同，由该单位收取货款、开具增值税专用发票，不具有骗取国家税款的目的，未造成国家税款损失，其行为不构成本罪。（3）认定本罪，需要考虑某些行业的特殊性。例如，废旧物资收购行业、煤炭销售行业的交易行为和开具增值税专用发票行为不能完全对应，但经营单位在开具增值税专用发票时确实收取了同等金额的货款，并确有大致同等数量的货物销售的，其开具增值税专用发票的行为不构成本罪。（4）作为第三方的开票者为交易双方代开发票的，只要交易关系真实，对开票者也不应以本罪追究刑事责任。

（周光权　撰写）

66 串通投标罪

案情简介

　　2012年初,辽宁省葫芦岛市某中学拟新建教学楼,需承建单位全额垫资。绥中四建公司项目经理周某、中业建筑公司经理朱某和葫芦岛市建委招标办的谭某某三人到葫芦岛市教育局局长刘某某办公室,商量垫资承建某中学教学楼工程事宜,最后商定以谭某某姐姐的名义全额垫资承建。其间,谭某某介绍葫芦岛广缘建筑工程招标有限公司作为此项工程的招标代理公司,安排葫芦岛九星建筑工程有限公司和葫芦岛中业建筑工程有限公司作为招标的陪标,安排他人制作工程量清单,并用该工程量清单安排葫芦岛顺方工程造价咨询有限公司以广缘公司的名义根据工程量清单套制招标文件,以辽宁城建集团有限公司、九星公司和中业公司的名义制作投标文件。2012年5月22日,该教学楼工程开标会在葫芦岛市建设工程交易管理中心开标。谭某某安排他人分别代表一家建筑公司投标、开标,最后辽宁城建集团有限公司中标。但该招标工作未进行后续的公示环节,未下达中标通知书。后谭某某被指控串通投标罪。

裁判要旨

　　法院经审理后认为,某中学教学楼工程缺少相关手续,且资金未予落实,根据相关规定,不符合招标条件要求;被委托的招标代理公司已注销,无权进行代理,且招标程序并未完成,垫资承建的单位并非法律意义上由该招标程序产生,故不能用串通投标罪评价谭某某的行为。另外,上诉人谭某某是否构成串通投标罪,关键看其行为是否存在损害其他竞标人、招标方以及国家或集体利益。其他两家投标公司均未制作标书,也未到招标会现场进行投标,依现有证据可知其没有投标意向,系陪标,故不存在损害其他投标人利益之说;根据建设工程施工合同、竣工验收备案书、房屋建筑工程竣工验收报告书等文件所载内容,涉案工程进场施工日期早于开标日期,结合其他相关书证、证人证言和被告人供述等证据,现有证据表明该工程为内定工程,系招标方与谭某某在平等自愿基础上的真实意思表示，更不涉及损害招标方利益之说，招投标过程仅系形式所需而已，证人周某的证言更能证实此点；现该工程已经交付使用，工程款尚未最终决算，未有证据证明招标者（建设方）与其相互串通实施投标行为而损害国家或集体利益。因此，无论从主观要件还是客观要件看，上诉人的行为都不符合串通投标罪的犯罪构成，判决谭某某无罪。①

评析意见

一、关键问题与裁判思路

根据《刑法》第 223 条的规定，串通投标罪，是指投标人相互串通投标报价，损害招标人或者其他投标人的利益，情节严重，或者投标人与招标人串通投标，损害国家、集体、公民的合法利益的行为。实践中有争议的问题是：在涉案投资项目已经由行为人提前实际施工的情况下，为完善有关程序而进行后续的招标，行为人作为实际施工方组织有关公司参与投标的行为，是否仍构成串通投标罪？对于本案，判决否定投标人相互串通报价，其判决结论是言之成理的。

二、相关学理分析

串通投标罪侵犯的是复杂客体（法益），既侵害了正常的招投标市场程序，也侵害了国家、集体和公民的合法权益。招标、投标是一种竞争性很强的市场交易方式，其本身应当遵循公开、公平、公正和诚实信用原则。如果当事人通过串通投标的不正当手段排斥他人的正当竞争，就会使招标、投标活动丧失其应有功能，进而损害国家利益、社会公共利益和其他投标人的合法权益。因此，准确认定本罪对于保护公平竞争的市场秩序有现实意义。但是，与此同时，也需要严格遵守罪刑法定原则，防止将不符合本罪构成要件的行为不当地认定为犯罪。

（一）串通投标罪的客观构成要件

本罪与行政法的相关规定之间存在紧密关系。《招标投标法》（2017 年修订）第 32 条规定，投标人不得相互串通投标报价，不得排挤其他投标人的公平竞争，损害招标人或者其他投标人的合法权益。投标人不得与招标人串通投标，损害国家利益、社会公共利益或者他人的合法权益。该法第 53 条还对上述串通投标的行政处罚标准作出了明确规定。

---

① 参见辽宁省葫芦岛市中级人民法院（2016）辽 14 刑终 234 号刑事判决书。

对于本罪客观构成要件的认定，不能无视前置法的规定。本罪中的招标，是指招标人为购买商品或者让他人完成一定的工作，通过发布招标通告或者投标邀请书，公布特定的标准和条件，公开或者书面邀请投标人投标，从中选取中标人的单方行为。投标，是指符合招标文件规定资格的投标人，按照招标文件的要求，提出自己的报价及相应条件的书面回答行为。招标投标类似于以要约和承诺方式订立合同，是一种特殊表现形式的合同行为，其必须遵守平等自愿、真实合法、公正公开、择优中标原则。《民法典》第790条规定，建设工程的招标投标活动，应当依照有关法律的规定公开、公平、公正进行。《招标投标法》第3条规定，在中华人民共和国境内进行下列工程建设项目包括项目的勘察、设计、施工、监理以及与工程建设有关的重要设备、材料等的采购，必须进行招标：（1）大型基础设施、公用事业等关系社会公共利益、公众安全的项目；（2）全部或者部分使用国有资金投资或者国家融资的项目；（3）使用国际组织或者外国政府贷款、援助资金的项目。根据《招标投标法》的精神，规范的招标投标过程是：凡符合招标文件规定或者通过资格预审的单位或者个人都可以参加投标，然后由招标人通过对投标人在价格、质量、生产能力、交货期限和财务状况、信誉等方面进行综合考察的基础上选定投标人。违反这一过程的招标投标行为，通常就具有违法性。

本罪的实行行为包括两种情形：一是投标人相互串通投标报价，损害招标人或者其他投标人利益，情节严重的行为。即投标人彼此之间通过口头约定或书面协议，就投标的报价这一特定事项进行私下串通，相互勾结，采取非法联合行动，以避免相互竞争；或者通过对投标报价的相互串通约定在相关项目招标中轮流中标，形成"围标集团"，中标人给予该集团中其他"落标人"一定补偿，排斥其他投标人或限制竞价投标；或串通报价后造成招标工程无法完成、质量低劣，共同损害招标人或其他投标人利益的行为。二是投标人与招标人串通投标，损害国家、集体、公民合法利益的行为。即招标人在招标投标活动中，确定中标人时，不是从价格、质量与工期保证、企业生产能力、人员素质、财产状况、技术水平、信誉等方面进行综合评定，而是以不正当手段与特定投标人私下串通，相互勾结，使招标投标活动流于形式。投标人与招标人串通的方式包括：招标者在公开开标前，将投标情况告知其他投标者，或者协助投标者撤换标书，更改报价；招标者向投标者泄露标底；招标者与投标者商定，在招标投标时压低或者抬高标价，中标后再给投标者或者招标者额外补偿；招标者预先内定中标者，在确定中标者时以此决定取舍。由于投标人与招标人串通投标的社会危害性较大，所以，成立犯罪不以情节严重为要件。

（二）本罪成立与否的实质判断

对于本罪的认定，固然要顾及前置法即《招标投标法》等的规定，但是值得注意的是，对刑事违法性的判断不是形式上的，"顾及"前置法不等于"从属于"前置法，刑法上所固有的违法性判断必须得到承认。因此，完全可能存在行为违反《招标投标法》，但在独立判断刑事违法性之后，认定该行为并不构成犯罪的情形。

本案判决认定案涉招标项目存在先施工后招标的情形，"涉案工程进场施工日期早于开标日期"就充分说明被告人谭某某是根据有关单位的安排，全额垫资建设该工程项目，且该项目已经施工完毕。本案中所谓的招标投标，只不过是有关单位为了完善相关手续，要求对案涉项目进行招标，谭某某与其他投标人"串通投标报价"，其行为似乎具有《招标投标法》意义上的行政违法性，但显然不具有刑事违法性。因为工程项目建设在先，招标投标在后，已经不是正常的招标投标，且招标人对投标人的串通行为实际上是认可的，事实上其他投标人也不可能参与到早已开始建设的工程中，不会有其他投标人的利益受损；由于该工程项目已实际开工建设，也不会造成投标人与招标人相互串通，进而损害国家、集体、公民的合法利益的结果发生。因此，谭某某的行为不符合串通投标罪的构成要件。

三、延伸思考

实务中，对于与本案大致相同的串通投标事实，也有为数不少被定罪的情形。例如，在"程某响串通投标案"中，法院查明：2016年4月份，在砀山县新增交控系统设备及附属设施采购及安装项目招投标过程中，被告人程某响利用江苏安能智能交通科技有限公司、徐州一能智能交通科技有限公司、徐州安易智能交通科技有限公司参与投标，向每家公司提供30万元投标保证金和600万元的预交工程拆迁费用，并制作了三家公司的投标报价、标书等材料。2016年4月25日下午，被告人程某响等人在段某某的办公室对标书进行盖章、封标。2016年4月26日，在被告人程某响的安排下，被告人程某喜以江苏安能智能交通科技有限公司法定代表人、被告人段某某以该公司代理人的名义参与该项目的投标。最终程某响控制的江苏安能智能交通科技有限公司以2 979.673 6万元的报价中标。后该项目追加总金额至3 805.335 209万元。被告人程某响对该项目具体负责，该项目现已建设完毕，经验收合格，工程款全部汇入江苏安能智能交通科技有限公司账户。对于本起案件，一审法院在裁判说理部分已经明确"存在先施工后招标的情形且项目由中标人全额垫资建设"的情形，但仍然认定程某响的行为属于投标人相互串通投标报价，损害招标人或者其他投标人的利益，情节严重，进而认定其构成本罪。①

---

① 参见安徽省砀山县人民法院（2020）皖1321刑初48号刑事判决书。

但是，根据前述分析，在政府投资项目已经由程某响组织施工的情况下进行招标以完善有关手续，被告人作为实际施工方组织有关公司参与投标的行为，难以构成串通投标罪。

在这里，特别值得关注的是：某一行为是否构成犯罪，必须根据罪刑法定原则的要求，结合法益侵害性的有无进行实质的、刑法上所固有的违法性判断，不能认为刑事违法性必须从属于其他部门法的违法性，不宜在整个法领域中对违法性仅作一元的理解。对此，山口厚教授的观点很值得重视："作为犯罪成立条件的违法性，要具备足以为相应犯罪的处罚奠定基础的'质'和'量'，从这样的立场出发，可以肯定在其他法领域被评价为违法的行为仍可能阻却刑法上的违法性。"①

（周光权　撰写）

---

① 山口厚.刑法总论.3版.付立庆，译.北京：中国人民大学出版社，2018：186.

67 交易习惯与合同诈骗罪

案情简介

1998年9月14日，辽宁省鞍山市千山区人民检察院向鞍山市千山区人民法院提起公诉，指控赵某利犯诈骗罪。同年12月24日，鞍山市千山区人民法院作出一审判决，认定检察机关指控赵某利犯诈骗罪所依据的有关证据不能证明其具有诈骗的主观故意，证据与证据之间相互矛盾，且没有证据证明赵某利实施了诈骗行为。据此，鞍山市千山区人民法院认为，鞍山市千山区人民检察院指控赵某利犯诈骗罪的证据不足，宣告赵某利无罪。

宣判后，鞍山市千山区人民检察院提起抗诉。鞍山市中级人民法院于1999年6月3日作出终审判决认定：被告人赵某利利用东北风冷轧板公司管理不善之机，采取提货不付款的手段，于1992年4月29日、5月4日、5月7日、5月8日从东北风冷轧板公司骗走冷轧板46.77吨（价值人民币134 189.50元）。据此，撤销一审判决，认定赵某利犯诈骗罪，判处有期徒刑五年，并处罚金人民币二十万元。

刑满释放后，赵某利先后向鞍山市中级人民法院和辽宁省高级人民法院提出申诉，均被驳回。2015年7月21日，赵某利因病死亡。

裁判要旨

2016年8月，赵某利妻子马某某向最高人民法院提出申诉。最高人民法院于2018年7月27日作出再审决定，提审本案，并依法组成合议庭。鉴于赵某利已经死亡，根据相关法律、司法解释的规定，依照第二审程序对本案进行了书面审理。最高人民法院再审判决指出，赵某利多次从东北风冷轧板公司购买数量不等的冷轧板，并通过转账等方式多次向东北风冷轧板公司支付货款。在实际交易中，提货与付款不是"一手交钱、一手交货"的关系，即提货与付款未每次直接对应，符合双方的交易习惯，双方亦是按照该交易习惯持续进行交易。赵某利积极履行了大部分支付货款的义务，从未否认提货事实的发生，更未实施逃匿行为，不符合合同诈骗罪的构成要件，因而宣告其无罪。①

评析意见

一、关键问题与裁判思路

《民法典》第 10 条规定，处理民事纠纷，应当依照法律；法律没有规定的，可以适用习惯，但是不得违背公序良俗。在这里，《民法典》通过对包括"交易习惯"，以及"当地习惯"或者"风俗习惯"等在内的广义习惯的认可，在法源中接纳了作为一般行为举止规范的习惯，使之具备民事裁判依据的性质和效力，为民事行为提供了指引。在《民法典》合同编中，更是对作为习惯之具体内容的交易习惯的地位进一步予以明确。例如，《民法典》第 510 条规定，合同生效后，当事人就质量、价款或者报酬、履行地点等内容没有约定或者约定不明确的，可以协议补充；不能达成补充协议的，按照合同相关条款或者交易习惯确定。《民法典》第 619 条则规定，出卖人应当按照约定的包装方式交付标的物。对包装方式没有约定或者约定不明确，依据本法第 510 条的规定仍不能确定的，应当按照通用的方式包装；没有通用方式的，应当采取足以保护标的物且有利于节约资源、保护生态环境的包装方式。上述内容均凸显了交易习惯的法律地位，在民事裁判中应当尽可能尊重当事人之间形成的交易习惯，而不在合同成立、履行等问题上进行过多外在的司法干预。

在处理"刑民交叉"案件时，民事法律的上述规定能够给予我们的启发是：在民事交往中，当事双方长期以来如果已形成某种交易习惯的，在认定犯罪成立与否、判断行为性质时，必须充分考虑这种交易习惯，刑事司法不能无视交易习惯，强行介入纠纷处理过程，断然判定取得财物一方的行为缺乏法律依据，进而轻易地认定犯罪的成立。这一点，在合同诈骗罪中表现得最为突出。对此，最高人民法院对赵某利案的判决与原二审判决的差异主要在于对交易习惯是否认可，如果对其予以认可，就应当得出无罪结论，如果不予认可，就自然倾向于认定被告人有罪。

二、相关学理分析

（一）民事交易习惯对于定罪的影响

在民事上合法的行为，在刑法上不应当被认定为犯罪。② 实务中，行为人取走货物，但未及时支付货款的做法，如果并未实质违反合同双方当事人长

---

① 参见最高人民法院（2018）最高法刑再 6 号刑事判决书。
② 周光权. 论刑法所固有的违法性. 政法论坛，2021（5）.

期以来所认可的合同履行方式，符合交易习惯的，在民事上就应当被认可。对于合同履行过程中交易习惯的司法判断问题，在以往的民事审判中所掌握的大致标准是：首先，该做法不能违反法律、行政法规的强制性规定；其次，该做法在交易行为当地或某一领域、某一行业通常被采用；再次，该做法为交易双方订立合同时所知道或者应当知道；最后，该做法为当事人双方经常使用或反复使用，是惯常的行为。由此可见，在合同实际履行过程中，是否存在和尊重交易习惯是事实问题；而在发生合同纠纷后，是否存在交易习惯，当事人是否按照交易习惯履行合同则成为据以裁判的规则。准确理解《民法典》第 10 条的规定，就应当认可交易习惯的效力，当然也就应该认可按照交易习惯行事的合同当事人一方行为的妥当性。在当事人双方就货款支付发生纠纷的，需要查明其长期以来的交易习惯，不能轻易认定行为人构成犯罪。

（二）赵某利的行为符合交易习惯，不是诈骗行为

在最高人民法院再审本案期间，最高人民检察院提交的书面意见赞成被告人赵某利无罪的结论，指出：第一，原二审判决认定的事实不全面、不客观。1992 年至 1993 年间，赵某利与东北风冷轧板公司存在多次购销冷轧板业务往来，其中大部分货款已结算并支付。在实际交易中，提货与付款不是一次一付、一一对应的关系。赵某利的四次提货仅是多次交易中的一小部分，应当将四次交易行为放在双方多次业务来往和连续交易中进行评价。第二，依据现有证据，不能认定赵某利对四次提货的货物具有非法占有的目的。案发时双方未经最终结算，交易仍在持续，涉案四次提货后，赵某利仍有一次提货结算和二次转账付款行为。赵某利在交易期间具有正常履行支付货款义务的能力，在双方交易中积极履行了大部分支付货款义务，四次提货未结算后亦未实施逃避行为。第三，赵某利的四次未结算行为不符合虚构事实、隐瞒真相的诈骗行为特征。涉案四次提货前，双方已有多次交易，且四次提货前赵某利已预交支票，正常履行了提货手续。东北风冷轧板公司相关员工给赵某利发货，并未陷入错误认识，也非基于错误认识向赵某利交付货物。

最高人民法院再审判决对此予以认可，并进一步详尽阐明了无罪判决理由：原审被告人赵某利担任厂长并承包经营的集体所有制企业鞍山市立山区春光铆焊加工厂，在与全民所有制企业东北风冷轧板公司长期持续的冷轧板购销交易过程中，虽然四次提货未结算，即未将发货通知单的结算联交回东北风冷轧板公司财会部履行结算手续，但在四次提货前，赵某利已向东北风冷轧板公司财会部预交了支票，履行了正常的提货手续。根据交易流程，东北风冷轧板公司提货所用发货通知单有三联，其中一联留存于销售部、一联留存于成品库、一联（结算联）交回财会部。赵某利虽然未将发货通知单结算联交回财会部履行结算手续，但另两联仍在销售部和成品库存留，东北风

冷轧板公司完全可以通过对账发现以上未结算情况。事实上，东北风冷轧板公司亦正是通过存留的发货通知单发现赵某利四次未结算的相关情况。因此，赵某利四次未结算的行为，不是虚构事实、隐瞒真相的行为，东北风冷轧板公司相关人员未陷入错误认识，亦没有基于错误认识向赵某利交付冷轧板。原判将赵某利的行为表述为"采取提货不付款的手段""从东北风冷轧板公司骗走冷轧板 46.77 吨"，属于事实判断错误，不符合案件的客观真相。在双方长期的交易中，赵某利具有正常履行支付货款义务的能力，对所购买冷轧板的大部分货款已结算并积极履行了支付义务。交易中，提货与付款不是一次一付、一一对应的关系。赵某利在被指控的四次提货行为发生期间及发生后，仍持续通过转账支付货款，并具有正常履行支付货款义务的能力，从未否认提货事实的发生，亦未实施逃匿行为。虽然在是否已经付清货款问题上，赵某利与东北风冷轧板公司发生了争议，但这是双方对全部交易未经最终对账结算的原因，不能认定赵某利存在无正当理由拒不支付货款的行为。因此，赵某利是按照双方认可的交易惯例和方式进行正常的交易，不能认定其对指控的四次提货未结算的行为主观上具有非法占有的目的。综上，赵某利主观上没有非法占有的目的，客观上亦未实施虚构事实、隐瞒真相的行为，其行为不符合诈骗罪的构成要件，不构成诈骗罪。原判未按照刑法和相关司法解释的规定去认定诈骗罪的构成要件，未能严格把握经济纠纷和刑事诈骗犯罪的界限，认定赵某利的行为构成诈骗罪，属于认定事实和适用法律错误，应当依法予以纠正。

在本案中，赵某利按照交易习惯先提货后付款，不存在诈骗的行为和故意，此后还实施了继续付款行为，其行为尚未超出普通民事合同纠纷的范畴，被害单位即便对赵某利未及时付清货款是否符合双方所认可的合同履行方式持有异议，或者认为赵某利的行为构成违约并造成实际损害，也应当通过调解、仲裁或者民事诉讼方式寻求救济，刑事司法力量不应当成为解决民事纠纷的手段。

三、延伸思考

根据刑法谦抑性原理，动用刑罚是不得已而为之。对于其他法律所认可的行为，不应当作为犯罪处理。在合同履行过程中，行为人按照交易习惯提货后未及时付款进而发生纠纷的，其不构成合同诈骗罪。

（周光权　撰写）

68 组织、领导传销活动罪

案情简介

2009年6月始,被告人曾某坚租赁深圳市罗湖区怡泰大厦A座××房为临时经营场所,以亮碧思集团(香港)有限公司发展经销商的名义发展下线,以高额回馈为诱饵,向他人推广传销产品、宣讲传销奖金制度。同时,曾某坚组织策划传销,诱骗他人加入,要求被发展人员交纳入会费用,取得加入和发展其他人员加入的资格,并要求被发展人员发展其他人员加入,以下线的发展成员业绩为依据计算和给付报酬,牟取非法利益;被告人黄某娣、罗某晓、莫某珍均在上述场所参加传销培训,并积极发展下线,代理下线或者将下线直接带到亮碧思集团(香港)有限公司缴费入会,进行交易,形成传销网络:其中曾某坚发展的下线人员有郑某妮、杨某湘、王某军、杨某芳、袁某霞等人,杨某芳向曾某坚的上线曾某茹交纳人民币(以下未标明的币种均为人民币)20 000元,袁某霞先后向曾某坚、曾某茹及曾某坚的哥哥曾某建共交纳62 000元;黄某娣发展罗某晓、莫某珍和龚某玲为下线,罗某晓、莫某珍及龚某玲分别向其购买了港币5 000元的产品;罗某晓发展黄某梅为下线,黄某梅发展王某华为下线,黄某梅、王某华分别向亮碧思集团(香港)有限公司交纳入会费港币67 648元;莫某珍发展龙某玉为下线,龙某玉发展钟某仙为下线,钟某仙发展周某花为下线,其中龙某玉向莫某珍购买了港币5 000元的产品,钟某仙、周某花分别向亮碧思集团(香港)有限公司交纳入会费港币67 648元。2009年12月8日,接群众举报,公安机关联合深圳市市场监督管理局罗湖分局将正在罗湖区怡泰大厦A座××房活动的曾某坚、黄某娣、罗某晓、莫某珍等人查获。

裁判要旨

深圳市罗湖区人民法院认为,被告人曾某坚、黄某娣、罗某晓、莫某珍从事非法经营活动,扰乱市场秩序,均构成非法经营罪,且属于共同犯罪。在共同犯罪中,曾某坚积极实施犯罪,起主要作用,是主犯;黄某娣、罗某晓、莫某珍均起次要作用,系从犯,且犯罪情节轻微,认罪态度较好,有悔罪表现,依法均可以免除处罚。曾某坚犯罪情节较轻,有悔罪表现,对其适用缓刑不致再危害社会。据此,依照《刑法》第225条、第25条第1款、第26条、第27条、第72条之规定,深圳市罗湖区人民法院以非法经营罪判处被告人曾某坚有期徒刑一年零六个月,缓刑二年,并处罚金一千元;以非法经营罪分别判处被告人黄某娣、罗某晓、莫某珍免予刑事处罚。宣判后,被告人曾某坚不服,向深圳市中级人民法院提出上诉,并基于以下理由请求改判无罪:亮碧思(香港)有限公司有真实的商品经营活动,其行为不构成非法经营罪,也没有达到组织、领导传销活动罪的立案追诉标准。

深圳市中级人民法院经审理认为,上诉人曾某坚与原审被告人黄某娣、罗某晓、莫某珍的行为,应当认定为组织、领导传销活动行为,而不应以非法经营罪定罪处罚。曾某坚等人实施了通过发展人员,要求被发展人员交纳费用或者以认购商品等方式变相交纳费用,取得加入或者发展其他人员加入的资格,牟取非法利益的传销行为,客观上符合组织、领导传销活动的行为特征。但是,现有证据显示本案涉嫌组织、领导的传销活动人员不足三十人,未达到组织、领导传销活动罪的追诉标准,故其行为不应以组织、领导传销活动罪论处,判决被告人曾某坚、黄某娣、罗某晓、莫某珍无罪。①

评析意见

一、关键问题与裁判思路

《刑法》第224条之一规定,组织、领导以推销商品、提供服务等经营活动为名,要求参加者以缴纳费用或者购买商品、服务等方式获得加入资格,并按照一定顺序组成层级,直接或者间接以发展人员的数量作为计酬或者返利依据,引诱、胁迫参加者继续发展他人参加,骗取财物,扰乱经济社会秩序的传销活动的,构成组织、领导传销活动罪。从上述规定看,组织、领导者实施本罪的过程大致是:首先,要诱骗他人取得传销资格;其次,要按照一定顺序组成层级;再次,要以"拉人头"的数量作为计酬或者返利依据;最后,要骗取财物,从而扰乱经济社会秩序。其中,"骗取财物"是传销犯罪活动的本质特征。这样一来,本罪的处罚范围与前置法规定的违法行为相比大为缩小。对于本案,二审法院认为,被告人虽然实施了"团队计酬",但其同时收取入门费,符合传销的行为特征,由于涉嫌传销的人数未达到立案起

---

① 曾国坚等非法经营案//中华人民共和国最高人民法院刑事审判第一、二、三、四、五庭. 刑事审判参考:总第92集. 北京:法律出版社,2014:第865号指导案例.

点，因而认定被告人无罪，这一结论是合理的。

二、相关学理分析

(一)"团队计酬"式销售模式不属于组织、领导传销活动

必须承认，实务中对于组织、领导传销活动罪的认定存在处罚范围过大的疑虑。例如，在被告人推广的新能源汽车工业经营项目客观存在，且有相关专利技术支撑，经营活动有一定发展前景，且吸收、募集的资金主要用于真实项目，投资者申请退还会员费时也予以退回，被告人通过推广项目营利的故意是很明确的，也被法院认定为成立本罪。又比如，实践中还大量存在被告人建立商品销售网络推销真实的化妆品，因其存在层级，也被以本罪定罪处罚的现象。这些实务取向都提出一个问题：在传销活动领域，犯罪认定和前置法的关系究竟应该如何处理？

本罪的前置法是国务院 2005 年发布的《禁止传销条例》，其第 7 条规定，下列三种行为均属于传销行为："拉人头"、收取入门费，以及"组织者或者经营者通过发展人员，要求被发展人员发展其他人员加入，形成上下线关系，并以下线的销售业绩为依据计算和给付上线报酬，牟取非法利益的"。由此可见，行政法上所反对的传销行为范围很广，经营型传销、诈骗型传销都是严厉惩处的对象。

但是，在刑事司法中显然并不是将前置法中的违法性判断标准直接作为刑事违法性的判断依据。刑法仅将"拉人头"、收取入门费进而骗取他人财物的"诈骗型传销"作为处罚对象。根据最高人民法院、最高人民检察院、公安部《关于办理组织领导传销活动刑事案件适用法律若干问题的意见》(2013年 11 月 14 日实施)第 5 条的规定，传销活动的组织者、领导者通过发展人员，要求传销活动的被发展人员发展其他人员加入，形成上下线关系，并以下线的销售业绩为依据计算和给付上线报酬，牟取非法利益的，是"团队计酬"式传销活动。对于单纯的"团队计酬"式传销活动，不作为犯罪处理。

上述司法解释的规定是合理的，因为《刑法》第 224 条的落脚点在于"骗取财物"，其他规定不过是围绕骗取财物这一目的所做的描述。"以推销商品、提供服务等经营活动为名"强调的是并无真实的商品和服务，行为人使用了虚构事实、隐瞒真相的诈骗手段；"要求参加者以缴纳费用或者购买商品、服务等方式获得加入资格，并按照一定顺序组成层级，直接或者间接以发展人员的数量作为计酬或者返利依据，引诱、胁迫参加者继续发展他人参加"强调的是，由于商品和服务是虚假的，故行为人不可能通过正常的商业经营维持其运转，而只能不断扩大其参与人员规模，用后加入人员的资金支付前加入人员的返利，由此极有可能导致资金链断裂，导致后加入人员经济

上受损;"骗取财物"是上述行为模式的必然结局。按照陈兴良教授的观点,骗取财物并不仅仅是组织、领导传销活动行为的性质,而且是本罪独立的客观要素。这种诈骗型传销在构成要件上具有其特殊性,不仅要有被告人的欺骗行为,而且还存在加入者因受欺骗参与传销组织而产生认识错误。在被害人基于这种认识错误而交付财物时,对于组织、领导传销活动者才予以处罚,惟其如此,才是对诈骗型传销犯罪构成要件的完整表述。① 因此,"团队计酬"式销售模式不属于组织、领导传销活动罪的规制范围,处于刑法上"意图性的处罚空白"之中。

(二) 传销层级和参与人数对于定罪的影响

组织、领导传销活动罪的本质特征是拉人头,收取入门费。依照最高人民检察院、公安部《关于公安机关管辖的刑事案件立案追诉标准的规定(二)》的规定,组织、领导传销活动罪的立案追诉起点为"涉嫌组织、领导的传销活动人员在三十人以上且层级在三级以上的"。本案被告人组织、领导的传销组织中,参与人数未达到30人的要求,不能以本罪追究行为人的刑事责任。

在实务中,查明传销层级和参与人数,对于准确定罪至关重要。例如,某公司通过加盟店推销产品,实行"三级分成"的推荐门店加盟制度的,该行为涉嫌非法组织传销活动。但是,自2017年8月23日起,当事人主动改正传销违法行为,取消了"三级分成"制度,变更为推荐人获得被推荐加盟店加盟费30%的提成的单层推荐加盟制度,也就是实行一级分成,这与传销活动的分层级、按"人头"提成本质上不同。法院处理相关刑事案件时认识到了上述行为与传销行为的区别,并未将某公司2017年8月23日之后的行为认定为传销行为,而仅对之前的行为进行了刑事处罚。②

三、延伸思考

在法秩序统一性原理之下,对刑民(行)关系的处理,尤其是刑事违法性的确定需要顾及民法、行政法等前置法,民法、行政法上不违法的行为,不应当作为犯罪处理。但显然不能反过来说,只要是民法、行政法等前置法上违法的行为,就一定具有刑事违法性。换言之,前置法的违法性与刑事违法性存在必要条件关系(无前者,则无后者),由此决定了出罪机制;但就入罪机制而言,二者并非充分条件关系(有前置法的违法性,未必有刑事违法性)。因此,在入罪的意义上,必须看到刑事处罚和行政处罚范围的差异,不

---

① 陈兴良. 组织、领导传销活动罪:性质与界限. 政法论坛,2016(2):114.
② 参见上海市浦东新区人民法院(2019)沪0115刑初979号判决书。

应当赞成前置法定性、刑事法定量的主张，否则就无法适度抑制司法实践中随时都可能滋长的处罚冲动。

在今后的司法实践中，确实不宜再将传销组织有层级，外观上有"拉人头"的嫌疑，但上一级成员的提成主要以下一级的商品销售额（而非主要以"人头数"）作为计酬依据的情形认定为组织、领导传销活动罪，将其作为行政违法行为足矣（当然，类似行为视情形也可能成立非法吸收公众存款罪）。不考虑刑事违法性和行政违法性之间的差异，人为扩大刑事处罚范围，明显违反罪刑法定原则。

（周光权　撰写）

69 帮助自杀的定性

案情简介

被告人邓某是被害人李某之子。李某于1991年前后身患脑中风致右半身不遂，并伴有类风湿等疾病导致手脚疼痛、抽筋。李某生有4个子女，但一直是由邓某照料李某的生活起居，并负责其求医诊疗。李某不堪忍受长期病痛折磨，曾产生轻生念头。2010年4月，邓某父亲病故后，邓某因家庭经济拮据前往广州打工，遂将李某带至身边加以照顾。其间，李某因病情拖累多次产生轻生念头。2011年5月16日9时许，李某请求邓某为其购买农药。邓某顺从李某的请求，去农药店购得两瓶农药，并将农药勾兑后拧开瓶盖递给李某服食，李某喝下农药即中毒身亡。后公安机关接到举报后，赴现场查验尸体时发现死因可疑，经初步尸检后认为死者死于有机磷中毒，遂将邓某带回派出所调查，邓某如实交代了以上犯罪事实。

裁判要旨

法院认为，被告人邓某无视国家法律，明知农药能毒害生命，出于为母亲李某解除病痛的想法，在李某的请求之下，帮助李某服用农药结束生命，其行为构成故意杀人罪。鉴于邓某上述犯罪行为发生于家庭直系亲属之间，且系在被害人产生轻生念头后积极请求情况下所为，故其犯罪行为应当与普通严重危害社会的故意杀人行为相区别。邓某主观恶性相对较小，社会危害亦相对较轻，属于故意杀人罪中"情节较轻"的情形，可以在"三年以上十年以下有期徒刑"法定刑幅度内量刑。同时，邓某归案后能够如实供述自己的罪行，依法可以从轻处罚。根据前述法定刑幅度和具体量刑情节，并综合考虑邓某犯罪的具体事实、认罪悔罪态度以及众多亲友联名求情等因素，决定对邓某从轻处罚并适用缓刑。法院以被告人邓某犯故意杀人罪，判处有期徒刑三年，缓刑四年。一审宣判后，被告人未提起上诉，检察机关亦未抗诉，该判决已发生法律效力。①

评析意见

一、关键问题与裁判思路

本案的关键问题是帮助自杀的行为是否构成故意杀人罪，而自杀行为的违法性与否是判断这一问题所需考虑的要点。我国实务界一般认为，帮助自杀的行为，应以故意杀人罪论处，但因为社会危害性较小，应按《刑法》第232条"情节较轻"的规定处罚。一审法院的裁判结论遵循的是实务中的主流见解，即认为被告人邓某帮助自杀行为构成故意杀人罪，原因在于：第一，被告人邓某客观上实施了非法剥夺他人生命的行为，帮助自杀行为与死亡结果之间存在因果关系；第二，生命权超过了被害人承诺可处分的范围，邓某的行为具有刑事违法性，且不存在违法阻却事由；第三，邓某主观上对李某的死亡持放任态度，符合故意杀人罪的主观要件。然而，我国《刑法》只有故意杀人罪的规定，对于帮助自杀的行为未作任何规定，在这种立法例之下，是认为帮助自杀行为根本不成立犯罪，还是认为成立普通的故意杀人罪，在理论界存在着巨大的争议。本案被新闻媒体称为"孝子弑母案"，背后彰显了情理与法理的紧张关系，是探讨帮助自杀行为之性质的典型判例，有必要在学理上对该问题进行深入分析。

二、相关学理分析

（一）帮助自杀可罚性的争论

帮助自杀，是指他人已有自杀意图，行为人对其在精神上加以鼓励，使其坚定自杀的意图或者给予物质上的帮助，使他人得以实现自杀的行为。② 由于帮助自杀毕竟帮助者未直接动手杀人，其与直接动手杀人的故意杀人罪有着本质区别，按照共犯从属性原理，要讨论帮助自杀行为是否可罚，就必须回答自杀行为是否违法。

关于自杀行为在刑法上该作如何评价，理论界主要存在三种观点：（1）自杀合法说认为，虽然生命是极为重要的法益，但是不能由此得出自杀也是违法行为的结论。自杀行为本身体现着个人对自身生命加以支配和处分的自由，

---

① 中华人民共和国最高人民法院刑事审判第一、二、三、四、五庭．中国刑事审判指导案例2．北京：法律出版社，2017：503-506．
② 高铭暄，马克昌．刑法学．北京：北京大学出版社，2022：461．

没有理由对这种自由加以限制。① 按照这种观点，自杀是自杀者自主决定的结果，应当根据自我答责原则认定自杀者对死亡结果自负其责，这里的死亡结果也不能被评价为法益侵害，自杀不具有刑事违法性。因此，帮助自杀行为也不应当受到刑事处罚。（2）自杀违法说认为，生命法益是个人一切价值或者权利赖以存在的物质载体或本源，在生命的保护上应例外地承认保护本人利益的"家长主义"，从而否定法益主体对自己的生命的处分权。② 按照这种观点，自杀是符合构成要件的违法行为，根据共犯从属性原理，帮助自杀行为同样地具有违法性，应当受到刑事处罚。（3）法外空间说认为，自杀不是违法行为，但也不能说自杀合法。自杀的死亡结果不能被认为是法益侵害，但也不能说自杀没有造成任何损害，自杀是法律不想作违法或合法评价的法外空间。③ 按照这种观点，由于我国《刑法》并未规定专门的自杀关联犯罪，从自杀不违法出发，同时考虑客观归责的法理，帮助自杀行为不应当受到刑事处罚。

（二）关于本案定罪结论的疑问

本案的裁判结论立足于自杀违法说，认为生命权不可自由处分，因此，李某的自杀行为具有违法性。于是，根据共犯从属性原理，被告人邓某的帮助自杀行为也具有刑事违法性，应以故意杀人罪论处。然而，刑法家长主义只能提供背后的理论支撑，要得出自杀行为具有违法性的结论还必须落实到具体的刑法解释当中。支持这种观点的学者倾向于认为故意杀人罪的"人"不限于是他人，而且还包括自己。④ 这一解释能够为共犯从属性原理的适用创造前提，认定帮助自杀行为和自杀行为一样具有违法性，但与通说观点并不相符，通说认为，故意杀人罪的客体是他人的生命权利。⑤ 确实，《刑法》第232条关于故意杀人罪的规定并没有清楚地告诉国民自杀是禁止的，在这种情况下，认为国民需要用"不自杀"来约束自己的举止难以获得广泛认同。

此外，按照这种解释，自杀是侵害个人生命法益的违法行为，刑法为何不处罚自杀（未遂）者也面临解释上的疑问。可罚的违法性阻却说认为，自杀行为本来就是违法的，只是不具备可罚的违法性，根据共犯从属性原理，帮助自杀行为也是违法的。但是这样也带来了一个疑问，既然作为正犯行为的自杀不具有可罚的违法性，那么帮助不具有可罚的违法性的正犯行为，共

---

① 王钢. 自杀的认定及相关行为的刑法评价. 法学研究，2012（4）：164；王钢. 自杀行为违法性之否定——与钱叶六博士商榷. 清华法学，2013（3）：143.
② 钱叶六. 参与自杀的可罚性研究. 中国法学，2012（4）：111.
③ 周光权. 教唆、帮助自杀行为的定性："法外空间说"的展开. 中外法学，2014（5）：1168-1174.
④ 钱叶六. 参与自杀的可罚性研究. 中国法学，2012（4）：104.
⑤ 高铭暄，马克昌. 刑法学. 北京：北京大学出版社，2022：460.

犯的行为不是也应该没有可罚的违法性吗？为此，有日本学者放弃了共犯从属性原理的解释思路，主张有关自杀行为的教唆或帮助不是刑法总则中所规定的共犯，而是独立的犯罪类型。① 持这种观点的学者最终还是借助刑法家长主义来证成教唆或帮助自杀行为的可罚性。然而，我国《刑法》并无类似于《日本刑法典》第202条参与自杀罪的规定，而在帮助或教唆自杀问题上，究竟是自我决定权还是刑法家长主义优先，是一个未有定论的问题。考虑到我国的立法现状，在没有参与自杀罪的特别规定，又找不到更充分有力的处罚根据的情况下，如果恪守罪刑法定原则，单凭刑法家长主义去限制自杀者处分自身生命之自由，并由此论证帮助或教唆自杀行为的违法性，理由尚不充分。

三、延伸思考

关于教唆或帮助自杀行为的评价，德国和日本的法律对策极为不同。日本刑法明确将教唆或帮助他人自杀的行为规定为参与自杀罪，而德国刑法并不处罚教唆或帮助自杀行为。有学者认为，德国虽然不处罚教唆或帮助自杀行为，但暗中也有不少惩罚教唆或帮助自杀者的技巧，例如，在未能防止配偶或近亲自杀的场合，可按以不作为形式构成的杀人罪来处罚。② 换言之，通过不作为正犯的方式对该种行为进行非难，达到了同样惩处的目的。在颇有争议的"丈夫自杀案（Gattenselbstmord-Fall）"中，德国联邦最高法院一方面认为德国刑法没有规定自杀的帮助犯，自杀一直被认为不是犯罪行为，无论帮助是何时被提供的，根据共犯从属性原理，对自杀的帮助就因为缺乏可罚的正犯行为而被排除；另一方面，丈夫的自杀意志不能排除作为被告人的妻子之防止义务，妻子未能防止丈夫自杀的，属于不作为的正犯。③ 类似的做法在我国司法实务当中也能看到，在行为人帮助他人（尤其是配偶等关系亲密的人）自杀的场合，部分判决是从不作为的正犯角度来论证故意杀人罪的成立。这种做法看似找到了一条绕开帮助自杀行为违法性评价的路径，实际上在学理上颇受质疑。在否定了自杀的积极帮助后，又支持不作为正犯的观点，存在价值上的冲突，因为既然自杀的积极帮助是不可罚的，单纯不阻止自杀原则上比积极的帮助更为轻微，却反而成立杀人罪的正犯。此外，配偶之间的保证人地位只应当保护彼此免受外部的危险，而不是自我危险，因为

---

① 大谷實. 刑法講義各論. 东京：成文堂，2019：17.
② 乔治·弗莱彻. 反思刑法. 邓子滨，译. 北京：华夏出版社，2008：245.
③ 克劳斯·罗克辛. 德国最高法院判例·刑法总论. 何庆仁，蔡桂生，译. 北京：中国人民大学出版社，2012：231-233.

配偶并非另一方的监护人。① 可以明确的是，在教唆、帮助他人自杀的场合，教唆、帮助行为难以评价为引发作为义务的先前行为，因为该行为并不能对他人生命法益构成实质威胁，是否赴死完全取决于自杀者的意志，即便教唆或帮助者事后不救助自杀者，也不宜认定为不作为的故意杀人罪。

(杨绪峰 撰写)

---

① 克劳斯·罗克辛. 德国最高法院判例·刑法总论. 何庆仁，蔡桂生，译. 北京：中国人民大学出版社，2012：233.

70 故意伤害罪

案情简介

被告人肖某与被害人庄某（殁年 3 岁）系母子关系。肖某在外打工，其子庄某长期在老家生活，2011 年底，肖某将儿子庄某从老家接到 H 市共同生活。2012 年 5 月 30 日 21 时许，因庄某说谎不听话，肖某用衣架殴打庄某大腿内侧位置并罚跪约一个小时。次日 1 时许，因庄某在床上小便，肖某又用衣架殴打庄某的大腿内侧，用脚踢其臀部。当日 5 时许，肖某和丈夫发现庄某呼吸困难，即将庄某送到 H 市人民医院抢救，庄某经抢救无效于当日死亡，医院警务室报案。经鉴定，庄某符合被巨大钝性暴力打击致胰腺搓碎、睾丸挫碎、双侧后腹膜积血、全身多处皮下组织出血引起失血性休克合并创伤性休克死亡。

裁判要旨

法院认为，被告人肖某在管教孩子过程中，过失致小孩死亡，其行为构成过失致人死亡罪。鉴于被告人发现被害人呼吸困难后，主动送其到医院抢救，且明知医院警务室报案后，仍在现场等候处理，归案后亦能如实供述其犯罪事实，可以认定为自首；肖某由于生活、工作上的各种压力，致使其与儿子之间缺乏沟通，采取错误、粗暴的方式教育小孩，导致悲剧的发生；被害人的父亲、祖父母对肖某的行为表示谅解。综合肖某的具体犯罪情节以及尚有一年幼女儿需要照顾的情况，对肖某从轻处罚并适用缓刑。法院以被告人肖某犯过失致人死亡罪，判处有期徒刑三年，缓刑四年。一审宣判后，被告人未提起上诉，检察机关亦未抗诉，该判决已发生法律效力。①

---

① 陈兴良，张军，胡云腾.人民法院刑事指导案例裁判要旨通纂（上卷）.北京：北京大学出版社，2018：695-697.

评析意见

一、关键问题与裁判思路

本案涉及故意伤害罪的具体认定,主要包括两个关键问题:第一,被告人的行为应认定为一般殴打行为还是伤害行为。从表面上看,被告人的行为只是家庭生活场景下父母对未成年子女的体罚行为,但该行为最终造成了死亡结果,那么其是否逾越普通体罚行为的边界则不无疑问。第二,如果被告人的行为被认定为伤害行为,那么其主观方面究竟是出于故意还是过失也不无疑问。第一个问题关系到被告人的行为是否构成犯罪,一审法院对此作出了肯定的结论,即认为被告人肖某的行为并非普通的体罚行为,已经属于犯罪行为;第二个问题关系到被告人的行为构成何种犯罪,一审法院认为被告人肖某主观心态是过失,其行为构成过失致人死亡罪。但这一判断结论存在疑问,有必要在学理上对故意伤害(致死)罪的裁判思路进行深入分析。

二、相关学理分析

(一)故意伤害(致死)罪与过失致人死亡罪的界限

故意伤害(致死)罪与过失致人死亡罪的认定比较容易引起混淆,因为它们都有一个共同的特点,即客观上造成了被害人死亡的结果。在具体判断过程中,应遵循由重到轻的判断顺序,即应先判断行为人的行为是否符合故意伤害(致死)罪的构成要件。

伤害,一般是指非法损害他人身体健康的行为。刑法学界针对伤害的具体含义主要存在三种观点:(1)生理机能损害说认为,伤害是指造成生理机能的障碍,即健康状况的不良变更,给生活机能带来了障碍;(2)身体完整性损害说认为,伤害是指对身体的完整性(包括身体外形)的损害;(3)折中说则认为,伤害是指造成生理机能的障碍以及身体外形重大变更。[①] 对伤害行为的理解,其实取决于对故意伤害罪的法益的认识,人的生理机能的健全当然是本罪所保护的法益,关键是"身体的完整性"是否同样属于保护法益。一般情况下,破坏人的身体的完整性,尤其是器官的完整性,必然有损其生理机能,所以二者在保护范围上基本是重合的,但不排除在少数的场合,对身体完整性的损害并未造成生理机能的障碍,例如剪掉妇女的头发或指甲,该行为损害了他人身体完整性,但没有损害生理机能,就没有必要将该行为认定为伤害行为。因此,学界通说认为,本罪的保护法益是人的生理机能的

---

① 前田雅英.刑法各論講義.東京:東京大学出版会,2020:21-22.

健全，只有损害了他人生理机能的行为，才属于伤害行为。①

即便行为符合故意伤害（致死）罪的客观构成要件，要认定为该罪，还需进一步判断行为人是否具有伤害的故意。在有的案件中，行为人只具有一般殴打的意图，旨在造成被害人暂时的肉体疼痛或者轻微的神经刺激，并无伤害的故意，由于某些原因引起了他人死亡的结果，也不能认定为故意伤害（致死）罪。在此种场合下，如果行为人对死亡结果具有过失，则认定为过失致人死亡罪；如果不具有过失，则将死亡结果视作意外事件。

（二）本案定罪结论的疑问

本案中，被告人肖某涉嫌故意伤害（致死）罪或过失致人死亡罪，在判断时应遵循由重到轻的判断顺序，首先应判断其行为是否符合故意伤害（致死）罪的构成要件。故意伤害罪要求行为人客观上实施了伤害行为，一般而言，家长体罚孩子的行为如果掌握好合理分寸，只是属于日常生活中的一般殴打行为，难以认定为伤害行为，但本案情况较为特殊，被告人肖某的行为已经超出一般殴打行为的界限，属于刑法上的伤害行为。原因在于：第一，肖某在体罚孩子庄某时使用了衣架，这一工具具有致人伤害的危险，同时，肖某还用脚踢打庄某的臀部，这一手段行为较重，对伤害行为的定性具有参考意义。第二，肖某打击的部位虽然主要在庄某的大腿内侧位置，但由于衣架本身较长，使用衣架殴打，很可能会打击到庄某的裆部甚至下腹等位置。根据鉴定报告，庄某符合被巨大钝性暴力打击致胰腺搓碎、睾丸挫碎、双侧后腹膜积血，这也进一步说明了打击部位已经涉及庄某的裆部甚至下腹部，而这些身体部位本身是极为脆弱的，属于人体要害部位，使用衣架殴打这些身体部位很有可能被认定为伤害行为。第三，肖某连续两次用衣架殴打庄某的大腿内侧，时间间隔不到四个小时，庄某在第一次殴打行为之后身体尚未恢复正常，又被肖某用衣架第二次殴打同样的身体位置，肖某殴打的频次和强度都超出了一般殴打行为的界限；第四，庄某年龄只有三岁，属于幼儿，相较于大龄儿童，其对暴力行为的耐受能力明显更低，即使是一般殴打行为也可能导致伤害结果发生，更何况是使用衣架进行殴打。因此，综合考虑犯罪工具、手段、打击的部位、频次、强度以及被害人的体质差异，可以认为被告人肖某的体罚行为已经超出了一般殴打行为的界限，具有损害他人生理机能的实质的、类型化的危险性，属于刑法上的伤害行为。

本案中，被告人肖某的体罚行为明显过重，鉴定报告也反映出庄某符合巨大钝性暴力打击致死，而且能导致胰腺搓碎、睾丸挫碎、双侧后腹膜积血等严重结果发生的行为肯定不是普通的殴打行为，被告人肖某应该清楚自己

---

① 张明楷．故意伤害罪探疑．中国法学，2001（3）：120-121．

体罚行为过重了。在一般人看来，家长体罚孩子，尤其是幼儿，需要掌握好体罚的度，如果没掌握好这个度，很可能导致孩子身体受伤害的后果。被告人肖某作为心智成熟的成年人，当然也是能够认识到这一点的，但在体罚过程中仍然下手这么重，且在数小时内连续两次殴打，这足以说明其本身对伤害结果的发生持放任的心态，即明知自己缺乏节制的体罚行为很可能会造成被害人身体受伤害的后果，仍放任危害结果的发生，主观上具有伤害的间接故意。一审法院认定被告人构成过失致人死亡罪，主要是考虑到肖某作为母亲，也不愿意看到孩子死亡结果的发生，其在体罚时并没有预见到殴打行为会引发死亡结果，因此主观上具有过失。然而，主观上没有预见到死亡结果的发生，并不代表没有预见到伤害结果的发生，使用衣架打击身体要害部位，将孩子打到如此严重的程度，显然下手是很重的，这非一般的体罚行为能做到。既然如此，被告人肖某对伤害结果的发生就不能认为只是过失的心态，此时应属于一种放任的心态，主观上具有伤害的间接故意。因此，本案的判决结论值得商榷，对被告人肖某以故意伤害（致死）罪论处更为妥当。

三、延伸思考

伤害行为需损害到他人的生理机能，因此，有必要区分一般殴打行为与伤害行为。我国司法实践通常将《刑法》第234条第1款规定的"伤害"理解为轻伤害，于是，以伤害造成的后果为标准，伤害包括了轻伤、重伤、伤害致死三种情况，而故意伤害致人轻微伤不构成犯罪。实务中存在的一种不当做法是根据伤害结果来倒推，亦即只要行为造成轻伤以上的结果，那么，行为就是故意伤害罪中的伤害行为。如果仅根据伤害结果来确定行为的性质，这在判断逻辑上存在疑问，且容易导致结果责任或偶然责任。区分一般殴打行为与伤害行为具有重要意义，这有助于维护构成要件的定型机能，例如，推搡身体、掌掴脸部等行为在多数情况下只是造成他人暂时性的肉体疼痛或者轻微的神经刺激，不应将其认定为刑法上的伤害行为。但对这一界限的把握，不应过于机械，应当综合考虑犯罪工具或手段，打击的部位、频次与力度，被告人与被害人的体质、体能差异，具体的时空环境等多种因素，立足于行为时社会一般人的认识能力和水平，具体判断该行为是否有损害他人生理机能的实质的、类型化的危险性。行为人是否使用犯罪工具，使用何种犯罪工具，打击何种身体部位，打击猛烈还是间断，下手轻重与否，双方的年龄差异、体能状态，暴力行为所发生的具体时空环境等，都对暴力行为的定性具有重要参考意义。

（杨绪峰　撰写）

71 过失致人死亡罪

案情简介

某日上午，被告人穆某驾驶农用三轮车载客前往镇上，车行至某路段时，穆某见前方有交通局工作人员正在检查过往车辆。因自己的农用车有关费用欠缴，穆某担心被查到受罚，遂驾车左拐，驶离该路段，并在乔庄村组李甲家住宅附近停车让乘客下车。因车顶碰触村民李乙从李甲家所接电线接头的裸露处，车身带电。先下车的几名乘客，因分别跳下车，未发生意外，也未发现车身导电。后下车的乘客张某由于在下车时手抓挂在车尾的自行车车梁而触电身亡。张某触电后，同车乘客用木棍将三轮车所接触的电线击断。现场勘验表明，被告人穆某的农用三轮车出厂技术规格外形尺寸为长368厘米、宽140厘米、高147厘米，穆某在车顶上焊接有角铁行李架，致使该车实际外形尺寸为高235厘米。按有关交通管理法规规定，该种车型最大高度应为200厘米。李乙套户接李甲家电表，套户零线、火线距地面垂直高度分别为253厘米、228厘米，且该线接头处裸露。按有关电力法规规定，安全用电套户线对地距离最小高度应为250厘米以上，故李乙所接的火线对地距离不符合安全标准。

裁判要旨

一审法院认为，被告人穆某的行为虽然造成了他人死亡的结果，但既不是出于故意也不存在过失，而是由于不能预见的原因引起的，属意外事件，不构成犯罪。一审宣判后，检察院提出抗诉，认为原判对原审被告人穆某犯罪性质认定错误，原审被告人穆某在主观上有过失，客观上造成了张某死亡的结果，穆某的行为与张某死亡有必然的因果关系，故穆某的行为不属意外事件，而符合过失致人死亡罪的犯罪构成要件，应当定罪处罚。二审法院在审理过程中，检察院认为抗诉不当，申请撤回抗诉，二审法院认为撤回抗诉的申请符合法律规定，裁定准许撤回抗诉。[1]

---

[1] 中华人民共和国最高人民法院刑事审判第一、二、三、四、五庭. 中国刑事审判指导案例2. 北京：法律出版社，2017：511-514.

评析意见

一、关键问题与裁判思路

本案的关键问题在于能否将危害结果归责于被告人的过失行为。一审法院经过审理作出了无罪判决，主要理由有两点，一是认为被告人穆某对被害人死亡的后果主观上没有过失，二是认为被告人穆某私自改装车辆的违法行为与被害人触电身亡的后果没有刑法上的因果关系。关于第一点理由，一审法院认为被告人穆某虽私自对车辆进行违规加高，但对李甲所接照明电线不符合安全用电高度要求，且接头处裸露，不具备预见的可能，穆某也没能预见可能导致张某等乘客触电死亡的结果，因此，被告人穆某对被害人张某触电死亡的后果主观上没有过失。然而，按照预见可能性理论，只需要被告人穆某认识到超高车辆有可能触及空中其他物体（树枝、电线等），尤其是驶入村庄后有可能触碰电线引发危险即可，不需要对预见的内容作极为具体的要求，更不需要预见到特定的细节性事实。本案中，被告人穆某对车辆超高可能产生的危险结果是具有预见可能性的，第一点理由难以站得住脚。而第二点理由提及的因果关系问题才是本案判断的关键，有必要在学理上进行深入分析。

二、相关学理分析

（一）客观归责论视角的过失犯

过失致人死亡罪的因果关系的判断通常包含了两个层次，即事实的因果关系的判断以及随后的规范判断。事实因果的判断一般是依靠条件说进行，在确定了事实的因果关系的前提下，结果归责的规范判断较为常见的做法是依靠客观归责理论进行。客观归责理论提供了风险创设和风险实现两个层次的判断规则，在存在过失致人死亡罪的实行行为的前提下，其中风险实现层次所采用的义务违反关联性理论和规范保护目的理论有助于满足本罪规范归责的要求。

过失犯作为结果犯，不仅要求注意义务违反性和法益侵害结果分别存在，而且还要求义务违反与法益侵害结果之间具有内在关联，即义务违反关联性。过失行为是违反结果回避义务的行为，而结果回避义务存在的目的是为了避免法益侵害结果发生，如果行为人履行了该义务，相同结果仍然发生的场合，说明该义务的履行并不能提高法益受保护的机会，其对避免结果缺乏确定性（显著性）效果，因而不能将法益侵害结果归责于行为人的行为。义务违反与法益侵害结果之间除了应具有义务违反关联性之外，还需具有保护目的关联性，这涉及规范保护目的理论。该理论审查的是保护目的的关联性，强调刑法注意义务都有预设的法益侵害途径，只有在预设的途径中实现法益侵害结果才能予以结果归责。通过规范保护目的理论排除归责，是因为法益侵害的发生途径已经超越了注意义务所预设的管控范围，这种保护射程之外的法益侵害理所当然应排除归责。

（二）本案中义务违反关联性的判断

被告人穆某私自改装车辆的违法行为与张某触电死亡的危害结果之间是否具有刑法上的因果关系呢？首先，被告人穆某擅自对车辆进行违规加高，这一改装行为实际上增加了车辆行驶的不安全系数，容易造成交通事故，因此是具有侵害生命法益的实质的、不被允许的危险的行为。其次，被告人的违规行为与被害人触电死亡的结果之间具有条件关系，没有被告人的违规行为，车辆高度就不会超过电线的高度，也就不会引发触电死亡的事故，因此，被告人穆某的实行行为与被害人触电死亡的结果之间具有事实因果关系。再次，在确定了事实的因果关系的前提下，还需要进一步判断结果归责的问题，此时需要检讨义务违反关联性。义务违反关联性的判断方法是运用假定的"合义务替代行为"作为分析工具，考察如果行为人实施了符合注意义务的行为，同一侵害结果能否避免。考虑到被告人穆某履行了结果回避义务，即未实施相关违规行为的话，被害人死亡结果完全可以避免，因此，义务违反与法益侵害结果之间具有内在关联。最后，在确定了义务违反关联性之后，还需进一步检讨保护目的关联性，而这也正是本案的难点所在。

（三）规范保护目的与定罪

关于交通管理法规对车辆进行限高的规范保护目的，学界存在较大争议。有的学者认为，由于交通管理法规对机动车辆的限高标准并不统一，确定限高的根据是各类车辆的不同型号，这就说明该规定的设定不是为了防止车辆因触碰悬挂物而产生危险。之所以进行限高，是因为车辆高度超过限定标准后，会大大增加车辆侧翻或失衡而引发交通事故的危险。本案中，被害人死亡的危险并不是由改装车辆高度所引起的侧翻或失衡等事故所造成的，这已经超出了限高的规范保护目的范围，被害人的死亡结果不应归责于被告人违规改装车辆高度的行为。[①] 但也有学者提出相反的观点，认为根据相关交通管理法规，超过"限高"的车辆不得在某些道路、桥梁或隧道行驶，显然包含了避免其与高空物体相触碰引发（重物坠落、绳索缠绕人体以及触电等）事故的规范保护目的。基于此，禁止改装车辆的目的，既为了防止触及路上的电线或其他可能给车上人员安全带来危险的空中物体，也为了防止车辆因为

---

① 陈璇.论过失犯中注意义务的规范保护目的.清华法学，2014（1）：45；劳东燕.责任主义与过失犯中的预见可能性.比较法研究，2018（3）：62.

改装超载导致侧翻。①

仔细深究，车辆限高的规范保护目的真的仅仅是为了防止车辆因侧翻或失衡而引发的交通事故吗？车辆超高可能会触及其他物体进而产生危险，这本来就属于常识，尤其是在农村地区，私拉乱接电线的行为并不罕见，对车辆进行违规加高有可能与道路两旁的树木或者村庄内的电线发生碰撞。在这种场合，认为禁止对车辆进行改装加高的规范保护目的，既包括了防止车辆侧翻或失衡而引发交通事故，也包括了防止车辆触及空中其他物体而威胁车上人员安全的观点更为合理。根据规范保护目的理论，也难以否认被害人的死亡结果可以归责于被告人违规改装车辆高度的行为。因此，本案的判决结论值得商榷，对被告人穆某以过失致人死亡罪论处更为妥当。

三、延伸思考

基于上述分析可以发现，注意规范保护目的理论的适用应当谨慎，这主要是考虑到规范保护目的的界定本身具有很大的不确定性。一方面，不排除规范保护目的界定疑难的场合；另一方面，由于各国的立法差异，规范保护目的的判断也并非完全一致。当裁判者将规范保护目的的范围限定到某个边界时，为什么是这一边界，立法上难以给予明确的提示。② 由于未必能找到规范明确规定某一问题的目的或者回答了它针对的是被禁止行为产生的哪种风险，尤其是纯粹的结果犯的场合，注意规范保护目的的范围常常不明确、不具体。此时，解释者具有很强的能动性，拥有很大的解释空间，"法官造法"的危险难以规制。鉴于此，规范保护目的理论的适用空间应得到相应的限缩。学界不乏见解主张拔高规范保护目的理论的地位，认为这种理论具有统领性，能够用于解决归责相关的多数问题，有的学者甚至将规范保护目的视作客观归责理论的"核心"，这也使得该理论能够"大包大揽"，将原本属于义务违反关联性理论或结果回避可能性理论探讨的情形纳入自身的检讨范围。这一趋势并不值得提倡，规范保护目的的问题意识固然值得认可，但这一理论在操作过程中有时候缺乏明确具体的标准，而使得注意规范的保护目的范围显得模糊。在过失犯中，采用这种外延模糊的概念对于过失犯罪的认定可能会增加不必要的混乱。③ 因此，不应当因为"好用"就予以泛化的使用，其适用空间应当予以限缩，至于如何限缩则值得进一步研究。

（杨绪峰　撰写）

---

① 周光权．车辆改装引发事故的行为定性．法治日报，2021－12－08（9）；周光权．客观归责方法论的中国实践．法学家，2013（6）：119．

② 周光权．如何解答刑法题．北京：北京大学出版社，2021：353．

③ 周光权．结果回避义务研究——兼论过失犯的客观归责问题．中外法学，2010（6）：878．

72 索债型非法拘禁与绑架罪

案情简介

2015年5月17日9时30分许,被告人杨某为向被害人季某索要5 000元欠款,伙同被告人白某江、李某、王某驾车至德州市陵城区计生委办公室将被害人强行带至岳某(另案处理)经营的阿雪美发店内,逼迫季某给被告人杨某签了2万元的借款合同,之后被告人白某江、岳某又逼迫季某分别给他二人各签了1万元的借款合同。在此期间,白某江、李某、王某三人都动手殴打了被害人季某。中午时,白某江、杨某、李某、王某、岳某等人又将季某带至临盘大草原饭店吃饭,在此期间,李某、王某二人殴打了季某逼迫其打电话借钱还账。饭后,被害人季某又被带至朱某所租的房屋处,并被逼迫打电话向其家人要钱还账,李某、王某、朱某动手殴打了季某。白某江在与季某家人通电话时称:"我上你家说去,我叫你今天见不到你儿的面"。之后白某江、李某、王某、朱某一起开车至季某家中,向其家人要钱未果。2015年5月18日上午,季某以回家卖房来还钱为由骗白某江等人,于是,白某江、李某、岳某、朱某带季某回家拿卖房手续所需证件。季某乘此机会翻墙进入家中,报警后案发。另查明,李某、王某不知季某是否欠白某江钱。

裁判要旨

法院审理认为,被告人白某江系基于帮被告人杨某索要债务的目的而控制被害人季某的,在索要债务的过程中又产生了向被害人家属勒索财物的故意,以勒索财物为目的,绑架他人,其行为已构成绑架罪,但被害人季某出具了刑事谅解书,故被告人白某江的绑架行为可认定为情节较轻。被告人杨某、李某、王某为索取债务非法扣押、拘禁他人,其行为已构成非法拘禁罪,但三人均自动投案,且到案后如实供述自己的罪行,系自首,可以从轻处罚。最后法院判决被告人白某江犯绑架罪,判处有期徒刑五年。并处罚金一万元;被告人杨某、王某、李某犯非法拘禁罪,均判处有期徒刑九个月,缓刑一年。①

---

① 参见山东省临邑县人民法院(2016)鲁1424刑初72号刑事判决书。

评析意见

一、关键问题与裁判思路

本案的关键问题在于区分勒索财物型的绑架罪与索债型非法拘禁罪的界限。同属于侵犯人身自由的犯罪,绑架罪中包含着非法拘禁行为,非法拘禁罪也可以由控制被害人的方式构成,将两罪区别开来的关键点在于:绑架罪的构成不仅要求有非法剥夺人身自由的行为,而且要求有勒索财物或满足行为人不法要求的目的以及与此相应的勒财或提出不法要求的行为,而非法拘禁罪仅仅要求行为人具有剥夺他人人身自由的目的。① 但两罪的界限在索债型非法拘禁案件中就会变得模糊不清。本案中,由于被告人杨某和被害人之间本就存在 5 000 元的债权债务关系,法院审理后认为,被告人杨某为了要回 5 000 元欠款,伙同他人一起扣押、拘禁被害人季某并逼迫其签下超出原本欠债数额的 2 万元借款合同,后续又向季某家人要求代还债务,因存在前述债务,就应当适用《刑法》第 238 条第 3 款的规定:"为索取债务非法扣押、拘禁他人的,依照前两款的规定处罚"。索债的数额中有 15 000 元都属于非法之债,但本判决可能是考虑到最高人民法院在 2000 年 7 月 13 日颁布的《关于索取法律所不予保护的债务非法拘禁他人如何定罪问题的解释》中"行为人为索取高利贷、赌债等法律不予保护的债务,非法扣押、拘禁他人的,依照刑法第二百三十八条的规定定罪处罚"之规定背后限制绑架罪适用的精神,亦即,即便是索取非法债务,但毕竟"事出有因",与那些典型的、无缘无故绑架他人勒索财物的行为有所不同。因此基于客观上存在 5 000 元合法债务,被告人杨某控制被害人人身自由并逼迫其家属所还的钱虽然有四分之三事实上是不存在的,法院还是在总体上评价为索债型非法拘禁行为。而对于被告人白某江,虽和被告人杨某等人一同实施扣押、拘禁行为,但其强迫被害人签下不存在依据的借款合同,两人先前也完全不存在任何债务关系,用伪造的借款合同向被害人季某家人要求还钱的行为就被评价为了绑架罪。是否"事出有因"或者说主观上的索债目的成为了本案中法院认定被告人是成立非法拘禁罪还是绑架罪的重要依据。

二、相关学理分析

(一) 对索债型非法拘禁罪的扩张解释

我国司法实践通过扩张解释索债型非法拘禁罪中债的范围,只要行为人

---

① 周光权.刑法总论.4 版.北京:中国人民大学出版社,2021:53.

与被害人之间存在债务,不管是不是合法债务,不管是双方都承认债务还是单方面主张的债务,不管行为人索要的数额是否超出真实的债务,多以行为人主观上不存在非法占有目的而减少绑架罪的适用。① 理论上亦有学者主张扩张解释的见解,认为债务并无必要完全局限于民法意义上的债务关系,只要没有超越民间习惯且没有超出合理范围即可。②

实务中常见的对索债型非法拘禁罪的扩张解释主要可分为以下三类(参见表7)。

表7 对索债型非法拘禁罪的扩张解释

债的内容	在2000年《关于索取法律所不予保护的债务非法拘禁他人如何定罪问题的解释》规定的基础上,将索债的范围从"有事实依据但不受法律保护的自然之债"扩张至行为人主观上认为理所应当存在的各类之债,亦即只要是存在一定事实上的经济纠纷,便能够以此否定行为人主观上有非法占有目的。例如:男女恋爱分手后要求"青春损失费"的、共同犯罪人分赃不均时向其他共犯人讨要的,等等。
索债的数额	实务中对于索要金额超出原债务金额的案件,仍然会认定为是索债而判处非法拘禁罪,少数判决认为"明显超出原债务金额"的应认定为绑架罪,但究竟何种情况下认为是明显超出,并没有明确的标准。
索债的对象	债务主体的认定在司法实践中存在扩张解释的现象。将并没有直接债务关系的人视为债务人,例如:扣押和债务人有亲属关系的人索债、扣押与债务人同单位的其他工作人员索债等等。

之所以会出现上述扩张解释,主要是因为绑架罪的法定刑太高,如此解释其实有"就低不就高"、减少重罪适用的考虑。

(二) 行为人可能构成绑架罪的情形

在具体的案件中,即便行为人主观上有索债目的而扣押、拘禁他人的,符合下列条件时,仍然宜认定成立绑架罪。

1. 事先预谋故意制造骗局使得他人欠债,然后以索债为借口要求被害人家属偿还债务的,例如设置赌博圈套,出老千故意使得被害人签下欠条,应将这类行为视为勒索财物的一种手段,肯定成立绑架罪。③

2. 出于索取债务的目的扣押他人后,向其近亲属索要与真实债务"过于悬殊"的财物,且没有合理依据,同时暴力程度又比较高,例如,以杀害、伤害相威胁的,可以成立绑架罪。④ 当然并非一出现差额,就一律成立绑架

---

① 徐光华. 索债型非法拘禁罪扩张适用下对绑架罪的再认识. 中国法学, 2020 (3): 262.
② 孙万怀. 刑法学基本原理的理论展拓. 北京: 北京大学出版社, 2011: 567.
③ 段勇, 陈灿钟, 黄彩华. 索债型非法拘禁罪与绑架罪之区分. 人民司法, 2010 (2): 41-42.
④ 周光权. 刑法总论. 4版. 北京: 中国人民大学出版社, 2021: 54.

罪，应当综合超出的数额、超出数额和真实债务金额的比例，来判断是否合理。例如本案中，被告人杨某和被害人季某之间的债务关系本来只有 5 000 元，却强迫季某签下了 2 万元数额的借款合同，超出数额为 15 000 元，是真实债务金额的三倍，在这种情况下，即便是被告人杨某也很清楚自己多要的这部分钱是毫无依据的，很难认为是"索债"，客观上看超出的部分也足以反映出其勒索财物的目的。

3. 区分绑架罪和非法拘禁罪，不能仅以行为人与被害人之间是否存在债务作为唯一的标准，更应该考虑的是行为本身对人身自由的剥夺程度和对身体安全的侵害程度。① 刑法对绑架罪规定的法定刑远重于非法拘禁罪，正是由于其对人身权利造成的侵害、威胁的严重程度更高，当行为人的手段行为对被害人造成严重侵害或威胁时，认定为非法拘禁罪并不妥当。② 我国《刑法》第 20 条第 3 款规定，对正在进行行凶、杀人、抢劫、强奸、绑架以及其他严重危及人身安全的暴力犯罪，采取防卫行为，造成不法侵害人伤亡的，不属于防卫过当，不负刑事责任。这一规定将"绑架"视为与"行凶、杀人、抢劫、强奸"这类严重危害人身安全的暴力犯罪视为相当，可以成为特殊防卫的对象，亦可见绑架罪对被害人人身权利的侵害程度之高，所以在区分非法拘禁罪和绑架罪时，不能仅仅着眼于债务关系这一点，也要重视对被害人人身自由的剥夺程度，手段行为的暴力程度，等等。若行为人以要杀害、伤害被绑架的债务人为要挟，客观上足以造成被害人亲属或有关人士对被害人安危的担忧的，也应当认定为绑架罪。③

（三）关于被告人刑事责任的分析

本案中的王某、李某便符合这种情况，两人知道被害人季某欠杨某钱，但不知道具体欠了多少，被杨某纠集来一起参与了拘禁季某的行为，主观上认为自己在参与讨债，并不知道杨某其实要求被害人写下的欠条远超本来的债务金额，根据主客观相统一的原理，应当判定其成立非法拘禁罪。

三、延伸思考

非法拘禁罪和绑架罪都会对他人人身自由和身体安全造成侵害，由于客观上采取的控制他人自由的手段方法存在重合，进行个案判断时需要着重考察行为人的主观心理状态。索债型非法拘禁罪行为人实施拘禁他人的行为时应意识到其目的在于实现债权，通常抱有这一目的时，对被害人造成的人身安全威胁程度相较于绑架要更低。勒索财物型的绑架者将被害人作为人质筹

---

① 张明楷. 刑法学（上）. 6 版. 北京：法律出版社，2021：1163.
② 徐光华. 索债型非法拘禁罪扩张适用下对绑架罪的再认识. 中国法学，2020（3）：273-276.
③ 周光权. 刑法总论. 4 版. 北京：中国人民大学出版社，2021：54.

码，不会在乎其人身安全甚至乐于见到伤害被害人给被勒索者造成的强大精神压制和强迫，而索债的行为人为了实现自己讨回债务的目的，往往不会采取极端的手段。行为人索债的主观心理在认定是否构成索债型非法拘禁罪时至关重要，实务中这一主观目的的证明应当根据客观存在的事实进行推定，而不能仅仅依赖于行为人的口供，以避免行为人为了逃避绑架罪严厉的惩罚，而以自认为存在债务来掩盖勒索财物的目的。现代社会的经济生活复杂，金钱往来形式多种多样，是否存在债务以及数额多少往往难以查清。当行为人拿不出任何客观的证据证明存在债权债务关系时，需要司法机关依据行业交易习惯、行业规则分析其主张是否存在依据以及所追偿的债务是否超出一般人可接受的程度。在共同犯罪的情形下，部分行为人与被害人之间本无债权债务关系，如果受他人委托或纠集，主观上认为委托自己或者纠集自己的人与被害人之间有债权债务关系而参与了共同或单独行动，将被害人进行扣押、拘禁，控制其人身自由，向被害人家属或其他有关人士提出还钱要求的，应当认定为非法拘禁罪。

（沈晓白　撰写）

73 侵犯通信自由罪

案情简介

2005年11月以来，被告人金某与同案人衣某强（另案处理）雇用被告人王某、常某宇、石某琳等人盗取他人QQ号，并把人员分成三个工作室，每个工作室设立独立负责人。被告人金某、同案人衣某强提供给各工作室"挖掘机""明小子""大码""木马"等病毒软件程序。各工作室人员在金某、衣某强的指导下，先用"挖掘机"搜索到各类网站，再用"明小子"查找网络漏洞，后利用"大码"通过查找到的网络漏洞，将"木马"上传到网站上。凡是访问过上传有"木马"病毒网站的用户一旦登录QQ，账号和密码便会被盗取。各工作室将盗取来的QQ号和密码发送到被告人金某和同案人衣某强的电脑服务器上，金某和衣某强再根据QQ号的数量支付参与人员薪资。被告人金某和同案人衣某强把收集的QQ号销售给被告人于某斌，于某斌再组织王某国等人对QQ号进行密码验证、清除原有信息，并将各QQ号中的Q币集中到于某斌指定的QQ号里，然后再把QQ号和Q币转卖给他人。经鉴定，1Q币等于1元人民币，2005年11月1日至2006年5月31日，当地QQ号消费金额总计13 281.55个Q币。

裁判要旨

法院认为，腾讯QQ是一款即时通信软件，网民可以使用QQ软件与他人进行信息即时发送和接收，在技术上可以更加快捷、便利、直接地实现传统通信功能。Q币必须依附于QQ用户号码使用，不能用于腾讯网站增值服务以外的任何商品或服务。被告人金某等人采用非法技术手段，在明知QQ号码权属性质的情况下，仍然实施窃取他人QQ号码的行为，使原注册用户无法使用本人的QQ号码与他人联系，被告人于某斌采用非法手段收集被窃QQ号码中的Q币。上述被告人的行为共同造成侵犯他人通信自由和通信秘密的后果，情节严重，应当以侵犯通信自由罪论处，判处被告人金某有期徒刑一年，对其余被告人处以相应刑罚。①

评析意见

一、关键问题与裁判思路

公诉机关指控被告人金某等人成立盗窃罪。被告人金某及其辩护人辩称，Q币不属于盗窃罪的行为对象，它只是一种预付手段，其本身不具有使用价值，Q币自身价值的认定也无法律指引，不能被QQ用户排他地占有与控制。被告人金某既无盗窃的主观故意，也无使用和销售Q币的客观行为，因此不构成盗窃罪。对于侵犯通信自由罪的认定而言，法院认为既然QQ是一种能实现通信的工具，那么它就具有和传统纸质信件同样的功能。被告人金某等人侵入他人QQ软件账号，清除原有信息，导致被窃QQ号码的注册用户无法再与好友正常通信，已经侵害了他人的通信自由，应当以侵犯通信自由罪论处。盗窃罪的认定问题在此姑且不谈。本案的关键问题是，QQ账号的通信信息是否属于《刑法》第252条侵犯通信自由罪所规定的"信件"，以及侵入他人QQ账号的行为是否能认定为该罪所规定的"隐匿、毁弃或者非法开拆"？

二、相关学理分析

我国学界关于侵犯通信自由罪的研究较少，但这并不意味着对本罪构成要件要素的解释不重要。因此，有必要从刑法的基本原理入手，仔细分析侵入他人QQ账号的行为是否符合侵犯通信自由罪的构成要件，进而以本罪论处。

（一）本罪的保护法益

在认定犯罪时，不可避免地要对犯罪的构成要件进行解释，而对犯罪构成要件的解释又不可能脱离刑法的目的。刑法的目的是保护法益，只有严重侵害法益的行为才能认定为犯罪。② 故此，确定侵犯通信自由罪的法益，便是准确适用该罪的前提。本罪不像其他有些罪名那样，需要实质性地确定其法益，如盗窃罪、抢劫罪。从该罪的罪名表述中即可得知，其保护的法益是国民的通信自由。如何理解这种通信自由，则需要认真分析。应当认为，所谓通信自由，是国民有权不受干预地与他人实现信息、情感等方面的交流沟通。倘若他人无故阻拦他人通信，或者删除通信的内容，就意味着侵害了他人的

---

① 参见广东省深圳市南山区人民法院（2007）深南法刑初字第653号刑事判决书。
② 张明楷．法益初论（增订本）（上册）．北京：商务印书馆，2021：262．

通信自由。行为人有没有看到通信的内容，不是判断通信自由是否遭到侵害的必要条件。本案中，被告人金某等人侵入他人 QQ 账号，清除原有信息，致使 QQ 账号的注册用户无法顺畅沟通，可以认为被告人侵害了他人的通信自由。

（二）信件的含义

一般认为，本罪的行为对象即信件，是指特定人向特定人转达意思、表达感情、记载事实的文书、语音与物品。① 在当代社会的语境下，这里的文书、语音与物品也能够以电子数据的形式呈现，比如电子邮件、微信信息或者通过其他网上通信工具传递的信息。根据 2009 年修正后的全国人大常委会《关于维护互联网安全的决定》第 4 条第 2 项之规定，"非法截取、篡改、删除他人电子邮件或者其他数据资料，侵犯公民通信自由和通信秘密"构成犯罪的，依照刑法有关规定追究刑事责任。由此可见，本罪所规定的"信件"包括通过电子通信工具传递的信息这一点，已经得到相关法律的支持。另外，从功能的比较而言，传统意义上的纸质信件的功能是转达意思、表达感情、记载事实，当代的电子通信工具的功能同样是这些。换言之，虽然通信手段千变万化，但是它们想实现的目的却始终如一。在通信功能上，通过 QQ 软件等电子通信工具传递信息，与传统意义上的信件是完全一样的。据此，本案所涉及的通过 QQ 账号传递的信息毫无疑问属于本罪意义上的信件。

（三）实行行为的认定

本罪的实行行为包括三种，即隐匿、毁弃或非法开拆。隐匿，是指私自截留信件，并将其置于他人难以知晓的场所。毁弃，是指以撕毁、烧毁等方式使信件永久消失，或者使其失去传达信息功能的行为。非法开拆，是指未经权利人许可，故意使用有形力启封、破损信件。至于被害人最终能否收到信件，行为人是否知道信件的内容，均在所不问。② 对这三种行为的理解，与本罪法益密切相关。详言之，隐匿、毁弃、非法开拆的行为样态虽不尽相同，但是它们都有一个共同点，就是侵害了国民的通信自由。隐匿行为和毁弃行为使通信双方无法获知要转达的意思，非法开拆行为或许不影响信息的最终传达，但是侵害了被害人不想让外人知晓信件内容的自由。就本案而言，关键问题在于，侵入他人 QQ 账号的行为究竟属于这三种行为的哪一种？首先，可以排除隐匿行为。这是因为，QQ 账号毕竟与传统信件不同，即使 QQ 账号被窃取，被害人也没有失去该账号，还可以通过找回密码等方式重新支配自己的账号，因此很难认为 QQ 账号可以被隐匿。其次，被告人等人的行为有

---

① 张明楷. 刑法学：下. 6 版. 北京：法律出版社，2021：1204.
② 周光权. 刑法各论. 4 版. 北京：中国人民大学出版社，2021：76.

符合毁弃这一构成要件要素的余地。本案中，被告人等人在登录窃得的QQ账号后，还清除了其中的信息。在网络世界中，删除信息就如同现实中烧毁他人财物一般，完全可以认定为毁弃。最后，应当认为被告人等人的行为属于非法开拆。就像人们写完信后，要把信纸装到信封中，并用胶水或者蜡油密封，不让他人看到那样，QQ账号就属于传统信件的信封，而密码则是封缄信封所用的胶水或者蜡油。被告人窃取他人QQ账号的密码，再用密码登录的行为，就类似于启封传统意义上的信件，可以将二者同等看待。

综上所述，被告人金某等人的行为完全符合《刑法》第252条侵犯通信自由罪的构成要件，应当以本罪论处。法院的判决结论在学理上值得支持。

三、延伸思考

本罪还有一个值得探讨之处，也事关本案的认定，那就是本罪还要求达到情节严重的程度。对于本案而言，被告人金某等人的行为是否属于本罪意义上的"情节严重"，法院并没有对此进行细致分析。根据学界通说，本罪的情节严重，主要是指隐匿、毁弃、非法开拆他人信件，次数较多，数量较大；严重妨害他人工作、生活，或者严重损害他人身体精神，以及造成家庭不睦，妻离子散等严重后果；擅自涂改信中内容，侮辱他人人格；等等。[①] 按照这些标准，本案中被告人金某等人窃取并侵入的QQ账号数量极大，次数甚多。不仅如此，还倒卖各用户的Q币，致使原用户无法再享受腾讯公司提供的增值服务，这变相导致用户支付的人民币付诸东流，造成实质上的财产损失。种种迹象表明，被告人金某等人造成的后果已经达到情节严重的标准。因此，在情节方面，本罪的认定并不存在任何障碍。当然，如何在每一个侵犯通信自由的案件中具体认定情节严重，还需要司法实践继续努力。最好的方法是尽快出台相应的司法解释，以便明确本罪情节严重的标准，这样既可以避免法官断案时无据可循的困境，又能够防止司法擅断，保障被告人的权利。

（邓卓行　撰写）

[①] 张明楷.刑法学：下.6版.北京：法律出版社，2021：1205.

74 获取公开信息与侵犯公民个人信息罪

案情简介

2016年1月至2017年10月，被告人柯某成经营管理房某所开设的网站，主要通过从房产中介人员处有偿获取上海市二手房出租、出售房源信息，或者安排公司员工从微信群、其他网站等获取部分房源信息。在对房源信息的准确性进行核实后，被告人柯某成再将房源信息以会员套餐方式提供给房某网站会员，供会员付费查询使用，并借此获利。其间，房产中介人员向房某网站上传房源信息时，未事先取得信息权利人及房东的同意和授权。被告人柯某成在获取房源信息时，也没有对信息的合法性进行审查。在安排公司员工通过电话向房东核实信息的过程中，存在冒充其他中介（包括知名中介）进行核实的情况，未如实告知房某网站的真实身份及使用信息的方式、目的等。在此前提下，被告人柯某成取得了众多房东的同意和授权。案发时，被告人柯某成共获取房源信息三十余万条，并通过收取会员套餐的方式获利150余万元。

裁判要旨

法院经审理认为，涉案房源信息包括房东联系方式、房产地址、门牌号码等，且部分房源信息包括房东姓名或姓氏，能够单独或者与其他信息结合识别特定自然人身份，属于公民个人信息。涉案房源信息由房东挂牌至房产中介门店，仅在特定范围内公开，即使通过网站公开发布，也只公开非重要、敏感信息，且房东公开的目的仅为促成房产交易，因此房源信息不属于向社会公开的信息。对于被告人柯某成而言，首先，被告人柯某成的行为侵犯了房东的公民个人信息权利，侵害了房东的隐私及社会安宁。其次，被告人柯某成的行为未经房东授权、同意，不仅没有尽到审查义务，还冒充其他中介欺骗房东。最后，被告人柯某成的行为属于非法买卖房源信息牟利行为，与房东发布房源信息的目的相悖。综上，被告人柯学成构成侵犯公民个人信息罪，法院判处其有期徒刑三年，缓刑四年。一审宣判后，被告人柯某成未上诉，检察院亦未抗诉，判决已产生法律效力。①

评析意见

一、关键问题与裁判思路

本案的关键问题在于，获取他人已经公开的个人信息并借此牟利的，是否成立侵犯公民个人信息罪？详言之，通常认为，倘若信息权利人已将自己的个人信息投放到向社会公开的网站上，人人都可以查到，就意味着信息权利人已经同意、授权公开自己的信息。当行为人未经信息权利人同意，将网上公开的信息收集起来，然后集中打包出售的，是否需要信息权利人的二次同意、授权？倘若需要权利人二次同意、授权，行为人未经权利人同意、授权收集并出售他人个人信息的行为，就成立侵犯公民个人信息罪。反之，如果认为一次同意、授权即为已足，既然信息权利人当初已经同意将自己的个人信息在网上公开，就不能再去管别人后续怎么使用这些信息，行为人也就不构成侵犯公民个人信息罪。从本案判决看，法院显然认为信息权利人的二次同意、授权是必要的，即使信息权利人最初同意把自己的信息在网上公开，其他人也不得乱用。

二、相关学理分析

在学理上，关于这一问题主要存在两种立场，即有罪说和区分说。在司法实务中，有少量判决认同无罪说，但是也仅限于行为人获取已公开的企业征信信息、工商登记信息等情形②，故而在此不作讨论，而是只讨论有罪说和限定说。

（一）有罪说

该说认为，未经信息权利人同意非法获取其个人信息的，一律构成侵犯公民个人信息罪。其理由在于，个人信息不同于个人隐私，即使已公开的个人信息不再具有隐私特征，但是仍然具有识别特定个人的功能。获取或者利用这些已公开的信息，同样有可能侵害个人隐私生活的安宁，危及人身安全或者财产安全。因此，从市场主体信息中剥离出来的个人姓名、身份证号码、家庭住址、通讯方式、照片等信息，仍然具有个人信息属性。③ 据此，虽然信息权利人最初将自己的个人信息挂在网上时，已经对此表示同意并予以授权，但是这并不意味着行为人就有权利将这些信息挪作他用，还要征得信息权利

---

① 参见上海市金山区人民法院（2018）沪 0116 刑初 839 号刑事判决书。
② 参见重庆市渝中区人民法院（2017）渝 0103 刑初字第 1563 号刑事判决书。
③ 蔡云. 公民个人信息的司法内涵，人民司法，2020（2）：25。

人的二次同意和授权，否则就会构成侵犯公民个人信息罪。

（二）限定说

此说主张，在遇到这种案件时，应当以信息权利人公开信息的目的为标准具体认定。倘若行为人未经个人同意，在收集已公开的个人信息后，改变权利人当初公开个人信息的目的而处理这些信息，就应当以本罪论处。比如，银行工作人员将平时合法得到的用户信息出售给体检机构、房产中介机构，以便拓展客源、增加收入的，就显然违背了信息权利人当初上传信息的目的，这种改变个人信息用途的行为，可以构成侵犯公民个人信息罪。或者，出租车公司工作人员将客户叫车时的手机号码或者行程信息提供给经营其他业务的公司，以获取利益的，也同样违背了客户提供个人信息的目的，有必要以本罪论处。除此之外，有三种情形则不宜定罪。第一，只是单纯获取、爬取或者持有他人已公开个人信息的，由于没有公然违背信息权利人公开其个人信息目的的行为，因此不宜定罪。第二，获取、提供他人已公开个人信息的目的是帮助行为人拓展业务的，如果与被提供者收集个人信息本来的目的一致，则不宜定罪。第三，获取提供他人已公开个人信息的目的是为企业发展提供贷款等金融支撑的，不宜定罪。

（三）关于本案的具体分析

按照有罪说，本案中，尽管房东把自己的房源信息、联系方式等信息提交给房屋中介，同意其向社会公开，却并不同意其他人收集这些信息之后出售牟利。被告人柯某成的行为，大大增加了房东生活安宁受到打扰的几率，而且也有可能危害房东的人身安全或者财产安全。因此，应当以侵犯公民个人信息罪定罪处罚。按照限定说，被告人柯某成的行为违背房东公开个人信息的目的，应当以侵犯公民个人信息罪定罪处罚。

结合上述分析，有以下情形之一的，应当以本罪论处：(1) 明显违背已公开个人信息本来目的的；(2) 明显改变已公开个人信息用途的；(3) 利用已公开信息实施可能危及国民人身、财产安全的不法行为的。① 根据这几项标准，在本案中，被告人柯某成将他人在房产中介挂牌公开的房源信息收集后出售牟利，既违背房东公开个人信息的目的，又明显改变了房东公开个人信息的用途，甚至还会危及房东的人身、财产安全。因此，应当以侵犯公民个人信息罪论处。

三、延伸思考

与其他犯罪一样，侵犯公民个人信息罪的认定关键，同样在于如何理解

---

① 周光权. 侵犯公民个人信息罪的行为对象，清华法学，2021 (3)：39-40.

本罪的法益。这是因为，国家颁布刑法典的目的就是为了保护法益，所以法益对于构建、适用刑法分则个罪名的构成要件，就显得至关重要。① 就本罪的法益而言，学界目前有两种立场，一种立场是个人法益论，认为本罪保护的法益是特定信息权利人的个人信息权，因此被害人是否就其个人信息的被使用目的作出同意，就是认定本罪的核心。另一种立场是集体法益论，认为本罪保护的法益是全社会的个人信息安全，或者公众对自己个人信息安全的信赖。在这一立场下，特定被害人是否同意，不影响本罪的认定。这两种立场在个案中会得出完全不同的结论。比如，甲公司是乙公司的上游公司，甲公司掌握的所有信息均来源合法。倘若甲公司与乙公司签订"公民身份信息识别认证服务协议"，将其所掌握的个人信息提供给乙公司，并对乙公司有所约束，此时能否认为甲公司成立侵犯公民个人信息罪？②

对此，个人法益立场与集体法益立场有可能会得出不尽相同的结论。在个人法益立场看来，本罪保护的个人信息权，包括个人信息不当被收集、采集的权利，不被不正当扩散的权利，以及不被滥用的权利。③ 尽管社会管理秩序也是本罪的保护法益④，但它只是次要法益。在个人法益论的立场下，甲公司的所作所为并没有违背信息权利人的意愿，并且也尽到了审查监管义务。换言之，甲公司使用公民个人信息的目的，与当初信息权利人提供其个人信息的目的是一致的。因此，甲公司不构成侵犯公民个人信息罪。反之，在集体法益论的立场之下，就无法得出完全一致的结论。这是因为，判断行为人处理公民个人信息是否侵害信息安全或者信息安全的社会信赖的主体是裁判者，信息权利人的意愿并不是十分重要。这就意味着，裁判者个人的价值观会影响最终的判决结果。如果裁判者认为甲公司的行为增大了个人信息泄露的风险，就有可能以本罪论处。反之，倘若裁判者认为甲公司的行为对个人信息数据安全没有影响，就会得出无罪的结论。总而言之，目前学界关于本罪的保护法益究竟为何这一问题，还在争论之中，司法实务应当谨慎对待。

（邓卓行　撰写）

---

① 古斯塔夫·拉德布鲁赫. 法哲学入门，雷磊，译. 北京：商务印书馆，2020：9.
② 周光权. 侵犯公民个人信息与妥当的刑罚处罚，检察日报，2020-01-13（3）.
③ 张明楷. 刑法学：下. 6版. 北京：法律出版社，2021：1199.
④ 周光权. 刑法各论. 4版. 北京：中国人民大学出版社，2021：78.

75 强迫劳动罪的实行行为

案情简介

2017年,被告人邵某玉系某市公安局温泉城派出所巡防人员,与被告人谢某媛系同居关系。邵某玉利用其身份与传销组织头目建立联系,让该组织的传销人员被害人李某为其无偿提供劳务。李某由于身份证被扣留在传销组织中,且没钱购买车票,在被邵某玉、谢某媛解救后,只能应谢某媛要求,在其家中做保姆。为了达到让李某长期提供无偿劳务的目的,谢某媛谎称要回身份证需要5000块钱,李某无奈,只能继续做保姆。在此期间,邵某玉、谢某媛经常殴打李某。同年,李某去谢某媛打工的某市酷狗生活馆替谢某媛工作,其间喂死一条宠物狗,并因疏忽致使狗粮遭水浸泡。为了达到控制李某的目的,谢某媛向李某虚构损失数额,并对李某进行殴打,让其继续在酷狗生活馆打工还账。2017年7月11日,被告人邵某玉的亲属与被害人李某签订协议书,赔偿李某的经济损失,得到李某的谅解。

裁判要旨

法院认为,被告人邵某玉利用其某市公安局巡防员身份,借查抄传销组织的名义与传销人员建立联系,伙同被告人谢某媛,利用传销人员对公安机关的恐惧心理获取传销人员的无偿劳务,从中牟取利益。本案被害人李某涉世未深,误入传销组织,二被告人将其解救后,以暴力、威胁、拿走被害人手机等手段实际控制被害人,编造出种种理由迫使被害人无偿为二人提供劳务,并将获取的利益非法据为己有,侵害了被害人李某作为劳动者享有的人身自由权和获取劳动报酬权,符合强迫劳动罪的犯罪构成,应当以本罪论处。由此判处被告人邵某玉免予刑事处罚,被告人谢某媛构成强迫劳动罪,判处有期徒刑一年六个月,并处罚金人民币一万元。①

---

① 参见河北省廊坊市中级人民法院(2019)冀10刑终413号刑事判决书。

评析意见

一、关键问题与裁判思路

本案的关键问题在于，强迫劳动罪的成立，是否以完全压制被害人的反抗为前提？本案中，被告人邵某玉和谢某媛主要是通过欺骗和扣留身份证等方式让李某为其无偿提供劳务。在李某无偿工作期间，邵某玉和谢某媛并未完全限制李某的人身自由，他们对李某的殴打行为只是出于泄愤的目的，客观上没有造成李某失去对外求助机会的局面。从这个意义上说，邵某玉和谢某媛虽然使李某产生了恐惧心理，误以为公安机关会抓她，并且没有身份证就无法逃跑求助，但是客观上李某依然有很多逃离的机会。对于这种情况而言，能否将邵某玉、谢某媛的欺骗和扣留身份证等行为理解为强迫劳动行为，就成为了认定本案的核心。从法院的判决要旨中可以看出，只要行为人的行为部分压制了被害人的心理，即便客观上他依然具有逃脱的机会，也应当以强迫劳动罪论处。

二、相关学理分析

（一）关于本罪实行行为的争论

关于强迫劳动罪实行行为的认定，学理上主要存在缓和说和压制说两种立场。

1. 缓和说认为，以暴力方式实施强迫劳动的，只要求暴力针对被害人实施，不要求直接针对被害人的身体实施，也不要求达到压制被害人反抗的程度。以威胁方式实施强迫劳动的，其威胁内容包括一切以恶害相通告的行为，不要求达到压制被害人反抗的程度。以限制人身自由实施强迫劳动的，其方法是指将被害人的人身自由控制在一定范围、一定程度内的方法，如不准参加活动、不准外出等。[①] 另有观点认为，以暴力方式强迫他人劳动的，也可以说对物暴力，不必对人实施，但是也不要求达到压制被害人反抗的程度。[②] 在缓和说看来，强迫劳动罪属于控制他人，并使之处于精神奴隶状态的犯罪，其保护法益是因侵害安全感而陷入危殆化的意思活动的自由，也就是妨害他人的自我决定自由。[③] 简言之，该罪保护的法益是被害人的意思

[①] 张明楷．刑法学：下．6版．北京：法律出版社，2021：1178.
[②] 周光权．刑法各论．4版．北京：中国人民大学出版社，2021：61.
[③] 松宫孝明．刑法各论讲义．4版．王昭武、张小宁，译．北京：中国人民大学出版社，2018：76-77.

决定自由。①

2. 压制说认为，只有当强迫行为使被害人完全丧失反抗可能性时，才能成立强迫劳动罪。详言之，以暴力方式强迫他人劳动的，其暴力行为必须使被害人不能反抗、逃跑。以威胁方式强迫他人劳动的，其威胁行为要对被害人产生彻底的精神强制，使其根本不敢反抗、逃跑。② 通过限制人身自由强迫他人劳动的，限制人身自由的方式必须使被害人客观上失去逃跑的机会。根据压制说，强迫劳动罪的法益不是因侵害安全感而陷入危殆化的意思活动自由，而是劳动自由，也就是选择劳动或者不劳动的自由。

不能认为一切妨害了劳动者选择劳动或者不劳动自由的、带有强迫性质的行为，都属于强迫劳动罪的实行行为，而是只有完全剥夺了被害人劳动选择自由的行为，才是本罪的实行行为，从而构成本罪。③ 之所以如此，是因为强迫劳动的本质是奴役他人，是对人的物化，也就是把他人作为自己的手段，而不再视其为目的。④ 并不是所有影响劳动者劳动自由的行为，都会物化该劳动者。按照压制说，诸如扣留身份证、扣发工资、用谎言欺骗等行为，由于其并未完全剥夺劳动者的劳动自由，因而就不宜认定为强迫劳动罪的实行行为。只有当强迫行为使被害人根本没有选择余地，只能无偿劳动时，才可以成立本罪。

（二）关于被告人刑事责任的具体分析

按照缓和说，只要行为人的暴力、威胁或者限制人身自由的行为影响了被害人决定劳动或者不劳动的意思自由，便可以构成强迫劳动罪。被害人事实上有没有能力反抗，不是成立本罪的必要条件。所以，诸如扣留被害人身份证，让其难以购买回家车票等行为，其影响了被害人对是否提供劳务的判断，就应当以强迫劳动罪论处。按照缓和说，本案中，邵某玉、谢某媛二被告通过传销组织扣留李某的身份证，使其难以购买车票，并以赎回身份证和警察打击传销组织为由欺骗、威胁李某，虽然其行为尚未达到完全压制被害人反抗的程度，但也已经属于强迫劳动行为，应当成立强迫劳动罪。按照压制说，邵某玉、谢某媛的行为虽然对被害人李某产生了一定的精神强制，妨害了她的意思自由，但是从客观的角度看，李某依然有很多逃跑、求助的机会，比如在上班路上绕道派出所，等等。故此，根据压制说的旨趣，

---

① 西田典之，桥爪隆.日本刑法各论.7版.王昭武，刘明祥，译.北京：法律出版社，2020：81.
② 黄太云.《刑法修正案（八）解读（三）》.人民检察，2011（8）：50.
③ 邓卓行.强迫劳动罪的实质法基础与教义学阐释.北大法律评论（第20卷第1辑）.北京：北京大学出版社，2020：189.
④ 赫尔穆特·查致格.国际刑法与欧洲刑法，王士帆，译.台北：元照出版公司，2014：494.

邵某玉、谢某媛不构成强迫劳动罪。本案判决结论显然采纳了缓和说的立场。

三、延伸思考

从上述对比中可以看出，缓和说的处罚范围要大于压制说的处罚范围。之所以存在这样的区别，是因为这两种观点为强迫劳动罪设定的目的不同。缓和说希望尽可能规制一切影响被害人选择劳动与不劳动自由的行为，以达到保护劳动者权益的目的。可以说，缓和说是一种以劳动者为中心的学说，旨在充分保障宪法赋予公民的劳动权。与之不同，压制说受到社会相当性观念的影响，希望将那些虽然具有强迫性质，但是具有社会相当性的强迫劳动行为从本罪的实行行为中排除出去。换言之，由于劳动关系具有特殊性，劳动者总是受到各种因素的牵制，因此将所有影响选择劳动或者不劳动自由的行为一律纳入本罪的做法，并不可取。

由此可见，虽然压制说也承认本罪的法益是国民的劳动自由，但是它还同时顾及本罪实行行为的定型性。其目的是尽量明确实行行为的判断标准，限制本罪的适用范围，争取做到既能充分保障劳动者的法益，也不让雇主动辄得咎。我国司法实践目前主要采用缓和说作为认定强迫劳动罪的标准，虽然这在事实上最大限度地保护了劳动者，但是也不得不承认，该说依然有不当扩大处罚范围的嫌疑。因此，在司法实务中应适当考虑压制说的观点，对于那些仅影响劳动者意思自由，却在客观上没有剥夺劳动者选择不劳动的自由的行为，不宜认定为强迫劳动罪。

（邓卓行　撰写）

76 财产罪的保护法益

案情简介

被告人刘某昌、徐某军均为吸毒人员。刘某昌得知张某（已判刑）处有毒品，即与徐某军商量将该毒品盗走。徐某军找薛某军让其找人帮助实施盗窃，为此薛某军找到刘某和李某彬。2000年9月13日20时许，刘某昌、徐某军、薛某军、刘某、李某彬进入张某宿舍，盗走张某存放此处的耐克牌蓝色旅行包1个，内有安非他命类毒品MDA药片4万余片，总计10余千克，及密码箱（价值人民币400元）1个，内有快译通掌上电脑1个（价值人民币930元）。

裁判要旨

一审法院认为，被告人刘某昌、徐某军、薛某军、刘某以非法占有为目的，采用秘密窃取的手段，盗窃安非他命类毒品MDA药片达10余千克，4万余片，其行为均已构成盗窃罪，依法应予惩处。鉴于被告人刘某昌、徐某军、薛某军有一定立功表现，对上述三人所犯盗窃罪从轻判处。一审宣判后，被告人薛某军不服，提出上诉。二审法院认为，薛某军及刘某昌、徐某军、刘某以非法占有为目的，采取秘密窃取的手段，盗窃安非他命类毒品MDA药片10余千克及密码箱等物品的行为，均已构成盗窃罪，但一审判决未认定上诉人薛某军属于自首，遂维持一审判决对刘某昌、徐某军、刘某的定罪量刑；撤销对薛某军所犯盗窃罪的量刑部分，改判有期徒刑六年，罚金人民币六千元。[1]

评析意见

一、关键问题与裁判思路

本案的关键问题是，盗窃毒品等违禁品的，应当如何定罪量刑？对此，

---

[1] 薛佩军等盗窃案//中华人民共和国最高人民法院刑事审判第一、二、三、四、五庭. 中国刑事审判指导案例4（侵犯财产罪）. 北京：法律出版社，2017：235-236.

本案主审法官在后续的解说中指出，根据司法解释的规定，盗窃毒品等违禁品的，也构成盗窃罪。但由于毒品本身不受法律保护，没有合法的市场交易价格，此时并不是以数额大小而是以情节轻重作为定罪量刑的依据，并以盗窃毒品的种类、数量、数额作为判断盗窃情节轻重的参考。即，毒品的数额本身不是量刑依据。本案中，被告人盗窃安非他命类毒品 MDA 药片 10 余千克、4 万余片，即使参考黑市交易价格计算，其数额亦属特别巨大。根据本案的犯罪情节，法院在情节特别严重的法定刑幅度内追究被告人的刑事责任是适当的。①

二、相关学理分析

盗窃、诈骗、抢劫毒品等违禁品的案件近年来时有发生，尽管目前司法实践对于这类行为应当作为犯罪处理这一点并无太大争议，但对于具体的定罪量刑仍存在较大差异。下文在梳理相关司法解释的基础上，结合财产犯罪的保护法益理论，对盗窃毒品的可罚性及量刑问题展开讨论。

（一）处罚盗窃毒品行为的规范依据

2013 年最高人民法院、最高人民检察院《关于办理盗窃刑事案件适用法律若干问题的解释》（以下简称《盗窃解释》）第 1 条第 4 款规定："盗窃毒品等违禁品，应当按照盗窃罪处理的，根据情节轻重量刑。"不难看出，实务中对于盗窃违禁品行为的量刑标准，经历了从数额到情节的转变。这种转变的原因，是因为意识到毒品作为违禁品，不宜在裁判文书中正式确认其价格，否则隐含着默许毒品交易的价值判断。然而，单纯以情节作为量刑标准，可能存在疑问。原因在于，盗窃罪的基本构成要件包括盗窃公私财物，数额较大，或者多次盗窃、入户盗窃、携带凶器盗窃、扒窃，而"情节严重"属于盗窃罪的加重情形，适用该规定的前提是行为符合盗窃基本犯的构成要件，在行为不符合基本构成要件时，不应直接按照加重情形定罪量刑。据此，在被告人盗窃毒品的场合，如果不存在入户盗窃、扒窃等情形，就只有在涉案毒品的非法交易总价大体上符合"数额较大"标准时，才能认定为盗窃罪。②不过，在本案中不存在前述困难，因为各被告人盗窃毒品的方式是潜入被害人的宿舍，属于入户盗窃，此时只需将涉案毒品的种类、数量、数额等因素作为认定情节是否严重的参考即可。因此，法院在本案中的定罪结论符合司

---

① 薛佩军等盗窃案//中华人民共和国最高人民法院刑事审判第一、二、三、四、五庭．中国刑事审判指导案例 4（侵犯财产罪）．北京：法律出版社，2017：237．

② 这种对毒品非法交易价格的具体考察，可以不直接反映在裁判文书中。也即，如果达到"数额较大"标准的，就参考其他因素，以"情节严重"量刑；如果未达到这一标准的，则应以"情节显著轻微、危害不大"出罪。

法解释的规定,量刑亦属适当。

(二) 违禁品与财产罪的保护法益

盗窃毒品行为的可罚性,还与财产犯罪的保护法益息息相关。目前我国关于财产犯罪保护法益的讨论,主要围绕着日本刑法学中本权说和占有说的对立展开。

本权说认为,财产犯罪的保护法益是所有权及其他本权,而占有说主张,占有才是财产犯罪的保护法益。这种对立的实质在于对以下三个命题的不同理解:(1)财产犯罪的对象范围,前者认为财产犯罪的对象只是他人有权占有的财物;后者认为无权占有物也受刑法保护。(2)刑法对于私力救济的态度,前者一般允许私力救济,后者则禁止私力救济。(3)刑法在可罚性的判断上,是从属于还是独立于民法。① 此外还存在各种中间说,其中比较有力的是平稳的占有说与合理的占有说,它们的出发点都在于刑法只保护一部分的占有。平稳占有说认为,占有原则上受刑法保护,但对财物的非法占有,相对于权利人恢复或者行使权利的行为而言,不是盗窃罪的保护法益。② 合理占有说则主张,侵犯财产罪是否成立,需要考虑占有的背后是否有值得保护的利益,对于私力救济原则上应当禁止。但刑法保护占有并非无边无际,只有那些有一定根据的、大体基于合法财产权的占有,才是值得刑法保护的占有。③

具体到违禁品上,如果采取本权说,由于难以认为违禁品的持有者对其具有所有权,那么盗窃他人占有的违禁品的,就不能认定为盗窃罪。我国传统刑法理论则认为,既然《刑法》第64条规定犯罪分子违法所得的违禁品应当予以没收,那么就应当认为,违禁品的所有权属于国家,从而可以成为盗窃罪的犯罪对象。④ 但在笔者看来,这种观点并不合理,因为没收违禁品是国家对违法所得的一种非刑罚化的处理方式,其本质上是一种行政行为,而不是因为国家对违禁品具有所有权。如果按照前述逻辑,自违禁品被制造出来后,其所有权归属于国家,但这显然与社会观念相悖。实际上,国家在缴获违禁品之前,甚至无法认识到违禁品的存在。因此,如果按照所有权说,只有对他人(不限于国家工作人员)依职权合法占有下的违禁品实施盗窃、抢劫等行为,才成立相应的犯罪。

按照占有说来论证盗窃违禁品行为的可罚性原则上不存在阻碍。因为主体对违禁品的占有是一种事实性支配,不会由于支配的对象是违禁品而受到

---

① 徐凌波. 财产罪法益的讨论范式及其解构. 中外法学,2018 (1):86-87.
② 张明楷. 侵犯人身罪与侵犯财产罪. 北京:北京大学出版社,2021:174.
③ 周光权. 刑法各论. 4版. 北京:中国人民大学出版社,2021:101-102.
④ 王作富. 刑法分则实务研究(中). 4版. 北京:中国方正出版社,2010:1056.

影响，故值得刑法保护。中间说则倾向于认为，对违禁品的占有属于需要通过法定程序来改变现状（恢复应有状态）的占有，如果盗窃他人占有的违禁品，就是破坏了在经过法定程序没收违禁品之前的占有状态，使得对违禁品的追缴、没收更加困难，因此构成盗窃罪。①

不过，前述思路仍然存在疑问。首先，在行为人故意销毁他人占有的毒品的场合，因为这种占有受刑法保护，那么就应当构成故意毁坏财物罪，但这种行为显然属于对社会有益的行为；其次，如果认为对违禁品的占有能够对抗他人的侵夺行为，那么在他人盗窃毒品的场合，非法持有毒品的人就可以实施正当防卫，这亦与社会观念不符。② 亦即，占有说强调保护社会的平稳状态，但如果对于违禁品也施加同样的保护的话，似有矫枉过正之嫌。实际上，违禁品在不同的人之间转手，并不会对国家追缴违禁品带来明显的困难，而且这种流动的频繁性，反而可能导致违禁品更容易被发现。

（三）讨论范式的转换

近年来，部分学者开始跳出本权/占有的研究范式，转而引入德国对财产犯罪保护法益的讨论。德国与日本的财产犯罪体系有较大差异，其是以对财产的侵害和保护作为讨论的出发点。德国刑法学将财产犯罪分为侵害他人所有权的犯罪（盗窃、侵占、抢劫等），以及侵害他人整体财产利益的犯罪（诈骗、敲诈勒索、背信等）。前者不重视被害人财产在整体上的减损；后者则要求被害人的财产总量有所减损，例如欺骗他人以市场价格购买不需要的商品时，由于被害人的财产总量并无减损，因此不构成诈骗罪。③ 在这种体系下，不同的财产犯罪共通的要素是"财产"，因此德国对于财产犯罪保护法益的讨论，主要围绕着什么是刑法上的财产而展开。

具体而言，法律的财产说认为，财产就是财产性权利的总和，不被以民法为核心的法律所承认的主张或利益，不能被认定为财产；经济的财产说主张，财产就是所有具有经济价值的物或者利益，即便是通过非法或者违反公序良俗的行为所获取的物或利益，只要其具有一定的经济价值，依然是刑法上的财产；处于二者之间的则是法律—经济的财产说，其认为有经济价值的物或者利益原则上都是刑法上的财产，但是同时又要求相应的物或利益必须为法秩序所承认。④ 法律—经济的财产说是德国的通说，经济的财产说也比较有力。

---

① 张明楷. 刑法学. 6版. 北京：法律出版社, 2021：1216.
② 高翼飞. 侵犯财产罪保护法益再探究——为本权说辩护. 中国刑事法杂志, 2013 (7)：52.
③ 王钢. 德国判例刑法（分则）. 北京：北京大学出版社, 2016：151.
④ 江溯. 财产犯罪的保护法益：法律—经济财产说之提倡. 法学评论, 2016 (6)：89；蔡桂生. 刑法中侵犯财产罪保护客体的务实选择. 政治与法律, 2016 (12)：36.

如果按照经济的财产说，由于毒品等违禁品具有经济价值，故对其实施的盗窃行为，也构成犯罪，这和司法解释将毒品作为财产犯罪对象的做法具有契合性，操作起来也更为便利。不过正如前文指出的，司法解释一方面承认盗窃、抢劫毒品的行为构成财产犯罪，另一方面却不允许按照违禁品的经济价值（数额）量刑，与该说的基本立场相悖。此时存在两种解决思路，一是坚持经济财产说，回归原先的按照交易价格确定犯罪数额的思路，或者对目前按照情节认定犯罪的思路予以变通，更多地参考交易违禁品的数量和价格[①]；二是采取法律——经济的财产说，认为毒品等违禁品不属于法律保护的财物，虽然具有经济价值，但对其实施的盗窃、抢劫行为不构成财产犯罪。这两种思路各有优势，前者能够满足实践中的处罚需求，也与司法解释的文义相一致；后者则更加鲜明地表达了反对违禁品进入市场交易，刑法只保护合法利益的立场，在适用的过程中矛盾更少。这也反映出，德国的财产犯罪法益理论对中国问题有较强的借鉴意义。

三、延伸思考

值得思考的问题是，司法解释处罚盗窃、抢劫毒品的行为，是否意味着我国不存在采取法律——经济的财产说的空间？在笔者看来，最为理想的路径是在财产犯罪的保护法益问题上采取该说，同时将学理和司法解释的矛盾留至未来解决。根据法律——经济的财产说，针对违禁品虽然能够建立起占有，但由于违禁品不被法秩序保护，故这种占有自违禁品被制造开始，就属于非法占有，侵害这种占有的行为之所以具有可罚性，并不是因为这种占有值得保护，而是因为违禁品的存在和流通侵害了社会公共利益。至于这种对社会公共利益的侵害是否具有可罚性，则应当根据违禁品本身的危险程度来确定。刑法将抢劫、抢夺、盗窃枪支、弹药、爆炸物、危险物质的行为专门规定在危害公共安全罪中，而非规定在财产犯罪中，也正是基于它们对于公共安全的危险性，而非经济价值。在未来的立法中，可以考虑在危害社会管理秩序罪中增设"抢劫、抢夺、盗窃违禁品罪"，以解决抢劫、抢夺、盗窃毒品等违禁品的可罚性问题。

（蒋浩天　撰写）

[①] 正如前文所指出的，既然"情节严重"属于盗窃罪的加重情形，只有在满足基本构成要件时才能考虑，那么在认定盗窃毒品行为的可罚性时，除非存在入户盗窃、扒窃等情形，否则不可能杜绝对毒品经济价值的考量。

77 财产占有关系

案情简介

2015年7月17日10时许,被害人将放有2万元现金的信封遗忘在银行填单台上,随后在填单台视线范围内的银行等候区座位上低头看手中的读物。正等候办理业务的被告人周某某看到填单台上有一信封,悄悄确认内有钱款后,将信封藏入自己的包内并离开。10时30分许,仍在原地的被害人发现钱款丢失,但无法想起具体丢在何处,在银行四处寻找未果后报警。同年7月29日,民警至周某某的住处询问,周某某承认在银行捡到人民币2万元,并于8月3日通过派出所将2万元归还被害人。

裁判要旨

一审法院认为,被告人周某某因一时贪念,在银行大厅内拿走他人遗忘的钱款,该行为虽有违中华民族拾金不昧的道德风尚,应予谴责,但不符合盗窃罪的构成要件,遂判决周某某无罪。[1] 一审宣判后,检察院提起抗诉,二审法院认为,周某某非法占有的被害人一只装有现金的信封,系被害人丢失的遗忘物,不是被害人或银行相关人员控制或占有的财物,周某某没有采用秘密窃取的方式获取财物,不能以盗窃罪认定,遂裁定驳回抗诉,维持原判。[2]

评析意见

一、关键问题与裁判思路

本案的关键问题在于,涉案财物(被害人遗忘在银行填单台上的现金)是否属于遗忘物?如果认为涉案财物仍处于他人的占有之下,则被告人以非

---

[1] 参见上海市杨浦区人民法院(2015)杨刑初字第1209号刑事判决书。
[2] 参见上海市第二中级人民法院(2016)沪02刑终850号刑事裁定书。

法占有为目的,将其取走的行为构成盗窃罪;如果认为涉案财物属于遗忘物,则被告人的行为属于将遗忘物非法据为己有,不构成盗窃罪,此时由于被告人后来通过公安机关将涉案财物返还给被害人,不满足侵占罪"拒不交出"这一要件,也不构成侵占罪,因而只能按无罪处理。

本案中,一审法院得出了无罪的结论。公诉机关抗诉认为,被告人的行为应成立盗窃罪。主要理由包括:(1)银行是从事金融服务的特定场所,对外开放公共性有限,同时银行内有保安人员等安全措施,在银行内短暂离开身体的财物相对比较安全;(2)被害人主观上始终未放弃对该财物的控制,且填单台与等候区座位距离近,涉案财物脱离被害人的时间短,当时办理业务的人数极少,能够认定被害人仍然保持对该财物的占有;(3)被害人的一系列举动,均在被告人近距离视线范围内,且当时等候区只有三人,被告人应当知道装有现金的信封可能是被害人失落,但被告人没有进行任何询问、核实就迅速将涉案财物藏在包内离开银行,被告人实施的行为不是公开捡拾,而是秘密窃取。①

对此,二审法院认为,盗窃的对象应当是他人实际控制或占有的公私财物,其特征是,他人在客观上已经对财物实际控制或支配,在主观上已经形成了控制或支配财物的意识,本案中涉案财物不符合上述特征,故对被告人的行为不能以盗窃罪论处。主要理由包括:(1)被害人未意识到自己将涉案财物遗落在填单台上,发现涉案财物丢失后,也无法回忆起丢失的具体位置,其已经丧失了对财物的控制;(2)银行虽然属于公共场所,但并无监管顾客遗忘物的义务,且银行工作人员始终没有发现或者意识到在填单台上有遗忘的涉案财物,缺乏控制、支配的意思,不能认定银行对于涉案财物存在第二重占有;(3)被告人虽然在主观上具备非法占有目的,客观上也实施了非法占有他人财物的行为,但其非法占有的财物属于遗忘物,故对其行为不能以盗窃罪认定。②

二、相关学理分析

占有是财产犯罪的核心课题③,根据财物是否被他人占有(占有的有无),可以区分盗窃罪与脱离占有物侵占;根据财物是否被行为人占有(占有的归属),可以区分盗窃罪与委托物侵占。下文在介绍相关学理的基础上,对本案的裁判理由进行探讨。

---

① 参见上海市第二中级人民法院(2016)沪02刑终850号刑事裁定书。
② 参见上海市第二中级人民法院(2016)沪02刑终850号刑事裁定书。
③ 我国刑法学者对占有问题讨论的梳理,参见车浩.占有概念的二重性:事实与规范.中外法学,2014(5):1180-1182.

（一）刑法中占有的判断方法

民法和刑法都使用占有概念。民法上的占有，是指民事主体控制特定物的事实状态。① 刑法上的占有同样强调主体对财物的事实性支配关系，但刑法理论普遍认为，刑法上的占有不同于民法。被民法承认的间接占有、占有继承等观念上的占有类型，在刑法上均不属于占有，而民法上的占有辅助人则可能基于对财物的事实性支配，而在刑法上具有占有。在财产犯罪中，不能根据《民法典》中关于占有的规定来判断占有的存在和归属。

那么，如何判断是否存在刑法上的占有呢？显然，事实因素是认定占有的核心，当主体对物具备物理上的控制，且排除他人的干涉时，肯定占有的存在并无疑问。典型的例子如拿在手中的皮包、放在脚边的行李箱等。然而，单纯按照事实上的支配关系来认定占有，对于那些和主体在空间上联系较弱的物，如长期旅行在外的人家中的财物、停在路边的自行车、农夫遗忘在田间的农具、随处跑动的宠物等，很难认为存在明显的事实支配，但此时若否定占有的存在，则与社会观念不符。有鉴于此，德国、日本的通说均主张应当在占有概念中引入社会—规范的因素，主体对于某物的事实支配（拿取可能性）越强，就越不需要要求"社会上对于此支配的承认"；反之如果社会上对于某人对某物的支配的承认越强，事实上该物的拿取可能性就可以越弱。② 此外，刑法中的占有虽然也要求占有意思，但其只是一种自然的、事实性的支配意志，在大多数情形下仅对认定客观上的事实性支配起补充作用。即使是儿童和精神病患者也具有占有意思，当占有者对一定范围内的物品具有概括的占有意思时，即可能够认定其对该范围内的全部物品具有占有意思，而无须对每个处于该范围内的物品存在认识。③

据此，认定刑法中的占有，首先应当考察事实上的支配是否明显，当事实上的支配减弱时，则须结合规范性的因素对占有进行补强。只有主体在社会一般观念下，完全丧失对物的事实支配，或者完全缺乏占有、控制财物的意思的，才能否认占有的存在。具体而言，存在以下几种类型：（1）处于某人的事实性支配领域内的财物，即使没有处于持有或者看护状态，也为其所占有；（2）即使处于某人的支配领域之外，如果能推定存在该人的事实性支配，也可以认定占有；（3）作为特殊情形，对于有回到主人身边习性的动物（猎犬等），也可认为他人的事实性支配延伸至此；（4）某人即使失去了对财物的占有，若该财物已经转移至建筑物的管理者等第三人的占有之下，则仍

---

① 孙宪忠. 中国物权法总论. 4 版. 北京：法律出版社，2018：182.
② 英格伯格·普珀. 法学思维小学堂，蔡圣伟，译. 北京：北京大学出版社，2011：26 - 27.
③ 王钢. 德国判例刑法（分则）. 北京：北京大学出版社，2016：157.

然可以肯定占有[1]；(5) 行为人主观上明确有抛弃、放弃占有的意思，或者忘记财物所处位置，且时间、空间距离较大的，应当否认占有存在。[2]

（二）占有松弛场合下的犯罪认定

本案中，被害人将涉案财物遗忘在银行填单台，其对财物的事实支配属于削弱的状态，此时如果严格按照事实性支配的标准，似乎可以认为其已丧失了对涉案财物的占有。然而在本案中，被害人当时距离填单台并不远，随时都有想起财物丢失，或者发现涉案财物的可能。在这种（事实性的）占有陷入松弛状态的场合，如何根据社会的一般观念来确定被害人是否已经完全丧失了占有，就成为需要讨论的问题。

对此，日本最高裁判所在1957年的判例中是以被害人自遗忘物至想起财物丢失后，折返回来寻找财物之间的间隔时间（5分钟），以及从忘记财物的地点与折返地之间的距离（约19.58米）作为判断材料，进而肯定被害人的占有；而在2004年的判例中，最高裁判所未强调被害人想起财物丢失而折返这一事实，而是强调在被告人获取财物的时点，被害人与财物之间的距离（约27米），进而肯定被害人的占有。[3] 在笔者看来，后一个判例更具参考价值，因为被害人是否存在占有的判断时点，应当与被告人的实行行为相一致，被害人究竟何时想起财物丢失，以及此时距离财物的距离，并不是应当重点考察的因素。[4] 因此判断被害人是否对涉案财物存在占有，就是要判断在被告人取得涉案财物时，被害人与涉案财物在时间和地点上的接近程度，以及被害人恢复事实性支配的可能性大小。

（三）关于被告人刑事责任的分析

本案中，当被告人获取涉案财物时，涉案财物就在被害人的视线范围内，只要被害人意识到财物丢失，就有能力随时恢复事实性支配。虽然后续案情

---

[1] 西田典之，桥爪隆. 日本刑法各论. 7版. 王昭武，刘明祥，译. 北京：法律出版社，2020：162.

[2] 周光权. 刑法各论. 4版. 北京：中国人民大学出版社，2021：110.

[3] 前一个判例的基本案情是：被害人在公共汽车检票口排队，将照相机放搁在地上，随着队伍往前，在快走到检票口时，被害人才意识到自己忘记了照相机，于是返回寻找，但此时照相机已被被告人拿走。期间时间间隔约5分钟，遗忘相机的距离与被害人折返的地点约19.58米。后一个判例的基本案情是：被害人将小挎包遗忘在车站附近的公园长凳上并径直走向车站，当被害人行至距离长凳约27米时，被告人乘机拿走了挎包，而被害人在离开现场约2分钟，距离长凳约200米时才发现自己忘记了挎包。对这两个判例的详细讨论，参见山口厚. 从新判例看刑法. 3版. 付立庆，刘隽，译. 北京：中国人民大学出版社，2019：159页以下.

[4] 也有学者认为，被害人意识到遗忘了财物而折返过来的地点并非没有意义，因为很多时候难以就被告非法获取财物的时被害人的位置进行举证。从"存疑有利于被告"的角度看，就应该以现场与被害人折返的地点之间的距离为标准。桥爪隆. 论盗窃罪中的占有，王昭武，译. 法治现代化研究，2019（1）：178.

表明，被害人并未想起具体将涉案财物丢在何处，但这很大程度上是因为此时被告人已将涉案财物取走。因此，只要将占有的判断时点确定为被告人实施行为时，并且从规范的层面考察占有关系，就应当肯定被害人对涉案财物仍然具有占有。

更重要的是，即使认为被害人已经丧失了对涉案财物的占有，也不能贸然认为涉案财物属于遗忘物，而是要继续讨论占有是否被转移至场所的管理者（银行工作人员）。这是由于，排他性地对一定场所进行支配者，对处于该场所内的财物也存在占有。对此有观点认为，如果承认银行可能对顾客的财物存在占有，那么公民进入银行后所携带的财物自然就成为银行有关人员控制或占有下的财物，该财物一旦灭失，银行或者工作人员就应当承担民事赔偿责任，这显然不合理。① 然而，一旦引入规范的视角，前述担忧即可迎刃而解。德国刑法理论认为，占有代表的是一种社会观念下的"禁忌领域"，其意味着除占有人外，其他人不得随意地碰这个东西。被社会承认的占有领域，首先包括房屋和住宅，其次包括个人本人、其身着之衣物以及随手所拿的物品，在占有领域内的财物，一概由该领域的主人所占有。② 此时领域的主人只需要具有概括的占有意思即可，无须考虑具体占有了哪些财物。而在顾客随身携带财物进入银行的场合，虽然财物进入了银行的占有领域，但由于其原本处于顾客的占有领域内，从而形成了一种占有领域的重叠，即"占有飞地(Gewahrsamsenklave)"，在这种情形下，占有的归属取决于对占有领域背后的社会观念的衡量③，此时对银行这一公共领域的尊重，要让位于顾客的身体隐私，故只有在财物脱离顾客身体领域的场合，才会转由银行占有。

判断场所管理者对财物的占有，需要考虑场所的封闭性、排他性程度。一般认为，在旅馆、银行、浴室、出租车等场所，通常应肯定被害人遗失财物后，对财物的占有转移至场所管理者。而在大型超市、大型餐厅、正在行驶的列车等场所遗失物品的，则不能肯定占有的转移。总之，对于是否存在占有，要根据具体的案情进行判断，即使是在餐厅或者咖啡馆的座位上的遗忘物，根据该餐厅的管理情况以及客人的入店方式等，其结论也可能有所不同。④ 本案中，在被告人取得涉案财物的时点，即使认为此时涉案财物已脱离了被害人的占有，但从其位置（银行填单台）、外观（装在信封内），以及当时等候区只有三人等因素看，也足以肯定涉案财物的占有转到了银行管理者

---

① 李敏，费晔. 占有他人遗忘物后又归还不构成犯罪. 人民司法, 2017 (35): 20.
② 徐凌波. 存款占有的解构与重建——以传统侵犯财产罪的解释为中心. 北京: 中国法制出版社, 2018: 336 - 337.
③ 徐凌波. 论财产犯的主观目的. 中外法学, 2016 (3): 738.
④ 桥爪隆. 论盗窃罪中的占有, 王昭武, 译. 法治现代化研究, 2019 (1): 176.

之下,至于银行工作人员是否现实地发现或者意识到在填单台上有他人丢失的财物,亦不影响占有的成立。综上所述,本案中涉案财物不属于遗忘物,被告人构成盗窃罪。①

三、延伸思考

本案集中反映出理论和实务在占有问题上的理解差异。在笔者看来,法院的裁判思路很可能受以下几方面因素的影响:(1)将占有理解为纯粹的事实概念,在占有松弛的场合,容易忽略占有的规范性因素,而径行否认占有的存在;而在占有转移的场合,则会要求场所管理人具有现实的占有意思。(2)将占有的判断时点后置至被害人发现财物丢失时,导致过度纠缠于被害人无法回忆起财物位置这一事实。(3)将传统刑法理论中的遗忘物概念②作为大前提,在占有松弛的场合,考虑到涉案财物确实是被害人"忘"在填单台上的,进而得出属于遗忘物的结论,而忽视了遗忘物本质上属于未被他人占有的物。这些认识源自日常语言的陷阱,而忽略了占有的规范性,是值得反思的。

(蒋浩天 撰写)

---

① 如果有证据表明,在当时的情形下社会一般人会将涉案财物认定为遗忘物,那么可以认为本案中存在抽象的事实认识错误(被告人误以为被害人未占有财物,实际上被害人占有着财物),从而否定盗窃罪的成立,此时由于被告人最终返还了财物,亦不构成侵占,从而能够和法院得出相同的无罪结论。

② 我国传统刑法理论认为,所谓遗忘物,通常是指财物的所有人或持有人有意识地将自己持有的财物放置在某处,因一时疏忽忘记拿走,而暂时失去控制的财物。贾宇. 刑法学:下册·各论. 北京:高等教育出版社,2019:169.

78 转化型抢劫罪的"当场"

案情简介

被告人李某豪预谋以购车为名抢车，在网上看到被害人谢某卫发布的二手车信息后，通过电话与对方取得联系，并与对方约定了看车地点。2015年3月11日15时许被告人李某豪携带枪支来到约定地点北京市朝阳区某洗浴中心门前停车场，谢某卫的侄子谢某冬、弟弟谢某军驾驶欲售车辆前来商谈买卖事宜。后李某豪提出试驾要求，谢某军坐上副驾驶位置陪同，谢某冬在车外等候，李某豪开车进行试驾。试驾过程中，李某豪提出由谢某军进行驾驶，自己要查看车辆其他问题。李某豪利用谢某军下车准备换位置不备之际，迅速驾车逃离。谢某军见状立即打电话告知谢某冬，谢某冬赶紧找了其他车辆追赶，追了一段没有发现李某豪去向。谢某冬随即打电话将情况告知车主谢某卫，谢某卫根据被抢车辆上安装的 GPS，在手机上对被抢车辆进行定位，自己开车去追，同时让朋友刘某才协助追赶。谢某卫用电话告知刘某才车辆的位置信息，刘某才带领秦某福按照指示追赶并在西城区右安门附近截住李某豪。李某豪见状掏出枪支对刘、秦两人进行威胁，逼他们让开道路后驾车逃离。当日18时30分许，被告人被公安机关抓获归案。

裁判要旨

一审法院审理认为，被告人李某豪抢夺汽车被追上后，为抗拒抓捕而持枪进行威胁，其行为侵犯了他人的财产权利和人身权利，已构成抢劫罪，依法应予惩处。一审法院以抢劫罪判处被告人李某豪有期徒刑十年，剥夺政治权利二年，罚金人民币两万元。一审宣判后，被告人李某豪未提起上诉，公诉机关亦未抗诉，判决已发生法律效力。[①]

[①] 参见北京市朝阳区人民法院（2016）京 0105 刑初 39 号刑事附带民事判决书。

评析意见

一、关键问题与裁判思路

本案的关键问题在于被告人已经抢夺汽车并驾驶逃离后,在案发现场十多公里外为窝藏赃物、抗拒抓捕或者毁灭罪证而使用暴力或者暴力相威胁的,是否满足转化型抢劫罪所要求的"当场"之成立条件。本案中被害人在追赶被告人时,空间上的距离较大且已经超出了肉眼可以观察到的范围,本案审理法官肯定构成转化型抢劫罪的主要依据在于,被害人可以通过 GPS 定位的方式即时掌握被告人的位置,亦即,先进仪器和设备的应用客观上使得人的"视线范围"不再局限于肉眼观察。本案中被告人的行踪位置始终处于被害人的掌握之中,且追捕行动整体上看也是一直持续的,因此即便被告人抢夺行为发生地距离被截获地有十多公里之远,这段距离也应被视为抢夺现场的延长,最终得出依然满足"当场"之成立要件的结论。

二、相关学理分析

我国《刑法》第 269 条规定,犯盗窃、诈骗、抢夺罪,为窝藏赃物、抗拒抓捕或者毁灭罪证而当场使用暴力或者以暴力相威胁的,依照第 263 条(抢劫罪)的规定定罪处罚。本条所规定的转化型抢劫罪是抢劫罪的扩张形态,只有当行为人为了达到法所规定的目的而当场实施暴力、胁迫行为时,才能肯定具有与抢劫罪相似的罪质而适用抢劫罪的相关规定。

(一)关于"当场"的判断

如何认定"当场"是实务及理论界均存在争议的问题,目前存在以下四种主要见解。

1. 先行行为现场说。本说重视转化型抢劫罪与抢劫罪的同质性,但过于限缩当场的认定范围。该说认为只有在实施盗窃、诈骗、抢夺等先行行为的当场才能够成立转化型抢劫罪。[①] 当场被理解为"此时此地",要求暴力、胁迫行为与盗窃等先行行为发生在同一时间、空间。

2. 目的行为(后行为)现场说。该说认为在与法条所规定的窝藏赃物、抗拒抓捕或毁灭罪证相关的地方实施暴力、胁迫行为即可成立事后抢劫,该说将时间条件和空间条件均被无限放宽了,在个案中往往会得出不妥当的结论。譬如在"李成坤、钟某某盗窃、抢劫案"中,被告人李成坤与其同伙在不同地点成功撬开两辆两轮摩托车锁后,已经将车辆驶离现场转移至市区一

---

① 王作富.刑法.2 版.北京:中国人民大学出版社,2005:425.

处地点停放,盗窃行为已经完成。当日傍晚正在被告人李成坤更换车牌,执法人员根据线索寻至该地点执行抓捕时,李成坤持刀反抗,法院认定这一暴力行为发生在窝藏赃物的现场,为抗拒抓捕而当场使用凶器致人轻微伤,应成立转化型抢劫罪。①

3. 现场及紧密延伸的场所说。该说认为当场既包括实施盗窃、诈骗、抢夺行为的现场,也包括从现场紧密延伸的场所,譬如行为人从犯罪现场逃离时被他人追赶的,虽然有时间、空间的经过和变动,但行为人为窝藏赃物、抗拒抓捕或者毁灭罪证而实施暴力、胁迫行为的,也应视为当场实施。②

4. 时间与空间紧密性说。该说认为当场是综合表示时间和空间的概念,只有当暴力、胁迫行为与盗窃等前行为具有时间与空间的紧密性时,才能认定为当场。③ 在行为人实施完盗窃、诈骗、抢夺等行为后,短暂离开犯罪现场后就被发现时属于当场,或者行为人实施前行为后当场就被发现而追捕,整个追捕过程即便有短暂的中断,但由于没有完全摆脱追捕人,依然可以认定为当场。这一观点强调在时间和空间两个维度内,暴力、胁迫的后行为与盗窃等先行为之间都必须具有紧密性,短暂中断时也能够肯定具有紧密性。相较于前述第一种观点,"当场"在紧密性的限制下,对时间和场所的范围进行了扩张的认定。

(二)关于被告人刑事责任的分析

应当说,前述将当场理解为现场的主张是不合理的,现场及紧密延伸的场所说属于扩张解释的范畴,其着眼于判断暴力、胁迫行为是否发生在盗窃等先行为的机会持续过程中,因为在前财产犯罪行为机会持续的过程中,始终存在行为人与被害人利益尖锐、紧迫对立的状况,在这种情形下,基于法定目的实施暴力、胁迫行为,极容易因为这种相互对立的不断升级而给被害人的生命、身体带来重大危险。④ 因此,现场及紧密延伸的场所说应当成为司法实务中认定当场的指引。本案中,被告人驾车逃离距离较远,已经超越了被害人"目力所及"的范围,但还能肯定其构成转化型抢劫罪,因为按照"现场及紧密延伸的场所说",被害人可以通过技术手段即时掌握被告人的位置,且持续不断地对被告人进行追捕,被告人的行踪轨迹始终处在从现场紧密延伸的场所范围内,符合"当场"的概念要求。

三、延伸思考

抢劫罪的结构是"暴力/胁迫+取得财物",而转化型抢劫罪的结构相反,

---

① 参见广东省汕尾市人民法院(2018)粤 1502 刑初 298 号刑事判决书。
② 周光权. 刑法各论. 4 版. 北京:中国人民大学出版社,2021:122.
③ 张明楷. 刑法学:下. 6 版. 北京:法律出版社,2021:1281.
④ 桥爪隆. 论事后抢劫罪,王昭武,译. 法治现代化研究,2019(5):193-194.

表现为"取得财物＋暴力/胁迫",转化型抢劫罪若要与抢劫罪适用相同的处罚,就需要使其具备"以抢劫罪"定罪处罚的实质法益侵害性。先行行为现场说着眼于抢劫罪与转化型抢劫罪结构之间"取得财物"与"暴力/胁迫"前后顺序的区别,尽可能限缩先行行为与暴力胁迫之间时间和空间上的距离的思路,使得转化型抢劫罪成立范围过窄,譬如行为人当场被发现因而被追捕,当追捕时间较长或者案发地和截获地空间距离较大时,就无法满足"此时此地"的要求,但是被害人追捕状态一直持续时,仅凭暴力、胁迫行为与先行行为时间、地点不同一否定成立转化型抢劫罪,显然不是妥当的结论。前述"时间与空间紧密性说"一定程度上通过扩张时间、空间两个维度的范围,使得转化型抢劫罪成立不必机械地局限于实施盗窃等先行行为的时间和场所。但是我们无法从中推导出,为何在时间与空间具有紧密性时,可以使行为人的暴力、胁迫转化为抢劫罪,而时空上的联系没有那么紧密时,便不再按照抢劫罪定罪处罚。

转化型抢劫罪之所以是抢劫的一种扩张类型并适用抢劫罪的法定刑,其处罚根据在于转化型抢劫罪都兼具财产犯罪和人身犯罪的双重性质,二者的法益侵害性密切相关。① 德国的抢劫性盗窃规定"在盗窃时被当场发现,为使自己保持所窃取财物的占有而对人使用暴力或者以对身体或生命的现实危险相胁迫的,等同于抢劫处罚",其中"盗窃时"意味着盗窃行为虽然既遂,但尚未实质性完结,行为人必须是虽然取得了对特定物品的占有,但尚未实现对该物的平稳占有,若已经获得了对物品的平稳占有,之后再实施强制手段的,不能再成立本罪。② 日本的事后抢劫罪成立要求暴力、胁迫行为发生在盗窃犯罪的现场或者是在盗窃机会的持续中③,这里的盗窃机会持续中指的是盗窃犯的占有仍然处于不稳定的状态,即尚未确保财物的完全占有。④ 之所以将转化型抢劫罪限定于行为人虽然前行为已经既遂但占有处于不平稳的阶段,是因为在这一阶段行为人针对被害人等所实施的暴力、胁迫行为,在通过暴力、胁迫来确保对财物的占有这一点上,与抢劫罪具有相类似的一面。且在尚未确保平稳占有的情况下,行为人实施暴力、胁迫来防止财物被追回、避免被发现或者遭受处罚,会引起针对被害人等的生命、身体的重大危险这一点上,也能够认定存在足以作为抢劫罪处罚的实质法益侵害性。

(沈晓白 撰写)

---

① 桥爪隆.论事后抢劫罪,王昭武,译.法治现代化研究,2019 (5):189.
② 王钢.德国判例刑法(分则).北京:北京大学出版社,279-280.
③ 山口厚.从新判例看刑法.2版.付立庆,刘隽,译.北京:中国人民大学出版社,2009:167.
④ 桥爪隆.论事后抢劫罪,王昭武,译.法治现代化研究,2019 (5):188.

79 非法占有目的

案情简介

被告人闫某系某供电所职工。2009年3月至2011年8月间,闫某以其姐姐用钱及其公公的纱厂用钱为由,向其亲戚7人借款98万元、向其同事李某等15人借款119万元,所借款项除借给其姐姐外,陆续用于个人做生意及做期货,并按约定支付利息104 340元。2011年9月下旬,闫某的期货出现巨额亏损,自2011年9月24日至2011年11月22日,闫某在明知做期货巨额亏损无力偿还借款的情况下,仍以其公公的纱厂用钱为名,向杜某等26人借款共计234万元,除1.9万元用于支付利息外,其余232.1万元用于其个人买卖期货,已全部赔光。

裁判要旨

法院认为,被告人闫某以非法占有为目的,多次虚构事实、隐瞒真相,骗取他人钱财,其行为已构成诈骗罪,且数额特别巨大。公诉机关指控的罪名及部分犯罪事实成立。对于闫某诈骗的钱款支付给被害人的本金、利息,因未实际占有,应从其诈骗总额中扣除。法院遂以诈骗罪判处被告人闫某有期徒刑十三年,并处罚金人民币五十万元;赃款继续予以追缴。[①] 宣判后,被告人闫某未提出上诉,检察机关未抗诉,本案一审判决生效。

评析意见

一、关键问题与裁判思路

本案的关键问题是,被告人闫某的行为属于民事借贷行为,还是诈骗犯罪?

对此,本案主审法官在后续的解说中认为,诈骗罪和民事借贷的核心区

---

① 参见山东省德州地区(市)中级人民法院(2012)德中刑二初字第42号刑事判决书。

别，在于诈骗罪是以非法占有公私财物为目的。认定行为人是否具有非法占有目的，应结合事前、事中、事后的各种主客观因素进行整体判断。如果行为人主观上并无非法占有目的，即使客观上使用了一些欺骗方法，由于其意志以外的原因，致使所借款物一时无力偿还，仍属于民事借贷纠纷。通俗地讲，民事借贷是由于客观原因一时无法偿还，即想还还不了；实施诈骗的行为人并非因为客观原因不能归还，而是根本不打算偿还，即能还而不还。本案中，被告人闫某自2009年3月至2011年8月期间确实为其姐姐借款70余万元，虽将以其公公的纱厂名义借的款项用于其个人做生意及期货，但无证据证实其具有非法占有目的。但自2011年9月下旬起，闫某因期货出现200余万元的巨额亏损后，仍以其公公的纱厂用钱为名，骗取其同事、朋友26人共计234万元。闫某作为电业公司的一名普通职工，在其做期货出现200余万元的巨额亏损后，已经认识到或者至少应该认识到已没有偿还能力，却继续借款投入期货这种高风险行为，终致无法归还借款而案发，其行为构成诈骗罪。根据诈骗罪的行为模式，行为人的非法占有目的应在取得被害人财产之前形成，不能因为借款人在借款后因为客观原因导致偿还能力发生重大变化，而认定其在借款时具有非法占有目的，故认定闫某具有非法占有目的的时间点为其做期货巨额亏损，并已经意识到或者至少应该意识到自己已无偿还能力时，不应将其所欠全部款项作为诈骗数额。①

二、相关学理分析

本案的法律适用并不复杂，但其涉及的问题在理论和实践中十分重要。下文结合相关学理，对如何区分民事欺诈和诈骗罪，以及非法占有目的的认定问题展开探讨。

（一）诈骗罪与民事欺诈的关系

随着"刑民交叉"案件的层出不穷，诈骗罪与民事欺诈的界限成为近年来的热门话题。刑事犯罪与民事违法的核心区别，在于前者符合刑法的构成要件，且不具有违法阻却事由，这样一来，讨论诈骗罪和民事欺诈的界限，就必须从诈骗罪的构成要件入手。正如张明楷教授所言，诈骗罪和民事欺诈不是对立关系，只要是诈骗罪，就一定是民事欺诈，所谓的诈骗罪与民事欺诈的界限，实际上只能是诈骗罪与不构成诈骗罪的民事欺诈的界限。②

一般认为，诈骗罪客观要件的基本构造是：（1）行为人实施欺骗行为；（2）对方产生（或维持）错误认识；（3）对方基于认识错误处分财产；（4）行

---

① 冯世联，郭伟伟. 诈骗罪中以非法占有为目的的时间点. 人民司法·案例，2014（2）：71-72.

② 张明楷. 刑法学：下. 6版. 北京：法律出版社，2021：1319.

为人或第三人取得财产；（5）被害人遭受损失。上述每一要素都需要和前一要素具有紧密的因果联系，这和民事欺诈具有相似性。① 不过，显然不能将所有的民事欺诈都上升为诈骗罪，这就需要实质地理解诈骗罪的构成要件，以此将具有刑法意义的欺诈行为筛选出来。

首先，需要考察行为人实施的欺骗行为是否针对交易过程中的关键事实。尽管都属于取得罪，但盗窃罪和诈骗罪的不法类型是完全不同的。盗窃罪侧重于保护权利人对财物支配状态的存续，属于"他人损害"型犯罪；诈骗罪则强调确保权利人在对财物进行支配和利用的过程中享有正确的关键信息，防止其在社会经济交往中遭受财产损失，属于"自我损害"型犯罪。② 这意味着，并不是所有与损害具有条件关系的虚构事实、隐瞒真相的行为都属于刑法上的欺诈行为，而是要看其虚构、隐瞒的是否属于在交易过程中至关重要、对其误判会导致不当地处分财产，进而产生遭受损失的高度风险的信息。日本的判例将这类信息称作"作为交付判断基础的重要事项"，其认定不能仅按"对方一旦了解前述事实，则不会交付财物"的标准，而是要结合交易的性质和目的，考察其是否属于在交付财物或者利益时需要充分考虑，否则很可能遭受损失的事项。③ 本案中的交易场景是借贷，对债权人而言，最关心的问题是借款到期后是否能将本息收回，债务人的借款用途、偿还能力显然都会对此目的的实现产生影响，本案中被告人假借其公公纱厂需要用钱，向同事、朋友借贷的行为，因隐瞒了准备将借款用于炒期货的目的，以及其自身的财产状况，属于刑法意义上的欺诈行为。

其次，在肯定诈骗罪客观要件的基础上，需要考察行为人主观上是否以非法占有为目的。从根本上看，之所以在取得型犯罪中要求以非法占有为目的，是因为立法者考虑到这类行为在客观上与民事不法行为具有相似性，从而需要非法占有目的从主观上为刑事不法奠定基础。强调盗窃罪、诈骗罪属于"断绝的结果犯"，正是基于此种原因。据此，是否具有非法占有目的是实践中区分诈骗罪与民事欺诈的核心标准。

（二）诈骗罪中非法占有目的的认定

尽管非法占有目的不要说近年来具有一定影响力④，但多数说仍然主张非

---

① 民事欺诈的构成要件是：（1）一方当事人基于使对方陷入错误，而为一定意思表示的故意实施欺诈行为；（2）对方因欺诈行为而陷入认识错误；（3）对方因该错误而作出意思表示；（4）欺诈须具有违法性。参见韩世远. 合同法总论. 4版. 北京：法律出版社，2018：251页以下。

② 王钢. 盗窃与诈骗的区分——围绕最高人民法院第27号指导案例的展开. 政治与法律，2015（4）：30.

③ 桥爪隆. 论诈骗罪的欺骗行为. 法治现代化研究，2020（1）：98-99.

④ 陈璇. 财产罪中非法占有目的要素之批判分析. 苏州大学学报（法学版），2016（4）：90页以下。

法占有目的是取得型犯罪的主观超过要素。一般认为，非法占有目的包括排除意思和利用意思两方面。所谓排除意思，是指具有可罚性的妨害他人对财物的管理、利用的意思。强调排除意思，是为了将短暂排除权利人占有，事后予以归还的使用行为与财产犯罪相区分。当行为人转移财物的占有时，如果其根本没有考虑过将来返还财物，可以径行肯定排除意思的存在；不过，即使行为人计划将来返还财物，也不能断然否定排除意思，而是要看行为人对财物的使用方式是否会实质地侵害权利人对财物的管理、利用可能性。例如在行为人多次于夜间将他人在野外放牧的耕牛牵走为自己耕地，用完后将牛放回原处的案件中①，尽管行为人在极短时间内将牛归还，但其利用方式消耗了耕牛的体力，明显侵害了权利人对耕牛利用可能性，故而应当肯定排除意思的存在。

所谓利用意思，是指按照财物自身可能存在的用途，加以利用、处分的意思。之所以要求利用意思，是为了将取得型财产犯罪与毁弃型财产犯罪相区分。实践中，大量存在行为人并非当场毁坏财物，而是计划先取得对财物的占有，随后将其毁坏的情形，它们在外观上和盗窃、诈骗等取得型财产犯罪并无区别，在法定刑上往往更轻，这是由于和单纯毁坏财物相比，试图对其加以利用这种目的更值得谴责，也更有必要加以抑制。② 利用意思中的利用，并不限于财物本来的用途，或者经济上的用途，在大多数情形下无须特别判断，只要肯定行为人不是基于毁坏的意思侵害他人的占有，通常就可以肯定利用意思的存在。③

实践中认定非法占有目的，通常采取推定的方式。这是由于非法占有目的作为主观的超过要素，缺乏与之直接对应的客观事实，故而只能立足于案件中的主客观因素，辅以交易惯例、生活经验，间接地予以认定。具体而言，值得特别考量的因素包括行为人的履约能力、在交易前后的行为、民法上的权利归属和价值取向、对财物的处分方式、是否采取补救措施等。此外，目前司法解释对于金融诈骗罪中非法占有目的的推定已规定了一系列情形④，在认定财产犯罪时可以参照。但应注意：（1）对于非法占有目的的推定应当允许反证，不能认为只要符合司法解释列举的情形，就径行肯定行为人具有非法占有目的；（2）证明具有非法占有目的与辩解不具有非法占有目的的证明

---

① 王礼仁．使用盗窃可以构成盗窃罪．人民司法，1995（6）：39．
② 西田典之，桥爪隆．日本刑法各论．7版．王昭武，刘明祥，译．北京：法律出版社，2020：182．
③ 周光权．刑法各论．4版．北京：中国人民大学出版社，2021：116．
④ 具体包括2001年颁布的《全国法院审理金融犯罪案件工作座谈会纪要》；2011年颁布的《关于审理非法集资刑事案件具体应用法律若干问题的解释》第4条；2018年颁布的《关于办理妨害信用卡管理刑事案件具体应用法律若干问题的解释》第6条等。

标准应当有所差别，前者仅需履行举证责任，后者则须在履行举证责任的基础上履行说服责任①；（3）强调采取推定的方式认定非法占有目的，不意味着忽视非法占有目的的实体法构造；（4）非法占有目的的判断时点，应当和实行行为相一致，如果并无证据证明行为人在实施诈骗行为时不具有非法占有目的，即使后续给相对人造成了财产损害，也不应作为诈骗罪处理。

（三）关于被告人刑事责任的分析

被告人闫某的借款行为可以分为两个阶段，一是在2009年3月至2011年8月期间向其亲戚、同事借款用于做生意和炒期货的行为；二是在2011年9月24日至2011年11月22日期间向杜某等26人借款的行为。尽管这两个阶段中，被告人借款的理由基本相同，但其财产状况发生了重大变化。在阶段一中，被告人一直按照约定支付利息，可见其主观上仍想继续履行还款义务。但自2011年9月期货出现巨额亏损以来，被告人已无力偿还借款，在此状况下，被告人仍虚构事实借款用于买卖期货这一高风险行为，可推知其在向杜某等人借款时，就已预知难以顺利归还，故应当肯定被告人对于阶段二的借款具有非法占有目的，本案中法院的判决是正确的。

三、延伸思考

将非法占有目的理解为排除意思和利用意思，是以盗窃罪为模板得出的结论，这一构造是否也适用于诈骗罪，则存在争议。如所周知，德国将财产犯罪区分为对所有权的犯罪和对整体财产的犯罪，由于盗窃罪的保护法益是所有权，其法益侵害性无法完整地从客观要件（转移占有）体现，因而在主观上要求"不法所有目的"，其构造与我国的非法占有目的基本一致；但诈骗罪由于针对整体财产，其主观上要求的是"不法获利目的"，即给被害人造成财产损失，进而使自己或者第三人非法获取财产利益的目的。② 例如在甲谎称自己患有重病，骗取他人捐赠的场合，其诈骗行为的目的在于非法地使自己的财产增加，故可以肯定不法获利目的的存在。支持这种区分的理由是，对所有权的保护是盗窃罪的任务，在诈骗罪的场合所有权的转移是"你情我愿"的产物，并不会成立"不法所有"③，故而只能从整体损害的角度考虑诈骗罪的主观不法。是否采取前述观点，取决于是否认为德国的财产犯罪体系能够与我国的财产犯罪体系契合，这又和对财产犯罪的保护法益采取何种理解息息相关，尚需进一步研究。

（蒋浩天　撰写）

---

① 周光权.刑法各论.4版.北京：中国人民大学出版社，2021：116.
② 王钢.德国判例刑法（分则）.北京：法律出版社，2016：228.
③ 许泽天.刑法分则（下）.台北：新学林出版社，2019：149.

80 盗窃罪与职务侵占罪

案情简介

被告人郭某学系上海航服人才服务有限公司陕西分公司以劳务派遣的方式派至中国东方航空股份有限公司西北分公司从事地面服务装卸工作，具体职位为西安咸阳国际机场东航站坪分部航空货运部装卸工。郭某学在装卸航班货物的过程中，多次趁人不备，私自拆开航班托运的包裹，盗窃其中财物后，藏匿于家中。经鉴定，被盗物品价值总计人民币93 710元，破案后已发还被害单位。

裁判要旨

一审判决认定被告人郭某学既构成盗窃罪，也符合职务侵占罪的构成要件，构成法条竞合，按照重法优先于轻法的法条适用原则，判决被告人构成盗窃罪，对被告人郭某学判处有期徒刑三年十个月，并处罚金十万元。二审法院认为，根据航空公司出具的站坪装卸工作职责、证人证言、被告人的供述，均证明被告人郭某学在日常工作中仅是提供负责装卸货物的劳务活动，在工作中并不具有监管货物的职责，机场有专门的人负责监装、监卸，郭某学只是利用工作中的便利条件实施窃取他人财物的行为，不构成职务侵占罪，二审法院最终认定其行为应以盗窃罪定罪处罚，裁定驳回上诉、维持原判。①

评析意见

一、关键问题与裁判思路

本案的关键问题有两个：第一，被告人是否利用了职务上的便利？第二，职务侵占罪和盗窃罪法条竞合时，能否按照重法优于轻法的原则适用？对于第一个问题，一审法院认为职务侵占罪的"利用职务上的便利"可理解为单

---

① 参见陕西省西安市中级人民法院（2018）陕01刑终506号刑事判决书。

位人员利用主管、管理、经手的便利条件,经手是指因工作需要在一定时间内控制单位的财物,包括因工作需要合法持有单位财物的便利。上诉人郭某学属利用其当班经手财物的便利,将自己负责搬运的货物据为己有,可以认定为利用了职务上便利而窃取单位财产,其行为应当按职务侵占罪处罚。二审法院认为被告人仅提供劳务活动,不具有监管货物的职责,并不是利用职务上便利。对于第二个问题,一审法院认为职务侵占罪和盗窃罪是法条竞合关系,在特别法条的处罚比普通法轻时,应当重法优先,故按照盗窃罪定罪处罚。笔者认为,一审法院的观点值得商榷,二审法院的观点比较合理。

二、相关学理分析

(一) 职务侵占罪的"利用职务上的便利"的理解

职务侵占罪的客观要件表现为,行为人利用职务上的便利非法侵占本单位财物,数额较大的行为。盗窃罪和职务侵占罪的区别在于行为人实施犯罪时是否利用了职务上的便利。本罪的职务便利,其实是指对本单位财物的管理(主管)或者保管、经手的便利。本案被告人职责是装卸航班货物,显然不属于管理单位财物,问题在于是否属于保管、经手本单位财物?既然职务侵占罪是行为人利用职务便利,以侵吞、盗窃、骗取或者其他手段非法占有本单位财物的行为,那么这里的保管、经手就不能仅理解为"握有"单位财物,或者是财物仅仅从行为人手中"过一下",而要求行为人对财物有占有、处分权限。对利用职务便利的实质就应该理解为行为人依工作职责能够占有、控制财物。如果按照其工作内容,只是短时间的"握有"或者仅从行为人手中"过一下"财物,不能认为是代表单位管理、经手财物。此时,真正对财物有占有处分权限的,只能是单位的负责人或者现场管理者,行为人至多只是"占有辅助者"[1]。一审法院认为,郭某学装卸航班货物属于利用职务上的便利中的"经手"单位财物,故成立职务侵占罪。但是,本案相关证据表明被告人郭某学在日常工作中仅是提供负责装卸货物的劳务活动,在工作中并不具有监管货物的职责,机场有专门的人负责监装、监卸。因此,对货物有占有处分权限的是航空公司的负责人或者现场监管者,被告人只是短时间、临时性的过手,其并没有保管、处分货物的权限,不能解释为保管、经手财物,不属于"利用职务上的便利",不构成职务侵占罪。

本案中,航空公司基于运输合同而合法占有、控制托运人交付的财物,被告人以非法占有为目的,将航空公司占有的财物转移为自己占有,构成盗窃罪。

---

[1] 周光权. 职务侵占罪客观要件争议问题研究,政治与法律,2018 (7):51-52.

(二) 法条竞合的特别法条优先

一审法院认为职务侵占罪和盗窃罪是法条竞合关系，在特别法条的处罚比普通法条轻时，应当重法优先。理论上也有观点认为，对于特别关系，原则上采用特别法条优于普通法条的原则，但在一定条件下应当适用重法优于轻法的原则；某种行为没有达到司法解释确定的特别法条的定罪标准，但符合普通法条的定罪标准时，应当适用普通法条定罪量刑。①

笔者认为，重法优先的观点值得商榷，应当坚持特别法条绝对优先，除非刑法条文明文规定适用重法。理由在于：第一，立法者的特殊考虑值得尊重。如果特别法条的定罪起点高于普通法条的定罪起点，特别法条的处罚范围相对较小，这是因为立法上认为特别法条所规范的行为容易发生，或者该行为一旦实施，行为人取得财物的数额通常较大，为缩小打击面，而特别地考虑对某些行为不予处罚。第二，法条竞合关系的法理，并不要求特别法条的处罚一定要重于普通法条的处罚。出于各种复杂的立法目的的考察，特别法条轻于普通法条的情况实属正常。但即便特别法条的处罚轻，其法律效力仍然优于普通法条。换言之，特别法条的存在，意味着普通法条的效力被"冻结"、被排斥，即便普通法条的法定最高刑要重，除法律有明确规定外，也没有适用的余地。第三，重法优先未必就能够实现罪刑相适应原则。对特别法条所规定的行为类型处罚似乎比普通法条轻，但这本身就是立法上就罪刑关系进行论证之后所作出的选择，按照特别法条处罚恰恰符合罪刑相适应原则。例如，甲骗取保险公司赔付保险金 2 000 万的场合，由于保险诈骗罪的法定最高刑为 15 年，重法优先说认为按照保险诈骗罪处罚轻，按照诈骗罪处罚才能做到罪刑相当，有主观臆断的成分。因为立法者在制定保险诈骗罪时已经有特别考虑，各种金融犯罪一旦实施，得手的可能性大，而且非法获取数额巨大财物的概率也大，为了适度缩小打击面，对于这些犯罪的定罪标准、法定刑升格的数额要求都比传统财产犯罪要求高；如果处罚标准太低，处罚范围太广，则会与宽严相济刑事政策的宗旨相抵触。如果充分关注行为类型的特殊性，再将立法时的刑事政策思想一并予以考虑，对甲按照"特别法绝对优先"以保险诈骗罪处理，能够恰到好处地满足罪刑相适应原则的要求。②

三、延伸思考

由于重法优先的观点存在诸多不合理之处，另一种思路是将普通法条比特别法条法定刑重的情形尽量解释成想象竞合，将需要适用重法条的情形排

---

① 张明楷. 法条竞合中特别关系的确定与处理, 法学家, 2011 (1): 29.
② 周光权. 刑法公开课. 第 2 卷. 北京: 北京大学出版社, 2020: 229 - 234.

除在特别关系之外,该观点与重法优先虽解释路径不同,但对具体案件的处理结论相同。①

笔者认为,在区分想象竞合和法条竞合时,适当扩张想象竞合的范围具有合理性,但能否解释成想象竞合犯应受到"法益同一性"的限制,即竞合所触犯的数罪名之间法益若同一或者高度重合就不宜解释为想象竞合,否则过度扩张想象竞合的范围会有二重评价的危险。例如,上述主张将适用重法条的情形解释成想象竞合的观点认为,行为人保险诈骗数额较大财物时,可以认为保险诈骗与普通诈骗是法条竞合关系,若行为人保险诈骗数额特别巨大(如 2 000 万),则保险诈骗与普通诈骗是想象竞合。抢劫故意致人死亡的情形,应当认定为抢劫致人死亡与故意杀人的想象竞合,不仅能够发挥想象竞合的明示机能,而且在基本犯未遂时,如果仅认定为抢劫未遂,适用未遂的规定明显罪刑不相适应,认定为想象竞合有利于量刑合理。② 这种观点值得商榷,存在对死亡结果二重评价的疑问。日本理论上就采用了"二重评价之禁止",作为制约想象竞合成立的原理。在抢劫犯故意杀害被害人的场合,如果认为是抢劫致死罪和故意杀人罪的想象竞合,就会被批评为是对死亡结果的二重评价。想象竞合中的"二重评价"之禁止显示:就同一法益侵害适用复数的刑罚规范进行处罚,这成了不当的二重处罚。想象竞合中的复数构成要件之间,如果有作为法益侵害类型的构成要件的不法内容的相互重叠,能够被认为其意味着作为不被容许的"二重处罚"的"二重评价"③。因此,在我国认定为抢劫致人死亡与故意杀人的想象竞合,也会存在对死亡结果的二重评价问题。上述主张将适用重法条的情形解释成想象竞合的学者,在对想象竞合犯的量刑中又认为,对想象竞合犯以重罪定罪时,在裁量重罪的责任刑时,将轻罪的不法作为增加责任刑情节从重处罚。④ 这种观点会造成死亡结果不仅在构成要件上被二重评价,而且在量刑上被二重评价。抢劫致人死亡的法定刑比故意杀人罪重(抢劫致人死亡的主刑与故意杀人罪相同,最高刑都是死刑,但附加刑高于故意杀人罪),可以视为立法者预设了抢劫致人死亡包含以故意杀人的方式抢劫的情形,因此,对于以杀人的方式抢劫的情形,认定为抢劫致人死亡罪足以全面评价。⑤ 同理,上述在保险诈骗数额特别巨大的案例中,若认定为是保险诈骗罪和普通诈骗罪的想象竞合,由于诈骗罪和保险诈骗罪的财产法益部分是完全重合的,也会存在对 2 000 万元的诈骗结果

---

① 张明楷. 刑法学:上. 6 版. 北京:法律出版社,2021:630.
② 张明楷. 刑法学:上. 6 版. 北京:法律出版社,2021:648 - 649.
③ 城下裕二. 量刑理论的现代课题(增补版),黎其武,赵珊珊,译,37 - 46.
④ 张明楷. 责任刑与预防刑. 北京:北京大学出版社,2015:388.
⑤ 在基本犯未遂时,认定为抢劫未遂,也可以对行为人不予从轻或者减轻处罚。

二重评价的疑问。

因此,笔者认为,如果竞合所触犯的数罪名之间法益高度重合则不应当认为是想象竞合,而属于法条竞合中的包容关系。适当扩张想象竞合的范围的观点虽具有一定的合理性,但不能过度扩张想象竞合犯的成立范围,应当受到禁止"二重评价"的限制。

(孟红艳 撰写)

81 诈骗罪与盗窃罪的区分

案情简介

被告人徐某芳使用单位配发的手机登录支付宝时，发现可以直接登录原同事、被害人马某的支付宝账户，该账户内显示有余额5万余元。之后徐某芳利用其工作时获取的马某支付宝密码，使用上述手机分两次从该账户转账1.5万元到朋友的中国银行账户，并由此从银行取现1.5万元。

裁判要旨

一审法院经审理认为：支付宝公司作为第三方支付平台，为用户提供资金代管、转账等服务，被害人马某在支付宝账户内的款项由支付宝公司代管。徐某芳利用偶然获取的支付宝密码操作马某的支付宝账户转账，使支付宝公司陷入错误认识，误以为该操作系受用户马某的委托，从而支付款项，徐某芳的行为符合诈骗罪的构成要件。因此，公诉机关指控徐某芳犯盗窃罪不成立，法院不予支持。判决认定被告人徐雅芳构成诈骗罪。一审宣判后，宁波市海曙区人民检察院以原判定罪错误为由，提出抗诉。二审法院经审理认为，抗诉机关关于原审被告人徐某芳构成盗窃罪的理由，不予采纳。原判决定罪正确，量刑适当，审判程序合法。遂裁定驳回上诉，维持原判。[1]

评析意见

一、关键问题与裁判思路

本案的关键问题是诈骗罪与盗窃罪应当如何区分。一般认为，诈骗罪与盗窃罪的区分在于判断受骗人是否具有相应的处分意识，故在此主要探讨被害人在整个犯罪行为中是否存在处分意识。

公诉机关认为，徐某芳以非法占有为目的，趁被害人马某不备，将马某

---

[1] 参见浙江省宁波市中级人民法院（2015）浙甬刑二终字第497号刑事裁定书。

的财物秘密窃为己有,因此构成盗窃罪。但是,主审法院在审理后均认为徐某芳的行为不构成盗窃罪,而应以诈骗罪定罪。有实务人员在支持裁判结论的基础上,就说理思路予以详尽展开。①

首先,被告人的行为不构成盗窃罪。被害人转入支付宝账户中的资金由支付宝公司代管,就该部分资金而言,被害人仍然享有所有权,但已交由支付宝公司占有,行为人无法再从被害人处盗窃该部分资金。而将他人支付宝账户内资金私自转出的行为,也不属于针对支付宝公司资金的盗窃。支付宝公司之所以将用户余额中的资金转账到被告人指定的银行账户,是基于之前支付宝公司与支付宝用户所签订的服务协议。根据服务协议的约定,只要用户输入正确的用户名和密码,支付宝公司就有义务按照操作指示将余额用于支付或转账。支付宝公司按指示转账是正当履行合同的行为。如果支付宝公司为用户代管的资金因安全问题而被窃,用户的损失应由支付宝公司承担。不过本案中被告人将被害人支付宝账户内资金转出的行为已经过支付宝公司的审核和认可,故被告人的行为不构成盗窃罪。

其次,本案被告人徐某芳通过欺骗支付宝公司骗取支付用户的存款,应以诈骗罪定罪。具体而言,可以将本案与信用卡诈骗罪中冒用他人信用卡的行为相类比。依据最高人民法院、最高人民检察院《关于办理妨害信用卡管理刑事案件具体应用法律若干问题的解释》第 5 条第 2 款第 3 项的规定,窃取、收买、骗取或者以其他非法方式获取他人信用卡信息资料,并通过互联网、通讯终端使用的,是冒用他人信用卡行为。如果本案被告人徐某芳获取的是被害人信用卡的信息,并通过互联网转账到自己或他人的银行账户,将以信用卡诈骗罪定罪处罚。那么同理,本案被告人徐某芳通过欺骗支付宝公司骗取支付用户的存款,也应以诈骗罪定罪。

二、相关学理分析

本文基本赞同诈骗罪的认定结论,但是上述的说理均在不同程度上忽视了处分意识的问题。因此,如果要将此类涉及第三方支付平台的案件认定为诈骗罪,则必须要在理论上解决的问题是:本案中的受骗对象究竟是谁,如果是第三方支付平台,第三方支付平台受骗的处分意识如何理解;同样如果承认第三方支付平台作为"受骗对象",将会与传统观点下"机器不能被骗"立场产生直接冲突。

(一)针对平台的诈骗与预设同意理论的引入

为了诠释针对第三方支付平台的诈骗,预设同意理论作为一种有力的解

---

① 石坚强,王彦波.将他人支付宝账户内资金私自转出构成诈骗罪.人民司法(案例),2016(11):16.

决方案进入了考察视野，并用以论证第三方支付平台受骗后实施的拟制处分行为。① 引入预设同意理论用以说明针对第三方支付平台的诈骗是可行的。详言之，在针对第三方支付平台的侵财犯罪中，往往会涉及盗窃罪的间接正犯与"三角诈骗"的区分问题，在此判断第三方支付平台有无处分权限是解决问题的关键。② 预设同意理论即为说明第三方支付平台的处分权限提供了充足的理论依据。当第三方支付平台与用户达成服务协议时，双方已通过服务协议规定了平台的处分权限以及处分条件，只要行为人满足了预设的条件，如拥有支付宝的账户与密码、微信钱包的密码等形式条件，第三方支付平台就会基于服务协议所赋予的处分权限对用户债权进行处分。第三方支付平台与用户通过上述的服务协议赋予了平台处分权限，而服务协议中规定的财产转移条件便是预设同意理论的具象化表现，这一表现使得针对第三方支付平台实施的侵财犯罪向"三角诈骗"而非成立盗窃罪的理论进路倾斜。

在此，预设同意理论的引入实现了在教义学上的两种功效。其不仅能够维持机器不能被骗的基本立场，使得行为人与机器背后的自然人设置者的交流成为可能，而且可以说明在第三方支付平台所具有的被客观设定的处分意识。具体可以从如下两个方面对其意义加以解读。

其一，新型支付方式下的机器是人与人之间沟通交往的中介，承认机器成为"受骗对象"并不违背机器不能被骗的立场。机器能否被骗在学界向来属于聚讼焦点，基于诈骗罪的沟通交流性质，诈骗行为自然只能发生在人与人之间，所以应当坚持机器不能被骗的基本立场。不过，肯定机器不能被骗，并不会直接否定利用机器实施的侵财行为可能成立诈骗罪。行为人完全可以通过操纵机器实现对机器背后的自然人设置者实施诈骗，在这种情况下貌似被骗的是机器，但事实上被骗的是其背后的设置者。机器的确不能被骗，但是机器背后的自然人主体完全可以成为诈骗的对象。③ 这种观点也为我国司法实务部门所借鉴、采纳，在最高人民检察院发布的第38号指导性案例"董亮等四人诈骗案"中明确指出，行为人通过在网约车平台上向处理相关业务的网约车公司发出虚假的用车业务申请，使得网约车公司给予行为人垫付车费及订单补贴，行为人的行为属于一种新型的诈骗行为类型，符合诈骗罪的构成要件，据此，本案中的网约车平台并非真正的受骗对象，真正的被骗人是平台背后的经营者。④

---

① 姜涛. 网络型诈骗罪的拟制处分行为. 中外法学，2019（3）：707页以下.
② 张明楷. 论三角诈骗. 法学研究，2004（2）：97.
③ 黎宏. 欺骗机器取财行为的定性分析. 人民检察，2011（12）：77.
④ 赵国玲，邢文升. 利用漏洞转移财物行为的刑法教义学分析. 国家检察官学院学报，2019（2）：102.

其二，第三方支付平台的处分意识源自背后的规则设置者的预设同意。具体来说，预设同意理论实质上在行为人与第三方平台的规则设置者之间架起了一道沟通的桥梁，解决了在欠缺直接的交流沟通的情况下，处分意识应如何认定的问题。概言之，第三方平台背后规则的设置者在机器中设定了客观的财产转移条件，只要行为人能够满足相应的条件，如提供正确的账户、密码，便经由电脑程序作出对财产的处分行为。在此，设置者在机器上设定的财产转移条件，使其处分意识以一种客观的形式被确定下来，从而使得第三方支付平台作为"诈骗对象"成为可能。

(二) 对预设同意理论的批评与回应

对此的批评观点指出，预设同意理论的问题在于，在欠缺与行为人实际、直接的交流沟通的情形下，机器、程序的设置者是否具有诈骗罪中的错误认识。[1] 根据预设同意理论，可以说明机器能够代替其背后的设置者实施处分行为。但是，根据诈骗罪的定式构成要件，在诈骗行为与被害人的财产处分行为之间还必须介入被害人的错误认识。而在行为人冒用他人支付宝账户转移资金时，因为行为人是否为所有权人本人这一身份检验不在支付宝审核范围之内，所以只要行为人通过了账号、密码的形式条件检验，支付宝便不存在所谓的错误认识。[2]

然而，这样的质疑其实并无道理。预设同意理论的确为第三方支付平台的预设处分行为做了理论背书，但其中并不仅仅包含在正常、合理规则下获得同意的处分行为，也包括第三方支付平台受欺骗产生错误认识下实施的处分行为。[3] 易言之，从第三方支付平台的交易规则来看，由于第三方支付平台的技术限制使之只能进行形式检验而无法实质检验。在这里其实存在两种意义上的同意：一种为形式上的同意，是指机器、程序设置上表现出来的意愿，只要行为人能够满足预设的条件便能顺利实现资金的转移；另一种则为实质的同意，是指第三方支付平台在了解真实情况下的意愿，当出现冒用、盗用他人账户行为满足预设同意的情形时，这种行为已然违反了规则设置者内心的实质转移意愿。在行为人冒用、盗用他人账户误导第三方支付平台完成资金转移时，将会出现两种同意分离的现象，等同于行为人向第三方支付平台发出了"欺骗指令"，行为人据此利用了第三方支付平台无法检验实质同意的盲

---

[1] 徐凌波. 虚拟财产犯罪的教义学展开. 法学家, 2017 (4): 55.
[2] 赵运锋. 转移他人支付宝钱款行为定性分析. 华东政法大学学报, 2017 (3): 92.
[3] 当然, 引入预设同意理论面临的最大障碍是如何解决诈骗罪所要求的处分行为和处分意识问题; 即便解决了这个问题, 因为行为人面对的是"机器", 通说认为"机器不能被骗", 也会对诈骗罪的结论构成第二重障碍。如果不承认预设同意理论, 本案定盗窃罪更为合适, 即被告人徐某芳侵害了支付宝公司对"存款债权"的占有, 成立"存款债权"的盗窃罪。对此, 还值得进一步研究。

点,致使其误将行为人当作真实权利人,然后基于这一错误认识转移了资金。

从错误认识本身的要求来看。一方面,缄默形式的诈骗是新型支付方式下针对第三方支付平台实施诈骗犯罪的基本特质。现代商业社会中为追求经济交易的快捷、便利性,仅仅依靠形式审查而非实质审查的交易行为随处可见,通过新型支付方式实现间接、简略的交流沟通日趋普遍。另一方面,行为人与被害人之间虽然未就财产转移进行直接的意思互动,而是以缄默的形式完成财产转移,这并不意味着错误认识的不存在。当行为人以缄默形式的诈骗使第三方支付平台产生了身份的误认,这种不积极说明而使得被害人潜意识里理所当然地觉得一切正常的,即属于诈骗罪中错误认识的典型形式之一。①

三、延伸思考

在处理类似案件时,仅仅承认机器背后的自然人能够被骗是远远不够的,需要进一步回答的问题是,受骗的自然人在处分意识的认识内容上需要达到何种程度,这将会是认定诈骗罪成立与否需要讨论的关键问题。

现有文献对于被害人处分意识内容的讨论基本集中在针对有体物的场合,而在针对财产性利益的情形时着墨较少。在面对有体物的场合,关于处分意识内容的理解,主要可以分为处分意识严格说以及处分意识缓和说这两种基本立场。前者认为,处分意识必须具有具体性、明确性,这就要求处分者除了有将财物或财产性利益转移给对方的认识之外,还需要对处分财物的对象、价值、数量具有明确的认识,否则便不足以认定被害人具有处分意识。后者则认为,处分者无须对处分的财物具有具体、明确的认识,只要认识到财产发生转移的状态即可。② 本文初步研究后认为,处分意识严格说要求对处分财物的种类、性质乃至价值和数量也需要认识,这对处分意识提出了过高的要求,显然不利于案件的处理。因此,在面对财产性利益的诈骗时,采取处分意识缓和说似乎是更为可行的立场:一方面,考虑到财产性利益相较于有体物所具有的特殊性,对处分意识内容进行宽缓化处理能满足诈骗罪对财产性利益的保护要求;另一方面,由于新型支付方式下经济交易行为呈现简易化、快捷化特征,在技术手段的影响下,被害人在处理财产时认识上往往存在困难,对交易的内容往往只能认识到财产的转移状态,而无法对财产有更为全面、细致的认识,此时如对其认识内容要求过高,将会导致对诈骗罪的成立范围限制过窄,相当一部分案件无法被认定为构成诈骗罪。

(李淼 撰写)

---

① 王钢.德国判例刑法:分则.北京:北京大学出版社,2016:201.
② 李淼.人工智能时代新型支付方式与诈骗罪处分意识.西北民族大学学报(哲学社会科学版),2021(5):98.

82 不法原因给付与诈骗罪

案情简介

2017年2月，苏某的妻子曾某因行贿被调查，苏某得知被告人黄某亮可以通过黄某帮曾某逃避刑事处罚，便联系被告人黄某亮。被告人黄某亮答应后联系黄某，在得到肯定答复后，其向苏某开价索要人民币200万元作为活动经费。苏某答应后，分别于2017年2月23日至3月上旬通过转账、送款等方式交给被告人黄某亮150万元，黄某亮将150万元中的30万元交给黄某，另将20万元以律师费名义交给黄某金。随后，黄某亮又将价码抬高到450万元，苏某同意继续支付。2017年3月下旬，苏某将120万元交给被告人黄某亮，后者又从中拿出30万元交给黄某。后来由于曾某被刑事拘留，苏某表示不想继续办理，要求黄某亮退回150万元，黄某亮便出具了一张150万元借条给苏某。不久后，黄某亮表示事情还有希望，并要求苏某将余下的180万元补足。2017年4月下旬，苏某将180万元交给黄某亮，黄某亮将其中的100万元交给黄某。2017年5月上旬，苏某知道曾某的事不可能办妥，便要求黄某亮还钱，黄某亮始终未把钱退给苏某。本案中，苏某共交给黄某亮450万元，黄某亮将其中的160万元交给黄某，20万元交给黄某金，余下270万元据为己有。

裁判要旨

法院审理认为，被告人黄某亮伙同他人谎称其能够帮助被害人苏某的妻子逃避刑事处罚，其行为属于故意虚构事实、隐瞒真相。在苏某付款后，又将大部分的钱据为己有，供自己开支。被告人黄某亮主观上具有非法占有他人财物的目的和诈骗故意，客观上实施了虚构事实、隐瞒真相骗取被害人苏某财物的行为，造成苏某财产损失，数额巨大。黄某的行为符合诈骗罪的构成要件，应当以诈骗罪定罪处罚，判处有期徒刑十二年，并处罚金50万元，责令其将违法所得270万元退赔给被害人苏某。本案为二审判决，已经产生法律效力。一审判决将被告人黄某亮的违法所得270万元依法追缴，上缴国库，二审予以撤销，改为将此 270 万元退赔给被害人苏某。①

评析意见

一、关键问题与判决思路

本案的关键问题在于，不法原因给付行为是否会影响诈骗罪的认定。所谓不法原因给付，是指基于违反强制性法律法规或公序良俗的原因而为之给付。民法上一般认为，不法原因给付会否定给付人的返还请求权，其规范目的在于对不法给付行为进行一般预防，以强化国民对于法秩序的信赖和对善良风俗的信念。② 民法的这一制度直接影响到刑法的适用，即既然民法不保护不法原因给付行为，刑法是否还应当加以保护？本案的讨论重点即在于此。虽然苏某受到被告人黄某亮的欺骗而处分财物，但其处分财物的目的却是为了行贿。由于行贿属于不法行为，因而苏某就是基于不法原因而处分财物，属于典型的不法原因给付。此时，能否认为被告人黄某亮成立诈骗罪？本案主审法官认为，委托人苏某在将财物交与黄某亮之前，黄某亮就已经产生非法占有他人财物的主观故意。正是在此犯意的支配下，黄某亮虚构事实欺骗苏某。因此，黄某亮主观上意图非法占有他人财物，客观上虚构事实骗取苏某财物，其行为符合诈骗罪的构成要件，应认定为诈骗罪。③ 由此可见，在我国司法实践看来，诈骗罪被害人受骗后处分财产的原因是否合法，并不影响行为人的刑事责任，符合定罪标准的，依然成立诈骗罪。

二、相关学理分析

同我国司法实践一样，刑法学理上普遍认为对于受欺诈的不法原因给付部分，领受人的取得行为符合诈骗罪的法律规定和法理内涵，应当成立诈骗罪。④ 以何种妥当的理由来论证不法原因给付与诈骗罪的关系，学理上莫衷一是，主要有以下两种进路。

（一）德国式思考方法

1. 经济财产说的路径。经济财产说认为作为整体的具有经济价值的利益，即一个人所应得财货的总和，就是财产。该财产是否由法律所承认，是否有正当来源，皆在所不问。换言之，无效债权、违法犯罪所得、不法原因给付

---

① 参见广西壮族自治区钦州市中级人民法院（2020）桂 07 刑终 65 号刑事判决书。
② 王钢. 不法原因给付对于认定财产犯罪的影响，法学家，2017（3）：133.
③ 国家法官学院、最高人民法院司法案例研究院. 中国法院 2021 年度案例·刑事案例三. 北京：中国法制出版社，2021：208.
④ 魏东. 不法原因给付下侵财行为的法律适用，人民检察，2019（14）：48.

物等不受民法保护的财产,都属于财产犯罪的保护对象。① 在德国,这种观点最先由德国帝国法院承认,第二次世界大战后也被德国联邦最高法院所采纳。该观点在刑事政策上具有显著的优越性,其能够有效地在财产犯罪领域杜绝法外空间。② 此外,经济财产说还有两点值得称道。其一,从刑法秩序一致性的角度看,强取窃贼偷来的东西成立抢劫罪,盗窃的成立盗窃罪,毁坏的成立故意毁坏财物罪。既然如此,诈骗不法原因给付财物的,也应当成立诈骗罪。其二,刑法保护不正当来源的财产,可以有效避免私力救济,于社会和平大有裨益。③ 根据经济财产说,不法原因给付自始就不会影响诈骗罪的认定。

2. 法律经济财产说的路径。法律经济财产说认为具有经济价值的利益只有在法秩序保护的范围内,或者至少在不抵触法秩序的范围内,才可以被视为刑法要保护的财产。④ 其理由在于,刑法上对财产犯罪的认定,原则上应该以民法上的权益为出发点。比如,在所有权人与占有人发生冲突时,原则上应当保护所有权人,这就是法律经济财产说中"法律"的体现。该说在保护财产权利的同时,也保护财产秩序和规范关系,重视行为规范的提示,可以在财产关系混乱的社会转型期确定标准行为样态。⑤ 对于不法原因给付与诈骗罪的认定这个问题而言,法律经济财产说会根据诈骗类型的不同得出不同的结论。详言之,诈骗的类型可以分为三种:第一,骗取不法服务型,比如欺骗他人去杀自己的仇人,但是没有支付酬金的意思;第二,骗取不法债务型,比如开始有支付酬金的意思,事后通过欺骗的方式让对方免除酬金;第三,骗取财物型,比如没有杀人意图,却骗取酬金。根据法律经济财产说,第一和第二种类型不构成诈骗罪,因为其中所涉及的不法服务或者不法债务并不受法秩序的保护,不能认为被骗者存在财产损失。与此不同,第三种类型则应当成立诈骗罪。这是因为,给付人正是被受领人欺骗才实施了不法原因给付行为,他并未丧失损害赔偿请求权。⑥ 换言之,诈骗行为在先,不法原因给付在后,没有行为人的诈骗行为,被害人就不会处分财产,行为人当然成立诈骗罪。⑦

(二) 日本式解决路径

在日本,对于诈骗罪的保护法益,有本权说、占有说、合理占有说的争

---

① 付立庆. 论刑法中的财产概念,中国人民大学学报,2018 (2):145.
② 王钢. 德国判例刑法 (分则). 北京:北京大学出版社,2016:212.
③ 林东茂. 刑法综览. 8 版. 台北:一品文化出版社,2016:171-172.
④ 许泽天. 刑法分则 (上册). 3 版. 台北:新学林出版股份有限公司,2021:129.
⑤ 周光权. 刑法各论. 4 版. 北京:中国人民大学出版社,2021:101.
⑥ 江溯. 财产犯罪的法益保护:法律—经济财产说之提倡,法学评论,2016 (6):95-96.
⑦ 张明楷. 刑法学:下. 6 版. 北京:法律出版社,2021:1310.

论。按照本权说，财物所有权人对财物所享有的权利值得保护。根据占有说，占有状态本身就是刑法要保护的法益。而根据合理占有说，即便交付行为属于不法原因给付，但在交付之前被害人合法地占有着该财物，只要权利人的这种利益因欺骗行为而受到了侵害，其就应该受到诈骗罪的保护。

（三）关于被告人刑事责任的分析

本案中，按照经济财产说，既然苏某因受欺骗而处分财物，并遭受了财产损失，行为人黄某亮就应当构成诈骗罪，至于苏某给黄某亮钱财的目的，与本罪认定无关。根据法律经济财产说，如果没有被告人黄某亮的欺骗，被害人苏某也就不会基于不法原因处分财产，其财产依然在法秩序的保护之下，故而被告人黄某亮应当成立诈骗罪。因此，可以认为，上述"经济财产说""法律经济财产说"都是从如何理解"财产"上入罪的，对本案的处理而言，即认为基于不法原因给付的财物属于诈骗罪所要保护的财产法益，进而得出被告人有罪的结论。

由于被告人实施欺骗行为在前，被害人损失财物在后，无论是按照本权说、占有说、合理占有说，被害人的财产权益都值得保护，被告人成立诈骗罪。

上述不同学说所得出的结论相同，且都给出了充分的理由。与之相比，我国司法实践在认定不法原因给付型的诈骗罪时，虽然结论与学理一致，但是理由论证却依然有所欠缺，基本只是一笔带过。比如，在"叶光亮诈骗案"中，法院仅写道"不法原因给付不影响对叶光亮诈骗罪的认定"①。"彭德富、黄迪诈骗案"的判决理由虽然相对而言比较详尽，但是也只写道"被告人彭德富、黄迪诈骗行为在前，被害人的不法原因给付在后，没有被告人彭德富、黄迪的诈骗行为被害人就不会处分财产"②。从这些判决理由中，并无法看出司法实践采用的是经济财产说、法律经济财产说，还是按照本权说、占有说、合理占有说的逻辑得出裁判结论。上述争议观点或许在不法原因给付型诈骗的认定中偶尔能得出一致结论，但是他们在其他类型的案件中，却可能作出完全相反的评价。应当说，如此简要的判决理由，在整体上不利于财产犯罪的认定。从这个意义上说，司法实践应更加注重对裁判理由的论证，从而提升裁判结论被国民认同的可能性。

三、延伸思考

对于不法给付与诈骗罪关系的处理，近年来，有学者提出了主观目的保

---

① 广东省东莞市中级人民法院（2020）粤 19 刑终字刑事判决书。
② 广西壮族自治区北海市海城区人民法院（2017）桂 0502 刑初 635 号刑事判决书。

护说的路径，认为在被害人处分自己的财物之时，就算其目的在客观评价上属于不正当的目的，或曰一种不法原因给付行为，也仍然有广泛保护其主观目的的余地。比如，行为人欺骗被害人，说被害人的儿子即将身陷囹圄，需要花钱打点，被害人情急之下按照行为人的指示汇款。此时，被害人处分财产的目的是为了"上下打点"，其目的显然不正当，属于典型的不法原因给付。但是，这种目的本质上却是由行为人引起的，属于诈骗内容的一部分。在此情形下，是行为人让被害人产生了急切处分财物的动机，行为人是通过利用这种动机取得了财物。因此，合理的主张应当是，不论被害人的动机是否合法，都应当通过诈骗罪来保护被害人的财产。基于这些理由，主观目的保护说认为，对于出于私人动机而处分财物的情况，即便是不法原因给付，也可以成立诈骗罪。①

根据主观目的保护说，本案被害人苏某是出于私人动机，即为了"救"他的妻子而遭到被告人黄某亮欺骗，进而处分财物，遭受损失。被告人黄某亮正是利用了被害人苏某的这种急切的心理，才成功骗取了财物。刑法上没有理由不保护苏某的财产，有必要以诈骗罪处罚黄某亮。

值得注意的是，这种思考路径，和传统上从保护法益出发进行思考并不相同，是从具体构成要件（即诈骗罪的构造）出发去判断是否构成诈骗罪。根据"主观目的保护说"，在不法原因给付的场合，个人纯粹出于私人动机处分财物的，即便处分目的属于不法原因给付，如果这种目的对被害人而言在主观上属于"重要事项"，行为人的欺骗行为也会使被害人产生处分财产的认识错误。被害人基于其错误处分财物的，被告人也就可以成立诈骗罪。因此，这种观点是在论证被害人是否存在认识错误，主观目的保护说之所以要保护被害人的主观目的，是因为被害人存在认识错误时，被告人的行为可能符合诈骗罪的构造，成立诈骗罪，这和前述关于财产概念或财产罪保护法益的思考并不相同。

（沈晓白　撰写）

---

① 桥爪隆. 论诈骗罪的实质性界限，王昭武，译. 法治现代化研究，2020（2）：192.

83 敲诈勒索罪

案情简介

2016年11月，被告人刘某1、刘某2共同出资购得北京通达置地公司的营业执照后，合谋通过强迫客户交纳本来无须交纳的费用以及制造客户"违约"来获取非法利益。二被告人先后纠集四人以上述公司名义，使用伪造的公司财务专用章从事房屋租赁中介活动，将多套房源交由被告人刘某3、刘某6对外出租。在被害人按照合同约定将租金、押金、管理费等款项打入被告人李某的银行账户并入住租赁房屋后不久，被告人刘某4、刘某5等人便以语言威胁、辱骂、骚扰等方式强迫被害人交纳物业费、供暖费、中介费等额外费用，称若不交纳就构成"违约"，必须搬离所居住的房屋，被害人被迫搬离后理应退还的剩余款项亦会被强行扣除。截至2017年9月案发时，种某等25名被害人被强行收取或因"违约"被强行扣除的钱款共达人民币30万余元。

裁判要旨

一审法院认为，被告人刘某1等7人以非法占有为目的，用签订房屋租赁合同的形式掩盖其非法目的，采用威胁、滋扰等足以使被害人产生恐慌的软暴力方式，对被害人形成心理强制，强行收取不合理费用，或使被害人基于心理强制搬离并放弃应当退还的费用，从中获利。七被告人的行为均已构成敲诈勒索罪。结合七名被告的具体行为情况，分别判处有期徒刑七年至有期徒刑一年六个月不等，并处罚金，在案款项发还相应被害人。判决后，七被告人提出上诉，二审法院作出驳回上诉，维持原判的裁定。[1]

评析意见

一、关键问题与裁判思路

本案的关键问题是"黑中介"人员以非法占有为目的，与被害人签订房

---

[1] 参见北京市第三中级人民法院（2019）京03刑终73号刑事裁定书。

屋租赁合同，后实施威胁、滋扰等软暴力行为强行收取不合理费用或强行终止合同迫使被害人搬出房屋并拒不退款，从而从中获利的行为之定性。

公诉机关对于本案最初按照强迫交易罪起诉，后变更为敲诈勒索罪。在案件审理过程中，合议庭也存在认为应构成强迫交易罪、寻衅滋事罪和敲诈勒索罪三种不同意见。最终判决构成敲诈勒索罪主要有以下几方面考虑。

首先，最高人民法院、最高人民检察院、公安部、司法部《关于办理实施"软暴力"的刑事案件若干问题的意见》（以下简称《"软暴力"意见》）第2条第1款以列举式规定了"软暴力"违法犯罪手段通常的表现形式，认定的重点是把握软暴力行为具有"滋扰"性的核心特征，同时判断与列举的行为是否能够进行同质的评价。本案从事"黑中介"的人员在租客入住不久，就恶意制造违约事由，采取恐吓、威胁、断水断电、堵锁眼、往房间里倾倒垃圾等一系列滋扰手段强迫租客缴纳违约金或强迫租客搬离，给承租人的经济、生活造成了恶劣的影响，应认定符合"软暴力"的标准。其次，强迫交易、寻衅滋事、敲诈勒索行为手段上虽具有相似性，但属于侵犯不同法益的犯罪，行为人主观上是否以非法占有为目的，也是区分定性的关键。强迫交易罪属于破坏社会主义市场经济秩序的犯罪，表现为以暴力、威胁手段强行与他人从事交易活动，但前提是存在实质性的交易，就本案而言，"黑中介"与被害租客签订合同并不具有租赁服务的意图，不以真实交易为目的，不存在实质性交易，因此不符合强迫交易罪的特征。寻衅滋事罪是无事生非，肆意挑衅骚扰，破坏社会秩序的行为，强拿硬要型寻衅滋事通常具有无因性，而本案被告人虽然手段行为上有无赖、耍横的做派，但主观上非法占有他人财物的目的明确，系"有备而来"，而非寻衅滋事。最后，《"软暴力"意见》第8条规定，以非法占有为目的，采用"软暴力"手段强行索取公私财物，同时符合《刑法》第274条规定的其他犯罪构成要件的，应当以敲诈勒索罪定罪处罚。本案中"黑中介"人员以提供房屋租赁中介服务为名，实质上是以非法占有为目的，意图侵占租客的财产。从客观方面来看：相对于一般敲诈勒索行为，"黑中介"人员只是借用了市场交易的形式外观，实质上仍是通过"软暴力"手段足以使被害人产生恐惧、恐慌进而形成心理强制，非自愿地处分财产，侵犯的仍然是公民的合法财产。由此可见，"黑中介"行为中，敲诈勒索的行为模式出现了新的变化，其行为模式为：以非法占有为目的（起意）→制造"交易"行为→对方基于交易约定规则给付财产→行为人采取软暴力手段→对方产生心理强制→对方基于恐惧、恐慌、不堪滋扰等心理强制处分财产→行为人或第三人取得财产→对方遭受财产损失，实质与一般的敲诈勒索罪无异。此外，本案中，受害人基于恐惧处分财产，其中"处分财产"的含义应做扩大性的解释。被害人处分财产不仅包括通过现实交付的方式向对方交付财物，也包括放弃对行为人的债权请求权。①

二、相关学理分析

和"套路贷"一样，"黑中介"并不是刑法意义上的概念或一个具体的罪名，只是对目前社会发展过程中出现的社会现象的一种描述，在犯罪学上或许有一定意义，但对此类行为，在刑法上如何处理，还需要结合犯罪的构成要件具体判断。该现象也并不必然对应着某一个罪，在定性时，对构成要件该当性的审查尤为重要。

（一）敲诈勒索罪的构成特征

敲诈勒索罪是以非法占有为目的，对财物所有人、占有人使用恐吓或要挟的方法，索取数额较大的公私财物，或者多次敲诈勒索的行为，是侵犯财产法益的犯罪。"恐吓行为→对方恐惧→交付财物→财产损害"是该罪的既遂逻辑。②

敲诈勒索罪与抢劫罪的区别是司法实践和理论上较为常见和非常重要的问题，通常以威胁手段是否限于暴力、被害人是否有处分行为，以及时空条件上是否符合了"两个当场"作为区分敲诈勒索罪与抢劫罪的标准。但该区分标准实为基于常见现象经验层面的归纳和总结，混淆了财产处分与认定财产处分的外部证据，过于注重形式而缺乏实质根据，逻辑不够彻底。外部表现并不能直接论证该罪的不法，至多只是盖然性证明。③ 因此，在应对复杂社会生活中一些特殊案件时还存在问题。目前，理论上开始转向被害人的视角，从被害人财产处分的角度来重新思考和界定敲诈勒索罪。另一方面，随着公民法律意识及权利意识的提升，出现了大量以行使或放弃特定权利为要挟或在维权过程中超出合理范围索要财产的权利异化行为，消费者维权也是问题频发且典型的领域，这就使敲诈勒索罪及权利行使之间的界限同样成为学者们关注的问题。对以上两个关键问题的思考，能够使敲诈勒索罪的不法本质特征得以明确。

被害人处分自由说认为，敲诈勒索罪和抢劫罪构成要件结构的关键差异，在于被害人有无财产处分自由。财产处分自由包括反抗有用和应能反抗的双重含义，敲诈勒索罪属交付型犯罪，需要被害人的参与和配合，而抢劫罪则

---

① 中华人民共和国最高人民法院刑事审判第一、二、三、四、五庭. 刑事审判参考：总第120集. 北京：法律出版社，2020；第1304号指导案例；国家法官学院、最高人民法院司法案例研究院. 中国法院2021年度案例·刑事案例三. 北京：中国法制出版社，2021；57号案例.

② 周光权. 刑法各论. 4 版. 北京：中国人民大学出版社，2021：151.

③ 车浩. 抢劫罪与敲诈勒索罪之界分：基于被害人的处分自由. 中国法学，2017（6）：278.

本质上属于单向度的"他人损害型"犯罪。① 抢劫罪属于彻底压制被害人法益支配自由,敲诈勒索罪属于利用被害人法益支配自由的瑕疵。从行为是否足以剥夺理性一般人的财产处分自由区分两罪的着手,根据特定被害人是否实际丧失财产处分自由认定既遂。"从财产法益是服务于人的工具这一点出发,财产犯罪最终侵犯和影响的是作为目的的人。既然财产是被害人的支配意愿所指向的支配对象,因此,犯罪行为侵害法益,必然是通过侵扰法益支配权进而破坏支配意愿与支配对象之间的支配关系来实现的。"② 被害人维护财产的反抗意志越强烈,行为人的压制程度就越强,法益侵害性就越大。此外,处分意思是否必要本质上应是行为人取得财物是否基于被害人的意思。抢劫罪和盗窃罪一样,被害人都没有意思自由,前者是使被害人丧失了意志自由而后者是对方没有进行意志自由的可能;而敲诈勒索与诈骗罪更为相似,都要基于被害人的意思,但也都有所瑕疵,前者是基于畏惧心理,而后者是存在认识错误。

(二) 权利行使和敲诈勒索罪

关于权利行使和敲诈勒索的关系,主要涉及符合法律规定的权利行使、超过法律规定的权利行使和缺乏法律规定的权利行使等不同情形。符合法律规定的权利行使是指行为人对被害人有正当的财产权利基础,如合法的债权、因侵权所引起的损害赔偿请求权;超过法律规定的权利行使,主要表现为权利的滥用,以非财产性权利的行使胁迫他人给付财物或手段、程度超出了合理界限,如以检举揭发违法相威胁、消费者以向媒体曝光索要天价封口费等;缺乏法律规定的权利行使指的是无正当权利基础提出相关要求。考虑刑法对公民权利之间的关系的价值取向和安排,权利应是保护公民的利益的屏障而不是使公民借此去谋求财产利益,应禁止滥用,权利行使行为敲诈勒索罪的范围就不应过于狭窄。但在行为人有正当财产权利基础的情况下,合理地行使相应权利,可以考虑不构成敲诈勒索罪。③ 一方面,权利行使内容的胁迫相较于人身暴力的威胁对于被害人而言还存在利益权衡的空间和选择自由,可从对处分自由的角度认定不构成胁迫。另一方面,如为索取债务非法扣押、拘禁他人的,不适用绑架罪的规定,权利行使行为同样缺乏财产法益侵害性,一般不会造成对方财产上的损害,且行为人主观上也缺乏非法占有公私财物或财产性利益的目的。

---

① 车浩. 抢劫罪与敲诈勒索罪之界分:基于被害人的处分自由. 中国法学,2017 (6):270 - 271.
② 车浩. 抢劫罪与敲诈勒索罪之界分:基于被害人的处分自由. 中国法学,2017 (6):269.
③ 张明楷. 刑法学:下. 5版. 北京:法律出版社,2016:1018.

（三）关于被告人刑事责任的分析

上述分析表明，敲诈勒索罪的不法本质是针对财产法益的侵害，要求行为人具有非法占有目的，从被害人是否还有处分自由的角度判断行为人的行为是否足以压制反抗的程度，敲诈勒索中的被害人陷入不情愿困境但尚有选择处分的空间，抢劫罪对被害人财产支配关系和自由的侵扰和破坏更重，这两个方面共同构成敲诈勒索罪的不法本质。至于是明示还是暗示，恶害通告还是暴力行为，都只是胁迫的内容和具体外在表现方式，只是作为判断的资料，实质还是在于判断被害人的处分意思自由。那么就本案事实而言，七被告采取"软暴力"还是"硬暴力"都只是具体的外在形式，关键在于行为是否使被害租客陷入恐惧、意思自由受到限制。另外，七名被告假借租房名义，意图通过强迫客户交纳一系列不合理费用并从中获利，实质上就是一种非法占有目的。因此，本案以"黑中介"形式索取租客财物，在刑法上可以认定符合敲诈勒索罪的构成要件。

三、延伸思考

正确处理敲诈勒索罪与他罪的关系，不意味着在司法实践中敲诈勒索罪和其他犯罪就是非此即彼的对立关系，结合具体案件事实，有可能手段和目的行为之间存在牵连关系构成牵连犯[①]或考虑存在想象竞合关系，抑或数罪并罚，关键在于全面评价。例如长期寻衅滋事，但偶尔基于不法取得意思，以暴力、威胁方法强取财物，或者乘人不备夺取财物，或者使用恐吓方法迫使他人交付财物的，都应以抢劫罪、抢夺罪、敲诈勒索罪与寻衅滋事罪并罚。行为虽含有部分从事交易的因素，但主要是以暴力、胁迫或其他方法强取财物，客观上交易内容严重不真实，对市场秩序危害不大，但对特定被害人个人的人身、财产权危害较大的，构成抢劫罪或敲诈勒索罪与强迫交易罪的想象竞合犯，应从一重罪处断。[②]

（毕琳　撰写）

[①]　国家法官学院案例开发研究中心. 中国法院 2015 年度案例·刑法分则案例. 北京：中国法制出版社，2021：127-128.

[②]　周光权. 刑法各论. 4 版. 北京：中国人民大学出版社，2021：375、423.

84 故意毁坏财物罪的实行行为

案情简介

2004年1月29日（农历正月初八）晚，浙江省永嘉县某村举行舞龙灯欢庆活动。因当晚村民许某杰停在村内的轿车被刮车漆，怀疑系舞龙灯的人所为，许某杰、许某红、许某和等人与当时舞龙灯的柯某玉等人发生争执。双方在争吵过程中，被告人柯某杰祖父柯某者因情绪激动诱发心脏病不治身亡。此后两天，柯某者亲属先后多次来到许某和、许某红家哭闹，并捣毁被害人许某红、许某和家门窗玻璃等物。2004年2月4日上午10时许，被告人柯某杰伙同滕某忠、李某燕、滕某春等亲属十几人，再次来到许某和家哭闹、捣毁财物。在捣毁财物过程中，滕某忠、李某燕等人将许某和经营的坐落于其家中的永嘉县燎原服装辅料有限公司的1 566.85千克，2 620 210粒纽扣予以倾倒并掺杂。经估价鉴定，被掺杂纽扣的废品率为5%，损失量化价格为124 853.01元人民币。

裁判要旨

一审判决认为，故意毁坏财物罪并没有犯罪手段的限制，本案中将各种纽扣掺杂在一起的行为，虽然没有使物品毁损灭失，但已降低了其原有的价值。因为，纽扣属于小件商品，一旦被掺杂，会造成很大的价值损失，在恢复过程中不但会产生一些废品，也会产生一些必要的加工、整理费用，被告人等对此是明知的，其明知自己的行为会造成他人财物价值的损失而故意为之，即可以认定为故意毁坏财物行为。[1] 据此认定被告人柯某杰犯故意毁坏财物罪，判处其有期徒刑一年。判决后，被告人未上诉，检察机关也没有提出抗诉，一审判决发生法律效力。

---

[1] 参见浙江省永嘉县人民法院（2007）刑初字第386号刑事附带民事判决书。

评析意见

一、关键问题与裁判思路

如何理解故意毁坏财物罪中的"毁坏",是认定本罪的关键问题。在本案中,断案的焦点在于,能否将掺杂纽扣的行为视作刑法意义上的毁坏。浙江省永嘉县法院认为,凡是降低财物原有价值的行为皆属于毁坏。这里的降低价值,不仅指财物本身价值的贬损,还包括后续分拣、修复、整理所带来的费用损失。亦即,只要行为人给被害人造成了经济损失,就可以认定为故意毁坏财物罪。

二、相关学理分析

关于毁坏的认定标准,学界存在较为激烈的讨论,主要有物质毁损说、有形影响说和效用侵害说三种观点。不同观点对于案件处理所得出的结论可能存在差异。

(一)关于毁坏的理论争议

1. 物质毁损说

该说认为,毁坏是通过使用有形的力量,从物理上损坏或者破坏财物的全部或者部分,进而损害其效用。[1] 按照该说,对于那些单纯侵害财物效用的行为,就不能认定为毁坏。比如,将他人笼中的鸟放飞、把他人池塘中饲养的鱼放走、将他人的财物埋入地下、拔掉汽车轮胎气门芯给车胎放气、向餐饮店餐具中撒尿等行为,都不是刑法意义上的毁坏,不能论以故意毁坏财物罪。物质毁损说的认定标准最为明确,既符合普通公众的语言习惯,也揭示了毁坏财物行为的破坏性。[2]

2. 有形影响说

该说主张,毁坏是通过对财物施加持续性的物理影响,妨碍权利人对财物的使用、限制财物的功能,并且财物受到的影响不能轻易被排除。[3] 在该说看来,倘若被害人需要花费一定时间、精力或者金钱才能使受影响的财物恢复原状的,就成立故意毁坏财物罪。比如,给轮胎放气是否属于毁坏,不能一概而论。如果旁边有充气泵,车主很容易就能再充气,便不构成本罪。反之,倘若汽车是在荒无人烟处被人放气的,车主无法顺利获得充气设备,就

---

[1] 曾根威彦. 刑法学基础, 黎宏, 译. 北京: 法律出版社, 2005: 17.

[2] 陈兴良. 故意毁坏财物行为之定性研究——以朱建勇案和孙静案为线索的分析, 国家检察官学院学报, 2009 (1): 100; 邓子滨. 中国实质刑法观批判. 2版. 北京: 法律出版社, 2017: 158.

[3] 王钢. 德国判例刑法(分则). 北京: 北京大学出版社, 2016: 299.

成立本罪。此外，行为人是否对财物施加了持续性的物理影响，也是认定的关键。单纯开走他人汽车、转移财物位置等行为，都不是毁坏。① 有形影响说是德国主流观点，与物质毁损说相比，该说将故意毁坏财物罪的手段延展到持续性的物理影响，从而扩大了本罪的适用范围。

3. 效用侵害说

该说指出，毁坏是一切损害财物效用的行为。② 效用侵害说又分为一般的效用侵害说与本来的效用侵害说。前者认为，只要侵害财物的一般效用，就构成毁坏；后者认为，只有使财物处于不能按照其本来用途使用的状态，才构成毁坏。③ 比如，在他人本打算种植玉米的土地上种植土豆，按照一般的效用侵害说，由于种植玉米的行为妨害了他人在这片土地上种植土豆的用途，因此构成故意毁坏财物罪；根据本来的效用侵害说，不论种植何种作物，土地的本来效用都未减少，故而不能成立本罪。当然，不论支持哪种立场，效用侵害说的入罪范围都远远大于物质毁损说和有形影响说。在该说看来，前两种学说所讨论的所有案例，都成立故意毁坏财物罪。原因在于，诸如放鸟、放鱼、给汽车轮胎放气等行为，虽然没有对财物本体造成物质毁损或者持续性的物理影响，但是都妨害了权利人对财务的使用。

（二）关于本案被告人刑事责任的分析

根据物质毁损说，本案中柯某杰等人掺杂纽扣的行为不属于毁坏，因为光是将不同型号纽扣混在一起，并不足以给纽扣本身造成物质毁损。至于后续的分拣、加工费用，其目的也不是修复受损的纽扣，因此不能作为毁坏的根据。按照有形影响说，本案中柯某杰等人的掺杂行为虽然没有给纽扣造成物质毁损，却对其施加了持续性的物理影响，致使被害人需要花费大量人力、物力才能使之恢复原状，应当构成故意毁坏财物罪。根据效用侵害说，本案中柯某杰等人的掺杂行为使纽扣无法再按其本来目的顺利销售，已经损害了纽扣的效用，应当成立故意毁坏财物罪。法院对本案的处理，明显采纳了效用侵害说的立场。

三、延伸思考

如前所述，我国目前的司法实践主要采用一般的效用侵害说来认定故意毁坏财物罪。在"朱建勇故意毁坏财物案"中，被告人朱建勇侵入他人股票交易账户，在他人股票交易账户内采用高进低出股票的手段造成他人

---

① 张梓弦. 论故意毁坏财物罪中的"毁坏"——"有形影响说"之提倡，法学，2018（7）：116.
② 张明楷. 罪刑法定与刑法解释. 北京：北京大学出版社，2009：209.
③ 刘明祥. 财产犯罪比较研究. 北京：中国政法大学出版社，2001：419.

资金大量损失。上海市静安区人民法院判决朱建勇成立故意毁坏财物罪。①其认定理由是，只要能使财物的价值或者使用价值降低或丧失，就可以视为毁坏。② 在"陈某等毁坏他人游戏装备案"中，被告人陈某伙同他人侵入张某游戏账号，利用游戏特有的机制使张某损失了大量游戏装备，法院判决陈某成立故意毁坏财物罪，理由是陈某的行为使他人游戏装备的价值彻底丧失。③ 在"张某私放宠物猫案"中，张某到徐某的宠物店先窃取了3只猫，之后又将笼门打开，致使另外3只猫走失，经价格认定，张某盗窃、放走的6只猫共值人民币11 525元。法院判决张某成立故意毁坏财物罪，理由是毁坏不限于从物理上变更或者消灭财物的形体，还包括使财物的效用减少或丧失的一切行为。④ 可以认为，唯有通过效用侵害说，才能将这些行为认定为毁坏。

需要特别指出的是，虽然按照司法实践所采纳的效用侵害说，永嘉县人民法院对本案的认定结论并不存在太大问题，但是从学理上讲，还有两点存在进一步探讨的余地。第一，以效用是否遭到侵害来认定毁坏行为，是一种从实质到形式、从结果到行为的倒推式方法，这与刑法先形式再实质、先行为再结果的判断理念有所抵牾。这种倒推型的认定模式容易突破罪刑法定原则的限制，架空"毁坏"这一构成要件行为。虽然从物质毁损说到效用侵害说的转变是妥当的⑤，但还是应该同时顾及实行行为的定型性，努力为"毁坏"划定形式边界，避免本罪的适用范围无边无际。第二，永嘉县人民法院在认定财物价值时，将后续的分拣、加工、修复费用也作为认定毁坏的根据，这是值得商榷的。应当认为，后续的分拣、加工、修复等费用最多只能说明毁坏程度比较严重，却无法改变一个事实，即必须先确定造成这一结果的行为是不是毁坏。⑥ 如果造成毁坏结果的行为并不是刑法意义上的毁坏，就不能以结果属于毁坏为根据，反向论证毁坏行为的存在。

（邓卓行　撰写）

---

① 上海市静安区人民检察院诉朱建勇故意毁坏财物案．中华人民共和国最高法院公报，2004(4)：27．
② 卢方．经济、财产犯罪案例精选．上海：上海人民出版社，2008：417．
③ 蒋云飞，鲁璐．毁坏他人游戏装备，该如何处理．检察日报，2019-11-01 (3)．
④ 王颖利，葛明亮．偷放宠物店笼中猫也是故意毁坏财物罪．检察日报，2019-09-30 (8)．
⑤ 周光权．刑法各论．4版．北京：中国人民大学出版社，2021：167．
⑥ Vgl. Wessels/Hillenkamp/Schuhr, Strafrecht Besonderer Teil 2: Straftaten gegen Vermögenswerte, 41. Aufl., C. F. Müller, 2018, S. 13.

85 非法控制计算机信息系统罪

案情简介

自 2017 年 7 月开始，被告人张某杰、彭某珑、祝某、姜某豪经事先共谋，为赚取赌博网站广告费用，在马来西亚吉隆坡市租住的 Trillion 公寓 B 幢 902 室内，相互配合，对存在防护漏洞的目标服务器进行检索、筛查后，向目标服务器植入木马程序（后门程序）进行控制，再使用"菜刀"等软件链接该木马程序，获取目标服务器后台浏览、增加、删除、修改等操作权限，将添加了赌博关键字并设置自动跳转功能的静态网页上传至目标服务器，提高赌博网站广告被搜索引擎命中几率。截至 2017 年 9 月底，被告人张某杰、彭某珑、祝某、姜某豪链接被植入木马程序的目标服务器共计 113 台，其中部分网站服务器还被植入了含有赌博关键词的广告网页。后公安机关将 4 名被告人抓获到案。

裁判要旨

对于本案，公诉机关以破坏计算机信息系统罪对四人提起公诉。江苏省南京市鼓楼区人民法院认为，被告人虽对目标服务器的数据实施了修改、增加的侵犯行为，但未造成该信息系统功能实质性的破坏或不能正常运行，也未对该信息系统内有价值的数据进行增加、删改，其行为不属于破坏计算机信息系统犯罪中的对计算机信息系统中存储、处理或者传输的数据进行删除、修改、增加的行为，应认定为非法控制计算机信息系统罪。[①]

评析意见

一、关键问题与裁判思路

根据《刑法》第 286 条的规定，破坏计算机信息系统罪是指违反国家规

---

① 参见最高人民法院指导案例 145 号"张竣杰等非法控制计算机信息系统案"。

定，对计算机信息系统功能进行删除、修改、增加、干扰，造成计算机信息系统不能正常运行，后果严重的行为，或者违反国家规定，对计算机信息系统中存储、处理或者传输的数据和应用程序进行删除、修改、增加的操作，后果严重的行为，以及故意制作、传播计算机病毒等破坏性程序，影响计算机系统正常运行，后果严重的行为。由于本条第2款仅规定"违反国家规定，对计算机信息系统中存储、处理或者传输的数据和应用程序进行删除、修改、增加的操作，后果严重的，依照前款的规定处罚"，并未像第1款那样规定"造成计算机信息系统不能正常运行"，因此，无论是司法解释还是实务上，对于这种情形下的破坏计算机信息系统罪的认定都存在一定的误解。本案公诉机关和人民法院的观点分歧，就是基于对行为所造成的结果的不同理解，法院以构成本罪需要造成计算机信息系统不能正常运行为由，对于指控的罪名予以变更。

二、相关学理分析

（一）"造成计算机信息系统不能正常运行"是破坏计算机信息系统罪的实质要件

根据最高人民法院、最高人民检察院《关于办理危害计算机信息系统安全刑事案件应用法律若干问题的解释》（2011年8月1日发布）第4条的规定，破坏计算机信息系统功能、数据或者应用程序，具有下列情形之一的，应当认定为《刑法》第286条第1款和第2款规定的"后果严重"：（1）造成10台以上计算机信息系统的主要软件或者硬件不能正常运行的；（2）对20台以上计算机信息系统中存储、处理或者传输的数据进行删除、修改、增加操作的；（3）违法所得5 000元以上或者造成经济损失1万元以上的；（4）造成为100台以上计算机信息系统提供域名解析、身份认证、计费等基础服务或者为1万以上用户提供服务的计算机信息系统不能正常运行累计1小时以上的；（5）造成其他严重后果的。

在上述司法解释第4条的第（1）项、第（4）项规定中，都有行为造成计算机信息系统不能正常运行的内容，但是，其第（2）项"对二十台以上计算机信息系统中存储、处理或者传输的数据进行删除、修改、增加操作的"，以及第（3）项"违法所得五千元以上或者造成经济损失一万元以上的"，都单纯指行为样态或行为人的获利，并不要求行为必须导致计算机信息系统不能正常运行才达到定罪门槛。这种司法解释规定极易导致实务陷入误区，其对《刑法》第286条第2款的理解存在疑问。理由在于：（1）判断《刑法》第286条第2款所规定犯罪的客观构成要件时，需要进行体系思考。体系思考"并不是单纯地孤立观察某个法规范，而是要观察这个规范和其他规范的关联，这个规范和其他法律规范都是共同被规定在某个特定法领域中，就此而言，它们共同形成一个'体系'"①。由于《刑法》第286条三款文字所规定的罪名都是破坏计算机信息系统罪，其第1款、第3款都要求"造成计算机信息系统不能正常运行"，如果对第2款不作类似要求，其就与体系思考的逻辑不符。(2) 从刑罚均衡的角度看，如果《刑法》第286条第1款、第3款的危害性相同，第2款可以与之不同，即不需要"造成计算机信息系统不能正常运行"即可以构成犯罪，那么，第2款就仅体现为对数据和程序的侵害，其法定刑就应该更轻，否则就会出现量刑不均衡。但是，立法并未对《刑法》第286条第2款设置更轻的法定刑，而要求与第1款的犯罪同罚，这就说明第2款犯罪也需要对计算机信息系统功能有实质性破坏才符合定罪条件。(3) 需要准确理解援引法定刑立法模式的特殊考虑。从立法技术上看，《刑法》第286条第2款的表述方式属于援引法定刑的规定。《刑法》第286条第1款规定"造成计算机信息系统不能正常运行"，而第2款并无相同字样，只是规定"依照前款的规定处罚"，第2款的表述方式有助于减少法条的重复表述，使法条更简洁，富有美感，不至于太烦琐、冗长，但其实质未必比第1款有所减损。换言之，在刑法分则条文规定援引法定刑时，只要就基本的行为模式作出表述即可，没有必要同时规定危害后果，否则就无法达到减少法条表述的目的。② 因此，适用《刑法》第286条第2款时，如果并未确定系统功能所受到的破坏，仅依据违法所得25 000元以上就认定为该行为后果特别严重，进而予以定罪处罚，这一做法存在明显不足。

因此，通过修改、增加计算机信息系统数据，对该计算机信息系统实施非法控制，但未造成系统功能实质性破坏或者系统不能正常运行的，不应当认定为破坏计算机信息系统罪。不能认为《刑法》第286条第2款没有列明必须要"造成系统不能正常运行"等字样，那么，被告人侵入他人计算机信息系统，该系统还在运行的，也还能够成立破坏计算机信息系统罪。构成该罪，要求其造成系统不能正常运行，且系统不能正常运行和后果严重必须同时满足。

(二) 被告人应当构成非法控制计算机信息系统罪

本案中，张某杰让网页自动跳转或者把广告网页直接植入到网站服务器，这样网页一打开就跳出赌博网站的广告，这是对计算机信息系统进行非法控制的行为，更符合《刑法》第285条第2款的规定，应当认定为非法控制计算机信息系统罪。本罪重视的是行为人未经授权或者超越其权限，在非法侵

---

① 普珀. 法律思维小课堂，蔡圣伟，译. 北京：北京大学出版社，2011：56.
② 张明楷. 论援引法定刑的适用. 人民法院报，2014-11-12 (6)；周光权. 刑法各论. 4版. 北京：中国人民大学出版社，2021：4.

入计算机信息系统后，并未破坏该系统的功能或数据，但通过控制计算机实施特定的操作，对该计算机信息系统不当地享有控制权限这一特质。① 在这里，不存在系统内的数据被他人非法获取的问题，刑法关注的是行为对于计算机信息系统进行操控，使得该系统按照行为人的意思对其开放这一侧面。

三、延伸思考

犯罪是实质地侵害或者威胁法益的行为，因此，行为如果并未造成计算机信息系统不能正常运行的，不能构成破坏计算机信息系统罪。对于被告人李骏杰冒用买家身份，骗取电商平台客服审核通过后，重置账号密码，登录该购物网站内部评价系统，删改买家的中差评347个，获利9万余元的行为，检察机关以被告人李骏杰犯破坏计算机信息系统罪提起公诉。一审法院认为，冒用购物网站买家身份进入网站内部评价系统删改购物评价，属于对计算机信息系统内存储数据进行修改操作，危害计算机信息系统数据采集和流量分配体系运行，使网站注册商户及其商品、服务的搜索受到影响，导致网站商品、服务评价功能无法正常运作，侵害了购物网站所属公司的信息系统安全和消费者的知情权，行为人因删除、修改某购物网站中差评数据违法所得25 000元以上，构成破坏计算机信息系统罪，属于"后果特别严重"的情形，由此人民法院以破坏计算机信息系统罪判处被告人李骏杰有期徒刑5年。二审维持原判。② 但是，这一结论是值得商榷的。可能有人会认为，本案中，行为人李骏杰进入购物网站删改"差评"，使得这些数据消失，也是使系统所承载的与商品交易有关的某些功能受影响。但此时认为行为对系统功能有影响，就只是一个广义的关于功能的理解，也就是仅有平台网页上的评价功能受影响，但计算机信息系统自身的功能仍能正常发挥，顾客的知情权和计算机信息系统的保护法益之间没有关系，不能把公司商业性的权利解释成计算机犯罪的保护法益。如此说来，《刑法》第286条破坏计算机信息系统罪主要是针对系统本身的破坏，而非仅仅对数据完整性或数据效用的侵害，定罪门槛事实上比较高。

（周光权 撰写）

---

① 喻海松．网络犯罪二十讲．北京：法律出版社，2018：32.
② 参见最高人民检察院指导性案例第34号："李骏杰等破坏计算机信息系统案"。

86 帮助信息网络犯罪活动罪

案情简介

2015年5月,王某找到被告人李某某,要求李某某帮助进行语音平台的软件安装以及技术维护工作,主要负责远程配合网络运营商安装服务器,并把彩铃软件安装到服务器上,系统崩溃后的维护工作以及录音文件格式更改并上传,双方约定工资每个月6 000元整。在2016年年初,李某某因维护彩铃软件的需要听到了自己维护的彩铃软件被用于录制"重金求子"诈骗语音后,仍继续帮助王某维护彩铃软件至2016年9月份,共收到16个月工资,总计96 000元。

裁判要旨

法院经审理后认为,被告人李某某明知他人利用信息网络实施犯罪,仍为其犯罪提供技术支持,情节严重,其行为构成帮助信息网络犯罪活动罪,公诉机关指控被告人罪名成立,予以支持。被告人李某某的违法金额应从被告人明知他人用于犯罪活动时计算。根据被告人李某某的供述,其自2015年5月份开始做软件安装和技术维护,通过远程控制把彩铃系统软件安装好。2016年年初,李某某在排除故障的过程中听到了"重金求子"类的诈骗语音,才知道安装的彩铃被用于录制诈骗语音,故2015年期间李某某所获取的42 000元是其合法收入,李某某违法所得金额应为54 000元。最终认定被告人李某某犯帮助信息网络犯罪活动罪。①

评析意见

一、关键问题与裁判思路

被告人李某某帮助王某安装并维护以"重金求子"为内容的诈骗语音彩

---

① 参见江西省余干县人民法院(2017)赣1127刑初284号刑事判决书。

铃软件，其行为可以分为两段：第一段为李某某在不知情的情况下帮助王某进行语音平台的软件安装以及技术维护工作；第二段为李某某在明知"王某"实施的行为属于诈骗情况下仍然继续为其提供技术维护工作。总而言之，李某某提供的语音彩铃软件维护服务更多的是一种纯粹的技术性帮助，也就是学理上热烈讨论的中立帮助行为问题。而在本案中，主审法院认定李某某的第二段行为构成帮助信息网络犯罪活动罪而否定了第一段行为的可罚性。显然，在本案法院的认定思路下，李某某在实施第一段行为时并不知道自己为诈骗行为提供技术性帮助，而对于自己的第二段行为将成为诈骗行为的帮助行为具有明确的主观认知。因此，只能将李某某具有主观认知的第二段行为认定为帮助信息网络犯罪活动罪。

二、相关学理分析

（一）问题的焦点

本文基本赞同主审法院的裁判结论，但是有必要在说理路径上予以深化。本案所涉关键学理问题主要在如下两点：一是在帮助信息网络犯罪活动罪的认定上，其与中立帮助行为问题之间的关系如何；二是帮助信息网络犯罪活动罪的认定，是否应当采主观说。

概言之，将网络帮助行为的探讨与中立帮助行为相结合将会给本已复杂的问题平添不小的难度：一是因为中立帮助行为的概念及理论本身即存在一定的缺陷，不可一概而论；二是中立帮助行为较强的主观说倾向将使得其处罚范围过于广泛。

（二）中立帮助行为理论的局限性

事实上，中立帮助行为理论不仅无法概括网络帮助行为，同时其自身也存在一定的问题。这是因为，网络帮助行为具有复杂性，其中不仅仅有中立性质的帮助行为，也可能有非中立性质的帮助行为，如此则使得想用中立帮助行为去囊括整个网络帮助行为的做法变得并不可取，并且有把复杂的问题简单化之嫌。此外，中立帮助行为理论自身的致命缺陷在于：中立帮助行为只是对职业条件下帮助行为这一现象的事实性描述，但是帮助行为的"中立性"的意义及内容是极其模糊的，中立帮助行为这一概念范畴具有较强的概括性、混杂性和不确定性，其中汇集了刑法领域中多个问题。[①] 所以，如果全面承认或者否定中立帮助行为的可罚性，其实是以一种形式上的要件简单地论证此类行为的处罚扩张或是限制，也就是说，将部分帮助行为冠以"中立性"的"帽子"从而试图以这一形式要件来排除可罚性的做法，等于说是以

---

① 王华伟．中立帮助行为的解构与重建．法学家，2020（3）：146 页以下。

某种形式条件，或者说是以某种不可罚的先行价值判断为基础，并以之作为说理及论证的理由，这种说理方式存在循环论证的嫌疑。① 因此，学界现有的试图通过一个统一的标准对中立帮助行为问题予以"一揽子"解决的想法注定将面临挫折。这是因为，中立的帮助行为是否可罚以及如何划定其处罚边界的问题，本质上不是一个解释论问题，而是一个立法论问题或曰刑事政策问题，这正是刑法学界在对中立帮助行为可罚性问题的研究上迟迟不能取得突破的根本原因。② 在这个问题上需要一种综合性的价值判断，并由此对案例本身的特点予以分门别类式的讨论，才有可能得到相对妥当的处理结论。但是如此一来，所谓的中立帮助行为这一概念还有几分存在的必要将成为最大的问题。与之相对应，在网络帮助行为的处罚标准确证上，如果试图通过引入中立帮助行为的理论加以解决，将会陷入同样的困境，而难以得出合理的结论。

（三）本罪认定中的主观化倾向及其防止

在面对帮助信息网络犯罪活动罪时，司法实务中存在较强的"主观说"倾向，其不仅在我国近年来的相关司法解释中有所体现，同时也直接映射到司法实务部门的具体应用中。③ 但是，主观说的倾向显然有不当扩张网络帮助行为的处罚范围之嫌，换言之，主观说的出发点其实是放弃了对帮助行为客观危害性的考察，从而将决定犯罪成立与否的关键交由主观故意的认定，这一立场值得警惕。客观主义的基本刑法立场仍然有必要在我国刑法研究中加以强调，特别是为避免错案发生，刑法客观主义能够在实体法上实现防范错案以及限制刑罚不当扩张的协调一致。④ 在此意义上而言，在类似中立帮助行为的问题上，如果能够在客观方面对行为的处罚边界作出限定，便不应当将相应的问题拖延至主观方面加以解决。显然，在本案的裁判思路中，则体现出我国司法实务部门较为强烈的主观说认定倾向，亦即在主审法院的裁判文书中，基本上是通过确认被告人李某某是否具有主观认知来对其加以定罪。同样，法院也是由其主观认知最终决定了仅对其第二段行为予以处罚的定罪结论。

因此，在本案中所反映出来的学理问题不仅仅是中立帮助行为理论的问题，同样也是主观说过度泛滥的问题。不过因为本案案情相对简单，所以相

---

① 龟井源太郎. Winny事件日本最高法院裁决与"中立行为"论. 钱日彤, 译. 闻志强, 校. 法治社会, 2021 (1): 121-122.

② 邹兵建. 网络中立帮助行为的可罚性证成——一个法律经济学视角的尝试. 中国法律评论, 2020 (1): 119.

③ 车浩. 谁应为互联网时代的中立行为买单?. 中国法律评论, 2015 (5): 48; 何萍. 共同犯罪司法扩张现象之批评——以律师与当事人形成共犯为视角. 法治研究, 2021 (1): 38.

④ 周光权. 刑法客观主义与防止错案. 东北师范大学学报（哲学社会科学版）, 2017 (3): 10.

较之下，其实并不会过多地涉及对中立帮助行为的探讨，其中主要体现出来的问题还是在于司法实务部门对于主观说的过度倚重。尽管本案中的处理结论并无问题，但是在具体的说理上需要摆脱对于主观说的路径依赖，而不能仅仅因为行为人具有相应的主观认知便确认其罪。显然，在类似本案所需要处理的网络帮助行为案件中，需要解决的关键问题仍在于如何将已经产生的法益侵害后果算作是参与者的"作品"，使其能够被认定为犯罪，对此有必要予以深入研究。

三、延伸思考

总而言之，在网络帮助行为的研究领域里，学界现有的针对网络帮助行为的讨论，归根溯源，均是试图为网络帮助行为的处罚范围划定一个相对明确的界限。笔者的基本思路是，仍然应当从客观层面为网络帮助行为的归责进行构建。

根据学界现有研究可知，网络帮助行为根据其客观的指向对象性质，可以分为专门指向违法犯罪的帮助行为与非专门指向违法犯罪的帮助行为。对于前者，可以独立评价帮助行为的危害性；而对于后者，则要求对帮助下游犯罪应具备"明知"要素以及应查实下游犯罪的不法性。① 因此，可以通过正、反面的检验规则的构建对网络帮助行为的归责进行规范判断。

首先，在正面判断标准上：如果网络帮助行为专门指向违法犯罪行为，则此时应认定，网络帮助行为直接创设了法所不容许的风险，可以直接在客观不法层面肯定行为的归责。典型如"网络黑灰产犯罪"中的"黑产"，"黑产"是指直接违反相关法律法规的违法犯罪行为，一般包括，窃取并提供他人网络账号密码、研制"钓鱼"或虚假网站等行为。② 如果网络帮助行为并非专门指向违法犯罪行为，则需要考察行为人的特殊认知，如果足以认定具有特殊认知，则由此可以奠定对行为人的可归责性。例如，在部分成体系化的网络诈骗、赌博犯罪中，众多参与者为诈骗、赌博行为的正犯提供诸如网络存储空间、网络地址链接、广告推广费用、服务器托管乃至最终的消费结算等一系列网络帮助服务，并链结成一个成体系化的具有产业分工的犯罪团伙，其中的参与者所提供的网络技术服务主要甚至专门指向诈骗、赌博的犯罪行为。

其次，在反向的判断标准上：一是在网络帮助行为兼具合法用途与违法用途，且行为人不具备特殊认知时，应认定帮助行为并未创设法不容许的风

---

① 邓矜婷.网络空间中犯罪帮助行为的类型化——来自司法判决的启发.法学研究，2019（5）：146页以下.
② 喻海松.网络犯罪黑灰产业链的样态与规制.国家检察官学院学报，2021（1）：42.

险，不应加以归责；二是如果网络帮助行为符合相应的规范要求，则应当认定帮助行为的所创设的风险为法所容许，从而否定对其归责。例如，网络服务商在提供服务时可以援引的"避风港原则"，亦即在接到被侵权者的通知后，只有不及时采取移除或断开链接等措施，才应对其施加刑事处罚措施，从而限定了网络帮助行为的刑事可罚性。①

根据笔者的理论建构，本案中李某某所实施的技术帮助行为并非专门指向违法犯罪行为，需要考察其是否具有特殊认知，李某某在实施帮助行为半年之后在排除故障的过程中听到了"重金求子"类的诈骗语音，才知道安装的彩铃被用于录制诈骗语音，此时方可认定其具有相应的特殊认知，故由此可奠定其行为的可归责性。而关于特殊认知是否影响标准的客观性问题，有必要补充的是，在判断行为危险性时考虑行为人主观认知并不代表着归责判断的主观化。因为客观归责和确定责任完全是性质不同的两个阶层，在客观上无法进行归责的情形下，不能仅因行为人存在故意而认定其成立犯罪，也不能认为用主观归责代替客观归责。在此，客观归责研究的是一个法律上所禁止的行为究竟应算作是谁的"作品"，主观归责要讨论的是在上述结论的基础上，考虑行为人是否具有相应的故意、过失，并给予程度不同的法律意义上的非难谴责。

（李淼 撰写）

---

① 王华伟. 避风港原则的刑法教义学理论建构. 中外法学，2019（6）：1453.

87 聚众斗殴罪

案情简介

被告人任某顺、马某勇、张某海(在逃)因与崔某良、张某平、张某祥等人发生矛盾。任某顺组织陈某望、马某勇等六十余人乘多辆汽车,持弩枪、铁锹、木棍等凶器到新乡县古固寨镇政府路桥处找崔某良等人斗殴。崔某良等人见状逃走。任某顺持弩将张某祥肩膀射成轻伤。在追打张某平时将某超市玻璃砸毁,致使该店服务员杨某在恐惧中从二楼跳下,致腰骨骨折,构成轻伤。后被告人任某顺带领陈某望等人将崔某良经营的沐浴中心砸毁,造成4 938元的损失。现场附近几家饭店、超市的门窗玻璃被砸,价值296.6元。后三被告人到公安机关投案,并在案件审理期间赔偿了崔某良15 000元。

裁判要旨

一审法院认为,本案被害人一方虽有斗殴的故意但并未实际参与殴斗,被告人一方则聚集数十人持械斗殴追打,造成对方和周围无辜人员轻伤和财产损失,并导致社会秩序的严重混乱,其行为构成聚众斗殴罪。据此,以本罪判处任某顺有期徒刑四年;判处陈某望有期徒刑二年;判处被告人马某勇有期徒刑二年,并与其之前的抢劫罪并罚,决定执行有期徒刑四年。被告人上诉后,二审裁定驳回上诉,维持原判。[①]

评析意见

一、关键问题与裁判思路

根据《刑法》第292条的规定,聚众斗殴的,对首要分子和其他积极参加的,处3年以下有期徒刑、拘役或者管制;多次聚众斗殴的,聚众斗殴人数多,规模大,社会影响恶劣的,在公共场所或者交通要道聚众斗殴,造成

[①] 参见河南省新乡市中级人民法院(2005)新刑一终字第3号二审刑事裁定书。

社会秩序严重混乱的,以及持械聚众斗殴的,对首要分子和其他积极参加的,处3年以上10年以下有期徒刑。本罪在实践中的适用率并不低,其中有些案件的处理涉及《刑法》与《治安管理处罚法》的关系协调问题,值得研究的问题很多。由于刑法对本罪的客观构成要件直接使用了"聚众斗殴"的表述,因此,对于本罪的实行行为尤其是"聚众"和"斗殴"的关系如何理解,自然就会有争议,由此涉及成立聚众斗殴罪是否以双方均构成本罪为必要,单方对于对方实施攻击行为的,是否构成本罪?在一方聚集多人进行殴斗,另一方并未聚众或被迫回应的情况下,应当如何定罪?对于聚众后尚未实际发生斗殴就被抓获等情形究竟应该认定为犯罪未遂还是犯罪预备?上述问题均对案件的最终处理结果有实质影响,很值得关注。对于本案,法院认为,崔某良一方人数为3人以上,事先与被告人任某顺等人约定斗殴,显然具有斗殴的故意,但其组织的人数少,且在对方到达现场时即逃走,没有与对方实际发生斗殴,其行为只是违反治安管理的一般违法行为,不构成犯罪。但聚众后对崔某良一方实施攻击、打斗行为的任某顺等人的行为严重扰乱了社会管理秩序,应当构成本罪。

二、相关学理分析

(一)关于聚众斗殴罪实行行为的争论

对于本罪,有的学者主张复行为犯说,认为纠集多人的聚众行为和参与打斗的斗殴行为都是本罪的实行行为,二者之间属于并列关系,行为人只要实施聚众行为的,就是本罪实行行为的着手。[①] 另有学者主张单一行为说,认为本罪是单一行为犯,即只有斗殴行为才是实行行为,聚众只是斗殴的方式,为了斗殴而聚众的,只是本罪的预备行为,聚众和斗殴之间自然就是预备行为与实行行为的关系。[②]

单一行为说是有道理的,即本罪的实行行为具体表现为斗殴行为。行为人纠集3人以上的聚众行为,虽然属于成立本罪的必经环节,但是,只要其还没有着手实施斗殴行为的,行为对法益的危险就非常抽象和间接。行为人对于法益的具体危险产生于直接着手实施斗殴行为之时,因为斗殴是直接或间接地参与以暴力形式进行的互相搏斗,其通常是不法团伙(包括犯罪集团和临时纠集的不法分子团伙)之间大规模的打群架、械斗,行为人大多事先都有一定的准备,如带有匕首、棍棒、枪支、爆炸物等凶器,极易造成一方或双方的人身伤亡、财产损失,斗殴行为对于法益的直接威胁或现实侵害是

[①] 王作富. 刑法分则实务研究(中). 5版. 北京:中国方正出版社,2013:1123.
[②] 张明楷. 刑法学:下. 6版. 北京:法律出版社,2021:1395.

不言而喻的。聚众由此成为犯罪预备行为，聚众后的斗殴使得行为人与对方的打斗成为"聚众式斗殴"，从而区别于两人之间的相互斗殴（"互殴"）。因此，真正能够挑战社会管理秩序，侵害本罪法益的危害行为是（聚众之后的）斗殴，而非聚众行为本身，聚众行为难以成为本罪的实行行为。与此大致类似的情形是保险诈骗罪，行为人虚构事实欺骗保险公司的行为会直接造成法益侵害，使保险公司遭受财产损失，但是，在其欺骗保险公司之前，往往要实施放火、爆炸、杀人等行为以制造保险事故，该行为成为大量保险诈骗罪的必经环节。即便行为人制造了保险事故，只要其尚未向保险公司提出索赔要求的，该放火、爆炸、杀人等行为也就只能成立保险诈骗罪的预备，该罪的着手限定为向保险公司实际提出索赔要求。

（二）聚众后仅有一方实施打斗行为的，应当成为本罪处罚的对象

这种行为，在实务中多数情况下表现为双方相互对立地实施违法行为，即参与双方都构成违法。但是，在某些案件中，并不是双方均实施打斗行为，因此，就聚众斗殴罪的成立而言，完全可能出现仅有一方构成本罪的情形。如果对方虽有斗殴的故意，也实施了聚众行为，但没有实际参与打斗的，不构成本罪，而另一方参与的人数众多，造成了严重后果的，则其行为可构成聚众斗殴罪。本案被告人辩解其虽然实施了聚众行为，但由于对方逃避而未实际斗殴，因此，不构成犯罪，这一辩解难以成立。法院认为，上述被告人组织60余人携凶器乘车到事先约定的地点准备与崔某良等人斗殴，而崔某良等人见任某顺一方的人太多，不敢斗殴而逃走。但任某顺等人带领多人仍前去追打，单方面实施了与对方打斗的行为，并将张某祥射伤，砸毁多处物品，且参与斗殴人数多，规模大，造成社会秩序的严重混乱，被告人任某顺、陈某望、马某勇的行为已构成聚众斗殴罪。

（三）聚众后双方均未斗殴的，仅成立犯罪预备

如果认为聚众斗殴是纠集他人成帮结伙地互相进行殴斗，攻击对方，从而破坏社会管理秩序的行为，将本罪的法益侵害定位于对于社会管理秩序的妨害，那么，就应该认为，仅有聚众行为，在发生实际斗殴之前就停止下来的，其对社会管理秩序的侵害极其有限，达不到值得动用刑罚处罚的程度。因此，对于聚众与斗殴的关系，就应该理解为聚众是为了给后续的斗殴做准备的行为，即属于《刑法》第22条所规定的为了犯罪"制造条件"的行为。

换言之，对于行为人聚众后尚未实际实施斗殴行为就被抓获的，以及聚众后前往斗殴场所但对方产生恐惧从而导致相互打斗并未实际发生的，都不成立犯罪未遂，而应当认定为聚众斗殴罪预备。根据《刑法》第22条的规定，对于预备犯，"可以比照既遂犯从轻、减轻或者免除处罚"。实务上，有的人认为，预备犯对于法益产生一定程度的危险，原则上还是应当定罪处罚，

只是处罚上比既遂犯略微轻一点即可。其实,这是对立法精神的误解。由于预备犯对于法益的危险极其抽象,且并不紧迫,司法机关对其通常应当给予幅度比较大的宽大处理,即应当优先考虑减轻或者免除处罚(在绝大多数情况下应当免除处罚)。

就本罪预备犯的处理而言,还有一点值得特别注意:即需要考虑与《治安管理处罚法》相关规定的衔接问题。对于某些危害极其轻微的聚众斗殴行为,尤其是仅仅聚众但尚未斗殴的行为,刑法上根据其对法益仅具有抽象危险的具体情况认定为犯罪预备,并对其免除处罚,但对行为人予以行政处理,也是值得考虑的案件处理思路。对此,《治安管理处罚法》第26条规定,结伙斗殴的,处5日以上10日以下拘留,可以并处500元以下罚款;情节较重的,处10日以上15日以下拘留,可以并处1 000元以下罚款。因此,对于行为人聚众后尚未实际斗殴就被抓获的,一方聚众到现场但在实际打斗发生之前主动逃走的,以及聚众后前往现场但因惧怕对方的人多势众即"缴械投降",从而使得相互打斗并未实际发生的诸多情形,都可以对行为人免予刑事处罚,而仅予以行政处罚。

上述主张,符合刑事司法实践的现状与逻辑。在本案中,法院认为,如果斗殴的一方虽有斗殴的故意,但没有实际参与斗殴或参与的人数少,造成的后果并不严重的,其行为只是应受行政处罚的一般违法行为,不构成本罪。这一判决充分说明,即便为了斗殴而实施聚众行为,但事实上并未实际参与斗殴或者相互打斗并未实际发生的,对于行为人就可以仅予以治安管理处罚。可以说,这一判决充分考虑了预备犯的危害性较小这一特点,符合本罪的立法主旨,明显具有合理性。如此办理案件,不是"降格"处理,也不是放纵犯罪,既根据宽严相济刑事政策给了被告人出路,又与行政处罚措施有效衔接。从本案判决中体现出来的合理司法逻辑,值得处理类似案件时认真考虑。

三、延伸思考

实务上,将仅有聚众行为,因各种原因并未着手实施斗殴就停止下来的情形,作为聚众斗殴罪既遂或者未遂处理都并不妥当,对其行为应当认定为犯罪预备。对于本罪的预备犯可以免予刑事处罚,同时给予治安管理处罚。

(周光权 撰写)

88 聚众斗殴致人死伤

案情简介

李某与佘某林在麻将馆产生纠纷，于是李某纠集被告人唐某运等人一同欲教训佘某林。李某等一行人在发现佘某林后，由唐某运持猎枪、其余众人持砍刀去打佘某林。在追打过程中，唐某运在合枪时不慎造成猎枪走火，击中路边的围观群众王某，致使王某在送往医院途中死亡。

裁判要旨

一审法院认为，被告人唐某运等人在李某的纠集之下，持械聚众斗殴，其行为均已构成聚众斗殴罪；被告人唐某运因过失造成被害人王某死亡，其行为构成过失致人死亡罪。最终认定被告人唐某运犯过失致人死亡罪，判处有期徒刑五年，犯聚众斗殴罪，判处有期徒刑三年六个月。决定执行有期徒刑八年。二审法院在考察案件事实之后，维持了一审的判决，认定被告人唐某运持械聚众斗殴，其行为构成聚众斗殴罪，同时因其在参与斗殴过程中不慎过失造成被害人王某死亡，其行为构成过失致人死亡罪。[①]

评析意见

一、关键问题与裁判思路

本案的关键问题在于，行为人在聚众斗殴时出于过失心态造成无关的第三方人员死、伤结果时应当如何认定。对于这一具体问题，首先需要介绍我国《刑法》第292条第2款规定，聚众斗殴致人重伤、死亡的，依照故意伤害罪、故意杀人罪的规定定罪处罚。因此，学界有观点认为，聚众斗殴致人重伤、死亡条款中的"人"的范围并不限于参与斗殴的特定人群，即便是造成无辜第三方人员的死伤，同样要被纳入聚众斗殴致人死、伤条款的规制范

[①] 参见湖南省邵阳市中级人民法院（2012）邵中刑一终字第147号刑事裁定书。

围，即便是聚众斗殴中过失致第三方人员重伤、死亡也应以故意伤害罪、故意杀人罪定罪处罚。① 另有观点则认为，本款的保护对象只能限定在斗殴的参与者，若斗殴行为波及无辜第三方，便不能适用本款。同时，对无辜第三方造成的侵害应考察行为的具体情形按对应犯罪认定。②

显然，结合上述的观点来看，本案的一、二审法院均采取了学界的第二种观点。亦即当行为人在聚众斗殴之时，不慎造成围观的第三方群众出现死、伤结果时，并不会援引聚众斗殴致人死、伤条款直接判定行为人构成故意杀人罪或者是故意伤害致死罪，而是仔细考察了本案的具体情况后，认定被告人唐某运是出于过失，在合枪时不慎走火，击中路边群众王某，并造成其死亡，最终认定其构成过失致人死亡罪。

二、相关学理分析

本案中所牵涉的关键学理问题在于：聚众斗殴致人死伤条款的性质应当如何理解。而关于本款的性质解释，将直接决定在类似案件中的处理结果，因此有必要就这一问题展开学理上的探讨。

（一）聚众斗殴致人死伤条款的性质

关于聚众斗殴致人死伤条款性质的探讨，历来众说纷纭。经总结，大致有如下两种观点：法律拟制说及注意规定说。法律拟制说是我国学界目前的有力观点。该种观点认为，聚众斗殴致人死、伤条款属于法律拟制，即使行为人在斗殴过程中出于过失而出现致人重伤、死亡的结果，也应根据相应结果认定为故意伤害罪、故意杀人罪，不过要求行为人对重伤、死亡的结果需具备预见可能性。注意规定说则认为，聚众斗殴致人死、伤条款属于刑法中的注意规定，是在刑法已作基本规定的前提下，提示司法工作人员注意、以免忽略的规定，所以，在聚众斗殴出现致人死、伤结果的场合，应当根据案件的具体情况展开分析，从而对案件作出实际的判断。

在本案发生的场合，如果持法律拟制说的观点将得出上述的第一种结论，即便是造成无辜第三方人员的死伤同样要被纳入聚众斗殴致人死、伤条款的规制范围，即便是聚众斗殴中过失致第三方人员重伤、死亡也应以故意伤害罪、故意杀人罪定罪处罚。如果持注意规定说的观点将得出第二种结论，对无辜第三方造成的侵害应考察行为的具体情形按对应犯罪认定处罚，进而与本案的一、二审法院持相同立场。

（二）注意规定说的合理性

本文认为，聚众斗殴致人死伤条款属于注意规定，本案主审法院的处理

---

① 张菁．聚众斗殴罪的司法认定．法学，2006（3）：119．
② 谢望原，冉容．聚众斗殴罪发生转化时的问题探讨．中国审判，2008（2）：69．

结论较为合理。主要有如下几点理由：（1）将聚众斗殴致人重伤、死亡条款视为法律拟制与法律拟制本身的设置要求相违背，将会造成与责任主义原则的直接冲突。刑法设定法律拟制的理由通常涉及法律经济性的考虑以及两种行为侵害法益的相同性或相似性。① 根据上述理由可以推导出的结论是，若承认聚众斗殴致人重伤、死亡条款为法律拟制，那么保护社会管理秩序法益的聚众斗殴罪将与保护个人身体法益的故意伤害罪、故意杀人罪出现法益种类上的不匹配。虽然反对观点可能会认为，人身法益通常也被认为是聚众斗殴罪所保护的次要法益，但是在聚众斗殴出现致人重伤、死亡结果时，自有故意伤害、杀人，过失致伤、死亡等罪名对相应行为予以评价。（2）采法律拟制说与司法实务的裁判导向相左。以最高人民法院于 2015 年公布的 16 起校园典型刑事指导案例为样本，可以一窥司法实务对此问题的基本立场。例如，在"长汀三名未成年人聚众斗殴致人死亡案"中，聚众斗殴的首要分子黄某某与直接致被害人死亡的积极参加者肖某某均被认定为故意伤害罪，而非只要出现死亡结果即直接拟制为故意杀人罪。对此，有观点便明确指出，在聚众斗殴致人重伤、死亡条款的理解上，注意规定说在实务部门中获得了更多的支持，甚至于"这种观点已渐成主流，实务中此类案件的司法判决大多也体现了这种认识"。作为上述观点的验证，也有研究对此作出了详尽的说明。②
（3）法律拟制说可能会造成过度评价。在聚众斗殴过失致人伤亡的情形下，出于法律拟制说立场，行为人为限制刑事责任能力人，仍需以故意伤害罪、故意杀人罪认定，但是，如不采法律拟制说，至多只能在不法层面对其过失致人伤亡行为进行评价，而不能追究其刑事责任。从这个意义上讲，法律拟制说绕开了刑事责任年龄的标准，造成对原本不受处罚的限制刑事责任能力人进行处罚的过度评价。因此，在聚众斗殴致人重伤、死亡条款中采法律拟制说会造成严重的刑罚不公、不均衡问题，值得注意。（4）采法律拟制说将会造成与责任主义原则的直接冲突。虽然法律拟制具有法益保护、社会保护的积极作用，但是其对公民的正当权利、人身自由所可能造成的不应有的侵犯也必须时刻虑及。正是考虑到法律拟制的消极层面，有观点指出，应尽量减少通过限制公民权利、自由的手段来实现立法者的政策、意图，所以对于法律拟制条款的设定必须慎之又慎。只有在不通过法律拟制就难以维护社会秩序甚至可能危及社会成员的基本生存时，才能设置法律拟制条款，并且需要对法益保护与公民人权、自由之间可能存在的矛盾进行妥善调节。

---

① 张明楷. 刑法分则的解释原理. 北京：中国人民大学出版社，2011：632-633.
② 李淼. 聚众斗殴致人重伤、死亡条款的教义学分析. 大连海事大学学报（社会科学版）2020（6）：49.

（三）关于被告人刑事责任的分析

基于上述论断，在聚众斗殴场合持过失心理致人伤亡，却在处断上被拟制评价为故意致人伤亡，这样的做法存在诸多不足之处。而回归到本案的具体情形中，被告人在实施具体的斗殴行为中由于手持猎枪走火，不慎造成围观群众死亡，这一行为在注意规定说的理解下，需要考察被告人在行为时的主观心理认知，显然被告人对于不慎造成围观群众死亡的结果仅具有过失心理，故而本案的主审法院也正是在这一理解上认定被告人构成过失致人死亡罪。

三、延伸思考

在聚众斗殴致人死、伤的案件类型中，其实不仅仅有诸如本案中的致使第三方人员死伤的情形，同样，还可能存在致使己方人员出现死伤结果的场合，对于此种类型的案件应如何处理，同样是检验法律拟制说与注意规定说的一块"试金石"。例如，有观点认为，行为人的斗殴行为误击己方人员出现伤亡时需要为该结果负责，从而认定为故意伤害罪、故意杀人罪的既遂。① 这一观点贯彻了法律拟制说在解释聚众斗殴致人重伤、死亡条款中的基本立场。而另有观点则试图使其结论与常识保持一致，亦即否认在聚众斗殴中误使己方人员伤亡时构成故意伤害罪、故意杀人罪的既遂，至多仅能成立故意犯罪的未遂形态，并借助自我答责理论以及偶然防卫等教义学理论依据为结论的诠释作类型化处理。②

根本原因在于，将行为人误伤己方人员的过失心理拟制为故意的做法有违社会一般人的法感情，也不利于刑法发挥作为行为规范的指引及预防功效。为此不得不另辟蹊径，从自我答责、偶然防卫等理论进路进行开脱，但是其始终难以解释的是，如果站在法律拟制说的立场上，在己方、对方人员均出于过失心理致人重伤、死亡的场合，针对己方人员的伤亡结果仅认定为过失致人重伤罪、过失致人死亡罪或是相应的故意犯罪未遂，而误致对方人员重伤、死亡的则论以故意伤害罪、故意杀人罪既遂，那么在同样的主观心理支配下仅仅是受害人的身份不同而导致结论差异巨大，不免存有疑问。

因此，如果从体系性思考的角度上看，应当在类似案件中贯彻注意规定说的基本立场。亦即当行为人在聚众斗殴的场合不慎造成己方人员出现死、伤结果的场合，同样需要具体考察其客观的行为样态以及行为时的具体主观认知。

---

① 张明楷.刑法学：下.6版.北京：法律出版社，2021：1396.
② 周光权.刑法各论.4版.北京：中国人民大学出版社，2021：422.

但是，在此还可能存在的问题是，如果坚持注意规定说的基本立场，那么在上述不慎致使第三方人员或己方人员死、伤的场合，必将面临错误论知识的应用。换言之，行为人误以为己方或第三方人员为其所欲攻击的对方人员而实施了造成被害人重伤、死亡结果的侵害行为，属于错误论中典型的对象错误类型。不过，在对象错误的场合，无论是采具体符合说还是法定符合说，均不影响最终的结论，在结论上可能导致较大分歧的主要是在涉及打击错误的场合。

在打击错误中，学界根据法定符合说与具体符合说的不同，存在两派截然不同的认定结论：法定符合说认为，聚众斗殴的场合出现打击错误致使己方人员或者第三方人员出现死伤结果时，并不影响故意犯罪既遂的成立[1]；而在具体符合说的立场上看，则会成立针对欲攻击对象的故意犯罪未遂以及针对实际攻击对象的过失犯罪。[2] 显然，在这一问题上采取法定符合说还是具体符合说将会造成处理结果的重大差异。不过如根据本文所采的注意规定说的基本立场，应当认为，具体符合说与注意规定说的基本理念具有亲和性。概言之，法定符合说将故意的认识予以进一步的抽象化、拟制化，如果采取法定符合说的立场处理错误论的问题，将会与前述的法律拟制说得出近乎相同的结论；与之相反，具体符合说认为要成立故意杀人罪，要求行为人认识到自己的行为会导致某个"特定的人"的死亡，所以在处理结论上将会向注意规定说的结论靠拢。因此，在聚众斗殴出现打击错误的情况下，采取具体符合说的基本立场加以解决是贯彻注意规定说的应有之意。

（李淼　撰写）

---

[1]　张明楷.论具体的方法错误.中外法学，2008（2）：227页以下.
[2]　刘明祥.论具体的打击错误.中外法学，2014（2）：383页以下.

89 非法采矿罪

案情简介

湖南省岳阳市灏东砂石有限公司（以下简称"砂石公司"，法定代表人胡某清）在取得岳阳县东洞庭湖砂石开采权后，交纳出让金存在困难。被告人马某龙得知这一信息后，多次与胡某清洽谈并商定：双方合作成立岳阳市灏东荣湾实业有限公司（以下简称"荣湾公司"），砂石公司将其取得的砂石开采权转让给荣湾公司，荣湾公司与县政府签订砂石开采权转让协议，由荣湾公司进行经营，马某龙上交河道砂石开采权出让款，开采、销售经营砂石所得由胡某清与马某龙平分。后荣湾公司注册成立，其中砂石公司持股51%，马某龙持股49%。马某龙按照协议提供资金，以砂石公司的名义交纳砂石开采权出让款1.5亿元。因荣湾公司自身没有采砂船，公司以组织他人的采砂船开采砂石，砂石销售款由公司收取，公司向各工程船支付采砂款的方式进行生产经营。以马某龙和胡某清为主，采矿方与砂石采挖行业协会的代表商谈工程船采挖款支付标准等问题并达成协议。马某龙和胡某清等人组织工程船采挖作业后，陈某升代表荣湾公司为甲方，采砂工程船为乙方，胡某兵代表砂石公司为第三方，签订了38份"岳阳市荣湾实业有限公司砂石采挖承揽合同"，明确"第三方将上述两处的采矿权交给甲方开采经营"。马某龙和胡某清等人先后组织68艘船从事河道采砂作业，开采的砂石销售金额共计9亿余元（其中，马某龙分得1.5亿余元）。

裁判要旨

对于本案，一审法院认为，砂石公司违反法律规定和程序，未经县政府同意擅自将河道砂石开采权转让给荣湾公司，其转让行为无效。马某龙与胡某清成立荣湾公司后，从砂石公司转让砂石开采权，没有取得政府主管部门许可，也没有取得采矿许可证。马某龙和胡某清等人在明知荣湾公司未取得"湖南省河道采砂许可证"的情况下，以荣湾公司的名义组织采砂船在岳阳东洞庭湖水域采砂的行为属无证采砂，构成非法采矿罪。据此，对马某龙以非法采矿罪判处有期徒刑三年，缓刑四年，对其他被告人亦以本罪分别处刑。二审维持原判。①

评析意见

一、关键问题与裁判思路

根据《矿产资源法》第 6 条的规定，已取得采矿权的矿山企业，可以与他人合资、合作经营。因此，基于采矿权的合作开采经营这一方式为法律所允许。《矿业权出让转让管理暂行规定》第 42 条规定，合作开采经营是指矿业权人引进他人资金、技术、管理等，通过签订合作合同约定权利义务，共同开采矿产资源的行为。对于合作开采经营行为与"名为合作经营实为采矿权转让"即变相转让采矿权之间的界限如何厘清，进而确定被告人行为的性质，在刑事司法实务中是一个难题。

对于马某龙等人的行为，如果只从形式上考察，似乎能够得出有罪结论。但是，如果体系性地考虑其他部门法的立场，并进行实质解释，本案判决就值得质疑。

二、相关学理分析

（一）法秩序统一性视角下的合作开采经营

从基本的法理看，在认定合作开采经营和非法采矿罪的界限时，需要处理好刑法与前置法的关系，对于民事法律（尤其是合同法）以及《矿产资源法》《矿业权出让转让管理暂行规定》等并不反对的合作开采经营等行为，不宜认定为犯罪，否则就与法秩序统一性原理相悖。

对于立足于采矿权的合作开采经营，民事上并不是仅根据合同名称以及当事人是否约定过采矿权转让等事实，就简单地否定合作合同的效力，而是根据合同的内容，在仔细审查采矿权人是否参与采矿行为的日常管理、行使监督权，经营者以谁的名义开展活动等方面的证据后进行综合判断。如果采矿权人事实上已退出项目实施和管理，不承担经营风险，只收取固定收益，不再履行作为采矿权人的法定义务、承担相应责任，经营活动由实际经营者自行开展的，可以认定为变相转让采矿权，有成立非法采矿罪的空间。

（二）本案被告人无罪的理由

如果顾及民事审判的上述基本立场，在刑事领域，就不能轻易认定被告人的行为属于变相转让采矿权，法院对马某龙等人非法采矿案的定罪结论就

---

① 参见湖南省岳阳市中级人民法院（2018）湘 06 刑终 150 号刑事判决书。

很值得质疑。

首先，在民事上，合作过程中仅以采矿权人的名义活动的，以及采矿权人继续参与采矿行为的管理、监督的，通常都不会被认定为变相转让采矿权。在本案中，砂石公司对于采砂行为始终"在场"，该合作完全符合民事上认定合同有效的要求。具体表现是：开采活动由砂石公司提出申请；在采砂过程中，"采运凭单"作为政府认可的合法开采凭证，由砂石公司开具，持有采砂许可证并参与开采砂石的工程船均在该公司名下，与采挖行业协会的代表商谈时，作为拥有采矿权企业负责人的胡某清亲自出面；相关政府部门的日常监管对象、违法处罚对象都是砂石公司。

其次，砂石公司与荣湾公司之间"人格混同"的事实，恰恰说明砂石公司并没有退出砂石开采的项目实施。砂石公司是荣湾公司的大股东，两个公司"两块牌子、一套人马、一套账目"，在一起办公。一审法院认为，公司"人格混同"并不必然导致荣湾公司合法持有砂石公司取得的河道采砂许可权。这一逻辑当然是成立的，荣湾公司也确实没有采矿许可权，但在案证据证明，其从未直接以采矿权人的名义开展活动。法院对两个公司存在"人格混同"事实的肯定，从侧面印证了在实际采矿过程中，砂石公司始终发挥监督、控制作用。如果两个公司之间不是关联公司，没有这种"人格混同"特征，荣湾公司独立运作，似乎可以认为砂石公司退出了矿产资源开采活动，放弃了对采砂活动的日常监管。但是，在两个关联公司事实上"合二为一"的情形下，至少不能排除砂石公司参与了采矿及监管过程，一、二审判决断然否定砂石公司对于采矿行为的参与和管理，与案件事实不符。因此，应当认为，在采矿权主体始终参与相关活动的情形下，荣湾公司仅起到协助砂石公司进行河砂经营管理或合作开采经营的作用，对此，在荣湾公司与各采砂船船主签订的"砂石采挖承揽合同"中均附有砂石公司授权委托书这一点上也可以得到证实。

再次，双方在合作协议中约定，砂石公司应当向岳阳县政府申请变更河道砂石开采权给荣湾公司，这一约定并不违法。根据《矿产资源法》第6条的规定，已取得采矿权的矿山企业，与他人合资、合作经营，需要变更采矿权主体的，经依法批准可以将采矿权转让他人采矿。对此，合同法通说认为，采矿权转让未经批准的，相关合作协议并不是无效合同，而只是"尚未完全生效"的合同。更何况，由于砂石公司并未向当地政府提出相关变更申请，上述采矿权主体直至案发也并未变更，其实际运作模式应属法律所允许的合作经营，不属于变相转让采矿权。马某龙按照协议提供资金，由砂石公司交纳河道砂石资源开采权出让款，只不过是在砂石公司和马某龙之间形成了另外一个借贷（垫付）关系，因为法律没有限定取得采矿权者必须用自有资金缴纳有关矿产资源出让款项。事实上，在后述"朗益春与彭光辉、南华县星辉矿业有限公司采矿权合作合同纠纷案"中，最高人民法院也明确认可这一点：即便合作协议约定采矿权人并不实际出资，由对方出资并成立专门机构实施采矿行为的，也并不当然构成采矿权的变相转让。据此，荣湾公司组织采砂船开采砂石是协助采矿权人完成特定业务，与采矿权人合作开采经营，砂石销售款收取、采砂船的款项支付等由谁完成，只要得到采矿权人的认可，就是合作者之间的内部分工事宜，不能成为对马某龙等人定罪的理由。如果要求砂石开采中的所有事务都要由采矿权人亲力亲为，势必使采矿权合作经营的制度设计落空。

最后，马某龙和胡某清成立荣湾公司，约定该公司参与经营，对于经营所得进行分配，这是为了保证马某龙在与砂石公司开展合作开采经营活动后，收回垫付的合作出让金，并获得合法收益的举措。按照《矿产资源法》第6条、《矿业权出让转让管理暂行规定》第42条的精神，无论是马某龙以其个人名义，还是在成立新的公司之后，与采矿权人开展合作开采经营，都为法律所允许。因此，马某龙和胡某清成立荣湾公司这一事实，不能成为定罪的理由。反而应该认为，荣湾公司成立后，由于在该公司的股权结构中，砂石公司是大股东，其为获取应有商业收益，会更在意对荣湾公司规范地参与合作开采经营活动的日常监管，不可能对荣湾公司的相关活动放任不管，由此也应该得出砂石公司始终未退出项目实施的结论，将这一背景下的荣湾公司参与经营活动认定为非法采矿，有类推解释的嫌疑。

三、延伸思考

从实务看，对于变相转让采矿权的认定，在民事审判上历来都极为慎重。例如，在最高人民法院2016年发布的《人民法院关于依法审理矿业权民事纠纷案件典型案例》之六"朗益春与彭光辉、南华县星辉矿业有限公司采矿权合作合同纠纷案"中，朗益春与星辉公司约定合作开发锰矿，项目日常开发由郎益春成立专门机构实施。合同签订后，郎益春共计支付对方323万元，并实施了采矿行为，后因难以继续开采形成纠纷。一审法院认为，合作协议约定由郎益春出资并成立专门机构实施采矿行为，构成采矿权的变相转让，协议应为无效。二审则认为，根据合同实际履行情况，星辉公司对矿山经营的财务监督、项目实施等依然进行管理，星辉公司不构成变相转让采矿权。最高人民法院经再审后认为，矿业权人未放弃矿山经营管理，继续履行其法定义务并承担相应法律责任，矿权主体并未发生变更的，不构成矿业权变相转让，合作合同不受自国土资源主管部门批准之日起生效的法律限制。又如，深圳龙信公司将其采矿权许可证等交由颜某成使用，后者支付固定数额的承包费，自行组织生产、营销，承担工资费用和纳税，但在实际履行过程中，颜某成以石坝煤业公司的名义开展经营活动的，法院对此也认为该协议是合作经营采矿权，并非采矿权转让合同，该合同合法有效。①

上述民事立场对于犯罪认定应当有所启发，即对于实质上属于合作开采经营的采矿权合作行为，即便其合同订立和履行过程中存在一定瑕疵，甚至有违反行政管理法规之处，也不宜将其轻易认定为犯罪。在认定这类犯罪过程中，罪刑法定原则、刑法谦抑性必须得到坚守。

（周光权　撰写）

---

① 参见湖北省恩施土家族苗族自治州中级人民法院（2016）鄂28民终1014号民事判决书。

90 非法买卖制毒物品罪

案情简介

2013年10月的一天,被告人范某鑫以7.2万元欲向李某树(另案处理)购买一包麻黄素(重量25千克)。李某树指派被告人李某沣与唐某海(另案处理)驾驶汽车将麻黄素从福建省载到广东省陆丰市甲西镇一座断桥附近交给范某鑫,范某鑫用摩托车将麻黄素载到甲西镇博社村附近交给余某通(另案处理),从中获利2 000元。被告人洪某伟按照余某通的意思用摩托车将麻黄素载到仙石公路坟场,卖给一名叫"老余"的人,得款8.5万元,洪某伟从中获利5 000元。

2013年10月的一天,范某鑫以14.4万元欲向李某树购买二包麻黄素(重量50千克)。李某树指使李某沣与唐某海驾车将二包麻黄素交给范某鑫。范某鑫将二包麻黄素卖给余某通,得款14.8万元,范某鑫从中获利4 000元。

2013年11月中旬的一天,范某鑫以7.2万元欲向李某树购买一包麻黄素(重量25千克)。李某树指使李某沣与唐某海驾车将一包麻黄素交给范某鑫。范某鑫将其购买的麻黄素用摩托车载到甲西镇博社村附近交给余某通叫来接货的洪某伟。范某鑫向余某通收取货款7.4万元后,在甲西镇康美村口附近将货款还给了李某树,从中赚取2 000元。

2013年12月28日,范某鑫以同样的方式以14.4万元欲向李某树购买二包麻黄素(重量共50千克)。李某树指使李某沣独自驾车将二包麻黄素交给范某鑫。范某鑫将二包麻黄素以14.8万元卖给余某通。当晚,余某通到范某鑫家中先支付部分货款99 300元。次日凌晨,李某沣、范某鑫、洪某伟分别被公安机关抓获归案。

裁判要旨

对于本案,公诉机关以制造毒品罪(未遂)提请公诉。广东省汕尾市中级人民法院经审理认为,被告人李某沣、范某鑫、洪某伟违反了国家对毒品的管制,明知他人制造毒品而为其提供制毒原料麻黄素,其行为均已构成制造毒品罪,依法应予惩处。根据被告人犯罪的事实、性质、情节及对社会的危害程度,依照《刑法》第三百四十七条第二款第(一)项、第五十七条、第五十九条、第六十四条之规定,以制造毒品罪判处被告人李某沣、范某鑫无期徒刑,剥夺政治权利终身,并处没收个人全部财产;判处被告人洪某伟有期徒刑十五年,并处没收个人财产十五万元。

一审宣判后,3名被告人均不服,分别提出上诉。3名上诉人及其辩护人提出,一审认定3人买卖麻黄素的行为构成制造毒品罪的共犯,事实不清,证据不足,定性错误,适用法律不当,量刑畸重,判决结果错误,应认定为非法买卖制毒物品罪。

2015年4月20日,广东省高级人民法院作出终审判决,认定上诉人李某沣、范某鑫、洪某伟违反国家对毒品的管制,非法买卖制毒物品麻黄素,数量大,其行为均已构成非法买卖制毒物品罪,依法应予惩处。在共同犯罪中,范某鑫起主要作用,是主犯,应当按照其在共同犯罪中所犯的全部罪行进行处罚;李某沣、洪某伟起次要作用,是从犯,应当减轻处罚。二审法院以非法买卖制毒物品罪判处范某鑫有期徒刑九年,并处罚金五万元;李某沣有期徒刑七年,并处罚金四万元;洪某伟有期徒刑五年,并处罚金三万元。①

评析意见

一、关键问题与裁判思路

《刑法》第347条规定了制造毒品罪,该罪为重罪,其最高刑为死刑。此外,《刑法》第350条第1款规定了非法买卖制毒物品罪,即违反国家规定,在境内非法买卖醋酸酐、乙醚、三氯甲烷或者其他用于制造毒品的原料或者配剂的,处3年以下有期徒刑、拘役或者管制,并处罚金;数量大的,处3年以上10年以下有期徒刑,并处罚金。实务上容易发生争议的是如何理解本条第2款规定,即"明知他人制造毒品而为其提供前款规定的物品的,以制造毒品罪的共犯论处"的内容。

本案是对非法买卖麻黄素等行为定性具有争议的典型案例,争议焦点是三被告人买卖麻黄素的行为构成制造毒品罪的共犯,还是构成非法买卖制毒物品罪。区分这两个罪名的关键是《刑法》第350条第2款规定的"明知"是盖然性知道还是确定性的知道,即被告人是否知道向其直接购买麻黄素的人就是制造毒品者。本案中,由于余某通未归案,范某鑫、李某沣、洪某伟等是否明知余某通制毒不清楚,现亦无法证明余某通是要制造毒品还是仍要转手

---

① 参见广东省高级人民法院(2014)粤高法刑三终字第444号刑事判决书。

倒卖；三被告人仅是知道麻黄素最终可能会被用于制造毒品，没有证据证明被告人知道向其直接买麻黄素的人用于制造毒品，更无证据证明直接购买者制造毒品。对于类似案件，公诉机关很可能以制造毒品罪（未遂）起诉，法院以轻罪即非法买卖制毒物品罪判决，符合罪刑法定原则的要求，值得充分肯定。

二、相关学理分析

（一）"明知他人制造毒品"的含义

对于本案，公诉机关指控构成制造毒品罪的主要理由是，麻黄素系制毒物品已为公众知悉，被告人对其生产、贩卖的麻黄素必将被他人用于制造毒品应当明知，属于明知他人制造毒品而为其提供制毒物品，依法应当按照制造毒品罪的共犯论处。

根据2012年6月18日最高人民法院、最高人民检察院、公安部联合发布的《关于办理走私、非法买卖麻黄碱类复方制剂等刑事案件适用法律若干问题的意见》（以下简称《意见》）的规定，以制造毒品或者走私、非法买卖制毒物品为目的，利用麻黄碱类复方制剂加工、提炼制毒物品的，分别按照制造毒品罪、走私制毒物品罪或者非法买卖制毒物品罪定罪处罚；明知他人制造毒品或者走私、非法买卖制毒物品，为其利用麻黄碱类复方制剂加工、提炼制毒物品的，分别以制造毒品罪、走私制毒物品罪或者非法买卖制毒物品罪的共犯论处。根据这一规定的精神，行为人虽然明知麻黄素可能被用于制毒，但是，其只是明知"不特定的他人"而非"与之直接交易的特定人员"可能用于制毒，就不能构成制造毒品罪的共犯。因为完全不能排除该制毒物品从行为人手中销售出去，经过多次"倒手"后，才最终流向制造毒品者手中的情形，此时，对第一手买卖制毒物品的行为人以制造毒品罪共犯定罪量刑就明显不合适。

因此，对于"明知他人制造毒品"应当限定地理解为"明知与之直接交易的特定人员"可能将制毒物品用于制造毒品，而非不特定的他人经过多次转手以后获得该制毒物品，并最终用其制造毒品。

（二）本案被告人仅构成非法买卖制毒物品罪

李某沣、范某鑫、洪某伟等人的行为不符合制造毒品罪共犯的条件。共同犯罪人之间的意思联络，即共同犯罪人在犯意上的相互沟通，对于共同犯罪的认定至关重要。"明知他人制造毒品而为其提供前款规定的物品的，以制造毒品罪的共犯论处"，在主观方面要求行为人明知他人实施制造毒品犯罪。这里的"明知"是指"确切地知道"，"他人"是指"与之直接交易者"，是特定的，即要求行为人具有与确定的他人共同制造毒品的犯罪故意，从而客观上为制毒人员实施制造毒品犯罪提供制毒原料的帮助行为。本案中，没有证据证实被告人具有与特定他人制造毒品的共同犯罪故意,也没有证据证实被告人实施了向制毒人员贩卖制毒物品的行为。由于余某通未归案,直接从被告人处购买制毒物品的人员是非法买卖制毒物品的犯罪分子还是制造毒品的罪犯无法查明,此时,将极有可能是处在中间环节倒卖制毒物品的人员都认定为制造毒品罪,势必会导致轻罪重判。相反,各被告人的行为符合非法买卖制毒物品罪的构成条件。涉案麻黄素属于制毒化学品,被严格管控,被告人对该物品多次进行倒卖,依法应当以非法买卖制毒物品罪定罪处罚。

三、延伸思考

《刑法》第 350 条第 2 款规定的"明知"应当理解为"确定地知道",而非大致知道或盖然性地了解。但是,在实务中,仍然存在为数不少的判决并未准确理解此处的"明知"的真实含义。在"朱某椿制造毒品案"中,被告人朱某椿将制毒物品盐酸羟亚胺销售给中间人甲,甲最终将制毒物品卖给制造毒品的行为人乙的,在中间人甲被认定为非法买卖制毒物品罪,且朱某椿并不知道该批制毒物品最终流向的情形下,被告人朱某椿买卖盐酸羟亚胺的行为是构成制造毒品罪的共犯,还是构成非法买卖制毒物品罪?对此,公诉机关以重罪即制造毒品罪起诉,山东省枣庄市中级人民法院认定被告人构成非法买卖制毒物品罪,判处其有期徒刑 15 年。检察机关提出抗诉后,山东省高级人民法院针对前述涉案事实,以被告人朱玉椿曾因生产、买卖盐酸羟亚胺被刑事处罚,以及该"盐酸羟亚胺卖给个人就是用来制造毒品"这两个理由,改判被告人制造毒品罪,数罪并罚决定执行无期徒刑。[①] 这一判决,等于扩大理解了《刑法》第 350 条第 2 款"明知"的内容,即被告人朱某椿即便不知道向其直接购买盐酸羟亚胺的交易对象就是制造毒品者,即便该购买者存在转手倒卖制毒物品的可能性的,也认定被告人构成制造毒品罪。但是,这一判决的合理性值得研究。

(周光权 撰写)

---

① 参见山东省高级人民法院(2019)鲁刑终 302 号刑事判决书。

91 村委会组成人员与贪污罪主体

案情简介

某镇为灾后重建,实施土地综合整治项目和搬迁农户统规自建、统规统建住房安置,成立了土地整理工作组。上诉人甘某琼为该镇某村村民委员会妇女主任,在土地整理项目中从事所在村的宣传、摸底、指认农户地块、测量工作。甘某琼因自家地块不符安置条件,而同村谭某刚、谭某全家(家庭成员共5人)的地块506平方米虽符合要求,但面积太小只够安置3人,遂与谭家商议购买两名家庭成员的安置指标。

后甘某琼指使他人在谭家参与统规自建时使用的土地面积验收登记表上虚增报面积共计520平方米,使得谭家地块总面积变为1 026平方米。最终,甘某琼以谭某全的名义在小区分房确认书上签名捺印,从镇政府处骗取安置房一套,连同土地整理费、安置过渡费实际违法所得共计63 467.2元。

裁判要旨

一审法院认为,被告人甘某琼作为村民委员会组成人员,在协助镇政府土地整理工作中从事的是辅助、事务性工作,没有签字、审批、审核权,不具备行政管理性质,不属于公务行为,故甘某琼不能被视为"其他依照法律从事公务的人员"。但甘某琼虚构事实,从政府处骗取公共财物,数额巨大,故以诈骗罪判处其有期徒刑三年,宣告缓刑四年,并处罚金四万元。检察院的抗诉意见指出,土地整理工作是行政管理行为,甘某琼的工作是土地整理工作的一部分,也具有行政管理性质,应当认定甘某琼为国家工作人员,其行为成立贪污罪。二审法院认为,甘某琼并非镇土地整理工作组成员,而是代表村民委员会协助镇人民政府从事土地整理的相关工作,属于村务行为,其工作内容不具有审批、审核等行政管理性质,不属于公务。据此维持一审判决。[①]

[①] 参见四川省成都市中级人民法院(2015)成刑终字第22号刑事裁定书。

评析意见

一、关键问题与裁判思路

本案的关键问题是：何种情况下村基层组织人员能被视为"其他依照法律从事公务的人员"？2000年4月29日通过，2009年8月7日修正的《全国人民代表大会常务委员会关于〈中华人民共和国刑法〉第九十三条第二款的解释》（以下简称《九十三条解释》）列举了能够将村基层组织人员认定为国家工作人员的六类具体情形和一个兜底条款，将这一问题转化为"村基层组织人员所从事的工作是否属于公务"。《九十三条解释》明确规定了公务的本质是"协助人民政府从事行政管理工作"。但对于这一本质的理解尚存争议：本案中，检察院倾向于以工作的内容来界定公务，只要村基层组织人员的工作内容构成政府事务的一部分，就属于公务；而两审法院则更关注工作的性质，仅在行为人的工作性质具有行政管理性，能够代表政府意志时，才属于公务。

二、相关学理分析

能否将村基层组织人员认定为国家工作人员，历来是司法实务中的难题。一方面，村基层组织的范围并不十分清晰。基于村基层事务的复杂性，除了"村两委"，即村党支部委员会和村民委员会，实践中还存在村民小组、村经济合作社等实际参与村务管理的组织，此类组织中的工作人员是否属于村基层组织人员？另一方面，只有在实质上从事公务的主体才能成为国家工作人员，而公务与村务的界限有时难以把握。

对于国家工作人员的认定来说，形式的身份和实质的公务缺一不可，拥有身份是从事公务的前提。①

（一）国家工作人员必须具备形式的身份

村基层组织的认定，关键在于该组织在形式上由何处产生，以及是否有被政府委托从事行政管理工作的可能性。换言之，村基层组织的成立要有一定的官方性，能够被政府认可，能够和政府产生工作上的关联、协助政府从事公务。

以村民小组为例，由于1999年6月25日最高人民法院发布的《关于村民小组组长利用职务便利非法占有公共财物行为如何定性问题的批复》将村民小组组长利用职务上的便利，将村民小组集体财产非法占为己有的行为定

---

① 张明楷. 刑法学：上. 6版. 北京：法律出版社，2021：173-174.

性为职务侵占，理论与实务往往否定村民小组属于村基层组织。① 但是，这一观点有些武断。首先，村民小组是在村民委员会下设立的小组，实践中村委会的工作常常通过村民小组组长得以贯彻，政府部门也时常将部分与村有关的工作委托村民小组组长办理，可以认为村民小组的设立有一定官方性，与政府能够产生工作关联。② 其次，上述《批复》中将行为对象限定为集体财产而非一切公共财物。最后，上述《批复》的内容侧重于强调村民小组组长原则上不属于国家工作人员，而并非完全否定其构成国家工作人员的可能性。且其作出时间早于《九十三条解释》，可以认为《九十三条解释》是对上述《批复》的补充。

据此，不论在村基层治理中产生了何种形式的组织，只要该组织具备以下两个条件：（1）产生有一定官方性，存在官方文件证明；（2）被政府认可，能够与政府产生工作关联，有可能协助政府从事公务；就应当肯定其构成村基层组织。唯此才能确保将所有拥有身份资格、具有从事公务可能性的主体均纳入职务犯罪的治理体系中。

（二）国家工作人员必须从事实质的公务

公务的本质是行政管理。"行政"体现为所从事的工作具有国家性和社会公共性，亦即行为人是在代表国家、代表政府做事情；"管理"则意味着行为人对所从事的工作有管控权，能够掌控工作的发展方向或是能对工作的开展与完成把关。公务是否须具备管理性质在实务中尚存争议，故需先说明要求公务有管理性的正当性。

首先，在规范上，2003年11月13日最高人民法院《全国法院审理经济犯罪案件工作座谈会纪要》将"从事公务"解释为"代表国家机关、国有公司、企业、事业单位、人民团体等履行组织、领导、监督、管理等职责。"据此，《九十三条解释》中规定的"行政管理"不仅关注工作的行政性内容，还关注工作的管理性质。实际上，"组织、领导、监督"均可以被"管理"一词涵括，旨在强调行为人对所从事工作的管控与支配，进而将公务与单纯执行事务的劳务相区分。

其次，在法理上，要求公务有管理性契合职务犯罪的义务犯属性。职务犯罪并非单纯侵害财产的犯罪，其更为显著的不法性体现在行为人违背了自身对国家的职责义务。具言之，国家基于信赖赋予行为人一些职权，让其代表国家从事部分管理工作，但行为人辜负了信赖，没有正确履行职权，违背了对国家的义务，伤害了国家利益。因此，职务犯罪不是对某个人或某个群

---

① 例如，陈旭玲. 村基层组织人员"以国家工作人员论"的司法认定. 法学杂志, 2012（6）：148；广西壮族自治区钦州市钦北区人民法院（2016）桂0703刑初16号刑事判决书。

② 孙国祥. 贪污贿赂犯罪研究. 北京：中国人民大学出版社，2018：51.

体的犯罪，而是对国家的犯罪，职务犯罪行为人违背了其对国家的忠诚与廉洁义务。反言之，只有当行为人拥有了管理性的职权，能够一定程度地把握行政事务的走向时，才称得上是对国家有义务。否则，倘若行为人只是在他人的管理下具体地执行事务，对事务的影响达不到管控的程度，说明其尚未得到国家的信赖，并未享有国家赋予的职权，也就谈不上对国家有义务。一言以蔽之，有身份有职权才会有义务，无义务不能构成义务犯。

随之而来的问题是，怎样判断行为人从事的工作是否属于行政管理？

第一，认定公务的行政性，要实质性地判断行为人是"代表政府"还是代表"村集体"展开工作。以"赵亚旺案"为例，作为村委主任赵亚旺先后实施了三个行为：其一，在协助政府部门进行土地征收、征用补偿工作时，虚报土地面积，骗取国家土地补偿款据为己有；其二，私自挪用村集体绕城公路补偿金用于开发小区；其三，对于村民合法取得的土地补偿款，仅发放部分而侵吞其余部分。法院认为，赵亚旺的三个行为分别构成贪污罪、挪用资金罪、职务侵占罪。① 对于第一个行为，赵亚旺作为村主任，协助政府实施征收与补偿工作，显然是在代表政府行事。对于第二个行为，由于公路补偿款被保管于集体账户，属于集体财产，国家发放补偿款的行政行为在补偿款进入集体账户时即已完成，后续村集体的处分行为与政府意志无关，故赵亚旺管理、处分公路补偿款的行为属于村务范畴，只代表集体而不代表政府，是故法院将其擅自挪用公路补偿款用于营利活动的行为定性为挪用资金是妥当的。对于第三个行为，赵亚旺截留了部分本应发放到村民手中的土地补偿款，实际上是没有完成协助政府发放补偿款的行为。如果补偿款要发放到个人，只有当款项交付个人时，政府才会"放手"对补偿款的管控，协助工作者才能被视为完成协助政府发放补偿款的义务。② 换言之，在中途截留补偿款的行为仍属于利用公务性的职务便利。补偿款的发放主体是政府，赵亚旺是代表政府向村民发放补偿款，而不是代表村集体向村民发放补偿款。

本案中，甘某琼协助镇政府开展土地整理工作，是代表政府而非代表集体从事工作，其工作涉及国家所有的安置房的发放，与国家利益相关，具有行政性。

第二，认定公务的管理性，须考察行为人在此项工作中是否具有签字、表决、审批、核准、监督等具有管理性质的职权。通过以上职权，行为人可以对所从事的工作产生较大的影响力，直接决定相关事务的某一步骤或阶段甚至最终环节的走向。相反，如果行为人只是在行政事务中做一些诸如确认

---

① 参见河北省承德市中级人民法院（2020）冀08刑终307号刑事裁定书。
② 孙国祥. 贪污贿赂犯罪研究. 北京：中国人民大学出版社，2018：54.

事实、统计数据、收集意见、递送文件等辅助性的劳务工作,且在任何一个阶段都没有把关性质的职权,便应否定行为人从事的工作具有管理性,进而否定其公务性。本案中,甘某琼在任何一个阶段都没有签字、审批、审核等管理性职权,其工作内容虽然与国家利益直接挂钩,但本人并没有管控性权力,其工作成果也需要上级领导层层审核把关。甘某琼虽然是在代表政府行事,但因缺乏管理性而不属于从事公务。

三、延伸思考

在行为人所从事工作的管理性实在难以确定时,先前的实务立场是否定具备管理性,成立财产犯罪而不成立职务犯罪。然而,在 2016 年 4 月 18 日最高人民法院、最高人民检察院《关于办理贪污贿赂刑事案件适用法律若干问题的解释》出台之后,职务犯罪的入罪门槛与法定刑升格条件均大幅高于财产犯罪,倘若遵循先前的逻辑,在行为人是否构成国家工作人员仍存疑的情况下,对行为人适用财产犯罪看起来反而不利。不过,职务犯罪的处罚也并非全面低于财产犯罪:一方面,贪污罪、受贿罪的最高刑仍保留了死刑;另一方面,职务犯罪的减刑、假释条件更为严格,刑罚的实际执行情况未必轻于财产犯罪。由此可见,如何处理职务犯罪与财产犯罪的关系,值得研究。

(刘鹿鸣　撰写)

92 不法取得被扣押财物与贪污罪

案情简介

上诉人杨某系某公安局分局刑侦大队民警,在其办理的李某涉嫌犯罪的案件中扣押了李某的手机,手机短信显示被害人李某银行卡内余额有十多万元。杨某先后实施了以下行为:通过微信转账和扫二维码支付的方式从李某的微信零钱转走 3 500 元到个人微信账户;通过网上手机银行转账的方式将李某银行卡中 99 400 元转到个人账户;使用李某的手机支付宝,以其名义进行网上贷款共 23 000 元,并转到自己的支付宝上。

裁判要旨

一审法院认为,被告人杨某以非法占有为目的,秘密窃取他人财物共计 125 900 元,数额巨大,以盗窃罪判处其有期徒刑三年,并处罚金人民币 5 000 元。被告人杨某不服提起上诉,理由是自己应构成贪污罪。辩护人也持此意见。二审法院认为,手机系作为嫌疑人随身物品予以扣押,手机中承载和绑定的银行卡等财物并非一并被公安机关扣押或者依法被冻结,依然属于被害人个人的合法财产。上诉人杨某利用职务便利,获取被害人支付密码,侵犯他人合法的个人财产权利,不符合贪污罪的要件,故驳回上诉,维持原判。①

评析意见

一、关键问题与裁判思路

本案的关键问题是:被司法机关扣押手机中微信零钱、支付宝零钱以及各类软件绑定的银行卡账户中既有的存款与贷款额度是否均无例外地属于被扣押财物的范围,进而成为贪污罪的犯罪对象?本案中,辩护人的观点倾向

---

① 参见贵州省贵阳市中级人民法院(2019)黔 01 刑终 865 号刑事裁定书。

于将落入司法机关控制的手机及手机中具有财产属性的各类账户均视公共财物，只要司法工作人员通过职务上的便利取得上述财物，均成立贪污罪。而两审法院则主张，附属在被扣押手机中但与案件无关的账户存款不在被扣押财物的范围。

二、相关学理分析

（一）有关定性的争议

《刑事诉讼法》第 245 条第 5 款规定："司法工作人员贪污、挪用或者私自处理查封、扣押、冻结的财物及其孳息的，依法追究刑事责任"。这样看来，法律已明确将司法工作人员不法取得被扣押财物的行为定性为"贪污"。但是，适用这一结论的前提是在具体案件中被扣押财物的范围清晰明确。在实务中，当司法工作人员不法取得的被扣押财物是诸如钱包、汽车一类的功能纯粹的实体性财物时，由于被扣押财物十分确定，法院都会作出贪污罪判决；然而，倘若被扣押财物是手机、平板电脑等功能复杂的财物，当行为人并未取得被扣押财物本身，而是利用财物内在的功能获取利益，如套取手机账户中的存款，或是利用微信、支付宝等软件绑定的银行卡账户贷款时，由于法院对于被扣押财物是否包含此类利益的观点并不一致，裁判结论也不同，有的同本案法院观点一致将此定性为盗窃①，有的将此定性为贪污②，还有的以行为人所取得的款项在扣押当时是否已经产生为判断标准，将取得已产生款项的行为定性为贪污，将取得未产生款项的行为（即贷款行为）定性为盗窃或信用卡诈骗。③ 未将此定性为贪污的裁判，核心理由即是各类账户中的存款或贷款并非司法机关可以管控的扣押对象，不属于公共财物而仍为私人财物。

（二）财物权属的确定与案件定性

实务中，必须立足扣押行为作出时来判断行为人不法取得款项的来源账户与被扣押财物物主所涉案件之间的关联性。根据《刑事诉讼法》第 141 条、《民事诉讼法》第 102 条、《行政强制法》第 23 条的规定，在任何类型的案件中，被扣押的财物均须与所涉案件有关。这种关联性不需要通过最终的办案结论证明，只要司法机关在扣押行为作出时有合理理由认为该财物对办案工作有必要即可。反言之，与案件完全无关的财物不可能成为被扣押的财物。

手机中的微信零钱、支付宝零钱以及各类软件绑定的银行卡账户，均有

---

① 参见浙江省绍兴市柯桥区人民法院（2019）浙 0603 刑初 661 号刑事判决书。
② 参见湖北省宜昌市中级人民法院（2019）鄂 05 刑终 211 号刑事裁定书，广东省江门市江海区人民法院（2020）粤 0704 刑初 168 号刑事判决书。
③ 参见浙江省舟山市中级人民法院（2020）浙 09 刑终 41 号刑事裁定书。

独立的密码、指纹或人脸识别保护，机主以外的其他人不掌握相应的密码，即便可以使用手机，也不能进入账户处分存款。可以说，账户相对于手机本体来说具有一定的独立性。在判断被扣押财物的范围时，对于手机本体和手机中的账户存款完全可能作出不同的界定，在具体案件中需要分别独立考察。

判断手机中各类账户的存款能否成为被扣押财物，关键要看其与机主所涉案件之间是否有关，当确定完全无关时，账户存款便不属于被扣押财物而仍属于个人财物。例如，公安机关在侦办一起聚众斗殴案件时，因需要查看嫌疑人甲与其他斗殴者在微信上的聊天记录而扣押其手机。由于该案不涉及任何经济方面的问题，甲手机中的存款账户显然与聚众斗殴事实毫无关联，故不能与其载体手机一起成为被扣押的对象。换言之，虽然甲的手机实体被公安机关占有，但公安机关没有合理理由向甲索要或是自行破解手机中存款账户的密码，不能正当地形成对账户存款的支配，甲仍然事实管控且可以正常使用存款账户，账户中的存款由银行事实占有，由名义存款人甲法律占有[①]，公安机关对存款没有任何权限。此时，倘若办案人员利用职务便利，在讯问甲时获得其手机存款账户的密码，并借此取出存款据为己有，是对甲个人财产的侵害，应当成立盗窃罪而非贪污罪。反之，假使公安机关在侦办一起诈骗案件时，不仅需要查看嫌疑人乙与被害人在微信上的聊天记录，还要检查其手机存款账户的资金来往记录。在这一情形下，哪怕最终案件侦破结论显示乙手机中的存款账户与诈骗行为无关，也应当站在扣押行为作出当时，肯定乙手机中的存款账户与所涉案件有关联。如若办案人员利用职务上的便利从该账户取款，则构成贪污罪。本案中，李某的微信零钱、网上银行账户中既有存款能否成为被扣押财物，取决于扣押手机的行为作出时，各账户与李某涉嫌犯罪事实是否有关。倘若确如法院裁判所述是无关的，公安机关对于李某手机中的账户便未形成管控，杨某的行为便应构成盗窃罪。

换言之，只要行为人不法取得款项的来源账户与被扣押财物物主所涉案件之间存在关联，不论该来源账户中的款项在扣押行为当时是否即已存在，均应视为被扣押财物的范畴。如前所述，当手机中的存款账户与机主所涉案件有关联时，司法机关不仅可以扣押手机，还能够扣押甚至冻结手机中的存款账户，以实现对该存款账户的管控。当存款账户被司法机关管控后，存款的事实占有者依然是银行，但存款的法律占有者则进入待定状态，因为名义存款人能否保持对存款的法律占有，取决于相关案件的处理。在此期间，司法机关实质上充当了法律占有者的角色，可以称之为准法律占有者，其通过扣押、冻结将账户的交易行动限制在掌控之中，此种管控的影响力不仅及于

[①] 桥爪隆. 论与银行存款相关的财产犯罪，王昭武，译. 法治现代化研究，2020（6）：188.

账户内已存在的存款，还可辐射至通过账户透支与贷款等行为。换言之，账户的交易行动不应当违背账户被扣押期间实际管控人（司法机关）的意志，行为人利用职务便利，恶意透支或是假借名义存款人的名义利用账户从银行贷款的，既侵害了银行的事实占有，也侵害了司法机关的准法律占有，成立贪污罪。

以"邓明明挪用公款案"为例，作为公安局办案民警的被告人邓明明，在办理某职务侵占案中发现犯罪嫌疑人何美英有19万元涉案赃款转入何某的银行卡中并用于购买保险，邓明明将该银行卡扣押后，持保险凭证及何某的身份证照片办理了退保手续，保险公司将19万元退回银行卡后，邓明明将其提现。应当认为，即使在扣押行为作出时银行卡中并无19万元存款（赃款），但是公安机关基于扣押行为实现了对银行卡账户的管控，成为该账户的准法律占有者，扣押后账户中款项的进出也要受公安机关的管控。因此，退回的19万元保险费一旦进入账户，就处于公安机关的管控范围，属于公共财物。法院认定邓明明构成挪用公款罪，意味着肯定了该款项构成公款，即属于公共财物，只是因为无法认定邓明明有非法占有目的，才没有对其以贪污罪论处。

需要特别说明的是，理论界一般认为，应当软性解释贪污罪构成要件中的公共财物，以便解决实践中类似于混合所有制财产的一些疑难问题[1]，有必要将判断的重点置于国家工作人员的身份和公务。[2] 这一观点符合将廉洁性作为贪污罪主要法益的基本立场，将判断的重点放在贪污罪的义务违反侧面而非财产侵害侧面。[3] 但软性解释公共财物并不意味着对贪污罪的对象毫无限制。软性解释的前提是，国家工作人员在从事公务时，其职权与非公共财物之间有很强的管理关联。而当被扣押财物中附带的账户与物主所涉案件毫无关联时，司法机关工作人员对相关账户自始没有任何管理职权，只不过有一些基于工作关系形成的方便条件，比较容易接近犯罪目标而已。[4] 因此，本文所讨论的情形并不适用该观点。

综上所述，以扣押行为作出时为判断时点，当行为人不法取得款项的来源账户与被扣押财物物主所涉案件之间有关时，该账户属于司法机关管控，相关款项均可以成为贪污罪的对象。

当然，一旦确认行为人不法取得款项的来源账户与被扣押财物物主所涉案件之间无关，便意味着司法机关对账户没有形成管理和控制，账户仍然在

---

[1] 孙国祥. 贪污贿赂犯罪研究. 北京：中国人民大学出版社，2018：169-170.
[2] 周光权. 刑法各论. 4版. 北京：中国人民大学出版社，2021：535.
[3] 尹琳. 刑法上职务便利与工作便利的区别必要性辨析. 政治与法律，2015（12）：57.
[4] 周光权. 刑法各论. 4版. 北京：中国人民大学出版社，2021：535.

名义存款人的支配之下，此时，行为人利用职务之便恶意透支账户或是以账户所有人的名义欺骗银行发放贷款的，则应当视情况按照信用卡诈骗罪或盗窃罪处理。本案中，杨某擅自使用仍由李某管控的支付宝账户（与银行卡绑定），以其名义进行网上贷款，应当成立盗窃罪。①

三、延伸思考

值得进一步探讨的是，当司法机关扣押财物以后尚未出具扣押文书时，司法机关工作人员利用职务便利不法取得被扣押财物的，能否定贪污罪。实务中，法院将民警利用职务便利侵吞保证金而不出具收款手续的行为认定为贪污行为。② 应当说，如果相关证据能够证明司法机关作出了实质的扣押行为，且该扣押行为合法、合理，就可以认为被扣押财物是司法机关在未来必然得到的，将其作为贪污罪的对象并无不妥。

（刘鹿鸣　撰写）

---

① 对于这种情形，似乎不宜适用《刑法》第196条第3款"盗窃信用卡并使用，依照盗窃罪的规定定罪处罚"这一规定，因为支付宝账户与信用卡存在本质区别，即便两者绑定了，支付宝账户也不属于信用卡诈骗罪中"信用卡"的范围；即便对使用信用卡按司法实务的做法作扩大解释，理解为可以使用信用卡信息资料，本案被告人也没有使用他人的信用卡信息资料，而是使用支付宝账户信息来进行网上贷款，因此，被告人的行为不属于"盗窃信用卡并使用"的情形，对其应直接适用《刑法》第264条的规定认定为盗窃罪。

② 参见新疆生产建设兵团第七师中级人民法院（2019）兵07刑终12号刑事裁定书。

93 借贷关系与受贿罪

案情简介

被告人钟某艳系国有企业 A 公司副总经理,负责公司经营管理和市场开拓等工作。2013 年 8 月至 2017 年 11 月,A 公司先后与张某负责经营的多家公司进行融资性贸易,钟某艳参与大量重要事项。

2014 年,钟某艳应 A 公司董事长要求,以个人名义从 A 公司客户单位处借款 510 万元并出借给高某艳,帮助其解决资金周转困难。同年 5 月,钟某艳在高某艳未还款的情况下,要求张某帮助其归还。张某先将 30 万元转至高某艳账户,后将 510 万元支付给钟某艳当初借款的客户单位。钟某艳至今未归还 540 万元。

另查明,2014 年 1 月至 2 月,钟某艳先后将 110 万元出借给张某,约定利息每季度支付。张某于同年向钟某艳支付两个季度利息共计 13 万元,本金与其余利息至今未还。2017 年,张某因资金紧张向钟某艳借款 20 万元,至今未还。其间,张某曾多次为钟某艳支付消费账单,还将信用卡交其使用。

裁判要旨

一审法院认为,张某向高某艳与 A 公司客户单位的账户转账 540 万元,是为了感谢钟某艳在业务上提供的帮助而为钟某艳代偿个人债务,属于"以借为名"的贿赂款,应当计入钟某艳的受贿数额,最终以受贿罪数额特别巨大判处钟旭艳有期徒刑十年三个月,并处罚金人民币五十万元。上诉人与辩护人均主张,540 万元系借款而非受贿款。二审法院认为,没有证据显示张某与钟某艳就 540 万元形成行贿与受贿的合意,钟某艳也未从该款项中获得任何利益,且两人间一直有经济往来,540 万元应认定为借款,不计入受贿数额。二审法院据此改判钟某艳犯受贿罪数额巨大[①],判处有期徒刑五年,并处

[①] 本案中,被告人钟某艳还有其他受贿事实。

罚金人民币三十万元。①

评析意见

一、关键问题与裁判思路

本案的关键问题是：在具体案件中，如何界分借款行为与受贿行为？2003年11月13日最高人民法院《全国法院审理经济犯罪案件工作座谈会纪要》（以下简称《经济犯罪纪要》）第三部分第6条列举了七项在辨识以借为名的受贿行为时需要考察的因素，这些因素是否存在位阶或是主次关系？本案一审法院侧重于关注借贷双方的利益关联、行为人的还款能力和归还意思等因素，主张被告人钟某艳能够利用职务便利为张某谋取利益，且其在长达5年的借款期间有能力还款却始终没有还款，也没有表达还款意思，充分证明其对540万元有非法占有目的，因此对该款项构成受贿。而二审法院则更为关注借贷双方的经济往来关系、双方是否形成行贿与受贿的合意、借款事由、借款去向是否与行为人经济利益挂钩等因素，主张钟某艳与张某一直有经济往来，甚至张某借款在先，且两人并未就该款项达成行贿与受贿的合意，钟某艳也未从借款中获得经济利益，借款的真正受益人是高某艳，即使钟某艳有能力归还而不归还，也符合人之常情。

二、相关学理分析

基于受贿与行贿行为在外观上的隐蔽性，监察机关在调查贿赂犯罪时特别依赖于口供，而口供的稳定性相对较差，使得在实务中准确界分借款行为与受贿行为十分困难。是故有必要结合受贿罪的基本原理与《经济犯罪纪要》的规定，为司法实务设计出一套更为清晰可行的裁判规则。以下从裁判规则的基本理念和具体内容分别展开论述。

（一）确定裁判规则的基本理念

第一，以受贿罪的保护法益为基本指导。通常认为，受贿罪的主要保护法益是职务行为的不可收买性，由此决定受贿行为的本质是权钱交易。② 既然裁判规则的功能是帮助办案人员正向地考察行为是否具有受贿性质，在设定具体规则与步骤时便须始终考虑哪些事实能够排除合理怀疑地说明"职务行为被收买""权钱交易已达成"。实际上，明确了这一点后便会发现，借款行为与受贿行为是交叉关系而非排斥关系，哪怕是真实的借款行为，只要所涉

---

① 参见浙江省杭州市中级人民法院（2020）浙01刑终588号刑事判决书。
② 周光权. 刑法各论. 4版. 北京：中国人民大学出版社，2021：552-553.

款项与行为人的职权之间建立了对价关系，行为人仍要成立受贿罪。例如，国家工作人员甲向有求于自己的乙借款买房，约定了远低于同期银行贷款的利息，即使甲确实将借款用于买房并最终还款付息，也应当认为甲利用职权享受到的利息优惠属于贿赂。因此，裁判规则的构建应考虑受贿行为的本质而无须考虑借款行为的本质。

第二，在方法论上重视多项事实的组合含义，不将某一项事实、某一个因素作为定案的关键依据。以借为名的受贿行为是典型的利用合法外观掩盖非法事实的犯罪行为，《经济犯罪纪要》中列举的借款事由、还款意思表示、还款行为等事项均有被伪造的可能，因而有必要与其他事实相互印证。

第三，尽可能地通过规则设计化解证明难题。取证困难、依赖口供是处理贿赂犯罪时无法回避的问题，理论界不能只顾理论圆满而不顾实务上取证与证明的可操作性。应当在尊重理论成果的前提下，将证明难题化解于对裁判规则的精巧设计中。可行的方法是，尽量先行审查容易用客观证据证明的事实，并运用此类事实之间的逻辑关联将行为人可能的主观念头限缩在一定范围内，进而提升口供的针对性与稳定性。

（二）主要裁判规则

在前述基本理念的指引下，可以通过以下步骤检验以借为名的受贿行为。

首先，考察借贷双方平时的关系与经济来往。将这一事项置于判断首位，一方面是因为证明起来相对容易，有较多的客观素材可供办案人员审查；另一方面，人际关系的亲疏对于是否借贷、借贷频率、借贷形式均有直接影响，换言之，在这一判断步骤得出的结论会对后续步骤的判断重点、判断标准起到导向作用。

就判断标准来说，倘若双方平时关系密切、经济往来频繁，则意味着双方信赖程度较高，其间发生日常借贷关系的可能性相对较大，且基于人情世故方面的考虑，此类借贷关系往往不很注重借贷的形式，口头约定借贷关系、无息借贷、无限期借贷、无明显催讨行为等均可能属于正常情况。因此，当双方关系很熟时，将缺乏借贷形式作为双方成立贿赂犯罪的证据，不具有说服力，办案人员要想排除合理怀疑地将该借贷行为定性为贿赂，还要在其他方面下工夫。不过，当借贷双方具有上下级关系或是行政管理关系，且借款方一直是上级或管理方时，基于借款方的强势地位，办案人员也要考虑是否构成 2016 年 4 月 18 日最高人民法院、最高人民检察院《关于办理贪污贿赂刑事案件适用法律若干问题的解释》第 13 条第 2 款规定的"感情投资"型贿赂犯罪。① 反之，假使双方只有工作关系，工作之余鲜有来往，则意味着双方

---

① 陈国浒，虞泽春. 准确界定以借为名受贿与诈骗. 中国纪检监察报，2021-08-25（6）.

信赖程度不高，其间发生日常借贷关系的可能性很小，即使确有借贷也会特别注重借贷形式。是故借贷形式在此时便成为判定双方行为性质的重要证据，办案人员应当从严把握。一旦双方无法出具借贷合同、未确定还款期限、借方没有明显归还意思、贷方没有明显催讨行为，成立贿赂行为的概率便大幅提升。

就判断内容来说，需要注意双方日常交往的频率是否均匀分布；交往的时点是否与工作上的重大事项挂钩；经济来往的方式是双方"你来我往"还是从非国家工作人员一方单向地往国家工作人员一方输入；交往的情况是否为熟人所知；等等。本案中，被告人钟某艳与张某之间除了工作关系之外，还有比较频繁的日常交往和经济往来，且双方互负债务，张某甚至在先向作为国家工作人员的钟某艳提出借款，可见双方的日常来往密切而平等。由此，即使其间的借贷关系未立字据、未约定期限、双方均未完全还款、未向对方催讨，也并不违背人之常情，不足以排除双方确实存在借贷关系的合理怀疑。

其次，考察借款去向。经过前一步骤之后，余下的较为疑难的判断情形，要么是双方关系密切，但因借贷形式不完善而需要进一步确认借贷的真实性；要么是双方关系不密切，纵使借贷形式完善也需要更多证据来证明借贷的真实性。而在客观上较为容易留痕的借款实际去向对此有补充性证明价值。

对借款去向的考察，可以从三方面入手：其一，借款事项发生时，行为人是否确无能力支付。若行为人在借款时有能力支付，说明借款并不具有必要性，相应地会提升借贷行为具有贿赂性质的可能性。支付能力的判断并非以行为人的全部资产为依据，而是要考虑其正常生活需求，不能动辄要求行为人变卖家产。换言之，即使行为人的资产足以支付，倘若支付后会严重影响其正常生活，也应认定为"无能力支付"。其二，借款事项本身是否有一定时效性。从生活常识来看，向他人借款属于"走投无路"的做法，但凡能够自己想办法支付，一般不会采取向他人借款的方式。由此，如果行为人的借款用途并非当时急需（如赌博等挥霍事由），便会增强以借为名实施受贿的嫌疑。另外，入股、投资、竞拍等事项虽然具有时效性，但当该事项与行为人身份不符时，即使不能排除双方存在借贷关系的合理怀疑，也有可能将行为人的不正当收益视为贿赂款。例如，有事相求的丙向身为国家机关工作人员的丁介绍了投资机会，并借钱给丁，丁将借款打入朋友的账户后以朋友的名义投资获益后，将本金归还给丙。此时，尽管丙、丁之间成立借贷关系，也应将丁的收益视为贿赂款。其三，不要求借款的实际去向与借款理由完全一致，只要借款的实际去向满足前两点条件即可。例如，行为人戊因难以支付子女留学费用向己借款后，家人突然生病急需手术，遂将借款用于手术费。

戊更改借款用途的行为不影响双方借贷关系的认定。

需要特别强调的是，判断规则的功能是要排除合理怀疑地证明借贷关系具有贿赂性质而非证明借贷关系确实存在。因此，行为人的借款用途只要稍微有些道理，能够令一般人产生"可能确属借款"的合理怀疑即可。

基于本案裁判所呈现的事实，钟某艳借款的理由是归还先前应上司要求帮助高某艳解决资金周转困难时向客户单位借的款项，具有时效性。没有证据显示，钟某艳能够在不影响正常生活的情况下一次性支付540万元，且该款项归根结底是高某艳的借款，钟某艳不用自己的资金归还也并不违背常情。据此，钟某艳与张某之间有存在真实借贷的可能。

再次，分别考察行为人在借款时与案发时的还款能力，推断行为人的还款意思。以借款时为判断时点，假若根据行为人的经济状况，明显无法期待其在未来有能力归还，则说明行为人的还款意思和出借人对还款的期待均比较薄弱。当然，如果出借人对行为人的经济状况并不了解，误以为其能够归还，且出借人无任何谋利需求，在借款后多次催讨的，行为人也有构成诈骗罪的可能。① 以案发时为判断时点，倘使还款期限已到，在有能力还款且没有不还款的合理理由的情况下，行为人仍不还款，便可以推定行为人还款意思淡薄。一旦认定行为人的还款意思较弱，就说明其对款项有非法占有目的，以借贷之名行受贿之实的可能性很大。本案中，虽然钟某艳在案发时有还款能力，但如前所述，由于该款项的真正债务人是高某艳，钟某艳不用自己的资金还款属于有合理理由，不能认定其对该款项有非法占有目的。

最后，根据前述事实与口供考察双方是否形成行贿与受贿的合意。实务中十分重视贿赂的合意，并希望通过口供来对此加以印证，因此往往在办案的一开始就努力设法拿下双方有贿赂合意的口供。但口供的主观性很强，稳定性差，行为人的供述一旦反复变化，便会给办案带来很多麻烦。实际上，只要依次通过前三步骤的客观性考察，办案人员就已经能对借贷双方有无贿赂合意形成一个大致的判断，口供只需作为补充证明而非定案根据。在客观事实形成的逻辑链条面前，行为人串供、翻供的可操作空间有限，办案人员反而比较容易得到稳定可靠的口供。

三、延伸思考

贿赂犯罪证据"一对一"的特殊性决定了对其的认定相对而言比较依赖口供，办案思路往往是从主观事实（贿赂合意）推导客观事实（贿赂行为），

---

① 陈国浒，虞泽春. 准确界定以借为名受贿与诈骗. 中国纪检监察报，2021-08-25（6）.

以致认定过程中案情时有反复。对此，有必要对症下药，针对不同类型的贿赂案件设计更为精巧的裁判规则以化解取证方面的困难：基于生活经验与交易常识对客观事实作组合与类型化思考，以客观事实的合理含义限定主观事实的可能含义，变通过口供确定贿赂合意为通过客观事实推导贿赂合意。由此，才能将贿赂案件办成"铁案"。

（刘鹿鸣　撰写）

94 收受股份的犯罪数额认定

案情简介

2007年至2013年，上诉人李某华利用担任省科学技术厅厅长、党组书记职务上的便利，帮助A公司获得科技扶持资金，其间，李某华收受了李某贿送的财物，具体如下：（1）2007年12月，A公司准备上市，李某将价值105万元的35万原始股送给李某华，李某华授意将股份登记在张某名下。2012年年底，李某华将股票卖出，得款500多万元。2012年年底开始，科技系统部门反腐形势严峻，李某华担心问题暴露，补交了由李某垫付的A公司股价款105万元。（2）2007年，李某注册成立B公司，经李某华同意将价值350万元的33.3333%的股份给其并登记在其妻姐夫张某名下。不久，李某将注册资金全部抽走。至案发前，李某华未获得分红收益。

2011年，李某华利用职务便利，在省科技厅组织项目扶持申报过程中为C公司提供帮助，其间，李某华收受周某、朱某贿送的财物。具体如下：2011年，周某、朱某等人成立C公司，注册资本100万元，实缴20万元，其中李某华托李某3向C公司投资10万元，约定占25%股份，由李某4代持。同年下半年，C公司注册资金增加为1 000万元，实缴200万元。约定李某华增资65万元，仍占25%股份，由朱某代为出资。至案发前，李某华未获得分红收益。

裁判要旨

一审法院判定，被告人李某华收受A公司原始股105万元、B公司干股350万元、C公司的股份240万元。上诉人及其辩护人均指出，李某在B公司成立后立即将注册资本撤走，李某华持有的B公司干股实际没有价值；C公司的增资未完成实缴，应以朱某代为实缴的65万元作为受贿数额。二审法院认为，李某抽走B公司注册资金的行为是在李某华收受财物后，不影响受贿事实的认定；李某华持有的C公司股份对应认缴出资额为250万元，认缴出资额依法应按期足额缴纳，减去其实际出资的10万元，应当将其持有股份的价值认定为 240 万元。①

评析意见

一、关键问题与裁判思路

本案的关键问题是：行为人收受股份作为贿赂时，受贿数额应如何计算？两审法院严格遵照了 2007 年 7 月 8 日最高人民法院、最高人民检察院《关于办理受贿刑事案件适用法律若干问题的意见》（以下简称《受贿意见》）第 2 条、第 3 条的规定，考察行为人有无实际出资并在实质上产生对股份的控制和支配，未出资或未足额出资时以股份对应价值计算受贿数额。不过，司法实务中常常出现一些股份价值计算存有争议的复杂情况，如行贿人事前承诺一定的收益比例、公司股东抽逃出资、公司未足额出资等。股份的价值计算是否存在一些底层逻辑？倘若有，在面对疑难问题时，底层逻辑如何转化为具体的判断规则？这些问题都值得研究。

二、相关学理分析

（一）收受股份数额认定的司法立场

现行司法解释明确区分权钱交易的本金与孳息，从《受贿意见》第 2 条至第 4 条和 2003 年 11 月 13 日最高人民法院《经济犯罪纪要》第三部分第 7 条的规定可以看出，原则上只有权钱交易的本金（即收受干股时的股份价格、投资公司时的出资金额、收受股票时的实际价格等）属于受贿数额，决定是否构成犯罪以及对应的法定刑区间，而权钱交易的孳息（即干股分红、投资收益、股票升值收益）属于受贿孳息，只影响量刑；仅当无法证明股份在实质上已转让给行为人，而行为人又确实凭此获得收益，或是行为人所获收益超过本金对应的应得收益时，才将收益或超额收益作为受贿数额。倘若本金完全由行为人自己支付，且未获超额收益，即使投资风险很小，获得收益的概率很高，也不能以受贿论处。

由此揭示了司法上认定受贿数额的两个基本立场。

第一，受贿数额必须直接体现权钱交易对价，是行贿与受贿达成合意当时的确切价格。既然股权、干股是否能够分红，股票是否能够增值并不确定，收益机会存在市场风险，不能确切地反映权钱交易对价，便不能作为受贿数额。②

---

① 参见广东省高级人民法院（2015）粤高法刑二终字第 177 号刑事裁定书。
② 孙国祥. 贪污贿赂犯罪研究. 北京：中国人民大学出版社，2018：825.

第二，适度考虑相关利益在民商法等其他部门法中的评价。受贿孳息是本金在市场正常运作过程中产生的利润，其产生合乎经济规律，在民商法上多多少少有点道理。故在刑法评价时要顾及民商法上的一些判断，与受贿数额差别对待。

（二）收受股份的具体情形与数额认定

只要把握住以上两个基本立场，下述三类实务中的疑难情形便可迎刃而解。

情形之一，行贿人承诺投资必然获利。当行贿人向受贿人承诺，只要其入股必然获得一定比例的分红收益时，由于该项分红已经通过承诺行为直接体现了权钱交易的对价，故不论受贿人是否有实际出资，所承诺的分红款项均应计入受贿数额。但至于该款项属于既遂数额还是未遂数额，不仅要考虑受贿人是否确实获得分红，还要实质地考察分红在民商法上的评价。

如果分红完全是基于公司正常经营，符合经济规律产生的，即使行贿人有事前承诺，也应当认为受贿人获得分红与行贿人的承诺之间没有因果关系。换言之，无论行贿人是否承诺，分红都会落入受贿人的口袋，因而受贿人只能就分红数额成立受贿罪未遂。不过，如若受贿人应得的分红少于行贿人承诺的分红，则有必要将超额部分计入受贿既遂数额，但对应得部分仍为受贿未遂。以"范小雄受贿案"为例，行贿人朱某2告知范小雄，公司原始股马上会翻倍增值，可以将范小雄对其的70万元债权入股，入股后范小雄的股份享受了本来只有原始股才能享受的翻倍增值，升值为140万元，之后公司又对全部股份作了1∶1.14的比例增值，范小雄的股份进一步增值到196万元。① 显然，范小雄入股的70万元本金是本人出资，不能视为受贿款，但其享受的翻倍增值并不符合公司的规定，故70万元增值属于朱某2兑现事先承诺的贿赂款。对于之后再次增值的56万元，倘若朱某2没有承诺，则基于受贿的70万元股份产生的28万元增值属于受贿孳息，而基于本人出资的70万元股份产生的28万元增值则无受贿属性；倘若朱某2有承诺，56万元增值将整体变为未遂的受贿数额。

情形之二，股份无实际对应资本。在计算股份价值时，实务中一般以权属转让时股份的实际价值而非注册资本对应价值为准。② 但有些公司通过虚报注册资本登记，或是在登记后抽逃出资，使得股份没有对应资本作支撑，当行为人收受此类股份作为贿赂时，如何计算受贿数额便成为难题。对于此类案件，应当重点关注双方明示权钱交易确切对价的时间，而不是拘泥于股份

---

① 参见江西省宜春市中级人民法院（2017）赣09刑初12号刑事判决书。
② 王勇，李继. 通过民事合同方式实施的新型受贿犯罪之认定. 人民司法，2014（21）：45-46.

转让时点。

对此,又需要分三种类型讨论:(1)如果在受贿人收受股份当时,公司尚有对应资本的,即使公司资本日后被抽出,也应当以收受时的股份价值作为受贿数额,并成立既遂。理由在于,双方已经在股份转让当时以确切的对价实现了权钱交易,已经成立并既遂的犯罪不可能被未来的事实撼动。(2)倘使受贿人收受股份当时,公司虽无对应资本,但是行贿人承诺未来会充足公司资本或是会以一定比例向受贿人分红,则应当以充足资本后的股份价值或分红价值作为受贿数额,未兑现时成立受贿罪未遂,兑现后成立受贿罪既遂。(3)假若受贿人收受股份时公司无对应资本,受贿人事前对此不知情的,应当根据注册资本计算股份价值,并对此成立受贿罪未遂;行为人对此知情的,客观上权钱交易对价未固定,主观上行为人尚未对确切的财物形成受贿意思,不能认定其构成受贿罪。① 本案中,李某抽逃 B 公司资本的行为发生在李某华收受股份的行为之后,不能回溯性地影响在收受股份当时双方权钱交易对价即已明确并实现的事实,故法院认定李某华受贿价值 350 万元的 B 公司股份既遂是正确的。

情形之三,行为人所持股份未足额出资。受贿既遂的数额应取决于实际实现的权钱交易对价,即股份的实际价值。当行为人所持股份未足额出资时,股份的实际价值并非以认缴资本计算而是以实缴资本评估。据此,具体的判断规则是:假若行为人在收受股份时,不知道未足额出资或是有理由相信出资能够很快被补足,应当根据认缴资本计算行为人持有股份的应然价值(受贿数额),以实缴资本计算行为人持有股份的实际价值(受贿既遂数额)。由此便顾及了民商法上对未足额出资股份价值的评估立场。根据《公司法》第34条的规定,在无约定的情况下,股东按照实缴出资比例分红或认缴增资。根据最高人民法院《关于适用〈中华人民共和国公司法〉若干问题的规定(三)》第17、19条的规定,未足额出资的股东在利润分配请求权、剩余财产分配请求权以及转让股权方面都有很多限制。实务中,对于未足额出资股份的转让价格也都是由专门机构评估根据实缴出资情况确定。据此,在行为人所持股份未足额出资的情况下,对应股份本身在民商法上享受不到"足额"的权利,其流通价值也有所折损,如果以认缴资本计算既遂数额,难言公正。

(三)关于被告人刑事责任的分析

本案中,李某华在 C 公司所持有的 25% 股份并未足额出资,实际价值并非通过认缴出资计算的 250 万元,而是需要考虑未足额出资对股份价值的减损,可以根据专业机构对该股份转让时价值的评估来确定实际价值。因此,

---

① 孙国祥. 贪污贿赂犯罪研究. 北京:中国人民大学出版社,2018:822-823.

即使假定李某华能够期待自己持有的股份会在未来补足出资,也应认为,由他人代其缴纳的 240 万元出资款只是受贿数额,而非受贿既遂数额。

三、延伸思考

实践中还经常发生这样的情况:行为人在收受股份时未支付对价,而是到分红时拿出部分分红款作为投资的本金,此时是否要对行为人定受贿罪以及受贿数额的认定均需慎重考虑。从理论上讲,如果行为人一开始就有想要支付本金的意思,便相当于行为人自己出资入股并获得收益,难以构成受贿罪;反之,如果行为人在收受股份时并不想支付本金,而是抱着"能分红就支付本金,不能分红就不支付本金"或是像本案中李某华那样"为了规避督查而付本金"的心态,便有必要将相应的股份本金价值计入受贿数额。

另外,理论界有观点主张,现行司法解释应作出修正,将红利同股份一并纳入受贿数额。[①] 这一见解在理论上确实存在讨论空间。一方面,虽然独立地看受贿孳息的产生过程确实合乎经济规律,在民商法上有些许道理,但毕竟其产生的基础是受贿款,从整体视角看仍然可以认为其受到了受贿款刑事不法性的传染,是一种"毒树之果";另一方面,受贿股份所产生的红利与将受贿款存进银行所产生的利息也有一定差别,后者仍处于行贿人的控制领域,能够间接地反映出双方的贿赂合意。不过,如前文所述,也要承认两者在不法程度方面的差异,即便将红利一并纳入受贿数额,在量刑评价上也应当与直接收受相同数额财物的情形作差别处理。如此看来,现行司法解释将红利视为受贿孳息并影响量刑的做法,基本能够实现案件处理的妥当性。

(刘鹿鸣 撰写)

[①] 魏东."收受干股型"受贿罪的刑法解释适用. 法学论坛,2015 (1):89-90;方明. 干股型受贿罪中几个疑难问题的辨析,政治与法律,2016 (10):54-55.

95 斡旋受贿与利用影响力受贿罪

案情简介

被告人张某系国家出资企业 A 物业公司第二小区经理（国家工作人员）。房产中介人纪某请托张某帮忙解决非其直接管辖的某代管房屋更户事宜。张某名义上拒绝，私下却指点朋友欧阳某某帮助纪某准备用于更户的虚假材料。随后，为使上述更户手续顺利通过审核，张某在递交材料时两次向时任 A 物业公司副总经理汪某、经租部管理员吴某某打招呼，要求加快办理速度，成功帮助纪某更户。事后，纪某根据事先约定，向欧阳某某支付好处费人民币 20 万元，欧阳某某将其中 10 万元交给张某。

裁判要旨

辩护人提出，被告人张某接受请托向经办人等打招呼是基于其与对方的私交而非职务关系，应认定其构成《刑法》第 388 条之一利用影响力受贿罪而非《刑法》第 388 条（斡旋）受贿罪。法院认为，张某与吴某某、汪某属同一单位内不同部门的国家工作人员，其不仅与汪某存在上下级关系，也对公司普通员工吴某某存在一定的地位优势和职务影响，符合 2003 年 11 月 13 日最高人民法院《经济犯罪纪要》第三部分第 3 条关于"利用职权或地位形成的便利条件"的认定规则。即便双方确有较深的私交，也不妨碍张某的行为属利用职权或地位形成的便利条件受贿，应当成立斡旋受贿罪。①

评析意见

一、关键问题与裁判思路

本案的关键问题是：当身为国家工作人员的行为人利用自己背靠其他国家工作人员的"影响力"为请托人谋取不正当利益并收受财物时，是成立斡

---

① 参见上海市徐汇区人民法院（2013）徐刑初字第 805 号刑事判决书。

旋受贿罪还是成立利用影响力受贿罪？亦即，如何判断行为人的"影响力"是来自"职权或地位形成的便利条件"（职务关系）还是源于"近亲属"或"关系密切"（私人关系）？法院的裁判逻辑是：只要行为人与相关国家工作人员有职务上的关联，且这种职务上的关联满足《经济犯罪纪要》的规定，就应当以斡旋受贿罪追究其刑事责任。

二、相关学理分析

（一）理论分歧

对于本案的争议问题，理论界与实务界存在以下三种观点。

1. 主体界分说

该说主张利用影响力受贿罪的主体仅限于非国家工作人员。[①] 国家工作人员实施相应的行为只能成立普通受贿罪或斡旋受贿罪。

主体界分说的不足是不符合立法和法理。首先，《刑法》第388条之一并未排除国家工作人员的适用，"近亲属"和"关系密切的人"完全可能具有国家工作人员身份。其次，倘若国家工作人员不能构成该罪，则意味着，当身为国家工作人员的行为人利用影响力受贿，且其与相关国家工作人员之间没有任何职务关系，不能构成普通受贿罪和斡旋受贿罪时，行为人不构成任何犯罪，这样的结论显然不妥。

2. 主要影响力优先说

该说主张当行为人与相关国家工作人员之间既存在职务关系，也存在私人关系时，要实质性地衡量两种关系在具体案件中的影响力大小。当职务关系是主要影响力时，行为人成立斡旋受贿罪；当私人关系是主要影响力时，行为人成立利用影响力受贿罪；当两种影响力交织，难以判断主次时，根据存疑有利于被告人的原则成立相对更轻的利用影响力受贿罪。[②]

主要影响力优先说的缺陷是会导致斡旋受贿罪在实务中几乎没有适用空间。由于斡旋受贿罪的法定刑重于利用影响力受贿罪，被告人往往希望法院以后者而非前者追究自己的刑事责任，其势必会在供述中不断地强调自己与相关国家工作人员之间私交甚好，主要是基于私人关系才会向该国家工作人员转达请托。部分行为人甚至可能在案发前就会制造与相关国家工作人员私人关系密切的证据以备"后患"。由此，证据往往会显示出行为人受贿的主要

[①] 该观点的支持者：张心向．刑法中"关系密切的人"之实证考察与再审视．法治研究，2015 (6)：73；四川省广元市中级人民法院（2018）川08刑终50号刑事判决书；广东省东莞市中级人民法院（2019）粤19刑初24号刑事判决书。

[②] 李丁涛．斡旋受贿行为与利用影响力受贿行为交织时如何认定．中国纪检监察报，2019-06-12．

影响力是私人关系而非职务关系，或是至少可以令人对主要影响力的来源产生合理怀疑。进而，几乎一切斡旋受贿行为都将倒向成立利用影响力受贿罪。

3. 职务关系优先说

该说主张优先判断影响力是否与职务关系有关，只要能够确定影响力全部或部分来自职务关系，不论私人关系如何，行为人都成立斡旋受贿罪。① 本案法院实质上采取了该说立场。

（二）职务关系优先说的合理性

结合法理和规范，职务关系优先说是妥当的观点。

一方面，在法理层面，职务关系优先说与两罪的保护法益价值相融。斡旋受贿罪的保护法益包含国家工作人员职权与地位形成的便利条件的不可收买性，斡旋受贿行为能够直接侵害此种不可收买性。② 学界对利用影响力受贿罪的保护法益尚存争议，但一般认为包含国民对国家工作人员职务行为以及职权或地位形成便利条件的不可收买性的信赖。③

对此可以作三点阐释：第一，两罪保护法益的关键差别在于，是否直接将国家工作人员职务行为以及职权或地位形成便利条件的不可收买性作为保护对象，而由此反映在犯罪构成要件上的差别是，犯罪行为是否构成权钱交易。在斡旋受贿罪中，存在实实在在的权钱交易，请托人以财物为对价收买了行为人职权或地位形成的便利条件（职务关系）。而在利用影响力受贿罪中，不存在权钱交易，请托人以财物为对价收买的仅仅是行为人的私人关系，与行为人的职务关系毫无关联。第二，既然在利用影响力受贿罪中不存在权钱交易，该罪便只能保护国民对国家工作人员职务行为以及职权或地位形成便利条件的不可收买性的信赖。具言之，在与国家工作人员关系密切的行为人索取、收受他人财物时，国民会理所当然地认为，正是由于国家工作人员出卖了自己的职务行为，行为人才可能索取、收受请托人的财物，国民不会相信是行为人本人为请托人谋取了不正当利益，而只会认为是相关国家工作人员为请托人谋取了不正当利益。④第三，相比直接保护职务关系不可收买性，保护对职务关系不可收买性的信赖是边缘性、补充性的，一旦犯行已经侵害到职务关系不可收买性本体，便不能再用边缘性、补充性的"保护信赖"的罪名加以应对。

据此，优先判断职务关系就是顺理成章的。只要行为人所利用的"影响

---

① 高铭暄，陈冉. 论利用影响力受贿罪司法认定中的几个问题. 法学杂志，2012（3）：4-5；赵煜. 利用影响力受贿罪疑难问题研究. 法治研究，2015（2）：44.
② 张明楷. 受贿犯罪的保护法益. 法学研究，2018（1）：159-160.
③ 周光权. 刑法各论. 4版. 北京：中国人民大学出版社，2021：561.
④ 张明楷. 受贿犯罪的保护法益. 法学研究，2018（1）：163-164.

力"有职务关系的成分，就意味着其收受财物的行为有权钱交易的色彩，就昭示出国家工作人员职权或地位形成的便利条件的不可收买性已被现实侵害，理应成立斡旋受贿罪。

另一方面，在规范层面，职务关系优先说与两罪的法定刑配置逻辑相合。承前所述，立法者之所以为斡旋受贿罪配置了更重的法定刑，也是因为斡旋受贿行为已经直接侵害了国家工作人员职权或地位形成的便利条件的不可收买性，相比只是边缘性地侵害信赖感的利用影响力受贿罪来说，不法程度更高。因此，职务关系优先说的本质逻辑是，当行为人同时构成两罪时，应当成立较重的罪，其合理性不言自明。

（三）职务关系优先说的司法适用

职务关系优先说的适用，实际上就是在判断行为人有无利用国家工作人员职权或地位形成的便利条件，需要结合《经济犯罪纪要》第三部分第3条的规定展开，即"行为人与被其利用的国家工作人员之间在职务上虽然没有隶属、制约关系，但是行为人利用了本人职权或者地位产生的影响和一定的工作联系，如单位内不同部门的国家工作人员之间、上下级单位没有职务上隶属、制约关系的国家工作人员之间、有工作联系的不同单位的国家工作人员之间等"。根据该规定，"职权或地位形成的便利条件"本质上就是指非隶属性、制约性的工作联系。实务中可以从两方面来把握：其一，行为人与相关国家工作人员之间在工作上有一定交集。既可以是业务、事务上的交集，例如公安干警与检察官在办案时有交集、同一地区的规划局工作人员与林业局工作人员在当地园林项目上有交集；也可以是工作场所、工作系统的交集，例如某国有企业的财务经理和人事经理、中级法院民庭法官与基层法院刑庭法官。其二，行为人与相关国家工作人员之间没有隶属或制约关系，特别是行为人对相关国家工作人员没有职务上的管控关系。一旦行为人可以支配国家工作人员，便意味着其斡旋行为本身也可能被视为"指挥下属"从事职务行为，进而构成普通受贿罪。不过，这种工作关联要多多少少能对相关国家工作人员产生些许内在制约，亦即，行为人转达请托的行为要有可能引起相关国家工作人员的关注甚至重视，相关国家工作人员在一定程度上会顾及行为人的感受，以避免出现与行为人工作沟通协作不便的不利后果。①

（四）关于被告人刑事责任的分析

本案中，张某与吴某某、汪某属同一单位内不同部门的国家工作人员，在工作上有交集，有职务关联。因此，不论张某与吴某某、汪某是否有私交，其收受纪某财物并通过吴某某、汪某为其谋取不正当利益的行为即已形成权

---

① 孙国祥. 贪污贿赂犯罪研究. 北京：中国人民大学出版社，2018：648.

钱交易，侵害了国家工作人员职权或地位形成的便利条件的不可收买性，应当构成斡旋受贿罪，法院的裁判正确。

三、延伸思考

值得进一步思考的是，行为人与相关国家工作人员过去存在职务关系，并形成了良好私交的，后来双方职务变动，行为人收受请托人财物并通过相关国家工作人员为其谋取不正当利益的，是否仍然成立斡旋受贿罪？换言之，"过去的职务关系"能否作为权钱交易的对象？从目前针对离职国家工作人员的刑法规定及相关司法解释来看，刑法似乎持否定态度：首先，根据刑法规定，原则上离职的国家工作人员只能构成利用影响力受贿罪而不能构成受贿罪，这是因为离职国家工作人员没有职务可以出卖，其无论如何都要通过在职国家工作人员的职务行为才能为他人谋利。其次，根据《经济犯罪纪要》第三部分第4条的规定，离职的国家工作人员可以构成受贿罪的例外情况是其在离职前就已经为请托人谋利并约定离职后收受财物，然而在这种情况下，被出卖的职务行为实质上还是国家工作人员在职时的职务行为。由此，除非在职务变动后，与行为时行为人与国家工作人员仍存在现实的职务关联，否则只能对行为人判处利用影响力受贿罪。

反之，行为人与相关国家工作人员在先建立私交，后来因双方职务变动才产生职务关系的，尽管在事实上行为人可能主要是基于私交向国家工作人员转达请托，但也要看到，只要双方的职务关联足以令行为人在客观上享有职权或地位形成的便利条件，亦即不论谁来担任行为人的职务都会顺理成章地获得这一便利条件，就应当认为，行为人的行为在规范上已经侵害了国家工作人员职权或地位形成的便利条件的不可收买性，能被评价为权钱交易，应肯定行为人成立斡旋受贿罪。

（刘鹿鸣　撰写）

96 斡旋受贿犯罪的既遂

案情简介

被某市公安局 A 分局网上通缉的犯罪嫌疑人翟某希望能办理"撤销网上追逃"或取保候审,通过中间人夏某向公安局 B 分局警察唐某某寻求帮助,唐某某向其承诺可以通过 A 分局的警察朋友帮忙,并收受其提供的 20 万元。在案证据不能证明唐某某已将翟某的请托告知 A 分局的国家工作人员。

裁判要旨

一审法院认为,被告人唐某某身为国家工作人员,利用职权形成的便利条件,向请托人翟某承诺通过其他国家工作人员的职务行为谋取不正当利益,符合《刑法》第 388 条规定的(斡旋)受贿罪。辩护人指出,唐某某在收受钱款后,尚未实施通过其他工作人员帮助翟某谋取不正当利益的斡旋行为,即便成立斡旋受贿罪,也属于犯罪未遂。二审法院认为,作为斡旋人的上诉人唐某某收受了钱款并承诺帮助翟某,已经具备斡旋受贿罪中"为他人谋取不正当利益"的要件,应成立犯罪既遂。故驳回上诉,维持原判。①

评析意见

一、关键问题与裁判思路

本案的关键问题是:斡旋受贿罪的既遂条件是什么?除了实际取得财物以外,是否要求行为人实际实施斡旋行为?是否要求被斡旋人实际作出或承诺作出为请托人谋取不正当利益的行为?两审法院的裁判逻辑表明,取得财物是斡旋受贿罪唯一的既遂条件,而对于"为请托人谋取不正当利益",只需行为人承诺帮忙或是相关证据足以表明行为人主观上接受了请托即可。辩护人则主张,"为请托人谋取不正当利益"须由行为人实际作出斡旋行为,与取

---

① 参见北京市第三中级人民法院(2016)京 03 刑终 540 号刑事裁定书。

得财物共同作为犯罪既遂条件，缺少任何一个条件都只成立犯罪未遂。

二、相关学理分析

（一）观点分歧

斡旋受贿罪的既遂条件在理论界与实务界均属争议问题，依照既遂时间从早到晚的顺序排列有如下三种观点，每一种观点都有学者和裁判支持。

1. 行为人承诺说

该说主张行为人实际取得财物是本罪的唯一既遂条件，而"为请托人谋取不正当利益"只需行为人承诺帮忙或是相关证据足以表明行为人主观上接受了请托即可。简言之，行为人取得财物并作出谋利承诺，成立犯罪既遂；行为人作出谋利承诺但未能实际取得财物，成立犯罪未遂。如果行为人连承诺都没有作出，则根本不成立本罪。① "行为人承诺"实际上并非犯罪既遂条件，而是犯罪成立要件，将此类观点称之为行为人承诺说主要是为了便于与其他观点区分。本案法院采纳行为人承诺说。

2. 行为人斡旋说

该说主张本罪的既遂条件是行为人实际取得财物与实施斡旋行为，两者缺一不可。当缺少任一既遂条件时，成立犯罪未遂；而当行为人既没有取得财物，也没有实施斡旋行为，而只是对请托人作出承诺时，只成立犯罪预备。② 相比行为人承诺说，该观点进一步要求行为人必须有实际的斡旋行为，认为只有行为人实施斡旋行为才能体现出行贿受贿的对价性。③

3. 被斡旋人承诺说

该说主张本罪的既遂条件是行为人实际取得财物与被斡旋人作出为请托人谋利的承诺，两者缺一不可。由此，即使行为人实施了斡旋行为，一旦遭到被斡旋人的拒绝，也要成立犯罪未遂。④ 理由在于，2003年11月13日最高人民法院《经济犯罪纪要》第三部分第2条将"为他人谋取利益"划分为承

---

① 该观点的支持者：参见劳东燕. 论受贿罪的实行行为. 政法论坛，2020（3）：30；张明楷. 刑法学：下. 6版. 北京：法律出版社，2021：1598；北京市朝阳区人民法院（2015）朝刑初字第2777号刑事判决书；北京市第三中级人民法院（2016）京03刑终540号刑事裁定书。

② 该观点的支持者：赵煜. 王某行为是否构成斡旋受贿既遂. 中国纪检监察报，2014-03-28（8）；孙国祥. 贪污贿赂犯罪研究. 北京：中国人民大学出版社，2018：662；山西省太原市晋源区人民法院（2015）晋刑初字第94号刑事判决书。

③ 孙国祥. 贪污贿赂犯罪研究. 北京：中国人民大学出版社，2018：662。

④ 该观点的支持者：朱孝清. 斡旋受贿的几个问题. 法学研究，2005（3）：86；齐英武. 崔某行为是否构成斡旋受贿既遂. 中国纪检监察报，2013-12-27（7）；黎宏. 受贿犯罪保护法益与刑法第388条的解释. 法学研究，2017（1）：78；河南省鹤壁市山城区人民法院（2013）山刑初字第138号刑事判决书；陕西省咸阳市中级人民法院（2014）咸中刑终字第00091号刑事判决书。

诺、实施、实现三个阶段，具有其中一个阶段的行为即可肯定具备该要件。但该规定只适用于普通受贿罪，因为在本罪中，仅依靠行为人的承诺和斡旋不足以实现对请托人利益的可控性①，离开了被斡旋人的职务行为，请托人的利益无从实现。②

（二）行为人承诺说的提倡

综合考虑理论上的合理性与实务上的可操作性，行为人承诺说最为妥当。

第一，被斡旋人承诺说使得本罪的既未遂形态取决于不属于行贿受贿双方的第三人，不无疑问。首先，行为人（正犯）理应能够对所实施的犯罪达到既遂形态有一定的控制能力。尽管在犯罪实施过程中，可能会因意志以外的原因未能得逞而终于未遂，但也不能因此否认，行为人原本还是能够支配犯罪进程。如果犯罪能否既遂完全要"听天由命"而不能由行为人支配，那么将既遂结果归责于行为人就显得十分草率。其次，即便是在重婚罪、诈骗罪、敲诈勒索罪、贿赂犯罪等依赖互动关系的犯罪中，犯罪既遂需要依靠的其他主体也限于参与互动关系的被害人或是对向犯中的相对人，不可能是完全不参与互动关系的第三人，行为人仍然能够通过对互动关系施加很强的影响力支配犯罪进程。对于本罪来说，一方面，权钱交易的互动双方是请托人与行为人，请托人贿送财物是为了收买行为人职权或地位形成的便利条件而非收买被斡旋人的职务行为，被斡旋人与该项权钱交易互动毫无关联；另一方面，行为人对被斡旋人是否会答应为请托人谋利，完全没有控制力。

第二，从斡旋受贿行为的法益侵害性来看，行为人斡旋说与行为人承诺说没有本质差别，将既遂时点延后至行为人实施斡旋行为，没有实益。本罪的保护法益是国家工作人员职权与地位形成的便利条件的不可收买性与被斡旋国家工作人员职务行为的公正性。③ 之所以包含后者，是因为刑法明确规定，不同于普通受贿罪，仅当请托人谋取的利益不正当时，行为人才成立本罪。

斡旋受贿行为直接侵害了国家工作人员（斡旋人）职权与地位形成的便利条件的不可收买性，一旦行为人收受财物并承诺为请托人实施斡旋，权钱交易的合意就已经达成，无论行为人是否实际作出斡旋行为，都无法改变不可收买性已被侵害的事实。只能说，相对于行为人只作出承诺的场合，行为人实际实施斡旋行为对不可收买性的侵害程度略高一些，在量刑时可以酌情区分，但在定性层面没有实质差别。另外，《经济犯罪纪要》的规定完全可以适用于本罪。一方面，《经济犯罪纪要》第三部分第 2 条的适用对象是"收受他人财物"的国家工作人员，亦即只能是斡旋受贿罪的行为人而不可能是被

---

① 齐英武．崔某行为是否构成斡旋受贿既遂．中国纪检监察报，2013 - 12 - 27 (7)．
② 朱孝清．斡旋受贿的几个问题．法学研究，2005 (3)：86．
③ 张明楷．受贿犯罪的保护法益．法学研究，2018 (1)：159 - 160．

斡旋人，故不能将《经济犯罪纪要》作为被斡旋人承诺说的依据。另一方面，既然"为他人谋取利益"要件（不论利益正当与否），尚且只需要具备承诺、实施、实现中一个阶段的行为即可合致，根据举轻以明重的原理，"为他人谋取不正当利益"就更应当适用该项规则。可见，行为人斡旋说不当限缩了处罚范围。

斡旋受贿行为间接侵害了被斡旋国家工作人员职务行为的公正性。具体来说：首先，此种侵害是间接而非直接。如果认为本罪可以直接保护职务行为的公正性，就会倒向被斡旋人承诺说，毕竟，只有当被斡旋人作出了为请托人谋取不正当利益的承诺后，其职务行为的公正性才会面临比较紧迫的危险。①然而，被斡旋人并未参与权钱交易，其职务行为的公正性主要通过渎职罪而非本罪保护。其次，之所以立法将职务行为的公正性也作为本罪的保护法益，是因为行为人并未利用自己的职务行为，而是仅仅利用了行为人职权或地位形成的便利条件（职务的延伸效果），在不法程度上略弱于普通受贿罪。因此，既然本罪要适用普通受贿罪的罪刑规范，就有必要通过增加为请托人谋取利益是"不正当"利益的条件，来丰富本罪保护法益的内涵，补强不法程度，限定处罚范围。最后，既然本罪对被斡旋人职务行为公正性的保护是间接地，补充性的，那么不论是行为人承诺斡旋还是实际实施斡旋，都不能支配被斡旋人的行动，对于被斡旋人职务行为公正性的危险都是相对遥远而抽象的，在定性上没有差别，特别是当被斡旋人拒绝行为人的请托时，这一点体现得尤为明显。

第三，行为人承诺说的实务可操作性最优。倘若采取被斡旋人承诺说或是行为人斡旋说，办案人员均须在被斡旋人的口供上下功夫，想方设法令被斡旋人承认自己作出承诺或是交代行为人曾向他提出相关请托。然而，当被斡旋人并未实际利用职务行为帮助请托人谋利且未收受任何好处时，根据常识也可以推断，其要洗清渎职嫌疑，绝不会承认作出承诺，大概率也不会交代行为人曾向其提出请托的事实。此时，对于行为人来说，其既收受了财物，又实施了斡旋行为，已经"尽己所能"，却最终成立犯罪未遂，在处理结论上违背国民的规范感。而采取行为人承诺说，办案人员将重点关注请托人和行为人之间的权钱交易关系，有双方口供相互印证，更容易查清事实，办案结论也更易让人接受。

本案中，唐某某收受了请托人给付的财物并承诺帮助其谋取不正当利益，应当成立斡旋受贿罪既遂，法院的裁判合理。

---

① 黎宏．受贿犯罪保护法益与刑法第388条的解释．法学研究，2017（1）：77-78．

三、延伸思考

需要特别说明的是，行为人承诺为请托人斡旋谋利，必须基于内心真意。如果行为人只是为了得到请托人给付的财物而作出虚假承诺，自始不具有为对方谋利的意思，则涉嫌诈骗罪而非本罪。实践中也有观点认为，行为人的虚假承诺之所以能够取得请托人的信任，还是因为其具有职权或地位形成的便利条件，行为人还是利用这一便利条件获得了财物，应成立斡旋受贿罪。[①]但是，从本罪的保护法益来看，由于两方未达成行贿与受贿的合意，请托人不能也不可能收买到行为人职权或地位形成的便利条件，亦即权钱交易难以达成。不过，如果将"不可被收买"扩大解释为"不可谋私利"，上述情形便也有成立本罪的可能。如此看来，对于受贿类犯罪保护法益的本质内涵应如何理解，受贿罪与诈骗罪之间的竞合关系也还值得研究。

（刘鹿鸣　撰写）

[①] 参见广东省阳江市中级人民法院（2020）粤17刑终164号刑事判决书。

97 行贿罪的"谋取不正当利益"

案情简介

被告人冷某某被指控实施了以下犯罪行为:

1. 被告人冷某某为承接某竞争性谈判项目。请托该项目责任单位负责人园林局局长罗某帮忙推荐,在同等条件下优先考虑,并送其20万元。罗某向区政府打了招呼。后该项目改为招标进行,冷某某中标。

2. 被告人冷某某以A公司名义与B公司签订了BT投资建设协议,承接某工程。建设期间,因A公司资金困难申请B公司支付工程款,由于B公司无钱支付,B公司董事长高某让其自己融资。冷某某请高某帮忙,让B公司为A公司融资提供担保,并送其5万元。后经区政府同意,B公司提供了融资担保。

3. C公司承建某项目,被告人冷某某挂靠A公司作为施工方从C公司承接了建设工程。建设期间,因C公司无力按进度支付A公司工程款,遂与B公司协商由B公司将应支付给C公司的征地拆迁费支付给A公司作为工程款。冷某某为尽快获得工程款,请B公司董事长高某帮忙并送其5万元及香烟2条。

裁判要旨

辩护人针对三起事实分别提出三点辩护意见:第一,罗某未参与招标,冷某某中标与罗某无关,属于谋取正当利益;第二,冷某某申请融资担保是因为B公司无力支付工程款,且已经区政府同意,属于谋取正当利益。第三,冷某某送给高某财物是因为C公司无力支付工程进度款并已协商好由B公司支付,该工程进度款是正当利益。法院认为,根据2012年12月26日最高人民法院、最高人民检察院发布的《关于办理行贿刑事案件具体应用法律若干问题的解释》(以下简称《行贿解释》)第12条第2款的规定,冷某某给予罗某财物违背公平、公正原则,谋取了不正当竞争优势;冷某某两次给予高某财物,是为了让融资担保及时获得政府批准,为了及时、最大限度地获取工程款，显然是为了谋取不正当利益。故肯定被告人冷某某成立行贿罪。①

评析意见

一、关键问题与裁判思路

根据《刑法》第389条的规定，为谋取不正当利益，给予工作人员以财物的，构成行贿罪。本案的关键问题是：如何判断行贿罪的"谋取不正当利益"？本案中，法院的裁判并未详细解释后两起事实中行为人所谋取的利益为何不正当，而仅仅是概括地声称其希望加速担保获批和加速获取工程款显然属不正当利益。这不免令人心生疑问，当"加速"在办事程序上并未违法违规时，为何加速获取有资格获取的款项属于不正当利益？有必要结合《行贿解释》第12条，探讨"谋取不正当利益"的本质内容与判断规则。

二、相关学理分析

(一)"谋取不正当利益"的切入点

理论界通常从行贿人视角界定"谋取不正当利益"，考虑行为人谋取的利益本身是否违法或违规，是否由行贿人通过非正当手段获得，是否在与他人竞争时获得了不正当的优势。但如此理解，并不符合贿赂犯罪的基本原理，理由如下。

第一，受贿人的职务是解释贿赂犯罪应始终围绕的核心。受贿罪与行贿罪是对向犯，受贿方通过自己的职务收钱，而行贿方通过花钱去买受贿方的职务行为，双方的对向合意体现于通过财物换取受贿人的职务行为（权钱交易）。

有观点认为，行贿是贿赂犯罪的根源，只有严惩行贿行为才能从源头遏制腐败现象②，故有必要倡导"惩办行贿与惩办受贿并重"的刑事政策。③ 但这一见解不无疑问：首先，从发生学的角度来说，一旦国家工作人员公正履职，便不会有人再愿行贿。④ 其次，真正有交易价值的"职务行为"位于受贿一方，行贿人既不能支配受贿人的职务行为，也不能控制受贿人是否出卖职务行为。贿赂犯罪对职务行为不可收买性的侵犯，主要是由受贿人通过违反职务行为不可被收买的义务来完成的，行贿人在其中处于边缘位置。⑤ 由此，

---

① 参见重庆市合川区人民法院（2015）合法刑初字第00321号刑事判决书。
② 张智辉．受贿罪立法问题研究．法学研究，2009（5）：170．
③ 李少平．行贿犯罪执法困局及其对策．中国法学，2015（1）：11，15．
④ 张明楷．行贿罪的量刑．现代法学，2018（3）：112．
⑤ 周光权．论受贿罪的情节．政治与法律，2016（8）：39．

将受贿人的职务行为置于贿赂犯罪的解释中心，符合贿赂犯罪的内在逻辑。

第二，行贿罪的保护法益是职务行为的公正性，而公正性的判断必须以受贿方为视角。根据现行刑法的规定，仅当行贿人谋取的利益不正当时，才有可能成立犯罪，而受贿人则不受此限，哪怕其为他人谋取正当利益而出卖职务行为，也要构成犯罪。由此，受贿罪的保护法益是职务行为的不可收买性，刑法禁止国家工作人员出卖一切职务行为，而不论职务行为的公正与否；行贿罪的保护法益是职务行为的公正性，仅当行贿人收买不公正的职务行为时，才会受到刑事处罚。① 换言之，判断行为人所谋取的利益是否不正当，本质上就是在判断该项利益是否要通过不公正的职务行为来实现。评价职务行为是否公正，显然不能靠行贿人的想象，而是须站在受贿人的视角，结合其职务内容客观评价。

据此，应当以受贿人视角而非行贿人视角来判断行贿人是否"谋取不正当利益"，亦即考察受贿人是否需要违背职务、不公正地履行职务才能确保满足行贿人的要求。

（二）"谋取不正当利益"的界定

1.《行贿解释》第 12 条的逻辑构造

将以上观点运用到实务中，还须对作为司法断案根据的《行贿解释》第 12 条作出妥当解释。通说将《行贿解释》第 12 条第 1 款规定的"谋取的利益违反法律、法规、规章、政策规定，或者要求国家工作人员违反法律、法规、规章、政策、行业规范的规定，为自己提供帮助或者方便条件"归纳为实体不正当利益和程序不正当利益，将第 2 款规定的"违背公平、公正原则，在经济、组织、人事管理等活动中，谋取竞争优势"归纳为不确定利益。② 但如此界定只是形式化地描述了条文规定，并未从受贿方职务行为的公正性入手把握其内在逻辑。

其一，《行贿解释》第 12 条第 1 款规定的谋取不正当利益，是指国家工作人员为行贿人谋利而实施的职务行为违反了法律、法规、规章、政策、行业规范的规定，在形式上就已经不再公正。通说将第 1 款的内容区分实体不正当利益与程序不正当利益并无实益，任何在结果层面上违法违规的利益都不可能经由国家工作人员合法正当的职务行为产生，可以说第 1 款前半段规定的情况完全可被后半段包含，没有必要单独列出。③ 因此，第 1 款的实质含义是，当行贿人所谋取的利益要借助受贿人违反既已明示的职务规则来实现

---

① 周光权. 刑法各论. 4 版. 北京：中国人民大学出版社，2021：564.
② 王政勋. 贿赂犯罪中"谋取不正当利益"的法教义学分析. 法学家，2018（5）：150.
③ 车浩. 行贿罪之"谋取不正当利益"的法理内涵. 法学研究，2017（2）：138.

时，就是不正当的利益。

其二，《行贿解释》第 12 条第 2 款规定谋取不正当利益，是指国家工作人员为行贿人谋利而实施的职务行为虽然在形式上并不违反职务规则，但在实质上不公正。第 2 款主要是面对职务行为有裁量空间，需要运用公平、公正原则约束裁量行为的情况。在经济、组织、人事管理活动中，国家工作人员往往会面对不止一个具备资格的主体，如竞标企业、提拔对象等。此时，只要国家工作人员最终选中的对象符合相关条件，其履职行为在形式上就是符合职务规则的，不可能触犯第 1 款规定。然而，有多项合理选择就意味着有裁量空间，而这一裁量空间也有受到贿赂侵蚀的可能，一旦国家工作人员受到贿赂影响优先考虑了行贿主体而不再去考察其他符合条件的竞争者，纵使行贿主体符合条件，对于其他未贿送财物的竞争者来说也显失公平，因为他们并未享受到本应"优中选优"的公平竞争。由此，该职务行为即使在形式上合规，也在实质上不公。

综上，《行贿解释》第 12 条实际上规定了职务行为不公正的两种情况，第 1 款是在形式上就已违反行业规则的不公正；第 2 款是形式上合规，但在实质上违反公平、公正原则的不公正。① 两款内容均表明，判断"不正当利益"，实际上就是要客观地考察职务行为公正性是否面临危险。②

2. 具体裁判规则

基于前述理由，实务中判断行贿人是否谋取不正当利益，可遵循以下步骤。

首先，判断所涉职务行为是否违反职务规则，一旦违反，便可以适用《行贿解释》第 12 条第 1 款的规定。由于职务规则往往有较为明确的法律法规、行业规范，实务中判断并不困难。本案中，国家工作人员罗某没有违反职业规则串通招投标，高某帮助冷某某向政府申请融资担保与支付工程款的行为也均未违反职业规则，故不能适用第 1 款规定。

其次，判断所涉职务行为是否存在裁量空间。裁量空间意味着有不止一项的合理选择，国家工作人员能够在裁量空间内自由抉择，且不论作何选择均不会在形式上违反职务规则。本案中，在选拔项目承接者时，无论是采取竞争性谈判还是招标，国家工作人员均需要在多个符合条件的竞争者中择优选用，显然有裁量空间。而高某是否及时向政府申请批准融资担保与是否及时向 A 公司支付工程进度款，也并无强制性规定，可早可晚，有裁量空间。

最后，倘若否定职务行为有裁量空间，则意味着行贿人所谋取的利益原

---

① 车浩. 行贿罪之"谋取不正当利益"的法理内涵. 法学研究，2017（2）：137.
② 孙国祥. "加速费"、"通融费"与行贿罪的认定. 政治与法律，2017（3）：53.

本就是应当必得的正当利益,在依规履职的前提下国家工作人员没有回旋余地;倘若肯定职务行为有裁量空间,须考察行贿人所谋求利益的实现是否会对其他竞争者造成实质上的不公正或是有造成实质不公正的危险。一般来说,当国家工作人员收下贿赂并承诺帮助时,其职务行为的公正性就已面临抽象危险。此时,只要没有证据显示行贿人有相对于其他竞争者的显著优势,就应肯定行贿人"为谋取不正当利益",反之,则意味着行贿人只是为了确保既有的竞争优势,属于谋取正当利益。判断行贿人是否拥有显著优势时,可以采取如下方法:从过往履历看,相较于其他符合条件的竞争者,行贿人是否有独特的长处;当所有竞争者的过往履历同等优秀时,考察国家机关工作人员是否组织或准备组织所有竞争者同台竞技、同卷考核等公平选拔程序,行贿人是否经由公平选拔脱颖而出。

当职务行为有裁量空间,但并不存在竞争者或是无论如何裁量都不会对其他竞争者造成不公时,应否定行贿人谋求"不正当利益"。前述行贿人为确保既有竞争优势而实施行贿便属此类。另外,实践中经常出现的,为了促进国家工作人员尽快履行应当履行的职务行为而向其贿送的"加速费"或是谋求国家工作人员依照规定履行职务配合相关工作的"配合费",均属此类。"加速费"等费用不属于需要酌情决定的情况①,因为国家工作人员是否"加速"、是否"配合"并不会产生两个有不同价值内涵和法律意义的决策结果,可以任意处置而无须借助价值判断。② 亦即,在该场合中根本不存在竞争者,无论国家工作人员如何裁量,都不会产生实质不公正的情况。

(三) 关于被告人刑事责任的分析

本案第一起事实中,罗某同意在竞争性谈判中帮助冷某某,以便在同等条件下优先考虑冷某某挂靠的 A 公司,对于其他竞争者来说,明明条件同等却没有被考虑,显然是实质性的不公正。即使冷某某本身资质合格,且最终项目采取招标方式而未采取竞争性谈判方式进行,也不能改变其贿送的钱款已经威胁到罗某职务行为公正性的事实,应根据《行贿解释》第 12 条第 2 款肯定冷某某成立行贿罪。然而,本案第二、三起事实中,冷某某向高某贿送的钱款均属于"加速费",且经过第一步骤的判断后可以肯定冷某某请求高某加速的职务行为均不违反职务规则,在高某的裁量空间内不存在其他竞争者,不会带来实质的不公正,因而应当认定冷某某谋取的利益具有正当性,对此不构成行贿罪。

---

① Vgl. Günter Heine, Jörg Eisele, in: Schönke/Schröder Kommentar StGB, 30. Aufl. 2019, § 332 Rn. 11.; Matthias Korte, in: Münchener Kommentar StGB, Band 5, 3. Aufl., 2019, § 332 Rn. 27.
② 车浩. 行贿罪之"谋取不正当利益"的法理内涵. 法学研究, 2017 (2): 141-143.

三、延伸思考

如前所述,受贿罪是贿赂犯罪的核心,遏制贿赂犯罪应当着重惩罚受贿犯罪。这便意味着,在同一起或是情况相似的贿赂犯罪中,对受贿罪的量刑通常要重于行贿罪。然而,根据现行刑法的规定,行贿罪的前两档法定刑均高于受贿罪。如何在司法上实现行贿罪与受贿罪的量刑平衡,是未来贿赂犯罪研究的重要课题。

(刘鹿鸣 撰写)

98 介绍贿赂罪与行贿罪

案情简介

2012年10月下旬的一天,被告人蒲某平受刘甲请托,由蒲某平出面找时任四川省广元市旺苍县县长的刘乙帮忙,使刘甲被广元市元坝区水务农机局责令停止的采挖砂金行为短期恢复,答应事成后送给刘乙人民币100万元。后经蒲某平找刘乙出面协调,刘甲得以在广元市元坝区花滩非法采挖砂金二十余天。刘甲开始采砂后,蒲某平让刘甲准备好送给刘乙的100万元。2012年11月初的一天,蒲某平、刘甲一同到达刘乙所住的四川省广元市住所门口,由蒲某平独自前往将刘甲事前准备好的现金人民币100万元送给刘乙。蒲某平从100万元从中抽出10万元,将剩余的90万元送给刘乙。蒲某平告知了刘乙因其有急用借用了10万元。事后,蒲某平未将其借用10万元一事告知刘甲。

裁判要旨

被告人蒲某平及其辩护人提出,刘甲在找到蒲某平前已对行贿的目的、对象、金额有了计划,蒲某平未与刘甲共谋,蒲某平只是传递信息,行贿的钱是刘甲所出,蒲某平本人没有获得利益,蒲某平转送财物给刘乙在最后几十米范围内,在刘甲监控下,蒲某平是被动的,故蒲某平只起到传递信息、牵线搭桥、撮合关系、转交财物的居间介绍作用,仅构成介绍贿赂罪;由于本案介绍贿赂罪法定最高刑为三年以下有期徒刑,犯罪行为发生于2012年11月,根据《刑法》第87条规定超过五年即不应再追诉,蒲某平2018年12月27日被留置,已超过追诉时效,不应当追究其刑事责任。

一审判决认为,被告人蒲某平为他人谋取不正当利益,帮助他人给予国家工作人员财物人民币100万元,情节严重,其行为已构成行贿罪。经查,刘甲要求蒲某平找刘乙帮忙,并允诺事成后给予刘乙100万元好处,被告人蒲某平同意并予以实施,即是二人共谋,故其辩护意见不予采纳,以行贿罪判处被告人有期徒刑三年，缓刑五年。二审驳回上诉、维持原判。①

评析意见

一、关键问题与裁判思路

根据《刑法》第 392 条的规定，向国家工作人员介绍贿赂，情节严重的，处三年以下有期徒刑或者拘役，并处罚金。本罪设立的初衷是为了区别行贿罪和受贿罪，设立轻缓的刑罚。但实践中，那些原本应该被认定为受贿罪共犯或行贿罪共犯的人试图以本罪为"突破口"来逃避刑罚处罚、规避法律。事实上，在多数情况下，介绍贿赂行为的法益侵害性远比立法上所预估的要严重得多。尤其是当行贿人和受贿人完全不认识或交情较浅，或者就行贿人的社会地位、交往层面、人脉关系等，其完全不可能与受贿人"搭上线"时，如果没有介绍贿赂人的四处打探、投机取巧、投其所好甚至转交、截留行贿款等其他各种"努力"，行贿人与受贿人之间的交易完全不可能完成。近年来，在工程建设、城市规划、房地产开发、司法裁判等领域，有些人甚至以介绍贿赂为业，成为职业化的围猎官员的特殊群体。对这些人，如果仅仅以介绍贿赂罪最高判处三年有期徒刑，势必导致罪刑失衡，不能截断权钱交易的利益链，不利于从源头上遏制腐败。

针对行贿罪共犯的指控，本案被告人及其辩护人即主张仅认可介绍贿赂罪。对这一辩护意见，一、二审法院认为，介绍贿赂罪的行为属于刑法分则明确规定的实行行为。行贿罪的帮助行为属于刑法总则规定的帮助行为。对介绍贿赂罪而言，由于行为人大多只是在已有犯意的行贿人与受贿人之间进行沟通、撮合，不参与瓜分贿赂物，也不为自己谋取利益，这种单纯的信息介绍和联系的行为情节较轻、危害性有限，不宜重罚。因此，刑法单独设立了介绍贿赂罪，作为贿赂罪的特别减轻犯，规定了较轻的法定刑。本案中，刘甲请求蒲某平代表自己向刘乙提出请托，而非简单地让蒲某平居中介绍，且蒲某平实际交接、传送行贿款并占用部分行贿款，被告人的行为应当构成行贿罪。

二、相关学理分析

（一）介绍贿赂罪的行为特征

介绍贿赂罪在客观方面表现为在行贿人与受贿人之间牵线搭桥，起媒介作用，以使行贿、受贿行为得以完成。

---

① 参见四川省攀枝花市中级人民法院（2020）川 04 刑终 39 号刑事裁定书。

这里的介绍贿赂，包括接受行贿人的委托，向国家工作人员介绍贿赂；也包括接受国家工作人员的委托，介绍贿赂物的提供者。至于介绍者是否以营利为目的、是否具有国家工作人员身份等，都对成立犯罪没有影响。介绍贿赂是以行贿者或者受贿者的名义，为行贿者或者受贿者的利益，同时在两者之间进行沟通，而不是单纯地为自己的利益帮助某一方，所以其与受贿罪、行贿罪的帮助犯、教唆犯都不相同。只教唆行贿或者受贿的一方实施犯罪的，分别构成行贿罪或者受贿罪的教唆犯；先教唆他人提供贿赂，然后教唆另外的人索取、收受该贿赂的，同时构成贿赂罪的教唆犯和介绍贿赂罪，应从一重罪处断。但接受行贿人的委托向国家工作人员介绍贿赂，被国家工作人员拒绝，介绍者构成行贿罪（未遂）的帮助犯；接受国家工作人员的委托向他人提出行贿建议，被对方拒绝的，也只构成受贿罪（未遂）的帮助犯，而不构成介绍贿赂罪。

（二）犯罪竞合关系

考虑到介绍贿赂罪处罚较轻的特点，为贯彻罪刑相适应原则，应当认为，向国家工作人员介绍贿赂，情节严重的，同时构成受贿罪或行贿罪共犯（想象竞合犯），至于其应当以受贿罪还是行贿罪共犯论处，主要看其在贿赂犯罪中的参与程度，即其对于受贿人或行贿人哪一方所提供的帮助更充分。理由在于：（1）所有的介绍贿赂行为，最终都要和受贿人沟通，帮助受贿人完成权钱交易。一个介绍贿赂行为，如果仅仅和行贿人沟通，而没有最终和受贿人"搭上线"，权钱交易不可能完成，因此，将介绍贿赂行为同时认定为受贿罪共犯，更为符合法理。（2）单纯和行贿人联系，没有请托到受贿人的情形，既不可能完成介绍贿赂行为，司法上也不会介入。迄今为止，实务上没有判决过单纯和行贿人联系，没有最终请托到受贿人的介绍贿赂案件。（3）这是严厉打击受贿行为，切断受贿来源的现实需要，和中央坚决反腐败的决心相一致。（4）应贯彻罪刑相适应原则。受贿罪最高处死刑，行贿罪最高处无期徒刑，为受贿人提供帮助的人最高仅判三年有期徒刑，既与法理相悖，也不利于彻底遏制腐败。（5）即使是那些情节特别轻的介绍贿赂行为（如明知他人有行贿意思，而介绍行贿人与受贿人认识，具体权钱交易行为由其二人自行商谈），也为受贿人提供了帮助，是受贿罪共犯，只不过在量刑时予以从轻或减轻处罚而已。

（三）关于被告人蒲某平刑事责任的分析

本案中，法院判决认为，刘甲请求蒲某平帮忙，通过刘甲让蒲某平介入行贿的原因来分析，在案虽未查明蒲某平与刘乙的熟悉程度，仅仅查明2003年二人因工作原因认识，但刘乙时任元坝区副书记，蒲某平为采砂商人，系商人与当地党委副职领导的关系，本案案发于2012年，即约10年后蒲某平还能为领导穿针引线，刘乙与蒲某平二人关系很大可能较为紧密。本案发生在 2012 年 10 月，蒲某平为刘甲请托刘乙延长挖沙采金时间二三十天并承诺支付 100 万元，11 月初便送给刘乙 100 万元，而蒲某平截留 10 万元。不管刘乙陈述系蒲某平当场提出借款并已经提前拿出 10 万元还是其后的质问，从情理分析，蒲某平必然与刘乙关系紧密，否则，蒲某平作为刘乙行政管理对象，在请托事项尚未完成之际，不敢也不会直接"截贿"。可见，刘甲是基于蒲某平与刘乙的紧密关系，为确保刘乙能帮助自己，而让蒲某平代表自己向刘乙提出请托，而非简单地让蒲某平居中介绍。此外，从蒲某平参与行贿的程度来看，刘甲与刘乙不见面，由蒲某平"全权代表"刘甲与刘乙沟通，包括提出具体请托与支付对价款等内容；蒲某平传递并占有部分行贿款。蒲某平在刘乙家的小区门口从刘甲处取得 100 万元，进入小区送给刘乙，在该短短距离蒲某平抽取 10 万元而向刘乙交付 90 万元，且向刘甲隐瞒该情况，其辩解临时向刘乙借用，在案也确无充分证据证实其对该款具有非法占有目的，但这不妨碍再次印证其与刘乙关系紧密的事实，更为重要的是进一步证明蒲某平并非仅仅介绍，而是实施了接收、转交行贿款并有部分"截贿"的事实，其行为显然已经超越单纯撮合、穿针引线的范畴，符合行贿罪共犯的行为特征。

由此可见，介绍贿赂罪的适用空间极其有限，仅限于那些情节特别轻的介绍贿赂，如定行贿罪或受贿罪共犯，在处罚上和介绍贿赂罪差异很小。对大量情节严重，参与程度较深，介绍贿赂金额巨大，受贿人为行贿人谋取重大非法利益的案件，应当认定行为人同时构成介绍贿赂罪和受贿罪的共犯，保留以重罪即受贿罪共犯处理的可能性，防止重罪轻判。

三、延伸思考

在认定犯罪时，必须做充分评价，即对于被告人的行为，不能预先设定其仅构成一罪，也不应当特别考虑被告人是否成立牵连犯或吸收犯；行为侵害数个法益，存在数个因果关系的，就应该是数罪。这主要是因为，作为犯罪成立条件的违法性，必须具备足以奠定相应犯罪的处罚基础的"质"和"量"[①]。犯罪构成要件的作用是判断一个行为是否侵害特定行为规范，界定不法行为，并提供对侵害行为的处罚根据。判断是否成立犯罪的唯一标准是犯罪构成诸要件，对于已经符合某罪成立要求的行为，不能人为地排斥其成立特定犯罪；在行为符合数个构成要件的场合，要么涉及实质的数罪，要么需要判断形式上的数罪是否为处断的一罪。

---

① 山口厚. 刑法总论. 3 版. 付立庆，译. 北京：中国人民大学出版社，2018：186.

由此推论，在确定介绍贿赂罪的处罚范围时，就需要多考虑犯罪之间的交叉关系、竞合关系，少考虑犯罪的"排斥"或非此即彼的对立关系。也就是说，如果一个带有居间介绍性质（但又事实上可以被归于行贿者或受贿者"阵营"）的行为，同时符合行贿罪或受贿罪构成要件，可能成立相关犯罪的共犯的，就应当对其给予充分评价，确认想象竞合关系的存在，而不能简单认为其只能构成介绍贿赂罪，而绝对不成立其他重罪。只有充分评价被告人的行为，才能有效避免评价不足的弊端，防止许多深度参与贿赂犯罪的行为人借助介绍贿赂罪逃避应有的处罚。

（周光权　撰写）

99 玩忽职守罪

案情简介

镇坪县信用联社综合楼于2009年6月开工建设,被告人王某作为镇坪县建设工程质量安全监督站负责人,负责此项工程的质量和安全生产监督管理。2010年6月7日,被告人王某对信用联社综合楼工程建设工地进行安全检查时,发现施工现场存在严重安全隐患,遂向施工单位发出了建设工程质量安全整改通知书,指出施工层、硬防护不到位,部分临边防护不到位,施工首层外架、硬防护不到位,限期于2010年6月9日之前整改完成。在2010年6月9日至6月20日事故发生时,被告人王某没有对施工单位的整改情况进行复查验收,施工单位也未就整改情况作出回复报告。2010年6月20日10时20分,施工人员黄某在对外墙砖进行勾缝抹灰时,踩破跳板坠入楼下当场死亡。

裁判要旨

法院认为,被告人王某身为镇坪县建设工程质量安全监督站负责人,在对镇坪县信用联社综合楼工程进行安全检查时,发现工程存在隐患,只下发了整改通知书,且在整改通知书限定的整改期限逾期后,未到施工现场实地查验是否已按要求整改到位,致使该建设工程存在的安全隐患在未排除的情况下继续施工,造成死亡一人的严重后果,其行为已构成玩忽职守罪。但事故的发生也有其他原因,其中施工单位在接到整改通知书后未及时消除隐患,有一定的责任,并不能全归责于被告人。因本案属过失犯罪,主观恶性不大,情节轻微,公诉人建议从轻处罚之公诉意见予以采纳。判决被告人王某犯玩忽职守罪,免除刑事处罚。①

---

① 参见陕西省安康市镇坪县人民法院(2010)镇刑初字第27号刑事判决书。

评析意见

一、关键问题与裁判思路

本案涉及玩忽职守罪的具体认定，主要包括四个关键问题：第一，被告人是否符合玩忽职守罪的主体要求；第二，被告人的行为是否属于玩忽职守行为；第三，被告人的行为与危害结果之间是否具有因果关系；第四，被告人在主观上是否具有过失。被告人的无罪辩解主要集中于前两个问题，一方面认为其系工人身份，不属于玩忽职守罪所要求的国家机关工作人员；另一方面，认为其已按职责进行了履职，发生事故是施工单位未及时纠正造成的，被告人并没有玩忽职守的行为。而法院判决着重就前两个问题进行了说理，针对第一个问题，法院认为被告人虽不具有公务员身份，亦未得到相关文件的任命，但其所处的单位性质及其所从事的工作性质均符合渎职罪犯罪主体的相关规定；针对第二个问题，法院认为被告人的玩忽职守行为体现为没有完全正确的履职，本案事故正是由于被告人在督促整改环节履职不到位所致。针对上述问题，有必要在学理上进行深入分析。

二、相关学理分析

（一）玩忽职守罪主体的认定

玩忽职守罪的行为主体要求是国家机关工作人员，目前学界主要存在身份论、公务论（或称为职能论）、综合论等多种界定标准。身份论过于注重形式标准，强调国家干部的资格身份，在复杂的现实生活中显得过于僵化，且国家干部并不是严格意义的法学概念，在《公务员法》实行后，再以国家干部身份作为认定国家工作人员的标准确实也不合时宜。为此，公务论取代了身份论占据主流学说地位，公务论更注重实质标准，强调行为主体是否执行国家任务，实质承担着国家行政管理的职权，不论行为主体是否具有国家干部身份，也不论其是否在国家机关具有正式编制，只要行为人在广义的国家机关中从事公务活动，就可以评价为国家机关工作人员。综合论认为应综合考虑"身份"与"公务"，然而，在判断时起决定性作用的仍是"公务"标准。从这个角度而言，综合论不过是对公务论的修正，是公务论的"延长线"上的观点。本案中，被告人王某是否属于国家机关工作人员，判断的重点在于其是否从事公务。由于镇坪县建设工程质量安全监督站负责涉案工程的质量和安全生产监督管理，被告人作为监督站的负责人，具有相应的监督管理职责，其处理相应事务的权限根源于国家权力，被告人实际上是代表国家在行使权力。被告人虽不具有公务员身份，亦未得到相关文件的任命，但已经在所从事的事务中发挥实质的管理性作用。基于上述理由，被告人王某属于从事公务，能够评价为国家机关工作人员。

（二）玩忽职守行为的判断

玩忽职守罪的成立要求行为人存在玩忽职守行为，学界通说认为，玩忽职守行为是指严重不负责任，不履行职责或不正确履行职责的行为。本案的关键是判断被告人王某是否存在玩忽职守行为，而玩忽职守行为具体表现为不履行职责或不正确履行职责，于是，本案需进一步明确被告人王某的行为应归为何种类型。被告人及其辩护人提出，被告人在工作中已按照职责下发整改通知书，但施工单位一直未按要求进行整改，也未作出回复报告，发生事故是施工单位未及时纠正安全问题造成的；被告人已经履行职责，发生事故只是工作没做到位，不应认定为犯罪。然而，上述说法只是否定了被告人不存在不履行职责的行为，并不能否定不存在不正确履行职责的行为。

本案中，被告人王某具有监管职责，其在对信用联社综合楼工程建设工地进行安全检查时，发现施工现场存在防护不到位的严重安全隐患，于是向施工单位发出了安全整改通知书，这说明被告人王某其实履行了职责。不过，被告人王某身为镇坪县建设工程质量安全监督站负责人，其职责并不仅仅是发现安全隐患并通知整改，还包括在发现安全隐患后，督促被监管单位及时完成整改，如果被监管单位未按要求整改，其应采取进一步措施，如要求工程停工整顿等，确保安全隐患能够控制在允许的范围内。甚至可以说，发现安全隐患后及时跟进整改、复查验收才是更重要的工作职责，被告人王某虽然通过作为方式下达了安全整改通知书，但并未对整改进行及时跟进、复查验收，导致限期整改的指令形同虚设。施工现场防护不到位的严重安全隐患一直持续存在，而施工人员的死亡结果也是不合格的防护设施所致，被告人王某没有全面、充分地履行工作职责，所谓的部分履行职责其实就是不正确履行职责。综上所述，被告人王某的行为属于严重不负责，不正确履行职责的行为，应评价为玩忽职守行为。

（三）玩忽职守罪中的因果关系

玩忽职守罪的成立要求玩忽职守行为与危害结果之间具有因果关系。实践中，很多玩忽职守案件由于介入了第三方行为、被害人自身行为或者自然事件等因素，因果关系的认定具有复杂性。本案中，被害人黄某在对外墙砖进行勾缝抹灰时，如果因自身操作不规范或者在高空作业时不愿意系安全带而坠楼，将被害人的死亡结果归责于被告人的玩忽职守行为存在一定争议。但实际情况是被害人黄某在施工过程中因踩破跳板坠楼身亡，而这正是之前安全检查时所发现的严重安全隐患所酿成的事故。被告人王某在建设工程质量安全整改通知书中明确指出，施工层、硬防护不到位，部分临边防护不到位，施工首层外架、硬防护不到位，但由于其未认真履行职责，在发现安全隐患后，未督促被监管单位及时完成整改，导致危险现实化。可以说，被告人王某的玩忽职守行为所具有的造成重大损失发生的危险持续地作用到危害结果现实地发生。无论是根据相当因果关系说、客观归责理论还是危险现实化理论，都能够肯定被告人的玩忽职守行为与危害结果之间具有刑法上的因果关系。又由于被告人十分清楚涉案工程所存在的安全隐患，对危害结果具有预见可能性，所以其主观上存在过失。综上所述，被告人王某的行为成立玩忽职守罪。

三、延伸思考

学界通说对玩忽职守行为采取的是二分法，即认为包括两种类型：一是严重不负责任，不履行职责；二是严重不负责任，不正确履行职责。不履行职责，是指行为人应当履行且有条件、有能力履行职责，但违背职责没有履行，其中包括擅离职守的行为。不正确履行职责，是指在履行职责过程中，虽然实施了一定的行为，但从总体上看，行为违反职责规定，草率从事、敷衍塞责，或者任意蛮干、独断专行，导致职责没有得到正确履行。就上述分类，也不乏质疑的观点，认为不履行或不正确履行职责的本质都是对职责的背离，上述划分未必充分，进而主张根据玩忽职守的具体情形，将客观行为分为擅离职守、疏忽职守、未尽职守三种类型，甚至更多类型。这种质疑也进一步体现在玩忽职守的行为方式是不作为还是作为的争论上，因为既然不履行或不正确履行职责都是对职责的背离，那说明本罪的成立是以行为人负有一定的职责为前提，该职责属于行为人应尽的义务，行为人未履行相应的义务，其行为方式就只能表现为不作为，故玩忽职守罪是纯正的不作为犯罪。

上述质疑的观点难以获得认可，原因在于：第一，不履行或不正确履行职责的分类应与作为或不作为的行为方式进行配套理解，这种分类原本就考虑到了作为与不作为方式的区别。如学者所言，"忽"表现了不作为，"玩"则表现为作为。① 一旦在行为类型划分时加入行为方式的限定，即将不作为方式的玩忽职守行为统一归为不履行职责的行为类型，将作为方式的玩忽职守行为统一归为不正确履行职责的行为类型，不履行或不正确履行职责的划分也就十分周延了，无须再增加新的行为类型。换言之，不作为形式的玩忽职守行为，表现为行为人消极地不履行职责或职务，致使公共财产、国家和人民利益遭受重大损失；作为形式的玩忽职守行为，表现为行为人虽履行了职

---

① 陈兴良．刑法各论精释：下．北京：人民法院出版社，2015：1220.

责或职务,但却不尽职尽责,即不正确地履行职责或职务,致使公共财产、国家和人民利益遭受重大损失。第二,将行为性质的判定依托"严重不负责任"不符合客观事实与刑法规定。"严重不负责任"只是界定了玩忽职守行为的本质属性,"不履行职责或不正确履行职责"才是玩忽职守行为的具体表现,二分法的立场早已在理论界和实务界占据通说地位。作为与不作为只是表现形式上的不同,在对法益的侵害性上不存在根本差异。在不正确履行职责的行为类型中,行为人通常也实施了一定的行为,以作为的形式履行了部分职责,将其视作不作为不符合实际情况。

(杨绪峰 撰写)

100 滥用职权罪

案情简介

2000年至2005年,被告人黄某作为民政局福利中心主任,每年都率县福利企业年检年审检查小组到某企业检查。该企业的董事长郑某明确告诉黄某自己在正常员工人数上弄虚作假,使残疾员工数占全部员工数的比例符合福利企业全额退税的标准,并伪造虚假的福利企业材料应付检查。黄某发现该问题后,不对企业正常员工人数进行检查,不将该问题在年审表中如实反映,仍以企业虚报的材料为准进行年检年审,致使该企业顺利通过福利企业的年检年审,在1999年至2004年期间享受了本不应享受的退税优惠政策,造成国家税收损失共计751万余元。1999年年底至2006年,黄某利用其职务便利,为郑某福利企业的设立和骗取退税优惠提供帮助,先后6次收受郑某的贿赂共计10万元。黄某因涉嫌犯滥用职权罪接受检察机关讯问后,主动交代了检察机关尚未掌握的受贿事实。案发后,黄某已退赃款10万元。

裁判要旨

一审法院认为,被告人黄某利用职务之便非法收受他人10万元,为他人谋取利益,同时,黄某身为国家机关工作人员,在履行职责过程中滥用职权,造成国家税收损失751万余元,情节特别严重,其行为分别构成受贿罪、滥用职权罪,应予数罪并罚。鉴于其受贿部分系自首,可对其所犯受贿罪减轻处罚。判决被告人黄某犯受贿罪,判处有期徒刑六年;犯滥用职权罪,判处有期徒刑三年;决定执行有期徒刑七年。一审宣判后,被告人未提起上诉,检察机关亦未抗诉,该判决已发生法律效力。①

---

① 中华人民共和国最高人民法院刑事审判第一、二、三、四、五庭. 中国刑事审判指导案例 6. 北京:法律出版社,2017:562-565.

评析意见

一、关键问题与裁判思路

本案涉及滥用职权罪的具体认定，主要包括两个关键问题：一方面，被告人的行为是否构成滥用职权罪？另一方面，被告人在实施滥用职权等渎职犯罪行为的同时又收受贿赂是否应当实行数罪并罚？关于第一个问题，被告人及其辩护人认为，黄某作为福利企业年检年审领导小组下设的办公室主任，虽然参与年检年审工作，但在整个年检年审工作中没有决定性的作用，因此与国家的税收损失没有必然的因果关系；而法院认为，正是被告人的滥用职权行为使得该企业能顺利退税，导致751万余元的国家税收损失，被告人的行为与损失结果具有因果关系。关于第二个问题，被告人及其辩护人认为，即使被告人的行为构成滥用职权罪，由于滥用职权行为与受贿行为有牵连关系，应当择一重罪处罚，而不是数罪并罚；而法院认为，被告人在实施滥用职权等渎职犯罪行为的同时又收受贿赂，齐备两个犯罪的构成要件，除刑法有特别规定的以外，应当认定为两罪，实行数罪并罚。针对上述问题，有必要在学理上进行深入分析。

二、相关学理分析

（一）滥用职权罪的主要司法适用误区

滥用职权罪，指国家机关工作人员超越职权，违法决定、处理其无权决定、处理的事项，或者违反规定处理公务，致使公共财产、国家和人民利益遭受重大损失的行为。以往实务中在认定滥用职权罪时，容易陷入两个误区。

1. 执着于区分滥用职权行为与玩忽职守行为，误以为二者绝对对立。实务上通常认为，滥用职权行为表现为国家机关工作人员超越职权，违法决定、处理其无权决定、处理的事项，或者违反规定处理公务；玩忽职守行为则表现为严重不负责任，不履行职责或不正确履行职责。按照此种观点，似乎从形式上就能够对二者进行严格区分，即两种犯罪行为是对立的，没有重合的部分，被认定为滥用职权行为，就不可能评价为玩忽职守行为，反之亦然。然而，就客观行为而言，滥用职权行为与玩忽职守行为有时候未必能够做到很好地区分，原因是二者的本质都是违背职责，都可能包含不履行职责或不正确履行职责的情形。

学界一般认为，滥用职权行为主要表现为以下四种情形：（1）超越职权，擅自决定或处理无权决定、处理的事项；（2）玩弄职权，违反程序规定，随心所欲地对事项作出决定或处理；（3）以权谋私、假公济私，不正确地履行职责；(4) 放弃职责，故意不履行职责。① 如果认可上述情形，就会发现"不履行职责或不正确履行职责"并非玩忽职守行为所特有的情形。

此外，如学者所指出的，按照相关司法解释规定，滥用职权或玩忽职守行为造成经济损失 30 万元以上的，应当认定为"致使公共财产、国家和人民利益遭受重大损失"。如果行为人甲属于国家机关工作人员，一次滥用职权行为，造成经济损失 15 万元，一次玩忽职守行为，造成经济损失 18 万元，将滥用职权行为与玩忽职守行为对立的话，行为人的行为就不可能构成犯罪，这明显会造成处罚漏洞。② 事实上，滥用职权罪与玩忽职守罪区分的关键在于行为人的主观意思，前者是故意实施的违背职责的行为，后者是过失实施的违背职责的行为。如果赞同故意与过失是位阶关系，滥用职权也是一种玩忽职守的行为，而且是更严重的玩忽职守行为。③ 此时，就可以将上述行为人甲的行为认定为玩忽职守罪。

2. 执着于区分作为还是不作为，误以为滥用职权行为只能由作为构成，玩忽职守行为只能由不作为构成。按照这种观点，就必须仔细区分本案中被告人黄某的行为是作为还是不作为。可是，如果考虑"不对企业正常员工人数进行检查，不将该问题在年审表中如实反映"，会认为黄某的行为是不作为；如果考虑"以企业虚报的材料为准进行年检年审"，又会认为黄某的行为是作为。其结果是，无法将黄某的行为准确定性为滥用职权行为或者玩忽职守行为。实际上，客观上是作为还是不作为对于区分滥用职权罪和玩忽职守罪并不重要。作为与不作为只是表现形式上的不同，在对法益的侵害性上不存在根本差异。在玩忽职守行为中，不履行或不正确履行职责的分类应与作为或不作为的行为方式进行配套理解，不履行职责是不作为，不正确履行职责是作为。同样地，滥用职权行为既可能由作为构成，也可能由不作为构成。

(二) 滥用职权罪的司法裁判逻辑

认定滥用职权罪时应遵循以下判断逻辑：首先，行为人必须是滥用职权罪的适格主体，享有相应的职务权限；其次，行为人必须客观上实施了滥用职权行为。由于滥用职权行为与玩忽职守行为有时难以界分，按照由重到轻的审查顺序，可先行预判为滥用职权行为；再次，滥用职权行为造成了公共财产、国家和人民利益的重大损失，该行为与重大损失之间具有因果关系；最后，行为人在主观上具有故意，即明知自己在不法地行使职务上的权限。

(三) 关于被告人刑事责任的分析

本案中，被告人黄某作为民政局福利中心主任，对福利企业的设立开办

---

① 周光权. 刑法各论. 4 版. 北京：中国人民大学出版社，2021：574.
② 张明楷. 刑法学：下. 6 版. 北京：法律出版社，2021：1644.
③ 陈兴良. 刑法各论精释：下. 北京：人民法院出版社，2015：1263-1264.

以及年检年审具有监督管理职责，属于滥用职权罪的适格主体。黄某客观上也实施了滥用职权行为，即不对企业正常员工人数进行检查，以企业虚报的材料为准进行年检年审，而这一行为直接导致了原本不符合年检年审要求的企业被认定为福利企业，进而享受国家的退税优惠政策。被告人的行为直接导致了751万余元的国家税收损失，其与重大损失之间具有因果关系。且被告人黄某事先已明知企业存在虚报情况，具有滥用职权的主观故意。因此，被告人的行为构成滥用职权罪。

被告人黄某在实施滥用职权行为的同时又收受贿赂是否应当实行数罪并罚，也值得探讨。被告人及其辩护人认为，滥用职权行为与收受贿赂行为具有手段行为与目的行为的关系，二者属于牵连关系，应按照牵连犯从一重罪处断原则加以处理。由于本案被告人滥用职权罪应在三年以上七年以下量刑，而受贿罪应在五年以上十年以下量刑，故应以受贿罪一罪处理。然而，牵连犯概念本身就遭受质疑，学界不乏彻底取消牵连犯概念的观点。即便认为此概念有保留的余地，对是否成立类型化的牵连关系予以严格审查和认定，也是未来适用这一概念的应然方向。① 据此，只有具有类型化的手段与目的、原因与结果的关系时，才存在牵连关系。一方面，受贿罪中"为他人谋取利益"仅是一个主观要件，并不要求客观上实施了为他人谋取利益的行为，亦即受贿行为未必伴随有滥用职权行为；另一方面，滥用职权行为也不必然以收受贿赂为目的，其并非作为某种手段行为通常用于受贿犯罪。因此，滥用职权行为与受贿行为并没有类型化的牵连关系，本案应以滥用职权罪、受贿罪两罪并罚追究被告人黄某的刑事责任。

三、延伸思考

学界通说认为滥用职权罪的主观方面是故意②，但也不乏反对的观点认为本罪的主观方面只能是过失③，或者认为本罪的主观方面一般是过失，但也不排除是故意。④ 之所以会有这种争议，原因在于滥用职权罪的成立，要求具备"致使公共财产、国家和人民利益遭受重大损失"这一条件，行为人虽然故意实施滥用职权的行为，但未必对"重大损失"的结果持希望或者放任的态度。然而，一旦将本罪的主观方面理解为过失，滥用职权罪与玩忽职守罪就基本等同了，这难以解释现行刑法为什么在旧刑法已存在过失的玩忽职守罪的前提下增设滥用职权罪。可以说，能否妥当处理"重大损失"的体系地位，关

---

① 周光权. 刑法总论. 4版. 北京：中国人民大学出版社，2021：409.
② 高铭暄，马克昌. 刑法学. 10版. 北京：北京大学出版社，2022：660.
③ 陈忠林. 滥用职权罪的罪过形态新论. 人民检察，2011（23）：16-19.
④ 曲新久. 刑法学. 5版. 北京：中国政法大学出版社，2016：605.

系到滥用职权罪主观罪过的认定。目前学界比较有代表性的观点有三种：(1)"重大损失"是客观处罚条件；(2)"重大损失"是客观的超过要素；(3)"重大损失"大体接近于过失犯中的构成要件结果。

　　在上述三种观点中，客观处罚条件说的问题最大，因为其一方面主张"重大损失"不是结果，另一方面又赞同本罪需讨论滥用职权行为与"重大损失"之间的因果关系，存在矛盾。而一旦放弃因果关系之讨论，又会使得本罪处罚范围极为宽泛。后两种观点相对来说比较合理，共通之处是肯定了"重大损失"的构成要件结果之体系地位，同时也弱化了行为人对"重大损失"的认识，只需要有预见可能性即可。不同之处在于，为了达到这一解释效果，客观的超过要素说必须以存在双重危害结果为前提，为此，滥用职权罪在"重大损失"的结果之外，还"加塞"了侵害国家机关公务的合法、公正、有效执行的结果。[①] 这种观点在形式上维系了传统的故意理论的框架。将"重大损失"等同于过失犯的构成要件结果的观点则专门承认了一种故意·过失的混合犯罪类型，以便在滥用职权罪中同时统合两种不同的罪过形态。[②] 虽然效果一致，但由于在体系上似乎动作较大，是否会牵一发而动全身仍有待检验。

（杨绪峰　撰写）

[①] 张明楷. 刑法学：下. 6版. 北京：法律出版社，2021：1637-1638.
[②] 劳东燕. 滥用职权罪客观要件的教义学解读——兼论故意·过失的混合犯罪类型. 法律科学，2019（4）：56.

图书在版编目（CIP）数据

刑法判例百选/周光权主编．－－北京：中国人民大学出版社，2022.9
（中国刑法司法适用疑难问题研究丛书/陈兴良，周光权总主编）
ISBN 978-7-300-30961-3

Ⅰ.①刑… Ⅱ.①周… Ⅲ.①刑法-案例-中国 Ⅳ.①D924.05

中国版本图书馆CIP数据核字（2022）第158964号

中国刑法司法适用疑难问题研究丛书
总主编　陈兴良　周光权
刑法判例百选
主　编　周光权
副主编　杨绪峰
Xingfa Panli Bai Xuan

出版发行	中国人民大学出版社			
社　　址	北京中关村大街31号		邮政编码	100080
电　　话	010-62511242（总编室）		010-62511770（质管部）	
	010-82501766（邮购部）		010-62514148（门市部）	
	010-62515195（发行公司）		010-62515275（盗版举报）	
网　　址	http://www.crup.com.cn			
经　　销	新华书店			
印　　刷	涿州市星河印刷有限公司			
开　　本	720 mm×1000 mm　1/16		版　次	2022年9月第1版
印　　张	31　插页2		印　次	2024年9月第4次印刷
字　　数	567 000		定　价	118.00元

版权所有　　侵权必究　　印装差错　　负责调换